Power C++

Power C++
천인국 지음
INFINITY BOOKS
인 피 니 티 북 스

머리말

C++ 언어는 절차적 프로그래밍, 객체 지향 프로그래밍, 일반화 프로그래밍이 모두 가능한 강력한 언어입니다. 현재도 C++ 언어는 활발하게 사용되고 있으며 특히 응용 프로그램을 제작하는데 탁월한 언어로 알려져 있습니다. 하지만 그 반대급부로 C++ 언어는 복잡하고 난해합니다. 너무나도 많은 기능이 C++ 안에 포함되어 있기 때문입니다. 만약 이 많은 기능들을 확실하게 학습하여 잘 사용할 수 있다면 C++는 매우 강력한 도구가 될 것입니다. 이 책은 다음과 같은 목표를 가지고 제작되었습니다.

- 적절한 그림을 가능한 많이 사용하여 보다 친숙하고, 지루하지 않으며 독자들이 이해하기 쉬운 교재를 만들려고 노력하였습니다. 입문자들은 그림을 통하여, 보다 쉽게, 관련 개념들을 보다 빠르게 이해할 수 있습니다.
- 각각의 주제에 대하여 개념과 원리를 자세하게 설명하였으며 설명은 문답식으로 친숙하게 만들려고 노력하였습니다. 특히 객체 지향의 핵심 개념들에 대해서는 페이지를 아끼지 않고 철저하게 설명하였습니다. 필자는 "캡슐화", "정보 은닉", "다형성"과 같은 객체 지향의 핵심적인 개념들을 완벽하게 이해하는 것이 무엇보다도 중요하다고 생각하고 있습니다.
- 페이지가 허용하는 한도에서 충분한 예제 프로그램을 제공함으로써 입문자들이 학습에 참고할 수 있도록 하였습니다.
- 학교에서 교재로 사용하는데 무리가 없도록 다양하고 충분한 연습 문제를 제공하려고 노력하였습니다.
- 학습한 내용을 실습을 통하여 체득할 수 있도록 실습 문제를 제공하였습니다.

본 교재를 집필하는 동안, 오류가 없는 책을 만들기 위하여 나름대로의 노력을 다하였으나 필자가 지닌 지식의 한계로 말미암아, 부족한 부분과 오류가 있을 것으로 예상됩니다. 앞으로 계속되는 수정을 통하여 보다 더 완벽하고 충실한 교재가 되도록 최선의 노력을 다할 것임을 약속드립니다. 이 책이 만들어지기까지 많은 도움이 있었습니다. 특히 적극적으로 지원해주신 인피니티북스 여러분께 깊은 감사를 표합니다. 이 책이 C++를 공부하는 많은 이들에게 조금이라도 도움이 될 수 있다면 필자에게는 큰 보람이 될 것입니다.

2009년 12월
천 인국

강의 계획

C++ 언어는 C 언어를 학습한 경우와 학습하지 않은 경우를 나누어서 강의하여야 할 것입니다. 만약 미리 C 언어를 학습한 경우라면 1학기를 16주로 가정하여 다음과 같은 진행을 생각할 수 있습니다. 상황에 따라 일부 내용은 제외될 수 있습니다.

주	해당 chapter	주제
1	1장-6장	C 언어의 복습
2	7장	C 언어에 추가된 내용(레퍼런스, 디폴트 매개 변수 등)
3	8장	객체 지향 소개
4	9장	클래스 작성
5	10장	생성자와 소멸자
6	11장	객체의 동적 생성, 정적 변수, 정적 함수
7	12장	프렌드와 연산자 중복 정의
8	중간 고사	중간 평가 및 기말 프로젝트 제안서 발표
9	13장	상속
10	14장	다형성과 가상 함수
11	15장	피일 입출력
12	16장	예외 처리
13	17장	템플릿
14	18장	STL 컨테이너
15	19장	STL 알고리즘
16	기말 고사	기말 평가 및 기말 프로젝트 결과 발표

만약 C 언어를 학습하지 않은 경우라면 다음과 같은 진행을 생각할 수 있습니다.

주	해당 chapter	주제
1	1장, 2장	프로그램 개발 과정 및 자료형과 연산자
2	3장, 4장	제어 구조(선택과 반복), 함수
3	5장, 6장	배열, 포인터, 문자열
4	7장, 8장	C 언어의 향상된 부분, 객체 지향 소개
5	9장	클래스 작성
6	10장	생성자와 소멸자
7	11장	객체의 동적 생성, 정적 변수, 정적 함수
8	중간 고사	중간 평가 및 기말 프로젝트 제안서 발표
9	12장	프렌드와 연산자 중복 정의
10	13장	상속
11	14장	다형성과 가상 함수
12	15장	파일 입출력
13	16장	예외 처리
14	17장	템플릿
15	18장, 19장	STL 컨테이너 및 STL 알고리즘 소개
16	기말 고사	기말 평가 및 기말 프로젝트 결과 발표

책의 특징

이 책은 C++ 입문자들을 위하여 기술되었습니다. 입문자들이 쉽게 개념을 이해하고 실력을 기를 수 있도록 다양한 학습 장치들을 배치하였습니다.

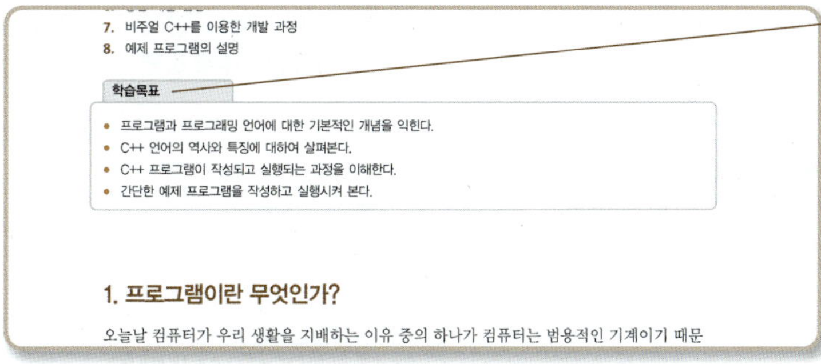
7. 비주얼 C++를 이용한 개발 과정
8. 예제 프로그램의 설명

학습목표

- 프로그램과 프로그래밍 언어에 대한 기본적인 개념을 익힌다.
- C++ 언어의 역사와 특징에 대하여 살펴본다.
- C++ 프로그램이 작성되고 실행되는 과정을 이해한다.
- 간단한 예제 프로그램을 작성하고 실행시켜 본다.

1. 프로그램이란 무엇인가?

오늘날 컴퓨터가 우리 생활을 지배하는 이유 중의 하나가 컴퓨터는 범용적인 기계이기 때문

학습목표

이번 장에서 무엇을 배워야 하는 지를 제시하였다.

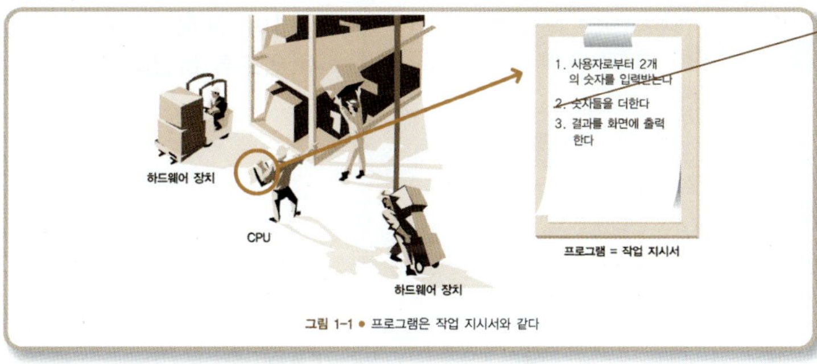

그림 1-1 ● 프로그램은 작업 지시서와 같다

다양한 그림

다양한 그림을 사용하여 지루하지 않도록 하였다.

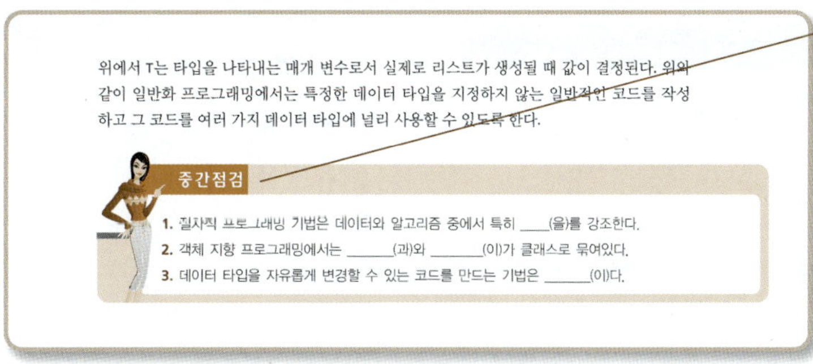
위에서 T는 타입을 나타내는 매개 변수로서 실제로 리스트가 생성될 때 값이 결정된다. 위와 같이 일반화 프로그래밍에서는 특정한 데이터 타입을 지정하지 않는 일반적인 코드를 작성하고 그 코드를 여러 가지 데이터 타입에 널리 사용할 수 있도록 한다.

중간점검

1. 절차적 프로그래밍 기법은 데이터와 알고리즘 중에서 특히 ____(을)를 강조한다.
2. 객체 지향 프로그래밍에서는 ______(과)와 ______(이)가 클래스로 묶여있다.
3. 데이터 타입을 자유롭게 변경할 수 있는 코드를 만드는 기법은 ______(이)다.

중간점검

핵심 개념을 퀴즈 형식으로 점검하였다.

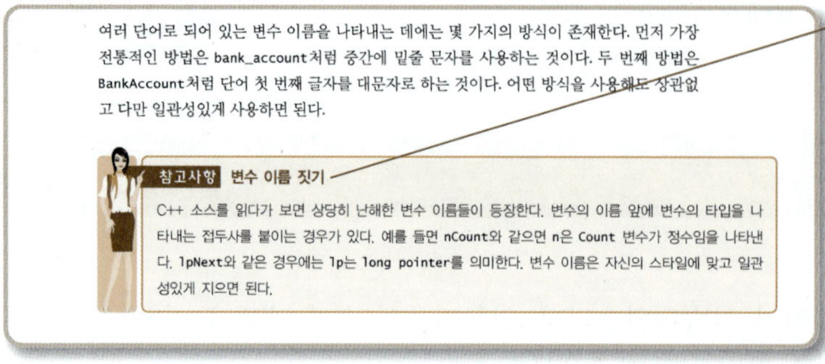

여러 단어로 되어 있는 변수 이름을 나타내는 데에는 몇 가지의 방식이 존재한다. 먼저 가장 전통적인 방법은 bank_account처럼 중간에 밑줄 문자를 사용하는 것이다. 두 번째 방법은 BankAccount처럼 단어 첫 번째 글자를 대문자로 하는 것이다. 어떤 방식을 사용해도 상관없고 다만 일관성있게 사용하면 된다.

참고사항 변수 이름 짓기

C++ 소스를 읽다가 보면 상당히 난해한 변수 이름들이 등장한다. 변수의 이름 앞에 변수의 타입을 나타내는 접두사를 붙이는 경우가 있다. 예를 들면 nCount와 같으면 n은 Count 변수가 정수임을 나타낸다. lpNext와 같은 경우에는 lp는 long pointer를 의미한다. 변수 이름은 자신의 스타일에 맞고 일관성있게 지으면 된다.

참고사항

본문에 대한 보충 설명이나 참고 사항을 정리하였다.

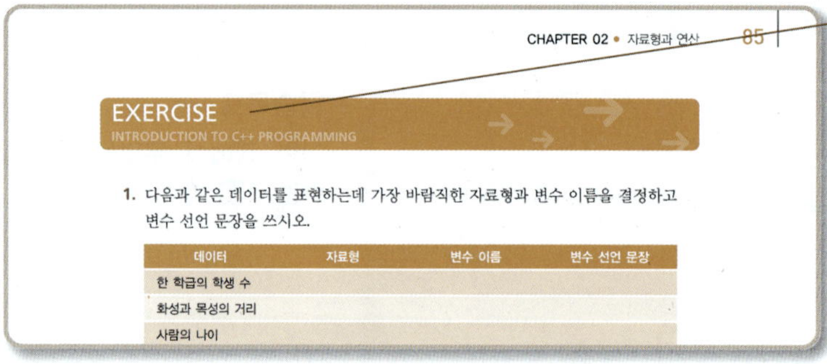

CHAPTER 02 • 자료형과 연산 85

EXERCISE
INTRODUCTION TO C++ PROGRAMMING

1. 다음과 같은 데이터를 표현하는데 가장 바람직한 자료형과 변수 이름을 결정하고 변수 선언 문장을 쓰시오.

데이터	자료형	변수 이름	변수 선언 문장
한 학급의 학생 수			
화성과 목성의 거리			
사람의 나이			

EXERCISE

본문에서 학습한 내용을 여러 가지 측면에서 확인하는 문제를 수록하였다.

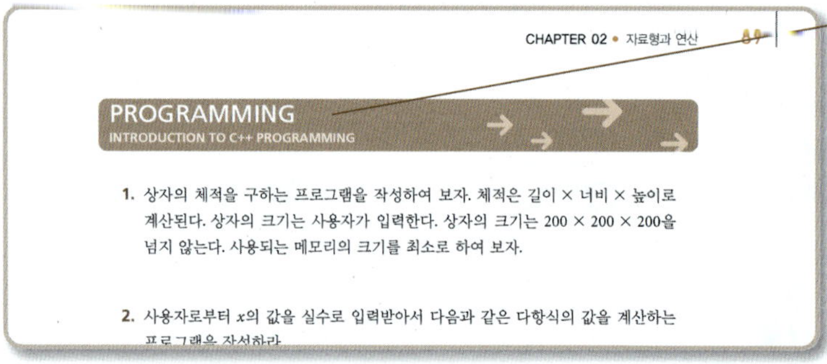

CHAPTER 02 • 자료형과 연산 89

PROGRAMMING
INTRODUCTION TO C++ PROGRAMMING

1. 상자의 체적을 구하는 프로그램을 작성하여 보자. 체적은 길이 × 너비 × 높이로 계산된다. 상자의 크기는 사용자가 입력한다. 상자의 크기는 200 × 200 × 200을 넘지 않는다. 사용되는 메모리의 크기를 최소로 하여 보자.

2. 사용자로부터 x의 값을 실수로 입력받아서 다음과 같은 다항식의 값을 계산하는 프로그램을 작성하라.

PROGRAMMING

본문에서 학습한 내용을 응용하여 프로그램을 작성할 수 있도록 하였다.

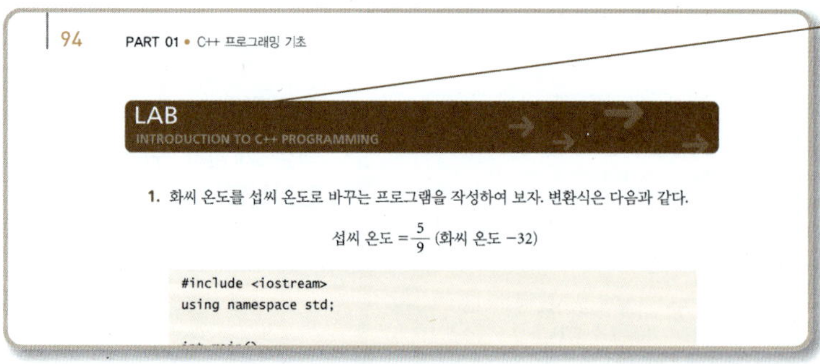

94 PART 01 • C++ 프로그래밍 기초

LAB
INTRODUCTION TO C++ PROGRAMMING

1. 화씨 온도를 섭씨 온도로 바꾸는 프로그램을 작성하여 보자. 변환식은 다음과 같다.

$$섭씨\ 온도 = \frac{5}{9}(화씨\ 온도 - 32)$$

```
#include <iostream>
using namespace std;
```

LAB

본문에서 학습한 내용을 단계적으로 실습할 수 있도록 하였다.

목차

Power C++

PART 01

C++프로그래밍 기초

Power C++

CHAPTER 01

C++ 소개

이 장의 차례

학습목표

- 프로그램과 프로그래밍 언어에 대한 기본적인 개념을 익힌다.
- C++ 언어의 역사와 특징에 대하여 살펴본다.
- C++ 프로그램이 작성되고 실행되는 과정을 이해한다.
- 간단한 예제 프로그램을 작성하고 실행시켜 본다.

1. 프로그램이란 무엇인가?

오늘날 컴퓨터가 우리 생활을 지배하는 이유 중의 하나가 컴퓨터는 범용적인 기계이기 때문이다. 컴퓨터는 mp3 플레이어도 되었다가 문서 편집기도 되고 영화 재생기도 된다. 인류는 오랜 세월동안 다양한 작업을 할 수 있는 범용적인 기계를 만드는 것을 꿈꾸었고 그 산물이 바로 컴퓨터이다. 그렇다면 컴퓨터는 어떻게 이러한 범용적인 기계가 되었을까? 바로 프로그램(program) 때문이다.

프로그램은 컴퓨터를 위한 작업 지시서로서 구체적으로 컴퓨터가 특정한 작업을 하기 위한 명령어들의 리스트이다. 명령어(instruction)란 CPU가 수행하는 기초적인 연산들이다. 예를 들면 두 개의 정수를 더하는 연산, 메모리에서 CPU로 정수를 가져오는 연산이 명령어에 속한다. 이러한 간단한 명령어들을 아주 많이, 매우 빠른 속도로 실행하게 되면 복잡한 작업도 얼마든지 가능하다.

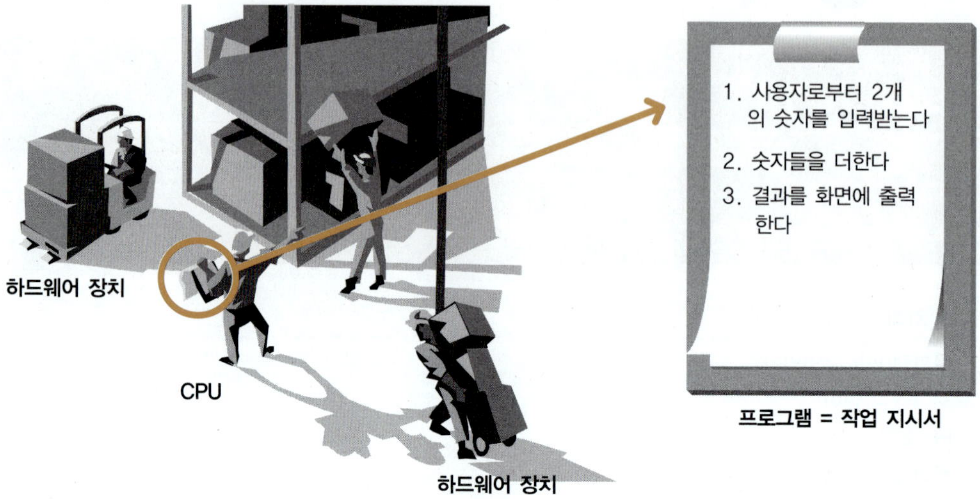

그림 1-1 • 프로그램은 작업 지시서와 같다

컴퓨터는 스스로 프로그램을 만들 수 없다(적어도 지금까지는). 따라서 컴퓨터를 사용하기 위해서는 누군가가 프로그램을 개발하여야 한다. 프로그램을 개발하는 사람을 프로그래머라고 한다.

중간점검

1. 컴퓨터가 범용성을 가질 수 있는 근본 이유는 무엇인가?
2. 인터넷에서 컴퓨터 명령어(instruction)의 구체적인 예를 찾아보자.
3. 왜 mp3 플레이어는 컴퓨터에 비하여 덜 범용적인가?

2. 프로그래밍 언어

프로그램은 컴퓨터에게 해야 할 작업의 내용을 알려주는 문서와도 같다고 했다. 그렇다면 어떤 언어를 사용해야만 컴퓨터가 작업 지시를 이해할 수 있을까? 앞에서 언급한 컴퓨터가 영어나 한국어 같은 사람의 언어를 이해할 것 같지는 않다.

컴퓨터가 이해하는 단 하나의 언어는 기계어이다. 기계어는 프로그램이 CPU에 내리는 명령들을 표현하며, 이러한 명령들은 실제로 0과 1로만 이루어져 있다. 실제로 초기의 컴퓨터에서는 이러한 기계어를 사용하여 프로그램을 만들었다.

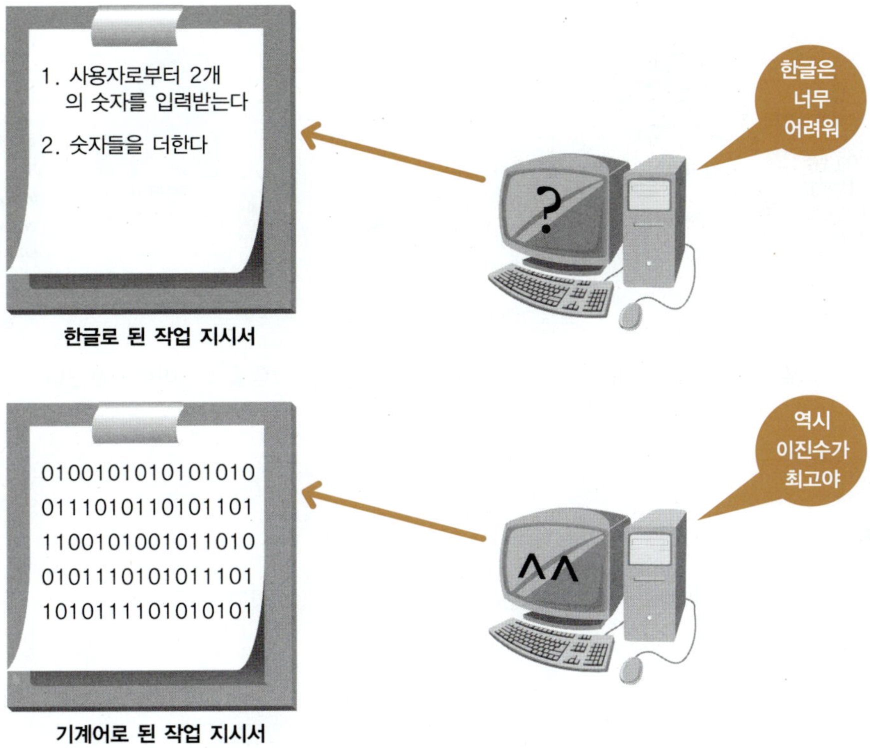

그림 1-2 ● 컴퓨터는 한글로 된 작업 지시서는 이해하지 못하는 반면 기계어로 된 작업 지시서는 이해할 수 있다

그러나 기계어는 인간들의 관점에서 보면 이해하기 어렵고 프로그래밍하기에 상당히 불편한 언어였기 때문에 좀 더 용이한 언어가 필요했다. 따라서 인간이 보다 편리하고 알기 쉽게 지시를 내리기 위하여 프로그래밍 언어들이 만들어졌다. 이들 프로그래밍 언어들은 기계어와 인간이 사용하는 자연어 중간쯤에 위치한다. 인간이 프로그래밍 언어를 배워서 프로그램을 작성하면 컴파일러라고 하는 통역을 담당하는 소프트웨어가 프로그램을 기계어로 바꾸어준다. 이것은 영어를 말하는 사람과 한국어를 말하는 사람이 중간에 통역을 두고 이야기하는 것과 비슷하다. 인간은 기계어를 학습하기에는 너무 힘들고 컴퓨터가 인간의 언어를 이해한다는 것은 아주 먼 미래의 이야기이다. 따라서 중간에 통역의 역할을 하는 프로그래밍 언어를 두고 작업을 지시하는 것이다. C++도 이러한 프로그래밍 언어의 일종이다.

인간이 프로그래밍 언어를 사용하여 원하는 작업을 텍스트로 기술한 것을 소스 코드(source code)라고 한다. 그리고 소스 코드가 파일에 저장된 것을 소스 파일(source file)이라고 부른다. 컴파일러는 이러한 소스 파일을 기계어로 변환하여 파일에 저장하는데, 이 파일을 오브젝트 파일(object file)이라고 한다.

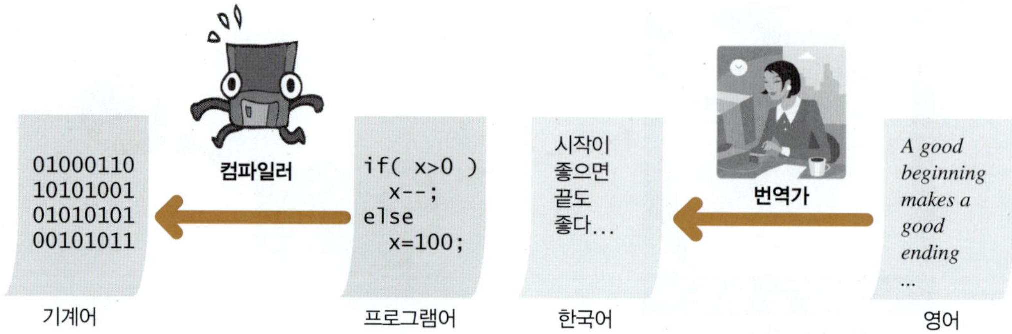

그림 1-3 ● 컴파일러는 프로그래밍 언어로 작성된 프로그램을 기계어로 변환한다

중간점검

1. 컴퓨터가 직접 이해할 수 있는 단 하나의 언어는 ____(이)다.
2. 프로그래밍 언어를 기계어로 변환시켜주는 프로그램을 _____(이)라고 한다.
3. 우리는 왜 기계어를 사용해서 프로그램하지 않는가?

3. C++ 소개

C++는 C언어에 객체 지향 프로그래밍 기능을 추가하여 만든 언어이다. C++를 사용하면 C언어만큼이나 효율적이고 실행 속도가 빠르며 이식성이 좋은 절차적 프로그래밍(procedural programming)을 할 수 있다. 여기에 복잡한 프로그램을 작성하는데 매우 효과적인 방법으로 알려진 객체 지향 프로그래밍(object-oriented programming)을 사용할 수 있다. 또한 템플릿을 이용하는 일반화 프로그래밍(generic programming) 기능까지 추가되었다.

그림 1-4 ● C++는 3가지 프로그래밍 방법을 지원한다

C++는 현재에도 가장 인기있는 언어 중의 하나로서 소프트웨어 산업에서 광범위하게 사용된다. C++를 이용하면 시스템 소프트웨어, 애플리케이션 소프트웨어, 디바이스 드라이버, 임베디드 소프트웨어, 서버 소프트웨어, 클라이언트 애플리케이션, 게임 소프트웨어들을 제작할 수 있다.

C++의 역사

C++는 1980년대 초에 AT&T 벨연구소의 Bjarne Stroustrup에 의하여 개발되었다. C++는 이름에 ++(증가 연산자)가 들어 있는 것처럼 C언어를 유지하면서 확장한 것이다.

그림 1-5 • C++언어의 개발자 Stroustrup

Stroustrup은 1979년부터 C언어에 클래스 개념을 추가한 "C with Classes" 언어를 개발하기 시작하였다. Stroustrup은 대규모의 소프트웨어를 개발할 때 Simula라는 언어의 객체 지향 개념이 매우 유용함을 깨달았다. 하지만 Simula는 상당히 느렸고 반면에 C언어는 상당히 빠르지만 객체 지향의 개념이 없었다. C++는 C언어에 클래스 개념을 추가하고 이어서 가상 함수, 연산자 중복, 다중 상속, 템플릿, 예외 처리 등의 기능이 차례로 추가되었다. 이들 용어들은 모두 이 책의 나머지 부분에서 학습할 것이다.

C++에 대한 표준은 ANSI(American National Standards Institute)와 ISO(International Standard Organization)에 의하여 공동으로 개발되었다. 1993년 3월에 워킹 드래프트를 발표하였고 1997년에 표준으로 지정되었다.

C++의 설계 철학

1994년에 출간된 "The Design and Evolution of C++"에서 Stroustrup은 C++를 설계할 때의 몇 가지의 원칙을 다음과 같이 기술하였다.

- C++는 엄격하게 타입 검사를 하고, 범용 언어로 사용할 수 있으며 C언어만큼 효율적이고 이식성이 높아야 한다.
- C++는 여러 가지의 프로그래밍 스타일을 지원할 수 있어야 한다. (절차 지향 프로그래밍, 데이터 추상화, 객체 지향 프로그래밍, 일반화 프로그래밍)
- C++는 만약 잘못 선택할 가능성이 있다고 하더라도 프로그래머가 자유롭게 선택할 수 있도록 설계되어야 한다.
- C++는 C에서 쉽게 옮겨갈 수 있도록 최대한 C와 호환성이 있어야 한다.
- C++는 플랫폼에 의존적이거나 일반적이지 않은 특징들은 피해야 한다.
- C++는 사용되지 않는 특징들 때문에 속도가 느려지면 안 된다.
- C++는 복잡한 프로그래밍 환경 없이도 실행되어야 한다.

Q&A

Q: C++언어가 C언어의 상위 집합이라면 C언어를 반드시 배워야 할까요?

A: 반드시 C언어를 배워야하는 것은 아니지만 C언어를 알고 있으면 도움이 됩니다. C언어는 근본적으로 절차적 프로그래밍에 바탕을 두고 있고 C++언어는 객체 지향을 더 강조합니다. 따라서 C언어를 학습한 사람은 절차적보다는 객체 지향적으로 생각하도록 전환하여야 합니다.

4. 프로그래밍 기법의 발전

절차적 프로그래밍

프로그램은 흔히 데이터와 알고리즘으로 이루어져 있다고 말한다. 데이터(data)는 프로그램에서 사용하는 정보이며 알고리즘(algorithm)은 컴퓨터로 문제를 해결하는 절차이다. 초기의 프로그래밍에는 데이터보다 알고리즘(절차)의 작성에 치중하였다. 절차를 중시하는 이러한 프로그래밍 기법을 절차적 프로그래밍(procedural programming)이라고 한다. 예를 들어 직원들의 월급을 계산하여 출력하는 문제라면 다음과 같은 절차에만 신경을 썼다는 이야기이다.

❶ 직원들의 연봉을 읽는다.

❷ 직원들의 연봉을 12로 나눈다.

❸ 나눈 값을 화면에 출력한다.

그림 1-6 • 절차적 프로그래밍

초창기 절차적 프로그래밍에서는 문장이 많아지게 되면 이해하는데 상당한 어려움이 있었다. 더구나 FORTRAN 같은 초창기 언어의 경우에는 GOTO문과 같이 무조건 특정한 위치로 점프하는 문장을 많이 사용하였기 때문에 프로그램이 상당히 난해하였다. 이것을 해결하기 위하여 1970년대에 구조화 프로그래밍(structural programming) 방법이 개발되었다. 구조화 프로그래밍이란 몇 가지의 기본적인 구조(순차, 반복, 선택)만을 이용하여 순차적으로 프로그램하는 방식으로, 명확하고 검사와 오류 수정이 쉬운 프로그램을 작성할 수 있었다.

그림 1-7 ● goto의 문제점

이후에 구조화 프로그래밍은 프로그램을 독립적인 모듈(module)이라는 단위로 나누어서 작성하는 기법으로 발전하게 된다. 이것은 하향식(top-down) 설계라고도 불리는 것으로 큰 문제를 작은 문제들로 계속 나누어가는 것이다. 나누어진 문제가 쉽게 해결할 수 있는 문제가 되면 이것을 모듈(함수)로 작성하게 된다. 구조화 프로그래밍은 데이터보다는 주로 문제를 해결하는 알고리즘(절차)에 집중하는 방법으로, 프로그램의 규모가 커지면 역부족이었다.

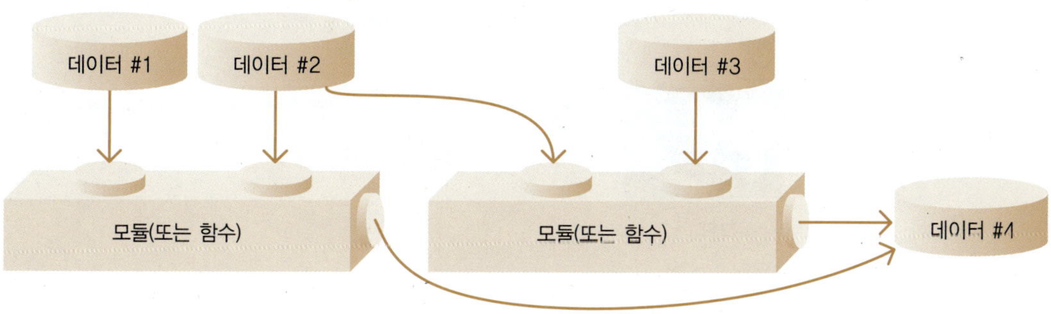

그림 1-8 ● 구조화 프로그래밍에서도 데이터와 알고리즘은 분리되어 있다

객체 지향 프로그래밍

절차적 프로그래밍의 문제점을 해결하기 위하여 객체 지향 프로그래밍이 등장하였다. 절차적 프로그래밍에서 알고리즘을 중요시했던 것과는 반대로 객체 지향에서는 데이터를 중요시한다. 객체 지향에서는 문제에서 필요한 데이터를 먼저 설계한다. 데이터를 나타낼 때 사용하는 도구가 바로 클래스이다. 클래스에는 데이터 외에 데이터를 처리하는 함수(알고리즘)가 포함된다. 객체 지향에서는 데이터와 알고리즘이 분리되어 있지 않다.

그림 1-9 • 객체 지향 프로그래밍

예를 들어서 직원들의 월급을 계산하는 프로그램이라면 먼저 직원들에 대한 데이터(이름, 직위, 연봉, 인사고과 등)를 하나의 클래스로 표현한다. 월급을 계산하는 알고리즘 설계는 그 이후이다. 클래스에는 직원들의 연봉을 반환하는 함수들이 포함된다.

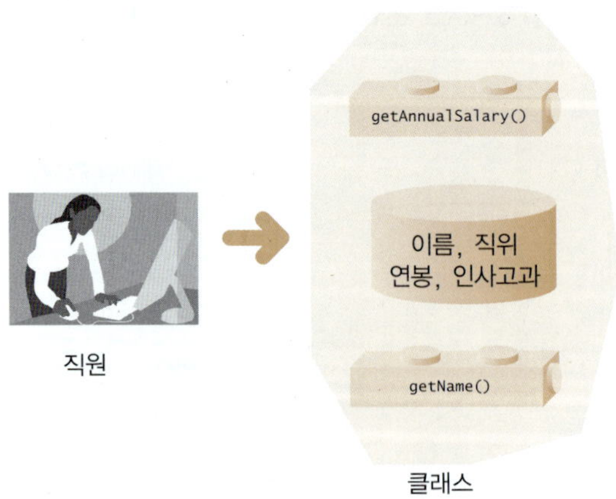

그림 1-10 • 객체 지향 프로그래밍

일단 데이터와 관련된 함수를 나타내는 클래스가 설계되면 이들 클래스를 이용하여서 각각의 객체를 생성할 수 있다. 클래스는 객체를 생성하기 위한 설계도의 역할을 한다. 생성된 객체를 이용하여 더 높은 수준의 프로그램을 작성할 수 있다. 이런 식으로 낮은 수준의 클래스를 먼저 설계하고 높은 수준의 클래스 설계로 진행하는 방법을 상향식(bottom-up) 설계라고 한다.

객체 지향 프로그래밍에서 가장 중요한 것은 바로 데이터와 알고리즘을 하나의 단위(클래스)로 묶는 것이다. 이것을 캡슐화라고 한다. 캡슐화가 되면 데이터에 대한 불필요한 접근을 차단하여서 데이터를 보호하고 각 클래스들을 서로 독립적으로 작성할 수 있다. 이것이 정보 은닉이다.

상속이란 비슷한 클래스가 이미 존재하고 있다면 그 클래스를 가져다가 사용하는 것이다. 만약 그 클래스 중에서 바꿔야할 부분이 있다면 변경도 가능하다. 다형성이란 같은 이름의 함수나 연산자를 중복 정의하여 상황에 따라서 가장 적절한 함수나 연산자를 프로그램이 자동적으로 선택하도록 하는 것이다.

그림 1-11 ● 객체 지향 프로그래밍의 최종목표는 코드의 재사용

이러한 객체 지향의 개념들은 모두 하나의 공통적인 목표를 가지고 있다. 바로 코드의 재사용(reuse)이다. 캡슐화, 상속, 다형성들은 모두 코드를 재사용하기 위한 기법들이다. 지금까지의 프로그램 개발이 힘들었던 이유는 다른 사람들이 개발한 유용하고 좋은 코드를 재사용할 수 없었기 때문이다. 다른 사람이 개발한 신뢰성있는 코드를 쉽게 가져와서 사용할 수 있다면 빠른 시간 안에 우수한 품질의 프로그램을 작성할 수 있을 것이다. 많은 상업적인 회사들이 객체 지향 형태로 제작된 다양한 클래스 라이브러리들을 판매한다.

일반화 프로그래밍

일반화 프로그래밍(generic programming)은 C++가 제공하는 또 하나의 프로그래밍 기법이다. 일반화라고 하는 것은 하나의 코드로 다양한 데이터를 처리할 수 있다는 것을 의미한다. 말 그대로 데이터의 타입과 무관한 일반적인 코드를 작성하는 기법이다. 일반화 프로그래밍에서는 알고리즘이 타입 매개 변수(type parameter)를 이용하여 작성된다. 이 타입 매개 변수는 사용 시에 특정한 타입으로 지정된다.

그림 1-12 ● 일반화 프로그래밍

이 기법은 1983년 에이다(Ada) 프로그래밍 언어에 의하여 처음 시작되었으며 동일한 작업을 여러 가지 타입에 대하여 실행하는 함수를 작성하는데 유용하다. 따라서 결과적으로 코드의 중복을 막을 수 있다. 일반화 프로그래밍은 리스트나 해쉬 테이블을 구현하거나 데이터를 정렬, 탐색하는 작업을 하는 경우에 적합한 방법으로 알려져 있다.

간단한 예를 들어보자. 만약 여러 개의 데이터를 포함하고 있는 리스트를 구현한다고 가정하자. 데이터의 타입은 정수, 실수, 문자, 문자열 등이 될 수 있다. 일반화 프로그래밍을 사용하지 않는다면 이들 각 데이터 타입마다 별개의 코드를 작성하여야 한다. C++에서는 이러한 코드의 중복을 다음과 같은 템플릿 클래스를 정의하여 방지할 수 있다.

```
template<typename T>
class List
{
   // 타입 T를 저장하는 리스트 구현
   ...
};

List<Animal>  animals;
List<Car>     cars;
```

위에서 T는 타입을 나타내는 매개 변수로서 실제로 리스트가 생성될 때 값이 결정된다. 위와 같이 일반화 프로그래밍에서는 특정한 데이터 타입을 지정하지 않는 일반적인 코드를 작성하고 그 코드를 여러 가지 데이터 타입에 널리 사용할 수 있도록 한다.

중간점검

1. 절차적 프로그래밍 기법은 데이터와 알고리즘 중에서 특히 ____(을)를 강조한다.
2. 객체 지향 프로그래밍에서는 _______(과)와 _______(이)가 클래스로 묶여있다.
3. 데이터 타입을 자유롭게 변경할 수 있는 코드를 만드는 기법은 ______(이)다.

5. 프로그램 작성 과정

프로그램이란 우리가 컴퓨터에 작업을 지시하는 문서와도 같다. C++ 언어를 사용하여 작업을 수행하는 절차를 텍스트 파일에 기술하면 컴파일러가 이것을 컴퓨터가 이해할 수 있는 기계어로 번역하여 실행 가능한 파일로 만든다. 이 과정을 요약하면 **그림 1-13**과 같다.

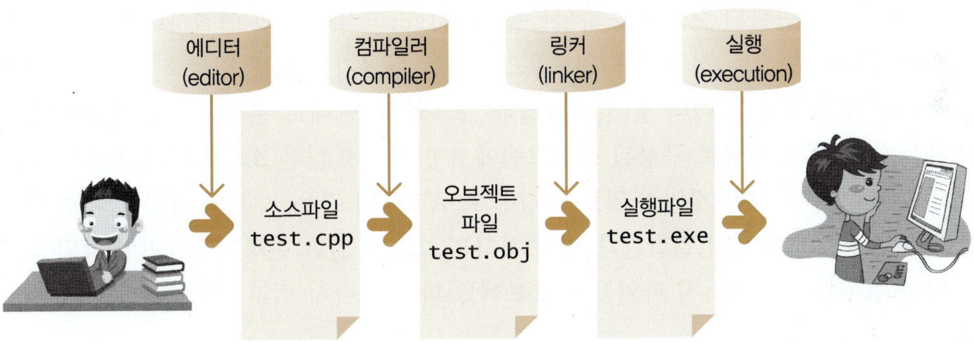

그림 1-13 ● 프로그램 작성 과정

1 편집 단계 (edit)

C++ 언어를 이용하여 원하는 작업의 내용을 기술한 것을 소스 코드(source code)라고 한다. 소스 코드는 에디터를 이용하여 입력되어서 텍스트 파일로 저장되어야 한다. 윈도우즈의 경우, 메모장과 같은 간단한 텍스트 에디터도 사용할 수 있고 통합 개발 환경인 비주얼 스튜디오에 내장되어 있는 에디터를 사용할 수도 있다.

소스 코드가 들어 있는 이러한 파일을 소스 파일(source file)이라고 한다. 소스 파일 이름은 대개의 경우, 프로그래머가 마음대로 지을 수 있다. 다만 파일의 확장자는 항상 ".cpp"여야 한다. 예를 들면 test.cpp는 적합한 파일 이름이다.

2 컴파일 단계 (compile)

소스 파일이 작성되면 그 다음 절차는 소스 파일을 컴파일하는 것이다. 컴파일러는 소스 파일을 분석하여 특정한 컴퓨터에서 수행이 가능하도록 기계어로 변환한다. 비주얼 C++의 경우, "Compile" 메뉴를 선택하면 컴파일러가 현재 소스 파일을 컴파일한다.

컴파일러는 소스 파일의 문장을 분석하여 문법에 맞도록 작성되었는지를 체크한다. 만약 오류가 발견되면 사용자에게 오류를 통보하고 컴파일은 종료된다. 이런 경우에 프로그래머는 편집 단계로 되돌아가서 소스 파일을 수정하여야 한다. 만약 오류가 없다면 컴파일러는 각 문장들을 어셈블리 언어로 변환시킨다. 다시 어셈블리 언어는 어셈블러에 의해 기계어로 변환된다. 이 기계어로 되어 있는 파일은 오브젝트 파일(object file)이라고 불린다. 오브젝트 파일은 윈도우즈에서는 ".obj" 확장자를 가진다. 예를 들어 윈도우즈에서 `test.cpp`를 컴파일하면 test.obj라는 이름의 오브젝트 파일이 생성된다.

3 링크 단계(link)

링크(link)란 서로 연관된 오브젝트 파일들을 라이브러리 파일들과 연결하여 하나의 실행 파일(execute file)을 만드는 절차이다. 윈도우즈에서는 링크가 끝나면 비로소 실행가능한 파일인 "test.exe"가 생성된다. 이와 같이 컴파일과 링크의 두 단계로 분리시켜 실행 파일을 만드는 이유는 여러 개의 파일로 구성된 프로그램에서 변경되지 않은 소스 파일을 다시 컴파일하지 않기 위해서이다. 여러 개의 파일로 구성된 프로그램의 경우, 각각의 파일을 따로 따로 컴파일한 후에 링커를 통하여 결합한다. 만약 하나의 소스 파일만 변경되었다면 변경된 소스 파일만 다시 컴파일하고 나머지 파일들의 오브젝트 파일은 다시 컴파일하지 않고 사용이 가능하다.

4 실행 단계(execute)

프로그램을 실행하려면 윈도우즈에서는 `test.exe`를 클릭하거나 실행 메뉴를 사용하면 되고 유닉스에서는 `test`를 입력하고 엔터를 누르면 된다. 만약 실행 도중에 오류가 발생하거나 실행 결과가 잘못되면 실행을 중단하고 다시 편집 단계로 돌아가서 소스 파일을 수정하여야 한다.

중간점검

1. test.cpp를 컴파일하면 어떤 파일이 생성되는가?
2. 링크 과정이 존재하는 이유는 무엇인가?

6. 비주얼 C++를 이용한 개발 과정

비주얼 C++

예전에는 에디터, 컴파일러, 디버거 등이 별도의 프로그램이었다. 따라서 프로그래머들은 매번 여러 개의 프로그램을 수행시켜야 했다. 통합 개발 환경(IDE: integrated development environment)과 같은 소프트웨어 도구들이 등장하면서 더욱 간편하고 효율적으로 프로그램을 작성할 수 있게 되었다. 통합 개발 환경은 프로그램 개발에 필요한 기능인 에디팅, 컴파일, 실행, 디버깅 기능을 하나의 프로그램 안에 모두 넣어서 프로그램 개발을 쉽게 해주는 도구를 의미한다.

윈도우즈에서의 대표적인 통합 개발 도구는 마이크로소프트사의 비주얼 C++이다. 비주얼 C++는 마이크로소프트사가 제공하는 통합 개발 환경이다. 비주얼 C++는 윈도우상에서 동작하는 거의 모든 형태의 프로그램을 제작할 수 있는 강력한 도구이며 많은 응용 프로그램들이 비주얼 C++로 작성되고 있다. 비주얼 C++의 최신 버전은 비주얼 C++ 2008이다. 여기에서는 사용자의 수준에 맞추어서 몇 가지의 제품을 제공하고 있다. 특이한 점은 학생 및 초보자가 쉽게 배울 수 있는 비주얼 C++ Express Edition을 제공하고 있다는 것이다. 이것은 인터넷에서 무료로 다운로드받아서 사용할 수 있다. 현재 최신 버전은 비주얼 C++ 2008이지만 우리가 사용하고자 하는 것은 비주얼 C++ 6.0 버전이다. 비주얼 C++ 6.0도 우리가 사용하기에 무리가 없다.

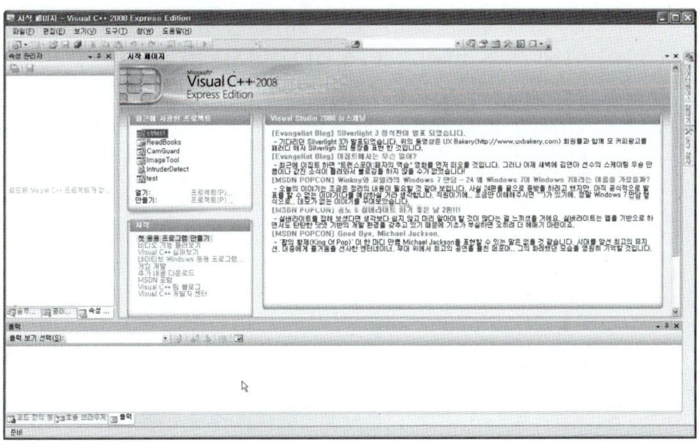

비주얼 C++의 실행

먼저 시작 메뉴를 누른 다음, 프로그램에서 비주얼 스튜디오를 찾아서 실행시키거나 바탕화면에서 비주얼 C++ 아이콘을 찾아 더블 클릭한다. 물론 여러분의 PC에 비주얼 C++가 설치가 되어 있어야 한다. 다음과 같은 화면을 볼 수 있고 Tip of the Day 대화 상자가 뜬다. 이 대화 상자는 프로그래밍에 유용한 여러 가지 팁을 하나씩 말해준다. 팁을 읽어보고 [Close] 버튼을 누른다. 만약 [Next Tip] 버튼을 누르면 다음 팁이 화면에 등장한다.

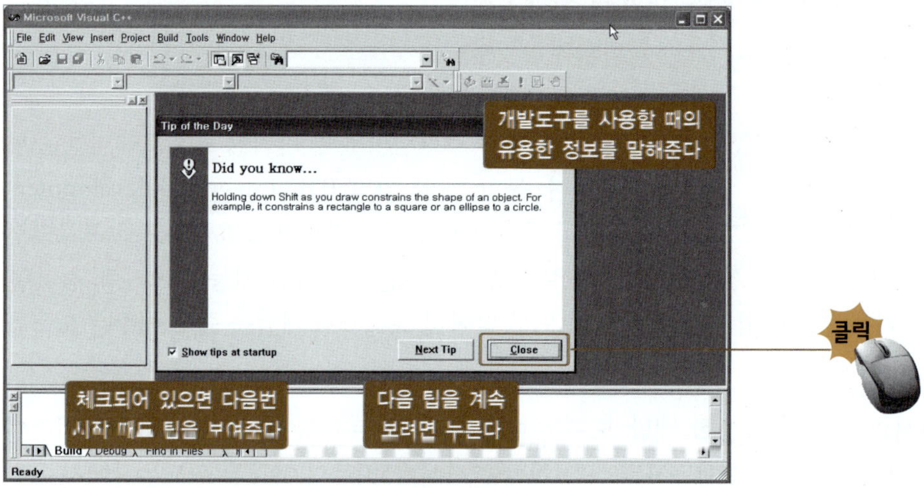

워크스페이스와 프로젝트의 생성

비주얼 C++를 사용하여 프로그램을 작성하려면 먼저 워크스페이스(workspace)와 프로젝트(project)에 대하여 이해해야 한다. 워크스페이스란 말 그대로 작업 공간이다. 작업 공간에는 여러 개의 프로젝트들이 존재할 수 있다. 프로젝트란 하나의 실행 파일을 만드는데 필요한 모든 파일들을 묶어 놓은 것이다. 프로젝트는 비주얼 C++에서 제공하는 마법사 기능을 이용하여 만들 수도 있고, 그냥 비어 있는 프로젝트를 생성시킨 다음 필요한 파일들을 만들어서 넣어도 된다. 따라서 모든 프로그램을 작성하기 전에 먼저 프로젝트 파일을 만들어야 한다. 그리고 나서 프로젝트 파일 안에 소스 파일을 만들어서 넣는다.

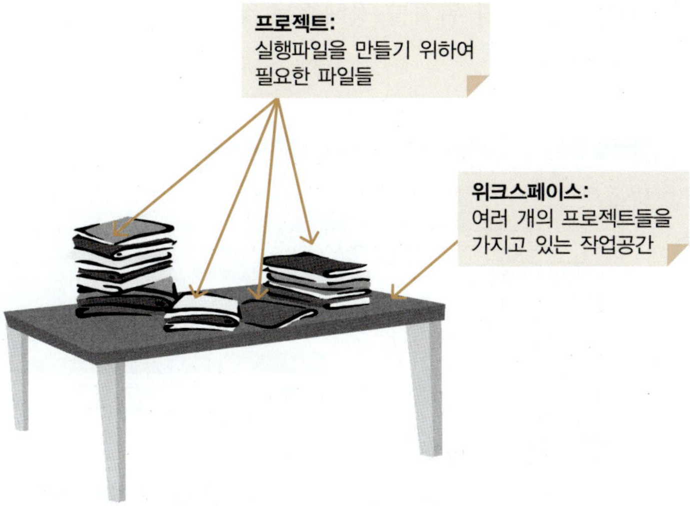

그림 1-14 ● 워크스페이스와 프로젝트

기본적인 워크스페이스는 자동으로 생성된다. 따라서 프로젝트만 만들면 된다. File 메뉴를 선택하고, 메뉴항목에서 [New]를 선택한다. [New]는 무엇인가를 새로 만들 때 사용한다.

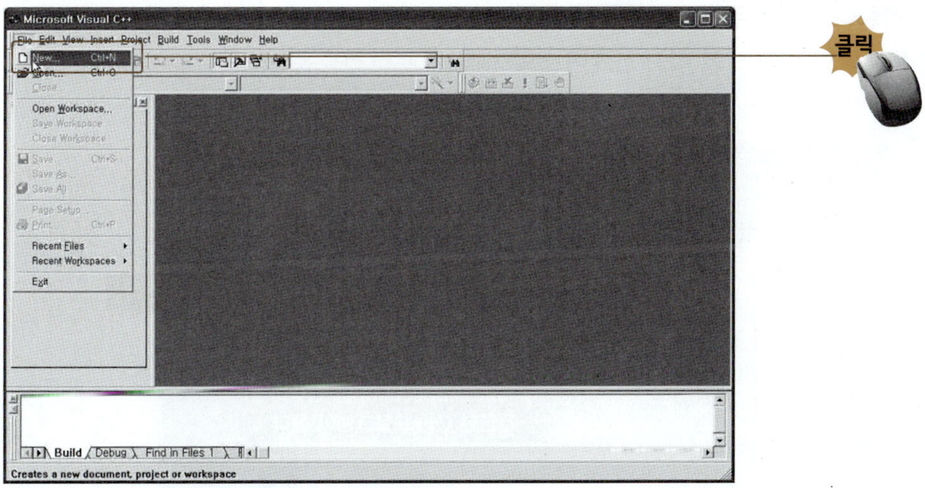

[New] 메뉴를 선택하면 다음과 같은 화면이 나타난다. 여기서 [Projects] 탭을 누르고, "Win32 Console Application"을 선택한다. 이는 즉 콘솔을 이용하여 문자기반의 입출력을 하는 응용 프로그램을 작성하겠다는 것을 의미한다. 화면 오른쪽의 Project Name 필드에 원하는 프로젝트 이름을 입력하고 Location 필드의 ... 버튼을 눌러서 소스 파일들이 저장될 폴더를 선택한다. 만약 새로운 폴더에 저장하고 싶으면 미리 폴더를 만들어 두어야 한다. 이것

은 프로젝트의 이름과 프로젝트의 위치를 정해주는 것이다. 입력을 마쳤으면 [OK] 버튼을 누른다.

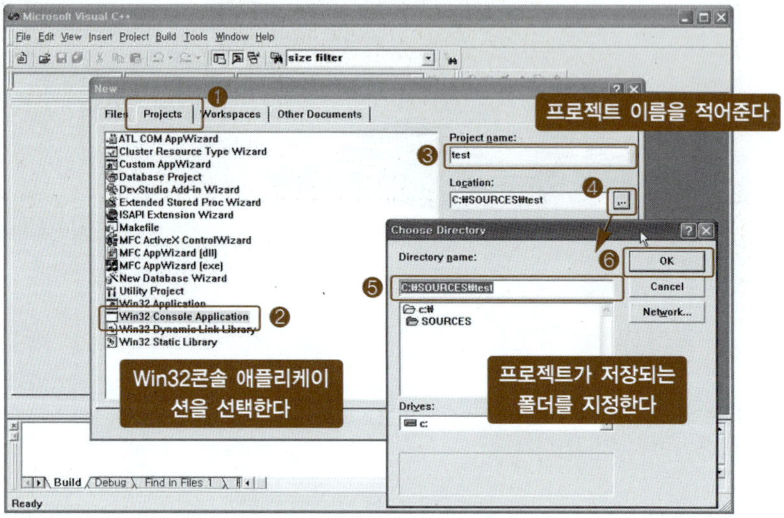

[OK] 버튼을 누르면 다음과 같은 화면이 나타나게 되는데 몇 가지의 종류 중에서 An empty project를 선택한다. 즉, 아무것도 들어 있지 않는 프로젝트를 하나 생성시키겠다는 뜻이다. 여기까지 수행했다면 기본적인 워크스페이스와 새로운 프로젝트를 생성한 것이다.

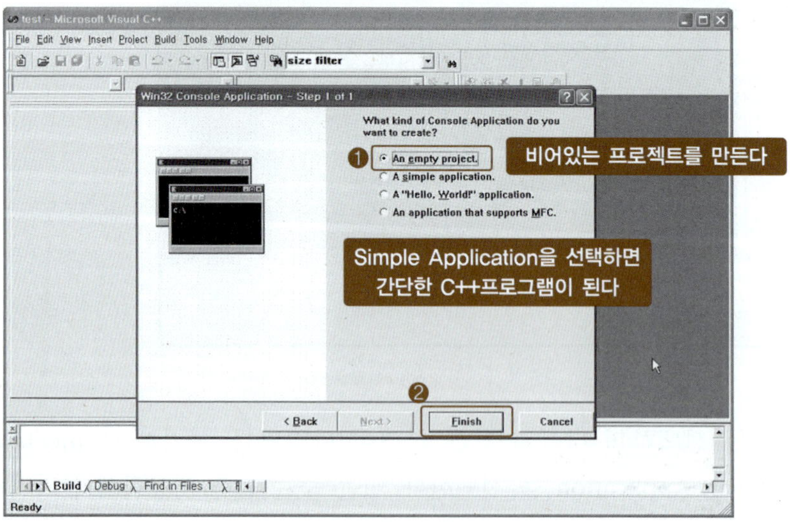

소스 파일의 생성

워크스페이스와 프로젝트를 만들었으므로 이제는 소스 파일을 생성시켜보자. 소스 파일을 프로젝트에 추가하기 위해서는 다시 [File] 메뉴에서 [New]를 실행하고 [Files] 탭을 선택하면 다음과 같은 화면이 등장한다. 여기서 [C++ Source File]을 선택하고 파일 이름을 입력한다.

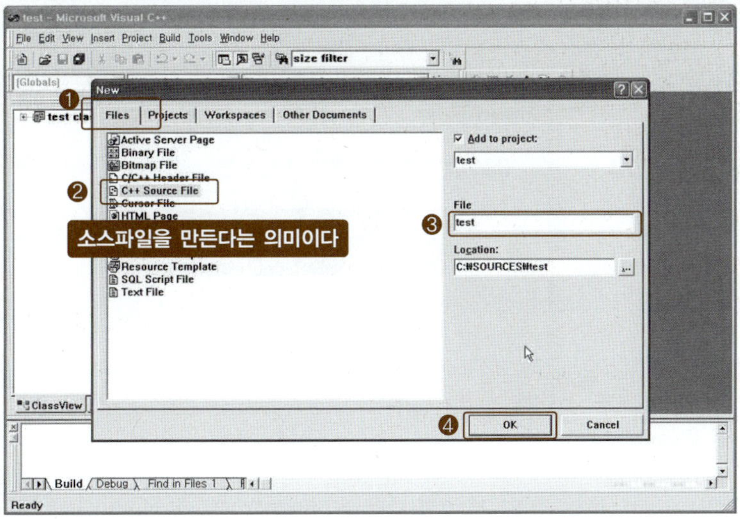

프로그램 입력

왼쪽 윈도우를 보면 하단에 ClassView 탭과 FileView 탭이 있다. FileView 탭을 클릭하면 Source Files, Header Files, Resource Files의 세 가지 폴더가 보인다. 우리가 만든 소스 파일은 Source Files라는 폴더에 들어 있다. +기호를 클릭하여 보면 폴더가 열리고 `test.cpp` 파일이 보인다. `test.cpp` 파일을 더블 클릭하면 `test.cpp`이 열리면서 에디터가 실행되어 오른쪽 화면에서 프로그램을 입력할 수 있다.

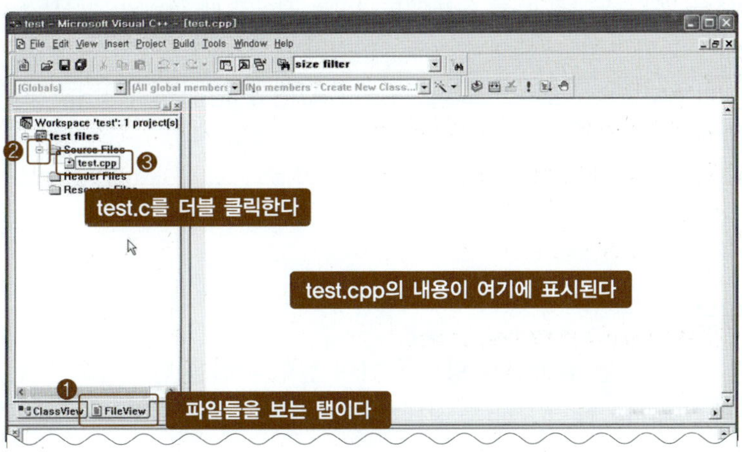

이 상태에서 오른쪽 윈도우에 소스를 입력하면 된다. 다음의 소스를 주의하여서 그대로 입력하여 보자. 소스 코드를 입력할 때는 흔히 한 두 글자는 틀리기 쉽다. 그러나 한 글자만 틀려도 프로그램은 컴파일되지 않는다. 따라서 다음 그림을 참조하여 보이는 그대로 입력하도록 하자.

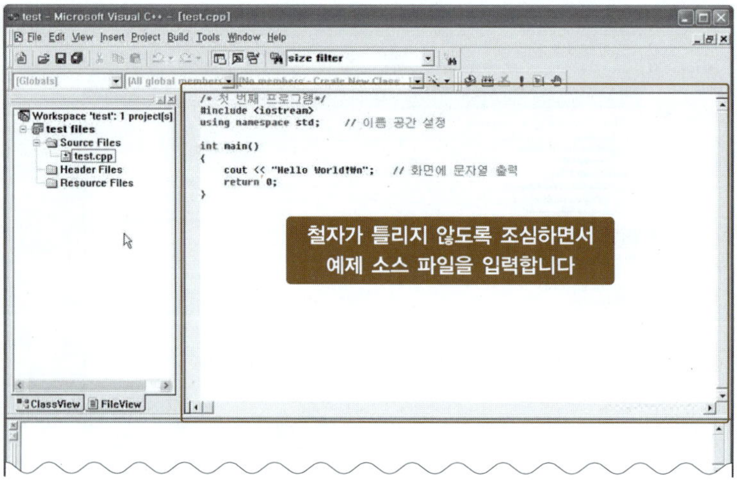

화면을 캡처한 그림에서도 알 수 있지만 단어들이 녹색, 파란색, 검정색으로 나타난다. 만약 자신이 입력한 단어가 위의 그림의 색상과 다른 경우에는 다시 한번 확인을 하여야 한다. 위와 완전히 100% 동일한 경우만 올바르게 컴파일된다. 이러한 색깔의 지정은 Tools → Option 메뉴의 Format 탭에서 변경이 가능하다. 자신이 좋아하는 색으로 변경하여도 무방하다.

참고사항 비주얼 C++를 사용하여 프로그램을 작성하는 경우에 반드시 비주얼 C++에서 지원되는 에디터만을 이용해야 되는가?

다른 에디터를 사용해도 된다. 단 에디터를 사용하여 파일을 저장할 때 파일의 확장자가 cpp로 끝나야 한다. 확장자가 cpp인 파일은 프로젝트의 Source Files라고 되어 있는 부분에 추가할 수 있다. Source Files 위치에서 마우스 오른쪽 버튼을 누르고 Add Files to Folder 메뉴를 선택하면 삽입시킬 파일을 물어본다.

컴파일과 링크

소스를 전부 입력하였으면 컴파일과 링크를 하여 실행 파일을 만들어보자. 컴파일만을 하려면 Biuld 메뉴의 `Compile test.cpp`를 선택하면 되지만 일반적으로는 컴파일과 링크를 한꺼번에 하게 되므로 Build 메뉴에 있는 `Build test.exe`를 실행하는 편이 낫다. 컴파일과 링크가 실행되고 오류가 없으면 다음과 같은 화면이 나온다. 즉, c:\sources\Debug 폴더에 컴파일이 끝나면 `test.obj`가 만들어지고 링크가 끝나면 `test.exe`가 만들어질 것이다.

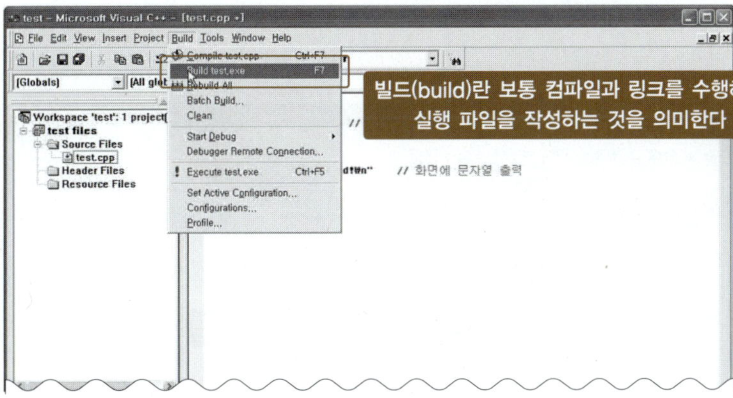

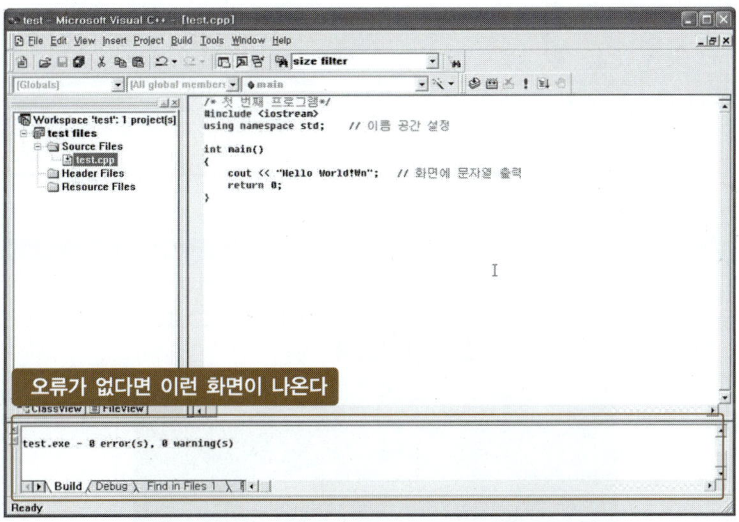

위의 화면은 컴파일과 링크 과정에서 오류(에러)의 숫자가 0이고 경고(에러보다 낮은 수준의 오류)가 0이라는 것을 나타낸다. 만약 여러분이 입력하는 과정에서 철자를 잘못 입력하게 되면 에러와 경고가 0이 아닐 수가 있다. 이 경우에는 입력한 소스를 다시 한번 교과서와 비교해보면서 오류를 수정하고 다시 빌드를 하여야 한다.

만약 컴파일과 링킹을 분리하여 하고자 한다면 먼저 [Build] 메뉴의 [Compile test.ccp]를 선택하고 컴파일이 성공하면 [Build] 메뉴의 [Build test.exe]를 선택하면 된다. 링킹이 성공하면 역시 `c:\cprogram\Debug` 폴더에 실행 파일 `test.exe`가 생성된다.

프로그램 실행

지금까지 작성한 프로그램을 실행시키려면 [Build] 메뉴의 [Execute test.exe] 메뉴 항목을 선택한다. 만약 실행 시간 오류가 없다면 다음과 같은 MS-DOS 창이 뜨고 여기에 "Hello World!"가 출력된다. 이 상태에서 아무 키나 누르면 프로그램이 종료되고 다시 비주얼 스튜디오로 되돌아간다.

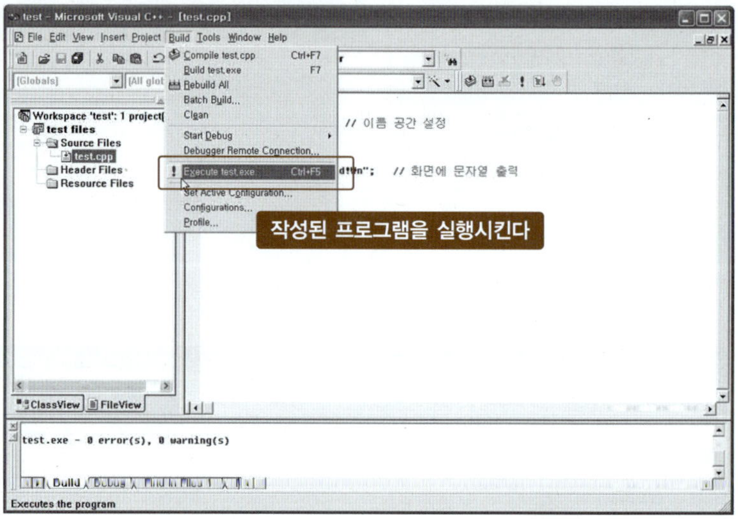

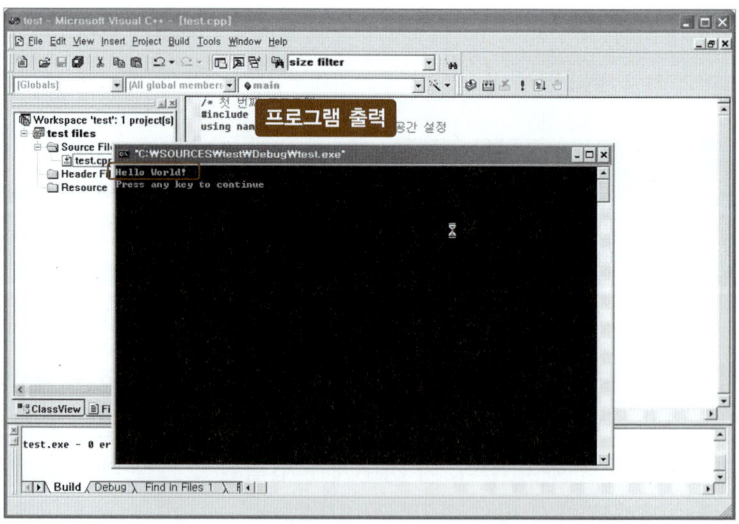

참고사항

프로그램을 실행시킬 때 오른쪽 도구 아이콘에서 [!]를 눌러도 된다.

위의 실행 화면에서 "Press any key to continue"는 프로그램의 출력이 아니고 계속 진행하려면 아무 키나 누르라는 안내 메시지이다. 이 메시지는 프로그램을 실행시켰을 때 항상 나오는 메시지이다. "Hello World!"가 예제 프로그램의 출력이 된다.

중간점검

1. 프로젝트 파일, 워크스페이스 파일, 소스 파일 중에서 가장 먼저 생성하여야 하는것은?
2. 소스파일을 컴파일시키는 메뉴는?

7. 예제 프로그램의 설명

간단한 문자열을 화면에 출력하는 프로그램을 살펴보자. 한 부분씩 분석하여 보자. 한 가지 주의할 점은 C++ 프로그램은 대문자와 소문자를 구별한다. 따라서 main()을 MAIN()으로 입력하면 오류가 된다.

test.cpp

```
/* 첫 번째 프로그램 */
#include <iostream>
using namespace std;           // 이름 공간 설정

int main()
{
   cout << "Hello World!\n";   // 화면에 문자열 출력
   return 0;
}
```

실행결과

```
Hello World!
```

/* 첫 번째 프로그램 */

주석(comment)은 /*와 */로 묶여진 부분이다. 주석은 프로그램이 하는 일을 설명하는 설명 글로서 프로그램의 실행 결과에 영향을 끼치지 않는다. 그렇다면 도대체 주석은 어디에 필요한 것인가? 주석은 컴퓨터를 위한 것이 아니고 프로그램을 읽는 사람을 위한 것이다. 주석은 프로그램의 가독성을 높인다.

참고사항

주석에서 */를 빠뜨리면 심각한 오류가 발생한다. 또한 *과 /는 붙여서 써야 한다. 또한 주석을 */로 시작하고 /*로 끝내면 안 된다.

주석은 한 줄 또는 여러 줄이 될 수 있다. 대개 작성자, 작성 목적, 작성 일자, 코드 설명 등이 주석에 포함된다.

```
/* 한줄로 된 주석 */

/* 여러
   줄로
   된 주석 */
int x; // 여기서부터 줄의 끝까지 주석이다
```

/* ... */ 형태의 주석은 C언어에서 사용되던 형태이고 C++에서 새롭게 추가된 주석의 형태는 // ...이다. //은 현재 위치에서 줄의 끝까지를 주석으로 만든다.

#include <iostream>

위의 문장은 전처리기 지시어이다. 전처리기(preprocessor)란 본격적으로 컴파일을 하기 전에 미리 어떤 처리를 하는 프로그램이다. 전처리기는 보통 컴파일러의 일부분으로 자동적으로 호출된다. 모든 전처리 지시어는 # 기호로 시작한다. #include라는 전처리 지시어는 특정한 파일을 소스 코드 안에 포함시킬 때 사용한다. #include 지시어는 #include <iostream> 문장을 iostream 파일의 내용으로 대체한다.

그렇다면 왜 이 파일을 반드시 포함하여야 하는가? 그 이유는 우리가 입출력을 하려면 이 파일이 필요하기 때문이다. iostream에는 입출력에 필요한 클래스와 객체들이 정의되어 있다. 따라서 입력과 출력을 위하여 cin과 cout을 사용하려면 반드시 iostream 파일을 포함시켜야 한다.

참고사항

C언어에 익숙한 독자들은 왜 헤더 파일의 끝에 `.h`가 붙지 않는지 궁금할 것이다. C++에서는 C의 헤더 파일만 `.h`를 붙이고 C++의 헤더 파일에는 `.h`를 붙이지 않기로 했다. C++ 헤더 파일에는 이름 공간 기능이 추가되어 있다.

using namespace std;

`using`은 이름 공간을 지정하는 지시어이다. 프로그램에서는 많은 이름(식별자)들이 사용되고 이 이름들은 효율성을 위하여 이름 공간(name space)이라고 하는 몇 개의 영역으로 구성되어 있다.

이름 공간(name space)은 동일한 이름을 여러 소프트웨어 개발자들이 사용할 수 있도록 한다. 간단한 예를 들어보자. 두 사람의 개발자가 제작한 라이브러리에 모두 `print()`라는 이름의 함수가 들어 있다고 가정해보자. 이 라이브러리들을 동시에 사용하여서 하나의 프로그램을 개발한다면 컴파일 오류가 발생한다. 컴파일러가 어떤 `print()`를 가져와야 할지 판단할 수 없기 때문이다. 이런 경우에 라이브러리마다 이름 공간을 다르게 한다면 동일한 이름을 충돌없이 사용할 수 없다. 즉, 하나의 라이브러리 이름 공간을 `LibraryA`라고 하고 또 하나의 라이브러리 이름 공간을 `LibraryB`라고 하면 다음과 같이 구별하여 사용할 수 있다.

```
LibraryA::print("Hello World!");  // LibraryA 이름 공간의 print()
LibraryB::print("Hello World!");  // LibraryB 이름 공간의 print()
```

표준 시스템 라이브러리를 위한 이름 공간은 `std`이다. 출력을 담당하는 객체인 `cout`이 `std` 이름 공간에 속한다. 따라서 `cout`은 다음과 같이 사용하여야 한다.

```
std::cout << "Hello World!\n";     // 화면에 문자열 출력
```

하지만 이름 앞에 매번 `std`를 붙이는 것은 번거롭다. 이런 경우에 사용할 수 있는 것이 `using` 지시어이다.

```
using namespace std;          // 이름 공간 설정
```

위의 문장은 현재 사용하는 이름 공간을 `std`로 설정하는 문장이다. 따라서 `std` 안의 모든 이름을 `std`를 붙이지 않고서도 사용할 수 있다.

함수 정의

위의 예제 프로그램에서 가장 핵심적인 부분은 `main()` 함수의 정의이다. 함수(function)란 입력이 주어지면 이것을 처리하여서 출력을 만들어내는 가상적인 상자라고 할 수 있다. 함수는 특정한 작업을 수행하는 코드들을 모아놓은 상자이다.

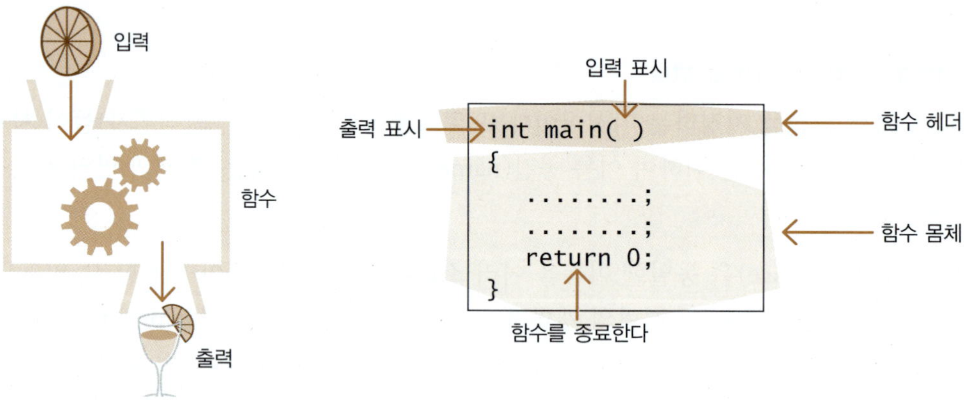

그림 1-15 ● 함수

함수 정의는 함수 헤더와 함수 몸체로 나눌 수 있다. 함수 정의 중에서 첫 번째 줄에 있는 `int main()`가 함수 헤더이고 그 아래에 있는 중괄호 `{ ... }`로 묶인 부분이 함수 몸체이다. 함수 헤더는 함수의 입력과 출력을 나타내는 부분으로 함수와 외부를 연결시키는 역할을 한다. 함수 몸체에는 함수가 수행하는 작업을 기술하는 문장(statement)들이 들어간다. 각각의 문장은 세미 콜론(;)으로 종료되어야 한다.

함수 헤더

함수 헤더(function header)는 외부와 함수 사이의 인터페이스 역할을 한다. 함수는 외부의 함수로부터 호출될 수 있다. 함수는 호출 시 입력을 받을 수 있고 호출이 종료되면 자신을 호출한 함수에게 값을 반환할 수 있다. `main()` 앞의 `int`는 함수가 반환하는 값의 타입이 정수임을 표시한다. 함수 이름 뒤에 붙이는 괄호 안에는 외부로부터 전달 받는 데이터를 나타낸다. 빈 괄호만 있다는 것은 아무런 데이터도 받지 않음을 나타낸다. 결론적으로 `main()` 함수는 자신을 호출한 함수로부터는 값을 받지 않지만 정수값을 반환한다는 것을 의미한다.

모든 C++ 프로그램에서는 반드시 `main()` 함수가 하나 있어야 한다. `main()` 함수는 프로그램에서 가장 먼저 실행이 되는 부분이다. 만약 프로그램에 `main()` 함수가 정의되지 않으면 컴파일 단계에서 오류가 발생한다.

참고사항

본문에서 모든 함수는 다른 함수에 의하여 호출된다고 하였다. 그렇다면 `main()` 함수는 누가 호출하는가? `main()` 함수는 윈도우 XP와 같은 운영 체제가 호출한다.

문장

함수 안에는 문장들이 위치하게 된다. 함수의 몸체는 {로 시작하여서 }로 종료된다. 따라서 {와 }안에 우리가 원하는 문장들을 위치시킨다. 예제 프로그램의 첫 번째 문장은 문자열을 콘솔에 출력한다.

```
cout << "Hello World!\n"    // 화면에 문자열 출력
```

위의 문장이 실행되면 큰따옴표 안의 위치한 문자들이 콘솔로 출력된다. 큰따옴표로 둘러싸인 연속된 문자들을 문자열(string)이라고 한다. 문자열 중에서 "\n"은 콘솔 화면의 커서를 다음 줄로 내려가게 하는 특수 문자이다. << 기호는 문자열을 `cout`에 전달함을 나타낸다.

`cout`은 콘솔에 데이터를 출력하는 기능을 하는 미리 정의된 객체이다. 객체에 대한 본격적인 내용은 8장부터 다루어 질 것이다. 그때까지는 객체를 사용하는 방법만 알고 있으면 된다. 객체를 사용하는 방법은 아주 간단하다. 연산자를 이용하거나 함수를 이용하여서 객체로 데이터를 전달하거나 객체로부터 데이터를 받으면 된다.

참고사항

다른 객체 지향 언어에서는 클래스 안에 정의된 함수의 경우, 메소드(method)라는 용어를 사용한다. 메소드는 클래스 안에 정의된 함수이다.

중간점검

1. 주석이 하는 역할은 무엇인가?
2. 주석을 여러 줄로 하려면 어떤 스타일을 사용하여야 하는가?
3. `#include` 문은 어떤 동작을 하는가?

EXERCISE
INTRODUCTION TO C++ PROGRAMMING

1. 절차적 프로그래밍과 객체 지향 프로그래밍을 비교하여 보아라.

프로그래밍 방법	개요	프로그램 작성 단위	대표적인 언어
절차적 프로그래밍			
객체 지향 프로그래밍			

2. 아래 그림은 C++ 프로그램 개발 과정을 그림으로 정리한 것이다. 빈칸에 가장 알맞은 단어를 적어보자.

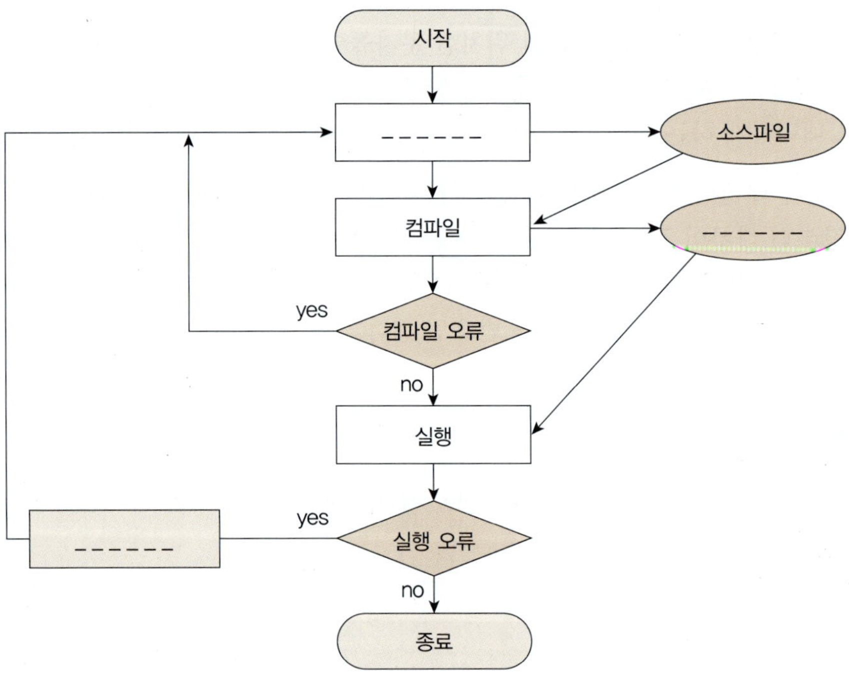

3. 다음 프로그램에 존재하는 모든 오류를 수정하고 각 문장에 주석을 붙여보아라.

```
#include <iostream.h>
using namespace std;

int Main()
{
```

```
    cot << "Hello World!\n";
    cout << "C++ is fast\";
    return 0;
}
```

4. 다음과 같은 상호 작용을 하는 프로그램을 작성하라.

```
당신의 이름을 입력하시오: 홍길동
홍길동씨 환영합니다.
무엇을 해드릴까요? 리포트
리포트는 할 수 없습니다.
```

여기서 사용자로부터 문자열을 입력받을 때는 다음과 같은 문장을 사용한다.

```
#include <string>
string s;
cin >> s;
```

문자열 출력은 다음과 같은 문장을 사용하라.

```
cout << s;
```

LAB
INTRODUCTION TO C++ PROGRAMMING

1. 다음과 같이 사용자와 상호 작용을 하는 프로그램을 작성하라. 비주얼 C++ 6.0 또는 9.0을 사용하라.

```
첫 번째 수를 입력하시오: 20
두 번째 수를 입력하시오: 10
두 수의 합은 30입니다.
```

❶ 프로젝트 "chapter01"을 만들고 소스 파일 lab1.cpp를 추가한다.

❷ 다음 코드에 빈칸을 채워서 lab1.cpp 안에 입력한다. 만일 컴파일 오류가 있다면 수정하라. 변수란 값을 저장하는 공간이다.

```
#include <______________>
using _____________ ________;

int main()
{
   int x, y, z;  // 변수
   cout << "첫번째 수를 입력하시오: ";
   cin >> x;
   cout << ____________________;
   ___________ >> y;
   z = x + y;
   cout << ____________________ << z << " 입니다."<< endl;
   return 0;
}
```

❸ 입력이 끝나면 컴파일하고 실행하여 보자. 어떤 처리 결과가 출력되는가? 컴파일하는 단축키는 무엇인가? 실행하는 단축키와 아이콘은 무엇인가?

❹ 위의 코드를 설명하는 주석을 각 라인에 붙여보자.

❺ 만약 문장의 끝에 ;를 붙이지 않으면 어떻게 되는가? 직접 실습해보라.

❻ endl 대신에 '\n'을 사용하여 보자. 실행 결과가 달라지는가?

❼ using 문장을 삭제하여 보자. 어떤 컴파일 오류가 발생하는가? using 문장을 사용하지 않는 다른 방법은 없는가?

❽ 비주얼 C++ 6.0 또는 9.0 버전에서 디버거를 사용하는 방법을 인터넷에서 조사하라.

❾ 위의 프로그램을 "한 단계씩 코드 실행(F11)" 메뉴를 이용하여서 한 문장씩 실행하여 보자. 실행하면서 동시에 각 변수들의 값을 화면에 표시하여 본다. 워치(watch) 윈도우를 사용하라.

CHAPTER 02

자료형과 연산

이 장의 차례

학습목표

- 변수와 상수에 대하여 학습한다.
- 각종 자료형들을 살펴본다.
- 각종 연산자들을 살펴본다.
- 연산의 우선순위, 결합 규칙을 학습한다.

1. 변수와 상수

변수란?

프로그램에는 반드시 데이터를 저장할 공간이 있어야 한다. 예를 들어 학생들의 성적의 평균을 계산하는 프로그램을 생각하여 보자. 각각의 학생들의 성적이 입력되면 프로그램의 어딘가에 저장해야만 평균을 계산할 수 있다.

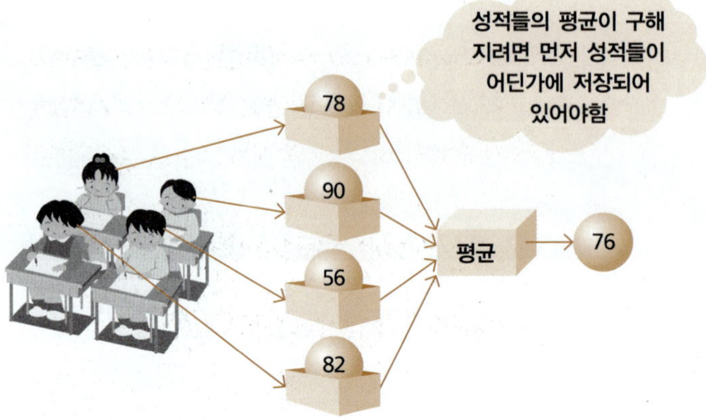

그림 2-1 ● 변수는 데이터를 저장하는 장소이다

변수는 데이터를 담아두는 상자와 같다고 생각할 수 있다. 앞으로 변수들은 모두 상자로 그려질 것이다. 상자들은 식별을 위하여 이름표를 붙이기도 한다. 변수도 마찬가지여서 변수와 변수를 구별하기 위하여 이름을 붙여준다. **그림 2-2**에서 상자의 앞면에 표시되어 있는 i가 변수의 이름이다.

그림 2-2 ● 변수는 데이터를 담아두는 상자와 같다

상수

프로그램 안에서 데이터를 저장하는 공간은 크게 2가지 종류로 나눌 수 있다. 하나는 프로그램이 실행되는 동안 저장된 값이 변경될 수 있는 공간이다. 이것이 앞에서 설명하였던 변수(variable)이다. 변수는 한번 값이 저장되었어도 언제든지 다시 다른 값으로 변경이 가능하다. 반면에 값이 한번 정해지면 값을 변경할 필요가 없는 데이터들도 있다. 예를 들어서 원의 면적을 계산하려면 원의 반지름을 제곱한 후에 원주율인 3.14를 곱해야 한다.

```
area = 3.14 * radius * radius;
```

여기서 3.14와 같은 데이터를 상수(constant)라고 한다. 상수는 프로그램이 실행되는 동안에 값이 변경되지 않는다.

그림 2-3 ● 변수와 상수

상수에 꼭 정수나 실수만 존재하는 것은 아니다. 변경되지 않는 문자열이나 문자들도 상수라고 한다. 예를 들면 아래의 문장에서 "`Hello World!`"라는 문자열도 실행 도중에 변하지 않으므로 상수이다.

```
cout << "Hello World!";
```

자료형의 개념

프로그래밍에서 사용하는 데이터의 종류도 상당히 다양할 수 있다. 12와 같은 정수 데이터도 있을 것이고 3.14와 같은 소수점을 가지는 실수 데이터, "`Hello World!`"와 같은 문자열 데이터도 있다. 문제는 데이터의 종류에 따라서 필요한 메모리 공간의 크기가 다르다는 점이다. 정수 데이터는 비교적 작은 메모리 공간으로도 충분하겠지만 실수 데이터는 더 큰 공간을 필요로 한다. 따라서 저장하는 데이터의 종류에 따라서 변수의 종류를 다르게 하는 것이 메모리를 효율적으로 사용하게 한다.

데이디의 종류를 자료형(data type) 또는 데이터 타입이라고 한다. 변수는 일단 하나의 자료형으로 정의되면 해당되는 종류의 데이터만 저장할 수 있다. 예를 들어 정수를 저장하기로 하고 생성된 변수는 정수만을 저장할 수 있다. 정수형 변수에 실수를 저장할 수는 없다.

자료형을 크게 나누면 정수형(integer type)과 문자형(character type), 부동 소수점형(floating-point type)으로 나눌 수 있다. 정수형은 정수 타입의 데이터를 저장할 수 있다. 문자형은 하나의 문자를, 부동 소수점형은 실수 타입의 데이터를 저장한다. **표 2-1**에 간단히 정리하였다.

표 2-1 • 기본 자료형

자료형			설명	바이트수	범위
정수형	부호있음	short	short형 정수	2	-32768~32767
		int	정수	4	-2147483648~2147483647
		long	long형 정수	4	-2147483648~2147483647
	부호없음	unsigned short	부호없는 short형 정수	2	0~65535
		unsigned int	부호없는 정수	4	0~4294967295
		unsigned long	부호없는 long형 정수	4	0~4294967295
문자형	부호있음	char	문자 및 정수	1	-128~127
	부호없음	unsigned char	문자 및 부호없는 정수	1	0~255
부동소수점형		float	단일정밀도 부동소수점	4	1.2E-38~3.4E38
		double	두배정밀도 부동소수점	8	2.2E-308~1.8E308

중간점검

1. 변수와 상수의 차이점은 무엇인가?
2. 변수와 자료형의 관계를 설명하라.
3. C++가 지원하는 자료형들을 메모리 크기순으로 나열하라.

2. 변수의 이름짓기

변수의 이름은 프로그래머가 마음대로 지을 수 있지만 몇 가지의 규칙을 지켜야 한다. 변수의 이름이나 함수의 이름은 모두 식별자의 일종이다. 식별자(identifier)란 변수 이름, 함수 이름 등에 사용되어서 다른 것들과 식별할 수 있게 해주는 것이다. 마치 "홍길동", "김철수"등의 이름이 사람을 식별하듯이 프로그램 안에서 변수와 변수들을 구별시켜주는 역할을 한다. 식별자는 다음과 같은 규칙에 따라 만들어야 한다.

식별자

- 식별자는 알파벳 문자와 숫자, 밑줄 문자 '_'로 이루어진다. 불행히도 아직까지 한글은 사용할 수 없다.
- 이름의 첫 번째 문자는 반드시 알파벳 또는 밑줄 문자 '_'이어야 한다. 따라서 이름은 숫자로 시작할 수 없다.
- 대문자와 소문자를 구별하여 서로 다른 것으로 취급한다. 따라서 변수 index와 Index, INDEX는 모두 서로 다른 변수이다.

- C++ 언어의 키워드와 똑같은 이름은 허용되지 않는다.
- 변수의 길이에는 제한이 없다.

다음과 같은 것들은 유효한 식별자이다.

```
sum                      // 영문 알파벳 문자로 시작
_count                   // 밑줄 문자로 시작할 수 있다
number_of_pictures       // 중간에 밑줄 문자를 넣을 수 있다
King3                    // 맨 처음이 아니라면 숫자도 넣을 수 있다
```

다음과 같은 것들은 유효하지 않은 식별자이다.

```
2nd_base                 // 숫자로 시작할 수 없다
money#                   // #과 같은 기호는 사용할 수 없다
best-student             // 하이픈은 사용할 수 없다
double                   // double은 C++언어의 키워드이다
```

좋은 변수 이름

변수의 이름을 짓는 것은 상당히 중요한 작업 중의 하나이므로 신중하게 결정하고 시간을 투자하여야 한다. 변수의 이름을 지을 때는 변수의 역할을 가장 잘 설명하는 이름을 지어야 한다. 좋은 변수 이름은 전체 프로그램을 읽기 쉽게 만든다. 하지만 반대로 즉흥적으로 지은 이름을 사용하게 되면 나중에 프로그램을 읽기가 아주 힘들어진다. 예를 들면 연도와 달, 일을 나타내는데 i, j, k라고 이름을 짓는 것보다 year, month, date라고 하면 프로그램이 읽기 쉬워질 것이다. 영어 단어만을 사용해야 하므로 한영 사전을 이용하여 한글을 영문으로 바꾸는 것도 좋은 아이디어이다.

여러 단어로 되어 있는 변수 이름을 나타내는 데에는 몇 가지의 방식이 존재한다. 먼저 가장 전통적인 방법은 bank_account처럼 중간에 밑줄 문자를 사용하는 것이다. 두 번째 방법은 BankAccount처럼 단어 첫 번째 글자를 대문자로 하는 것이다. 어떤 방식을 사용해도 상관없고 다만 일관성있게 사용하면 된다.

참고사항 변수 이름 짓기

C++ 소스를 읽다가 보면 상당히 난해한 변수 이름들이 등장한다. 변수의 이름 앞에 변수의 타입을 나타내는 접두사를 붙이는 경우가 있다. 예를 들면 nCount와 같으면 n은 Count 변수가 정수임을 나타낸다. lpNext와 같은 경우에는 lp는 long pointer를 의미한다. 변수 이름은 자신의 스타일에 맞고 일관성있게 지으면 된다.

참고사항

키워드는 C++언어에서 특별한 의미로 사용하기 위하여 예약하여 놓은 이름이다. 예를 들면 정수형을 나타내는 `int`가 바로 키워드이다.

중간점검

1. 변수 이름을 만들 때 지켜야 하는 규칙은 무엇인가?
2. 변수 이름의 첫 번째 글자로 허용되는 글자들은 어떤 글자인가?
3. 고유한 의미를 가지고 있는 단어들을 무엇이라고 하는가?

3. 변수 선언

변수는 사용하기 전에 반드시 미리 선언하여야 한다. 변수 선언이란 컴파일러에게 어떤 변수를 사용하겠다고 미리 알리는 것이다. 이것은 요리를 하기 전에 어떤 크기의 그릇들이 얼마나 필요한 지 미리 예상하여 준비해놓는 것과 같다. 선언을 하게 되면 컴파일러는 변수의 자료형에 맞는 기억 공간을 미리 확보한다. 만일 변수를 선언하지 않고 사용하게 되면 컴파일 오류가 발생한다.

변수 선언 방법

변수를 선언하는 방법은 간단하다. 원하는 자료형을 쓰고 이어서 변수 이름을 쓰면 된다. 변수 선언도 하나의 문장이므로 반드시 세미콜론으로 종료하여야 한다.

```
자료형    변수이름
```

```
char c ;
int i ;
double interest_rate ;
```

변수가 선언되면 변수의 값은 아직 정의되지 않은 상태가 된다. 변수를 선언과 동시에 값을 넣는 방법은 변수 이름 뒤에 할당 연산자 '=' 를 놓고 초기값을 적어 넣으면 된다. 이것을 변수의 초기화(initialization)라고 한다.

```
char c = 'a';
int i = 7;
double interest_rate = 0.05;
```

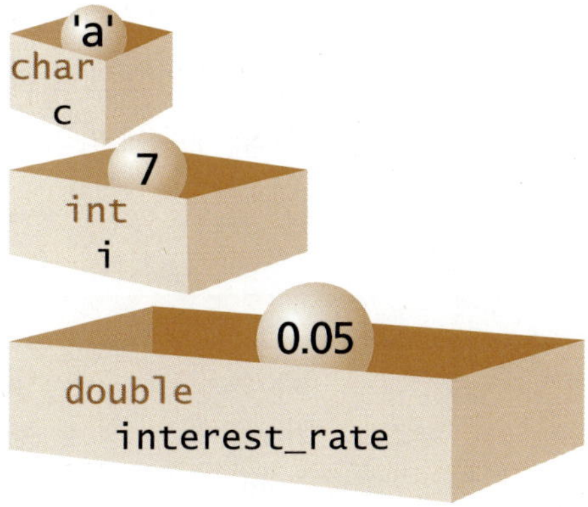

동일한 타입의 변수인 경우, 같은 줄에서 선언과 동시에 변수들을 초기화할 수 있다.

```
int    height = 100, width = 200;
```

다만 다음과 같이 하는 것은 문법적으로 틀리지는 않지만 피하는 것이 좋다.

```
int height, width = 200;
```

위의 문장의 경우, height는 초기화되지 않고 width만 초기화된다. 잘못 생각하면 height와 width가 모두 200으로 초기화된다고 생각할 수 있다. 따라서 위와 같은 문장은 피하는 것이 좋다.

중간점검

1. 변수 x와 y를 int형으로 선언하여 보라. x는 0으로, y는 1로 초기화된다.
2. 하나의 문장을 사용하여 변수 x와 y를 int형으로 선언하여 보라.

4. 정수형

정수형은 가장 기본적인 데이터 타입으로 정수를 저장할 수 있다. 정수형에는 다음과 같은 자료형이 있다.

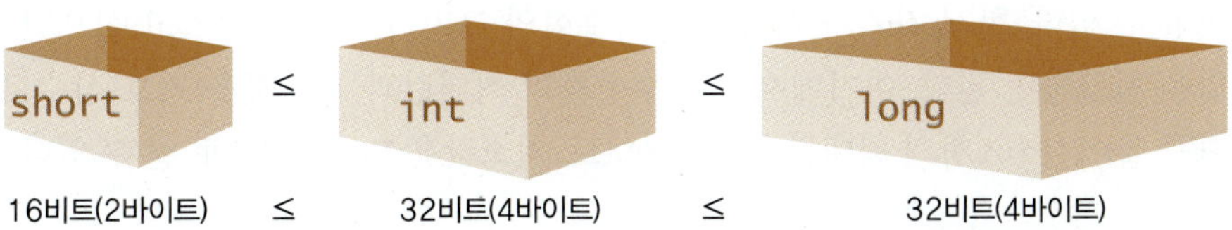

수학에서의 정수는 ...,−3, −2, −1, 0, 1, 2, 3, ...와 같은 한 가지 종류만 존재하지만 C++에는 메모리의 크기가 한정되어 있으므로 한 가지 타입으로 전체 정수를 나타낼 수는 없다. 따라서 정수에 할당되는 비트의 개수에 따라 **표 2-2**와 같은 몇 가지의 종류가 있다.

표 2-2 ● 정수형

자료형			설명	바이트수	범위
정수형	부호있음	short	short형 정수	2	-32768~32767
		int	정수	4	-2147483648~2147483647
		long	long형 정수	4	-2147483648~2147483647
	부호없음	unsigned short	부호없는 short형 정수	2	0~65535
		unsigned int	부호없는 정수	4	0~4294967295
		unsigned long	부호없는 long형 정수	4	0~4294967295

C++에서는 왜 여러 가지 타입의 정수형이 있을까? 즉, 왜 하나의 정수형만 사용하지 않을까? 그것은 용도에 따라 프로그래머가 선택하여 사용할 수 있게 하려는 것이다. 만약 8비트만을 사용해서 정수를 나타낸다면 −128~127 사이의 정수만 표현이 가능하다. 비트 수를 늘리면 범위는 확대시킬 수 있지만 메모리 공간을 더 많이 필요로 한다. 따라서 다양한 크기를 가지는 정수 자료형을 제공함으로써 각자 필요에 따라 적당한 크기의 정수 자료형을 선택하여 사용하자는 취지이다.

정수형에는 short, int, long이 있고 이들은 정수를 저장하는데 사용하는 비트의 수가 다르다. short형은 16비트로 정수를 저장한다. long형은 32비트를 사용한다. int형은 CPU가 한번에 읽어서 처리할 수 있는 비트의 크기와 관련이 있다. 최근 대부분의 컴퓨터에서는 32비트 CPU를 사용한다. 따라서 일반적으로 int형은 32비트이다. 이들을 사용하여 변수를 정의해 보면 다음과 같다.

```
short grade;        // short형의 변수를 생성한다
int count;          // int형의 변수를 생성한다
long distance;      // long형의 변수를 생성한다
```

short형이 표현할 수 있는 정수의 범위는 어떻게 계산할 수 있을까? short형은 -2^{15}(32768)에서 $2^{15}-1$(+32767)까지의 정수를 표현할 수 있다. int형은 약 −21억에서 +21억까지의 정수를 표현할 수 있다. 현재 자기가 사용하는 정수형의 크기가 얼마인지 알고 싶으면 climits 헤더 파일을 참고하면 된다. 여기에서는 정수형들의 최대값과 최소값을 기호 상수로 정의해 놓았다. 예를 들어서 int형의 최대값은 INT_MAX로, 최소값은 INT_MIN으로 알 수 있다.

Q & A

Q: 그렇다면 다양한 정수 타입 중에서 어떤 정수 타입을 사용하여야 하는가?

A: 만약 상당히 큰 값(32,767 이상 또는 -32,767 이하)들을 필요로 한다면 `long`형을 사용하는 것이 좋다. 만약 기억 공간을 줄여야 한다면 `short`형을 사용하는 편이 유리하다. 일반적인 경우에는 `int`형을 사용한다. 만약 음수를 사용하지 않는다면 `unsigned`형을 사용하는 편이 좋다. `char`형도 아주 작은 정수형으로 사용할 수 있으나 득보다는 실이 많다. 왜냐하면 컴파일러가 `char`형을 `int`형으로 변환하기 위하여 추가적인 코드를 집어넣어야 하기 때문이다. 또한 의도하지 않은 부호 확장이 이루어 질 수 있다.

간단한 예제로 정수형 변수들을 선언해보고 정수값들을 대입하여 보자. 또한 정수형에 속하는 자료형들의 크기를 계산하고 화면에 출력해보자. 자료형의 크기는 `sizeof` 연산자를 이용하면 된다. `sizeof`는 자료형이나 변수의 크기를 바이트 단위로 계산하는 연산자이다.

integer.cpp

```
#include <iostream>
#include <climits>
using namespace std;                    // 이름 공간 설정

int main()
{
   short year = SHRT_MAX;               // 최대값으로 초기화한다
   int sale = INT_MAX;                  // 최대값으로 초기화한다
   long total_sale = LONG_MAX;          // 최대값으로 초기화한다

   cout << "short형의 크기 = " << sizeof(short) << endl;
   cout << "int형의 크기 =" << sizeof(int) << endl;
   cout << "long형의 크기 =" << sizeof(long) << endl << endl;

   cout << "short형의 최대값 = " << year << endl;
   cout << "int형의 최대값 = " << sale << endl;
   cout << "long형의 최대값 = " << total_sale << endl << endl;

   cout << "short형의 최소값 = " << SHRT_MIN << endl;
   cout << "int형의 최대값 = " << INT_MIN << endl;
   cout << "long형의 최대값 = " << LONG_MIN << endl << endl;

   return 0;
}
```

줄바꿈 문자('\n')

실행결과

```
short형의 크기 = 2
int형의 크기 = 4
long형의 크기 = 4

short형의 최대값 = 32767
int형의 최대값 = 2147483647
long형의 최대값 = 2147483647

short형의 최소값 = -32768
int형의 최대값 = -2147483648
long형의 최대값 = -2147483648
```

unsigned, signed 수식자

unsigned와 signed 수식자는 정수형 앞에 올 수 있다. 3개의 정수형에 signed, unsigned 수식자를 붙일 수 있으므로 모두 6가지의 정수형 자료형이 만들어질 수 있다.

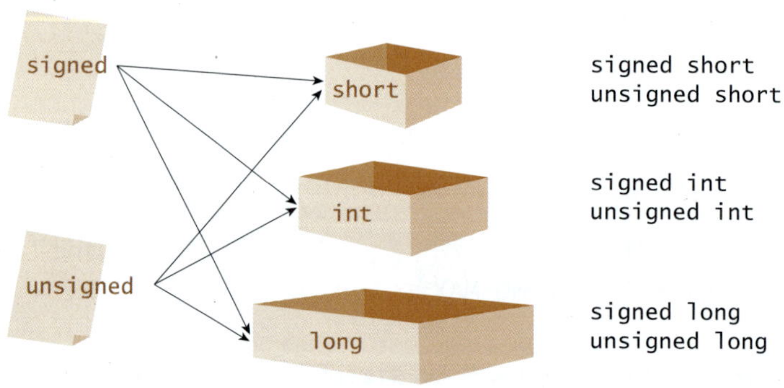

그림 2-4 ● 정수형은 unsigned, signed를 붙일 수 있으므로 총 6가지가 된다

unsigned는 변수가 음수가 아닌 값만을 나타낸다는 것을 의미한다. 음수가 제외되면 같은 비트로 더 넓은 범위의 양수를 나타낼 수 있다는 장점이 있다. 예를 들어 원래의 short형은 −32768에서 +32767까지의 정수만을 표현할 수 있었지만 unsigned short형은 0에서 65535까지의 정수를 나타낼 수 있다. 물론 절대로 음수가 될 수 없는 값을 표현하는 경우에만 사용하여야 한다.

signed 키워드는 반대로 자료형이 음수도 가질 수 있음을 명백히 하는데 사용된다. 따라서 signed int와 int는 같은 의미이며 보통의 경우에는 생략된다.

몇 가지의 예를 아래에 보였다.

```
unsigned int speed;         // 부호 없는 int형
unsigned distance;          // unsigned int distance와 같은 의미이다
unsigned short players;     // 부호 없는 short형
unsigned long seconds;      // 부호 없는 long형
```

참고사항

unsigned라고 쓰면 unsigned int형을 의미한다. 또한 short형은 short int라고 쓸 수도 있다. 마찬가지로 long형은 long int라고 쓸 수도 있다.

오버플로우

int형 변수가 나타낼 수 있는 정수의 범위가 제한되어 있기 때문에 조심해야할 사항이 있다. int형 변수를 이용하여 덧셈과 같은 산술 연산을 하는 경우, 산술 연산의 결과가 int형이 나타낼 수 있는 범위를 넘어갈 수도 있다. 예를 들어서 다음과 같은 코드를 살펴보자.

overflow.cpp

```cpp
#include <iostream>
#include <climits>
using namespace std;                          // 이름 공간 설정

int main()
{
   short s_money = SHRT_MAX;                  // 최대값으로 초기화한다
   unsigned short u_money = USHRT_MAX;        // 최대값으로 초기화한다

   s_money = s_money + 1;
   cout << "s_money = " << s_money << endl;

   u_money = u_money + 1;
   cout << "u_money = " << u_money << endl;

   return 0;
}
```

실행결과

```
s_money = -32768
u_money = 0
```

short형의 변수에 최대값인 32767을 저장한 후에 1을 증가시키면 어떻게 될까? 이 경우에는 32767에서 갑자기 −32768이 된다. unsigned short형의 변수인 경우에는 65535에서 0으로 넘어간다. 이런 경우를 오버플로우(overflow)라고 하며 변수가 나타낼 수 있는 범위를 넘는 숫자를 저장하려고 할 때 발생한다.

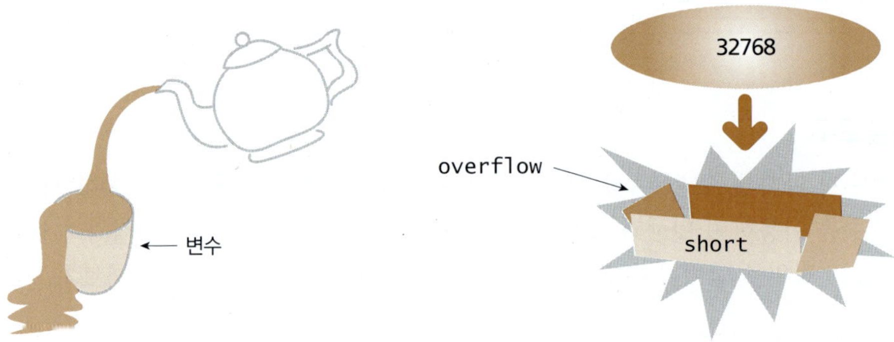

그림 2-5 • 오버플로우는 변수가 저장할 수 있는 범위를 넘어서는 수를 저장했을 경우에 발생한다

한계를 벗어나면 자동차의 주행 거리계처럼 다시 처음으로 돌아가서 시작한다.

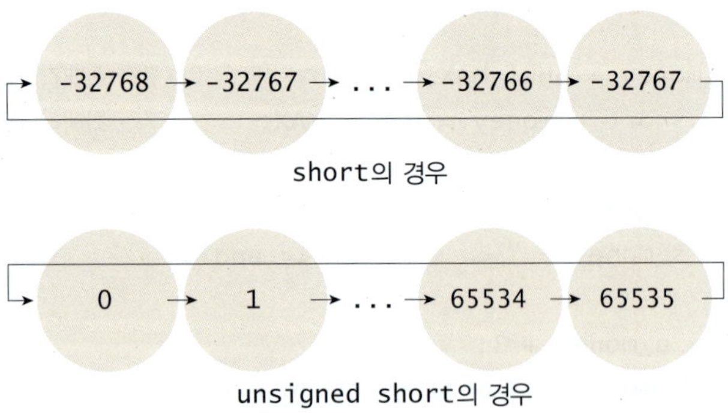

그림 2-6 • 1씩 증가하는 과정에서 오버플로우가 발생하면 수도계량기나 자동차의 주행거리계처럼 처음으로 되돌아간다. int형의 경우, 음수부터 시작하므로 음수로 되돌아간다. unsigned int의 경우 0부터 시작하므로 0으로 되돌아간다

정수형에서 오버플로우가 발생하더라도 컴파일러는 아무런 경고를 하지 않는다. 오버플로우가 발생하면 전체적으로 부정확한 결과가 계산될 것이다. 따라서 프로그래머가 스스로 오버플로우가 일어나지 않도록 주의하여야 한다.

참고사항

64비트 CPU의 등장으로 C++에서도 64비트 정수형을 지원한다. 이 자료형은 `long long`형이며 이미 많은 컴파일러들이 지원하고 있다. 비주얼 C++ 6.0은 아직 지원하고 있지 않지만 최신 버전인 비주얼 C++ 2008에서는 지원한다.

정수 상수

정수 상수는 12나 100과 같이 프로그램 안에 직접 입력하면 된다. 정수 상수는 기본적으로 `int`형으로 간주된다. 그러나 만약 `int`형의 범위를 넘는 정수 상수는 컴파일러가 `long`형으로 취급한다.

상수의 경우, 컴파일러가 자동으로 값을 저장할 수 있는 가장 작은 자료형을 선택하지만 만약 자료형을 프로그래머가 명시하고 싶은 경우는 그렇게 할 수도 있다. 123L처럼 정수 상수 뒤에 접미사로 L을 붙이면 123이라는 상수를 `long`형으로 간주한다.

표 2-3 ● 정수 상수

접미사	자료형	예
u 또는 U	unsigned int	123u 또는 123U
l 또는 L	long	123l 또는 123L
ul 또는 UL	unsigned long	123ul 또는 123UL

정수 상수는 10진법뿐만 아니라 8진법이나 16진법으로도 표기가 가능하다. 8진법으로 표기하려면 앞에 0을 붙이면 된다. 8진법 상수는 0에서 7까지의 숫자를 포함할 수 있다. 즉 10을 8진법으로 표기해보면 012가 된다.

$$012_8 = 1 \times 8^1 + 2 \times 8^0 = 10_{10}$$

16진법은 0부터 9까지의 숫자, A부터 F까지의 글자를 사용하여 나타낸다. 16진법으로 정수 상수를 표기하려면 앞에 0x를 붙이면 된다. 예를 들어서 10을 16진수로 나타내면 0xa 또는 0xA가 된다.

$$0xA_{16} = 10 \times 16^0 = 10_{10}$$

알파벳의 대소문자는 구분하지 않는다. 즉, 0xa와 0xA는 같다. 수를 나타내는데 a나 b와 같은 문자를 사용하는 것이 처음에는 생소해보일 것이다. 하지만 하드웨어와 관련하여 비트 조작을 할 때는 10진법보다 16진법이 훨씬 사용하기가 편리하다. 2진수와 16진수는 상당한 관련이 있다. 16진수의 하나의 자리수는 4비트에 해당한다. 따라서 32비트나 64비트 등의 2진수 데이터를 16진수로 표기하게 되면 알아보기가 쉽다. 여러분도 조금만 연습하면 16진수의 문자를 보고 해당하는 비트 패턴을 알 수 있다.

```
0xff0f(16진수) <-> 1111 1111 0000 1111(2진수)
```

int_const.cpp

```
#include <iostream>
using namespace std;            // 이름 공간 설정

int main()
{
   int x = 10;                  // 10은 10진수이고 int형이고 값은 10진수로 10이다
   int y = 010;                 // 010은 8진수이고 int형이고 값은 10진수로 8이다
   int z = 0x10;                // 010은 16진수이고 int형이고 값은 10진수로 16이다

   cout << "x = " << x << endl;
   cout << "y = " << y << endl;
   cout << "z = " << z << endl;

   return 0;
}
```

실행결과

```
x = 10
y = 8
z = 16
```

만약 cout을 이용하여서 8진수나 16진법으로 정수를 출력하려면 oct, hex와 같은 특별한 지정자를 사용하여야 한다. 예를 들어서 y를 8진법으로 출력하려면 다음과 같이 한다.

```
cout << oct;
cout << "y = " << y << endl;
```

여기서 cout << oct; 문장은 콘솔에 아무것도 표시하지 않는다. 다만 cout이 사용하는 진법을 10진법에서 8진법으로 변경한다.

기호 상수

보통의 상수는 변수와는 달리 이름이 없다. 그러나 상수에도 이름을 붙일 수 있는 방법이 있다. 기호 상수(symbolic constant)는 기호에 의하여 상수를 표현한 것이다. 월급에서 세금을 제외한 순수입을 계산하는 아래의 두 문장은 같은 의미이며 TAX_RATE가 0.15로 정의된 기호 상수이다.

```
income = salary - 0.15 * salary;          // ❶ 실제의 값을 사용
income = salary - TAX_RATE * salary;      // ❷ 기호 상수 사용
```

기호 상수는 상수 값을 그대로 쓰는 방법에 비하여 몇 가지의 장점을 지닌다. 첫 번째 장점은 기호 상수를 사용하면 프로그램을 읽기가 쉬워진다는 것이다. 문장 ❶에서는 0.15가 무엇을 의미하는지 쉽게 알 수 없다. 그러나 문장 ❷에서는 0.15가 세율이라는 것을 쉽게 알 수 있다.

기호 상수의 두 번째 장점은 프로그램이 동일한 상수를 여러 곳에서 사용하고 있는 경우에 상수 값의 변경을 쉽게 할 수 있다는 것이다. 위의 예에서 세율이 변경된 경우, 숫자를 사용했다면 프로그램에서 그 상수가 사용된 모든 곳을 찾아 값을 변경하여야 한다. 그러나 기호 상수를 사용했다면 기호 상수의 정의만 변경하면 된다.

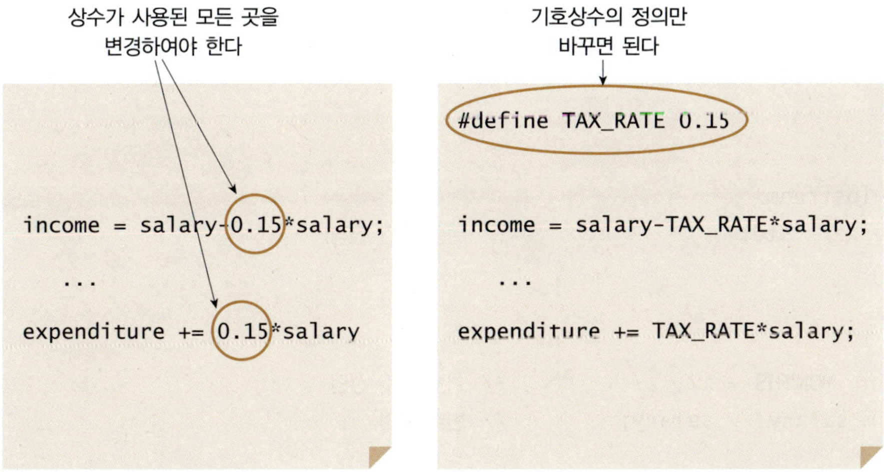

그림 2-7 ● 상수값을 직접 쓰는 경우와 기호 상수의 비교

기호 상수를 사용하는 방법에는 다음 2가지가 있다.

1 #define 문장 사용

```
#define     TAX_RATE          0.15     // 세율 정의
```

위와 같은 문장을 프로그램의 첫 부분에 둔다. 보통 #define 문장은 프로그램의 맨 첫 부분에 모여 있다. #define이 들어가는 문장은 보통 컴파일러가 동작하기 전에 전처리기(preprocessor)가 처리한다. 전처리기는 단순히 기호 이름 TAX_RATE를 전부 찾아서 0.15로 바꾼다.

2 const 키워드 사용

const를 변수 선언 앞에 붙이면 상수가 된다. 선언 시에 const가 붙여진 변수는 일단 초기화된 후에 그 값이 변경될 수 없다. 이 문장은 변수 선언과 같이 세미콜론으로 끝남을 주의하라.

```
const double TAX_RATE = 0.15;     // 세율 정의
```

위와 같은 문장을 선언하였으면 이제부터 0.15 대신에 TAX_RATE를 사용할 수 있다.

Q&A

Q: #define과 const 중에서 어떤 것이 좋을까?

A: 일반적으로 const 키워드를 사용하여 상수를 만드는 편이 장점이 많다. 먼저 자료형도 지정할 수 있으므로 문법적인 여러 가지 검사도 가능하다. 또한 상수가 정의되는 범위를 변수와 같이 제한할 수 있다. 추가로 배열이나 구조체와 같은 복합 데이터 타입에서도 const는 사용할 수 있다.

const2.cpp

```
#include <iostream>
using namespace std;                    // 이름 공간 설정

int main()
{
   const int MONTHS = 12;               // 기호 상수 선언
   double m_salary, y_salary;           // 변수 선언

   cout << "월급을 입력하시요: ";        // 입력 안내문
   cin >> m_salary;
```

```

    y_salary = 12 * m_salary;          // 순수입 계산
    cout << "연봉은" << y_salary << "입니다" << endl;

    return 0;
}
```

실행결과

```
월급을 입력하시오: 100
연봉은 1200입니다
```

중간점검

1. 정수형에 속하는 자료형을 모두 열거하라.
2. 숫자값을 직접 사용하는 것보다 기호 상수를 사용하는 것의 이점은 무엇인가?
3. 왜 정수를 하나의 타입으로 하지 않고 `char`, `int`, `short`, `long` 등의 여러 가지 타입으로 복잡하게 분류하여 사용하는가?
4. 부호가 없는 `unsigned int`형의 변수에 음수를 넣으면 어떤 일이 벌어지는가?
5. 변수가 저장할 수 있는 한계를 넘어서는 값을 저장하면 어떻게 되는가? 구체적인 예로 `short`형의 변수에 32768을 저장하면 어떻게 되는가?

5. 문자형

문자와 아스키 코드

문자(character)는 한글이나 영어에서의 하나의 글자, 숫자, 기호 등을 의미한다. 문자는 컴퓨터에는 그다지 중요한 것이 아니지만 사람에게는 아주 중요하다. 거의 모든 정보가 문자를 통하여 전달되기 때문이다. 컴퓨터는 문자를 어떻게 표현할까? 컴퓨터는 모든 것을 숫자로 표현한다는 것을 우리는 알고 있다. 문자도 역시 숫자로 표현한다. 한 가지 예를 들면 'A'는 숫자 65로, 'B'는 66으로 표현한다. 따라서 문자를 넣어두는 변수의 값이 65이면 그냥 'A'가 저장되어 있는 것으로 생각하면 된다.

문자를 숫자로 나타내는 규격으로 아스키(ASCII: American Standard Code for Information Interchange)가 존재한다. 아스키 코드는 0에서 127까지의 숫자를 이용하여 문자를 표현한다. 따라서 아스키 코드에서 인쇄 가능한 코드는 스페이스 문자부터 시작한다. 스페이스(space) 문

자는 32로 표현된다. 느낌표 문자(!)의 코드는 33이다. 이런 식으로 1씩 증가시켜서 알파벳 문자들을 차례대로 표현한다. 'A' 의 코드는 65이고 'B' 는 66이다. 'a' 는 97이고 'b' 는 98이다.

Dec	Hex	문자	Dec	Hex	문자	Dec	Hex	문자	Dec	Hex	문자
0	0	NULL	20	14	DC4	40	28	(	60	3C	<
1	1	SOH	21	15	NAK	41	29	)	61	3D	=
2	2	STX	22	16	SYN	42	2A	*	62	3E	>
3	3	ETX	23	17	ETB	43	2B	+	63	3F	?
4	4	EOL	24	18	CAN	44	2C	,	64	40	@
5	5	ENQ	25	19	EM	45	2D	-	65	41	A
6	6	ACK	26	1A	SUB	46	2E	.	66	42	B
7	7	BEL	27	1B	ESC	47	2F	/	67	43	C
8	8	BS	28	1C	FS	48	30	0	68	44	D
9	9	HT	29	1D	GS	49	31	1	69	45	E
10	A	LF	30	1E	RS	50	32	2	70	46	F
11	B	VT	31	1F	US	51	33	3	71	47	G
12	C	FF	32	20	space	52	34	4	72	48	H
13	D	CR	33	21	!	53	35	5	73	49	I
14	E	SO	34	22	"	54	36	6	74	4A	J
15	F	SI	35	23	#	55	37	7	75	4B	K
16	10	DLE	36	24	$	56	38	8	76	4C	L
17	11	DC1	37	25	%	57	39	9	77	4D	M
18	12	DC2	38	26	&	58	3A	:	78	4E	N
19	13	DC3	39	27	'	59	3B	;	79	4F	O

Dec	Hex	문자	Dec	Hex	문자	Dec	Hex	문자
80	50	P	100	64	d	120	78	x
81	51	Q	101	65	e	121	79	y
82	52	R	102	66	f	122	7A	z
83	53	S	103	67	g	123	7B	{
84	54	T	104	68	h	124	7C	|
85	55	U	105	69	i	125	7D	}
86	56	V	106	6A	j	126	7E	~
87	57	W	107	6B	k	127	7F	DEL
88	58	X	108	6C	l			
89	59	Y	109	6D	m			
90	5A	Z	110	6E	n			
91	5B	[	111	6F	o			
92	5C	\	112	70	p			
93	5D	]	113	71	q			
94	5E	^	114	72	r			
95	5F	_	115	73	s			
96	60	`	116	74	t			
97	61	a	117	75	u			
98	62	b	118	76	v			
99	63	c	119	77	w			

그림 2-8 ● 아스키 코드표

참고사항

char형이 내부적으로는 정수를 저장하기 때문에 기술적으로 보면 정수형이라고 말할 수도 있다. 그러나 char라는 단어가 붙은 것처럼 char형은 문자를 저장하기 위하여 만들어졌기 때문에 이 책에서는 문자형으로 소개하였다.

문자 변수와 문자 상수

문자가 정수로 표현되므로 정수를 저장할 수 있는 자료형은 문자도 저장할 수 있다. 아스키 코드가 0에서 127까지의 숫자만을 이용하므로 8비트로 충분히 표현이 가능하다(8비트이면 $2^8 = 256$개의 문자까지 나타낼 수 있다). 따라서 char형이 문자를 저장하는데 주로 사용된다. char형은 8비트 정수를 저장할 수 있다.

```
char code;
```

만약 이 char형의 변수 code에 문자 A를 저장하려면 어떻게 해야 할까? 문자 A는 아스키 코드 65로 표현되므로 code에 65를 할당하면 될 것이다. 하지만 숫자를 대입하는 것보다 더 편리한 방법이 있다. C에서는 문자 A를 표현하려면 작은따옴표('')를 사용하여 'A'와 같이 나타낼 수 있다.

```
code = 'A';
```

'A'와 같이 작은따옴표로 감싸진 문자를 문자 상수(character constant)라고 한다. 컴파일러는 작은따옴표로 감싸진 문자 상수를 만나면 이것을 아스키 코드로 변환한다. 실제로 code를 10진수 형식으로 출력하여 보면 65가 출력됨을 확인할 수 있다.

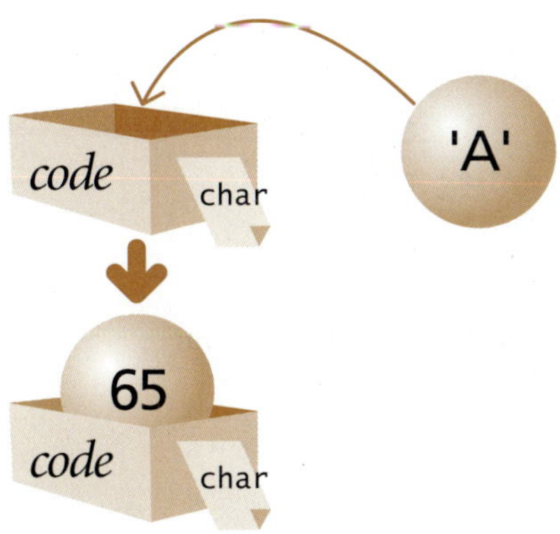

그림 2-9 • 문자형의 변수에 문자 상수를 대입하면 아스키 코드가 저장된다

char_var.cpp

```
#include <iostream>
using namespace std;         // 이름 공간 설정

int main()
{
   char c;     // 변수 선언

   cout << "문자를 입력하시오: ";           // 입력 안내문
   cin >> c;

   cout << "입력된 문자는 " << c << "입니다" << endl;

   return 0;
}
```

실행결과

```
문자를 입력하시오: m
입력된 문자는 m입니다
```

C++가 문자를 아스키 코드라고 하는 정수로 저장하기 때문에 개발자들은 문자를 아스키 코드로 변환하거나 반대로 아스키 코드를 정수로 변환할 필요가 없다.

char_var.cpp

```
#include <iostream>
using namespace std;         // 이름 공간 설정

int main()
{
   char ch = 'A';            // 변수 선언
   int code = ch;

   cout <<  ch << "의 아스키 코드 = " << code << endl;

   ch = ch + 1;
   code = ch;
   cout <<  ch << "의 아스키 코드 = " << code << endl;;

```

```
    return 0;
}
```

실행결과

```
A의 아스키 코드 = 65
B의 아스키 코드 = 66
```

오류주의

만약 문자 상수를 작은따옴표를 쓰지 않고 다음과 같이 기술하면 오류이다.

```
char code = A;
```

컴파일러는 A를 변수 이름으로 생각한다. 작은따옴표를 빠뜨리지 않도록 주의하자.

제어 문자

우리는 문자에 작은따옴표를 붙여서 문자 상수를 만들 수 있었다. 그런데 아스키 코드표에는 제어 문자들도 함께 정의되어 있다. 제어 문자들은 인쇄될 수가 없고 주로 콘솔이나 프린터를 제어할 목적으로 이용되는 문자들이다. 예를 들면 화면에 새로운 줄을 만드는 줄바꿈 문자와 화면에 탭을 나타내는 문자, 벨소리를 내는 문자, 백스페이스 문자 등이 제어 문자에 포함된다. 그렇다면 이들 제어 문자들도 작은따옴표를 붙여서 문자 상수를 만들 수 있을까? 제어 문자들은 출력할 수 없기 때문에 불가능하다.

제어 문자들을 프로그램 안에 표현하는 몇 가지의 방법이 존재한다. 가장 간단한 방법은 그냥 해당 아스키 코드값을 직접 사용하는 것이다. 예를 들면 컴퓨터에서 벨소리를 발생시키는 제어 문자는 아스키 코드값이 7이다. 따라서 컴퓨터에서 "삐"하는 경고 벨소리가 나게 하려면 다음과 같이 하면 된다.

```
char beep = 7;
cout << beep;
```

이 방법은 가장 쉬운 방법이지만 아스키 코드값을 전부 암기하여야 한다. 더 쉬운 방법은 없을까? 한 가지 방법은 이스케이프 시퀀스(escape sequence)를 이용해서 표현하는 방법이다. 이스케이프 시퀀스는 역슬래시(\)와 의미를 나타내는 한 글자를 붙여서 기술된다.

우리가 지금까지 사용하여 왔던 \n 문자가 바로 이스케이프 시퀀스의 대표적인 예이다. \n 문자는 화면의 다음 라인의 시작 위치로 커서를 보내는 제어 문자이다. 이 줄바꿈 문자의 경우

\와 줄바꿈(newline)을 뜻하는 n을 붙여서 \n과 같이 나타낸다. 줄바꿈 문자는 헤더 파일에 endl로 정의되어 있다. 수평탭의 경우 \와 탭(tab)을 나타내는 t를 붙여서 \t와 같이 나타낸다. 벨소리를 나게 하는 제어 문자는 \a로 나타낸다. 다음 표에서 이스케이프 시퀀스로 표기된 제어 문자들을 정리하였다.

표 2-4 ● 이스케이프 시퀀스

제어 문자 이름	제어 문자 표기	값	의미
널문자	\0	0	
경고(bell)	\a	7	"삐"하는 경고 벨소리 발생
백스페이스(backspace)	\b	8	커서를 현재의 위치에서 한 글자 뒤로 옮긴다.
수평탭(horizontal tab)	\t	9	커서의 위치를 현재 라인에서 설정된 다음 탭 위치로 옮긴다.
줄바꿈(newline)	\n	10	커서를 다음 라인의 시작 위치로 옮긴다.
수직탭(vertical tab)	\v	11	설정되어 있는 다음 수직 탭 위치로 커서를 이동
폼피드(form feed)	\f	12	주로 프린터에서 강제적으로 다음 페이지로 넘길 때 사용된다.
캐리지 리턴(carriage return)	\r	13	커서를 현재 라인의 시작 위치로 옮긴다.
큰따옴표	\"	34	원래의 큰따옴표 자체
작은따옴표	\'	39	원래의 작은따옴표 자체
역슬래시(back slash)	\\	92	원래의 역슬래시 자체

예를 들어 프로그램에서 경고음을 내려면 다음과 같이 하면 된다.

```
char beep = '\a';
cout << beep;
```

이스케이프 시퀀스는 큰따옴표 문자를 화면에 나타내는 데도 사용된다. 원래 큰따옴표는 문자열(문자들이 모인 것)을 표시하는 역할을 한다. 그러나 만약 큰따옴표를 화면에 나타내야 할 경우가 있다면 큰따옴표의 본래의 의미를 벗어나서 그냥 하나의 문자 의미를 가져야 할 것이다. 이때 이스케이프 시퀀스가 사용된다. 특수한 기능을 가진 문자 앞에 역슬래시 \를 위치시키면 특수한 의미가 사라지는 효과가 있다. 다음과 같은 라인을 출력하려면

```
"나만의 할리우드" UCC 열풍
```

다음과 같이 하여야 한다.

```
cout << " \"나만의 할리우드\" UCC 열풍 ";
```

escape.cpp

```
#include <iostream>
#include <string>
using namespace std;
int main()
{
   cout << "아이디와 패스워드를 입력하세요:\n";
   cout << "id: ____\b\b\b\b";
   string id, pass;
   cin >> id;
   cout << "pass: ____\b\b\b\b";
   cin >> pass;
   cout << "\a입력된 아이디는 \" " << id << "\"이고 패스워드는 \" " << pass << "\"입니다.\n";
   return 0;
}
```

실행결과

```
아이디와 패스워드를 입력하세요:
id: oooo
pass: pppp
입력된 아이디는 "oooo"이고 패스워드는 "pppp"입니다.
```

참고사항

특수 문자 표기 방법을 이스케이프 시퀀스이라고 부르는 이유는 역슬래시(\)가 다음에 오는 문자의 의미를 본래의 의미에서 탈출하도록 만들기 때문이다. \다음에 오는 문자는 원래의 의미인 글자가 아닌 특별한 명령을 의미한다.

정수형으로서의 char형

char형은 사실은 8비트의 정수를 저장하는 자료형이다. 따라서 문자뿐만 아니라 작은 정수 값도 저장할 수 있다. char형에도 signed와 unsigned의 수식어를 사용할 수 있다. signed를 붙이면 확실하게 부호가 있는 자료형이 되고 unsigned를 붙이면 부호가 없는 자료형이 된다. 따라서 signed char형은 −128에서 +127까지의 정수를 저장할 수 있고 unsigned char형은 0에서 255까지의 정수를 저장할 수 있다.

char형 변수에 아스키 코드를 대입한 상태에서도 정수처럼 다양한 연산을 할 수 있다. 다음의 코드를 보자.

```
char code = 'A';

printf("%d %d %d", code, code+1, code+2); // 97 98 99가 출력된다
printf("%c %c %c", code, code+1, code+2); // A B C가 출력된다
```

위의 코드에서 보면 변수 code에 'A'의 아스키 코드를 대입하고 code와 code+1, code+2한 값을 출력하였다. code의 값을 정수로도 출력이 가능하고 문자 형태로도 출력이 가능함을 알 수 있다.

bool형

bool형은 최근에 C++에 ANSI/ISO 표준으로 추가되었다. bool형의 변수는 참(true) 또는 거짓(false)만을 가질 수 있다. 주로 선택문이나 반복문에서 조건을 나타내는데 사용된다.

```
bool condition = true;
```

true나 false가 정수형 변수로 대입되면 1이나 0으로 변환된다.

```
int   isOK = true;           // isOK에는 1이 대입된다
int   ready = false;         // ready에는 0이 대입된다
```

0이 아닌 값이 bool 변수로 대입되면 true로 변환되며, 0 값이 bool 변수로 대입되면 false로 변환된다.

```
bool  isOK = 99;             // isOK에는 true가 대입된다
bool  ready = 0;             // ready에는 false가 대입된다
```

중간점검

1. C++에서 문자를 나타내기 위해 사용하는 코드는?
2. 경고음을 출력하는 제어 문자는 무엇인가?
3. 화면에 '\'을 출력하려면 어떻게 하는가?

6. 부동 소수점형

부동 소수점 상수

C++에서 부동 소수점 상수를 표기하는 방법은 두 가지가 있다. 하나는 소수점 표기법으로 우리에게 친근한 소수점을 이용하여 실수를 표현하는 방법이다.

```
3.141592
10000.23
0.000096
2.0
```

여기서 주의할 점은 정수라고 하더라도 2.0처럼 뒤에 소수점을 붙이면 이것은 부동 소수점 상수로 간주되어 double형이 된다는 점이다.

두 번째 방법은 지수 표기법으로 지수를 이용하여 실수를 표기하는 방법이다. 즉, 12345.6은 1.23456×10^4로 표기가 가능하고 이것을 C에서는 1.23456e4로 표기한다. 지수 부분은 E나 e를 사용하여 표시한다.

```
3.141592e0
1.000023e+4
9e-20                   // 9.0e-20과 같다
-19.2E+8
```

지수 표기법은 주로 매우 큰 수나 작은 수를 표기하는데 유용하다. 두 가지의 표기법을 비교하면 **표 2-5**와 같다.

표 2-5 ● 부동 소수점 상수의 표기법 비교

실수	지수 표기법	의미
123.45	1.2345e2	1.2345×10^2
12345.0	1.2345e5	1.2345×10^5
0.000023	2.3e-5	2.3×10^{-5}
2000000000	2.0e9	2.0×10^9

부동 소수점 상수는 기본적으로 double형으로 저장된다. 만약 4-바이트 크기의 float형 상수를 만들려면 실수 상수 끝에 f나 F를 붙여주면 된다.

```
3.141592F
3.141592f
```

다음은 유효한 부동 소수점 상수의 예이다.

```
1.23456
2.          // 소수점만 붙여도 된다
.28         // 정수부가 없어도 된다
0e0
2e+10       // +나 -기호를 지수부에 붙일 수 있다
9.26E3      //
9.26e3      //
0.67e-7     //
```

부동 소수점 자료형

C++에서는 `float`, `double`, `long double`의 3가지 자료형으로 실수를 나타낸다.

그림 2-10 ● C++에서는 float, double, long double형을 이용하여 실수를 표현한다

`float` 형은 가장 작고 빠른 표현 방식으로, 32비트로 표현된다. 32비트 중에서 8비트를 지수에 할당하고 나머지 24비트를 가수에 할당한다. `float`형은 유효 숫자 6자리까지 나타낼 수 있다. 예를 들어 `float`형은 실수 0.12345678에서 처음의 6개의 자리수(0.123456)만 정확하게 나타낼 수 있다. `float`형이 나타낼 수 있는 지수의 범위는 대략 10^{-38}부터 10^{38}까지이다.

`double`형은 64비트를 사용한다. `double`형의 경우, 64비트 중에서 11비트 정도를 지수에 할당하고 나머지 53비트가 가수에 할당된다. 정확한 숫자는 컴퓨터 시스템에 따라서 달라질 수 있다. `double`형은 대략 유효 숫자 15자리를 나타낼 수 있다. `double`형이 나타낼 수 있는 지수의 범위는 대략 10^{-308}부터 10^{308}까지이다.

`long double`형의 경우, `double`형보다 더 높은 정밀도를 제공하기 위하여 만들어진 부동 소수점 자료형이다. ANSI-C의 규격에서는 적어도 `double`과 같거나 높은 정밀도를 제공하여야 한다고 규정되어 있다. 시스템에 따라서는 `long double` 타입은 80비트로 실수를 표현하기도 한다. 비주얼 C++에서는 `double`형과 `long double`이 똑같이 64비트로 표현된다. 다음 표에서 부동 소수점 자료형을 정리하였다.

표 2-6 ● 부동 소수점 자료형

자료형	명칭	크기	범위
float	단일정밀도(single-precision) 부동 소수점	32비트	$\pm 1.17549 \times 10^{-38} \sim \pm 3.40282 \times 10^{+38}$
double	두배정밀도(double-precision) 부동 소수점	64비트	$\pm 2.22507 \times 10^{-308} \sim \pm 1.79769 \times 10^{+308}$
long double	두배확장정밀도 (double-extension-precision) 부동 소수점	64비트 또는 80비트	$\pm 2.22507 \times 10^{-308} \sim \pm 1.79769 \times 10^{+308}$

예제

유효 숫자 개념을 알아보기 위하여 실수 상수를 float형 변수와 double형 변수에 각각 대입하여 본다.

floating.cpp

```
#include <iostream>
#include <string>
using namespace std;

int main()
{
   cout.setf(ios_base::fixed);

   float fvalue = 1234567890.12345678901234567890;
   double dvalue = 1234567890.12345678901234567890;
   cout << "float형 변수 = " << fvalue << endl;
   cout << "double형 변수 = " << dvalue << endl;

   return 0;
}
```

실행결과

```
float형 변수 = 1234567936.000000
double형 변수 = 1234567890.123457
```

프로그램 설명

아래의 문장은 소수점 표기법으로 실수를 출력하기 위하여 cout 객체의 setf()라는 메소드를 호출한 것이다.

이 문장이 없으면 지수 표기법으로 실수가 출력된다.

```
cout.setf(ios_base::fixed);
```

float형은 대략 6개의 유효 숫자를 가질 수 있으므로 8번째 자리수부터는 정확한 값이 나오지 않는다. 반면에 double형은 15자리 정도의 유효숫자를 가진다.

참고사항

- 유효 숫자란 믿을 수 있는 의미 있는 숫자를 말한다. 예를 들어서 2696을 십의 자리에서 반올림하면 2700이다. 여기서 2와 7은 의미 있는 숫자이다. 반면에 뒤에 붙은 00은 단순히 자리수를 나타내는데 사용된다. 유효 숫자의 개수는 소수점의 위치와는 상관이 없다. 2700을 2.7e3이라고 표현해도 유효 숫자는 역시 2개이다.
- 부동 소수점형의 한계를 알려주는 헤더 파일이 존재한다. 헤더 파일 float.h에있는 FLT_MIN과 FLT_MAX는 float로 나타낼 수 있는 가장 작은 값과 가장 큰 값을 의미한다. 비슷하게 double형에 대해서도 DBL_MIN과 DBL_MAX가 정의되어 있다.

오류주의

부동 소수점 상수를 쓸 때 소수부와 지수부 사이에 공백을 넣으면 안 된다.
예를 들어 1.23 E30이라고 하면 잘못된 표현이다.

Q & A

Q: float같은 실수를 int같은 정수에 넣을 경우, 어떤 일이 발생하는가?

A: 컴파일러는 이러한 경우에 경고를 한다. 실수 중에서 소수점 이하는 없어지고 정수 부분만 정수 변수에 대입된다. 12.7이라는 실수를 정수 변수에 대입하면 12만 남는다.

오버플로우와 언더플로우

오버플로우(overflow)는 변수에 대입된 수가 너무 커서 변수가 저장할 수 없는 상황을 의미한다. float형 변수는 약 1×10^{38}이상을 넘는 수는 저장하지 못한다. 이보다 큰 값을 대입하면 오버플로우가 발생할 것이다. 다음 코드에서는 float형 변수에 1×10^{38}을 대입하였다.

```
#include <iostream>
using namespace std;
int main()
{
   float x = 1e39;

   cout << "x=" << x << endl;
   return 0;
}
```

컴파일러는 정수 오버플로우 때와는 다르게 경고를 한다.

```
C:\SOURCES\test\test.cpp(7) :
   warning C4056: overflow in floating-point constant arithmetic
C:\SOURCES\test\test.cpp(7) :
   warning C4756: overflow in constant arithmetic
```

부동 소수점의 경우, 오버플로우가 발생하면 컴파일러는 해당 변수에 무한대를 의미하는 특별한 값을 대입하고 cout은 이 값을 INF라고 출력한다. 실제로 위의 프로그램의 실행결과는 다음과 같다.

```
x = 1.#INF
```

언더플로우(underflow)는 오버플로우와 반대의 상황이다. 부동 소수점 수가 너무 작아서 표현하기가 힘든 상황이 언더플로우이다. 이것을 다음의 프로그램으로 살펴보자.

```
#include <iostream>
using namespace std;

int main()
{
   float x = 1.23456e-38;
   float y = 1.23456e-40;
   float z = 1.23456e-46;

   cout << "x = " << x << endl;
   cout << "y = " << y << endl;
   cout << "z = " << z << endl;

}
```

실행결과

```
x = 123456e-038
y = 123456e-040
z = 0
```

실행결과를 보면 변수 x와 y의 값은 유효 숫자 6자리 정도로 정확하게 저장되었지만 변수 z의 경우, 언더플로우가 일어나서 0으로 출력되었다.

부동 소수형을 사용할 경우 주의할 점

정수 산술 연산과는 달리 부동 소수점 연산은 정확하지가 않는 경우가 많다. 부동 소수점 방법은 적은 수의 비트를 가지고 넓은 범위의 실수를 표현하기 위한 방법이기 때문에 오차가 존재할 수 있다. 이러한 오차는 모든 컴퓨터에 공통적인 것이고 실수를 표현하는 비트가 많아질수록 이러한 오차는 작아진다. 따라서 오차를 줄이려면 `float` 보다는 `double`형을 사용하여야 한다.

오차가 발생하는 한 가지 경우만 살펴보자. `double`형의 변수를 선언하고 여기에 계산식 $(1 \times 10^{20} + 5.0) - 1 \times 10^{20}$의 결과값을 저장하여 보자. 상식적으로는 5.0이 나와야 할 것 같지만 놀랍게도 0.0이 출력된다.

```cpp
#include <iostream>
using namespace std;

int main()
{
   double x;

   x = (1.0e20 + 5.0)-1.0e20;
   cout << "x = " << x << endl;
   return 0;
}
```

실행결과

```
x = 0
```

이러한 결과가 나오는 원인은 `float`형이나 `double`형 모두 위와 같은 정밀한 계산을 하므로 충분한 자리수를 확보하지 않았기 때문이다. 1.0e20은 뒤에 0이 20개나 붙는 큰 수이다. 여기에 5를 더하면 100000000000000000005가 된다. 이 숫자를 정확하게 기억시키려면 유효 숫자가 적어도 20개는 있어야 한다. 아무리 `double`형이라고 하더라도 이만큼의 유효 숫자는 가지고 있을 수 없다. 앞에서도 언급했지만 약 16자리 정도이다. 따라서 `double`형에서도 이 숫자는 정확하게 저장하기가 불가능하다. 따라서 100000000000000000005는 그냥 1.0e20으로 저장되는 것이다. 따라서 연산의 결과는 0.0이 된다. 만약 1.0e20 대신에 1.0e10를 사용하였으면 정확한 결과를 얻을 수 있었을 것이다.

중간점검

1. 부동 소수점형에 속하는 자료형을 모두 열거하라.
2. `float`형 대신에 `double`형을 사용하는 이유는 무엇인가?
3. 부동 소수점형에서 오차가 발생하는 근본적인 이유는 무엇인가?
4. 12.345처럼 소수점이 있는 실수를 `int`형의 변수에 넣을 경우, 어떤 일이 발생하는가?
5. 수식 (1.0/3.0)을 `float`형 변수와 `double`형 변수에 각각 저장한 후 출력하여 보자. (1.0/3.0)은 0.333333.... 값을 출력하여야 한다. 소수점 몇 자리까지 정확하게 출력되는가?

7. 수식과 연산자의 개념

수식이란?

수식이란 피연산자들과 연산자의 조합이라고 할 수 있다. 연산자(operator)는 어떤 연산을 나타내는 기호를 의미한다. 피연산자(operand)는 연산의 대상이 되는 것이다. 수식 `3.14 * radius`에서 `3.14`와 `radius`는 피연산자이고 `*`는 연산자이다.

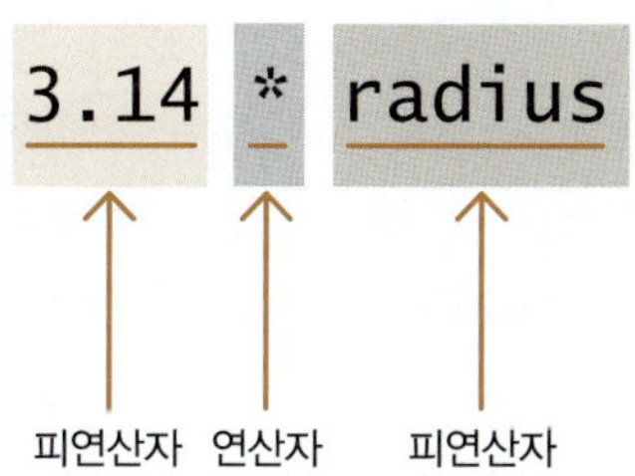

그림 2-11 ● 연산자와 피연산자

가장 간단한 수식은 하나의 상수나 변수로만 이루어질 수 있다. 예를 들면 3.14와 같은 상수나 `radius`와 같은 변수도 하나의 수식이다. 모든 수식은 값을 갖는다. 이 경우 수식의 값은 상수나 변수의 값이 된다. 복합 수식은 단순한 수식들이 연산자로 연결된 것이다. 예를 들면 수식 `3.14 * radius`는 `3.14`와 `radius`라는 단순 수식들이 곱셈 연산자로 연결되어 있다. 이러한 복합 수식의 값은 연산자들의 연산 결과가 된다. 예를 들어 수식 1 + 2의 값은 3이다.

```
int x, y;

x 3;
y = x * x - 5 * x + 6;
cout << y << endl;
```

그림 2-12 ● 수식의 예

연산자의 분류

연산자는 기능에 따라 다음과 같이 분류할 수 있다.

표 2-7 ● 연산자의 분류

연산자의 분류	연산자	의미
할당	=	오른쪽을 왼쪽에 할당
산술	+ - * / %	사칙연산과 나머지 연산
부호	+ -	양수와 음수 표시
증감	++ --	증가, 감소 연산
관계	> < == != >= <=	오른쪽과 왼쪽을 비교
논리	&& || !	논리적인 AND, OR
조건	?	조건에 따라 선택
콤마	,	피연산자들을 순차적으로 실행
비트 단위 연산자	& | ^ ~ << >>	비트별 AND, OR, XOR, 이동, 반전
sizeof 연산자	sizeof	자료형이나 변수의 크기를 바이트 단위로 반환
형변환	(type)	변수나 상수의 자료형을 변환
포인터 연산자	* & []	주소계산, 포인터가 가리키는 곳의 내용 추출
구조체 연산자	. ->	구조체의 멤버 참조

또한 피연산자의 수에 따라서 단항, 이항, 삼항 연산자로 나누어진다. C++는 상당히 많은 종류의 연산자를 제공하는데, 이런 풍부한 연산자 지원이 C++의 큰 장점이기도 하다. 제공하

는 연산자가 많다는 것은 그만큼 데이터를 가공할 수 있는 능력이 탁월하다는 뜻이며 이런 연산자들을 자유자재로 사용할 수 있으면 복잡한 연산을 간단하게 처리할 수 있다.

중간점검

1. 수식(expression)이란 어떻게 정의되는가?
2. 상수 10도 수식이라고 할 수 있는가?
3. 아래의 수식에서 피연산자와 연산자를 구분하여 보라.
   `y = 10 + 20;`
4. 연산자를 단항 연산자, 이항 연산자, 삼항 연산자로 나누는 기준은 무엇인가?

8. 산술 연산자

산술 연산자

C++는 **표 2-8**과 같은 덧셈, 뺄셈, 곱셈, 나눗셈, 나머지 연산을 위한 5개의 산술 연산자를 제공한다.

표 2-8 • 산술 연산자의 종류

연산자	기호	의미	예
덧셈	+	x와 y를 더한다	x+y
뺄셈	-	x에서 y를 뺀다.	x-y
곱셈	*	x와 y를 곱한다.	x*y
나눗셈	/	x를 y로 나눈다.	x/y
나머지	%	x를 y로 나눌 때의 나머지값	x%y

arithmetic.cpp

```
#include <iostream>
using namespace std;

int main()
{
   cout << 3.0+2.0 << endl;   // 실수 + 실수
   cout << 3.0-2.0 << endl;   // 실수 - 실수
```

```
    cout << 3.0*2.0 << endl;    // 실수 * 실수
    cout << 3.0/2 << endl;      // 실수 / 정수
    cout << 3%2 << endl;        // 정수 / 정수

    return 0;
}
```

실행결과

```
5
1
6
1.5
1
```

사칙 연산 중에서 나눗셈은 약간의 주의가 필요하다. 정수를 정수로 나누면 소수점 이하는 없어지게 된다. 예를 들어서 3을 2로 나누면 1이 되고 소수부는 없어진다. 만약 피연산자 중에서 하나가 실수이면, 연산의 결과는 실수가 된다. 즉, 3.0을 2로 나누면 1.5가 된다.

나머지 연산자

나머지 연산자 %는 생각보다 많이 사용되는 중요한 연산자이다. x%y는 x를 y로 나누어서 남은 나머지를 반환한다. 예를 들어 10%3은 1이다. 10을 3으로 나누면 몫은 3이고 나머지는 1이 된다. 나머지 연산자를 이용하면 짝수와 홀수를 쉽게 구분할 수 있다는 것이다. 즉, 어떤 수 x를 2로 나누어서 나머지가 0이면 짝수이다.

예제로 초단위의 시간을 받아서 몇 분 몇 초인지를 계산하여 보자. 즉 10000초가 몇 분 몇 초에 해당하는지를 계산할 수 있다.

modulo.cpp

```
#include <iostream>
using namespace std;

int main()
{
    int input, minute, second;
    const int SEC_PER_MINUTE=60;

    cout << "초단위의 시간을 입력하시요:(32억초이하) ";
    cin >> input;                              // 초단위의 시간을 읽는다
```

```

    minute = input / SEC_PER_MINUTE;                    // 몇 분
    second = input % SEC_PER_MINUTE;                    // 몇 초

    cout << input << "초는 " << minute << "분 " << second << "초 입니다." << endl;

    return 0;
}
```

실행결과

```
초단위의 시간을 입력하시오:(32억초이하) 1000
1000초는 16분 40초 입니다.
```

축약 할당 연산자

축약 할당 연산자란 +=처럼 할당 연산자 =와 산술 연산자를 합쳐 놓은 연산자이다. x += y의 의미는 x = x + y와 같다. 축약 할당 연산자는 소스를 간결하게 만들 수 있다. 다음 표는 가능한 축약 할당 연산자들을 보여주고 있다.

표 2-9 • 축약 할당 연산자

축약 할당 연산자	의미
x += y	x = x + y
x -= y	x = x - y
x *= y	x = x * y
x /= y	x = x / y
x %= y	x = x % y
x &= y	x = x & y
x |= y	x = x | y
x ^= y	x = x ^ y
x >>= y	x = x >> y
x <<= y	x = x << y

증감 연산자

증감 연산자는 ++기호나 --기호를 사용하여 변수의 값을 증가시키거나 감소시키는 연산자이다. 증감 연산자는 단항(unary) 연산자이다. 즉, 하나의 피연산자만을 가진다. 증감 연산자

는 피연산자의 앞이나 뒤에 올 수 있다. 증감 연산자가 앞에 오느냐 뒤에 오느냐에 따라 수식의 해석에 상당한 차이가 있다.

표 2-10 ● 증감 연산자의 종류

증감 연산자의 위치	의미
++x	x값을 먼저 증가한 후에 다른 연산에 사용한다. 이 수식의 값은 증가된 x값이다.
x++	x값을 먼저 사용한 후에 증가한다. 이 수식의 값은 증가되지 않은 원래의 x값이다.
--x	x값을 먼저 감소한 후에 다른 연산에 사용한다. 이 수식의 값은 감소된 x값이다.
x--	x값을 먼저 사용한 후에 감소한다. 이 수식의 값은 감소되지 않은 원래의 x값이다.

여기서 매우 주의해야할 사항은 ++x과 x++의 차이점이다. 만약 변수 x를 증가시킬 목적으로만 증감 연산자를 사용한다면 x++나 ++x는 동일하다. 그러나 증감 연산자를 적용한 후에 그 수식값을 사용할 목적이라면 두 가지를 구분하여야 한다. ++x는 문장에서 x의 값이 사용되기 전에 x의 값을 증가시킨다. x++는 x의 값이 사용된 후에 x의 값을 증가시키게 된다. 즉, 수식 ++x의 결과값은 증가된 x의 값이다. 하지만 수식 x++의 결과값은 증가되기 전의 x값이다. 다음의 예를 참조하자.

```
x = 1;
y = 1;
nextx = ++x;  // x의 값이 사용되기 전에 증가된다        nextx는 2가 된다
nexty = y++;  // y의 값이 사용된 후에 증가된다          nexty는 1이 된다
```

여기서 nextx는 2이고 nexty는 1이 된다. --x와 x--도 같은 식으로 수행된다.

형변환

형변환이란 char형의 값이 int형의 값으로 변환되거나 int형의 값이 double형의 값으로 변환되는 것과 같은, 데이터의 형이 변환되는 것을 의미한다. 형변환은 크게 2가지로 나눌 수 있다. 하나는 자동적인 형변환으로 컴파일러에 의하여 자동으로 수행되는 것이고 또 하나는 프로그래머가 명시적으로 데이터의 형을 변환하는 것이다.

자동적인 형변환

할당 연산 시에 형변환이 자동으로 발생할 수 있다. 할당 연산자의 오른쪽에 있는 값은 왼쪽

에 있는 변수의 자료형으로 자동 변환된다. 예를 들어서 다음과 같은 수식을 고려해보자. 여기서 f가 double형일 경우 수식의 결과값인 30이 double형으로 변환된 후에 변수 f로 할당된다. 이러한 변환은 올림 변환(promotion)이라고 한다.

```
double f;
f = 10 + 20;
```

대입 연산 시에서는 반대의 경우도 발생할 수 있다. 즉 낮은 등급의 자료형으로 변환되는 내림 변환(demotion)이 발생할 수도 있다. 일반적으로 문제가 되는 경우는 바로 이 내림 변환이다. 내림 변환이 발생하면 데이터의 손실이 발생할 수 있다. 만약 부동 소수점수가 정수형 변수로 대입되면 소수점 이하는 버려지게 된다. 예를 들어서 3.141592가 정수형 변수에 대입되면 3으로 변환되어 저장된다.

```
int i;
i = 3.141592;     // i에는 3이 저장된다
```

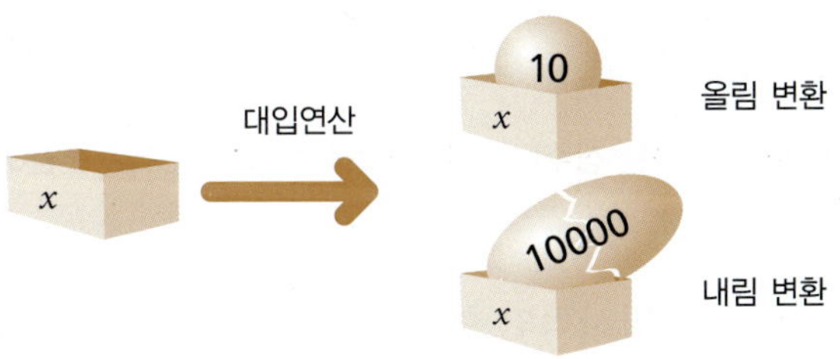

그림 2-13 ● 올림 변환은 별 문제가 없으나 내림 변환은 데이터의 손실이 발생한다

하나의 수식에서 서로 다른 자료형이 사용되면 모든 자료형은 그중에서 가장 높은 등급의 자료형으로 자동적으로 변환된다. 이유는 데이터의 손실을 막기 위해서이다. 만약 높은 등급을 낮은 등급으로 변환한다면 그 과정에서 데이터의 손실이 있을 수 있기 때문이다.

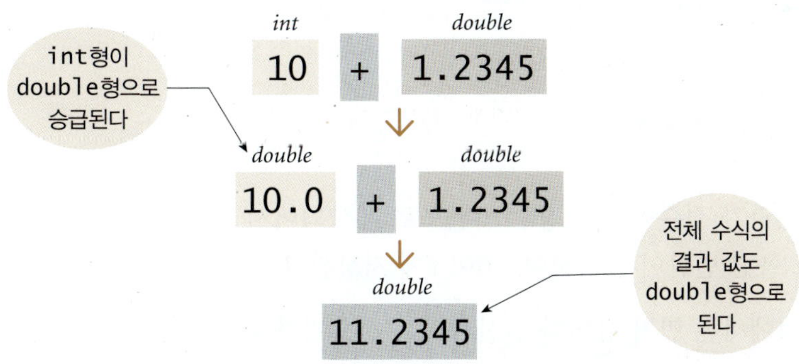

그림 2-14 ● 모든 피연산자들의 자료형이 가장 큰 자료형으로 승급된다

명시적인 형변환

지금까지의 형변환은 모두 자동적으로 이루어졌다. 그러나 때에 따라서는 명시적으로 형을 변환하여야 하는 경우도 있다. 이런 경우에 사용하는 연산자가 형변환(type cast) 연산자이다. 형변환 연산자는 영어 그대로 캐스트 연산자라고도 한다. 형변환을 하려면 원하는 자료형을 괄호 안에 넣고 상수나 변수 앞에 적어주면 된다.

```
(자료형) 상수 또는 변수
```

예를 들어서 1.23456을 정수형으로 변환하고 싶으면 `(int)1.23456`이라고 하면 된다. 또 정수 1을 부동 소수점형으로 변환하고 싶으면 `(double)1`하면 된다. 변수 앞에도 사용할 수 있다. 다음은 몇 가지의 올바른 예이다.

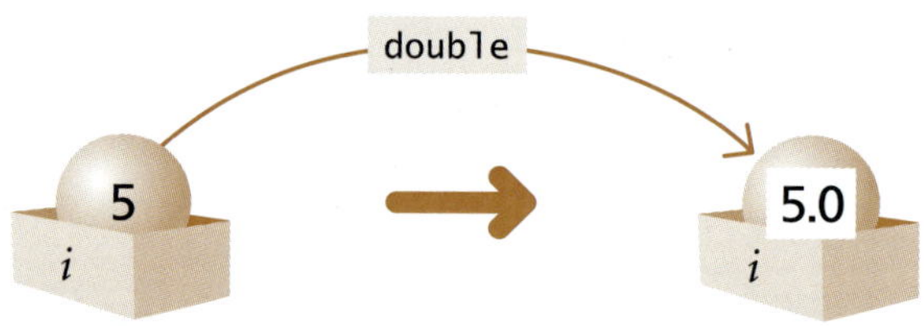

그림 2-15 • 형변환 연산자는 상수나 변수의 값을 특정한 형으로 변환하는 역할을 한다

경우에 따라서는 자동 형변환과 명시적인 형변환의 결과가 다른 경우도 있다. 다음의 소스를 주의 깊게 분석하여 보자.

```
int i;
double f;

f = 5 / 4;                          // f는 1
f = (double)5 / 4;                  // f는 1.25
f = 5 / (double)4;                  // f는 1.25
f = (double)5 / (double)4;          // f는 1.25

i = 1.3 + 1.8;                      // i는 3
i = (int)1.3 + (int)1.8;            // i는 2
```

`5 / 4`는 피연산자가 정수이므로 정수 연산으로 계산되어서 1이 된다. 이것이 `double`형 변수로 대입되므로 올림 변환이 발생하여 1.0이 `f`에 저장된다.

`(double)5 / 4`에서는 먼저 형변환 연산자의 우선순위가 높기 때문에 먼저 실행되어서 정수 5가 부동 소수점수 5.0으로 변환된다.

`5.0 / 4`는 피연산자 가운데 하나가 `double`형이므로 4도 `double`형으로 자동 형변환되고 `5.0 / 4.0` 으로 계산되어서 1.25가 수식의 결과값이 된다. 따라서 1.25가 변수 `f`에 저장된다.

`5 / (double)4`에서도 두 번째 피연산자가 `double`형으로 변환되면 나머지 피연산자도 `double`형으로 변환되어서 전체 수식의 결과값이 `double`형이 된다. 따라서 `double`형 나눗셈이 실행되고 결과값 1.25 역시 `f`에 저장된다.

`(double)5 / (double)4`에서는 두 개의 피연산자가 모두 `double`형으로 변환되고 따라서 수식의 결과는 다시 1.25가 된다. 이것이 변수 `f`에 대입되어서 `f`의 값은 1.25가 된다.

수식 `1.3 + 1.8`은 두 개의 피연산자가 모두 부동 소수점수이므로 수식의 결과도 부동 소수점형인 3.1이 된다. 3.1이 정수형 변수 `i`로 대입되면 내림 변환이 발생하여 3이 `i`에 저장된다.

수식 `(int)1.3 + (int)1.8`에서는 1.3과 1.8이 모두 1로 변환되므로 변수 `i`에는 1 + 1하여 2가 저장된다.

따라서 자동 형변환과 명시적인 형변환의 결과는 다를 수 있고 프로그래머는 주어진 상황에서 어느 쪽이 더 적절한지를 판단하여 형변환 연산자를 사용하여야 한다.

중간점검

1. 10%6의 값은?
2. 10/6의 값은 얼마인가?
3. 복합 대입 연산자 `x *= y`의 의미를 설명하라.
4. 증감 연산자 `x--`를 풀어쓰면 어떻게 되는가?
5. 내림 변환과 올림 변환을 설명하라.
6. `int`형 변수 `x`를 `double`형으로 형변환하는 문장을 써보아라.
7. 하나의 수식에 정수와 부동 소수점수가 섞여 있으면 어떻게 되는가?

9. 관계 연산자

관계 연산자(relational operator)는 두 개의 피연산자를 비교하는데 사용된다. 예를 들면 "변수 x가 0과 같은가", "변수 y가 10보다 더 작은가" 등을 따지는데 사용된다. 관계 연산자의 결과는 참 아니면 거짓으로 계산된다. C++에서는 다음과 같은 6가지의 관계 연산자를 사용한다.

표 2-11 ● 관계 연산자

연산자 기호	의미	사용예
==	x와 y가 같은가?	x == y
!=	x와 y가 다른가?	x != y
>	x가 y보다 큰가?	x > y
<	x가 y보다 작은가?	x < y
>=	x가 y보다 크거나 같은가?	x >= y
<=	x가 y보다 작거나 같은가?	x <= y

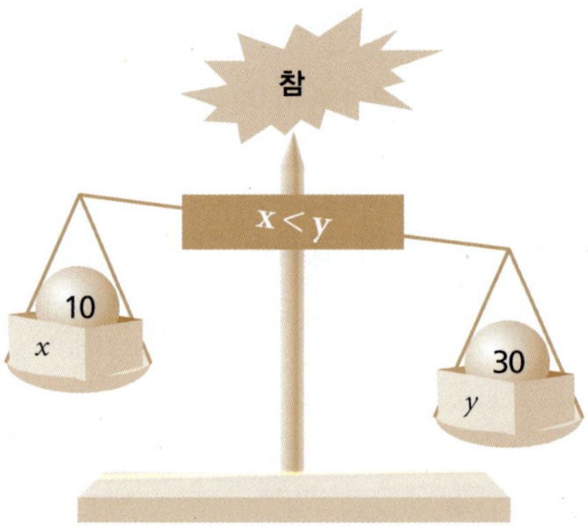

그림 2-16 ● 관계 연산자는 피연산자들의 값을 비교하여 참과 거짓을 반환한다

C++에서 참과 거짓은 `true`와 `false`로 표시된다. `x > y`라는 관계식을 예로 들어보자. x가 y보다 크면 이 수식은 참을 의미하는 `true`를 생성한다. x가 y보다 작으면 이 수식은 `false`를 생성한다.

다음의 예에서 변수 `bool`에 어떤 값이 대입되는지를 주의 깊게 살피도록 하자.

`true`와 `false`를 정수형으로 변환하면 1과 0이 된다. C++에서는 전통적으로 참과 거짓을 1과 0으로 나타낸다.

relational.cpp

```
#include <iostream>
using namespace std;

int main()
{
   int x=10, y=20;
   bool r1, r2, r3, r4;
```

```

    r1 = (x == y);              // false
    r2 = (x != y);              // true
    r3 = (x >= y);              // false
    r4 = (x <= y);              // true

    cout << r1 << endl;         // 정수형으로 변환
    cout << r2 << endl;
    cout << r3 << endl;
    cout << r4 << endl;

    return 0;
}
```

실행결과

```
0
1
0
1
```

중간점검

1. 관계 수식의 결과로 생성될 수 있는 값은 무엇인가?

2. (3 >= 2) + 5의 값은?

10. 논리 연산자

논리 연산자

논리 연산자는 여러 개의 조건을 조합하여 참인지 거짓인지를 따질 때 사용한다. 예를 들어 "비가 오지 않고 휴일이면 테니스를 친다"라는 문장에는 "비가 오지 않는다"라는 조건과 "휴일이다"라는 조건이 동시에 만족이 되면 테니스를 친다는 의미가 포함되어 있다. C++에는 조건들을 다양하게 묶을 수 있는 연산자들이 준비되어 있다.

표 2-12 ● 논리 연산자

연산자 기호	사용 예	의미
&&	x && y	AND 연산, x와 y가 모두 참이면 참, 그렇지 않으면 거짓
||	x || y	OR 연산, x나 y중에서 하나만 참이면 참, 모두 거짓이면 거짓
!	!x	NOT 연산, x가 참이면 거짓, x가 거짓이면 참

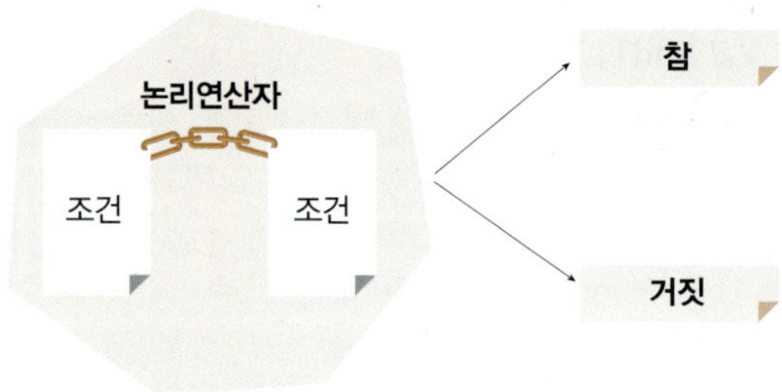

그림 2-17 ● 논리 연산자는 조건을 묶어서 보다 복잡한 조건을 나타낸다

AND와 OR 연산자

AND와 OR 연산자는 논리적인 AND와 OR를 구현한 이항 연산자이다. AND 연산자는 두 개의 피연산자가 모두 참일 때만 연산 결과가 참이 된다.

```
(x == 3) && (y == 3)
```

위의 수식에서 x의 값이 3이고 y의 값이 모두 3인 경우에만 참이 된다. 만약 어느 하나라도 3이 아니면 거짓이 된다.

OR 연산자는 하나의 피연산자만 참이면 연산 결과가 참이 된다.

```
(x == 3) || (y == 3)
```

위의 수식에서 x나 y중에서 하나만 3이면 수식의 값은 참이 된다.

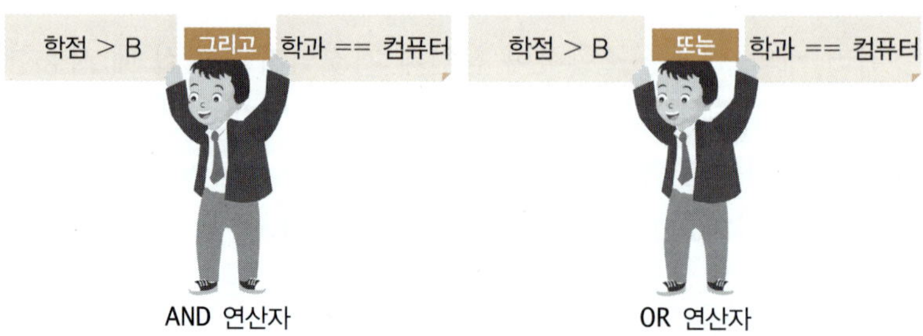

그림 2-18 ● AND 연산자와 OR 연산자

논리 연산자들은 여러 개가 동시에 사용될 수 있다. 예를 들면 "x는 1, 2, 3중의 하나인가"라는 질문은 다음과 같이 작성할 수 있다.

```
(x == 1) || (x == 2) || (x == 3)
```

"x가 60이상 100미만이다."라는 조건을 논리 연산자를 이용하여 만들어보면 다음과 같다.

```
(x >= 60) && (x < 100)
```

NOT 연산자

NOT 연산자는 피연산자의 값이 참이면 연산의 결과값을 거짓으로 만들고, 피연산자의 값이 거짓이면 연산의 결과값을 참으로 만든다.

그림 2-19 • NOT 연산자는 참을 거짓으로 거짓을 참으로 만든다

```
!(x == 3)
```

위 수식의 값은 x가 3이 아닌 경우에만 참이 된다. 아래 문장과 같은 의미가 된다.

```
(x != 3)
```

단축 계산

논리 연산자를 포함한 수식을 작성할 때 주의해야 할 점이 있다. AND 연산자의 경우, 여러 개의 피연산자 중에서 처음 피연산자의 값이 거짓이면 다른 피연산자들은 계산되지 않는다. 왜냐하면 AND 연산자의 경우에 첫 번째 피연산자의 값이 거짓이면 나머지 피연산자들을 계산하지 않아도 전체 수식의 값은 거짓이기 때문이다.

예를 들어 다음과 같은 수식에서는 첫 번째 피연산자인 (2 > 3)이 거짓이기 때문에 두 번째 피연산자 (++x < 5)는 계산되지 않는다.

```
(2 > 3) && (++x < 5)
```

따라서 두 번째 피연산자에 있는 증가 연산자는 실행되지 않는다. 이것은 수식의 계산을 빠르게 하기 위하여 컴파일러에서 사용하는 기법이다. 따라서 위와 같은 예에서 증가 연산자가 항상 실행될 것이라고 믿어서는 안된다. 이것은 OR 연산자에서도 마찬가지이다. OR 연산자의 경우 첫 번째 피연산자의 값이 참이면 나머지 피연산자들은 계산하지 않는다. 왜냐하면 이미 전체 수식은 값이 참이기 때문이다. 이것을 단축 계산(short circuit evaluation)이라고 한다.

참과 거짓

관계 수식이나 논리 수식이 거짓으로 계산되면 `false(0)`을 생성하고 참으로 계산되면 `true(1)`을 생성한다. 하지만 피연산자의 경우에는 0이면 거짓이고 0이 아닌 값은 무조건 참으로 간주한다.

따라서 NOT 연산자의 경우와 같이 !100 하면 100의 값을 참으로 간주, 여기에 NOT을 적용하여 0값이 생성되는 것이다. 따라서 수식의 결과로 항상 `false(0)` 아니면 `true(1)`만 생성되지만 피연산자로서 참과 거짓을 분류할 때는 0이면 거짓이고 나머지는 모두 참으로 간주한다.

Q&A

Q: 음수는 참으로 간주되는가 아니면 거짓으로 간주될까?

A: C++에서는 0이 아니면 무조건 참으로 간주된다. 따라서 음수도 참으로 간주된다.

예제 #1

logic.cpp

```
#include <iostream>
using namespace std;

int main()
{
   int x=10, y=20;
   bool r1, r2, r3, r4;

   r1 = (x == 10 && y == 20);
   r2 = (x == 10 && y == 30);
   r3 = (x >= 10 || y >= 30);
```

```
12        r4 = !(x == 5);
13
14        cout << r1 << endl;
15        cout << r2 << endl;
16        cout << r3 << endl;
17        cout << r4 << endl;
18
19        return 0;
20    }
```

실행결과

```
1
0
1
1
```

프로그램 설명

1 프로그램을 설명하는 주석이다.

3 입출력 라이브러리 함수를 위한 헤더 파일을 포함한다.

6 `int`형 변수 x, y를 선언하고 초기화한다.

7 논리 연산의 결과를 저장할 `int`형 변수들을 선언한다.

9 `x == 10 && y == 20`의 결과를 `r1`에 저장한다. x는 10이고 y는 20이므로 수식 전체는 참이 되어 1이 `r1`에 저장된다. 여기서 == 연산자가 && 연산자보다 우선순위가 높기 때문에 == 연산자가 먼저 수행된다.

10 `x == 10 && y == 30`의 결과를 `r1`에 저장한다. x는 10이고 y는 20이므로 수식 전체는 거짓이 되어 0이 `r1`에 저장된다.

11 `x >= 10 || y >= 30`의 결과를 `r1`에 저장한다. x는 10이고 y는 20이므로 수식 전체는 참이 되어 1이 `r1`에 저장된다.

12 `!(x == 5)`의 결과를 `r4`에 저장한다. x는 10이므로 !(0)가 되어서 전체 수식의 값은 1이 된다.

예제 #2

하나의 예제로 윤년인지 아닌지를 판단하는 조건을 만들어보자. 윤년은 다음의 조건을 만족해야 한다.

❶ 연도가 4로 나누어떨어진다.

❷ 100으로 나누어떨어지는 연도는 제외한다.

❸ 400으로 나누어떨어지는 연도는 윤년이다.

만약 year라고 하는 변수에 연도가 입력되어 있을 때 위의 조건을 C의 조건식으로 만들어보면 다음과 같다.

```
( (year % 4 == 0 && (year % 100 != 0)) || (year % 400) == 0 )
```

위 식의 값은 year가 윤년이면 1이고 윤년이 아니면 0이다.

leapyear.cpp

```
#include <iostream>
using namespace std;

int main()
{
   int year;
   bool result;

   cout << "연도를 입력하시오: ";
   cin >> year;

   result = (year%4 == 0 && year%100 != 0) || year%400 == 0;
   cout << result << endl;

   return 0;
}
```

실행결과

```
연도를 입력하시오: 2009
0
```

프로그램 설명

2 입출력 라이브러리 함수를 위한 헤더 파일을 포함한다.
6 `int`형 변수 `year`, `result`를 선언한다.
9 사용자로부터 연도를 입력받아서 변수 `year`에 저장한다.
12 윤년을 판단하는 조건식을 계산하여 결과값을 `result`에 저장한다. 여기서 논리 연산자 &&가 ||에 비해 우선순위가 낮으므로 괄호를 사용하였다.
13 `result`의 값을 `cout`을 이용하여 화면에 출력한다.

중간점검

1. 다음의 조건에 해당하는 논리 연산식을 만들어보시오. 변수는 적절하게 선언되어 있다고 가정한다.
   "무주택 기간 3년 이상, 가구주의 연령이 40세 이상, 가족의 수가 3명 이상"
2. 상수 10은 참인가, 거짓인가?
3. 수식 `!3`의 값은?
4. 단축 계산의 예를 들어보라.

11. 조건 연산자

조건 연산자는 C++에서 유일하게 3개의 피연산자를 가지는 삼항 연산자이다. 조건 연산자의 형식은 다음과 같다.

```
exp1 ? exp2 : exp3
```

exp1가 먼저 계산된다. exp1가 참으로 계산되면 전체 수식의 결과값은 exp2가 된다. exp1가 거짓으로 계산되면 전체 수식의 결과값은 exp3가 된다.

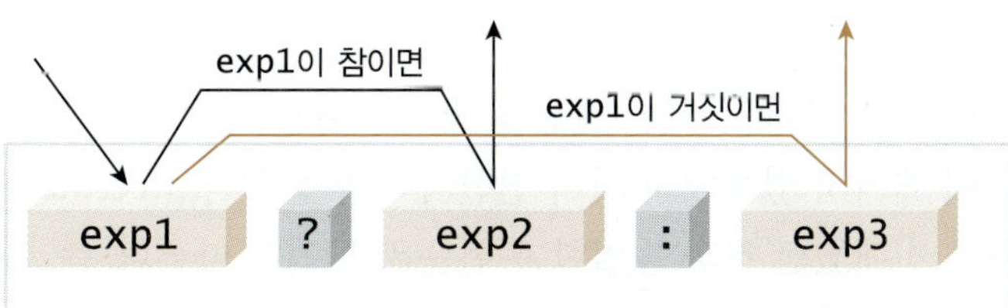

그림 2-20 • exp1이 참이면 exp2가 전체 수식의 결과값이 되고, exp1이 거짓이면 exp3가 전체 수식의 결과값이 된다

```
(x == 0) ? 100: 200          // x가 0과 같으면 100 그렇지 않으면 200
```

조건 연산자는 두 수 중에서 최대값이나 최소값을 구하는 문장에 널리 사용된다.

```
absolute_value = (x > 0) ? x: -x;        // 절대값 계산
max_value = (x > y) ? x: y;              // 최대값 계산
min_value = (x < y) ? x: y;              // 최소값 계산
```

12. 연산자의 우선순위와 결합 규칙

연산자의 우선순위

만약 아래와 같이 하나의 수식이 2개 이상의 연산자를 가지고 있는 경우 어떤 연산자가 먼저 수행될 것인가? 예를 들면 다음과 같은 문장에서 가장 먼저 수행되는 연산은 무엇인가?

```
result = 2 + 5 * 3;
```

우리는 수학에서 배웠듯이 곱셈과 나눗셈이 덧셈과 뺄셈보다 먼저 수행되어야 한다. 따라서 곱셈이 덧셈에 앞서서 먼저 수행된다. 이것이 연산자의 우선순위이다.

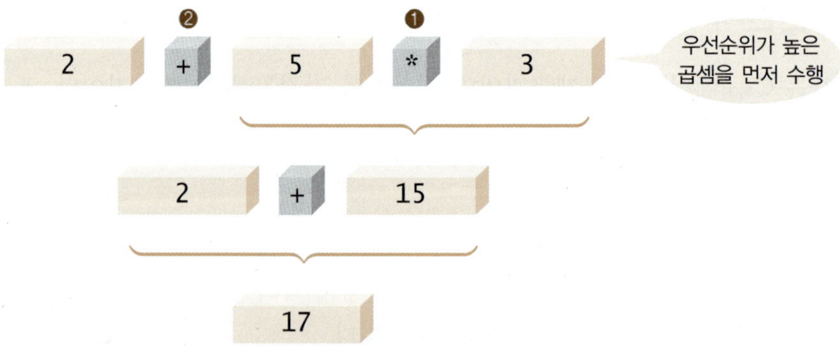

그림 2-21 ● 우선순위는 연산자에 서열을 매겨 먼저 수행할 연산자를 결정하는 것이다

C++ 언어는 많은 연산자들 중에서 어떤 연산을 먼저 수행할지를 결정하는 규칙을 제공한다. 각 연산자들은 서열이 매겨져 있으며 이것이 연산자의 우선순위(precedence)이다. 산술 연산자들은 우리가 수학에서 배웠던 것과 동일한 우선순위 규칙을 따른다. 즉, 덧셈이나 뺄셈보다 곱셈, 나눗셈들이 높은 우선순위를 갖는다. 나머지 연산자는 곱셈, 나눗셈과 동일한 우선순위를 가진다. 증가, 감소 연산자는 곱셈이나 나눗셈보다도 높은 우선순위를 가진다. 산술 연산자들의 우선순위를 높은 것부터 나열하면 **그림 2-22**와 같다.

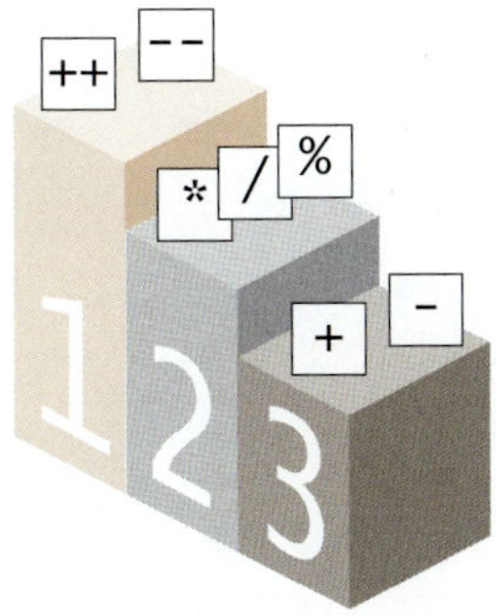

그림 2-22 ● 증가, 감소 〉 곱셈, 나눗셈, 나머지 〉 덧셈, 뺄셈 순의 우선순위를 가진다

만약 사용자가 이러한 우선순위대로 연산을 하지 않고 다른 순서로 하고 싶은 경우는 어떻게 하면 되는가? 수학에서도 배웠듯이 이 경우에는 괄호를 사용하면 된다. 즉 다음 예제에서 + 연산자가 * 연산자보다 우선순위가 낮지만 괄호로 둘러 싸여 있기 때문에 먼저 수행된다.

```
result = (2 + 5) * 3;
```

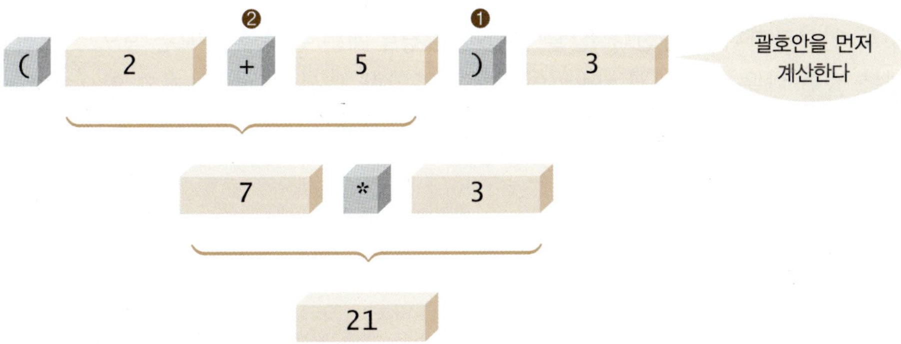

그림 2-23 ● 괄호 안이 먼저 계산된다

C++에서 사용되는 모든 연산자에 대한 우선순위를 **표 2-13**에 정리하였다.

표 2-13 ● 연산자의 우선순위

우선순위	연산자	결합규칙
1	() [] -> . ++(후위) --(후위)	->(좌에서 우)
2	sizeof &(주소) ++(전위) --(전위) ~ ! *(역참조) +(부호) -(부호), 형변환	<-(우에서 좌)
3	*(곱셈) / %	->(좌에서 우)
4	+(덧셈) -(뺄셈)	->(좌에서 우)

<table>
<tr><td>5</td><td><< >></td><td>->(좌에서 우)</td></tr>
<tr><td>6</td><td>< <= >= ></td><td>->(좌에서 우)</td></tr>
<tr><td>7</td><td>== !=</td><td>->(좌에서 우)</td></tr>
<tr><td>8</td><td>&(비트연산)</td><td>->(좌에서 우)</td></tr>
<tr><td>9</td><td>^</td><td>->(좌에서 우)</td></tr>
<tr><td>10</td><td>|</td><td>->(좌에서 우)</td></tr>
<tr><td>11</td><td>&&</td><td>->(좌에서 우)</td></tr>
<tr><td>12</td><td>||</td><td>->(좌에서 우)</td></tr>
<tr><td>13</td><td>?(삼항)</td><td>->(우에서 좌)</td></tr>
<tr><td>14</td><td>= += *= /= %= &= ^= |= <<= >>=</td><td>->(우에서 좌)</td></tr>
<tr><td>15</td><td>,(콤마)</td><td>->(좌에서 우)</td></tr>
</table>

위의 표에서 같은 칸에 있는 연산자들의 우선순위는 같다.

연산자의 결합규칙

만약 같은 우선순위를 가지는 연산자들이 여러 개가 있으면 어떤 것을 먼저 수행하여야 하는가? 이것도 연산자마다 달라진다. 산술 연산자의 경우에는 왼쪽에서 오른쪽으로 연산이 수행된다. 예를 들면 다음 수식에서 *와 % 연산자는 동일한 우선순위를 가지고 있으므로 *가 %보다 먼저 수행된다. 이것이 연산자의 결합규칙(association)이다.

```
result = 2 * 5 % 3
```

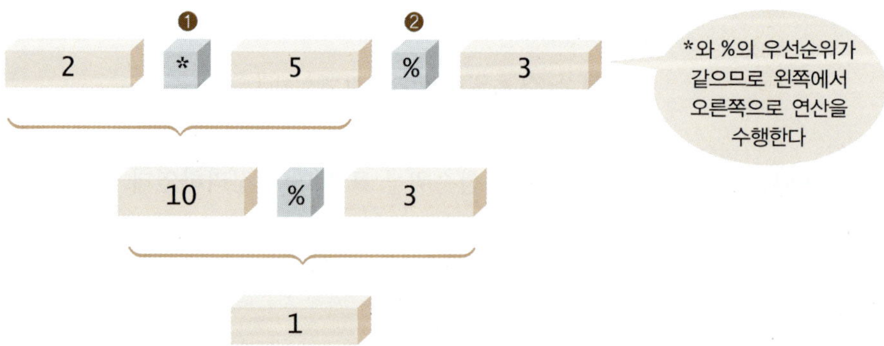

그림 2-24 ● * 와 % 연산자는 동일한 우선순위를 가지고 있으므로 *가 %보다 먼저 수행된다

결합규칙에는 왼쪽 우선 결합규칙과 오른쪽 우선 결합규칙이 있다. 왼쪽 우선 결합규칙(left-to-right)이란 같은 우선순위를 가지는 연산자들을 왼쪽에서 오른쪽으로 수행하는 것을 말한다. 왼쪽 우선 결합규칙을 따르는 연산자들은 문장에서 나타나는 순서대로 실행된다. 대부분의 이항연산자들은 왼쪽 우선 결합규칙에 따른다. 반대로 오른쪽 우선 결합규칙(right-to-left)이란 반대로 오른쪽의 연산자부터 먼저 수행하는 것을 말한다. 대부분의 단항 연산자들과 대입연산자는 오른쪽 우선 결합규칙을 따른다.

왼쪽 우선 결합규칙은 앞에서 살펴봤으므로 오른쪽 우선 결합규칙을 살펴보자. 다음의 수식은 어떻게 계산될까?

```
x = y = z = 5;
```

대입 연산자는 오른쪽 우선 결합규칙을 따르므로 가장 오른쪽에 위치한 `z = 5`가 먼저 수행되고 차례대로 `y = z`, `z = y`가 수행된다.

아래의 문장에서 원문자는 연산자들이 수행되는 순서를 의미한다.

```
y = a % b / c + d * (e - f);
❻   ❷   ❸   ❺   ❹       ❶
```

괄호 안의 연산은 가장 우선순위가 높다. 따라서 가장 먼저 수행된다. 다음에는 곱셈, 뺄셈, 나머지 연산자들은 우선순위가 같으므로 왼쪽에서부터 차례대로 수행된다. 덧셈은 그 다음에 수행되며 대입 연산자는 가장 우선순위가 낮으므로 마지막에 수행된다.

prec.cpp

```
#include <iostream>
using namespace std;

int main()
{
   int x=0, y=0, z=0;

   cout << (2 > 3 || 6 > 7) << endl;
   cout << (2 || 3 && 3 > 2) << endl;
   cout << (x = y = z - 1) << endl;
   cout << (- ++x + y--) << endl;

   return 0;
}
```

실행결과

```
0
1
1
-1
```

프로그램 설명

8 관계 연산자가 논리 연산자보다 우선순위가 높으므로 먼저 계산된다. 2 > 3도 거짓이고 6 > 7도 거짓이므로 전체 수식도 거짓이 된다. 따라서 연산의 최종 결과값은 0이 된다.

9 관계 연산자가 논리 연산자보다 우선순위가 높으므로 3 > 2가 먼저 계산되어서 값이 참(1)이 된다. 다음에는 && 연산자가 || 연산자보다 우선순위가 높으므로 먼저 계산되어서 3 && 1이 되어서 계산값이 1이 된다. 최종적으로 2 || 1이 계산되고 최종 결과값은 1이 된다.

10 대입 연산자는 결합방향이 오른쪽에서 왼쪽이다. 따라서 제일 먼저 z = 6이 수행되어서 x = y = 6이 된다. 다시 y = 6이 먼저 수행되고 x = 6이 맨 나중에 수행된다. 전체 수식의 값은 6이 된다.

11 (부호) 연산자와 ++연산자는 우선순위는 같다. 따라서 결합규칙에 의하여 연산이 진행된다. 결합 방향은 오른쪽에서 왼쪽이 된다. 따라서 먼저 ++연산이 x에 적용되고 다음에 부호 연산자 –가 적용된다. 그리고 후위 --연산자는 우선순위는 제일 높지만 수식을 계산하고 나서 수행된다. 따라서 –3 + 3이 되어서 전체수식의 결과값은 0이 된다.

중간점검

1. 연산자 중에서 가장 우선순위가 낮은 연산자는 무엇인가?
2. 논리 연산자인 &&과 || 중에서 우선순위가 더 높은 연산자는 무엇인가?
3. 단항 연산자와 이항 연산자 중에서 어떤 연산자가 더 우선순위가 높은가?
4. 관계 연산자와 산술 연산자 중에서 어떤 연산자가 더 우선순위가 높은가?

EXERCISE
INTRODUCTION TO C++ PROGRAMMING

1. 다음과 같은 데이터를 표현하는데 가장 바람직한 자료형과 변수 이름을 결정하고 변수 선언 문장을 써보아라.

데이터	자료형	변수 이름	변수 선언 문장
한 학급의 학생 수			
화성과 목성의 거리			
사람의 나이			
사람의 키			
시험 점수			
빛의 속도			

2. 다음 변수 이름이 올바른지 아니면 잘못되었는지를 지적하고 그 이유를 써라.

변수 이름	유효 여부	이유
`#_of_workers`		
`CountOfLettersInString`		
`comment-flag`		
`person#`		
`1st_base`		
`<x>`		
`class`		
`_length`		

3. 다음의 자료형으로 나타낼 수 있는 최대값이 작은 것부터 나열해보아라.

`float, char, unsigned, unsigned char, double, int, long, short`

4. 다음의 지수표기법을 정수 형태로 변환하라.

❶ 8.35e6 ❷ 2.87612e3 ❸ 9.123e1 ❹ 1.567e-2 ❺ 4.987e-5

5. 다음의 설명에 적합한 변수 선언문을 작성하라.

❶ 정수를 저장하는 변수 sum

❷ 부동소수점수를 저장하는 변수 score

❸ 유효숫자가 8자리인 부동소수점수를 저장하는 변수 rate

❹ 문자를 저장하는 변수 answer

❺ 부동소수점수를 저장하는 변수로서 초기값이 3.21인 변수 grade

❻ 부동소수점수를 저장하는 변수로서 초기값이 7.86e + 10인 변수 distance

6. 다음의 설명에 해당하는 문장을 작성하라.

❶ 정수 10과 20의 합을 정수 변수 result에 저장한다.

❷ 실수 10.34과 20.67의 합을 부동소수점형 변수 result에 저장한다.

7. 다음의 코드에서 잘못된 부분을 모두 지적하라.

```
#include <iosteam>
using namespace std;

int main()
{
int x, y = 0;                  // x와 y를 모두 0으로 초기화
char grade = "A";              // 문자 A의 아스키 코드를 grade에 대입
double rate = 10^10;           // rate에 1x10^10을 대입
int salary = 2,000,000;        // salary에 2,000,000을 대입

return 0;
}
```

8 다음의 이스케이프 시퀀스가 의미하는 것을 써라.

이스케이프 시퀀스	의미
\t	
\a	
\n	
\\	
\"	
\'	

9. 다음 수식의 값과 타입은 무엇인가?

❶ `6 / 5`

❷ `6.0 / 5`

❸ `(int) 6.0 / (int) 5.0`

❹ `3 / 5 * 12.0`

❺ `1 <= 2 && 3 >= 1`

10. 다음과 같이 변수들이 정의되어 있는 경우, 각 변수에는 어떤 값이 저장되는가?

```
int x = 10, y = 3, z = 2;
```

❶ `x += y -= 2;`

❷ `x *= y + 2;`

❸ `z = ++x + ++y;`

❹ `z = x++ + ++y;`

11. 다음 논리 연산을 설명해보아라.

❶ `(x >= 10) && (x < 30)`

❷ `(x == 20) || (x == 30)`

❸ `!(x == 10)`

12. 다음 수식에서 연산자 밑에 계산 순서를 숫자로 적어보아라.

❶ `x = y = z + 10`

❷ `x % y / z * w`

❸ `x % y % z % w`

13. 다음의 문장에 해당하는 조건식을 써보아라.

❶ x는 짝수이다.

❷ x는 홀수이다.

❸ x는 3과 같거나 7 이하이다.

❹ x가 0이상이고 100이하이다.

❺ x가 1 또는 100

14. 다음의 조건에 해당하는 논리 연산식을 만들어 보자. 변수는 적절하게 선언되어 있다고 가정한다.

❶ 무주택 기간 3년 이상, 가구주의 연령이 40세 이상, 가족의 수가 3명 이상

❷ 나이는 6세 이하, 키는 150cm 이상, 키가 150cm 이하이면 보호자가 동반

❸ 4로 나누어 떨어지는 연도 중에서 100으로 나누어 떨어지는 연도는 제외, 단 400으로 나누어 떨어지는 연도

❹ 평균 학점 3.0 이상이고 토플 점수 300점 이상이거나 토익 700점 이상

PROGRAMMING
INTRODUCTION TO C++ PROGRAMMING

1. 상자의 체적을 구하는 프로그램을 작성하여 보자. 체적은 길이 × 너비 × 높이로 계산된다. 상자의 크기는 사용자가 입력한다. 상자의 크기는 200 × 200 × 200을 넘지 않는다. 사용되는 메모리의 크기를 최소로 하여 보자.

2. 사용자로부터 x의 값을 실수로 입력받아서 다음과 같은 다항식의 값을 계산하는 프로그램을 작성하라.

$3x^3 - 7x^2 + 9$

3. 다음과 같은 수식의 값을 계산하여 화면에 출력하는 프로그램을 작성하라.

$(3.32 \times 10^{-3} \times 9.76 \times 10^{-8})/(9.12 \times 10^{6} \times 9.76 + 10^{9})$

4. 우리나라에서 많이 사용되는 면적의 단위인 평을 평방미터로 환산하는 프로그램을 작성하시오. 여기서 1평은 3.3058m^2이다. 변수들의 자료형은 어떤 것을 선택하는 것이 좋은가? 기호 상수를 이용하여 1평당 평방미터를 나타내어라.

5. 어떤 학생이 이번 학기에 컴퓨터 개론, C언어 프로그래밍, 영어, 일반 수학을 수강 신청하였다고 하자. 각 과목의 점수를 입력하면 그 학생의 이번 학기 평균 점수를 계산하는 프로그램을 작성하라.

```
컴퓨터 개론 과목의 점수를 입력하시오: 80
C언어 프로그래밍 과목의 점수를 입력하시오: 90
영어 과목의 점수를 입력하시오: 70
일반 수학 과목의 점수를 입력하시오: 80
평균 점수는 80.0점입니다.
```

6. 킬로그램 단위의 무게를 파운드와 온스로 변환하는 프로그램을 작성해보자. 변환식은 다음과 같다.

킬로그램 = 2.2 파운드
파운드 = 16 온스

```
무게를 입력하시오: 1.0
1.0킬로그램은 2.2 파운드입니다.
1.0킬로그램은 35.2 온스입니다.
```

7. cm로 표현된 키를 입력하여 피트와 인치로 변환하는 프로그램을 작성해보자. 1피트는 12인치이고 1인치는 2.54cm이다.

```
키를 입력하시오: 163
163cm는 5피트 4.17323 인치입니다.
```

반대의 경우도 작성하여 보자. 즉 피트와 인치로 표현된 키를 cm 단위로 변환하여 보아라.

```
키를 입력하시오(피트): 5
키를 입력하시오(인치): 4
5피트 4인치는 162.560cm입니다.
```

8. 시, 분, 초로 표현된 시간을 초 단위의 시간으로 변환하는 프로그램을 작성하라. 예를 들어서 1시간 1분 1초는 3661초이다.

9. 10000보다 작은 정수를 입력받아서 이것을 천의 자리, 백의 자리, 십의 자리, 일의 자리로 분리하여 출력하는 프로그램을 작성하라. 즉 사용자가 정수 5623을 입력하면 5, 6, 2, 3을 차례로 출력하면 된다. 이것은 나눗셈과 나머지 연산을 사용하면 된다.

```
정수를 입력하시오: 5623
천의 자리: 5
백의 자리: 6
십의 자리: 2
일의 자리: 3
```

10. 자동차의 연비를 계산하는 프로그램을 작성하여 보자. 사용자로부터 출발한 지점의 주행거리계의 눈금과 도착한 지점에서의 주행 거리계의 눈금을 입력받는다. 또한 사용한 연료의 양을 입력받는다. 자동차의 연비를 계산하여 화면에 출력한다.

```
출발한 지점의 주행 거리계: 1234
출발한 지점의 주행 거리계: 1274
사용한 연료: 10
연비는 4km/l입니다.
```

11. 원기둥의 부피를 구하는 프로그램을 작성하여 보자. 원기둥 밑면의 반지름과 높이를 입력받아서 부피를 계산한다.

```
원기둥 밑면의 반지름을 입력하시오: 5
원기둥의 높이를 입력하시오: 50
원기둥의 부피는 3926.99입니다.
```

12. 주행 거리와 주행 시간을 입력받아서 차의 평균 속도를 계산하여 보자. 주행 거리는 km 단위로 입력받고 주행 시간은 분과 초로 나누어서 입력받는다.

```
달린 거리를 입력하시오(kmh): 10.0
달린 시간 중에서 분을 입력하시오: 30.0
달린 시간 중에서 초를 입력하시오: 25.0
평균 속도는 19.726027 km/h입니다.
```

13. 섭씨 온도를 절대 온도로 변환하는 프로그램을 작성하라. 다음과 같은 변환식을 사용하라.

절대온도 = 섭씨온도 + 273.16

```
섭씨온도를 입력하시오: 15
절대온도는 288.16입니다.
```

14. 2년간의 이자를 계산하는 프로그램을 작성하여 보자. 사용자로부터 예금액, 연이율을 입력받아서 이자를 계산한다. 이자는 복리로 계산된다고 가정하라. 즉 첫해

의 이자는 예금액에 이율을 곱하면 되지만 둘째 해의 이자는 예금액과 첫해의 이자를 더한 액수에 이율을 곱하여야 한다.

```
예금액을 입력하시오: 1000
연이율을 입력하시오(단위 퍼센트): 5.0
2년 후의 예금액은 1102.5입니다.
```

15. 구의 표면적과 체적을 구하는 프로그램을 작성하라. 구의 반지름은 실수로 입력된다. 아래의 공식을 사용하라.

$A = 4\pi r^2$

$V = \frac{4}{3}\pi r^3$

16. 그리스 최초의 수학자이자 천문학자인 탈레스(Thaies)는 지팡이 하나로 피라미드의 높이를 재었다고 한다. 탈레스는 지팡이를 똑바로 땅에 세우고 지팡이를 움직여서 지팡이의 그림자와 피라미드의 그림자를 일치시켰다. 삼각형 ABC와 삼각형 ADE는 닮음꼴이므로 다음의 수식이 성립한다.

$AC : AE = BC : DE$

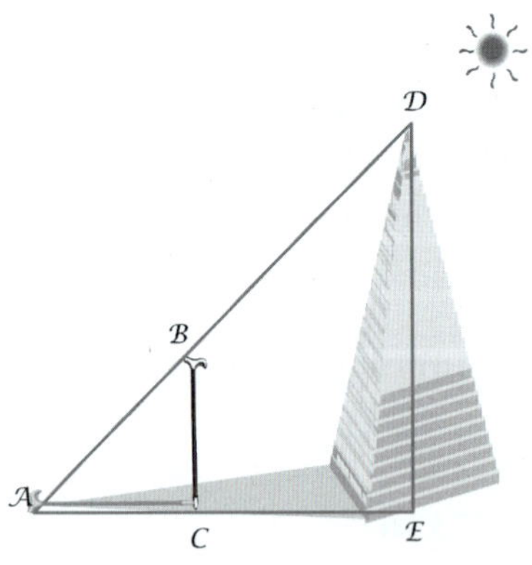

따라서 *AC*와 *AE*, *BC*를 안다면 *DE*를 계산할 수 있다. *AC*와 *AE*, *BC*를 입력하여서 *DE*를 구하는 프로그램을 작성하라. 입력되는 수치는 모두 실수로 한다.

17. 조건 연산자 ?만을 이용하여 2차원 공간의 x 좌표와 y 좌표를 입력받아서 그 좌표가 속하는 사분면을 출력하는 프로그램을 작성하라.

좌표의 부호	사분면
$x > 0, y > 0$	1사분면
$x < 0, y > 0$	2사분면
$x < 0, y < 0$	3사분면
$x > 0, y < 0$	4사분면

18. 2차 방정식 $ax^2 + bx + c$의 근을 구하는 프로그램을 작성하라. 사용자로부터 정수 a, b, c의 값을 입력받고 제곱근은 `Math.sqrt()` 함수를 사용한다.

LAB
INTRODUCTION TO C++ PROGRAMMING

1. 화씨 온도를 섭씨 온도로 바꾸는 프로그램을 작성하여 보자. 변환식은 다음과 같다.

$$섭씨\ 온도 = \frac{5}{9}(화씨\ 온도 - 32)$$

```
#include <iostream>
using namespace std;

int main()
{
   int f_temp = 60;
   int c_temp;

   c_temp = 5 / 9 * (f_temp - 32);
   cout << "섭씨온도는 " << c_temp << "입니다.\n";

   return 0;
}
```

❶ 우선 위의 프로그램을 검토하여 보자. 컴파일하여 실행하여 보자. 실행 결과가 올바르게 나오는가? 만약 실행 결과가 올바르지 않다면 그 원인은 무엇인가? 디버거를 사용하여도 좋다.

❷ 결과가 제대로 나오도록 위의 프로그램을 수정하여 보라.

❸ 화씨 온도를 사용자로부터 받게끔 수정하라.

```
화씨온도를 입력하시오: 32
섭씨 온도는 0도입니다.
```

❹ 화씨 온도와 섭씨 온도를 실수로 표현하여 처리하도록 프로그램을 수정하라.

❺ 이 프로그램과는 반대로 섭씨 온도를 입력하여 화씨 온도로 변환하는 프로그램을 작성하여 보아라.

2. 사용자로부터 두 개의 수를 입력받고 이번 장에서 학습한 모든 연산자(+, −, *, /, %, &&, ||, ++, −−, !)를 적용시켜서 그 결과를 화면에 출력하는 프로그램을 작성하라.

```
첫번째 피연산자를 입력하시오: 1
```

```
두번째 피연산자를 입력하시오: 0
1 + 0 은 1
1 - 0 은 -1
...
```

3. 조건 연산자(? :)를 이용하여서 최대값, 최소값, 절대값을 구하는 프로그램을 작성하여 보라.

CHAPTER 03

선택과 반복

이 장의 차례

학습목표

- if, switch 등의 조건문을 학습한다.
- while, for 등의 반복문을 학습한다.
- break, continue 등의 역할을 살펴본다.

1. if 문

일반적으로 프로그램의 각 문장들은 위에서 아래로 순차적으로 실행된다. 하지만 제어문(control statement)을 사용하게 되면 조건에 의하여 문장들의 실행 순서를 변경할 수 있다.

제어문은 크게 2가지로 나누어진다. 하나는 조건에 따라서 여러 개의 실행 경로 가운데 하나를 선택해야 하는 경우에 사용되는 조건문이다. `if-else` 문장과 `switch` 문장이 여기에 해당된다. 또 하나는 조건이 유지되는 한, 혹은 정해진 횟수만큼 처리를 되풀이하는 문장인데 이를 반복문이라고 부른다. `for` 문장과 `while` 문장이 반복문에 속한다. **그림 3-1**은 프로그램에서 나타나는 3가지의 제어 구조인 순차 구조, 선택 구조, 반복 구조를 나타낸다.

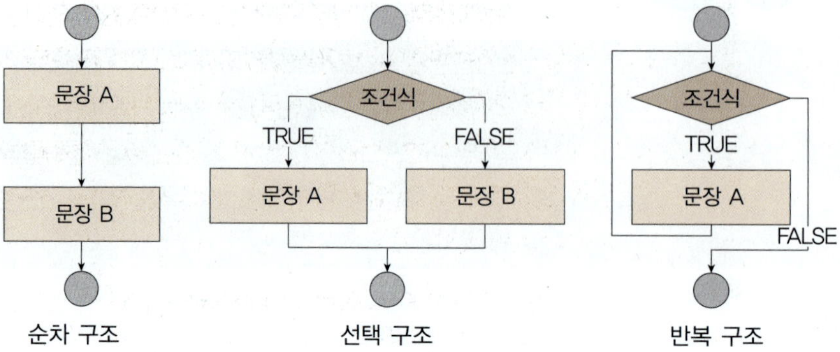

그림 3-1 ● 3가지의 제어 구조

선택이나 반복의 조건은 조건식으로 표현된다. 조건식이란 수식의 값이 참 또는 거짓인 수식을 말한다. 조건식에서는 주로 >나 <와 같은 관계 연산자와 &&나 ||와 같은 논리 연산자가 사용된다.

if-else 문

`if-else` 문은 다음과 같은 형식을 가진다.

```
if( 조건식 )
   문장1;         // 조건식이 true이면 실행
else
   문장2;         // 조건식이 false이면 실행
```

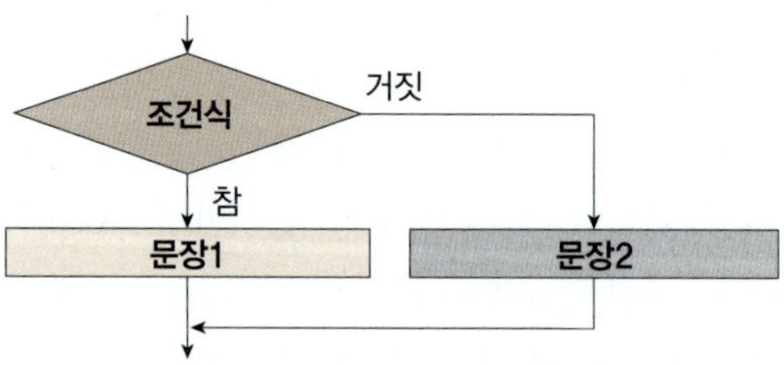

그림 3-2 ● if 문의 흐름도

만약 조건식이 참으로 계산되면 문장1이 실행되고 거짓으로 계산되면 문장2가 실행된다. `if-else` 에서 조건식의 값이 참일 때 실행되는 블록을 `then` 절(then clause)이라고 하고 조건식의 값이 참이 아닐 때 실행되는 블록을 `else` 절(else clause)이라고 한다.

만약 점수가 60점 이상이면 합격이고 60점 미만이면 불합격이라면 다음과 같이 코드를 작성할 수 있다.

```
if ( grade >= 60 )
   cout << "합격입니다.\n";
else
   cout << "불합격입니다.\n"
```

여기서 else 절은 생략될 수도 있다. 이 경우를 `if-then` 구조라고 한다.

```
if ( grade >= 60 )
   cout << "합격입니다.\n";
```

만약 조건에 따라 두 개 이상의 문장이 실행되어야 한다면 어떻게 해야 하는가? 이러한 경우에는 다음과 같이 중괄호를 이용하여 문장들을 묶어서 한꺼번에 실행시킬 수 있다. 이러한 문장 그룹핑을 복합문(compound statement) 또는 블록(block)이라고 한다. 복합문은 하나의 작업으로 분류될 수 있는 문장들을 묶는데 사용된다. 복합문은 단일문이 들어갈 수 있는 곳이면 어디나 단일문 대신 넣을 수 있다. 예를 들어 성적이 60점 이상이면 합격이고 동시에 장학금도 받는다면 다음과 같이 프로그램할 수 있을 것이다. 이 경우 만약 `grade`의 값이 60보다 크거나 같으면 중괄호에 싸인 두 개의 문장이 실행된다.

```
if ( grade >= 60 )
{
   cout << "합격입니다.\n";
   cout << "장학금도 받을 수 있습니다.\n";
}
else {
   cout << "불합격입니다.\n";
   cout << "장학금을 받을 수 없습니다.\n";
}
```

조건 연산자(? :)

간단한 `if-else` 문은 조건 연산자를 사용하여 표현할 수도 있다. 즉 60점 이상이면 합격을, 60점 미만이면 불합격을 출력하는 `if-else` 문은 다음과 같이 조건 연산자를 사용하여 작성할 수도 있다.

```
cout << ( grade >= 60 ? "합격" : "불합격" );
```

그러나 조건 연산자는 `if-else` 문에 비하여 이해하기 어렵기 때문에 아주 간단한 경우에만 사용되어야 한다.

예제

하나의 예로 시간제 임금을 계산해보자. 8시간까지는 시간당 5000원이고 8시간 초과분에 대해서는 1.5배를 지급한다면 다음과 같이 임금을 계산할 수 있다.

pay.cpp

```
#include <iostream>
using namespace std;

int main() {
   const int RATE = 5000;
   int pay;        // 임금
   int hours;      // 시간

   cout << "시간을 입력하시오: "; // 입력 안내 출력
   cin >> hours;

   if (hours >8)
      pay = RATE * 8 + (int) (1.5 * RATE * (hours - 8));
   else
      pay = RATE * hours;
   cout << "임금은 " << pay << "입니다.\n";
   return 0;
}
```

실행결과

```
시간을 입력하시오: 8
임금은 40000입니다.
```

중첩 if 문

if 문도 하나의 문장이다. 따라서 if-else 문의 문장1이나 문장2 자리에 다른 if 문이 들어가는 경우도 있다. 이것을 중첩 if 문이라고 한다.

```
if ( grade >= 80 )          // ❶
   if ( grade >= 90 )       // ❷
      cout << "당신의 학점은 A입니다.\n";
   else
      cout << "당신의 학점은 B입니다.\n";
```

만약 grade가 80보다 크거나 같으면 ❷ 위치의 if-else 문이 실행된다. 그렇지만 여기서는 해석상의 문제가 발생할 수 있다. else 절이 ❶ 위치의 첫 번째 if와 매치되는 것인가, 아니면 ❷위치의 두 번째 if와 매치되는 것인가? 이것을 해결하기 위하여 하나의 규칙이 존재한다. else 절은 가장 가까운 if와 매치된다. 이것을 확실하게 하려면 중괄호를 사용하여 묶어주면 된다.

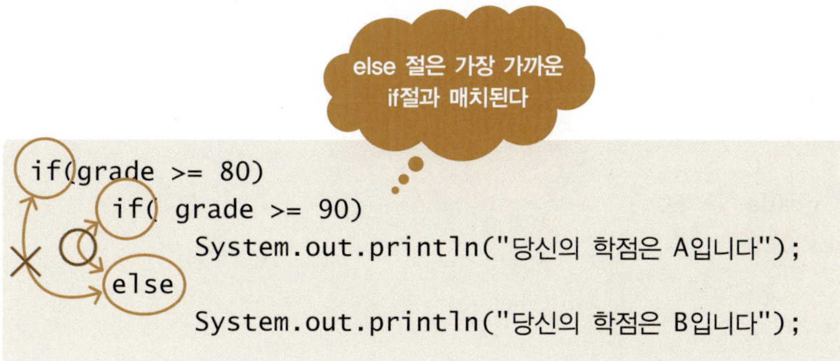

그림 3-3 ● 중첩 if 문에서 if와 else의 매치 문제

연속적인 if 문

가끔 우리는 여러 가지의 조건에 의하여 다중으로 분기되는 결정을 내려야 하는 경우가 있다. 이 경우 가장 자연스러운 방법은 if 문 다음에 else if 문을 계속적으로 사용하는 것이다. 만일 하나의 조건식이 참이면 관련된 문장이나 블록이 수행되고 더 이상의 비교는 이루어지지 않는다. 다음의 예제에서 시험 성적에 따라서 학점을 부여하는 것을 이러한 구조를 사용하여 코딩하였다. 즉 90점 이상이면 A학점, 80점에서 89점은 B학점, 70점에서 79점까지는 C학점, 60점에서 69점까지는 D학점, 60점 미만이면 F학점을 부여하는 코드와 순서도는 다음과 같다.

```
if ( grade >= 90 )            // ❶
   cout << "A";
else
   if ( grade>= 80 )          // ❷
      cout << "B";
   else
      if ( grade>= 70 )
         cout << "C";
      else
         if ( grade>= 60 )
            cout << "D";
         else
            cout << "F";
```

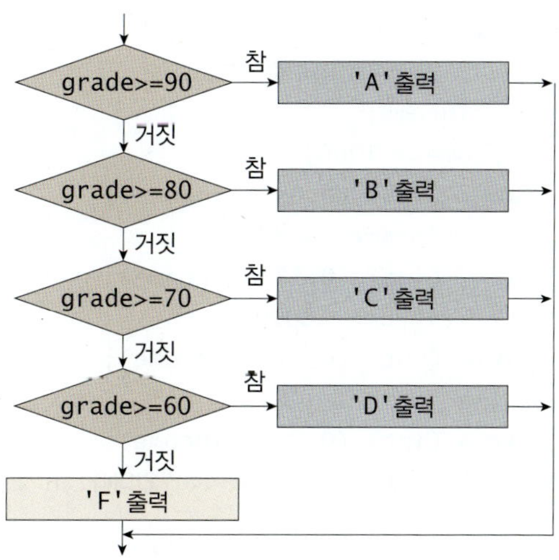

문장 ❷에서 `if( grade >= 80 && grade < 90)`이라고 할 필요가 없음에 유의하라. grade가 90보다 크거나 같은 경우에는 앞의 문장 ❶에서 이미 걸렸기 때문이다.

위와 같은 들여쓰기를 하는 것이 원칙적이나 관례적으로 다음과 같이 쓴다.

```
if ( grade >= 90 )
   cout << "A";
else if ( grade >= 80 )
   cout << "B";
else if ( grade >= 70 )
   cout << "C";
else if ( grade >= 60 )
   cout << "D";
else
   cout << "F";
```

▌예제 #2

간단한 예제로 사용자로부터 과세 표준 금액을 받아서 근로 소득세를 계산하는 프로그램을 작성해보자. 과세 구간에 따라 연속적인 if 문을 사용하여서 프로그램을 작성하였다.

tax.cpp

```
#include <iostream>
using namespace std;

int main()
{
   int income; // 과세표준
   int tax; // 세금
   cout << "과세 표준 금액을 입력하시오:";
   cin >> income;
   if (income<= 1000)
      tax = (int) (0.09 * income);
   else if (income <= 4000)
      tax = (int) (0.18 * income);
   else if (income <8000)
      tax = (int) (0.27 * income);
   else
      tax = (int) (0.36 * income);
   cout <<"소득세는 " << tax << "입니다.\n";

   return 0;
}
```

실행결과

```
과세 표준 금액을 입력하시오:5000
소득세는 1350입니다.
```

중간점검

1. 변수 n의 값이 100보다 크거나 같으면 "large", 100보다 작으면 "small"을 출력하는 if-else 문을 작성하라.
2. k의 값이 각각 5, 0, −1인 경우에 다음의 코드에 의하여 생성되는 출력은 무엇인가?

```
if( k != 0 )
      cout << "A";
else if( k > 3 )
      cout << "B";
else
      cout << "C";
```

3. 컵의 사이즈를 받아서 100ml 미만은 small, 100ml 이상 200ml 미만은 medium, 200ml 이상은 large라고 출력하는 연속적인 if-else 문을 작성하라.

2. switch 문

switch 문은 여러 개의 가능한 실행 경로 중에서 하나를 선택하는데 사용된다. switch 문은 switch 안에 들어 있는 수식을 계산하여서 case 절과 비교한다. 일치하는 case 절이 있으면 case 절의 문장들이 실행되다가 break 문에 도달하면 종료된다. 만약 case 절에서 일치하는 정수값을 찾지 못하면 최종적으로 default절이 실행된다. switch 문은 정수형에 대해서만 동작하는 것에 유의하라.

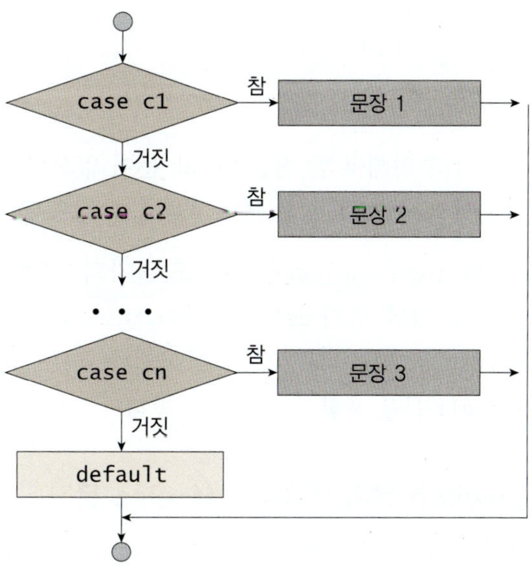

그림 3-4 ● switch 문의 흐름도

예를 들어서 정수를 입력받아서 한글로 출력하는 프로그램을 살펴보자. 만약 사용자가 1을 입력하였다면 화살표와 같은 순서를 거쳐서 실행된다.

```
#include <iostream>
using namespace std;

int main()
{
    int number;
    cout << "숫자를 입력하시오:";
    cin >> number;
    switch (number) {
    case 0:
        cout << "없음\n";
        break;
    case 1:
        cout << "하나\n";
        break;
    case 2:
        cout << "둘\n";
        break;
    default:
        cout << "많음\n";
        break;
    }

    return 0;
}
```

여기서 주의해야 할 점은 break 문이 없으면 선택된 case 절 안의 문장들을 실행한 다음, 계속해서 다음 case 절의 문장들을 실행하게 된다는 것이다.

default 문은 어떤 case 문과도 일치되지 않는 경우에 선택되어 실행된다. default 문은 없을 수도 있다. 만약 default 문이 없고 일치하는 case 문도 없다면 아무 것도 실행되지 않고 switch 문 다음 문장으로 이어진다. 미처 예상하지 못한 값을 알아내기 위하여 가급적 default 문을 포함시키는 것이 좋다.

switch 문과 연속적인 if-else 문

switch 문의 순서도를 보면 연속적인 if-else 문과 아주 유사한 것을 알 수 있다. 따라서 switch 문은 연속적인 if-else 문으로 변환할 수 있다. 앞의 코드도 다음과 같이 연속적인 if-else 구조를 사용하여 다시 작성할 수 있다.

```
if( number == 0 )
    cout << "없음\n";
else if( number == 1 )
    cout << "하나\n";
else if( number == 2 )
    cout << "둘\n";
else
    cout << "많음\n";
```

둘 중에서 어떤 것을 사용해도 상관없는 경우가 많지만, 선택해야하는 경우의 수가 많아지면 (대략 5개 이상) switch 문을 사용하는 것이 간결해 보인다. 일반적으로 조건으로 값의 범위를 나타내는 경우에는 switch를 사용할 수 없다. 이런 경우에는 반드시 if-else 문을 사용하여야 한다.

예제

1년의 각 달의 일수를 출력하는 프로그램을 작성하여보자. 즉, 특정 달이 입력되면 그 달의 일수를 출력한다. 여러 가지 방법으로 작성할 수 있겠으나 여기서는 switch 문을 사용해보자. 대부분의 달이 31일 또는 30일인 점을 고려하여 break를 생략하는 기법을 사용하도록 하자.

days_in_month.cpp

```
#include <iostream>
using namespace std;

int main()
{
    int month;
    int year =2009;
    int days = 0;

    cout << "일수를 알고 싶은 달을 입력하시오:";
    cin >> month;

    switch (month) {
    case 1:
    case 3:
    case 5:
    case 7:
    case 8:
    case 10:
    case 12:
```

```
            days = 31;
            break;
        case 4:
        case 6:
        case 9:
        case 11:
            days = 30;
            break;
        case 2:
            if (((year % 4== 0) &&!(year % 100 == 0)) || (year % 400 == 0)) //윤년
                days = 29;
            else                                    // 평년
                days = 28;
            break;
        default:
            cout << "월이 잘못 입력되었습니다.";
            break;
        }
        cout << "월의 날수는 " << days << endl;

        return 0;
}
```

실행결과

```
일수를 알고 싶은 달을 입력하시오:6
월의 날수는 30
```

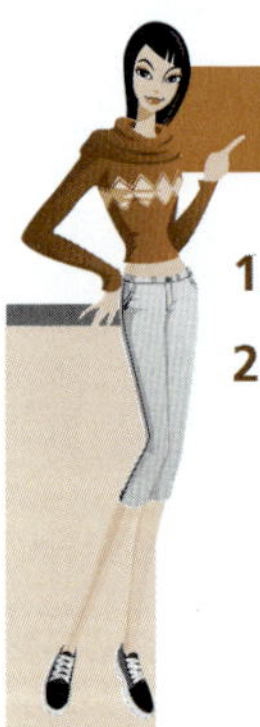

중간점검

1. case 절에서 break 문을 생략하면 어떻게 되는가?
2. 변수 fruit의 값이 각각 1, 2, 5일 때, 다음의 코드의 출력을 써보아라.

```
switch(fruit) {
        case 1:  cout << "사과";
           break;
        case 2:  cout << "배";
        case 3:  cout << "바나나";
           break;
        default: cout << "과일";
    }
```

3. while 문

반복 처리는 같은 처리 과정을 여러 번 되풀이하는 것이다. 반복 처리는 왜 필요한가? 학생들의 국어, 영어, 수학 성적의 평균을 구하는 작업을 생각하여 보자. 학생 수가 30명이라면 각 학생들의 국어, 영어, 수학 성적을 합하여 3으로 나누는 처리 과정을 30번 반복하여야 할 것이다. 만약 학생 수가 10000명이라면 10000번을 반복하여야 하고, 이러한 반복적인 작업을 사람이 하는 것은 아주 비효율적이다. 여기에 컴퓨터의 강점이 있다. 컴퓨터는 인간이 수행할 경우 막대한 시간이 소요되는 반복 작업을 빠르고 정확하게 처리할 수 있다. 이와 같이 어떤 대상에 대하여 같은 처리 과정을 반복하는 것은 프로그래밍에 있어서 자주 발생한다.

그림 3-5 • 반복은 같은 처리 과정을 반복하는 것이다

반복문의 종류

C++에서 지원하는 반복문에는 크게 나누어 while 문과 for 문이 있다. while 문은 조건이 만족되면 반복을 계속하는 구조이다. while 문은 미리 반복 횟수를 알 수 없고 조건에 따라서 반복하는 경우에 사용한다. for 문은 정해진 회수만큼 반복하는 경우에 사용된다.

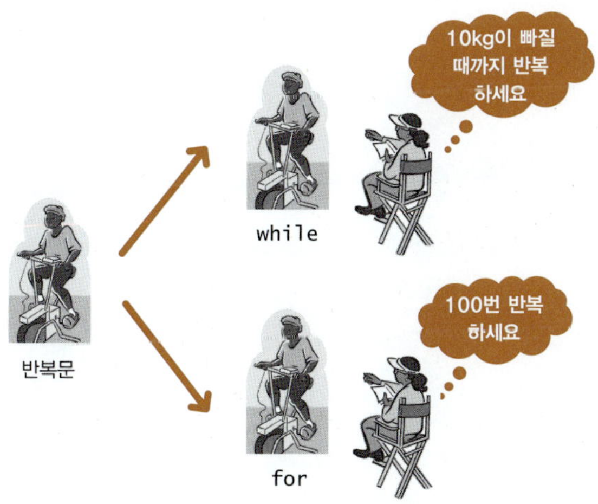

그림 3-6 • 반복문의 종류

while 문

`while` 문은 조건식이 참이면 문장들의 블록을 반복적으로 실행한다. `while` 문의 문법은 다음과 같다.

```
while (조건식) {
      반복문장
}
```

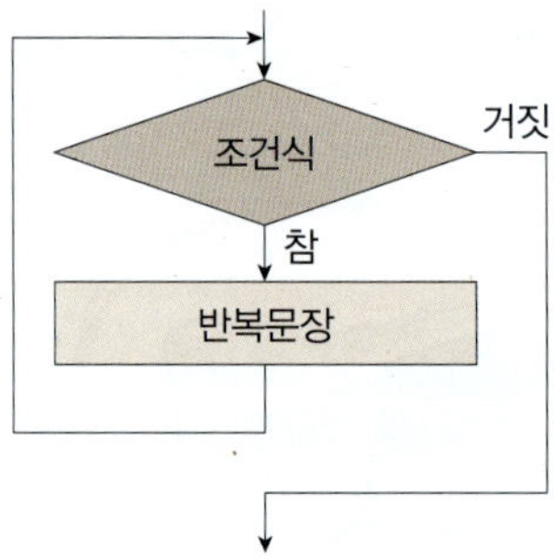

그림 3-7 • while 문의 흐름도

조건식을 계산하면 참 또는 거짓을 반환하게 된다. 만약 조건식이 참(`true`)으로 계산되면 반복문장을 실행한다. 조건식이 거짓으로 계산될 때까지 조건식의 계산과 반복 문장의 실행을 계속한다. 예를 들어서 0부터 4까지의 정수값을 출력하려면 다음과 같이 한다.

```
int main()
{
   int i = 0;
   while (i < 5){
      cout << "정수: " << i << endl;
      i++;
   }
   return 0;
}
```

실행결과

```
정수: 0
정수: 1
정수: 2
정수: 3
정수: 4
```

각 반복에서 i의 값과 조건식의 값을 다음 표에 나타내었다.

표 3-1 • while 문에서의 변수와 수식의 값

반복횟수	i의 값	i < 5	반복여부
첫 번째 반복(시작위치)	0	참(true)	반복
두 번째 반복(시작위치)	1	참(true)	반복
세 번째 반복(시작위치)	2	참(true)	반복
네 번째 반복(시작위치)	3	참(true)	반복
다섯 번째 반복(시작위치)	4	참(true)	반복
여섯 번째 반복(시작위치)	5	거짓(false)	중지

어떤 경우에는 무한히 반복되는 루프가 필요한 경우가 있다. 예를 들어서 통신 채널로부터 데이터를 받는 기기의 경우에는 전원이 켜있는 한 무한히 반복하여야 한다. 무한 루프는 다음과 같이 조건식을 `true`로 적으면 된다.

```
while (true){
   ...
   // 반복되는 코드를 적는다
}
```

예제 #1

반복문을 사용하여서 구구단을 출력하여 보자.

loop1.cpp

```
// while 문을 이용한 구구단 출력 프로그램
#include <iostream>
using namespace std;

int main()
{
   int n;
   int i = 1;

   cout << "구구단 중에서 출력하고 싶은 단을 입력하시오: ";
   cin >> n;
   while (i <= 9){
      cout << n << "*" << i << " = " << n * i << endl;
```

```
        i++;
    }
    return 0;
}
```

실행결과

```
구구단 중에서 출력하고 싶은 단을 입력하시오: 9
9*1 = 9
9*2 = 18
9*3 = 27
9*4 = 36
9*5 = 45
9*6 = 54
9*7 = 63
9*8 = 72
9*9 = 81
```

프로그램 설명

여기서는 먼저 사용자로부터 출력하고 싶은 구구단의 단수를 받아서 변수 n에 저장한다. 여기서의 루프 제어 변수는 i이다. i의 초기값이 0이 아니고 1인 것에 유의하라. 구구단은 1부터 곱해야 하기 때문에 0이 아니고 1로 초기화를 하였다. 그리고 반복 루프도 9보다 작거나 같을 때까지 반복하도록 하였다.

예제 #2

이번 예제에서는 while 루프를 이용하여 두 개의 정수의 최대 공약수를 구해보자. 최대 공약수란 두 개의 정수의 공통 약수 중에서 가장 큰 수를 의미한다. 예를 들어서 8과 12의 최대 공약수는 4가 된다. 왜냐하면 4는 8의 약수이면서 12의 약수이고 공통 약수 중에서 가장 크기 때문이다.

최대 공약수를 구하려면 아무래도 정교한 알고리즘이 필요하다. 최대 공약수를 구하는 알고리즘은 기원전 300년 전에 이미 유클리드에 의하여 개발되었다. 따라서 여기서는 그 알고리즘을 구현하는 데만 초점을 맞추어보자.

① 두 수 가운데 큰 수를 x, 작은 수를 y라 한다.
② y가 0이면 공약수는 x와 같고 종료한다.
③ r ← x % y
④ x ← y

⑤ y ← r
⑥ 단계 ②로 되돌아간다.

위의 의사 코드에서 변수에 값을 대입하는 연산을 ←로 표기하였다. 의사 코드에서는 화살표가 대입 연산을 나타낸다. 위의 알고리즘의 원리에 대해서는 신경 쓰지 말자. 중요한 것은 위의 알고리즘을 프로그램으로 변환하는 것이다. 알고리즘을 자세히 살펴보면 반복 구조가 있음을 알 수 있다. 반복 횟수가 결정되어 있지 않으므로 while 루프를 사용하도록 하자. y가 0이 아니면 단계 ③, ④, ⑤를 반복하면 된다. 따라서 다음과 같은 프로그램을 얻을 수 있다.

gcd.cpp

```
#include <iostream>
using namespace std;

int main()
{
   int x, y, r;
   cout << "두개의 정수를 입력하시오(큰수, 작은수): ";
   cin >> x;
   cin >> y;

   while (y != 0) {
      r = x % y;
      x = y;
      y = r;
   }
   cout << "최대 공약수는 " << x << "입니다.\n";

   return 0;
}
```

실행결과

```
두개의 정수를 입력하시오(큰수, 작은수): 24 36
최대 공약수는 12입니다.
```

프로그램 설명

사용자로부터 정수들이 입력되어 x와 y로 저장된 다음, 최대공약수를 계산하는 while 루프로 들어간다. while 루프가 종료되면 x의 값은 최대공약수가 되고 이 값이 화면에 출력된다.

do-while 문

do-while 문은 while 문과는 반대로 먼저 반복 문장을 실행하고 조건을 나중에 검사하는 반복 구조이다. do-while 문의 형식은 다음과 같다.

```
do {
    반복문장;
} while (조건식);
```

do-while과 while의 차이점은 do-while은 조건식을 루프 구조의 바닥에서 계산한다는 점이다. 따라서 do 블록 안에 있는 문장을 적어도 한 번은 실행한다. 아래의 예에서 i의 값은 10으로 명백히 3보다 작지 않다. 하지만 먼저 문장을 실행한 후에 조건식을 검사하기 때문에 한 번은 실행된다.

```
int main()
{
    int i = 10;
    do {
        cout << "i의 값: " << i << endl;
        i++;
    } while (i <3);
}
```

실행결과

```
i의 값: 10
```

do-while문은 데이터를 처리하기 전, 사용자로부터 메뉴나 데이터를 입력을 받아야 하는 경우에 많이 사용된다.

예제 #3

if 문과 do...while 문을 동시에 사용하는 예제를 작성하여 보자. 이 예제는 숫자 알아맞히기 게임이다. 프로그램은 1부터 100 사이의 정수를 저장하고 있고 사용자는 질문을 통하여 그 정수를 알아맞히려고 노력한다. 사용자가 답을 제시하면 프로그램은 자신이 저장한 정수와 비교하여 제시된 정수가 더 높은지 낮은지만을 알려준다. 프로그램은 do...while 루프를 이용하여 사용자가 정확하게 정수를 알아맞힐 때까지 반복한다. 사용자가 정답을 알아맞히면 몇 번만에 알아맞혔는지를 화면에 출력한다. 사용자가 제시한 정수와 정답을 비교하는데 if 문이 사용된다.

letter_game.cpp

```
// 반복을 이용한 게임 프로그램
#include <iostream>
using namespace std;

int main()
{
   int answer =59;          // 정답
   int guess;
   int tries = 0;
   // 반복 구조
   do {
      cout << "정답을 추측하여 보시오: ";
      cin >> guess;
      tries++;

      if (guess >answer)     // 사용자가 입력한 정수가 정답보다 높으면
         cout << "제시한 정수가 높습니다.\n";
      if (guess <answer)     // 사용자가 입력한 정수가 정답보다 낮으면
         cout << "제시한 정수가 낮습니다.\n";
   } while (guess !=answer);

   cout << "축하합니다. 시도 횟수 = " << tries << endl;

   return 0;
}
```

실행결과

```
정답을 추측하여 보시오: 10
제시한 정수가 낮습니다.
정답을 추측하여 보시오: 30
제시한 정수가 낮습니다.
정답을 추측하여 보시오: 60
제시한 정수가 높습니다.
정답을 추측하여 보시오: 59
축하합니다. 시도횟수 = 4
```

프로그램 설명

3개의 변수가 선언되어서 사용된다. 변수 answer는 정답을 저장하고 있다. 현재 정답은 59로 고정되어 있어 변경이 안 되지만 난수 발생기를 사용한다면 실행할 때마다 무작위로 숫자를 결정할 수 있다. 변수

guess에는 사용자가 입력한 정수가 저장된다. 만약 answer와 guess가 일치하면 반복이 종료된다. tries는 사용자의 시도 횟수를 기록한다.

반복 루프는 do...while 루프를 이용하여 구현되었다. 먼저 사용자로부터 정수를 받아야 하기 때문이다. 정수를 cin을 통하여 받은 후에, 이것을 answer에 저장된 정수와 비교한다. if 문을 사용하여 guess가 answer보다 작은지 큰지를 검사하여 적당한 메시지를 출력한다. do...while 루프의 마지막 조건 검사 부분에서 guess가 answer와 같은지를 검사한다. 만약 guess가 answer와 같으면 반복을 중단하고 시도 횟수를 출력한 다음에 종료한다.

중간점검

1. 다음 코드의 출력을 써보아라.

```
int n = 10;
while (n > 0) {
   cout << n;
   n = n - 3;
}
```

2. 1번 문제의 반복 구조를 do-while로 변경하면 출력이 어떻게 변화되는가?

4. for 문

for 문은 일정한 횟수만큼 반복할 때 유용하게 사용된다. 흔히 for 루프라고 부른다. 왜냐하면 특정한 조건이 만족될 때까지 반복적으로 루프를 돌기 때문이다. 일반적인 형식은 다음과 같다.

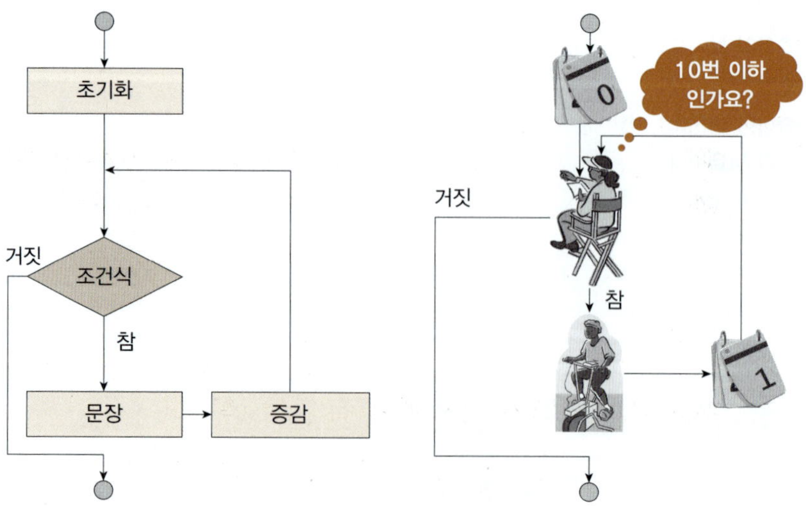

그림 3-8 • for 문의 흐름도

```
for (초기식; 조건식; 증감식) {
    문장들
}
```

- 초기식은 루프를 초기화한다. 루프가 시작될 때 딱 한 번 실행된다.
- 만약 조건식이 거짓으로 계산되면 루프는 종료하게 된다.
- 증감식은 한 번의 반복 뒤에 실행된다. 대개 증감식은 루프 제어 변수를 증가시키거나 감소시키게 된다. 루프 제어 변수란 루프를 제어할 목적으로만 사용하는 변수이다.

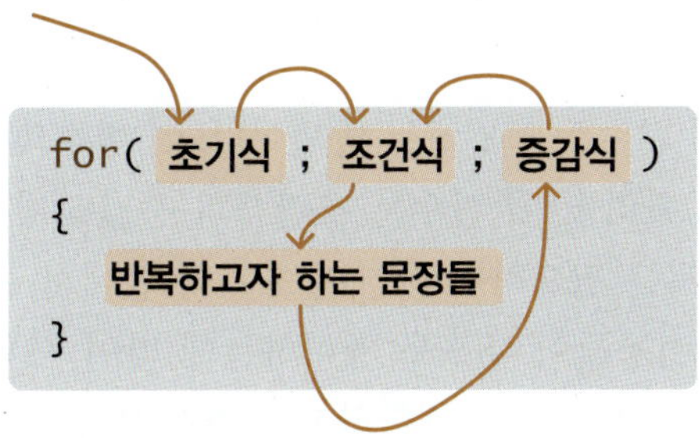

그림 3-9 ● for 문에서의 각 부분의 실행 순서

다음 프로그램은 for를 사용하여 0부터 4까지의 숫자를 화면에 출력한다.

```
int main() {
   for (int i = 0; i < 5; i++) {
      cout << "i의 값은: " << i << endl;
   }
   return 0;
}
```

실행결과

```
i의 값은: 0
i의 값은: 1
i의 값은: 2
i의 값은: 3
i의 값은: 4
```

각 반복에서의 변수 i의 값을 출력하면 다음과 같다.

표 3-2 ● for 문에서의 각 변수와 수식의 값

반복횟수	i의 값	i < 10	반복여부
1번째 반복	0	참	반복
2번째 반복	1	참	반복
3번째 반복	2	참	반복
4번째 반복	3	참	반복
5번째 반복	4	참	반복
6번째 반복	5	거짓	중지

유의할 점은 초기식 안에서 변수를 선언하는 방법이다. 이 변수의 범위는 선언된 위치에서부터 for 블록의 끝까지이다. 따라서 이 변수는 조건식과 증감식에서 사용될 수 있다. 만약 이 변수가 for 블록의 외부에서는 필요하지 않다면 초기식 안에서 변수를 선언하는 것이 좋다. 통상적으로 i, j, k와 같은 이름들이 루프를 제어하는데 많이 사용된다. 이들 변수를 초기식 안에 선언하는 것은 변수의 생존 범위를 제한하고 따라서 오류를 줄이게 된다.

for 루프에서 초기식이나 조건식, 증감식은 생략이 가능하다. 따라서 조건이 없이 무한히 반복하는 루프는 다음과 같이 생성될 수 있다.

```
for ( ; ; ) {          // 무한 루프
   ...
   // 반복되는 문장
}
```

예제

간단한 예로 1부터 10까지의 정수를 더하여 합을 구하는 프로그램을 살펴보자.

sum.cpp

```
#include <iostream>
using namespace std;

int main()
{
   int sum = 0;

   for (int i = 1; i<= 10; i++)
```

```
        sum += i; // sum = sum + i;와 같음

    cout << "1부터 10까지의 정수의 합 = " << sum << endl;
    return 0;
}
```

실행결과

```
1부터 10까지의 정수의 합 = 55
```

프로그램 설명

이 프로그램에서는 두 개의 정수 변수가 필요하다. sum은 정수들의 합을 저장한다. i는 for 문에서 필요한 변수로, for 문이 정해진 횟수만큼 실행할 수 있도록 지금까지의 실행 횟수를 저장하고 있는 변수가 된다.

for 문에서 첫 번째 단계인 초기화 문장은 `i = 1`이다. 즉, 변수 i의 초기값을 1로 만드는 것이다. for 문의 두 번째 단계는 `i <= 10`이다. 이것은 변수 i가 10보다 작거나 같은지를 검사한다. i는 1로 초기화되어 있으므로 조건은 참이 되고 `sum += i;` 문장이 실행되어 sum에 1이 더해진다. 다시 증감 문장인 i++가 실행되고 i의 값은 2가 된다. 다시 조건 `i <= 10`이 검사되고 참이므로 다시 `sum += i;` 문장이 실행되어 sum에 2가 더해진다.

for 문은 조건식이 거짓이 될 때까지 계속 실행되고 i가 11이 되면 조건식이 거짓이 된다. 조건식이 거짓이 되면 for 문이 끝나게 되고 for 문 아래에 있는 printf 문이 실행되어서 화면에 sum의 값이 출력된다.

예제

이번 예제에서는 팩토리얼값을 계산하여 보자. 팩토리얼이란 다음과 같이 정의된다.

$$n! = 1 \times 2 \times 3 \times \ldots \times n$$

factorial.cpp

```
#include <iostream>
using namespace std;

int main()
{
    long fact = 1;
    int n;

    cout << "정수를 입력하시요:";
```

```
    cin >> n;

    for (int i = 1; i <= n; i++)
        fact = fact * i;

    cout << n << "!은 " << fact << "입니다.\n";

    return 0;
}
```

실행결과

```
정수를 입력하시요:20
20!은 2432902008176640000입니다.
```

프로그램 설명

먼저 변수 fact를 long형으로 정의한다. 팩토리얼의 값은 생각보다 매우 커질 수 있다. 여기서 fact의 초기값은 반드시 1이어야 한다. 0이면 안 된다. 왜냐하면 팩토리얼은 정수를 전부 곱하여 계산하는 것이므로 초기값이 0이면 결과는 0이 되어 버린다. 따라서 반드시 1로 초기화를 시켜야 한다.

사용자로부터 정수를 하나 입력받는다. 입력받은 정수는 변수 n에 저장된다. for 루프를 사용하여 fact에 i의 값을 곱한 결과값을 다시 fact에 저장한다. i의 초기값도 0이 아닌 1이어야 한다. n까지 곱해져야 하므로 for 루프가 끝나는 값도 n이 된다. 다음 표에서 n을 5라고 가정하고 각 반복에서 i와 fact의 값을 나타내었다.

	i의 값	i<=5	반복여부	fact의 값
1번째 반복	1	1<=5(참)	반복	1*1
2번째 반복	2	2<=5(참)	반복	1*1*2
3번째 반복	3	3<=5(참)	반복	1*1*2*3
4번째 반복	4	4<=5(참)	반복	1*1*2*3*4
5번째 반복	5	5<=5(참)	반복	1*1*2*3*4*5
6번째 반복	6	6<=5(거짓)	중단	

중첩 반복문

반복문은 중첩되어 사용될 수 있다. 즉, 반복문 안에 다른 반복문이 실행될 수 있다. 이러한 형태를 중첩 반복문(nested loop)이라고 한다. 외부에 위치하는 반복문을 바깥쪽 반복문

(outer loop)이라고 하고 내부의 반복문을 안쪽 반복문(inner loop)라고 한다. 안쪽 반복문은 바깥쪽 반복문이 한 번 반복할 때마다 새로 실행된다.

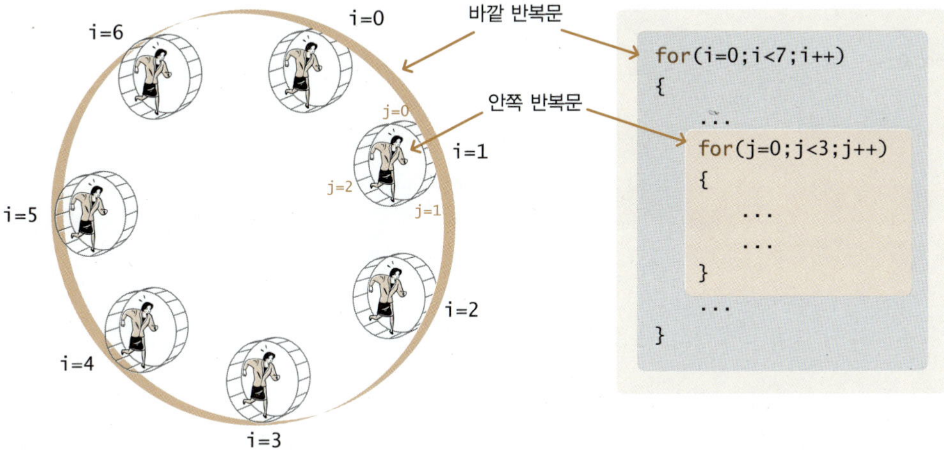

그림 3-10 ● 중첩 반복문은 반복 루프 안에 또 다른 반복 루프가 있는 것이다

중첩 반복문에서 가장 주의할 점은 각각의 반복문을 제어하는 변수가 달라야 한다는 점이다. **그림 3-10**에서도 바깥쪽 반복문을 제어하는 변수는 i이고 안쪽 반복문을 제어하는 변수는 j로 서로 다르다. 만약 같은 변수가 사용되면 논리적인 오류가 발생할 가능성이 높다.

예제

중첩 반복문은 실제 프로그래밍에서 많이 나오는 형태로, 특히 사각형과 비슷한 데이터를 처리하는데 유용하다. 다음 예제는 *기호를 사각형 모양으로 출력한다. 여기서는 반복문으로 for 루프를 사용하여 보자. 주의할 점은 외부의 for 루프가 반복시키는 문장이 2개 이상이기 때문이 반드시 이들을 중괄호로 묶어서 블록으로 만들어 주어야 한다. 그렇지 않으면 외부 for 문은 바로 아래에 위치한 문장만 반복할 것이다.

nested_loop.cpp

```
#include <iostream>
using namespace std;

int main()
{
   for (int y = 0; y < 5; y++) {
      for (int x = 0; x < 10; x++)
```

```
            cout << "*";

        cout << endl;
    }

    return 0;
}
```

실행결과

```
**********
**********
**********
**********
**********
```

프로그램 설명

위의 프로그램을 실행하면 50개의 *가 5 × 10화면에 의 정사각형 모양으로 출력된다. *를 출력하는 문장의 외부에는 두 개의 for 루프가 중첩되어 있다. 외부의 for 루프는 변수 y를 0에서 4까지 증가시키면서 내부의 for 루프를 실행시킨다. 내부의 for 루프는 변수 x를 0에서 9까지 증가시키면서 print() 메소드를 호출한다. 내부 for 루프가 한 번 실행될 때마다 화면에는 한 줄의 *가 그려진다. 내부 for 루프가 한 번씩 종료될 때마다 줄바꿈 문자가 화면에 출력되어 다음 줄로 넘어가게 된다.

Q&A

Q: 3가지의 반복문 for, while, do...while 중에서 어떤 것을 사용해야 하는가?

A: 부분적으로는 개인적인 취향의 문제이다. 일반적인 선택 기준은 for 루프이다. 루프의 반복 횟수를 아는 경우에는 for 루프가 while 루프에 비하여 약간 더 편리하다고 할 수 있다. 즉 루프 제어 변수를 증가하는 것을 잊어버린다거나 하는 일이 while 루프에 비하여 덜 발생한다. 만약 조건만 존재하고 정확한 반복 횟수를 모르는 경우에는 while 구조가 좋다. 만약 반드시 한번은 수행되어야 하는 문장들이 있다면 do...while 구조가 제격이다.

또한 while과 for는 반복하기 전에 조건을 검사하는 구조이고 do...while은 먼저 실행한 후에 반복 조건을 검사한다. 특별한 경우가 아닌 일반적인 경우에는 반복을 하기 전에 조건 검사를 하는 것이 좋다. 뭐든지 실행하기 전에 면밀하게 사전 조사를 하는 것이 좋은 것과 마찬가지이다.

중간점검

1. 다음 코드의 출력을 쓰시오.

```
for(int i = 1; i < 5; i++)
    cout << (2 * i) << " ";
```

2. 다음 코드의 출력을 쓰시오.

```
for(int i = 10; i > 0; i = i - 2)
    cout << "Student" << i << endl;
```

3. 다음 코드의 출력을 쓰시오.

```
for(int i = 1; i < 6; i++)
    for(int j = 5; j >= 1; j--)
        cout << i << "곱하기" << j << "은 " << i*j << endl;
```

5. break와 continue 문

break 문

break 문은 반복 루프를 벗어나기 위하여 사용한다. 반복 루프 안에서 break 문이 실행되면 반복 루프는 즉시 중단되고 반복 루프 다음에 있는 문장이 실행된다. 예를 들어 다음의 반복 루프는 원래는 1부터 99까지의 정수를 출력하여야 하지만 break 문 때문에 1부터 10까지의 정수만을 출력한다.

그림 3-11 ● break 문은 반복 루프를 벗어나기 위한 문장이다

```
int main()
{
```

```
int i;
for(i=1; i<100; i++)
{
   cout << i << endl;
   if( i == 10 ) break;
}
}
```

break 문은 원하는 만큼 얼마든지 둘 수 있다. 그러나 break 문을 너무 많이 사용하게 되면 코드가 난해해진다. 따라서 특수하게 반복 루프를 중단할 경우에만 break 문을 사용하는 것이 좋다. 한 가지 주의할 점은 중첩 반복 루프에서 break 문을 사용하게 되면 내부의 반복문에만 영향을 끼치게 된다는 점이다.

예제 1

여기서는 무한 루프를 만들어서 사용자로부터 입력받은 실수의 제곱근을 구하여 출력하는 프로그램을 작성하여 보자. 허수는 생각하지 않는다고 하면 제곱근은 양의 실수에 대해서만 계산할 수 있다. 그러므로 만약 입력된 값이 음수이면 무한 루프를 종료하도록 하자. 무한 루프를 종료하는데 break 문을 사용한다.

square_root.cpp

```
// break를 이용하여 무한 루프를 탈출한다
#include <iostream>
#include <cmath>

using namespace std;

int main()
{
   double v;

   while(1)
   {
      cout << "실수값을 입력하시오: ";
      cin >> v;

      if( v < 0.0 )
         break;

      cout << v << "의 제곱근은 " << sqrt(v) << "입니다.\n";
```

```
20      }
21
22      return 0;
23  }
```

실행결과

```
실수값을 입력하시오: 9.0
9.000000의 제곱근은 3.000000입니다.
실수값을 입력하시오: 12.0
12.000000의 제곱근은 3.464102입니다.
실수값을 입력하시오: 25.0
25.000000의 제곱근은 5.000000입니다.
실수값을 입력하시오: -1
```

프로그램 설명

11	1은 항상 참이므로 `while(1)`은 무한 루프가 된다.
12	반복되는 문장은 중괄호로 둘러싸인 복합문이 된다.
14	사용자로부터 실수를 입력받아서 변수 v에 저장한다.
17	만약 변수 v가 0.0보다 작으면 제곱근을 구할 수 없으므로 `break` 문을 실행하여 루프를 빠져 나간다.
19	`sqrt()` 함수를 호출하여 제곱근을 계산한다. `sqrt()`는 `double`형 실수를 받아서 제곱근을 계산하는 라이브러리 함수이다.

예제 2

학생들의 점수를 입력받아서 프로그램을 작성한다. 학생들의 수를 미리 정하지 않고 음수가 입력되면 종료하는 것으로 한다. 음수가 종료되면 break 문이 수행되도록 구성하여 반복 루프를 빠져 나올 수 있도록 구현한다.

average1.cpp

```
#include <iostream>
#include <cmath>

using namespace std;

int main()
{
```

```
    float grade, sum = 0.0, average;
    int count = 0;

    while(1)
    {
        cout << "학생 성적을 입력하시오: ";
        cin >> grade;              // 정수도 받을 수 있다

        if( grade < 0.0 )          // 음수가 입력되면
            break;                 // 반복을 빠져나간다

        count++;
        sum += grade;
    }

    average = sum / count;
    cout << "학생들의 성적의 평균은 " << average << "입니다.\n";

    return 0;
}
```

실행결과

```
학생 성적을 입력하시오: 90
학생 성적을 입력하시오: 90
학생 성적을 입력하시오: 80
학생 성적을 입력하시오: 70
학생 성적을 입력하시오: -1
학생들의 성적의 평균은 82.500000입니다.
```

continue 문

continue 문은 break 문과는 약간 반대되는 동작을 한다. continue 문은 현재 수행하고 있는 반복 과정의 나머지를 건너뛰고 다음 반복 과정을 강제적으로 시작하게 만든다. 반복 루프에서 continue 문을 만나게 되면 continue 문 다음에 있는 후속 코드들은 실행되지 않고 건너뛰게 된다. 만약 루프가 중첩되어 있는 경우에는 continue를 포함하고 있는 내부 루프 구조만 영향을 받는다. continue 문은 3가지의 반복 구조에서 미묘한 차이를 보인다. **그림 3-12**를 참고하라.

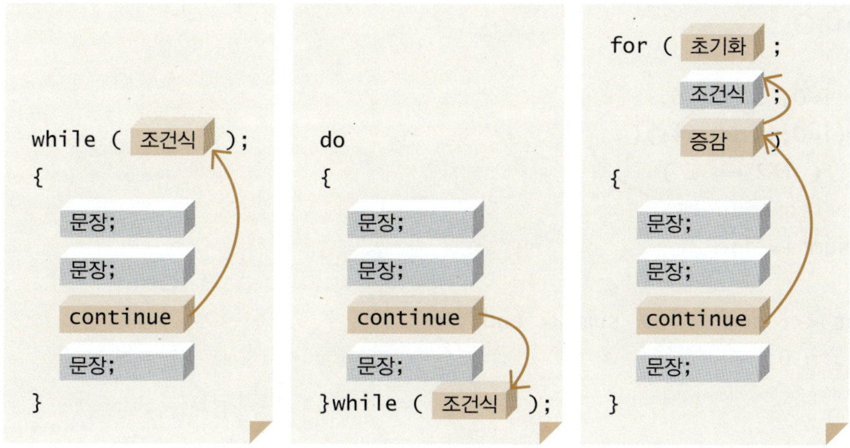

그림 3-12 • continue 문의 동작

0부터 100까지의 정수 중에서 짝수들만의 합을 구하는 예제를 가지고 설명하여 보자. while에서는 continue 문장이 반복의 조건 검사 부분으로 직접 가게 만들어서 다음 반복 과정을 시작한다. i를 2로 나누어서 나머지가 1이면 홀수이므로 이 경우에는 continue 문을 사용하여 후속 문장인 sum += i;를 실행하지 않고 조건식인 i < 100을 계산하게 된다. 계산 결과에 따라서 반복을 계속하거나 종료하게 된다.

```
int main()
{
   int i=0, sum = 0;
   while( i < 100 ) {
      if( i%2 == 1 )
      {
         i++;
         continue;
      }
      sum += i;
      i++;
   }
   cout << "sum = " << sum << endl;
   return 0;
}
```

반면에 for 루프에서는 증감 부분이 실행되고 조건 검사 부분이 실행된 다음, 반복이 계속된다는 점에 유의하라.

```
int main()
{
   int i=0, sum = 0;
   for(i=0;i<100;i++){
      if( i%2 == 1 )
         continue;
      sum += i;
   }
   cout << "sum = " << sum << endl;
   return 0;
}
```

예제 1

사용자로부터 알파벳 소문자를 받아서 대문자로 바꾸는 다음의 프로그램을 살펴보자. 만약 사용자로부터 받은 문자가 소문자가 아니면 사용자로부터 다시 문자를 입력받는다. 이때 continue 문이 사용된다. 만약 사용자가 대문자 Q를 입력하면 반복을 종료한다. break 문을 사용하여 반복이 종료되도록 하였다.

to_upper.cpp

```
// 소문자를 대문자로 변경한다
#include <iostream>
using namespace std;

int main()
{
   char letter;

   while(1)
   {
      cout << "소문자를 입력하시오: ";
      cin >> letter;                          // 공백 문자 제외

      if( letter == 'Q' )
         break;
      if( letter < 'a' || letter > 'z' )
         continue;

      letter -= 32;                           // 소문자 -> 대문자
      cout << "변환된 대문자는 " << letter << "입니다.\n";
```

```
    }

    return 0;
}
```

실행결과

```
소문자를 입력하시오: a
변환된 대문자는 A입니다.
소문자를 입력하시오: b
변환된 대문자는 B입니다.
소문자를 입력하시오: c
변환된 대문자는 C입니다.
소문자를 입력하시오: Q
```

중간점검

1. 다음 코드의 출력을 써보아라.

```
int n = 12;
while (n > 0) {
      n = n - 2;
      if( n == 6 )
         break;
      cout << n;
}
```

2. 1번 문제에서 break를 continue로 변경하면 어떻게 되는가?

EXERCISE
INTRODUCTION TO C++ PROGRAMMING

1. 다음의 작업을 수행하는 문장을 작성하라.

❶ age가 20이상이고 65이하이면 count를 증가한다.

❷ x와 y 중에서 큰 값을 max에 저장하고 작은 값을 min에 저장한다.

❸ x가 1부터 20 사이에 있으면 x의 값을 y에 대입한다. 만약 x가 그 범위에 있지 않으면 y의 값은 변경되지 않는다.

2. 아래와 같이 변수들이 선언되어 있는 경우, 다음은 참으로 계산되는가 아니면 거짓으로 계산되는가?

```
int x = 3, y = 5, z = 2;
```

❶ `if( x == z + 1 )`

❷ `if( z = 1)`

❸ `if( x )`

❹ `if( z = 3 == x )`

3. 다음 문장의 오류를 찾아서 수정하라. 오류가 없을 수도 있고 2개 이상의 오류가 있을 수도 있다. 문법적인 오류뿐만 아니라 논리적인 오류도 지적하라.

❶

```
if( 0 < age < 18 )
   cout << "청소년\n";
```

❷

```
float grade = 3.0;
switch( grade )
{
   case 4.5:
      cout << "만점\n";
      break;
   case 0.0:
      cout << "영점\n";
      break;
}
```

❸

```
switch( n )
{
   case 1:
      cout << "1입니다.\n";
   case 2:
      cout << "2입니다.\n";
   case 3:
      cout << "3입니다.\n";
}
```

4. x = 0, y = 1, z = 2인 상태에서 다음과 같은 코드가 실행되었을 경우, x, y, z의 최종값을 써보아라.

```
switch(x)
{
   case 0 : x = 1;
      y = 2;
   case 1:
      z = 3;
      break;
}
```

5. 다음 프로그램의 결과를 써라.

❶

```
x = 10;
for(x=10; x > 6; x--)
   cout << x << endl;
```

❷

```
x = 10;
do {
   cout << x << endl;
   x--;
} while(x < 6);
```

❸

```
for(x = 0; x < 3; x++)
{
   for(y = 0; y <= 2; y++)
```

```
        cout << x << endl;
    cout << endl;
}
```

❹

```
x = 0;
for( ; ; )
{
    if( x > 10 )
        break;
    cout << x << " ";
    x++;
}
```

6. 다음의 수학식을 계산하는 코드를 작성하라.

❶ $\sum_{i=1}^{30} (i^2 + 1)$

❷ $\sum_{i=10}^{30} \sum_{j=1}^{5} (i \times j)$

PROGRAMMING
INTRODUCTION TO C++ PROGRAMMING

1. 0이 아닌 3개의 좌표값 $(x1, y1)$, $(x2, y2)$, $(x3, y3)$를 입력받아서 삼각형을 만들 수 있는지를 검사하는 프로그램을 작성하라.

2. 사용자로부터 3개의 정수를 읽어 들인 후에 `if-else` 문을 사용하여 가장 작은 값을 결정하는 프로그램을 작성하라.

3. 0과 1로 되어 있는 2진수를 입력받아서 10진수로 변환하는 프로그램을 작성하여 보자. 여기서 2진수를 문자열로 입력받는 것이 아니라 정수로 입력받는다고 가정하라. 따라서 나머지 연산자 %와 나누기 연산자 /를 이용하면 2진수의 각 자리수를 분리할 수 있다.

4. 간단한 계산기 프로그램을 작성하여 보자. 먼저 사용자로부터 하나의 문자를 입력받는다. 이어서 사용자로부터 2개의 숫자를 입력받는다. 사용자로부터 받은 문자가 '+' 이면 두수의 덧셈을, 문자가 '−' 이면 뺄셈을, 문자가 '*' 이면 곱셈을, 문자가 '/' 이면 나눗셈을 수행하도록 작성하라. 나눗셈의 경우, 분모가 0이 아닌지를 먼저 검사하여야 한다.

```
*************
+---Add
----Subtract
*---Multiply
/---Divide
Q---Quit
*************
연산을 선택하시요: +
두 수를 공백으로 분리하여 입력하시요: 10 20
30
```

5. 사용자로부터 하나의 문자를 입력받아서 문자가 'R' 이면 사각형의 면적을 계산하고 ' T' 이면 삼각형의 면적을, 'C' 이면 원의 면적을 계산한다. 면적을 계산하는데 필요한 숫자들은 사용자로부터 입력받는다.

6. switch 문을 사용하여 키보드로부터 하나의 문자를 읽어서 문자가 탭문자인지 줄바꿈 문자인지, 백스페이스 문자인지를 출력하는 프로그램을 작성하라. 이러한 문자들이 입력되면 화면에 문자를 설명하는 문장을 출력한다. 예를 들어서 문자가 탭 문자이면 "탭 문자"를 출력한다.

7. 상점에서 하나에 100원인 물건을 판매하고 있다고 가정하자. 물건을 10개 이상 구입하는 고객에게는 10%를 할인해준다고 하자. 사용자가 구입한 물건의 개수를 입력하면 전체 가격이 얼마인지를 계산해주는 프로그램을 작성하라. 즉 물건의 개수가 10이상이면 10% 할인한 가격으로 계산을 하여야 한다. if-else 문을 사용하라.

8. 사용자로부터 하나의 문자를 입력받는다. 만약 입력받은 문자가 대문자이면 소문자로 변환한다. 만약 소문자이면 대문자를 입력하라는 메시지를 출력한다. 대문자에서 'A'를 빼고 'a'를 더해주면 소문자로 변환된다. 즉 아스키 코드값을 몰라도 변환할 수 있다.

9. 키보드에서 문자 하나를 읽어서 모음과 비모음을 구분하는 프로그램을 작성하여 보자.

10. 간단한 즉석 복권 프로그램을 작성하여 보자. 1등부터 3등까지의 당첨 번호가 결정되어 있다고 가정하자. 사용자로부터 1부터 10사이의 번호를 받아서 2번이 1등, 5번이 2등, 7번이 3등이라고 가정하고 프로그램을 작성하여 보라. 당첨되었으면 당첨 안내 메시지를 화면에 출력한다.

11. 사용자로부터 키를 입력받아서 표준 체중을 계산한 후에 사용자의 체중과 비교하여 저체중인지, 표준인지, 과체중인지를 판단하는 프로그램을 작성하라. 표준 체중 계산식은 다음을 사용하라.

체중 = (키 − 100) × 0.9

12. 과학적으로 비만도를 측정할 때 사용하는 방법인 카우프 지수는 체중(kg)을 키(cm)의 제곱으로 나눈 숫자로서 신체의 지방량과 잘 맞아 떨어진다.

체중(kg) / [신장(cm)]^2

예를 들어서 신장이 170cm 이고 체중이 60kg인 사람이면 60 / [1.7]2 = 20.7이 된다. 카우프 지수에 의한 비만도 측정은 다음 표와 같이 한다.

	저체중	표준체중	과체중	비만
20대	17.9 이상	18 ~ 23	24 ~ 30	30 이상
30대	18.4 이상	18.5 ~ 24	25 ~ 30	30 이상

사용자로부터 나이, 키, 체중을 입력받아서 비만도를 계산하여 화면에 출력하는 프로그램을 작성하라.

13. 컴퓨터와 가위, 바위, 보 게임을 하는 프로그램을 작성하라. 컴퓨터는 사용자에게 알리지 않고 가위, 바위, 보 중에서 임의로 하나를 선택한다. 사용자는 프로그램의 입력 안내 메시지에 따라서, 3개 중에서 하나를 선택하게 된다. 사용자의 선택이 끝나면 컴퓨터는 누가 무엇을 선택하였고 누가 이겼는지, 비겼는지를 알려준다.

14. 월급에 붙는 소득세를 계산하여 보자. 과표 구간은 1000만원 이하 8%, 1000만원 초과 4000만원 이하 구간은 17%, 4000만원 초과 8000만원 이하는 26%, 8000만원 초과 35%로 되어 있다고 가정한다. 사용자로부터 소득을 입력받아서 소득의 구간에 따라서 세금을 계산하는 프로그램을 작성하라.

15. 다음과 같이 정의되는 함수의 함수값을 계산하여 보자. 사용자로부터 x값을 입력받아서 함수값을 계산하여 화면에 출력한다. x는 실수이다.

$$f(x) = \begin{cases} x^3 - 9x + 2 & x \le 0 \\ 7x + 2x + 0 & x > 0 \end{cases}$$

16. 사용자로부터 정수를 입력받아서 각 자리수를 영어로 출력하는 프로그램을 작성하라. 예를 들어서 정수 120이 입력되었다면 화면에 `one two zero`를 출력한다.

17. 절대 평가로 학생들의 학점을 계산하는 프로그램을 작성하여 보자. 한 학생에 대하여 중간 고사와 기말 고사, 그리고 퀴즈 점수를 읽어서 아래의 규칙에 따라서 학생들의 학점을 결정하여 출력한다.

❶ 중간 고사, 기말 고사, 퀴즈 점수를 차례대로 사용자로부터 읽는다.

❷ 중간 고사는 40%, 기말 고사는 50%, 퀴즈는 10%의 가중치를 가진다. 이들 점수의 가중 평균값(0.4 × 중간고사 + 0.5 × 기말고사 + 0.1 × 퀴즈)을 구한다.

❸ 가중 평균값이 90점 이상이면 A, 80점 이상이면 B, 70점 이상이면 C, 60점 이상이면 D, 60점 미만이면 F 학점이라고 출력하고 종료한다.

18. 이차 방정식 $ax^2 + bx + c = 0$의 근을 계산하는 프로그램을 작성하여 보자.

❶ 사용자에게 이차 방정식의 계수 a, b, c를 입력하도록 한다.

❷ 만약 a가 0이면 근은 $-c/b$이다.

❸ 만약 판별식 $\sqrt{b^2 - 4ac}$ 가 음수이면 실근은 존재하지 않는다.

❹ 위의 조건에 해당되지 않으면 다음과 같은 공식을 이용하여 실근을 구한다.

$$x = \frac{-b \pm \sqrt{b^2 - 4ac}}{2a}$$

19. 사용자가 생일과 현재 날짜를 입력하면 만으로 몇 살인지를 계산해주는 프로그램을 작성하여 보자.

20. 사용자로부터 일련의 데이터를 입력받아서 산술 평균, 조화 평균, 기하 평균을 구하는 프로그램을 작성하여 보자. 음수가 입력되면 데이터의 끝이라고 간주한다.

❶ 산술 평균 $= \dfrac{x_1 + x_2 + \ldots + x_n}{n}$

❷ 기하 평균 $= \sqrt{x_1^2 + x_2^2 + \ldots + x_n^2}$

❸ 조화 평균 $= \dfrac{n}{\dfrac{1}{x_1} + \dfrac{1}{x_2} + \ldots + \dfrac{1}{x_n}}$

21. 1부터 100까지의 짝수의 곱을 구하는 프로그램을 작성하라.

22. 1부터 100까지의 홀수의 곱을 구하는 프로그램을 작성하라.

23. 특정한 정수를 읽어 들여서 0과 이 정수 사이에 있는 모든 3의 배수를 출력하는 프로그램을 작성하라. 만약 입력 정수값이 0보다 작으면 오류 메시지를 출력하라.

24. 프로그램에서 미리 결정된 정답을 사용자가 알아맞히는 게임을 설계하고 작성하여 보라. 사용자가 하나의 수를 추측하면 프로그램은 그 수가 정답보다 높은지 낮은지만 알려준다. 정답은 1부터 100사이의 수라고 가정한다. 사용자가 정답을 맞

힐 때까지 프로그램은 반복하여 숫자를 입력하라는 메시지를 내보낸다. 사용자가 음수를 입력하면 반복이 중단되도록 하라.

25. 자동차의 연비를 반복적으로 계산해주는 프로그램을 작성하여 보자. 먼저 사용자에게 주입한 연료의 양과 주행 거리를 입력받는다. 주행 거리를 연료의 양으로 나누어서 1ℓ의 연료로 주행할 수 있는 거리를 계산한다. 반복문을 사용하여서 하나의 계산이 끝나면 사용자에게 계산을 다시 할 것인지를 물어본다.

```
연료의 양을 입력하시오(ℓ): 10
주행한 거리를 입력하시오(km): 100
연비는 10km/ℓ 입니다.

다시 계산하겠습니까?(Y/N): N
```

26. 2와 100 사이에 있는 모든 소수(prime number)를 찾는 프로그램을 작성하라. 소수는 1과 자기 자신 외에는 약수를 가지지 않는다.

27. 기억력 테스트 게임을 작성하여 보자. 짧은 시간 안에 화면에 몇 개의 정수를 표시한다. 일정한 시간이 지나면 정수는 화면에서 사라진다. 게임 참가자는 이 정수들을 기억하고 있어야 한다. 게임 참가자는 정수가 화면에서 사라지면 원래의 순서대로 정수를 입력한다. 정수를 맞추면 다시 새로운 게임을 시작한다. 이 프로그램을 작성할 때 가장 어려운 점은 화면에 표시했던 정수를 지우는 것이다. 이것은 캐리지 리턴을 표시하는 `\r` 문자를 출력하고 스페이스 문자를 연속으로 출력하면 가능하다. 또한 임의의 정수는 `rand()` 함수를 호출하면 얻을 수 있다.

```
기억력 테스트 게임 입니다.
화면에 보이는 숫자들을 기억하였다가 다시 쓰면 됩니다.
3 5 9
맞았습니다.
다시 하시겠습니까?(Y/N): Y
1 9 5
틀렸습니다.
다시 하시겠습니까?(Y/N): N
```

28. 팩토리얼은 확률에서 많이 사용된다. 양의 정수 n의 팩토리얼 n!은 1부터 n까지의 정수들을 곱한 것이다. 예를 들어서 5!은 다음과 같이 계산한다.

$5! = 5 \times 4 \times 3 \times 2 \times 1$

❶ `for` 문을 이용하여 팩토리얼값을 출력하는 프로그램을 작성하라. 20!을 넘어가면 어떤 어려움이 있는가?

❷ `while` 문을 이용하여 팩토리얼값을 출력하는 프로그램을 작성하라. 20!을 넘어가면 어떤 어려움이 있는가?

```
--      ----------------
n       n!
--      ----------------
1       1
2       2
3       6
4       24
5       120
...
```

29. 피타고라스의 정리는 직각 삼각형에서 직각을 낀 두 변의 길이를 a, b라고 하고, 빗변의 길이를 c라고 하면 $a^2 + b^2 = c^2$의 수식이 성립한다는 것이다. 각 변의 길이가 100보다 작은 삼각형 중에서 피타고라스의 정리가 성립하는 직각 삼각형은 몇 개나 있을까? 3중 반복문을 이용하여 피타고라스의 정리를 만족하는 3개의 정수를 찾도록 한다.

30. 사용자가 엔터키를 누를 때까지 한 줄의 문자를 읽어서 읽은 문자 중에서 문자 a의 개수를 세어서 화면에 출력하는 프로그램을 작성하라.

31. 서로 다른 n개에서 r개를 택하여 일렬로 나열하는 방법의 수를 순열(permutation)이라 하고, ${}_nP_r$로 표시한다. 순열은 다음과 같은 식을 이용하여 구할 수 있다. 순열을 구하는 프로그램을 작성하라. n과 r은 사용자가 입력할 수 있도록 하라.

$${}_nP_r = n(n-1)(n-2)\ldots(n-r-1)$$

32. 피보나치 수열은 다음과 같이 정의되는 수열이다.

$f_0 = 0$

$f_1 = 1$

$f_{i+1} = f + {}_{i}f_{i-1}$ for $i = 1, 2, \ldots$

피보나치 수열에서는 앞의 2개의 원소를 합하여 뒤의 원소를 만든다. 피보나치 수열에서 처음 몇 개의 원소를 나열하면 다음과 같다.

0, 1, 1, 2, 3, 5, 8, 13, 21, 34, 55, ...

피보나치 수열은 컴퓨터에서도 탐색 문제 등에 사용되기도 한다. 피보나치 수열을 생성하여 출력하는 프로그램을 작성하여 보자.

LAB
INTRODUCTION TO C++ PROGRAMMING

1. 사용자로부터 일련의 데이터를 입력받아서 평균, 최대값, 최소값을 구하는 프로그램을 작성하여 보자. 음수가 입력되면 데이터의 끝이라고 간주한다.

```
데이터를 입력하시오(음수이면 종료): 10
데이터를 입력하시오(음수이면 종료): 20
데이터를 입력하시오(음수이면 종료): -1
평균은 15입니다.
최소값은 10입니다.
최대값은 20입니다.
```

2. 1000만원을 연이율 7%로 저금하였을 경우에 몇 년만에 2배가 되는지를 계산하여 보자. 단 이자는 연말에 계산되며 복리식으로 계산한다. 즉 이자가 매년 원금에 합쳐진다.

3. NIM 게임을 구현하여 보자. 각각의 플레이어가 테이블 위에 놓여진 동전(또는 성냥개비)을 번갈아 가면서 1개에서 3개까지 가져갈 수 있다. 마지막 남은 동전을 가져가는 사람이 지게 된다.

❶ 두 사람이 할 수 있는 NIM 게임을 구현하여 보자.

❷ 컴퓨터와 사람이 할 수 있는 NIM 게임을 구현하여 보자. 컴퓨터를 위한 알고리즘을 개발하여 보자.

4. 함수의 그래프를 *기호를 이용하여 그려보자. 지금은 모든 컴퓨터에 그래픽 기능이 있지만 예전에는 텍스트를 이용하여 그래프를 많이 그렸다. 많이 사용하는 방법이 계산된 함수의 값에 비례하는 위치에 * 문자를 출력하는 것이다.

```
          *
      *
   *
  *
   *
      *
          *
```

$f(x) = x^2 + 1$의 값을 $-3 \le x \le 3$구간에서 그려보자.

CHAPTER 04

함수

이 장의 차례

학습목표

- 함수를 선언하고 정의하는 방법을 이해한다.
- 함수의 매개 변수와 반환값을 이해한다.
- 전역 변수, 지역 변수를 이해한다.
- 디폴트 매개 변수, 중복 함수를 이해한다.

1. 함수란?

함수(function)란 특정 작업을 수행하여 그 결과를 반환하는 문장들의 집합이다. 언어에 따라서 메소드, 프로시저, 서브루틴 등으로 부르기도 한다. 각 함수들은 레고 블록처럼 다른 함수들과 연결될 수 있으며 다른 프로그램에서도 사용될 수 있다. 함수라는 개념을 사용하게 되면 코드의 재활용 가능, 가독성 증대, 유지 관리의 용이 등의 많은 장점이 있다.

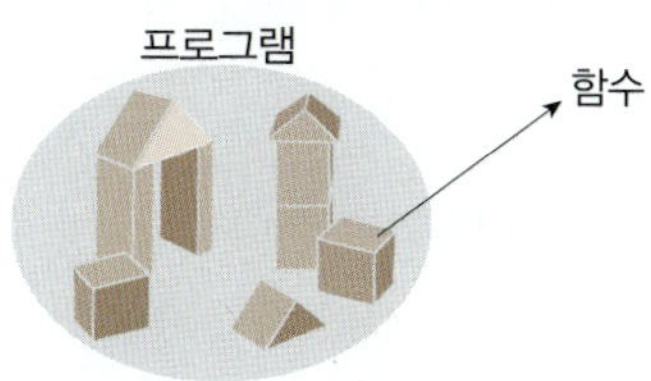

그림 4-1 • 함수는 프로그램을 이루는 빌딩 블록이라고 생각할 수 있다

각각의 함수에는 이름이 붙어 있으며 이름을 사용하여 함수를 호출하여 사용할 수 있다. 이것을 함수 호출(function call)이라고 한다. 함수 호출 시에 함수는 입력을 받을 수 있으며 특정한 값을 반환할 수 있다.

그림 4-2 ● 함수는 이름으로 호출되며 입력과 출력을 가진다

함수들은 대개 특정한 작업을 담당한다. 예를 들어서 `sqrt()`라는 함수는 제곱근을 계산한다. 함수의 특징을 정리하여 보면 다음과 같다.

- 함수는 서로 구별되는 이름을 가지고 있다.
- 함수는 특정한 작업을 수행한다.
- 함수는 입력을 받을 수 있고 실행 결과를 반환할 수 있다.

함수는 프로그래머도 만들 수 있으며 또한 미리 만들어진 함수를 단순히 사용할 수도 있다. 프로그래머가 직접 만들어서 사용하는 함수를 사용자 정의 함수(user-defined function)라고 하고 컴파일러 차원에서 지원되는 미리 만들어진 함수들을 라이브러리 함수(library function)라고 한다. 라이브러리는 수학적인 계산, 문자열 조작, 입/출력 등을 수행하는데 필요한 풍부한 함수를 제공한다.

하나의 C++ 프로그램은 적어도 하나의 함수는 반드시 가져야 하는데 `main()`이 여기에 해당한다. 이들 함수들은 객체의 부분이 아니고 프로그램의 어디서나 호출될 수 있다는 점에서 전역적 함수라고 할 수 있다. 이 장에서 학습하는 함수는 모두 전역적 함수에 속한다.

중간점검

1. 함수와 프로그램의 관계는?
2. 컴파일러에서 지원되는 함수를 ________함수라고 한다.

2. 함수 정의

지금부터는 함수를 어떻게 정의하는지를 살펴보자. 함수의 이름, 입력, 출력, 작업에 필요한 문장들이 정의되어야 한다.

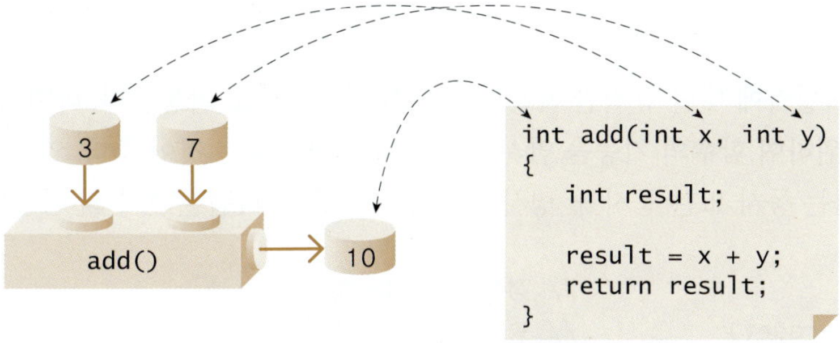

그림 4-3 • 함수의 입력과 출력

C++에서 함수를 정의할 때는 다음과 같은 형식을 사용하게 된다. 먼저 함수가 반환하는 값의 형을 먼저 쓰게 되어 있다. 이것을 함수의 반환형(return type)이라고 한다. 이어서 함수의 이름, 매개 변수(parameter)들을 차례대로 적어주면 된다. 함수의 몸체는 중괄호로 둘러싸인 부분이다. 함수의 몸체 안에는 함수가 수행하는 작업에 필요한 문장들이 들어간다.

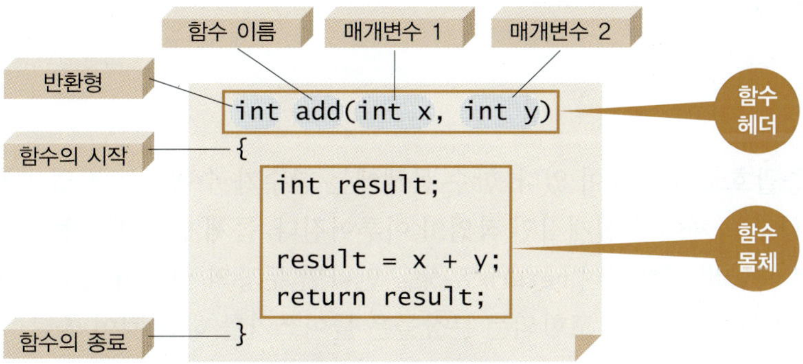

그림 4-4 • 함수의 구조

반환형

함수의 반환형은 함수가 처리를 종료한 후에 호출한 곳으로 반환하는 데이터의 유형을 말한다. 반환형은 C++가 지원하는 어떤 자료형도 가능하다. 만약 값을 반환하지 않는다면 `void`라고 표시한다. C++에서는 반드시 반환형을 적어주어야 한다. 반환값이 있는 함수에서 값을 반환하지 않으면 예측 불가능한 값이 전달될 수 있다. 또 반대로 반환값이 void로 지정된 함수에서 값을 반환하면 문법적인 오류가 발생한다. 값을 반환하려면 return 문장을 사용해야 한다. return 다음에 수식을 써주면 이 수식의 값이 반환된다. 예를 들어서 return result; 하면 변수 result의 값이 반환된다.

함수 이름

함수 이름은 식별자에 대한 규칙만 따른다면 어떤 이름이라도 가능하다. 다만 소스 코드를 읽기 쉽게 하기 위하여 함수의 기능을 암시하는 이름을 부여하는 것이 좋다. 일반적으로 함수의 목적을 설명하는 동사 또는 동사 + 명사를 사용하면 좋다. 다음은 함수의 이름의 예이다.

```
square()              // 정수를 제곱하는 함수
compute_average()     // 평균을 구하는 함수
get_integer()         // 정수를 받아들이는 함수
```

매개 변수

외부에서 함수를 호출할 때는 작업에 필요한 데이터를 보낼 수 있다. 매개 변수(parameter)는 함수가 받는 데이터를 저장하는 변수이다. 매개 변수는 여러 개가 될 수 있으며 각 매개 변수는 쉼표로 분리된다. 예를 들어 외부에서 2개의 값을 전달받는 함수의 경우에는 다음과 같이 매개 변수를 지정할 수 있다.

```
int add(int x, int y)
```

함수 몸체

함수 몸체는 중괄호로 둘러싸여 있다. 함수 몸체에는 함수가 수행하는 작업에 필요한 문장들이 들어간다. 함수 몸체에서 실제적인 작업이 이루어진다. 몸체 안의 문장들은 함수가 호출되면 순차적으로 하나씩 실행되며 return 문장을 만나면 문장의 실행이 종료되고 호출한 곳으로 되돌아간다. 함수의 몸체에 포함되는 문장들은 들여쓰기를 하는 것이 좋다.

```
int add(int x, int y)
{
    int result;

    result = x + y;
    return result;
}
```

그림 4-5 • 함수안의 문장들은 순차적으로 실행된다

함수에는 얼마든지 많은 문장들을 넣을 수 있지만 함수의 길이가 지나치게 길어지면 좋지 않다. 기본적으로 하나의 함수는 하나의 작업만을 수행하여야 한다. 일반적으로 하나의 함수는 30행을 넘지 않도록 하는 것이 좋다.

지역 변수

지역 변수(local variable)는 함수 안에서 정의되는 변수이다. 지금까지 우리는 `main()` 함수 안에서 변수들을 정의하여 사용하였다. 똑같은 식으로 사용자 정의 함수에서도 변수들을 정의하여 사용할 수 있다.

```
int add(int x, int y)
{
    int result;   // 지역 변수
    ...
}
```

사용자 함수 작성

본격적으로 함수 호출을 설명하기 전에 몇 가지 함수들을 작성하여 보자. 일단 함수는 블랙박스(blackbox)라고 가정하자. 즉 외부에서는 함수의 이름과 입력, 출력만 보인다. 함수의 구체적인 코드는 보이지 않는다. 함수를 프로그램을 이루는 부품이라고 생각하자.

그림 4-6 • 사용자 정의 함수를 작성하여 보자

예제 #1

먼저 정수의 제곱값을 구하는 함수를 만들어보자. 먼저 함수 이름을 결정하여야 한다. 함수가 하는 기능이 정수를 제곱하는 것이므로 `square`라고 하자. 다음에는 함수의 반환값과 매개 변수를 결정하여야 한다. 정수를 제곱해야 하므로 외부에서 정수를 받아야 한다. 따라서 매개 변수는 한 개의 정수가 된다. 매개 변수 이름도 지어야 하는데 그냥 `n`이라고 하자. 제곱한 값도 역시 정수이므로 함수의 반환값은 int형이 된다. 지금까지 결정한 것을 적어보자.

```
반환값: int
함수 이름: square
매개 변수: int n
```

이제 함수를 정의할 수 있다. 반환형을 먼저 쓰고 함수 이름, 매개 변수 순으로 쓰면 된다. 다음은 함수 몸체인데 중괄호를 먼저 적고 그 안에 문장들을 넣으면 된다. 어떤 문장을 넣어야 할까? 매개 변수로 받은 n을 제곱하여 그 값을 반환하면 된다. 함수에서 값을 반환하는 문장은 return이다. 키워드 return 다음에 반환하려는 값이나 변수를 적어주면 된다. C++에서는 제곱하는 연산자는 없고 그냥 n*n으로 계산한다.

```
int square(int n)
{
   return(n*n);
}
```

예제 #2

이번에는 조금 더 복잡한 작업을 하는 함수를 작성하여 보자. 두 개의 정수가 주어지면 두 수 중에서 더 큰 수를 찾아서 이것을 반환하는 함수를 만들어보자. 함수 이름은 get_max라고 하자. 반환되는 값은 역시 정수형이다. 이번에는 매개 변수가 두 개가 된다. 각각 x, y라고 하자.

```
반환값: int
함수 이름: get_max
매개 변수: int x, int y
```

두 수 중에서 더 큰 수를 찾으려면 if 문을 사용하여 두 수를 비교해서 더 큰 값을 반환하면 된다. return 문이 두 번 사용된 것에 유의해야 한다. 그리고 수식 "x > y"가 참이면 x가 최대값이 되고 그렇지 않으면 당연히 y가 최대값이 된다. return 다음에는 괄호가 나와도 된다.

```
int get_max(int x, int y)
{
   if( x > y ) return(x);
   else return(y);
}
```

중간점검

1. 함수 이름 앞에 void가 있다면 무슨 의미인가?
2. 함수가 작업을 수행하는데 필요한 데이터를 받는 변수를 무엇이라고 하는가?
3. 함수 몸체는 어떤 기호로 둘러 싸여 있는가?
4. 함수의 몸체 안에서 정의되는 변수를 무엇이라고 하는가?

3. 함수 호출과 반환

함수 호출

함수를 정의하는 목적은 함수를 사용하기 위해서이다. 그렇다면 함수를 사용하려면 어떻게 하여야 하는가? 함수를 사용하기 위해서는 함수를 호출하여야 한다. 함수 호출(function call)이란 함수의 이름을 써주고 함수가 필요로 하는 데이터를 나열한 다음, 세미콜론을 붙이면 된다. 함수 안에 들어 있는 문장들은 함수가 호출되기 전까지는 전혀 실행되지 않는다. 함수가 호출되면 함수 안에 있는 문장들이 순차적으로 실행되며 문장들의 실행이 끝나면 호출한 위치로 되돌아간다. 이때 작업의 결과값을 호출한 곳으로 전달할 수 있다. 함수 호출의 형식은 다음과 같다.

```
함수_이름(데이터1, 데이터2,...);
```

함수를 호출하게 되면 현재 실행하고 있던 함수는 잠시 중단된다. 대신에 호출된 함수가 실행된다. 호출된 함수가 종료하게 되면 그제야 잠시 중단되었던 원래의 함수가 실행을 재개한다. 이것은 일상 생활에서 일을 하다가 중간에 전화가 오면 전화를 받고 통화가 끝나면 다시 이전의 일로 돌아가는 것과 같다.

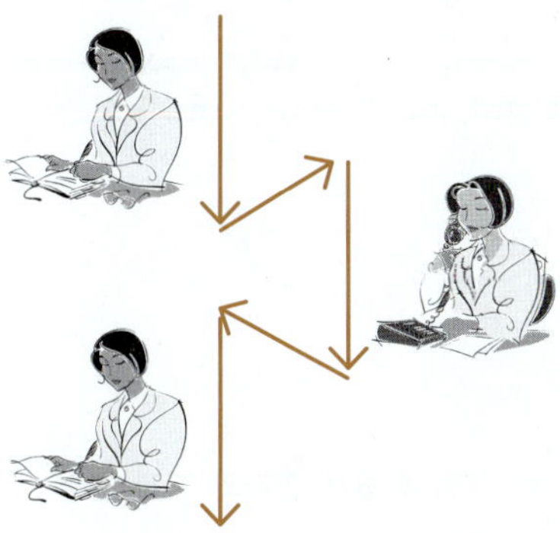

그림 4-7 • 함수 호출은 전화를 받는 것과 비슷하다

예를 들어서 main() 함수에서 square()와 get_max() 함수를 호출한다고 하면 다음과 같은 순서로 프로그램이 실행된다.

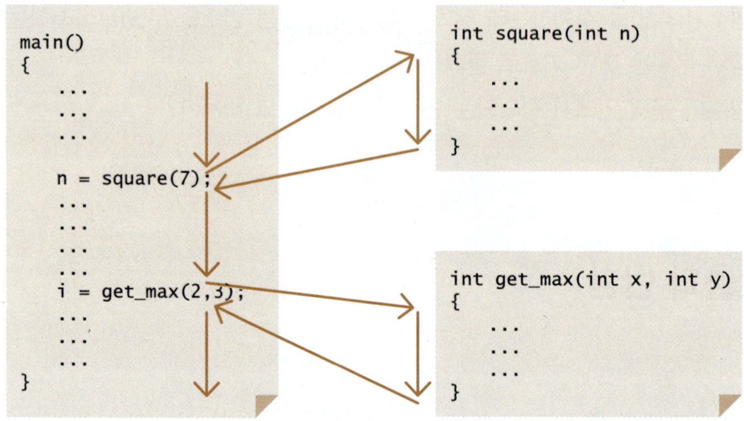

그림 4-8 • 함수 호출 시 실행 순서

인자와 매개 변수

인자와 매개 변수는 함수 호출 시에 데이터를 주고받기 위하여 필요하다. 인자(argument)는 호출 프로그램에 의하여 함수에 실제로 전달되는 값이다. 함수가 호출될 때마다 인자는 함수의 매개 변수로 전달된다. 인자와 매개 변수는 책마다 용어가 약간씩 다르다. 인자를 인수 또는 실매개 변수라고 한다. 매개 변수는 형식 인자, 형식 매개 변수라고 부르기도 한다.

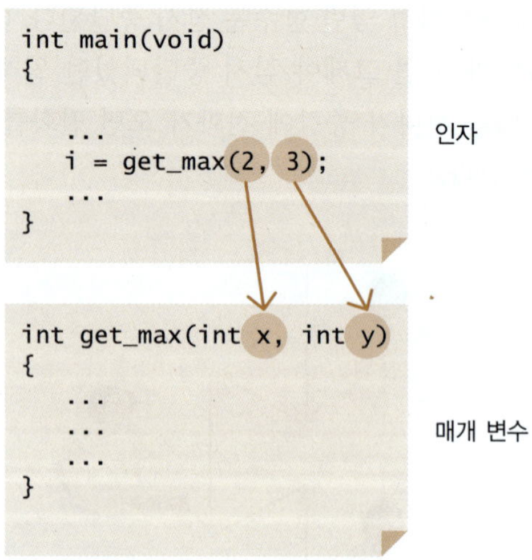

그림 4-9 • 인자와 매개 변수

함수가 호출될 때마다 인자는 달라질 수 있다. 한 개의 함수가 서로 다른 인자를 가지고 두 번 호출되는 다음 프로그램을 참조하라.

```
#include <iostream>
using namespace std;

// x와 y는 매개 변수로서 함수 호출 시 전달되는 인자를 저장한다
int add(int x, int y)
{
    return (x + y);
}

int main(void)
{
    // 2와 3이 add()의 인자가 된다
    add(2, 3);

    // 5와 6이 add()의 인자가 된다
    add(5, 6);

    return 0;
}
```

여기서 주의할 점은 매개 변수의 개수와 인자의 개수는 정확히 일치하여야 한다는 점이다. 즉, 매개 변수가 두 개이면 인자도 두 개를 전달하여야 한다. 매개 변수의 개수와 인자의 개수가 일치하지 않으면 매우 찾기 어려운 오류가 발생하게 된다. 또한 인자와 매개 변수의 타입은 서로 일치하여야 한다. 예를 들어서 매개 변수는 `int`형으로 정의되었는데 `float`형의 데이터를 전달하면 오류가 발생한다. 다음은 잘못된 함수 호출의 예이다.

```
add(10);            // 인자의 개수가 두 개이어야 한다
add(0.1, 0.2);      // 인자의 형은 정수이어야 한다
add();              // 인자의 개수가 두 개이어야 한다
```

반환값

반환값(return value)은 호출된 함수가 호출한 곳으로 작업의 결과값을 전달하는 방법이다. 인자는 여러 개가 있을 수 있으나 반환값은 하나만 가능하다.

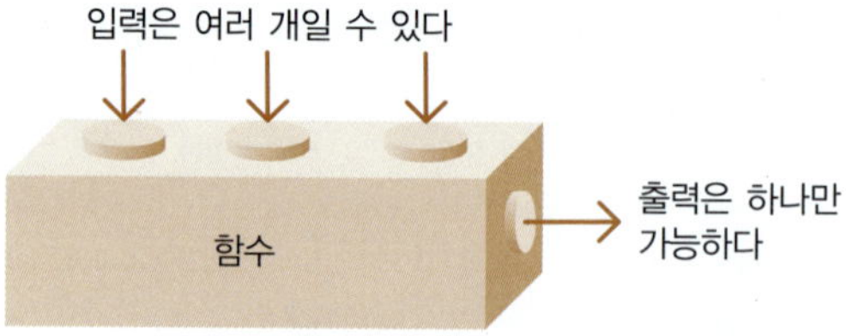

그림 4-10 ● 인자와 반환값

호출한 곳으로 값을 반환하려면 return 문장을 쓰고 그 다음에 반환하고자 하는 수식을 넣어야 한다. 함수의 반환값은 결국 return 문장 뒤에 있는 수식의 계산값이 된다. return 뒤에 나오는 수식은 C언어에서 유효한 수식이면 무엇이든 가능하다. 다음은 모두 가능한 return 문장이다.

```
return 0;
return (x);
return x+y;
```

만약 반환되는 값이 없다면 어떻게 해야 하는가? 이 경우에는 return 키워드 다음에 아무것도 써주지 않으면 된다.

```
return;
```

또 한 가지 방법은 아예 return 문장을 사용하지 않는 것이다. 이 경우, 함수 안에 들어 있는 문장이 전부 실행되고 종료를 나타내는 중괄호 }를 만나게 되면 함수는 값을 반환하지 않고 종료한다.

참고사항

여러 개의 반환값을 전달하기 위해서는 "포인터" 또는 "레퍼런스"라는 개념을 사용해야 한다. 이것은 뒤에 포인터를 다룰 때 같이 설명하도록 하겠다.

함수 원형

함수 원형은 다음 절에서 자세하게 다루기로 한다. 일단은 컴파일러에게 함수에 대하여 미리 알리기 위하여 함수 헤더를 프로그램을 첫 부분에 한 번 더 써주는 것으로만 알아두자. 함수 원형 끝에는 ';' 이 있어야 한다.

앞에서 작성하였던 함수 중에서 몇 가지를 함수 호출을 포함한 완전한 프로그램으로 제시하였다.

예제 #1

square.cpp

```
1   #include <iostream>
2   using namespace std;
3
4   int square(int n); // 함수 원형
5
6   int main()
7   {
8      int i, result;
9
10     for(i = 0; i < 5; i++)
11     {
12        result = square(i); // 함수 호출
13        cout << result << endl;
14     }
15
16     return 0;
17  }
18
19  int square(int n) // 함수 정의
20  {
21     return(n * n);
22  }
```

실행결과

```
0
1
4
9
16
```

프로그램 설명

4 함수 square()의 원형을 정의한다. 함수 이름 앞에 있는 int는 square() 함수가 함수 호출의 결과로

정수를 반환함을 의미한다. 괄호 안의 int는 square() 함수가 호출자로부터 정수값을 넘겨받는다는 것을 나타낸다. 컴파일러는 이 함수 원형을 참조하여 함수 호출 시에 반환값이 올바르게 넘어오는지, 인자의 타입이 맞는지, 인자의 순서나 개수가 맞는지를 검사한다. 함수 원형은 다음 절에서 좀 더 자세하게 다루어진다.

10 루프 제어 변수 i를 0에서 4까지 증가시키면서 반복을 한다. i < 5가 거짓이 되면 반복이 중단되므로 i값이 4일 때까지만 반복이 계속된다.

12 square() 함수를 호출하여 그 반환값을 변수 result에 저장한다. square() 함수를 호출할 때의 인자는 변수 i의 값이며 이 값이 매개 변수인 n으로 복사된다.

19 square() 함수는 매개 변수를 통하여 전달된 값을 받아서 n*n 연산을 하여서 결과를 return 문을 이용하여 main() 함수로 반환한다.

예제 #2

어떤 함수가 만들어지면 main() 함수에서도 호출될 수 있지만 다른 함수들도 이 함수를 호출할 수 있다. 따라서 이미 만들어진 함수를 이용하여 더 복잡한 함수를 구현할 수 있는 것이다. 이 예제에서 사용자 정의 함수가 다른 사용자 정의 함수를 호출하는 것을 살펴보자.

확률이나 통계에서의 조합(combination)값을 계산하여 보자. 조합이란 n개의 서로 구별이 가능한 것에서 순서 없이 r개를 택할 수 있는 방법의 수이다. 예를 들어서 서로 다른 3개 중에서 2개를 선택하는 방법은 3가지가 있다. 즉 A, B, C 3개의 물건이 있는 경우 2개를 선택하는 방법은 (A, B), (B, C), (A, C) 3가지의 방법이 있다. 이것이 조합이다. 조합은 순열과는 다르다. 순열은 순서를 고려하는 것이고 조합은 순서를 고려하지 않는 것이다. n개에서 r개를 선택하는 조합은 대개 다음과 같은 기호를 사용하여 표현한다.

$$C(n, r) \text{ 또는 } \binom{n}{r}$$

조합은 팩토리얼을 이용하여 다음과 같이 계산할 수 있다.

$$C(n, r) = \frac{n!}{(n-r)!r!}$$

팩토리얼은 다음과 같이 정의된다.

$$n! = n*(n-1)*(n-2)* \ldots *1$$

예를 들어서 $C(3, 2)$는 다음과 같이 계산할 수 있다.

$$C(3, 2) = \frac{3!}{(3-2)!2!} = \frac{6}{2} = 3$$

이 프로그램에서는 사용자로부터 2개의 정수를 받아서 변수 n과 r에 저장하고 $C(n, r)$을 구해보자. 먼저 조합을 나타내는 함수는 combination()이라고 하자. 팩토리얼은 factorial() 이라는 이름으로 작성하자. factorial() 함수를 combination()에서 호출하여 사용한다. 즉, 사용자 정의 함수에서 다른 사용자 정의 함수를 호출하여 사용하는 것이다. 복잡한 프로그램에서는 함수가 함수를 호출하고 이 함수가 다른 함수를 호출하는 아주 복잡한 계층 구조가 형성된다.

combination.cpp

```
// 수학적인 조합 값을 구하는 예제
#include <iostream>
using namespace std;

// 함수 원형 정의
int get_integer(void);
int combination(int n, int r);
int factorial(int n);

int main()
{
   int a, b;

   a = get_integer();
   b = get_integer();

   cout << "C(" << a << "," << b << ") = " << combination(a, b) << endl;
   return 0;
}

int combination(int n, int r)
{
   return (factorial(n)/(factorial(r) * factorial(n-r)));
}

int get_integer(void)
{
   int n;

   cout << "정수를 입력하시오: ";
```

```
31       cin >> n;
32
33       return n;
34    }
35
36    int factorial(int n)
37    {
38       int i;
39       long result = 1;
40
41       for(i = 1; i <= n; i++)
42          result *= i;            // result = result * i
43
44       return result;
45    }
```

실행결과

```
정수를 입력하시오: 10
정수를 입력하시오: 3
C(10, 3) = 120
```

프로그램 설명

4-6 이 프로그램에서 사용되는 모든 사용자 정의 함수들의 원형이 정의되었다. 원형은 대개 소스 파일의 첫 부분에 위치하는 것이 좋다. 원형 정의가 많으면 헤더 파일에 저장했다가 `#include` 전처리기 지시자를 사용하여 포함시키는 것이 일반적이다.

12,13 `get_integer()`를 2번 호출하여 사용자로부터 정수를 입력받는다.

15 `combination()`을 호출하여 a개에서 b개를 선택하는 경우의 수를 구한다. `combination()` 함수가 반환하는 값을 `cout`을 이용하여 화면에 출력한다.

21 `combination()` 함수가 정의된다. 사용자 함수가 여러 개가 있는 경우, 원형이 먼저 선언되어 있으면 어떤 것을 먼저 정의하여도 상관없다.

23 `factorial()`을 호출하여 팩토리얼값을 계산하고 이것을 이용해서 수식에 따라 조합의 값을 구한다.

26 `get_integer()` 함수를 정의한다.

36 `factorial()` 함수를 정의한다. 팩토리얼은 반복 구조를 사용하여 1부터 n까지의 값을 `result`라는 변수에 곱한다. `result`의 초기값은 반드시 1이어야 한다.

중간점검

1. 인자와 매개 변수는 어떤 관계가 있는가?
2. 반환값이 실수로 정의된 함수에서 실수로 정수를 반환하면 어떤 일이 발생하는가?
3. 함수 정의의 첫 번째 줄에는 어떤 정보들이 포함되는가? 이것을 무엇이라고 부르는가?
4. 함수가 반환할 수 있는 값의 개수는?
5. 함수가 값을 반환하지 않는다면 반환형은 어떻게 정의되어야 하는가?

4. 함수 원형

일반적으로 함수를 사용할 때는 미리 컴파일러에게 함수에 대한 정보를 알려야 한다. 이것을 함수 원형(function prototype)이라고 한다. 함수 원형은 함수가 사용되기 전에 정의되어야 한다.

```
...
double sqrt(double);   ← 함수 원형
...
```

```
int main(void)
{
...
value = sqrt(5.5);   ← 함수 호출
...
}
```

함수 원형은 예제에서 보듯이 함수의 이름, 매개 변수, 반환형을 함수가 정의되기 전에 미리 한 번 써주는 것이다. 함수 원형은 함수 헤더에 세미콜론(;)만을 추가한 것과 똑같다. 다만 함수 원형에서는 매개 변수의 이름은 적지 않아도 된다. 매개 변수의 자료형만 적으면 된다.

함수 원형은 왜 필요한 것일까? 함수 원형은 컴파일러에게 미리 함수에 대한 정보를 주어서 함수의 매개 변수 검사, 반환형 검사 등을 하게 하기 위한 것이다. 위의 프로그램에서 보면 만약 함수 원형이 없다면 컴파일러는 함수 `sqrt()`가 어떤 매개 변수를 가지는 함수인지 반환형은 무엇인지를 전혀 알 수가 없다. 따라서 컴파일러가 해야 할 중요한 검사를 할 수가 없게 된다. 함수 원형이 미리 주어진다면 함수 정의를 만나기 전에도 함수 호출 시 매개 변수의 유형과 개수가 정확한지, 또한 반환값도 정확하게 사용하고 있는지를 검사할 수 있다. 만약 일치하지 않는 것이 발견되면 오류 메시지를 출력한다.

예제

compute_sum()라는 이름의 함수를 작성하고 사용하여 보자. 이 함수는 1부터 n까지의 합을 반복 구조를 이용하여 구하는 함수이다. 함수 원형이 시작 부분에 정의되어 있다.

compute_sum.cpp

```
#include <iostream>
using namespace std;

// 함수 원형
int compute_sum(int n);

int main(void)
{
   int n, sum;

   cout << "정수를 입력하시오: ";
   cin >> n;

   sum = compute_sum(n);       // 함수 사용

   cout << "1부터 " << n << "까지의 합은 " << sum << "입니다. \n";
}

// 함수 정의
int compute_sum(int n)
{
   int i;
   int result = 0;

   for(i = 1; i <= n; i++)
      result += i;

   return result;
}
```

실행결과

```
정수를 입력하시오: 10
1부터 10까지의 합은 55입니다.
```

소스 코드에서 보면 먼저 compute_sum() 함수의 원형을 선언한 후에 main()에서 compute_sum() 함수를 호출하고 있다. 사용자로부터 정수를 받아서 변수 n에 저장하고 compute_sum() 함수를 호출할 때 인자로 n을 전달하고 있다. 이것은 compute_sum()의 매개 변수 n으로 복사되고 compute_sum()에서는 1부터 n까지의 정수를 for 루프를 이용하여 변수 result에 합한 후에 최종 합계를 함수의 반환값으로 반환한다. for 루프에서 result에 루프 제어 변수 i의 값을 누적하기 때문에 반드시 result의 초기값은 0이어야 한다. 여기서 제일 중요한 점은 함수 원형이 함수 사용 전에 나와야 한다는 것이다.

중간점검

1. 함수 정의와 함수 원형의 차이점은 무엇인가?
2. 함수 원형에, 반드시 필요한 것은 아니지만 매개 변수들의 이름을 추가하는 이유는 무엇인가?
3. 다음과 같은 함수 원형을 보고 우리가 알 수 있는 정보는 어떤 것들인가?

```
double pow(double, double);
```

5. 함수의 매개 변수와 중복 함수

디폴트 매개 변수

함수 정의에서 선언된 모든 매개 변수에 대하여 원칙적으로 호출 시에는 값을 전달하여야 한다. 예를 들어서 다음과 같이 함수 원형이 선언된 sub() 함수는 double값을 호출 함수가 전달하여야 한다.

```
void sub(double value);
```

만약 sub()에 전달되는 인자가 double형이 아니면 컴파일 오류가 발생한다. 하지만 C++에서는 인자를 전달하지 않아도 디폴트값을 대신 넣어주는 기능이 있다. 이것을 디폴트 매개 변수(default parameter)라고 한다. 이것은 함수 원형 정의 시에 다음과 같이 선언한다.

```
void sub(double value = 1.0);      // 함수 원형 정의
```

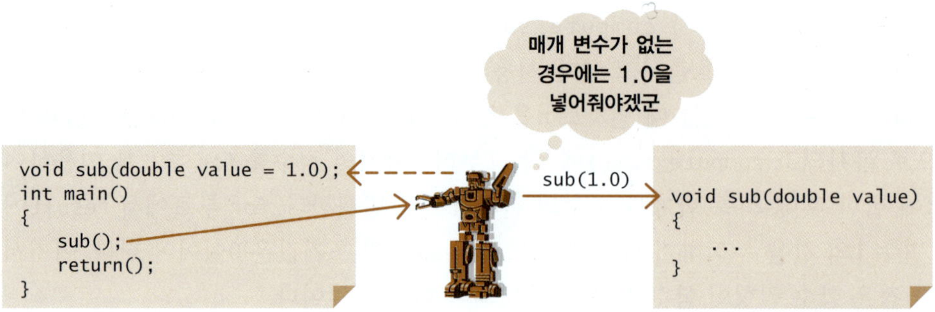

만약 sub()에 인자가 주어지지 않으면 매개 변수는 1.0이라는 디폴트값을 갖게 된다. 디폴트 매개 변수는 원형에서만 정의된다. 함수를 정의할 때는 디폴트값을 표시하지 않는다.

```
void sub(double value)              // 함수 정의
{
    ...
}
```

어떤 함수도 디폴트 매개 변수를 가질 수 있다. 또한 어떤 매개 변수에도 디폴트값을 부여할 수 있다. 하지만 하나의 규칙을 지켜야 한다. 디폴트 매개 변수는 뒤에서부터 앞쪽으로만 정의할 수 있다.

```
void sub(int p1, int p2, int p3=30);            // OK!
void sub(int p1, int p2=20, int p3=30);         // OK!
void sub(int p1=10, int p2=20, int p3=30);      // OK!
```

다음과 같이 선언하는 것은 오류가 된다.

```
void sub(int p1, int p2=20, int p3);            // 컴파일 오류!
void sub(int p1=10, int p2, int p3=30);         // 컴파일 오류!
```

예를 들어서 월급을 정해진 기간 동안 모았을 경우, 저축액을 계산하는 예제 프로그램은 다음과 같다.

salary.cpp

```
#include <iostream>
using namespace std;

int calc_deposit(int salary = 300, int month = 12);

```

디폴트 매개 변수 정의

```
int main()
{
   cout << "0개의 디폴트 매개 변수 사용" << endl;
   cout << calc_deposit(200, 6) << endl;

   cout << "1개의 디폴트 매개 변수 사용" << endl;
   cout << calc_deposit(200) << endl;

   cout << "2개의 디폴트 매개 변수 사용" << endl;
   cout << calc_deposit() << endl;
   return 0;
}

int calc_deposit(int salary, int month)
{
   return salary*month;
}
```

디폴트 매개 변수 사용

디폴트 매개 변수 사용

실행결과

```
0개의 디폴트 매개 변수 사용
1200
1개의 디폴트 매개 변수 사용
2400
2개의 디폴트 매개 변수 사용
3600
계속하려면 아무 키나 누르십시오 . . .
```

중복 함수

C++에서는 같은 이름의 함수가 여러 개 존재할 수 있다. 이것을 중복 함수(overloading functions)라고 한다. 중복 함수는 다른 종류의 데이터에 같은 처리를 수행하는 경우에 많이 사용된다.

예를 들어 제곱값을 구하는 함수 square()를 가정하여 보자. 정수값의 제곱을 계산할 수도 있고 실수값의 제곱을 계산할 수도 있게 작성하려면 다음과 같이 작성하면 된다.

```
// 정수값을 제곱하는 함수
int square(int i)
{
   return i*i;
```

```
}
// 실수값을 제곱하는 함수
double square(double i)
{
    return i*i;
}
```

만약 square(3.14)와 같이 호출되면 컴파일러는 매개 변수의 개수, 타입, 순서 등을 봐서 두 번째 함수를 호출한다. 함수의 이름, 매개 변수의 개수, 타입, 순서를 시그니처(signature)라고 한다. 중복 함수는 이름은 같지만 시그니처는 달라야 한다.

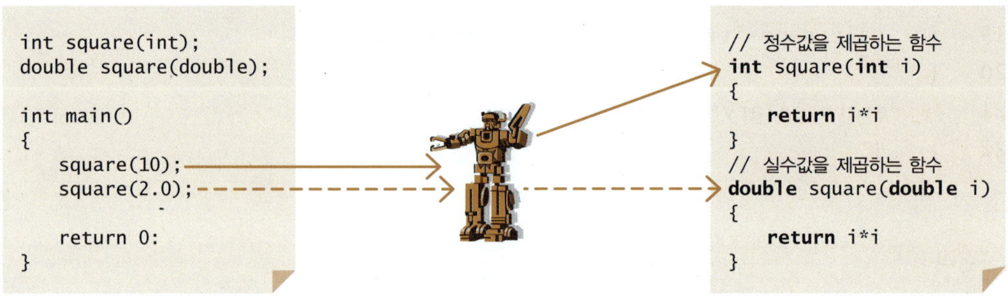

그림 4-11 ● 중복 함수의 개념

중복 함수는 하나의 함수에 여러 가지 의미를 부여하는 기능이다. 매개 변수의 개수나 타입을 변경하여서 여러 개의 함수에 같은 이름을 부여할 수 있고, 주어진 매개 변수에 따라 자동적으로 가장 적합한 함수가 호출된다. 예를 들어서 중복 함수 기능이 없다면 주어진 값을 제곱하는 함수는 다음과 같이 여러 개가 존재하여야 한다.

```
square_int(int, int);
square_double(double, int);
square_short(short, int);
```

중복 함수를 사용하면 다음과 같이 같은 이름에 매개 변수만 변경하여서 함수를 정의하는 것이 가능하다.

```
square(int, int);
square(double, int);
square(short, int);
```

중복 함수는 매개 변수의 개수와 타입에 의하여 서로 구별된다. 즉, 매개 변수의 개수와 타입이 같으면 중복시킬 수 없다. 컴파일러가 구별할 수 없기 때문이다. 한 가지 주의할 점은 반환형을 사용하여 구별하지는 않는다. 즉, 반환형이 다르다고 해서 중복시킬 수는 없다.

```
int sub(int);
int sub(int, int);          // 중복 가능!
int sub(int, double);       // 중복 가능!
double sub(double);         // 중복 가능!

double sub(int);            // 오류!! - 반환형이 다르더라도 중복 안됨!
float sub(int);             // 오류!! - 반환형이 다르더라도 중복 안됨!
```

인라인 함수

일반적으로 우리가 함수를 호출하면 컴퓨터 시스템은 함수가 정의된 곳으로 점프하여서 함수 안의 문장들을 차례대로 실행하고 다시 호출한 곳으로 되돌아오게 된다. 함수 호출 시에는 약간의 오버헤드가 필요하다. 즉, 함수를 호출할 때는 돌아올 곳의 주소를 스택에 저장하여야 하고 함수 호출 시의 전달되는 인자들을 스택에 저장해야 한다. 만약 함수 몸체가 아주 작다면 함수 안의 문장을 실행하는 것보다 함수 호출이 더 시간이 많이 걸릴 수도 있다.

따라서 크기가 작은 함수의 경우에는 차라리 함수 호출을 하지 않고 코드를 복사하여서 넣어주는 편이 효율적일 수 있다. C++에는 이런 경우를 대비하여서 `inline`이라고 하는 키워드가 준비되어 있다. 만약 함수 이름 앞에 `inline`이 붙으면 컴파일러는 함수를 작성하지 않고 함수 몸체 안의 코드를 호출한 곳에 집어 넣는다. 따라서 함수 호출 오버헤드가 사라지므로 프로그램이 더 빠르게 실행할 수 있다.

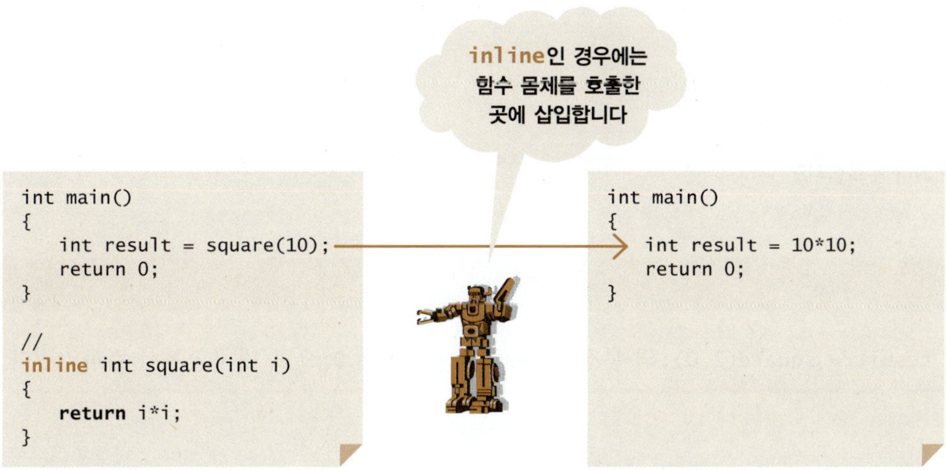

그림 4-12 • 인라인 함수의 개념

주의하여야 할 점은 함수 호출이 여러 번 이루어지면 똑같은 코드가 복사되어서 삽입되므로 전체 코드의 크기가 늘어나게 된다. 따라서 일반적으로 10번 이상 서로 다른 곳에서 호출하는 경우에는 인라인 함수를 사용하는 것을 자제하여야 한다. 하나의 예로 주어진 값을 제곱하는 함수를 인라인 함수로 작성하여보면 다음과 같다.

inline.cpp

```
#include <iostream>
using namespace std;

// 정수값을 제곱하는 함수
inline double square(double i)
{
   return i*i;
}
int main()
{
   double result;

   cout << "2.0의 제곱은 ";
   result = square(2.0);
   cout << result << endl;
   cout << "3.0의 제곱은 ";
   result = square(3.0);
   cout << result << endl;
   return 0;
}
```

인라인 함수

실행결과

```
2.0의 제곱은 4
3.0의 제곱은 9
계속하려면 아무 키나 누르십시오 . . .
```

프로그램 설명

위의 코드에서 `result = square(2.0);`의 문장은 `result = 2.0*2.0;`으로 대치되어서 컴파일된다.

6. 변수의 범위

변수는 선언되는 위치에 의하여 변수에 접근할 수 있는 범위(scope)가 결정된다. 하나의 특정한 지역 안에서만 사용할 수 있는 변수가 있는가 하면, 모든 함수가 사용할 수 있는 변수가 있다. 변수의 범위는 크게 전역 변수와 지역 변수로 나눌 수 있다. 중괄호로 정의되는 블록 안에서 정의되는 변수는 지역 변수(local variable)라고 불린다. 지역 변수는 해당 블록 안에서만 사용이 가능하다. 함수의 외부에서 선언되는 변수를 전역 변수(global variable)라고 한다. 전역 변수는 선언된 이후에는 소스 파일의 어느 곳에서도 접근이 가능하다.

그림 4-13 • 지역 변수와 전역 변수

지역 변수

지역 변수(local variable)는 블록 안에 선언되는 변수이다. 블록이란 중괄호로 둘러싸인 영역이다. 함수의 몸체도 블록이고 함수 안에서 중괄호를 둘러싸인 부분도 블록이다.

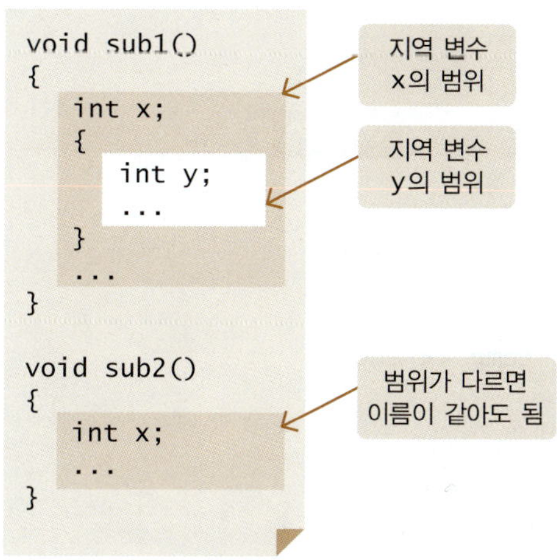

그림 4-14 • 지역 변수

지역 변수는 변수가 선언된 블록 안에서만 접근과 사용이 가능하다. **그림 4-14**에서 변수 x는 함수 안에서 사용이 가능하다. 하지만 블록 안에서 선언된 변수인 y의 경우, 전체 함수가 아닌 해당 블록에서만 접근이 가능함을 주의하여야 한다.

지역 변수는 전역 변수와는 아주 다른 생존 시간을 가진다. 전역 변수는 프로그램이 시작되기 전에 만들어지고 프로그램이 끝날 때까지 계속 존재한다. 반면, 지역 변수는 변수가 선언된 블록이 시작할 때 스택(stack)이라 불리는 메모리 공간에 만들어지며 동시에 초기화된다. 지역 변수에 할당된 메모리 공간은 블록 끝에서 반환된다. 따라서 이때 지역 변수도 사라지게 된다.

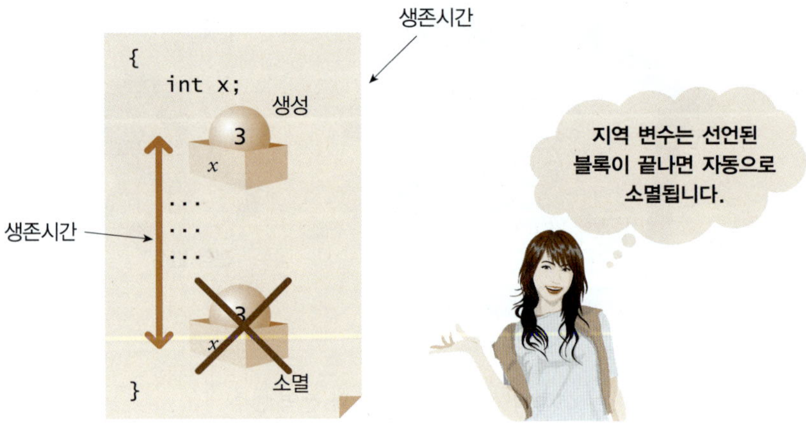

그림 4-15 ● 지역 변수의 생존 시간

```
#include <iostream>
using namespace std;

int main()
{
   int i;
   
   for(i = 0;i < 5; i++)
   {
      int temp = 1;
      cout << "temp = " << temp << endl;
      temp++;
   }
}
```

지역 변수

실행결과

```
temp = 1
temp = 1
temp = 1
temp = 1
temp = 1
```

위의 예제를 살펴보자. 여기서 주의할 점은 for 루프를 위한 중괄호도 블록에 속한다는 점이다. temp는 블록 내부에서 선언되었으므로 지역 변수이다. 지역 변수는 블록이 시작될 때 생성되고 초기화된다. 따라서 temp의 값을 출력하면 1일 것이다. 12번째 줄에서 temp를 하나 증가시켜서 temp의 값이 2가 되었지만 블록이 끝나게 됨으로 해서 기존의 temp는 사라진다. 다음 번의 반복을 위하여 블록의 처음으로 돌아오면 다시 새로운 temp가 생성되어 1로 초기화된다. 따라서 반복을 아무리 하여도 temp의 값은 계속 1이 된다. temp의 값이 증가되지 않는 것이다.

지역 변수는 컴파일러에 의하여 자동으로 0으로 초기화되지 않는다. 초기값을 정해주지 않았다면 아무 의미 없는 값이 들어가 있다. 보통 이러한 값을 쓰레기값(garbage value)이라고 한다. 따라서 이것은 아주 주의해야 한다. 만약 다음의 예제에서 지역 변수 temp를 초기화시키지 않고 값을 출력하여 보면 이상한 값이 출력된다.

```
#include <iostream>
using namespace std;

int main()
{
   int temp;

   cout << "temp = " << temp << endl;
}
```

초기화되지 않음!

실행결과

```
temp = -858993460
```

함수의 매개 변수

함수의 헤더 부분에 정의되어 있는 매개 변수도 일종의 지역 변수이다. 즉, 지역 변수가 지니는 모든 특징을 가지고 있다. 지역 변수와 다른 점은 함수를 호출할 때 넣어주는 인자값으로 초기화되어 있다는 점이다.

```
int inc(int counter)
{
   counter++;
   return counter;
}
```

여기에서 counter가 매개 변수이고 이것은 지역 변수이다. 따라서 counter는 지역 변수의 특징을 그대로 가지고 있다. counter는 함수가 시작되면 생성되고 함수가 종료되면 소멸된다. 또한 함수 내부에서는 지역 변수처럼 사용할 수가 있다. 따라서 위에서 변수 counter의 값을 증가시킬 수 있다. 각종 반복 루프의 제어 변수로도 사용이 가능하다.

한 가지 주의할 점은 매개 변수를 변경한다고 해서 인자로 사용된 변수의 값이 변경되지는 않는다는 점이다. 다음의 프로그램을 참조하여 보자.

```
#include <iostream>
using namespace std;

int inc(int counter);
int main()
{
   int i;

   i = 10;

   cout << "함수 호출전 i = " << i << endl;
   inc(i);
   cout << "함수 호출후 i = " << i << endl;

   return 0;
}

int inc(int counter)
{
   counter++;
   return counter;
}
```

inc(i); ← 변수 i의 값이 inc()로 전달된다

int inc(int counter) ← 전달된 값을 counter로 받는다

실행결과

```
함수 호출전 i = 10
함수 호출후 i = 10
```

위의 프로그램에서 main() 안의 C++의 값은 함수 호출로 인하여 변경되지 않는다. inc()에서 매개 변수 counter를 변화시키지만 main()안의 i와 inc()의 counter는 완전히 다른 별도의 변수이기 때문이다. 함수 호출 시에는 변수 i의 값이 변수 counter로 복사될 뿐이다. 이것을 값에 의한 호출(call by value)이라고 한다. 함수를 호출할 때 인자의 값이 매개 변수로 복사된다는 의미이다. C++에서는 이것 말고도 참조에 의한 호출(call by reference)도 있다. 이 방법은 배열과 포인터를 학습할 때 자세히 다루어보자.

전역 변수

전역 변수는 함수 외부에서 선언되는 변수이다. 전역 변수는 지금까지는 사용한 적이 없을 것이다. 지역 변수의 범위가 함수나 블록으로 제한되는 반면, 전역 변수의 범위는 소스 파일 전체이다. 즉, 전역 변수는 모든 함수에서 접근이 가능하고 사용이 가능한 변수이다. 다음의 프로그램에서 변수 x는 함수 외부에 선언된 전역 변수이기 때문에 sub1(), sub2(), main()에서 모두 사용할 수 있다.

global.cpp

```
// 전역 변수
#include <iostream>
using namespace std;

int x = 123;  // 전역 변수

void sub1()
{
   cout << "In sub1()  x = " << x << endl;   // 전역 변수 x 접근
}

void sub2()
{
   cout << "In sub2()  x = " << x << endl;   // 전역 변수 x 접근
}

int main(void)
{
   sub1();
```

전역 변수는 어디서나 사용 가능하다

```
    sub2();

    return 0;
}
```

실행결과

```
In sub1()    x = 123
In sub2()    x = 123
```

▌전역 변수의 초기값과 생존 기간

프로그래머가 전역 변수를 초기화하지 않으면 컴파일러에 의하여 0으로 초기화된다. 그렇다면 전역 변수의 생존 기간은 어떻게 되는가? 전역 변수는 프로그램 시작과 동시에 생성되어 프로그램이 종료되기 전까지 메모리에 존재한다. 따라서 프로그램 시작과 동시에 접근이 가능하며 종료되기 전까지 전체 영역에서 접근이 가능하다.

```
// 전역 변수의 초기값과 생존 기간
#include <iostream>
using namespace std;

int counter;  // 전역 변수

void set_counter(int i)
{
    counter = i;                // 직접 사용 가능
}

int main(void)
{
    cout << "counter = " << counter << endl;

    counter = 100;                // 직접 사용 가능
    cout << "counter = " << counter << endl;

    set_counter(20);
    cout << "counter = " << counter << endl;

    return 0;
}
```

전역 변수의 초기값은 0

실행결과

```
counter = 0
counter = 100
counter = 20
```

변수 counter는 함수 외부에서 선언되었으므로 전역 변수이다. 전역 변수는 전체 영역에서 접근이 가능하다. set_counter() 함수에서 전역 변수 counter에 접근하여 counter에 i를 대입하고 있다. 역시 counter는 전역 변수이기 때문에 main() 함수에서도 사용할 수 있다. 전역 변수의 초기값은 0이 된다. 따라서 변수 counter의 값은 0 → 100 → 20으로 변경된다.

전역 변수의 사용

전역 변수는 상당히 편리할 것처럼 생각되지만 전문가들은 사용을 권하지 않는다. 그 이유는 어디서나 접근이 가능하다는 장점이 오히려 단점이 될 수 있기 때문이다. 프로그램이 복잡해지다보면 전역 변수를 도대체 어떤 부분에서 변경하고 있는지를 잘 모르는 경우가 허다하다. 또한 전역 변수를 사용하여 데이터 교환을 하다보면 함수와 함수들이 서로 얽히고설키게 된다. 따라서 하나의 함수 또는 하나의 전역 변수를 변경하려면 많은 다른 부분들도 같이 변경해야 하는 경우가 흔하게 발생한다. 따라서 전역 변수로 데이터 교환을 하기보다는 잘 정의된 인터페이스를 통하여 데이터를 교환하는 편이 낫다. 이처럼 전역 변수들로 인하여 코드가 꼬이는 현상을 스파게티 코드(spaghetti code)라고 한다. 마치 스파게티처럼 복잡하게 꼬여 있다는 의미이다.

그림 4-16 • 스파게티 코드란 전역 변수들로 인하여 코드가 복잡하여 꼬여 있는 것을 의미한다

같은 이름의 전역 변수와 지역 변수

만약 전역 변수와 이름이 같은 지역 변수를 선언하면 어떻게 될까? 만약 전역 변수와 지역 변수가 이름이 같다면 지역 변수가 전역 변수보다 우선시된다. 이것을 지역 변수가 전역 변수를 가린다고 한다. 아래의 예제에서 살펴보기로 하자.

예제에서는 동일한 이름 sum을 가지는 전역 변수와 지역 변수가 선언되었다. for 루프에서는 sum에 0부터 10까지를 더한다. 그렇다면 for 루프에서 사용하는 sum은 전역 변수 sum일까? 아니면 지역 변수 sum일까? 전역 변수와 지역 변수가 같은 이름을 사용하고 있는 경우, 지역 변수가 전역 변수에 비해 우선권을 가지기 때문에 for 루프에서의 sum은 지역 변수 sum이 된다.

```
// 동일한 이름의 전역 변수와 지역 변수
#include <iostream>
using namespace std;

int sum = 1;      // 전역 변수

int main()
{
   int i = 0;
   int sum = 0;              // 지역 변수

   for(i = 0; i <= 10; i++)
   {
      sum += i;              // 지역 변수가 전역 변수를 가린다
   }
   cout << "sum = " << sum << endl;

   return 0;
}
```

동일한 이름인 경우 지역 변수가 우선한다

실행결과

```
sum = 55
```

만약 전역 변수가 for 루프에서 사용되었으면 결과는 56이 되었을 것이다.

중간점검

1. 변수의 범위는 대개 무엇으로 결정되는가?
2. 변수의 범위에는 몇 가지의 종류가 있는가?
3. 파일 범위를 가지는 변수를 무엇이라고 하는가?
4. 블록 범위를 가지는 변수를 무엇이라고 하는가?
5. 지역 변수를 블록의 중간에서 정의할 수 있는가?
6. 똑같은 이름의 지역 변수가 서로 다른 함수 안에 정의될 수 있는가?

7. 지역 변수가 선언된 블록이 종료되면 지역 변수는 어떻게 되는가?
8. 지역 변수의 초기값은 얼마인가?
9. 함수의 매개 변수도 지역 변수인가?
10. 전역 변수는 어디에 선언되는가?
11. 전역 변수의 생존 기간과 초기값은?
12. 똑같은 이름의 전역 변수와 지역 변수가 동시에 존재하면 어떻게 되는가?

7. 생존 시간

생존 시간이란 프로그램의 수행되는 동안, 변수가 존재하는 기간을 의미한다. 변수에 저장 공간을 할당하는 기간이 곧 생존 기간을 결정한다. 변수에 저장 공간을 할당하는 방법에는 정적 할당과 자동 할당이 있다.

정적 할당(static allocation)이란 프로그램의 수행 기간 내내 변수의 저장 공간과 값이 유지되는 방법이다. 변수의 값은 프로그램이 시작되기 전에 한 번 초기화된다. 바로 전역 변수가 정적 할당으로 만들어진다.

자동 할당(automatic allocation)이란 블록 안에서 선언된 지역 변수의 경우에 적용된다. 자동 할당에서는 프로그램이 그 블록에 들어갈 때 변수에 저장 공간이 할당되고 블록에서 나올 때 저장 공간이 회수되는 방법이다.

앞에서 살펴보았던 변수의 범위와 생존 시간은 다르다는 것을 유의해야 한다. 전역 또는 지역으로 나누는 것은 변수를 사용할 수 있는 범위가 달라지는 것이다. 생존 시간은 변수가 얼마나 지속되느냐의 문제이다. 프로그램의 시작부터 계속해서 생존하면 정적 할당이고 블록에서만 생존하면 자동 할당이다.

변수에 공간을 할당하는 방법은 몇 가지 요인에 의하여 결정된다.

▶ 변수가 선언되는 위치

변수가 함수 외부에서 선언되면 무조건 정적 할당을 사용한다. 즉, 전역 변수이면 정적 할당이 적용된다. 반면에 함수 안에서 선언되면 기본적으로 자동 할당으로 만들어진다. 즉, 지역 변수이고 앞에 특별한 저장 유형 지정자가 붙어 있지 않으면 기본적으로 자동 할당이 적용된다. 그러나 이것은 저장 유형 지정자를 이용하면 변경할 수 있다. 지역 변수임에도 정적 할당이 되게끔 할 수도 있다는 것이다.

저장 유형 지정자(storage class specifier)

변수를 선언할 때 앞에 저장 유형을 지정하는 수식어를 붙일 수 있다. 이들 수식어들을 붙이면 변수의 저장 유형을 지정할 수 있다.

```
auto
register
static
extern
```

이들 저장 유형 지정자를 사용하여 변수의 저장 공간 할당 방법을 변경하는 것을 살펴보도록 하자.

auto 지정자

함수나 블록 내에 선언되는 변수는 기본적으로 자동 할당이 된다. 이러한 변수를 자동 변수(automatic variable)라고도 한다. "자동"이라고 하는 이유는 변수를 선언한 위치에서 자동으로 만들어지고 블록을 벗어나게 되며 자동으로 소멸되기 때문이다. 자동 변수는 자신이 선언된 블록에서 사용이 끝나면 자동으로 메모리에서 제거되므로 메모리를 효율적으로 사용하게 된다.

자동 변수로 선언하려면 원칙적으로 auto라는 키워드를 붙여야 한다. 하지만 함수나 블록 안에 선언된 변수에는 auto가 생략되어도 모두 자동 변수로 취급된다. 반면에 함수 외부에 선언되는 변수는 자동 변수가 아니다. 예제에서 sum과 i는 모두 자동 변수이다. 일반적으로 지역 변수 앞에 아무 것도 붙이지 않거나 auto를 붙이면 자동 변수가 된다.

```
int main()
{
    auto int sum = 0;
    int i = 0;
    ...
    ...
}
```

static 지정자

그렇다면 지역 변수처럼 블록에서만 사용되지만 블록을 벗어나도 자동으로 제거되지 않는 변수가 있을까? 우선 전역 변수는 프로그램이 실행되는 동안에는 제거되지 않음을 알고 있다. 그러나 전역 변수는 범위가 프로그램 전체이므로 블록 안에서만 사용하기에는 부담이 있다. 이 경우 지역 변수를 정적 변수(static variable)로 만들면 이것이 가능하다.

정적 변수는 키워드 static을 앞에 붙여서 만든다. 정적 변수는 지역 변수와 전역 변수에 모두 붙일 수 있다. 그 의미는 약간 다르다. 먼저 지역 변수에 static을 붙이는 경우만 살펴보자. 연결(linkage)을 설명하는 곳에서 전역 변수에 static을 붙이는 경우를 살펴볼 것이다.

```
int main(void)
{
   static int count;        // 정적 지역 변수
   ...
   ...
}
```

정적 변수의 생성과 제거는 자동 변수와는 대조된다. 정적 변수는 전역 변수와 같이 프로그램이 시작할 때 메모리에 생성되고 프로그램이 실행을 종료하면 메모리에서 제거된다. 다음의 예제에서 살펴보자.

static.cpp

```
// 정적 지역 변수
#include <iostream>
using namespace std;

void sub(void);

int main()
{
   int i;

   for(i = 0;i < 5; i++)
      sub();

   return 0;
}

void sub(void)
{
   int auto_count = 0;
   static int static_count = 0;

   auto_count++;
   static_count++;
   cout << "auto_count = " << auto_count << endl;
   cout << "static_count = " << static_count << endl;
}
```

지역 변수(자동 할당)

지역 변수(정적 할당)

실행결과

```
auto_count = 1
static_count = 1
auto_count = 1
static_count = 2
auto_count = 1
static_count = 3
auto_count = 1
static_count = 4
auto_count = 1
static_count = 5
```

sub()에서는 자동 지역 변수 auto_count와 정적 지역 변수 static_count를 선언하고 호출될 때마다 이들 변수를 증가시킨다. 여기서 이들 변수들은 함수가 몇 번이나 호출되는지를 기록하기 위한 변수들이다. 그러나 auto_count는 자동 지역 변수이기 때문에 sub()가 호출되면 생성되고 sub()의 호출이 끝나면 메모리에서 제거된다. 따라서 이전 값을 기억할 수 없다. 자동 지역 변수는 호출 때마다 다시 초기화되기 때문에 항상 1이 출력된다. static_count는 정적 지역 변수로 선언된다. 정적 지역 변수는 자동 지역 변수와는 달리 한 번 생성되면 함수의 호출이 끝났어도 소멸되지 않는다. 따라서 이전 값을 유지할 수 있다. 정적 지역 변수는 호출 때마다 1씩 증가함을 알 수 있다. 따라서 우리는 sub()가 몇 번이나 호출되었는지를 static_count를 이용하여 알 수 있다.

register 지정자

register 지정자는 변수를 레지스터 변수(register variable)로 만든다. 레지스터 변수는 변수를 메모리에 저장하는 것이 아니라 레지스터에 저장한다. 레지스터란 CPU 내부에 위치하는 입출력 속도가 아주 빠른 임시 저장 장소라 할 수 있다. 레지스터 변수는 지역 변수만 가능하다. 블록이 시작되면서 레지스터 변수는 레지스터에 할당되고 블록이 끝나면서 레지스터에서 제거된다. 레지스터 변수를 생성하려면 다음과 같이 register 저장 유형 지정자를 변수 선언 앞에 붙여주면 된다.

```
register int i;
for(i = 0;i < 100; i++)
    sum += i;
```

extern 지정자

저장 유형 지정자 extern은 컴파일러에게 변수가 현재 범위가 아닌 다른 곳에서 선언되었다는 것을 알리는 역할을 한다. extern으로 기술된 변수들은 기억 장소가 할당되지 않는데 그 이유는 어딘가 외부에서 기억 장소가 할당되었다고 가정하기 때문이다. 따라서 지정자 extern으로 기술된 변수는 반드시 다른 소스 파일에서 정의되거나 같은 파일의 다른 부분에서 정의되어야 한다. 전역 변수를 참조한다는 것을 보다 확실하게 나타내기 위하여 함수 안에서 extern 키워드를 이용하여 재선언할 수도 있다. 그러나 extern 키워드는 주로 외부 파일에서 정의된 전역 변수를 현재의 파일에서 사용하려고 하는 경우에 많이 사용한다.

지정자 extern으로 선언된 변수는 정적 할당으로 간주된다. 정적 할당은 앞에서 설명했듯이 프로그램의 실행 기간 내내 저장 공간이 할당되는 것을 말한다. 따라서 지역 변수는 extern을 사용하더라도 접근할 수 없다. 전역 변수만 extern을 사용하여 접근할 수 있는 것이다.

다음의 예제에서는 현재 범위의 외부에 선언된 변수와 현재 파일의 뒷부분에 선언된 변수들을 참조하기 위하여 extern을 사용하였다.

extern1.cpp

```
#include <iostream>
using namespace std;

int x;                  // 전역 변수
extern int y;           // 현재 소스 파일의 뒷부분에 선언된 변수
extern int z;           // 다른 소스 파일의 변수

int main()
{
    extern int x;       // 전역 변수 x를 참조한다, 없어도 된다

    x = 10;
    y = 20;
    z = 30;

    return 0;
}

int y;          // 전역 변수
```

외부 파일의 변수 참조

extern2.cpp

```
int z;
```

프로그램 설명

5 `extern`은 현재 소스 파일의 뒷부분에 선언된 변수 y를 먼저 사용하기 위한 것이다.

6 `extern`은 다른 소스 파일인 `extern2.c`에 선언된 변수 z를 접근하기 위한 것이다.

10 `extern`은 현재 블록의 외부에 선언된 변수 x를 사용하기 위한 것이다. 사실 10번째 라인은 불필요하다. 왜냐하면 블록의 외부의 전역 변수는 `extern` 선언 없이도 접근할 수 있기 때문이다. 하지만 전역 변수를 참조한다는 것을 확실하게 나타내기 위하여 이런 식으로도 사용할 수 있다.

중간점검

1. 정적 할당과 자동 할당의 차이점은 무엇인가?
2. 변수에 공간을 할당하는 방법은 어떤 요인에 의하여 달라지는가?
3. 저장 유형 지정자에는 어떤 것들이 있는가?
4. 지역 변수를 정적 변수로 만들려면 어떤 지정자를 붙여야 하는가?
5. 변수를 CPU 내부의 레지스터에 저장시키는 지정자는?
6. 컴파일러에게 변수가 외부에 선언되어 있다고 알리는 지정자는?
7. `extern` 지정자를 변수 앞에 붙이면 무엇을 의미하는가?
8. `static` 지정자를 변수 앞에 붙이면 무엇을 의미하는가?

8. 연결

연결(linkage)이란 다른 범위에 속하는 변수들을 서로 연결하는 것을 의미한다. C++에서 각 변수는 외부 연결(external linkage), 내부 연결(internal linkage), 무연결(no linkage) 중의 하나에 속하게 된다. 블록 범위 변수, 즉 지역 변수는 연결을 가지지 않는다. 블록 범위의 변수들은 해당 블록에서만 사용될 수 있다. 오직 파일 범위에 속하는 변수, 즉 전역 변수들만이 연결을 가질 수 있다. 파일 범위의 변수들은 외부 연결이나 내부 연결 중의 하나에 속하게 된다. 외부 연결에 속하게 되면 여러 개의 소스 파일에 걸쳐서 사용될 수 있다. 반면에 내부 연결에 속하게 되면 하나의 소스 파일에서만 사용이 가능하다.

전역 변수가 내부 연결인지, 외부 연결인지를 지정하려면 저장 유형 지정자인 `static`을 사용하면 된다. 전역 변수 앞에 `static`이 붙으면 내부 연결이 된다. 즉, 하나의 소스 파일 안에서만 사용이 가능하다. 전역 변수 앞에 `static`이 붙지 않으면 다른 소스 파일에서도 이 변수를 사용할 수 있다.

linkage1.cpp

```
#include <stdio.h>
using namespace std;

int all_files;                    // 다른 소스 파일에서도 사용할 수 있는 전역 변수
static int this_file;             // 현재의 소스 파일에서만 사용할 수 있는 전역 변수
extern void sub();

int main()
{
   sub();
   cout << all_files << endl;
   return 0;
}
```

linkage2.cpp

```
#include <stdio.h>
using namespace std;

extern int all_files;

void sub(void)
{
   all_files = 10;
}
```

실행결과

```
10
```

linkage1.c에서는 변수 all_files는 평범하게 전역 변수로 선언되었다. 기본적으로 전역 변수는 외부 연결이 된다. 따라서 linkage2.c에서는 all_files 변수를 참조할 수 있다. 다만 linkage2.c에서는 extern 키워드를 사용하여 all_files가 외부에서 정의된 변수임을 컴파일러에게 알려야 한다.

반면에 변수 this_file은 static으로 정의되었다. 따라서 내부 연결이 되고 linkage1.c에서만 사용이 가능하다. linkage2.c에서 extern으로 선언하여도 this_file 변수는 사용이 불가능하다.

함수 이름 앞에 static이 붙는 경우

사실 변수나 함수 이름은 모두 식별자이고 같이 취급된다. 따라서 함수 이름 앞에도 static을 붙일 수 있고 그 의미도 변수와 비슷하다. 만약 특정한 소스 파일에 있는 함수 이름 앞에 static이 붙어 있는 경우, 이 함수는 그 소스 파일 안에서만 사용이 가능하다. 즉, 내부 연결이 되는 것이다. 이러한 함수를 정적 함수라고 한다. 함수 이름 앞에 static이 없으면 변수와 마찬가지로 다른 소스 파일에서 extern으로 선언하여 사용할 수 있다.

main.cpp

```cpp
#include <iostream>
using namespace std;

extern void f2();
int main(void)
{
   f2();
   return 0;
}
```

sub.cpp

```cpp
#include <iostream>
using namespace std;
static void f1()
{
   cout << "f1()이 호출되었습니다.\n";
}

void f2()
{
   f1();
   cout << "f2()가 호출되었습니다.\n";
}
```

정적 함수로서 파일 안에서만 사용 가능

위의 코드에서 f1()은 앞에 static이 붙어 있으므로 sub.cpp 파일 안에서만 사용이 가능하다. main.c 파일에서는 f1()은 사용할 수 없다. 반면에 f2() 앞에는 static이 붙어 있지 않으므로 main.c에서도 사용이 가능하다. 이와 같이 정적 함수는 특정 파일 안에서 내부적으로만 사용되는 함수를 정의하고자 할 때 편리하게 사용할 수 있다.

예제

위의 저장 유형 중에서 몇 가지를 사용하는 예제 프로그램으로 난수를 생성하는 프로그램을 작성하여 보자. 난수는 다음과 같은 식을 이용하여 생성시킬 수 있다.

$$r_{n+1} = (a*r_n + b) \bmod M$$

여기서 a, b, M은 미리 정해진 값이다. 이 식을 반복 실행하면 0에서 M − 1까지의 난수를 생성할 수 있다. 2가지의 함수를 작성하여 보자.

- 0부터 M − 1 사이의 난수를 생성하는 `random_i()`
- 0.0부터 1.0 사이의 난수를 생성하는 `random_f()`

프로그램을 `main.cpp`와 `random.cpp`의 2개의 파일로 구성하여 보자. `random.cpp`에서는 위의 2개의 함수를 구현한다. `main.cpp`에서는 이들 2개의 함수를 호출하여 난수를 생성한다.

위의 관계식을 보면 이전에 만들어졌던 난수를 이용하여 새로운 난수를 생성함을 알 수 있다. 따라서 함수 호출이 종료되더라도 이전에 만들어졌던 난수를 어딘가에 저장하고 있어야 한다. 이전의 난수를 저장하는 `seed`는 함수 호출이 종료되더라도 이전 값을 유지하여야 하므로 전역 변수나 정적 전역 변수나 정적 지역 변수가 될 수 있다. 여기서 `random_i()`와 `random_f()`는 모두 `seed`를 필요로 하기 때문에 `seed`를 정적 전역 변수로 선언하여 `random.c` 파일 안에서만 모든 함수가 접근할 수 있도록 하자.

그리고 함수들이 몇 번이나 호출되었는지를 기록하자. 이것은 `random.cpp`에 전역 변수 `call_count`를 선언한 뒤에 `main.cpp`에서 `extern`을 이용하여 외부 변수로 참조한다. `main.cpp`에서는 `for` 루프를 이용하여 반복하면서 난수를 생성한다. 루프 제어 변수는 속도를 위하여 레지스터 변수로 선언되었다.

main.cpp

```cpp
// 변수 저장 유형 예제
#include <iostream>
using namespace std;

unsigned random_i(void);
double random_f(void);

extern unsigned call_count;    // 외부 참조 변수

int main()
{
```

```
    register int i;             // 레지스터 변수

    for(i = 0; i < 10; i++)
       cout << random_i() << " ";

    cout << endl;

    for(i = 0; i < 10; i++)
       cout << random_f() << " ";

    cout << "\n함수가 호출된 횟수 = " << call_count;
    return 0;
}
```

random.cpp

```
// 난수 발생 함수
#define SEED 17
#define MULT 25173
#define INC  13849
#define MOD  65536

unsigned int call_count = 0;  // 전역 변수
static unsigned seed = SEED;  // 정적 전역 변수

unsigned random_i(void)
{
   seed = (MULT*seed + INC) % MOD;
   call_count++;

   return seed;
}

double random_f(void)
{
   seed = (MULT*seed + INC) % MOD;
   call_count++;

   return seed / (double) MOD;
}
```

실행결과

```
48574 61999 40372 31453 39802 35227 15504 29161 14966 52039
0.885437 0.317215 0.463654 0.762497 0.546997 0.768570 0.422577 0.739731 0.455627
0.720901
함수가 호출된 횟수 = 20
```

중간점검

1. 변수를 하나의 파일에서만 사용할 수 있도록 만드는 키워드는 무엇인가?
2. 변수를 여러 파일에 걸쳐 사용할 수 있도록 만드는 키워드는 무엇인가?
3. 지역 변수들은 외부와 연결이 가능한가?
4. 키워드 `extern`의 용도는 무엇인가?
5. 만약 함수 안에 선언된 지역 변수의 값이 함수 호출 사이에 유지되기를 바란다면 어떻게 정의하여야 하는가?

9. 재귀

재귀의 개념

함수는 자기 자신을 호출할 수도 있다. 이것을 재귀(recursion)라고 부른다. 재귀는 함수가 자기 자신을 호출하여 문제를 해결하는 프로그래밍 기법이다. 이것은 처음에는 상당히 이상하게 보이지만 사실 재귀는 가장 흥미롭고 또 효과적인 프로그래밍 기법 중의 하나이다. 재귀는 많은 문제들을 해결하는데 독특한 개념적인 프레임 워크를 제공한다. 예를 들어 정수의 팩토리얼은 다음과 같이 정의된다.

$$n! = \begin{cases} 1 & n = 0 \\ n*(n-1)! & n \geq 1 \end{cases}$$

즉, 위의 정의에서 팩토리얼 $n!$을 정의하는데 다시 팩토리얼 $(n-1)!$이 사용되었다. 이러한 정의를 재귀적이라 한다. 위의 정의에 따라 $n!$을 구하는 함수 `factorial(n)`을 제작하여 보자. $n!$을 계산하려면 먼저 $(n-1)!$을 구하여 여기에 n을 곱하여 주면 $n!$값을 계산할 수 있다. 그러면 $(n-1)!$은 어떻게 계산할 것인가? 현재 작성하고 있는 함수가 $n!$값을 계산하는 함수이므로 함수의 인자를 $n-1$로 변경하여 호출하여 주면 구할 수 있을 것이다.

factorial.cpp

```
// 재귀적인 팩토리얼 함수 계산
#include <iostream>
using namespace std;
long factorial(int n);

int main()
{
   int x;
   long f;

   cout << "정수를 입력하시오: " ;
   cin >> x;

   f = factorial(x);
   cout << x << "!은 " << f << "입니다. " << endl;

   return 0;
}

long factorial(int n)
{
   cout << "factorial(" << n << ")" << endl;

   if(n <= 1) return 1;
   else return n * factorial(n - 1);
}
```

실행결과

```
정수를 입력하시오:5
factorial(5)
factorial(4)
factorial(3)
factorial(2)
factorial(1)
5!은 120입니다.
```

위의 프로그램은 팩토리얼의 재귀적인 정의에 따라 이것을 C언어로 옮긴 것이다. 과연 위의 프로그램이 오류 없이 동작할 것인가? 재귀를 사용해보지 않은 사람들에게는 놀라운 일이겠지만 위의 프로그램은 문제없이 동작한다.

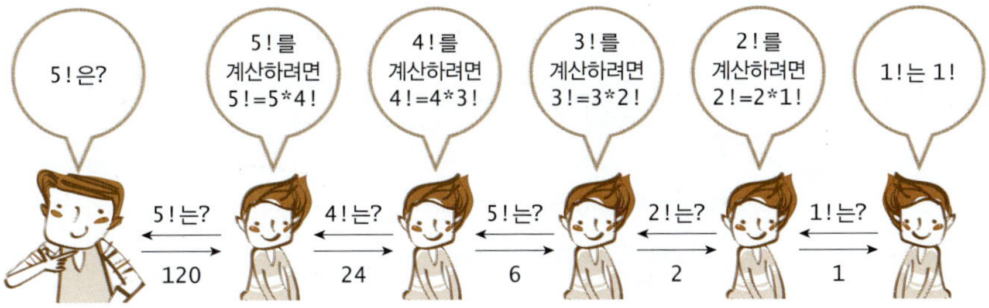

그림 4-17 ● factorial(3)에서의 재귀 호출

만약 우리가 factorial(5)이라고 호출하였을 경우에 위의 프로그램에서 함수가 호출되는 순서를 자세히 살펴보자.

```
factorial(5)  = 5 * factorial(4)
              = 5 * 4 * factorial(3))
              = 5 * 4 * 3 * factorial(2)
              = 5 * 4 * 3 * 2 * factorial(1)
              = 5 * 4 * 3 * 2 * 1
              = 120
```

factorial(5)이 호출되면 매개 변수 n이 5가 된다. 23번째 줄의 if 문에서 n이 1보다 작거나 같지 않으므로 return 1은 수행되지 않는다. 24번째 줄의 n * factorial(n - 1)이 수행된다. 현재 n의 값이 5이므로 5 * factorial(4)이 수행되고 따라서 factorial(4)이 호출된다.

factorial(4)이 호출되면 다시 위와 같은 과정을 거쳐서 factorial(3), factorial(2), factorial(1)이 차례대로 호출된다. factorial(1)이 호출되면 23번째 줄의 if 문에서 n이 1보다 같으므로 조건이 참이 되고 따라서 return 문이 수행되어서 더 이상 재귀 호출을 하지 않는다.

그림 4-18에서 factorial(5)을 호출하였을 경우의 재귀 호출 순서를 보여준다.

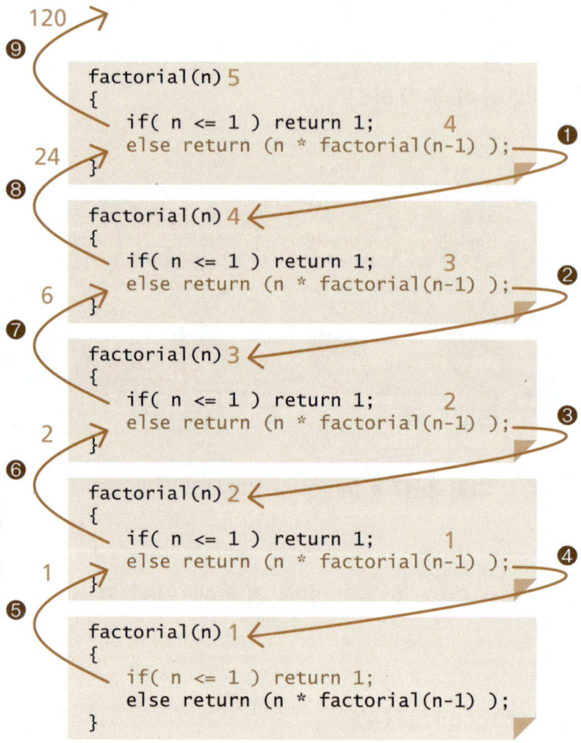

그림 4-18 ● factorial(3)에서의 재귀호출의 순서: 원숫자는 함수 호출과 복귀의 순서를 나타낸다

재귀 함수의 구조

재귀 알고리즘은 **그림 4-19**와 같이 자기 자신을 재귀적으로 호출하는 부분과 재귀 호출을 멈추는 부분으로 구성되어 있다. 만약 재귀 호출을 멈추는 부분이 없다면 시스템 스택을 모두 사용할 때까지 재귀적으로 호출되다가 결국 에러를 내면서 멈출 것이다.

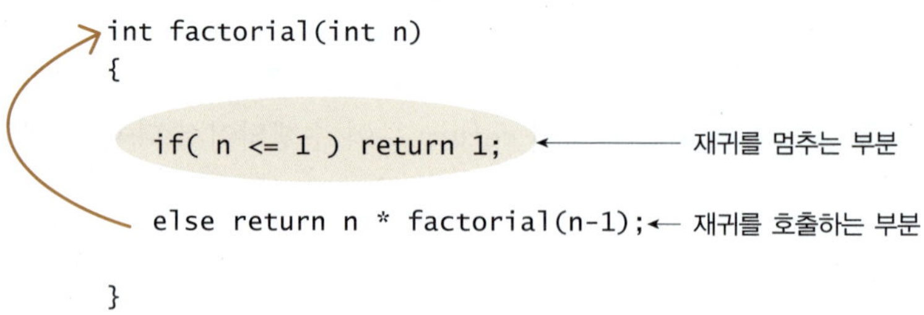

그림 4-19 ● 재귀 함수의 구조

만약 팩토리얼 계산 함수에서 다음과 같이 if(n == 1) return(1)이 없다면 어떻게 될까?

```
int factorial(int n)
{
   cout << "factorial(" << n << ")\n";
   return (n * factorial(n-1) );
}
```

프로그램은 종료되지 않고 계속 실행되며 출력 화면의 일부는 다음과 같다. 여기서 시스템에 따라 출력되는 문장의 개수가 달라진다. 그러므로 반드시 재귀 호출 함수에는 재귀 호출을 멈추는 문장이 포함되어야 한다.

실행결과

```
factorial(-11737)
factorial(-11738)
factorial(-11739)
factorial(-11740)
factorial(-11741)
factorial(-11742)
factorial(-11743)
factorial(-11744)
factorial(-11745)
factorial(-11746)
```

재귀 ⟷ 반복

되풀이하는 것은 많은 컴퓨터 프로그램에서 볼 수 있는 주요한 특징이다. 사실 빠르게 되풀이하는 것은 컴퓨터의 중요한 능력 중의 하나이다. 프로그램 언어에서 되풀이하는 방법에는 **그림 4-20**과 같이 반복(iteration)과 재귀(recursion)의 2가지가 있다.

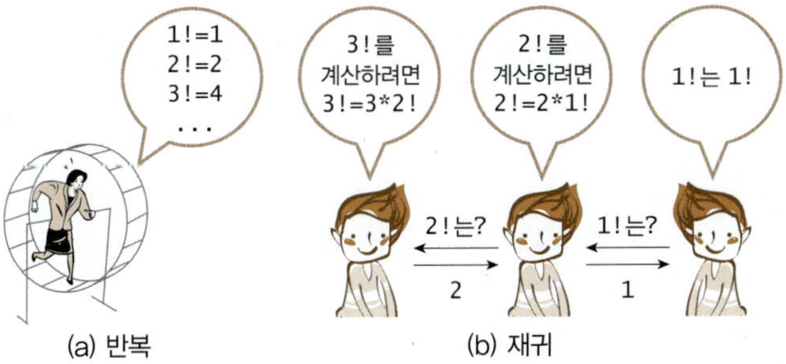

그림 4-20 • 반복과 재귀

반복이란 for나 while 등의 반복 구조를 사용하여 반복시키는 문장을 작성하는 것이다. 반복 제어 변수를 사용하여 일정 횟수 동안 반복시킬 수도 있고 어떤 조건이 만족될 때까지 계속하여 반복하도록 할 수도 있다. 반복은 많은 경우, 간명하고 효율적으로 되풀이를 구현하는 방법이다.

반면에 때때로 반복을 사용하게 되면 지나치게 복잡해지는 문제들도 존재한다. 이런 경우에는 재귀가 매우 좋은 해결책이 될 수 있다. 재귀는 간단히 말하면 주어진 문제를 해결하기 위하여 하나의 함수에서 자신을 다시 호출하여 작업을 수행하는 방식이다. 재귀는 본질적으로 재귀적(recursive)인 문제나 그러한 자료구조를 다루는 프로그램에 적합하다.

기본적으로 반복과 재귀는 그 표현 능력이 같으며 많은 경우, 특히 재귀호출이 끝에서 이루어지는 재귀 알고리즘의 경우 반복 알고리즘으로 바꾸어 쓸 수 있다. 그러나 재귀는 어떤 문제에서는 반복에 비해 알고리즘을 훨씬 명확하고 간결하게 나타낼 수 있다는 장점이 있다. 그러나 일반적으로 재귀는 함수 호출을 하게 되므로 반복에 비해 수행속도 면에서는 떨어진다. 따라서 알고리즘을 설명할 때는 재귀로 하고 실제 프로그램에서는 그것을 반복으로 바꾸어 코딩하는 경우도 있다. 물론 재귀가 더 빠른 예제도 존재한다. 우리는 다음 절에서 지수값을 구하는 문제를 살펴볼 것이다.

앞에서의 구현하였던 팩토리얼의 반복적인 정의를 살펴보자.

$$n! = n*(n-1)! \quad \longleftrightarrow \quad n! = n*(n-1)*(n-2)* \ldots *1$$

그림 4-21 ● 많은 경우, 재귀는 반복으로 변경이 가능하다

앞에서 설명한 팩토리얼 함수를 반복적으로 구현하여 보자. 실제로 팩토리얼 함수는 다음과 같이 반복적으로도 정의된다.

$$\begin{array}{lll} n! = 1 & \text{if} & n = 0 \\ n! = n*(n-1)*(n-2)* \ldots *1 & \text{if} & n > 0 \end{array}$$

위의 정의를 이용하여 프로그램을 해보면 다음과 같이 반복 구조를 이용하는 편이 자연스러울 것이다.

factorial_iter.cpp

```
// 반복적인 팩토리얼 함수 계산
#include <iostream>
using namespace std;
```

```
long factorial_iter(int n);

int main()
{
   int x;
   long f;

   cout << "정수를 입력하시오: " ;
   cin >> x;

   f = factorial_iter(x);
   cout << x << "!은 " << f << "입니다. " << endl;

   return 0;
}

long factorial_iter(int n)
{
   long result;

   for(result = 1; n > 1; n--)
      result *= n;

   return result;
}
```

그렇다면 재귀와 반복 중에서 어떤 형태가 바람직할까? 원래의 정의가 재귀적으로 되어 있는 경우, 대개 재귀 형태의 코드가 더 이해하기 쉽다. 따라서 이런 경우에는 프로그램의 가독성이 증대되고 코딩도 더 간단하다. 그러나 재귀적인 코드의 약점은 수행 시간이다. 함수를 빈번하게 호출해야 하기 때문에 실행 시간이 더 길리는 경우가 많다. 그러나 재귀를 사용하지 않으면 도저히 프로그램을 작성할 수 없는 경우가 종종 있다. 따라서 재귀는 반드시 익혀두어야 하는 중요한 프로그래밍 기법이다.

10. 라이브러리 함수

함수에는 사용자 정의 함수와 라이브러리 함수로 나누어진다고 말한바 있다. 지금까지 사용자 정의 함수를 어떻게 작성하는지를 학습하였다. 지금부터는 라이브러리 함수에 대하여 살펴보자. 표준 라이브러리 함수는 컴파일러에서 제공하는 함수로서 많은 분야에 걸쳐서 상당한 개수의 함수들을 제공한다.

라이브러리 함수를 사용하려면 먼저 함수 원형을 포함시켜야 한다. 일반적으로 라이브러리 함수의 원형을 개별적으로 포함하는 것이 아니라 원형이 들어 있는 헤더 파일을 포함시키면 된다. 예를 들어서 sqrt()와 같은 함수들을 사용하려면 cmath 파일을 포함하면 된다.

함수	설명	사용 예	반환값
double sin(double x)	사인값 계산	sin(3.14/2.0)	1.0
double cos(double x)	코사인값 계산	cos(3.14/2.0)	0.0
double tan(double x)	탄젠트값 계산	tan(0.5)	0.546302
double exp(double x)	e^x	exp(10.0)	22026.5
double log(double x)	$\log_e x$	log(10.0)	2.30259
double log10(double x)	$\log_{10} x$	log10(100.0)	2.0
double ceil(double x)	x보다 작지 않은 가장 작은 정수	ceil(3.8)	4.0
double floor(double x)	x보다 크지 않은 가장 큰 정수	floor(3.8)	3.0
double fabs(double x)	x의 절대값	fabs(-3.67)	3.67
double pow(double x, double y)	x^y	pow(3.0,2.0)	9.0
double sqrt(double x)	$\sqrt{x}$	sqrt(4.0)	2.0

예제 #1

이 함수들은 삼각 함수의 값을 계산한다. 각도는 라디안으로 표시된다. 1 라디안은 $180/\pi$이다.

```
#include <iostream>
#include <cmath>
using namespace std;

int main()
{
   double pi = 3.1415926535;

   cout << "sin() = " << sin(pi/2.0) << endl;
   cout << "cos() = " << cos(pi/2.0) << endl;
   cout << "tan() = " << tan(0.5) << endl;
   cout << "log() = " << log(10.0) << endl;
   cout << "log10() = " << log10(100.0) << endl;
```

```
    cout << "exp() = " << exp(10.0) << endl;
    return 0;
}
```

실행결과

```
sin() = 1
cos() = 4.48966e-011
tan() = 0.546302
log() = 2.30259
log10() = 2
exp() = 22026.5
```

예제 #2

수학 라이브러리를 이용하는 하나의 예제로 직각 삼각형에서 밑변과 높이가 주어졌을 경우에 각도와 빗변의 길이를 구하는 문제를 해결하여 보자.

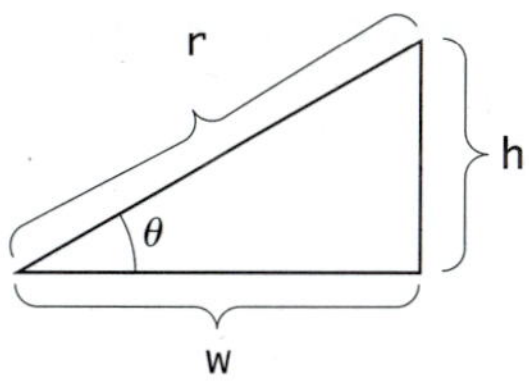

위의 그림에서 다음과 같은 식이 성립한다.

$$r = \sqrt{w^2 + h^2}$$

$$tan(\theta) = \frac{h}{w} \longrightarrow \theta = tan^{-1}(\frac{h}{w})$$

r을 구하기 위해서는 제곱근을 구하는 `sqrt()` 함수를 사용하면 된다. `sqrt()`는 `double` 타입의 인자를 받아서 제곱근을 계산하여 `double` 타입의 값을 반환한다.

$tan^{-1}(x)$의 값은 `atan()` 함수를 이용하여 구할 수 있다. `atan()` 함수는 `double`형의 탄젠트값을 받아서 `double`형의 각도를 반환한다. 각도의 단위는 라디안이란 것에 항상 유의하자. 여기서는 `atan()` 함수보다는 `atan2()` 함수를 사용하는 것이 편리하다. `atan2()` 함수는 x와 y 값을 받아서 각도를 계산한다. 역시 반환값은 라디안 단위이므로 도 단위로 변환하면 된다. 아래의 소스에서는 45도에 대한 탄젠트값이 1이라는 것을 이용하여 `RAD_TO_DEG` 상수를 정의하였다.

```
#include <iostream>
#include <cmath>
using namespace std;

#define RAD_TO_DEG (45.0/atan(1))

int main()
{
    double w, h, r, theta;

    cout << "밑변을 입력하시오: ";
    cin >> w;

    cout << "높이를 입력하시오: ";
    cin >> h;

    r = sqrt(w * w + h * h);
    theta = RAD_TO_DEG * atan2(h, w);

    cout << "빗변= " << r << " 각도= " << theta << endl;

    return 0;
}
```

실행결과

```
밑변과 높이를 입력하시오: 10.0 10.0
빗변= 14.142136 각도= 45.000000
```

예제 #3

rand()는 의사 난수(pseudo random number)를 생성하는 함수이다. 의사 난수란 다음에 뭐가 나올지 모르는 진짜 난수가 아니라 초기값에 따라서 나오는 순서가 결정되어 있는 난수를 말한다. 난수는 프로그래밍에서 아주 중요하게 사용된다. 예를 들어서 거의 모든 주사위나 트럼프 게임 프로그램은 난수를 사용하고 있다. rand()는 0부터 RAND_MAX까지의 정수를 생성한다. RAND_MAX는 rand()가 생성할 수 있는 최대 난수로 비주얼 C++에서는 0 × 7fff(32767)으로 stdlib에 정의되어 있다.

```
#include <iostream>
#include <cmath>
#include <ctime>
#include <cstdlib>
using namespace std;

// 0에서 9까지의 n개의 난수를 화면에 출력한다
void get_random( int n )
{
   int i;
   for( i = 0; i < n; i++ )
      cout << rand() << endl;
}

int main()
{
   // 일반적으로 난수 발생기의 시드(seed)를 현재 시간으로 설정한다
   // 현재 시간은 수행할 때마다 달라지기 때문이다
   srand( (unsigned)time( NULL ) );
   get_random( 10 );

   return 0;
}
```

실행결과

```
21783
14153
4693
13117
21900
19957
15212
20710
4357
16495
```

중간점검

1. 90도에서의 싸인값을 계산하는 문장을 작성하여 보라.
2. rand() % 10 이 계산하는 값의 범위는?

EXERCISE
INTRODUCTION TO C++ PROGRAMMING

1. 다음과 같은 기술에 부합하는 함수에 대한 헤더를 작성하라.

❶ int형 매개 변수 n을 받아서 아무것도 반환하지 않는 print_error() 함수

❷ double형 매개 변수 x, y를 받아서 double 형을 반환하는 larger_of() 함수

❸ 어떠한 매개 변수도 갖지 않고 아무것도 반환하지 않는 side_effect() 함수

2. 왼쪽 박스의 함수 원형 정의에 적합한 return 문을 오른쪽 박스에서 찾아서 서로 연결하라.

• int f(void); • void g(int, int); • double h(double, int);	• return; • return 'a' + 1.0; • return 10 + 20;

3. 다음은 삼각수(triangular number)를 계산하는 프로그램이다. 프로그램의 빈칸을 채워라.

```
#include <iostream>
using namespace std;

____________________    // 함수 f()의 원형 정의

int main()
{
____________________    // f()를 인수 10으로 호출
   return 0;
}

int f(int n)
{
   int i, result = 0;

   for(i = 0;i <= n; i++)
      result += i;
____________________    // 변수 result의 값을 반환
}
```

4. 다음의 함수 원형 정의가 올바른지를 결정하고 만약 잘못된 점이 있다면 이유를 설명하고 바르게 수정하라.

❶ `double f(double x, y);`

❷ `(int) f(double x, double y);`

❸ `int f((int)x, (int)y);`

❹ `float get_area(radius, pi);`

5. 다음 프로그램의 출력을 써보아라.

```
#include <iostream>
using namespace std;

int f(int x);

int main()
{
  cout << f(12, 8) << endl;
  return 0;
}
int f(int x, int y)
{
  if( (x % y) == 0 ) return 1;
  else  return 0;
}
```

6. 다음의 프로그램에서 다른 색으로 표시된 부분을 함수로 작성하여 프로그램을 수정하라. 함수는 인수와 반환값을 갖도록 설계하라.

```
#include <iostream>
using namespace std;

int main()
{
  int i, n, sum = 0;

  cout << "정수를 입력하시오: ";
  cin >> n;

  for(i = 0;i <= n; i++)
     sum += i;
```

```
    cout << "0부터 " << n << "까지의 합은 " << sum << "입니다.\n";
    return 0;
}
```

7. 다음의 소스 안에 설명에 적합한 변수를 선언하여 보라.

```
#include <iostream>
using namespace std;

void f(void);
int main()
{
    ...
}
void f(void)
{
    ...
}
```

❶ 함수 f() 안에서만 사용하는 int형 변수 number
❷ 모든 함수에서 사용하는 double형 변수 radio
❸ 함수 f() 안에서 사용되고 CPU 레지스터에 저장되어야 하는 변수 index
❹ 모든 함수에서 사용되고 다른 소스 파일에서 정의된 변수 counter
❺ 함수 f()에서 사용되고 다른 소스 파일에서 정의된 변수 total
❻ 함수 main()에서 사용되고 이전의 값이 유지되는 변수 setting

8. 다음 프로그램에 등장하는 변수들의 범위, 생존 기간, 연결을 설명하시오.

```
#include <iostream>
using namespace std;

int a;
static int b;
extern int c;

int main()
{
    int d;
    register int e;
```

```
    static int f;
    {
        int g;
    }
    return 0;
}
```

9. 다음은 전역 변수를 사용하는 프로그램이다. 실행 결과를 예측하여 보라.

```
#include <iostream>
using namespace std;

void f(void);
int i;
int main()
{
    for(i = 0;i < 3; i++)
    {
        cout << "*";
        f();
    }
    return 0;
}
void f(void)
{
    for(i = 0;i < 5; i++)
        cout << "#");
}
```

10. 나음 함수를 주석과 같이 호출하는 경우에 화면에 출력되는 내용과 함수의 반환값을 구하라.

❶

```
// sum(5)로 호출
int sum(int n)
{
    cout << n << endl;
    if( n < 1) return 1;
    else return( n + sum(n - 1) );
}
```

❷

```
// asterisk(5)를 호출할 때 출력되는 *의 개수를 써보아라.
void asterisk(int i)
{
  if( i > 1 ){
     asterisk(i/2);
     asterisk(i/2);
  }
  cout<<"*");
}
```

PROGRAMMING
INTRODUCTION TO C++ PROGRAMMING

1. 주어진 정수의 약수를 모두 찾아내는 함수 `get_divisor()`를 작성하여 보라. 만약 8이 주어지면 1, 2, 4, 8을 화면에 출력하여야 한다. 이 함수를 테스트하기 위한 `main()`를 작성하라.

2. 주어진 정수가 소수(prime number)인지를 검사하는 함수 `prime()`을 작성하라. 이 함수를 이용하여 1부터 100 사이에 존재하는 소수들을 모두 출력하라. 하나의 힌트는 소수라면 1과 자기 자신을 제외한 약수를 가지면 안 된다. 따라서 만약 정수 `n`이 소수인지를 검사하려면 2부터 `n-1`까지의 숫자로 `n`을 나누어서 나누어 떨어지지 않으면 소수이다.

3. 거듭제곱을 계산하는 함수를 작성하여 보자. 정수 `n`과 `k`를 받아서 n^k승을 계산하는 함수 `ipower()` 함수를 작성한다. 이 함수를 호출하여 3^0부터 3^{10}까지의 값을 테이블의 형태로 출력하는 프로그램을 작성하라.

4. 두 점사이의 거리를 계산하는 함수를 작성하여 보자. 2차원 공간에서 두 점 (x_1, y_1)와 (x_2, y_2)사이의 거리를 계산하는 `dist_2d()`를 작성하라. 다음과 같은 두 점 사이의 거리를 계산하는 공식을 사용하라.

$$d = \sqrt{(x_1 - x_2)^2 + (y_1 - y_2)^2}$$

5. 제곱근을 구하는 방법 중에 Newton-Raphson 기법이 있다. 이 알고리즘은 `n`의 제곱근을 구하기 위해 근사치 r_0를 초기값으로 하고 아래와 같은 공식을 적용해 나가면서 점점 더 정확한 제곱근 값을 계산해 나가는 방법이다.

$$r_{n+1} = (r_n + n / r_n) / 2$$

만약 허용 오차보다 작은 오차를 보이게 되면 알고리즘을 중단한다. 다음과 같은 알고리즘을 구현하는 함수를 작성하라.

❶ 제곱근의 추정치 r을 1로 설정한다.

❷ 만약 $|r^2 - n| < \epsilon$이면 ❹로 간다.

❸ r의 값을 $(n / r + r) / 2$로 설정한다. 단계 ❷로 간다.

❹ r이 $\sqrt{n}$ 의 추정치가 된다.

6. 주차장의 요금을 계산하여 보자. 주차장에서 최초의 2시간은 3000원이다. 최초 2시간 이후에는 1시간당 2000원의 주차료가 부과된다. 단 주차료는 하루 24시간에 6000원을 넘지 않는다. 이 주차장에서 주차 시간에 주어지면 주차료를 계산하는 프로그램을 작성하여 보라. 단 함수를 사용하여 프로그램을 작성하여야 한다. 함수 이름은 `cal_parking_charge()`라고 하고 주차 시간을 나타내는 하나의 매개변수 `time`을 받는다.

7. 2차 방정식의 근을 계산하는 함수 `quad_eqn()`를 작성하시오. `quad_eqn()` 함수는 a, b, c를 나타내는 `double`형의 3개의 인수를 받는다. 판별식이 양수인 경우에만 근을 출력하라. 만약 판별식의 값이 음수이면 근이 없다는 메시지를 출력하라.

```
2차 방정식의 계수를 입력하시오.
a: 1
b: -5
c: 6
근은 2와 3입니다.
```

8. 난수(random number)는 컴퓨터를 이용한 문제 해결에서 많이 사용된다. 특히 확률적인 모델을 만들어서 실제 상황을 흉내내는 시뮬레이션에서 널리 이용된다. 수학적인 분석이 너무 복잡한 경우에 시뮬레이션을 사용하면 실제로 제품을 제작하지 않고서도 많은 실험을 할 수 있다. 난수는 표준 라이브러리 함수 `rand()`를 호출하면 생성할 수 있다. `rand()`가 한번 호출될 때마다 0에서 n까지 구간에 정수를 같은 확률로 선택하여 반환한다. 여기서 n은 시스템에 따라 달라진다. 보통 Visual C++의 경우, 0 ~ 32767까지의 정수를 반환한다.

❶ 지정된 범위 안에 있는 정수를 임의로 선택하여 반환하는 함수 `rand_range()`를 작성하시오. 함수의 매개 변수는 지정된 범위의 하한값과 상한값이 된다. 예를 들어서 매개 변수가 1과 6라면 `rand_range()`은 0, 1, 2, 3, 4, 5중의 하나를 무작위로 반환한다.

❷ `rand_range()` 함수를 이용하여 주사위를 600번 던졌을 때 나오는 값을 통계 처리하여 1부터 6까지의 값이 근사적으로 같은 확률을 가지고 나타남을 보여라.

9. 난수 생성 함수를 이용하여 컴퓨터로 여러 가지 문제를 시뮬레이션하는 것을 흔히 몬테 까를로(Monte Carlo) 시뮬레이션이라고 한다. 간단한 동전 던지기 게임을 시뮬레이션하여 보자. 컴퓨터가 동전을 던지고 사용자는 앞뒤를 말한다. 컴퓨

터는 난수 생성 함수를 이용하여 난수를 생성한 후에 난수가 짝수이면 동전의 앞면으로 간주하고 홀수이면 동전의 뒷면으로 간주한다. 이것을 몇 번 반복하여 승패를 기록한다.

10. 간단한 메뉴 시스템을 작성하여 보자. 다음과 같은 메뉴를 선택하고 사용자로부터 입력을 받아서 입력이 올바른지를 검사한다. 메뉴를 실제로 실행할 필요는 없다. 다만 메뉴의 이름을 화면에 출력하고 다시 반복한다.

```
1. 햄버거
2. 치즈버거
3. 샌드위치
4. 종료
원하는 메뉴를 선택하시오.
```

❶ 메뉴를 화면에 출력하고 원하는 메뉴를 선택하라는 메시지를 내보내는 함수 `print_menu()`를 작성한다.

❷ 사용자로부터 하나의 정수를 읽은 후에 메뉴 번호의 상한과 하한을 넘지 않았는지를 검사하는 함수 `get_menu_number()`를 작성한다. 만약 사용자로부터 입력된 정수가 상한이나 하한을 벗어나면 `print_menu()`를 호출하여 화면에 메뉴를 표시한다. 범위 안에 드는 정수가 입력되면 메뉴를 처리하는 함수를 호출한다.

❸ 각각의 메뉴를 처리하는 함수를 작성한다. 메뉴에 해당되는 함수가 호출되면 메뉴가 호출되었다는 메시지만을 출력하고 종료한다.

11. 덧셈, 뺄셈, 곱셈, 나눗셈을 지원하는 계산기 프로그램을 작성하여 보자. 이번에는 각 연산들이 몇 번씩 계산되었는지를 기억하게 하자. 각 연산을 지원하는 함수들은 자신이 호출된 횟수를 화면에 출력한다.

```
연산을 입력하시오: 1 + 2
연산 결과: 3
덧셈은 총 1번 실행되었습니다.

연산을 입력하시오: 1 * 2
연산 결과: 2
곱셈은 총 1번 실행되었습니다.

연산을 입력하시오: 5 + 3
연산 결과: 8
덧셈은 총 2번 실행되었습니다.
```

❶ 정적 지역 변수를 사용하여 프로그램을 작성하라.

❷ 전역 변수를 사용하여 프로그램을 작성하라.

12. 돈만 생기면 저금하는 사람을 가정하자. 이 사람을 위한 함수 save(int amount)를 작성하여 보자. 이 함수는 저금할 금액을 나타내는 하나의 인수 amount만을 받으며 save(100)과 같이 호출된다. save()는 현재까지 저축된 총액을 기억하고 있으며 한번 호출될 때마다 총 저축액을 화면에 출력한다.

```
얼마를 저축하시겠습니까?(종료는 -1) 200
지금까지 총저축액은 200입니다.
얼마를 저축하시겠습니까?(종료는 -1) 300
지금까지 총저축액은 500입니다.
얼마를 저축하시겠습니까?(종료는 -1) 700
지금까지 총저축액은 1200입니다.
얼마를 저축하시겠습니까?(종료는 -1) -1
종료
```

❶ 전역 변수를 사용하여 구현하라.

❷ 정적 지역 변수를 사용하여 구현하라.

❸ 이 프로그램을 지역 변수만을 사용하여 구현하려면 save() 함수의 정의를 어떻게 변경하여야 하는가?

❹ 예금 인출을 나타내는 함수 draw(int amount)도 작성하여 보자. save()와 draw()를 동시에 사용하려면 저금액은 어떤 종류의 변수로 표현하여야 하는가?

13. 재귀 호출을 이용하여 정수의 각 자리수를 출력하는 함수 show_digit(int x)를 작성하고 테스트하라. 즉 정수가 1234이면 화면에 1 2 3 4와 같이 출력한다. 함수는 일의 자리를 출력하고 나머지 부분을 대상으로 다시 같은 함수를 재귀 호출한다. 예를 들어서 1234의 4를 출력하고 나머지 123을 가지고 다시 같은 함수를 재귀 호출한다. 1234를 10으로 나누면 123이 되고 4는 1234를 10으로 나눈 나머지이다.

14. 다음을 계산하는 재귀적인 프로그램을 작성하라.

$1^3 + 2^3 + 3^3 + \ldots + n^3$

LAB
INTRODUCTION TO C++ PROGRAMMING

1. 계산기 프로그램을 작성하여 보자.

```
수식을 입력하시오(예: 100 + 200): 100 * 200
연산의 결과는 20000입니다.
계속하시겠습니까?(y 또는 n): y
...
```

❶ 사용자에게 메시지를 물어보고 사용자가 입력한 문자열을 반환하는 함수 `get_input()`을 작성하자.

❷ 각각의 연산을 함수로 작성하여 보자. 즉 + 연산은 `plus(int x, int y)`와 같은 함수로 작성한다.

❸ 위의 함수들을 조합하여서 하나의 프로그램으로 완성하라.

2. 2차원 도형들의 면적과 둘레를 구하는 프로그램을 작성하여 보자.

```
도형을 선택하시오(rectangle, circle, triangle): r
가로: 7
세로: 8
면적은 56입니다.
계속하시겠습니까(y, n): n
```

❶ 각 도형의 면적과 둘레를 구하는 함수를 작성한다.

❷ 사용자로부터 값을 입력받는 함수를 작성한다.

❸ 위의 함수들을 조합하여서 하나의 프로그램으로 완성하라.

3. 두 점의 좌표를 입력받아서 두 점사이의 거리를 화면에 출력하는 프로그램을 작성하여 보자. 2차원 공간에서 두 점 (x_1, y_1)와 (x_2, y_2)사이의 거리를 계산하는 `dist_2d()`를 작성하여 사용한다. 다음과 같은 두 점 사이의 거리를 계산하는 공식을 사용하라.

$$d = \sqrt{(x_1, x_2)^2 + (y_1, y_2)^2}$$

```
점의 좌표를 입력하시오: 3 4
점의 좌표를 입력하시오: 6 8
두점 사이의 거리는 5입니다.
계속하시겠습니까(y, n): n
```

❶ dist_2d()를 사용하여서 특정한 원 안에 점이 포함되는 지도 검사할 수 있는가? 원의 중심과 점 사이의 거리를 구하여서 반지름과 비교하라.

❷ 3차원 공간으로 확장하여 보자.

CHAPTER 05

배열과 구조체

이 장의 차례

학습목표

- 배열의 개념을 학습한다.
- 배열의 선언과 초기화 방법을 학습한다.
- 일차원 배열에 대하여 살펴본다.
- 다차원 배열에 대하여 살펴본다.

지금까지 학습했던 변수는 하나의 값만을 저장할 수 있었다. 하지만 복잡한 응용 프로그램에서는 많은 값을 한꺼번에 저장할 수 있는 저장 장소가 필요하다. 배열은 이런 목적으로 만들어진 자료형이다. 배열을 사용하면 한 번에 여러 개의 값을 저장할 수 있는 공간을 할당받을 수 있다. 배열은 자료를 저장하는 기본적인 구조 중의 하나이다.

1. 배열

배열이란?

먼저 왜 배열이 필요한지 살펴보자. 예를 들어 학생 10명의 성적 중에서 최고 성적을 계산한다고 가정하자. 최고 성적을 계산하려면 먼저 성적이 어딘가에 저장되어야 한다. 성적을 저장하는 한 가지 방법은 개별 변수를 사용하는 방법이다. 즉, 학생이 10명이므로 다음과 같이 10개의 변수를 사용하는 것이다.

```
int s0, s1, s2, s3, s4, s5, s6, s7, s8, s9;
```

이 방법의 문제점은 학생 수가 많아지면 변수를 선언하고 관리하는 작업이 상당히 복잡해진다는 점이다. 학생이 1000명인 경우를 상상해보라. 이런 경우에 배열을 사용하면 효율적이고 간편하게 처리할 수 있다.

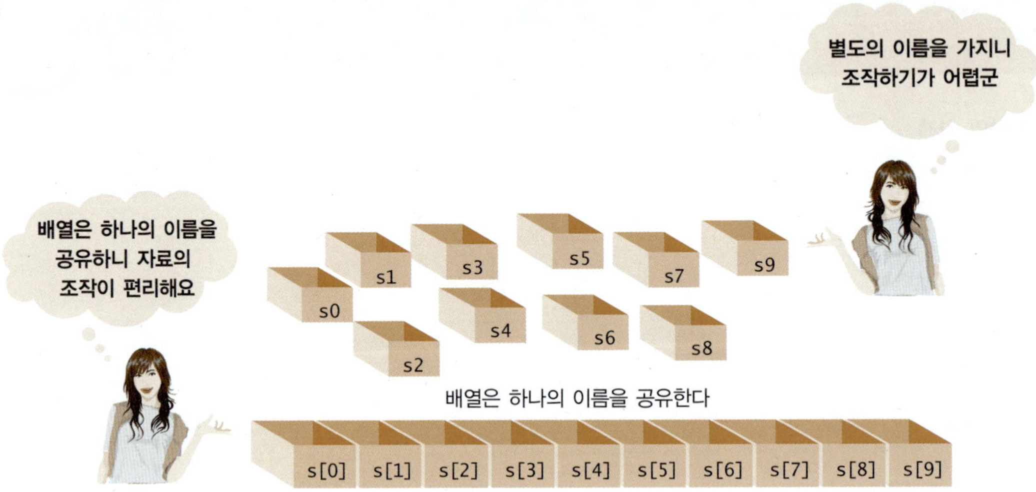

그림 5-1 ● 배열의 장점

배열(array)은 동일한 타입의 데이터가 여러 개 저장되어 있는 데이터 저장 장소이다. 배열 안에 들어있는 각각의 데이터들은 배열 이름에 번호(인덱스)를 붙여서 접근된다. 배열을 이용하면 여러 개의 값을 하나의 이름으로 처리할 수 있다. 따라서 배열은 대량의 데이터를 처리할 때 꼭 필요하다.

배열을 사용하려면 먼저 배열을 선언하여야 한다. 배열 선언을 통하여 컴파일러에게 배열의 원소의 개수가 몇 개이고 각 원소의 자료형이 무엇인지를 알려야 한다.

각각의 원소들은 번호가 매겨져 있는데 번호는 0부터 시작한다. 즉, 첫 번째 원소의 번호는 0이고 두 번째 원소는 1, 마지막 원소의 번호는 9가 된다. C++에서는 항상 배열 원소의 번호가 0부터 시작함을 명심하여야 한다.

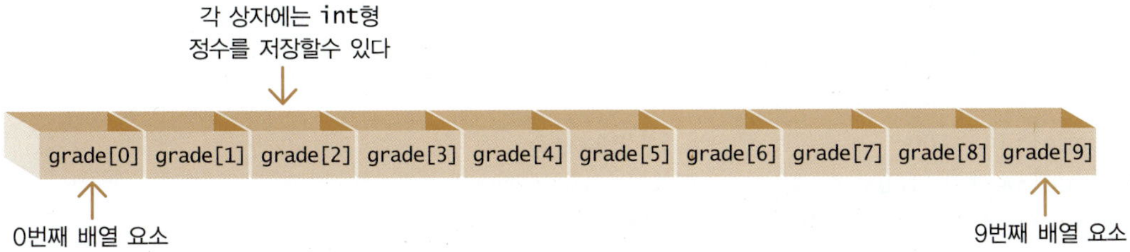

그림 5-2 ● 배열의 크기가 10이면 배열 원소는 0에서 9까지이다

배열에 저장된 데이터들을 배열 원소(array element)라고 한다. 배열의 원소는 번호가 붙어 있는데 이것을 인덱스(index) 또는 첨자(subscript)라고 부른다. 배열의 이름이 s라면 배열 원소는 s[0], s[1], s[2], s[3], ... 로 표시된다. 배열을 사용하면 각각의 원소는 인덱스값만 변경하면 접근할 수 있으므로 반복 루프에서 사용하기가 편리하다.

참고사항

배열의 크기를 나타낼 때는 항상 상수를 사용하여야 한다. 변수를 배열의 크기로 사용하면 컴파일 오류가 된다. 또한 배열의 크기를 음수나 0, 실수로 하면 모두 컴파일 오류이다.

```
int array[size];    // 컴파일 오류
int array[-2];      // 배열의 크기가 음수이면 안 됨
int array[6.7];     // 배열의 크기가 실수이면 안 됨
```

배열 원소 접근

배열의 원소를 접근하려면 배열의 이름에 대괄호를 하고 괄호 안에 번호를 적어주면 된다. 다음과 같은 문장은 배열의 5번째 위치에 있는 배열 원소에 80을 저장하는 문장이다.

```
grade[5] = 8;
```

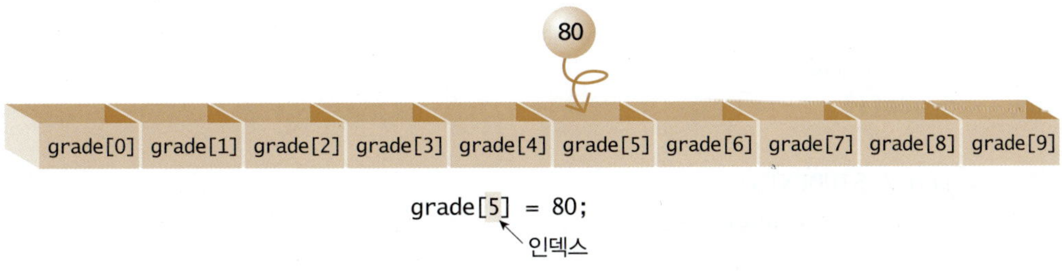

그림 5-3 ● 배열의 원소에 80을 대입하는 문장

배열 원소는 변수와 100% 동일하다. 따라서 값을 배열 원소에 저장할 수 있고 배열 원소에 저장된 값을 꺼낼 수도 있다. 또한 변수나 수식 등이 인덱스로 사용될 수 있다.

```
grade[i] = 100;              // i는 정수 변수
grade[i+2] = 100;            // 수식이 인덱스가 된다
grade[index[3]] = 100;       // index[]는 정수 배열
```

참고사항

만약 크기가 n인 배열에서 배열 원소의 번호를 1부터 n까지 사용하고 싶으면 배열을 선언할 때 크기를 n+1로 하면 된다.

예제

학생들의 성적을 입력받아서 평균을 구하는 프로그램을 배열을 이용하여 작성해보자.

grade.cpp

```
#include <iostream>
using namespace std;

int main()
{
   const int STUDENTS=5;
   int grade[STUDENTS];
   int sum = 0;
   int i, average;

   for(i = 0; i < STUDENTS; i++)
   {
      cout << "학생들의 성적을 입력하시오: ";
      cin >> grade[i];
   }

   for(i = 0; i < STUDENTS; i++)
      sum += grade[i];

   average = sum / STUDENTS;
   cout << "성적 평균= " << average << endl;

   return 0;
}
```

실행결과

```
학생들의 성적을 입력하시오: 10
학생들의 성적을 입력하시오: 20
학생들의 성적을 입력하시오: 30
학생들의 성적을 입력하시오: 40
학생들의 성적을 입력하시오: 50
성적 평균 = 30
```

프로그램 설명

6 기호 상수를 사용하여 학생들의 수를 나타내었다. 차후에 학생들의 수를 변경하려면 이 기호 상수의 정의만 변경하면 된다.

7 각 학생들의 성적을 저장할 크기가 5인 정수형 배열을 선언한다.

8 성적의 합계를 저장할 변수 sum을 선언한다. sum에는 성적들이 계속 더해지므로 초기값은 0이어야 한다.

11~15 for 루프를 반복하면서 사용자로부터 학생들의 성적을 입력받는다. 안내 메시지를 출력하고 한 학생의 성적을 입력받은 뒤 다시 안내 메시지가 출력된다. grade[i]는 배열 grade의 i번째 원소이다.

17~18 for 루프를 반복하면서 성적들을 전부 합하여 성적들의 합계를 구한다. 한 번의 반복마다 i번째 학생의 성적인 grade[i]가 sum에 더해진다.

20~21 sum의 값을 5로 나누어서 성적의 평균을 구하여 출력한다. sum이 정수이므로 정수 나눗셈이 되고 따라서 소수점 이하는 계산되지 않는다. 평균을 소수점까지 구하려면 부동 소수점 연산을 하여야 한다.

예제

크기가 10인 배열을 정의하고 반복 구조를 사용하여 배열 원소의 값을 난수로 초기화하는 예제이다.

array1.ccp

```
#include <iostream>
#include <cstdlib>
using namespace std;

int main()
{
   const int SIZE = 10;
```

```
    int grade[SIZE];
    int i;

    for(i = 0; i < SIZE; i++)
       grade[i] = rand() % 100;

    cout << "====================\n";
    cout << "인덱스  값\n";
    cout << "====================\n";

    for(i = 0; i < SIZE; i++)
       cout << i << "      " << grade[i] << endl;
    return 0;
}
```

실행결과

```
====================
인덱스          값
====================
0          41
1          67
2          34
3          0
4          69
5          24
6          78
7          58
8          62
9          64
```

참고사항

보통 배열을 선언할 때는 배열의 크기를 const 지시자로 만들어진 기호 상수로 지정한다. 기호 상수로 배열의 크기를 지정하게 되면 배열의 크기를 변경하기가 쉬워진다. 즉, 프로그램의 다른 부분을 수정하지 않고 단지 기호 상수의 정의만 바꾸면 된다.

```
const int SIZE=10
int grade[SIZE];
```

배열의 초기화

배열은 어떻게 초기화를 할까? 배열은 여러 개의 변수가 모인 것이다. 따라서 초기값도 하나가 아니고 배열의 원소 개수만큼이 필요하다. 배열을 초기화하려면 값들의 리스트를 콤마로 분리하여 중괄호 { }로 감싼 후에 이것을 배열을 선언할 때 대입해주면 된다.

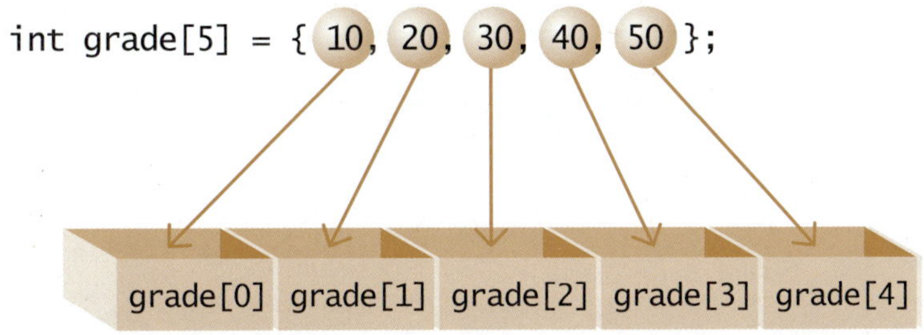

그림 5-4 ● 기본적인 배열의 초기화

위의 문장에서는 5개의 원소로 된 배열 grade를 선언한다. 첫 번째 원소 grade[0]는 10으로 초기화된다. 나머지 원소들도 차례로 값이 대입된다.

모든 배열 원소에 초기값을 부여하는 것이 원칙이다. 그러나 만약 초기값의 개수가 원소들의 개수보다 적은 경우에는 앞에 있는 원소들만 초기화된다. 그렇다면 나머지 배열 원소들은 어떻게 되는가? 나머지 배열 원소는 0으로 초기화된다.

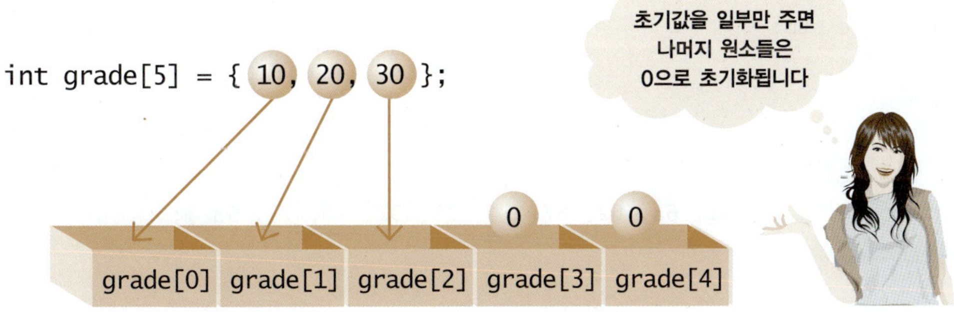

그림 5-5 ● 일부만 초기값이 주어진 경우

만약 초기값이 전혀 주어지지 않고 지역 변수라면 일반 변수와 마찬가지로 아무 의미없는 쓰레기값이 들어가게 된다.

초기화만 하고 배열의 크기를 비워놓으면 컴파일러가 자동으로 초기값들의 개수만큼의 배열 크기를 잡는다. **그림 5-6**의 예제에서는 초기값이 6개이므로 크기가 6인 grade 배열이 만들어진다.

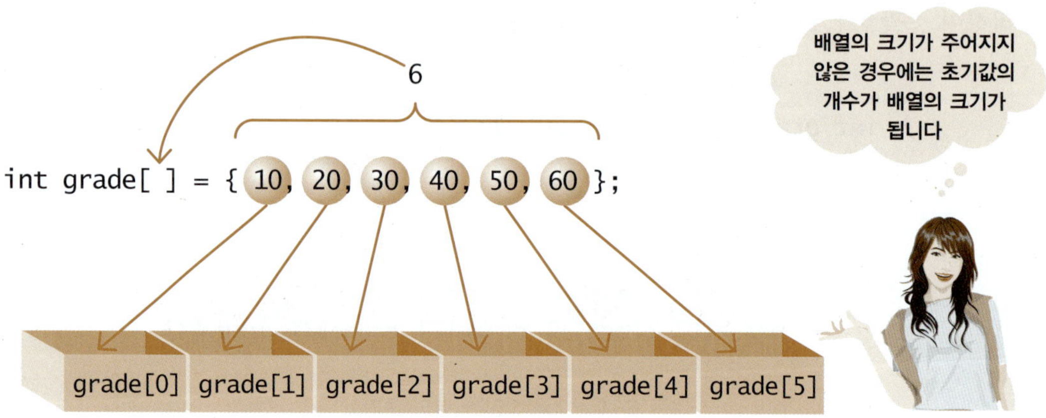

그림 5-6 ● 배열의 크기가 주어지지 않은 경우는 초기값의 개수가 배열의 크기가 된다

예제

배열을 정의하고 초기값을 이용하여 배열 원소의 값들을 초기화한 후에 배열 원소들을 화면에 출력한다.

array2.cpp

```
#include <iostream>
using namespace std;

int main()
{
   const int SIZE = 10;
   int grade[SIZE] = { 31, 63, 62, 87, 14, 25, 92, 70, 75, 53 };
   int i;

   cout << "====================\n";
   cout << "인덱스   값\n";
   cout << "====================\n";

   for(i = 0; i < SIZE; i++)
      cout << i << "      " << grade[i] << endl;

   return 0;
}
```

실행결과

```
====================
인덱스          값
====================
  0            31
  1            63
  2            62
  3            87
  4            14
  5            25
  6            92
  7            70
  8            75
  9            53
```

인덱스의 범위

배열을 사용할 때 조심하여야 하는 부분이 인덱스의 범위이다. 인덱스가 배열의 크기를 벗어나게 되면 프로그램에 치명적인 오류를 발생시킨다. 컴파일러는 프로그래머가 유효 범위 안에 있는 인덱스를 사용하고 있는지 확인해주지 않는다. 프로그래머는 인덱스가 범위를 벗어나지 않았는지 확인하고 책임을 져야 한다. 예를 들어서 다음의 배열 선언이 있다고 하자.

```
int grade[10];
```

위의 배열에서 사용할 수 있는 인덱스의 범위는 0에서 9까지이다. 만약 이 범위를 넘어서는 인덱스를 사용하면 어떻게 되는가? 예를 들어서 다음과 같은 문장을 작성하여 수행시키면 어떻게 되는가?

```
cout << grade[10];              // 오류! 인덱스 10은 적합한 범위가 아니다
```

위의 문장은 컴파일 오류가 아니다. 따라서 컴파일도 되고 실행도 된다. 그러나 배열 grade[]는 크기가 10이므로 인덱스는 0에서 9사이의 수이어야 한다. 따라서 grade[10]의 값을 출력하면 전혀 의미 없는 쓰레기값이 출력될 것이다. 더욱 치명적인 것은 다음 문장과 같이 잘못된 인덱스를 사용하여 메모리에 값을 저장한 경우이다.

```
grade[10] = 99;                 // 오류! 인덱스 10은 적합한 범위가 아니다
```

이 경우에는 컴퓨터 시스템 자체가 중단되는 최악의 사태를 가져올 수도 있다. 왜냐하면 배열 범위를 벗어나는 인덱스를 사용하면 엉뚱한 메모리의 값을 변경하는 결과를 가져오기 때문이다.

배열의 복사

C++에서는 하나의 배열을 다른 배열로 통째로 대입하는 것을 허용하지 않는다.

```
int grade[SIZE];
int score[SIZE];

score = grade;                 // 컴파일 오류!
```

하나의 배열을 다른 배열로 복사하기 위해서는 각각의 원소를 복사해주어야 한다. 예를 들어서 배열 a를 배열 b로 복사하려면 반복 루프를 사용해 원소의 개수만큼 반복하면서 각각의 원소들을 복사해주어야 한다.

array_copy.cpp

```
1  #include <iostream>
2  using namespace std
3  
4  int main()
5  {
6     const int SIZE = 5;
7     int i;
8     int a[SIZE] = {1, 2, 3, 4, 5};
9     int b[SIZE];
10 
11    for(i = 0; i < SIZE; i++)
12       b[i] = a[i];
13 
14    return 0;
15 }
```

프로그램 설명

8, 9 크기가 5인 정수형 배열 a[]와 b[]가 선언되었다. 배열 a[]는 초기화가 되어 있고 배열 b[]는 초기화가 되어 있지 않다.

11~12 배열 a[]를 배열 b[]로 복사한다. 배열은 통째로 복사할 수는 없으므로 배열의 각각의 원소들을 for 루프를 사용하여 복사해주어야 한다. 즉, a[0]는 b[0]로, a[1]은 b[1]으로,...a[4]는 b[4]로 복사해주어야 한다.

배열의 비교

하나의 배열 전체를 다른 배열 전체와 비교할 수 있을까? 즉 배열 a와 배열 b를 비교하려면 어떻게 하여야 하는가? 배열 이름만 가지고 비교하는 것은 올바른 결과를 생성하지 않는다.

❶ 올바르지 않은 방법

```
int a[SIZE] = { 1, 2, 3, 4, 5 };
int b[SIZE] = { 1, 2, 3, 4, 5 };

if( a == b )
   cout << "같습니다.\n";
else
   cout << "다릅니다\n";
```

❷ 올바른 방법

```
int a[SIZE] = { 1, 2, 3, 4, 5 };
int b[SIZE] = { 1, 2, 3, 4, 5 };

for(i = 0; i < SIZE ; i++)
{
   if ( a[i] != b[i] )
   {
      cout << "다릅니다.\n";
      break;
   }
}
```

배열의 이름은 배열이 저장된 메모리의 주소와 같다. 따라서 사실 ❶은 배열의 내용을 비교하는 것이 아니라 각각의 배열이 저장된 메모리의 주소를 비교하는 것이다. 따라서 주소는 서로 다를 수밖에 없고 배열 원소들의 값이 일치해도 항상 같지 않다는 메시지가 출력된다.

❷에서 `a[i]`가 `b[i]`와 같지 않으면 `for` 루프는 중단된다. 따라서 `for` 루프가 중단되지 않고 종료하였다는 것은 모든 배열 원소가 일치함을 의미한다.

동적 배열(dynamic array)

이번 장에서 학습하는 배열은 정적인 배열이라 할 수 있다. 즉, 컴파일 시간에 배열의 크기가 결정되고 더 이상 변경이 불가능하다. C++에서는 실행 시간이 크기를 변경할 수 있는 동적인 배열도 제공한다. 이것은 벡터(vector)라고 불리며 STL이라는 라이브러리로 제공된다. 동적 배열의 장점은 컴파일 시간에 배열이 저장하는 원소의 개수를 결정할 필요가 없다는 점이다. 동적 배열은 응용 프로그램의 필요에 따라서 자동적으로 그 크기가 조절된다. 또한 배열을 조작하는 많은 유틸리티 함수들이 함께 제공된다. 동적 배열은 18장에서 학습하게 된다.

중간점검

1. n개의 원소를 가지는 배열의 경우, 첫 번째 원소의 인덱스는 무엇인가?
2. n개의 원소를 가지는 배열의 경우, 마지막 원소의 인덱스는 무엇인가?
3. 범위를 벗어나는 인덱스를 사용하면 어떻게 되는가? 즉, `int a[10];`과 같이 선언된 배열이 있는 경우, `a[10]`에 6을 대입하면 어떻게 되는가?

4. 배열 a[6]의 원소를 1, 2, 3, 4, 5, 6으로 초기화하는 문장을 작성하라.
5. 배열의 초기화에서 초기값이 개수가 배열 원소의 개수보다 적은 경우에는 어떻게 되는가? 또 반대로 많은 경우에는 어떻게 되는가?
6. 배열의 크기를 주지 않고 초기값의 개수로 배열의 크기를 결정할 수 있는가?

2. 배열의 응용

예제

배열에 데이터가 들어 있다고 가정하고 데이터의 값에 따라서 막대 그래프를 그려보자. 막대 그래프는 그래픽을 사용하는 것은 아니고 별표(*)를 값에 비례하여 그려준다. 이것을 위하여 중첩된 반복 루프가 필요하다. 외부의 반복 루프는 배열의 각 원소에 대하여 값을 읽어서 막대 그래프를 그리는 역할을 하고 내부의 반복 루프는 막대 그 자체를 그리는데 사용된다.

graph.cpp

```
#include <iostream>
using namespace std

int main()
{
   const int STUDENTS=5;
   int grade[STUDENTS] = { 30, 20, 10, 40, 50 };
   int i, s;

   for(i = 0; i < STUDENTS; i++)
   {
      cout << "번호 " << i;
      for(s = 0; s < grade[i]; s++)
         cout << "*";
      cout << endl;
   }

   return 0;
}
```

실행결과

```
번호 0: ******************************
번호 1: ********************
번호 2: **********
번호 3: ****************************************
번호 4: **************************************************
```

프로그램 설명

7 크기가 5인 정수 배열 grade[]을 정의하고 초기화하였다. 배열 원소의 초기값이 중괄호 안에 콤마로 분리되어 있다.

8 배열 원소를 하나씩 처리하기 위한 외부 반복 루프의 제어 변수 i와 막대 그래프의 막대를 그리기 위한 내부 반복 루프의 제어 변수인 s를 선언한다.

10 배열 grade[]의 각 원소에 대하여 원소 번호를 출력하고 내부 반복 루프를 통하여 막대를 그리며 내부 반복 루프가 끝나면 줄바꿈 문자를 출력하여 각 원소가 별도의 줄에 출력되도록 한다.

13 내부 반복 루프로서 막대 한 개를 출력한다. grade[i]의 값만큼의 별표(*)를 화면에 출력한다. 만약 grade[i]의 값이 너무 커서 한 줄을 넘어서는 경우에는 grade[i]를 적절한 상수로 나누어 주어야 한다.

예제

학생들의 성적 중에서 최고 성적을 찾아보자. 이 문제는 자주 등장하는 문제로서 일반적으로 배열에 들어 있는 정수 중에서 가장 큰 정수를 찾는 문제와 같다. 배열의 크기는 기호 상수 SIZE로 정의하자.

maximum.cpp

```
#include <iostream>
using namespace std

int main()
{
   const int STUDENTS=5;
   int grade[STUDENTS];
   int i, max;

   for(i = 0; i < STUDENTS; i++)
   {
```

```
12        cout << "성적을 입력하시오: ";
13        cin >> grade[i];
14     }
15
16     max = grade[0];
17
18     for(i = 1; i < STUDENTS; i++)
19     {
20        if( grade[i] > max )
21           max = grade[i];
22     }
23     cout << "최대값은 " << max << "입니다." << endl;
24
25     return 0;
26  }
```

실행결과

```
숫자를 입력하시오: 50
숫자를 입력하시오: 40
숫자를 입력하시오: 30
숫자를 입력하시오: 20
숫자를 입력하시오: 10
최대값은 50입니다.
```

프로그램 설명

7	크기가 STUDENTS인 정수 배열 grade를 선언하였다. 배열 원소의 초기값이 주어져 있지 않다. 따라서 배열을 사용하기 전에 반드시 배열 원소에 값을 대입하여야 한다.
10~14	for 루프를 이용하여 i가 0에서 (STUDENTS-1)까지 반복하면서 입력 안내 메시지를 화면에 출력하고 키보드로부터 정수를 입력받아서 배열 원소 grade[i]에 저장한다.
16	grade[0]에 들어 있는 값을 최대값이라고 가정하고 변수 max에 대입한다. 향후에 더 큰 값이 나타나면 그 값으로 max를 대치한다.
18~22	i를 1에서 (SIZE-1)까지 변환시키면서 grade[i]가 max보다 크면 max에 grade[i]를 대입한다. 즉 현재의 최대값보다 더 큰 값이 나타나면 그 값으로 max를 대치한다. 이 반복 루프가 종료되면 배열에서 가장 큰 값이 max에 저장되어 있을 것이다. 반복 루프에서 i의 초기값이 0이 아니고 1인 것에 유의하라. max의 초기값이 grade[0]이기 때문에 grade[1]부터 비교하면 된다.

예제 4

데이터의 빈도(frequency)를 계산하는 프로그램을 작성해보자. 사용자로부터 데이터를 입력받아서 동일한 데이터가 몇 번이나 등장하는지를 기록하는 것이다. 만약 입력이 성적이라면 동점자가 얼마나 있는지를 계산하는 것이다. 이런 종류의 문제는 배열의 개념을 이용하면 손쉽게 구현할 수 있다.

입력 데이터가 성적이라고 가정하면 값의 범위는 0에서 100이다. 먼저 크기가 101인 배열 `freq[]`를 만들고 배열 원소의 값을 모두 0으로 초기화한다. 성적이 변수 `grade`에 입력되면 성적에 해당되는 배열 원소의 값을 1 증가시킨다.

```
freq[grade]++;
```

반복 루프를 수행하여서 모든 입력을 처리한 후에 `freq[]`의 내용을 출력하면 된다.

frequency.cpp

```cpp
#include <iostream>
using namespace std

int main()
{
   const int SIZE=101;
   int freq[SIZE];
   int i, score;

   for(i = 0; i < SIZE; i++)
      freq[i] = 0;

   while(1)
   {
      cout <<("숫자를 입력하시오(종료는 -1): ";
      cin >> score;
      if (score < 0) break;
      freq[score]++;
   }

   cout << "값  빈도" << endl;

   for(i = 0; i < SIZE; i++)
      cout << i << freq[i] << endl;

   return 0;
}
```

실행결과

```
숫자를 입력하시오(종료 -1): 0
숫자를 입력하시오(종료 -1): 1
숫자를 입력하시오(종료 -1): 99
숫자를 입력하시오(종료 -1): 100
숫자를 입력하시오(종료 -1): 100
숫자를 입력하시오(종료 -1): -1
값   빈도
0    1
1    1
2    0
...
100  2
```

프로그램 설명

6	배열의 크기를 나타내는 기호 상수 SIZE를 101로 정의하였다. 100이 아니고 101로 정의한 것은 성적 데이터의 경우, 0에서 100까지 101개의 서로 다른 데이터가 있을 수 있기 때문이다.
10, 11	for 루프를 이용하여 i가 0에서 (SIZE-1)까지 반복하면서 freq[]의 모든 배열 원소를 0으로 초기화한다.
13	무한 반복 while 루프를 만든다. while 루프 안에서는 사용자로부터 성적을 받아서 grade에 저장한다. 만약 grade가 0이면 break 문을 수행하여 while 루프를 탈출한다. grade를 배열의 인덱스로 생각하고, 해당되는 배열 원소의 값을 하나 증가한다.
23~24	for 루프를 이용하여 freq[] 배열의 내용을 출력한다.

예제

주사위를 던져서 각 면이 나오는 횟수를 출력하여 보자. 주사위를 던지는 동작은 난수 발생기가 대신한다. 즉, 난수 발생 함수인 rand()를 호출하여 반환되는 값을 6으로 나눈 나머지가 주사위의 면을 나타낸다. 난수 발생기를 10000번 호출하여 배열을 이용하여 각 면이 등장하는 횟수를 센다.

dice.cpp

```
#include <iostream>
#include <cstdlib>
using namespace std;

int main()
{
   const int FACES=6;
   int freq[FACES] = { 0 };    // 주사위의 면의 빈도를 0으로 한다
   int i;

   for(i = 0; i < 10000; i++)          // 주사위를 10000번 던진다
      ++freq[ rand() % FACES ];        // 해당 면의 빈도를 하나 증가시킨다

   cout << "====================\n";
   cout << "면    빈도\n";
   cout << "====================\n";

   for(i = 0; i < FACES; i++)
      cout << i << "       " << freq[i] << endl;

   return 0;
}
```

실행결과

```
=====================
면       빈도
=====================
 0      1657
 1      1679
 2      1656
 3      1694
 4      1652
 5      1662
```

3. 배열과 함수

지금까지는 함수의 인자로 int, float, double 등만을 사용하였다. 인자는 함수를 호출한 곳에서 함수에 전달하는 값이다. 배열도 함수의 인자로 사용할 수 있을까? 배열을 함수의 인자로 전달할 수 있으면 많은 작업들을 함수로 작성하여 편리하게 사용할 수 있다. 예를 들어 배열을 인자로 받아서 배열에 들어 있는 숫자들을 정렬하는 함수로 만들 수 있다면 정렬이 필요할 때마다 이 함수를 호출하여 편리하게 사용할 수 있을 것이다.

함수도 물론 함수의 인자로 사용할 수 있다. 하지만 단순 변수와는 약간 그 의미가 다르다. 우리는 함수 호출 시에 "값에 의한 호출"이 이루어진다는 것을 알고 있다. "값에 의한 호출"이란 함수를 호출할 때 인자의 값이 매개 변수로 복사되어서 전달이 되는 것을 의미한다. 그러나 배열의 경우에는 단순한 "값에 의한 호출"이 아니다. 배열이 인자인 경우에는 복사되는 것이 아니고 배열의 원본이 매개 변수를 통하여 전달된다. 여기에 대한 설명은 포인터를 학습해야만 완전해진다. 지금으로는 그냥 배열의 경우에는 원본이 전달된다고만 알아두자.

간단한 예를 들어 보자. 학생들의 성적을 저장하고 있는 정수 배열을 만들고 평균을 계산하는 함수를 따로 제작하여 보자.

```
#include <iostream>
using namespace std;
int get_average(int score[], int n);        // ❶

int main(void)
{
   const int STUDENTS=5;
   int grade[STUDENTS] = { 1, 2, 3, 4, 5 };
   int avg;

   avg = get_average(grade, STUDENTS);
   cout<<"평균:"<<arg<<endl;

   return 0;
}

int get_average(int score[], int n)         // ❷
{
   int i;
   int sum = 0;

   for(i = 0; i < n; i++)
      sum += score[i];
```

```
24
    return sum / n;
}
```

먼저 함수가 배열을 매개 변수로 받기 위해서는 위의 문장 ❶, ❷와 같이 원형 선언과 함수 정의를 하여야 한다. 먼저 첫 번째 매개 변수 int score[]가 배열을 나타낸다. 배열을 매개 변수로 선언하는 경우에는 배열의 크기를 지정하지 않는다. 이유는 매개 변수로 배열을 선언하였어도 배열이 생성되는 것은 아니기 때문이다. 다만 매개 변수를 통하여 원본 배열을 참조만 할 수 있다. 따라서 정확한 크기는 필요하지 않다. 단지 [] 기호를 이용하여 매개 변수 score가 배열이라는 것만 표시하면 된다. get_average()가 호출되면, 매개 변수 score는 첫 번째 인수값을 가지며 따라서 grade[]가 score[]와 같아지게 된다.

그림 5-7 ● 배열 매개 변수

두 번째 매개 변수 int n은 배열의 크기를 받는 매개 변수이다. 호출된 함수에서는 score가 배열이라는 것만 알 수 있고 배열의 크기는 모른다. 배열의 크기 정보가 있어야만이 배열의 데이터를 처리할 수 있다. 따라서 일반적으로 배열의 크기를 별도의 매개 변수로 전달받는다. 물론 배열이 항상 일정한 크기라면 그럴 필요가 없을 것이다.

원본 배열의 변경

배열은 매개 변수를 통하여 원본을 참조하는 것이기 때문에 항상 조심해야 한다. 만약 함수 안에서 매개 변수 score를 통하여 배열의 원소들의 값을 변경한다면 이것은 원본 배열 grade를 변경시키는 결과를 가져온다.

```
void increment(int score[], int n)          // 함수 정의
{
```

```
    int i;

    for(i = 0; i < n; i++)
        ++score[i];
}
```

위의 함수를 increment(grade, STUDENTS)와 같이 호출하면 grade[]에 저장된 모든 학생들의 성적이 1점씩 증가된다.

참고사항

단순 변수를 인자로 하여 함수를 호출하면 변수의 복사본이 전달되는데 반하여 유독 왜 배열만 원본을 공유하는 것일까? 여기에는 몇 가지의 이유가 있는데, 우선 보통 배열은 크기가 매우 클 수 있다는 것이다. 따라서 함수 호출을 할 때마다 배열을 인자에서 매개 변수로 복사하려면 많은 시간이 소요된다. 이것이 하나의 이유고 또 하나의 이유는 호출된 함수들이 대개 배열을 조작하기를 원한다는 것이다.
배열 매개 변수 전달 메커니즘의 이해는 포인터를 학습해야 완전하게 될 것이다. 배열의 이름은 사실은 배열이 저장된 메모리의 주소와 같다. 따라서 배열을 인자로 전달하면 사실은 배열의 주소를 전달하는 셈이 된다.

예제

하나의 예로 1차원 배열을 조작하는 다음과 같은 함수를 작성하고 사용해보자.

modify.cpp

```
// 동일한 이름의 전역 변수와 지역 변수
#include <iostream>
using namespace std;

const int SIZE=7;
void square_array(int a[], int size);
void print_array(int a[], int size);
void square_element(int e);

int main()
{
    int list[SIZE] = { 1, 2, 3, 4, 5, 6, 7 } ;

    square_element(list[2]); // 배열 요소는 복사본이 전달된다
    print_array(list, SIZE);
```

```

    square_array(list, SIZE);// 배열은 원본이 전달된다
    print_array(list, SIZE);

    return 0;
}

void square_array(int a[], int size)
{
    int i;

    for(i = 0; i < size; i++)
        a[i] = a[i] * a[i];
}

void square_element(int e)
{
    e = e * e;
}

void print_array(int a[], int size)
{
    int i;

    for(i = 0; i < size; i++)
        cout << a[i] << “ “;
    cout << endl;
}
```

실행결과

```
1 2 3 4 5 6 7
1 4 9 16 25 36 49
```

프로그램 설명

square_array()는 배열을 인수로 받아서 배열 내의 모든 원소를 세곱한다. 배열은 자동으로 참조로 전달되므로 호출된 함수가 배열의 원소를 수정하면 원본 배열의 내용도 동시에 수정된다. 반면에 square_element()는 배열의 원소 하나를 일반 변수로 받아서 제곱한다. 이 경우에는 일반 변수와 동일하게 값에 의한 호출이 되어서 복사본이 전달되므로 함수 안에서 매개 변수의 내용을 수정하여도 원본은 변경되지 않는다.

원본 배열의 변경을 금지하는 방법

배열이 함수의 매개 변수로 전달되는 경우, 함수 안에서 배열 원소들의 값을 변경할 수 있다. 가끔은 프로그래밍 실수로 인하여 의도하지 않았는데도 배열 원소의 값이 변경되는 경우가 발생한다. 이것을 방지하기 위해 앞에서 학습하였던 const 지정자를 사용할 수 있다.

일반적으로 const 지정자를 변수 앞에 붙이게 되면 변수가 상수로 변경된다. const 지정자를 붙이는 것은 기호 상수를 생성하는 방법 중의 하나였다(4장 참조). 간단한 사용 예를 보면 다음과 같다.

```
const int SIZE = 10;
```

위의 문장은 값이 10인 정수 상수를 선언하는 문장이다. const가 붙어서 선언된 변수는 상수이므로 프로그램의 실행 도중에 값을 변경할 수 없다. 값을 변경하려고 하면 컴파일러가 오류 메시지를 출력하게 된다.

const 지정자를 매개 변수로 선언된 배열 앞에 붙이면 그 배열 원소는 변경이 불가능해진다. 따라서 내용을 변경하지 않고 단순히 읽기만 하는 배열인 경우에는 const를 붙이는 것이 권장된다. 예를 들어서 앞에서 등장하였던 배열 원소들의 평균을 구하는 함수는 배열 원소를 변경할 필요가 없다. 따라서 함수를 정의할 때 다음과 같이 const를 사용하는 것이 안전하다.

```
int get_average(const int grade[])
{  ...
}
```

하나의 예제로, 하나의 문자형 배열을 다른 문자형 배열로 복사하는 함수를 작성해보자.

copy_array.cpp

```
#include <iostream>
using namespace std;
const int SIZE =20;

void copy_array(char dest[], const char src[], int count);

int main()
{
   char s[SIZE] = { 'H', 'E', 'L', 'L', 'O', '\0' };
   char d[SIZE];

   copy_array(d, s, SIZE);
   cout << d << endl;
```

```
14
15        return 0;
16    }
17
18    void copy_array(char dest[], const char src[], int size)
19    {
20        int i;
21
22        for(i = 0; i < size; i++)
23        {
24            dest[i] = src[i];
25        }
26    }
```

실행결과

```
HELLO
```

프로그램 설명

9~10 문자형 배열을 2개 선언한다. 문자 배열에는 여러 개의 문자들이 저장될 수 있다. 정수형 배열에 여러 개의 정수가 저장되는 것과 같은 이치이다. s[]는 문자 'H', 'E', 'L', 'L', 'O', '\0' 으로 초기화되어 있고 d[]는 그렇지 않다. 따라서 d[]안에는 쓰레기값이 들어 있게 된다.

12 s[]를 d[]로 복사하기 위하여 copy_array()를 호출한다.

18 copy_array()를 정의할 때 dest[] 배열은 변경해야 하므로 const를 붙이지 않았고 src[] 배열은 변경할 필요가 없으므로 const 지정자를 앞에 붙였다.

22 for 루프를 이용하여 size 만큼의 문자를 src[]에서 dest[]로 복사한다. main()안에 정의되어 있는 d[] 배열 원소들이 변경된다. 12번째 라인에서 d[] 배열 내용을 출력해보면 s[] 안에 들어 있던 문자열이 그대로 복사된 것을 알 수 있다.

중간점검

1. 함수의 매개 변수로 전달된 배열을 변경하면 원본 배열이 변경되는가?

2. 배열을 전달받은 함수가 배열을 변경하지 못하게 하려면 어떻게 하여야 하는가?

4. 다차원 배열

1차원 배열은 배열 원소들이 1차원적으로 배열되어 있다. 다차원 배열은 배열 원소를 다차원으로 가질 수 있다. 다차원 배열에는 2차원 배열, 3차원 배열 등 일반적으로는 n차원 배열이 가능하다. 사실 배열이 가질 수 있는 차원의 수에는 아무런 제한이 없다. 3차원도 가능하고 필요하다면 더 큰 차원의 배열도 선언할 수 있다. 그러나 다차원이 되면 필요한 메모리 공간이 급격하게 늘어나게 되므로 주의하여야 한다. 보통 특별한 경우를 제외하고는 3차원 이상의 다차원 배열은 피하는 것이 좋다. 먼저 2차원 배열에 대하여 살펴보자. 2차원 배열은 배열 원소들이 2차원으로 배열되어 있다. 따라서 2차원 배열은 행과 열을 나타내는 2개의 인덱스를 가진다.

```
int s[10];          // 1차원 배열
int s[3][10];       // 2차원 배열
int s[5][3][10]; // 3차원 배열
```

그림 5-8 ● 2차원 배열은 상자들이 2차원적으로 배열된 것과 같다

참고사항

다차원 배열은 어디에 필요한가? 앞에서 학생들의 성적을 배열로 처리하는 예를 들었다. 만약 학생들이 10명이고 5년간의 이들 학생들의 성적을 분석하고자 하면 데이터를 어떻게 보관하는 것이 좋을까? 첫 번째 방법은 50개의 서로 다른 변수를 선언하는 방법이다. 그러나 이 방법은 많은 문제가 있다. 두 번째 방법은 50개의 원소를 가지는 1차원 배열을 사용하는 방법이다. 이 방법은 첫 번째 방법보다는 좋은 방법이지만 연도별로 데이터를 분리하기가 힘들다. 세 번째 방법은 5개의 크기가 10인 배열을 생성하는 것이다. 이 방법은 앞의 방법보다는 나은 방법이지만 만약 20년간의 성적을 처리하려면 배열을 20개나 만들어야 한다. 따라서 가장 좋은 방법은 2차원 배열을 만드는 것이다.

2차원 배열

예를 들어 어떤 학교에 학급이 3학급이 있고 각 학급의 학생 수가 5명이라고 가정하여 보자. 이것을 가장 간편하게 나타내려면 2차원 배열을 사용해야 한다. 크기가 3 × 5인 2차원 배열을 선언하면 가장 편리하게 각 학급의 특정 학생의 성적을 나타낼 수 있다.

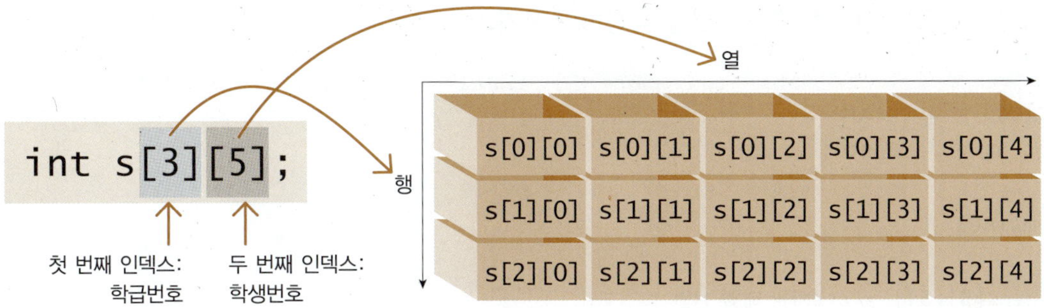

그림 5-9 ● 2차원 배열의 구조

위의 배열은 `s[0][0]`, `s[0][1]`, `s[0][2]`, . . . , `s[2][3]`, `s[2][4]`까지 모두 15개의 원소를 가진다. 첫 번째 인덱스를 행번호라고 하고 두 번째 인덱스를 열번호라고 한다. 2차원 배열에서도 인덱스는 0부터 시작한다. 행(row)과 열(column)로 이야기를 하면 배열 s는 3개의 행으로 이루어졌고 각 행에는 5개의 원소가 있다고 할 수 있다. `s[i][j]`는 배열 s의 i번째 행과 j번째 열의 원소이다.

2차원 배열은 바둑판과 같은 격자로 생각하는 것이 편리하지만 사실 컴퓨터 메모리는 1차원적인 구조이다. 컴퓨터의 메모리는 바이트들이 1차원적으로 나열되어 있는 구조이다. 따라서 메모리에는 **그림 5-10**과 같이 일렬로 저장된다. 먼저 첫 번째 행에 속하는 원소들이 메모리에 할당되고, 다음에 두 번째 행의 원소들, 마지막으로 세 번째 행의 원소들이 할당된다. 이런 방식을 행우선(row-major) 방식이라고 한다. **그림 5-10**을 자세히 보면 2차원 배열은 1차원 배열의 배열로 생각할 수 있다. 즉, 각각의 행은 1차원 배열로 되어 있다. s[i]는 i번째 행을 나타내는 1차원 배열로 생각할 수 있다.

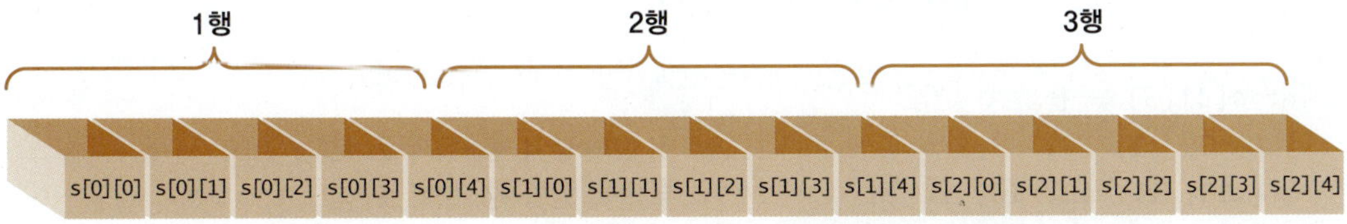

그림 5-10 ● 2차원 배열도 메모리에는 1차원 배열처럼 저장된다

각 배열 원소에 할당되는 메모리는 원소들의 자료형에 따라 달라진다. 만약 int형 배열이라면 각 원소 당 4바이트가 할당될 것이고 double형 배열이라면 각 원소 당 8바이트가 할당될 것이다. 배열 s[][]는 int형이므로 이 전체 배열이 차지하는 메모리의 크기는 4 × 3 × 5 = 60바이트가 된다.

3 × 5 크기의 정수형 2차원 배열 s[]를 정의하고, 이 배열 원소에 0부터 14까지의 수를 저장하고 출력하는 간단한 프로그램을 작성하여 보자.

```
#include <iostream>
using namespace std;

int main()
{
   int s[3][5];  // 2차원 배열 선언
   int i, j;     // 2개의 인덱스 변수
   int value = 0;             // 배열 원소에 저장되는 값

   for(i=0;i<3;i++)
      for(j=0;j<5;j++)
         s[i][j] = value++;

   for(i=0;i<3;i++)
      for(j=0;j<5;j++)
         cout << s[i][j];
   return 0;
}
```

2차원 배열은 2중 루프를 이용하여 데이터를 처리하게 된다.

2차원 배열의 초기화

2차원 배열도 1차원과 마찬가지로 선언과 동시에 초기화할 수 있다. 다만 같은 행에 속하는 초기값들을 중괄호 { }로 따로 묶어주어야 한다.

```
int s[3][5] = {
   {  0,  1,  2,  3,  4 },        // 첫 번째 행의 원소들의 초기값
   { 10, 11, 12, 13, 14 },        // 두 번째 행의 원소들의 초기값
   { 20, 21, 22, 23, 24 }         // 세 번째 행의 원소들의 초기값
};
```

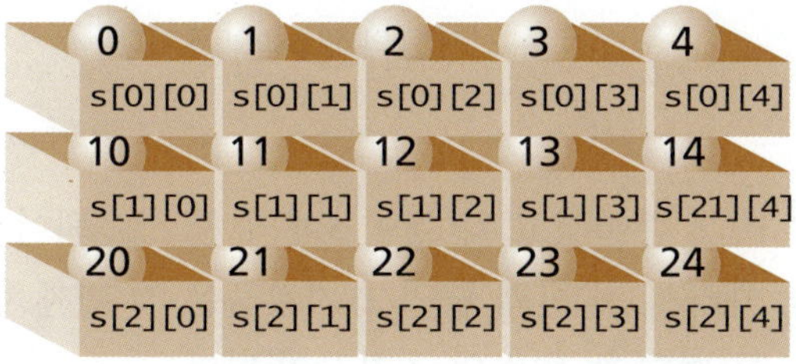

같은 행에 속하는 초기값들은 하나의 집합으로 중괄호로 묶여진다. 전체 배열에 대한 초기값은 이들 집합 모두를 중괄호로 한 번 더 묶으면 된다. 각 초기값들은 쉼표로 구분된다. 각 행의 초기값들의 집합들도 쉼표로 분리한다.

만약 선언과 동시에 초기화하는 경우, 행의 개수는 지정하지 않을 수 있다. 이 경우 컴파일러가 자동으로 행의 개수를 결정한다. 반면 반드시 열의 개수는 지정하여야 한다.

```
int s[ ][5] = {
   {  0,  1,  2,  3,  4 }, // 첫 번째 행의 원소들의 초기값
   { 10, 11, 12, 13, 14 }, // 두 번째 행의 원소들의 초기값
   { 20, 21, 22, 23, 24 }, // 세 번째 행의 원소들의 초기값
};
```

초기값을 지정하지 않는 경우에는 변수가 어디에 선언되어 있느냐에 따라서 달라진다. 만약 전역 변수로 선언되어 있는 경우에는 컴파일러가 나머지 원소들의 값을 0으로 초기화한다. 따라서 아래와 같이 선언되면 s[1][3], s[1][4], s[2][3], s[2][4], s[3][3], s[3][4]는 0으로 초기화 된다.

```
int s[ ][5] = {
   {  0,  1,  2 },            // 첫 번째 행의 원소들의 초기값
   { 10, 11, 12 },            // 두 번째 행의 원소들의 초기값
   { 20, 21, 22 }             // 세 번째 행의 원소들의 초기값
};
```

하지만 배열이 지역 변수로 선언되어 있는 경우에는 쓰레기값이 들어가게 된다. 따라서 이 경우에는 반드시 초기화를 시켜주어야 한다.

만약 중괄호를 사용하여 각 행들을 분리하지 않으면 행의 크기에 맞추어 자동적으로 행으로 분리되어 초기화된다.

```
int s[ ][5] = {
   0, 1, 2, 3, 4,             // 첫 번째 행의 원소들의 초기값
```

```
    5, 6, 7, 8, 9,              // 두 번째 행의 원소들의 초기값
};
```

위의 예에서는 초기값이 10개 주어졌고 각 행이 5개의 원소로 되어 있으므로 행의 크기는 2로 자동적으로 결정된다. 따라서 첫 번째 줄의 초기값들은 첫 번째 행 원소의 초기값이 되고 두 번째 줄의 초기값들은 두 번째 행 원소의 초기값이 된다.

3차원 배열

만약 한 학교의 전체학생들의 성적을 처리한다고 가정하여 보자. 학교에 6개의 학년이 있으며 각 학년에 3개의 학급이 있고 각 학급에 5명의 학생이 있다고 하자. 3차원 배열을 사용하면 성적을 처리하기 편리할 것이다.

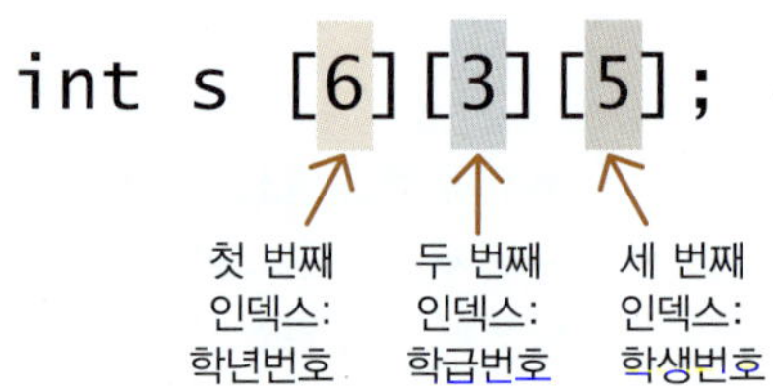

위의 문장은 6 × 3 × 5의 3차원 배열을 생성한다. 위의 3차원 배열 s에는 각 원소들을 참조하기 위하여 3개의 인덱스를 사용한다. 초기화를 비롯하여 3차원 배열에 대한 모든 것은 2차원 배열의 확장으로 생각하면 된다.

3차원 이상의 배열도 얼마든지 만들 수 있다. 그러나 차원이 하나 증가할 때마다 필요한 메모리의 크기도 크게 증가하므로 조심해야 한다. 예를 들어서 100개의 정수를 저장할 수 있는 1차원 배열은 하나의 정수가 4바이트이므로 400바이트면 되지만 100 × 100의 2차원 배열은 40000바이트를 필요로 하고 100 × 100 × 100의 3차원 배열은 4000000바이트를 필요로 한다. 따라서 필요이상으로 차원을 늘리지 않도록 주의하여야 한다.

3 × 3 × 3 크기의 정수형 3차원 배열을 정의하고 이 배열 원소에 1부터 27까지의 수를 저장하는 프로그램을 작성하여 보자.

```
#include <iostream>
using namespace std;

int main()
{
   int s[3][3][3];              // 3차원 배열 선언
   int x, y, z;                 // 3개의 인덱스 변수
```

```
    int i = 1;                  // 배열 원소에 저장되는 값

    for(z=0;z<3;z++)
       for(y=0;y<3;y++)
          for(x=0;x<3;x++)
             s[z][y][x] = i++;
    return 0;
}
```

3차원 배열은 3중 루프를 이용하여 데이터를 처리하게 된다. 더 높은 차원의 배열도 3차원 배열과 유사하게 처리하면 된다.

다차원 배열 인수

다차원 배열도 1차원 배열과 마찬가지로 함수에 인수로 전달할 수 있다. 다만 1차원과 달라지는 점은 함수의 정의 시에 첫 번째 인덱스의 크기를 제외한 나머지 인덱스의 크기는 반드시 적어주어야 한다.

```
int sum(int grade[][5])
{
   ...
}
```

함수를 사용하여 2차원 배열의 원소들의 합을 구하는 예제를 살펴보자. 2차원 배열을 넘길 때는 이미 어느 정도 배열의 크기를 알고 있어야 한다. 즉, 첫 번째 인덱스의 범위를 제외한 나머지 인덱스의 범위에 대해서는 어느 정도 알고 있어야 하므로 배열의 크기를 인수로 넘기지 않았다.

```
#include <iostream>
using namespace std;

const int YEARS=3;
const int PRODUCTS=5;

int sum(int grade[][PRODUCTS]);

int main()
{
   int sales[YEARS][PRODUCTS] = { {1, 2, 3}, {4, 5, 6}, {7, 8, 9} };
   int total_sale;

```

```
    total_sale = sum(sales);
    cout << "총매출은 " << total_sale << "입니다." << endl;

    return 0;
}

int sum(int grade[][PRODUCTS])
{
    int y, p;
    int total = 0;

    for(y = 0; y < YEARS; y++)
        for(p = 0; p < PRODUCTS; p++)
            total += grade[y][p];

        return total;
}
```

함수에 2차원 배열 전달

2차원 배열을 전달받는 매개 변수

모든 것은 1차원 배열과 비슷하면 매개 변수 선언 시에 첫 번째 인덱스를 제외한 나머지 인덱스의 범위를 적어 주어야 하는 것만 다른 점이다.

예제 1

앞에서 설명된 3개 학급의 학생들의 평균 성적을 구하여 보자. 2차원 배열 s[][]가 각 학급의 학생들의 성적 데이터를 저장하고 있다. 성적 데이터는 2차원 배열의 초기값으로 주어진다. 프로그램의 목표는 각 학급의 평균, 총 학생의 평균을 구하는 것이다.

two_dimen_array.cpp

```
#include <iostream>
using namespace std;

const int CLASSES=3;
const int STUDENTS=5;

int main()
{
    int s[CLASSES][STUDENTS] = {
        {  0,  1,  2,  3,  4 }, // 첫 번째 행의 원소들의 초기값
        { 10, 11, 12, 13, 14 }, // 두 번째 행의 원소들의 초기값
        { 20, 21, 22, 23, 24 }, // 세 번째 행의 원소들의 초기값
    };
```

```
14      int clas, student, total, subtotal;
15
16      total = 0;
17      for(clas = 0; clas < CLASSES; clas++)
18      {
19         subtotal = 0;
20         for(student = 0; student < STUDENTS; student++)
21            subtotal += s[clas][student];
22         cout << "학급 " << clas << "의 평균 성적= " << subtotal / STUDENTS << en3dl;
23         total += subtotal;
24      }
25
26      cout << "전체 학생들의 평균 성적= " << total/(CLASSES * STUDENTS) << endl;
27
28      return 0;
29   }
```

실행결과

```
학급 0의 평균 성적 = 2
학급 1의 평균 성적 = 12
학급 2의 평균 성적 = 22
전체 학생들의 평균 성적 = 12
```

프로그램 설명

14 필요한 변수들을 선언한다. clas, student, total, subtotal은 각각 학급, 학생, 총합, 부분합을 나타낸다.

17~24 for 루프를 이용하여 clas를 증가시키면서 각 학급의 데이터를 처리한다. 주어진 학급의 점수의 총합을 구하려면 clas를 일정하게 유지하면서 student 변수를 학생의 수만큼 변화시켜야 한다. 따라서 내부 for 루프를 두어 특정한 학급에 속하는 학생들의 성적의 총합을 구하였다. 그런 다음 clas를 1만큼 증가시키고 증가된 clas의 값을 가지고 똑같은 과정을 반복한다. 2차원 배열의 데이터를 처리하는 경우에는 이러한 중첩된 for 루프가 자주 등장하게 된다. 외부의 for 루프가 첫 번째 인덱스를 증가시키고 내부의 for 루프가 두 번째 인덱스를 증가시키게 된다.

내부의 for 루프가 종료하게 되면 특정한 학급에 속하는 학생들의 점수의 합이 구해진 것이므로 학급의 평균을 구할 수 있다. subtotal에 저장된 성적의 부분합은 변수 total에 계속 누적된다.

26 외부 for 루프가 완전히 끝난 뒤에는 변수 total에 모든 학생들의 점수의 합이 들어 있게 된다. 이것을 학생 수로 나누면 전체 학생의 성적 평균이 된다.

예제 2

행렬(matrix)은 자연과학에서 많은 문제를 해결하는데 사용된다.

$$A = \begin{bmatrix} 2 & 3 & 0 \\ 8 & 9 & 1 \\ 7 & 0 & 5 \end{bmatrix} \quad B = \begin{bmatrix} 0 & 0 & 0 & 7 & 0 & 0 \\ 9 & 0 & 0 & 0 & 0 & 8 \\ 0 & 0 & 0 & 0 & 0 & 0 \\ 6 & 5 & 0 & 0 & 0 & 0 \\ 0 & 0 & 0 & 0 & 0 & 1 \\ 0 & 0 & 2 & 0 & 0 & 0 \end{bmatrix}$$

행렬을 어떻게 표현할 것인지를 생각해보자. 일반적으로 행렬을 표현하는 자연스러운 방법은 2차원 배열을 사용하는 것이다. 이 예제에서는 두 개의 행렬을 더하는 프로그램을 작성하여 보자.

matrix.ccp

```
#include <iostream>
using namespace std;

const int ROWS=3;
const int COLS=3;

int main()
{
   int A[ROWS][COLS] = {    { 2,3,0 },
                            { 8,9,1 },
                            { 7,0,5 } };
   int B[ROWS][COLS] = {    { 1,0,0 },
                            { 1,0,0 },
                            { 1,0,0 } };
   int C[ROWS][COLS];
   int r,c;

   // 두 개의 행렬을 더한다
   for(r = 0;r < ROWS; r++)
      for(c = 0;c < COLS; c++)
         C[r][c] = A[r][c] + B[r][c];

      // 행렬을 출력한다
      for(r = 0;r < ROWS; r++)
```

```
25          {
26              for(c = 0;c < COLS; c++)
27                  cout << C[r][c] << " ";
28              cout << endl;
29          }
30
31          return 0;
32      }
```

실행결과

```
3 3 0
9 9 1
8 0 5
```

프로그램 설명

9, 12, 15 크기가 ROWS × COLS인 2차원 정수 배열 A[][], B[][], C[][]를 선언하였다. A[][]와 B[][]는 초기값이 주어져 있다.

16 행렬 원소들의 인덱스로 사용될 변수 r과 c를 선언한다. 행렬에서는 보통 행(row), 열(column)이라는 용어를 사용한다. r과 c는 이것들의 약자이다.

19 중첩 for 루프를 이용하여 행렬 A의 각 원소들과 행렬의 B의 각 원소들을 서로 더하여 행렬 C에 대입한다.

24~29 중첩 for 루프를 이용하여 행렬 C의 각 원소들의 값을 화면에 출력한다. 26번째 라인은 내부 for 루프가 끝난 후에 화면에 줄바꿈 문자를 출력하기 위한 것이다.

중간점검

1. 다차원 배열 int a[3][2][10]에는 몇 개의 원소가 존재하는가?
2. 다차원 배열 int a[3][2][10]의 모든 요소를 0으로 초기화하는 문장을 작성하라.

5. 정렬

정렬(sorting)은 물건을 크기순으로 **오름차순**(ascending order)이나 **내림차순**(descending order)으로 나열하는 것을 의미한다. 예를 들어 책들은 제목순이나 저자순, 또는 발간연도순으로 정렬이 가능하다. 사람도 나이나 키, 이름 등을 이용하여 정렬할 수 있다. 물건뿐만 아니라 어떤 형태의 것도 서로 비교만 가능하면 정렬할 수 있다.

그림 5-11 ● 정렬의 예

정렬은 컴퓨터 공학 분야에서 가장 기본적이고 중요한 알고리즘 중의 하나로 일상생활에서 많이 사용된다. 여러분은 스프레드 시트에서 정렬 기능을 이용하여 데이터를 정렬해본 적이 있을 것이다. 또한 인터넷 가격비교사이트에서 제품을 가격순으로 나열해본 적이 있을 것이다. 이러한 것들은 모두 정렬 알고리즘을 사용하고 있다.

비교	제조사	모델명	요약설명	최저가↓	업체수	출시
☐	ROLLEI	D-41com	410만화소(0.56")/1.8"LCD/3배줌/연사/CF카드	320,000	4	02년
☐	카시오	QV-R40	413만화소(0.56")/1.6"LCD/3배줌/동영상/히스토그램/앨범기능/SD,MMC카드	344,000	73	03년
☐	파나소닉	DMC-LC43	423만화소(0.4")/1.5"LCD/3배줌/동영상+녹음/연사/SD,MMC카드	348,000	36	03년
☐	현대	DC-4311	400만화소(0.56")/1.6"LCD/3배줌/동영상/SD,MMC카드	350,000	7	03년
☐	삼성테크윈	Digimax420	410만화소(0.56")/1.5"LCD/3배줌/동영상+녹음/음성메모/한글/SD카드	353,000	47	03년
☐	니콘	Coolpix4300	413만화소(0.56")/1.5"LCD/3배줌/동영상/연사/CF카드HOT4	356,800	79	02년
☐	올림푸스	뮤-20 Digital	423만화소(0.4")/1.5"LCD/3배줌/동영상/연사/생활방수/xD카드	359,000	63	03년
☐	코닥	LS-443(Dock포함)	420만화소/1.8"LCD/3배줌/동영상+녹음/SD,MMC카드/Dock시스템	365,000	39	02년
☐	올림푸스	C-450Z	423만화소(0.4")/1.8"LCD/3배줌/동영상/연사/xD카드	366,000	98	03년
☐	올림푸스	X-1	430만화소/1.5"LCD/3배줌/동영상/연사/xD카드	367,000	19	03년
☐	미놀타	DiMAGE-F100	413만화소(0.56")/1.5"LCD/3배줌/동영상+녹음/음성메모/동체추적AF/연사/SD,MMC카드	373,000	18	02년
☐	삼성테크윈	Digimax410	410만화소(0.56")/1.6"LCD/3배줌/동영상+녹음/음성메모/한글/CF카드	374,000	4	02년

그림 5-12 ● 정렬의 예: 가격비교사이트에서의 정렬

또한 정렬은 자료 탐색에 있어서 필수적이다. 예를 들면 사전에서 우리가 단어를 쉽게 찾을 수 있는 것은 사전 안의 단어들이 알파벳순으로 정렬되어 있기 때문이다. 만약 사전이 알파벳순으로 정렬되어 있지 않다면 특정 단어를 찾는 것은 거의 불가능할 것이다. 이는 컴퓨터도 마찬가지다. 비록 컴퓨터가 사람보다 속도는 더 빠르지만 정렬되어 있지 않은 자료에서는 탐색의 효율성이 크게 떨어진다.

여기에서는 정렬의 몇 가지의 간단한 알고리즘을 살펴본다. 보다 복잡한 정렬 알고리즘은 자료 구조 과목에서 학습하게 될 것이다. 정렬의 대상이 되는 것은 배열에 들어 있는 정수들이다.

선택 정렬

선택 정렬(**selection sort**)은 가장 이해하기가 쉬운 정렬 방법이다. 먼저 왼쪽 배열과 오른쪽 배열, 두 개의 배열이 있다고 가정하자. 왼쪽 배열에는 정렬이 완료된 숫자들이 들어가게 되며 오른쪽 배열에는 정렬되지 않은 숫자들이 들어 있다. **표 5-1**과 같이 초기 상태에서 왼쪽 배열은 비어 있고 정렬되어야 할 숫자들은 모두 오른쪽 배열에 들어 있다. 선택 정렬은 오른쪽 배열에서 가장 작은 숫자를 선택하여 왼쪽 배열로 이동하는 작업을 되풀이 한다. 선택 정렬은 오른쪽 배열이 공백 상태가 될 때까지 이 과정을 되풀이하는 정렬 기법이다.

표 5-1 ● 선택 정렬의 원리

왼쪽 배열	오른쪽 배열	설명
()	(5,3,8,1,2,7)	초기상태
(1)	(5,3,8,2,7)	1선택
(1,2)	(5,3,8,7)	2선택
(1,2,3)	(5,8,7)	3선택
(1,2,3,5)	(8,7)	5선택
(1,2,3,5,7)	(8)	7선택
(1,2,3,5,7,8)	()	8선택

위의 방법을 배열로 구현하기로 하였다면, 입력 배열과는 별도로 똑같은 크기의 배열이 하나 더 필요하다. 따라서 메모리를 절약하기 위하여 입력 배열 외에 추가적인 공간을 사용하지 않는 선택 정렬 알고리즘을 생각해보자. 이렇게 입력 배열 이외에는 다른 추가 메모리를 요구하지 않는 정렬 방법을 제자리 정렬(in-place sorting)이라고 한다. **그림 5-13**에서 보면 오른쪽 리스트에 하나의 최소값이 선택되고 그 값이 왼쪽 배열로 이동되면 하나의 빈공간이 생기리라는 것을 예측할 수 있다. 따라서 이 점을 이용하도록 하자.

그림 5-13 • 선택 정렬의 원리

즉, **그림 5-14**과 같이 입력 배열에서 최소값을 발견한 다음, 이 최소값을 배열의 첫 번째 요소와 교환한다. 다음에는 첫 번째 요소를 제외한 나머지 요소들 중에서 가장 작은 값을 선택하고 이를 두 번째 요소와 교환한다. 이 절차를 (숫자 개수-1)만큼 되풀이하면 추가적인 배열을 사용하지 않고서도 전체 숫자들이 정렬된다.

그림 5-14 • 선택 정렬의 과정

selection_sort.ccp

```
#include <iostream>
using namespace std;
const int SIZE=10;

void selection_sort(int list[], int n);
```

```
void print_list(int list[], int n);

int main()
{
   int grade[SIZE] = { 3, 2, 9, 7, 1, 4, 8, 0, 6, 5 };

   // 원래의 배열 출력
   cout << "원래의 배열" << endl;
   print_list(grade, SIZE);

   selection_sort(grade, SIZE);

   // 정렬된 배열 출력
   cout << "정렬된 배열" << endl;
   print_list(grade, SIZE);

   return 0;
}

void print_list(int list[], int n)
{
   int i;
   for(i = 0;i < n; i++)
      cout << list[i] << " ";
   cout << endl
}

void selection_sort(int list[], int n)
{
   int i, j, temp, least;

   for(i = 0; i < n-1; i++)
   {
      least = i;

      for(j = i + 1; j < n; j++)      // 최소값 탐색
         if(list[j] < list[least])
            least = j;
         // i번째 원소와 least 위치의 원소를 교환
         temp = list[i];
         list[i] = list[least];
         list[least] = temp;
   }
}
```

선택 정렬

실행결과

```
원래의 배열
3 2 9 7 1 4 8 0 6 5
정렬된 배열
0 1 2 3 4 5 6 7 8 9
```

프로그램 설명

13~14 정렬을 하기 전에 grade[]에 있는 정수를 화면에 출력한다. for 루프를 사용하여 배열의 크기만큼 반복하면서 grade[i]를 %d 형식으로 출력한다.

37 외부 for 루프로서 아직 정렬되지 않은 숫자들 중에서 최소값을 선택하여 정렬되지 않은 숫자들 중 맨 앞에 위치한 숫자와 교환하는 반복 루프이다. n-1번 반복된다.

39 i번째 원소부터 시작하여 배열의 맨 마지막 원소 중에서 최소값을 찾아야 한다. 일단은 i번째 원소를 최소값이라고 가정한다.

41 내부 for 루프로서 (i+1)번째 원소부터 배열의 마지막 원소 중에서 최소값을 찾는다. 현재의 최소값과 비교하여 더 작은 정수가 발견되면 그 정수가 들어 있는 인덱스를 least에 저장한다.

45~47 i번째 원소와 least 위치의 원소를 교환한다. 먼저 temp에다가 grade[i]의 값을 저장하고 grade[least]를 grade[i]에 복사한다. 만약 temp 변수에 grade[i]의 값을 저장하기 않으면 grade[least]를 grade[i]로 복사하는 과정에서 grade[i]의 값이 없어지게 된다. 다음과 같이 문장을 작성하지 않도록 주의하여야 한다.

```
grade[i] = grade[least];     // grade[i]의 기존값은 파괴된다
grade[least] = grade[i];
```

6. 탐색

사람들은 항상 무엇인가를 찾아 헤맨다. 예를 들면 출근할 때 입을 옷을 찾는다거나 서랍 속의 서류를 찾기도 한다. 컴퓨터에서도 마찬가지이다. 실제로 탐색(search)은 컴퓨터가 가장 많이 하는 작업 중의 하나이다. 간단히 여러분이 하루에 인터넷에서 필요한 자료들을 얼마나 많이 탐색하는지를 생각하면 된다. 탐색은 컴퓨터 프로그램에서 가장 많이 사용하는 작업임과 동시에 많은 시간이 요구되므로 탐색을 효율적으로 수행하는 것은 매우 중요하다.

그림 5-15 ● 탐색의 예

탐색에서 우리가 찾는 데이터를 보통 탐색키(search key)라고 한다. 이진 탐색(binary search)은 아주 속도가 빠른 탐색 기법이다. 대신에 탐색하려는 배열이 정렬되어 있어야 한다.

이진 탐색은 배열의 중앙에 있는 값을 탐색키와 비교한다. 만약 일치하면 탐색키를 찾은 것이므로 성공이다. 만약 탐색키가 중앙 원소의 값보다 작으면 배열의 전반부에 있을 것이다. 따라서 후반부는 탐색의 범위에서 제외할 수 있다. 만약 탐색키가 중앙 원소의 값보다 크면 배열의 후반부에 있을 것이다. 따라서 후반부는 탐색의 범위에서 제외할 수 있다. 이러한 기법을 남아 있는 숫자들에 대하여 반복적으로 적용한다. 이진 탐색에서는 한 번 비교할 때마다 탐색의 범위가 절반으로 줄어든다.

그림 5-16 ● 이진 탐색의 예

1024개의 원소를 가지는 배열을 탐색하는데 얼마만큼의 비교가 필요할까? 한 번 비교를 할 때마다 탐색 범위가 절반씩 줄어든다. 첫 번째 비교를 하면 범위가 512로 줄어들고 이후로 비교를 할 때마다 범위가 256, 128, 64, 32, 16, 8, 4, 2, 1이 된다. 범위가 1이 되면 이미 탐색이 성공하던지 실패할 것이다. 이것은 최악의 경우를 가정한 것이다. 중간에 만약 일치하는 원소가 있으면 탐색이 종료된다. 따라서 $2^{10} = 1024$이므로 최대 10번의 비교만 있으면 된다.

만약 배열의 원소가 2^{30}(약 10억개)라고 하더라도 이진 탐색은 30번만 비교하면 어떤 원소라도 찾을 수 있다. 반면에 순차 탐색은 평균 약 5억번의 비교가 필요하다.

실생활에서의 이진 탐색의 예를 들어보자. 두 사람이 서로 상대방이 생각하고 있는 숫자를 맞추는 게임을 생각하자. 예를 들어 1에서 100만까지의 숫자를 하나 생각하라. 상대방은 하나의 숫자를 추측하여 말하고 다른 상대방은 그 숫자가 맞는지 아니면 큰지, 작은지만을 알려준다. 이러한 게임에서 몇 번 만에 상대방이 생각하는 숫자를 맞출 수 있을까? 정답은 20번이다. 만약 숫자의 범위가 더 작다면 훨씬 적은 횟수만으로 맞출 수 있다. 이러한 방법이 이진 탐색이다.

이진 탐색은 실제로 우리가 일상생활에서 많이 이용하고 있는 방법이다. 영어 사전에서 단어를 찾을 때 항상 사용하고 있는 방법이 이진 탐색이다. 즉, **그림 5-17**처럼 영어 사전을 펼쳐서 우리가 찾고자 하는 단어가 현재 페이지에 있는 단어보다 앞에 있는지, 뒤에 있는지를 결정한 다음 단어가 있는 부분만을 다시 검색한다.

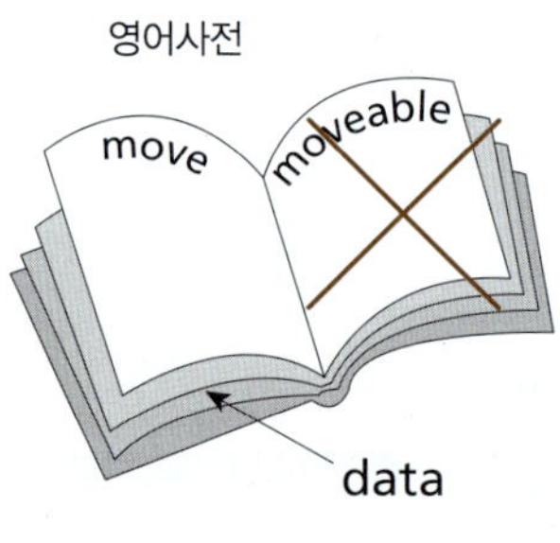

그림 5-17 ● 영어사전에서 단어를 찾는 경우: data는 move보다 앞에 있으므로 사전의 뒷부분은 탐색범위에서 제외된다

이진 탐색에서는 비교가 이루어질 때마다 탐색 범위가 급격하게 줄어든다. 즉, 찾고자하는 항목이 속해있지 않은 부분은 전혀 고려할 필요가 없기 때문이다. 이러한 방법을 반복적으로 사용하는 방법이 이진 탐색이다. 이진 탐색을 적용하려면 탐색하기 전에 배열이 반드시 정렬되어 있어야 한다. 따라서 이진 탐색은 데이터의 삽입이나 삭제가 빈번할 시에는 적합하지 않고, 주로 고정된 데이터에 대한 탐색에 적합하다.

아래의 프로그램이 어떻게 동작하는지 구체적인 예를 통하여 살펴보자.

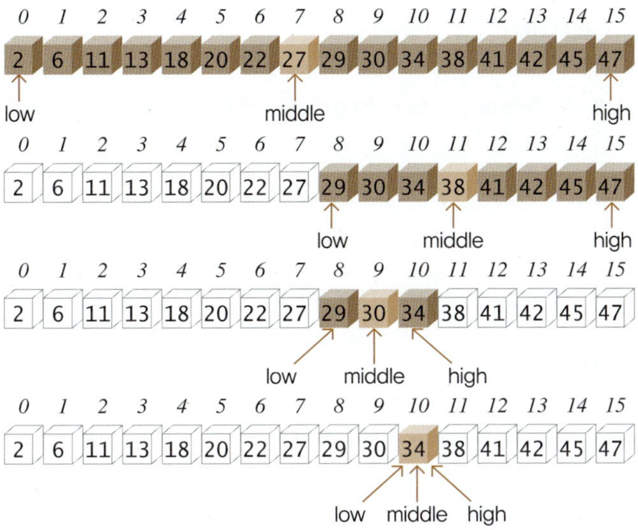

그림 5-18 ● 이진탐색의 구체적인 예: 34를 탐색한다

탐색의 대상이 되는 배열이 **그림 5-18**과 같다고 하고, 탐색키가 34일 때 맨 처음에 `low` = 0이고 `high` = 15이므로 `(low+high)/2`에 의해 인덱스 `middle`을 7로 결정한다. 인덱스 7에 있는 값이 27이므로 오른쪽 부분 배열을 탐색하게 된다. 이때 `high`는 변화가 없지만 `low`는 8이 되어 오른쪽 배열만을 탐색하게 된다. 다시 결정한 인덱스 `middle`은 11이 되고, 인덱스 11이 가리키는 키값이 38로 34보다 크기 때문에 왼쪽 부분 배열을 탐색하게 된다. 이때, `low`는 그대로 8이 되고 `high`는 10이 된다. 따라서 인덱스 `middle`은 9가 되고 인덱스 9가 가리키는 키값 30은 34보다 작기 때문에 다시 오른쪽 부분 배열을 탐색하게 된다. 이 경우 `low`와 `high` 모두 10이므로 인덱스 `middle`은 10이 되고, 인덱스 10이 가리키는 값이 34이므로 탐색에 성공하여 인덱스 10을 반환한다.

binary_search.cpp

```
#include <iostream>
using namespace std;

const int SIZE=10;

int binary_search(int list[], int n, int key);

int main(void)
{
```

```
    int key;
    int grade[SIZE] = { 1, 2, 3, 4, 5, 6, 7, 8, 9 };

    cout << "탐색할 값을 입력하시오:";
    cin >> key;
    cout << "탐색 결과 = " << binary_search(grade, SIZE, key) << endl;

    return 0;
}

int binary_search(int list[], int n, int key)
{
    int low, high, middle;

    low = 0;
    high = n-1;

    while( low <= high ){              // 아직 숫자들이 남아있으면
        middle = (low + high)/2;       // 중간 요소 결정
        if( key == list[middle] )      // 일치하면 탐색 성공
            return middle;
        else if( key > list[middle] )  // 중간 원소보다 크다면
            low = middle + 1;          // 새로운 값으로 low 설정
        else
            high = middle - 1;         // 새로운 값으로 high 설정
    }
    return -1;
}
```

이진 탐색

실행결과

```
탐색할 값을 입력하시오:8
탐색결과 = 7
```

EXERCISE
INTRODUCTION TO C++ PROGRAMMING

1. 다음 문장에서 잘못된 부분이 있으면 지적하고 수정하라.

❶ `int test[5] = { 1, 2, 3, 4, 5, 6 };`

❷ `int test[3][2] = { {1, 2, 3}, {4, 5} };`

❸ `int compute_avg(int grade[ ][ ]);`

❹ `char symbol[5] = { "h", "o", "u" };`

2. 다음 코드에서 잘못된 부분이 있으면 지적하고 수정하라.

```
int test[10];
for(int i = 1; i <= 10; i++)
  test[i] = 0;
```

3. 다음 코드의 결과를 써보아라.

```
char array[ ] = { 'h', 'o', 'u', 's', 'e' };
for(int i = 0; i < 5; i++)
  cout << array[i] << " ";
cout << endl;
```

4. ❶, ❷, ❸ 중에서 sub()를 올바르게 호출한 것은?

```
void sub(int a[], int size)
{
  for(int i=0; i < size; i++)
     a[i] = 0;
}
int main()
{
  int data[10] = { 100 };

  sub(data, 10);             // ❶
  sub(data[3], 7);           // ❷
  sub(data, 11);             // ❸
}
```

5. 다음은 하나의 배열을 다른 배열로 복사하는 copy_array() 함수의 원형이다. const를 적절한 위치에 추가하라.

```
void copy_array(int dst[], int src[], int size); // src[]를
                                                   dst[]로 복사
```

6. 크기가 10인 1차원 배열을 선언하고 여기에 1부터 100사이의 난수를 저장하는 반복문을 작성하라.

7. 사용자로부터 10개의 정수값을 입력받아서 배열에 저장한 후에 역순으로 화면에 출력하는 반복문을 작성하라.

8. 사용자로부터 10개의 정수값을 입력받아서 정수들의 합, 최대값, 최소값을 출력하는 반복문을 각각 작성하라.

9. 정수형 1차원 배열을 매개 변수로 받아서 각각의 배열 요소의 값을 1만큼 감소하는 함수 dec_array()를 작성하라.

10. 사용자로부터 값을 입력받아서 정수형 2차원 배열인 int box[5][3]을 채우는 반복문을 작성하라.

PROGRAMMING
INTRODUCTION TO C++ PROGRAMMING

1. 배열 days[]를 아래와 같이 초기화하고 배열 원소의 값을 다음과 같이 출력하는 프로그램을 작성하라.

31, 29, 31, 30, 31, 30, 31, 31, 30, 31, 30, 31

```
1월은 31일까지 있습니다.
2월은 29일까지 있습니다.
...
12월은 31일까지 있습니다.
```

2. 10진수를 2진수로 변환하여 출력하는 프로그램을 작성하여 보자. 최대 64자리까지 변환이 가능하도록 하라. 변환된 자리수를 저장하는데 배열을 사용하라. 10진수를 2로 나누어서 생성된 나머지를 역순으로 나타내면 2진수로 표현할 수 있다. 주어진 정수를 임의의 진법으로 변환할 수 있는 프로그램도 작성하여 보자.

```
for(i = 0; i < 32 && n > 0; i++)
{
  binary[i] = n % 2;
  n = n / 2;
}
```

3. 1차원 배열은 벡터라고도 불린다. 2개의 벡터를 더하는 함수인 vector_add()를 작성하라. 이 함수를 테스트하기 위한 코드도 작성하라.

$\vec{X} + \vec{Y} = (x_1 + y_1, x_2 + y_2, x_3 + y_3)$

4. 앞의 문제를 참조하여 2개의 벡터의 내적(dot product)를 계산하는 함수인 vector_dot_prod()를 작성하라. 이 함수를 테스트하기 위한 코드도 작성하라. 벡터의 내적은 다음과 같이 정의된다.

$\vec{X} \cdot \vec{Y} = (x_1y_1 + x_2y_2 + x_3y_3)$

5. 사용자로부터 20개 이하의 실수 자료를 읽어서 평균과 표준 편차를 계산하는 프로그램을 작성하라. 사용자로부터 받은 자료들은 배열에 저장하라. 평균이란 n개의 실수가 주어져 있을 때, 다음과 같이 계산된다.

$$m = \frac{1}{n}\sum_{i=1}^{n} x_i$$

표준 편차는 분산의 양의 제곱근으로 분산은 다음과 같이 계산된다. 표준 편차는 자료가 평균값 주위에 어느 정도의 넓이로 분포하고 있는가를 나타내는 하나의 척도이다.

$$v = \frac{1}{n}\sum_{i=1}^{n} (x_i - m)^2$$

6. 0부터 9까지의 난수를 100번 생성하여 가장 많이 생성된 수를 출력하는 프로그램을 작성하시오. 난수는 `rand()` 함수를 사용하여 생성하라.

7. 아주 간단한 재고 관리 시스템을 만들어보자. 상품마다 상품 번호가 붙어 있고 상품 번호를 사용자가 입력하면 물품이 어디에 있는지를 알려주는 번호를 출력한다. 상품 번호는 1부터 10까지로 하고 장소를 나타내는 번호는 1부터 5까지라고 가정한다. 1차원 배열을 사용하여 미리 상품 번호마다 장소를 저장해놓고 사용자로부터 상품 번호를 받아서 장소를 출력한다.

8. 게임 서버가 5대가 있고 각각의 게임 서버에 현재 100, 234, 512, 765, 587 명이 접속해 있다고 가정하자. 사용자가 서버의 번호를 입력하면 서버에 접속된 사용자의 수를 출력하는 프로그램을 작성하라. 2차원 배열을 이용하여 서버에 접속된 사용자의 수를 저장하라.

9. 다음 표의 각 행의 합계, 각 열의 합계를 구하는 프로그램을 작성하라. 표는 2차원 배열을 이용하여 표현하라.

12	56	32	16	98
99	56	34	41	3
65	3	87	78	21

10. 크기가 6 × 4인 2차원 배열에 난수를 생성하여 저장하고 출력하는 프로그램을 작성하라. 난수는 라이브러리 함수인 `rand()`를 사용하여 생성하라.

11. 사용자가 2차원 형태의 데이터를 입력하면 각 행의 평균과 각 열의 평균을 계산한다. 모든 계산이 완료되면 배열의 값과 함께 각 행의 끝에는 행의 평균을, 각 열의 끝에는 열의 평균을 출력하는 프로그램을 작성하라.

1	2	3	4	5	6		3
7	8	9	10	11	12		9
13	...						
...							

12. 2개의 정수 배열 a, b를 받아서 대응되는 배열 원소가 같은지를 검사하는 함수 `array_equal(int a[], int b[], int size)`를 작성하고 테스트하라. 이 함수는 `a[0]`와 `b[0]`, `a[1]`과 `b[1]`, ... , `a[size-1]`와 `b[size-1]`가 같은지를 검사한다. 만약 전체 원소가 같다면 1을 반환하고 그렇지 않으면 0을 반환한다.

13. 2개의 정수 배열 a, b를 받아서 배열 a의 원소를 배열 b로 복사하는 함수 `array_copy(int a[], int b[], int size)`를 작성하고 테스트하라. 이 함수는 `a[0]`를 `b[0]`에, `a[1]`를 `b[1]`에, ... ,`a[size-1]`을 `b[size-1]`에 대입한다. 이 함수의 반환값은 없다.

14. 2차원 배열을 이용하여 tic-tac-toe 게임 프로그램을 작성하여 보시오. tic-tac-toe 게임 보드를 표현하는데 3 × 3의 2차원 배열을 이용한다. 2차원 배열의 원소가 0이면 아직 놓이지 않은 것이고 1이면 ○을 2이면 ×를 표시한다고 가정하라.

	○	
×	○	
	×	

15. 2차원 행렬(matrix)에 대한 다음과 같은 함수를 작성하고 테스트하여 보라. 행렬의 크기는 3 × 3으로 가정하라.

❶ `scalar_mult(int a[][3], int scalar)`

$$2 \cdot \begin{pmatrix} 1 & 2 & 3 \\ 4 & 5 & 6 \\ 7 & 8 & 9 \end{pmatrix} = \begin{pmatrix} 2 & 4 & 6 \\ 8 & 10 & 12 \\ 14 & 16 & 18 \end{pmatrix}$$

❷ `sub(int a[][3], int b[][3])`

$$\begin{pmatrix} 1 & 2 & 3 \\ 4 & 5 & 6 \\ 7 & 8 & 9 \end{pmatrix} - \begin{pmatrix} 1 & 1 & 1 \\ 1 & 1 & 1 \\ 1 & 1 & 1 \end{pmatrix} = \begin{pmatrix} 0 & 1 & 2 \\ 3 & 4 & 5 \\ 6 & 7 & 8 \end{pmatrix}$$

❸ `transpose(int a[][3], int b[][3])`

$$\begin{pmatrix} 1 & 2 & 3 \\ 4 & 5 & 6 \\ 7 & 8 & 9 \end{pmatrix}^T = \begin{pmatrix} 2 & 4 & 6 \\ 8 & 10 & 12 \\ 14 & 16 & 18 \end{pmatrix}$$

16. 학생들의 시험 점수를 통계 처리하는 프로그램을 작성하여 보라. 한 학급은 최대 10명까지의 학생들로 이루어진다. 각 학생들은 3번의 시험을 치른다. 사용자로부터 값을 입력받을 수 있도록 하라.

학번	시험 #1	시험 #2	시험 #3
1	30	10	11
2	40	90	32
3	70	65	56
4	70	43	32
5	80	10	89

❶ 각 시험마다 최대점수, 최저점수, 평균점수를 출력하도록 하라.

❷ 각 학생마다 최고, 최하, 평균 점수를 출력하도록 하라.

❸ 각 시험마다 산술 평균값, 중간값, 모드값(최빈값)을 계산하여서 출력하여 보라. 중간값은 성적을 정렬시킨 후에 중간에 위치한 값이다. 모드값(최빈값)은 가장 자주 발생하는 점수를 의미한다.

❹ 각 학생별로 총점을 구하고 이 총점을 기준으로 정렬하여 보라. 본문에 등장하는 버블 정렬이나 선택 정렬 함수를 사용하라.

17. 소수를 구하는데 고대의 그리스 수학자 에라스토스테네스에 의하여 개발된 에라스토스테네스의 체(Sieve of Erastosthenes)라는 알고리즘이 있다. 이 알고리즘은 정해진 범위안의 소수를 찾아주는 비교적 간단한 방법이다. 이 알고리즘은 정해진 범위만큼의 배열을 생성한다. 만약 `sieve[i]`의 값이 0이면 `i`는 소수라는 의미이고 `sieve[i]`가 1이면 소수가 아니다. 처음에는 모든 배열의 값이 0으로 초기화된다. 즉 처음에는 모든 정수가 소수라고 가정한다. 알고리즘은 가장 작은 소수인 `i = 2`부터 시작한다. 상식적으로 2의 배수는 소수가 아닌 것이 확실하다. 정해진 범위 안에서 2의 배수를 모두 찾아서 `sieve[]` 값을 1로 만든다. 즉 2, 4, 6, 8, ...등의 인덱스를 갖는 원소들은 모두 1로 설정된다. 다음에 i를 3으로 하나 증가시킨다. 다시 3의 배수(3, 6, 9,...)를 찾아서 `sieve[i]`를 1로 만든다. `i`를 다시 하나 증가시키면 sieve[4]는 이미 1이므로 다음 `i` 값으로 넘어간다. `sieve[i]`가 0인 다음 `i`를 찾아서 `i`의 배수를 모두 1로 만든다. 정해진 범위에 대하여 이와 같은 절차를 완료한 후에도 0값을 가지는 원소는 소수가 된다. 이 알고리즘을 이용하여 2부터 100사이의 소수를 찾아보라.

18. 간단한 극장 좌석 예약 시스템을 작성하여 보자. 극장의 크기는 10 × 8이라고 하자. 2차원 배열을 생성하여 극장의 좌석 예약 상태를 나타낸다. 처음에는 전부 0으로 초기화한다. 만약 좌석이 예약되면 배열 원소의 값이 1로 변경된다. 좌석이 전부 예약되면 더 이상 좌석이 없다는 메시지를 내보낸다. 가능하면 중간 좌석이 먼저 예약되도록 하라.

LAB
INTRODUCTION TO C++ PROGRAMMING

1. 수학에서의 "random walk"라 불리는 문제를 배열을 이용하여 프로그래밍하여 보자. 문제는 다음과 같다. 술에 취한 딱정벌레가 $n \times m$크기의 타일로 구성된 방 안에 있다. 딱정벌레는 임의의(랜덤) 위치를 선택하여 여기저기 걸어 다닌다. 현재의 위치에서 주위의 8개의 타일로 걸어가는 확률은 동일하다고 가정하자. 그러면 최종적인 문제는 "딱정벌레가 방안의 모든 타일을 한번씩 지나가는데 걸리는 시간은 얼마인가?"이다.

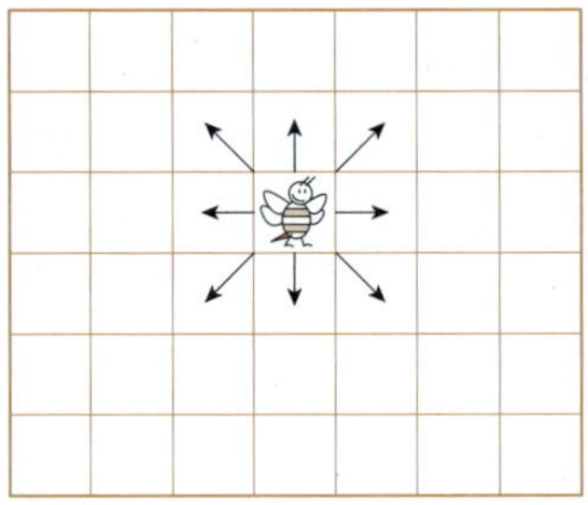

방 전체를 2차원 배열 `tile[n][m]`로 모델링을 하고 처음에는 딱정벌레가 배열의 중앙에 있다고 가정하라. `tile[][]`의 초기값은 0이다. 딱정벌레가 타일을 지나갈 때마다 2차원 배열의 값을 1로 만들어서 딱정벌레가 지나갔음을 나타낸다. 0부터 7까지의 랜덤한 숫자를 생성하여 다음과 같이 움직인다. 즉 0이면 북쪽으로 이동하고 4이면 남쪽으로 이동한다.

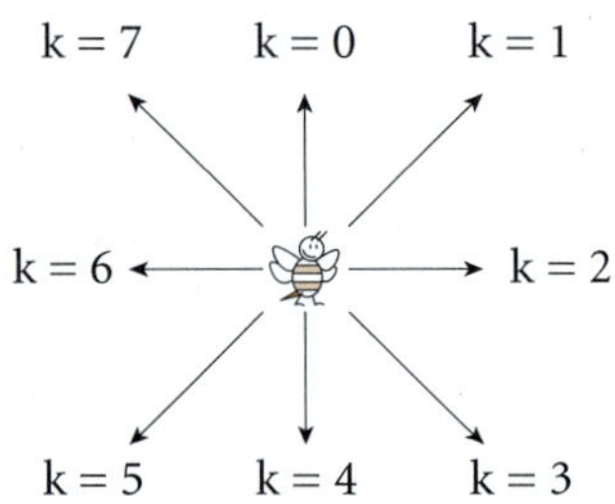

0부터 7까지의 랜덤한 숫자는 다음과 같이 생성할 수 있다. 즉 `rand()` 함수의 반환값을 8로 나누어 나머지를 취한다.

```
number = rand() % 8;
```

모든 타일값을 검사하여 전체 타일이 1이 되면 프로그램을 종료한다. $n = 20$, $m = 20$으로 하고 시작점은 중앙으로 하라. 그리고 이동의 최대 한도를 100,000으로 하라. 딱정벌레의 총 이동수, 수행 시간을 출력하여 제출한다.

CHAPTER 06

포인터와 문자열

이 장의 차례

1. 포인터란?
2. 포인터 연산
3. 포인터와 배열
4. 동적 할당 메모리
5. 참조에 의한 호출(포인터 이용)
6. C-문자열

학습목표

- 포인터의 개념을 이해한다.
- 포인터와 배열의 관계를 이해한다.
- 포인터를 이용하여 동적할당 메모리를 사용하는 방법을 이해한다.
- C-문자열을 이해한다.

1. 포인터란?

포인터(pointer)는 메모리의 주소를 가지고 있는 변수이다. 포인터는 변수가 저장되는 주소와 깊은 관계가 있다. 먼저 변수의 주소에 대하여 살펴보자.

변수는 컴퓨터 메모리에 저장된다

이제까지 우리는 변수를 만들어서 사용하였다. 이들 변수는 어디에 만들어지는 것일까? 변수가 자료들을 저장하는 역할을 하므로 메모리(memory)에 만들어지는 것이 확실하다.

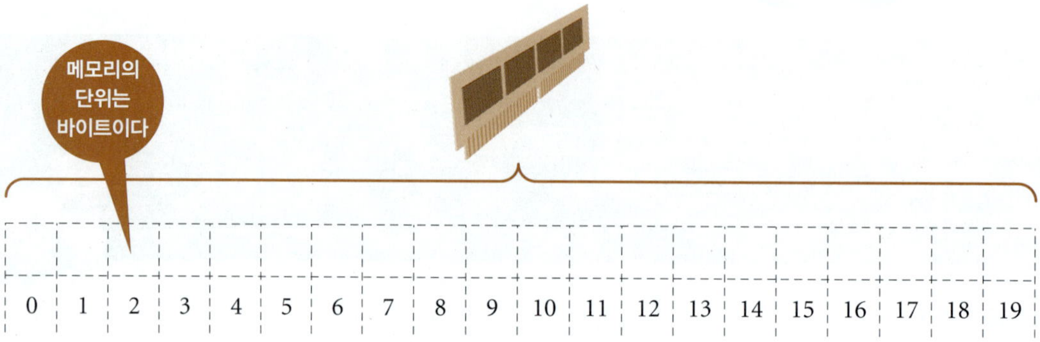

그림 6-1 • 메모리의 구조

메모리는 어떤 식으로 액세스되는 것일까? 메모리는 각 바이트마다 고유한 주소를 가지고 있다. 이들 주소에 의하여 메모리의 각각의 바이트가 액세스된다. 만약 시스템이 20바이트의 메모리를 가지고 있다면 첫 번째 바이트의 주소는 0, 두 번째 바이트의 주소는 1, 세 번째 바이트의 주소는 2, 이런 식으로 각각의 바이트마다 1씩 증가한다. 마지막 바이트의 주소는 19가 된다. 프로그램에서 변수를 만들면 이들 변수는 컴파일러에 의하여 메모리 공간의 고유한 위치에 저장된다.

변수가 메모리에 저장될 때 변수의 크기에 따라서 차지하는 메모리 공간의 크기가 달라진다. 일반적인 PC 환경에서 `char`형 변수는 1바이트, `int`형 변수는 4바이트, `float`형 변수는 4바이트를 차지한다. 다음의 프로그램을 살펴보자.

```
int main()
{
   int i = 10;
   char c = 69;
   float f = 12.3;
}
```

위와 같이 변수들을 생성하면 메모리상에는 다음과 같이 변수들이 배치될 수 있다. 물론 절대적인 주소값은 시스템에 따라 달라진다. 아래의 그림은 변수들이 메모리에 배치되는 하나의 가능한 예이다.

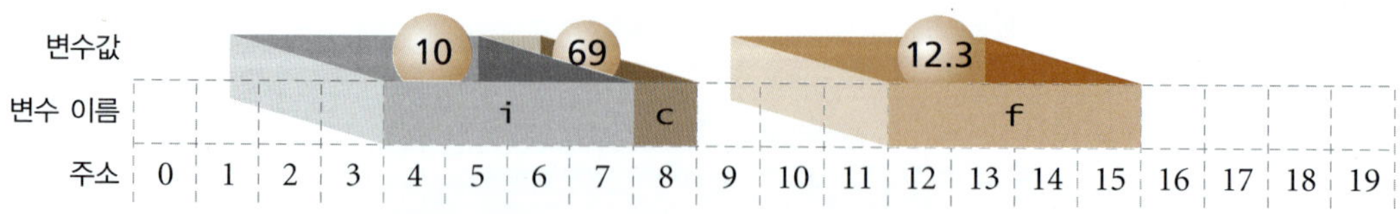

그림 6-2 • 변수의 종류에 따라서 메모리에서 차지하는 공간이 달라진다

변수의 주소

그렇다면 변수의 주소를 알 수 있을까? C++ 언어에는 변수의 주소를 계산하는 연산자 &가 있다. 주소 연산자(address-of operator) &는 변수의 이름을 받아서 변수의 주소를 반환한다. 예를 들어 `int i;`라고 변수를 정의했으면 변수 i의 주소는 &i하면 알 수 있다.

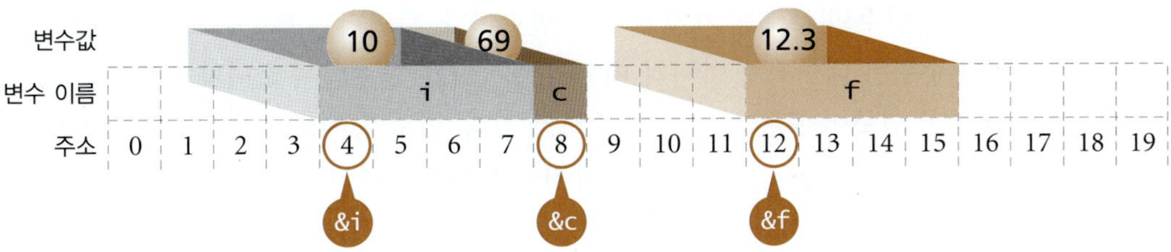

그림 6-3 • 주소 연산자 &

address_of.cpp

```
// 주소 연산자
#include <iostream>
using namespace std;

int main()
{
    int i = 10;
    char c = 69;
    double f = 12.3;

    cout << "i의 주소: " << &i << endl;            // 변수 i의 주소 출력
    cout << "c의 주소: " << (void *)&c << endl;    // 변수 c의 주소 출력
    cout << "f의 주소: " << &f << endl;            // 변수 f의 주소 출력

    return 0;
}
```

변수 i의 주소를 계산한다

실행결과

```
i의 주소: 0012FF7C
c의 주소: 0012FF78
f의 주소: 0012FF70
```

실제로 출력되는 주소를 보면 우리의 예상과는 상당히 다르다. 메모리 공간에 변수를 배치하는 것은 컴파일러의 권한이다.

포인터란?

포인터(pointer)는 가리킨다는 뜻의 동사 point에 er을 붙인 것이다. 따라서 가리키는 것이라는 뜻이다. 포인터는 변수의 주소를 가지고 있는 변수이다. 포인터는 변수이지만 저장하고 있는 것은 보통의 변수처럼 데이터가 아니라 메모리상의 다른 변수의 주소이다. 우리가 살고 있는 집에 주소가 붙어 있듯이 모든 변수에도 주소가 있다. 변수가 메모리 공간 안에서 놓인 위치가 주소가 되는 것이다. C언어는 주소가 저장되는 특별한 변수 타입을 가지고 있는데 바로 포인터이다.

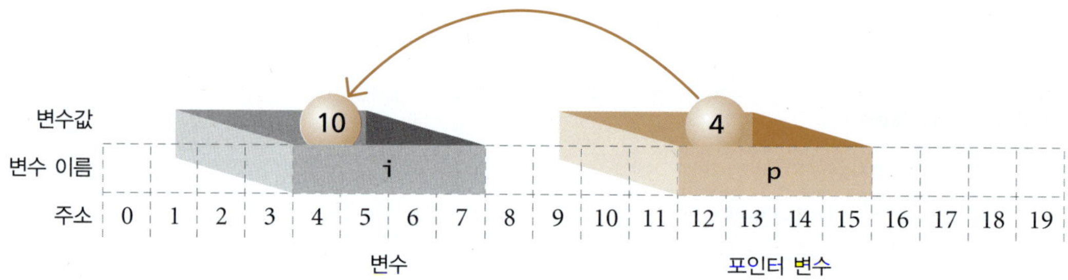

그림 6-4 ● 포인터 p는 변수 i의 주소를 가지고 있는 변수이다

그림 6-4에서 p가 포인터로서 p가 가지고 있는 값 4는 변수 i의 주소가 된다. 위와 같은 상황을 보통 "포인터 p가 변수 i를 가리킨다."라고 한다. 그리고 보통 p에서 i를 가리키는 화살표로 포인터를 나타낸다.

포인터의 선언

포인터도 변수이다. 변수임을 강조하기 위해 때때로 "포인터 변수"라고 한다. 따라서 사용하기 전에 선언되어야 한다. 포인터의 이름은 일반적인 변수 이름과 같은 규칙으로 만들면 된다. 포인터를 선언하려면 포인터가 가리키게 되는 자료형을 먼저 쓰고 *를 붙인 다음, 포인터의 이름을 쓴다. *는 수식에서는 곱셈 기호이지만 여기서는 곱셈과는 아무런 상관이 없다.

```
int *p; // 정수를 가리키는 포인터
```

p는 int형을 가리키는 포인터이다. 포인터를 선언만 하고 아직 초기화하지 않았으므로 포인터가 현재 가지고 있는 값은 아무 의미 없는 값이다. 지금까지 진행된 모습을 그림으로 보면 **그림 6-5**와 같다.

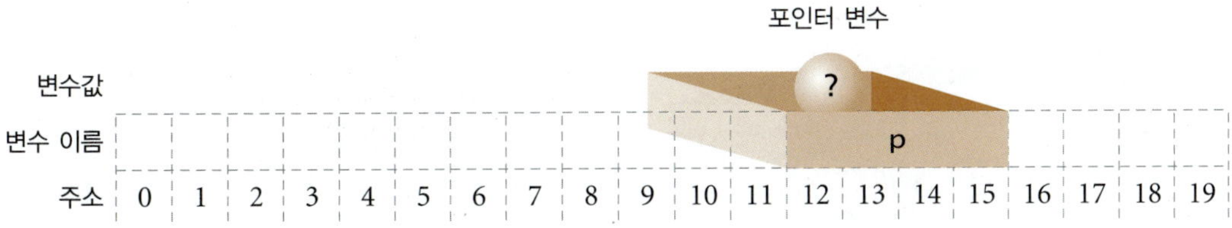

그림 6-5 ● 포인터 변수 p의 선언

참고로 어떠한 자료형을 가리키는 포인터도 만들 수 있다. 다음은 몇 가지의 예이다.

```
char *pc;      // 문자를 가리키는 포인터 pc
float *pf;     // 실수(float형)를 가리키는 포인터 pf
double *pd;    // 실수(double형)를 가리키는 포인터 pd
```

Q&A

Q: 주소는 한 가지 형식인데 포인터에 다양한 타입이 존재하는 이유는 무엇일까?

A: 생각해보면 메모리상에서 주소는 동일한 크기이기 때문에 int형을 가리키는 포인터나 char형을 가리키는 포인터나 주소의 형식은 차이가 없다. 진짜 이유는 포인터가 가리키는 타입을 확실하게 함으로써 프로그래밍 실수를 예방하기 위해서이다. 예를 들어 int형 포인터에 char 변수의 주소를 저장했다면 char 변수를 int 형식으로 액세스할 수 있다. 이것은 부정확한 결과를 생성할 수 있고 시스템을 다운시킬 수도 있다.

포인터와 변수의 연결

포인터가 생성된 직후에는 아직 초기화되어 있지 않다. 따라서 포인터는 사용하기 전에 반드시 초기화를 하여야 한다. 포인터에는 변수의 주소가 저장되어야 하므로 & 연산자를 이용하여 변수의 주소를 계산하여 포인터에 대입해주면 된다.

```
int *p = &i;  // 변수 i의 주소가 포인터 p로 대입
```

변수 i의 주소가 4였다고 가정하고 p = &i의 연산을 실행하면 변수 i의 주소인 4가 p에 대입되어 **그림 6-6**과 같이 된다.

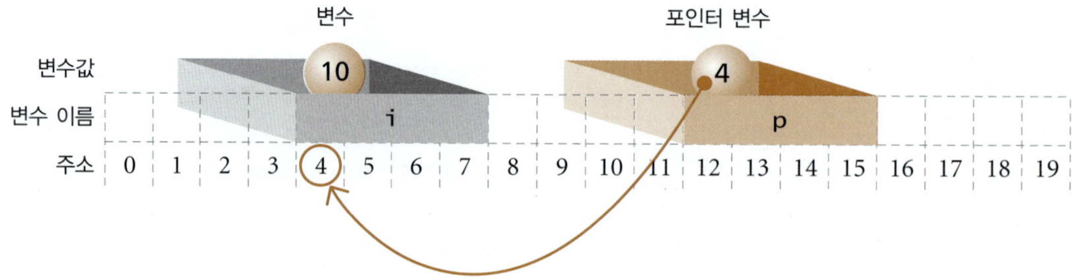

그림 6-6 ● p = &i 문장이 실행되면 변수 i의 주소인 4가 p에 대입된다

포인터는 지정된 자료형의 변수만을 가리킬 수 있다. 즉, int형 포인터는 오직 int형의 변수만을 가리킬 수 있고 char형 포인터는 char형의 변수만을 가리킬 수 있다. int형 포인터로 char형 변수를 가리키면 안 된다. 포인터에도 타입이 있다고 생각하면 된다.

간접 참조 연산자 *

포인터가 단순히 메모리의 주소만 저장할 수 있는 것이라면 별로 유용하지 않을 것이다. 포인터가 유용한 이유는 포인터를 통하여 포인터가 가리키는 위치의 값을 읽어오거나 변경할 수 있기 때문이다. 포인터 p가 가리키는 위치에 저장된 내용을 가져오려면 p앞에 * 기호를 붙여서 *p하면 된다. 이것을 포인터를 통하여 간접 참조(dereferencing, indirection)한다고 한다.

여기서도 물론 * 기호는 곱셈하고는 아무런 상관이 없다. 여기서는 * 연산자는 단항 연산자로서 포인터가 가리키는 위치의 내용을 추출하는 연산자이다. * 연산자는 단항 연산자로서 괄호 다음으로 높은 우선 순위를 가진다. 따라서 다른 연산자들보다 먼저 실행된다.

```
int i = 10;
int *p = &i;

cout << *p;   // 10이 출력된다
```

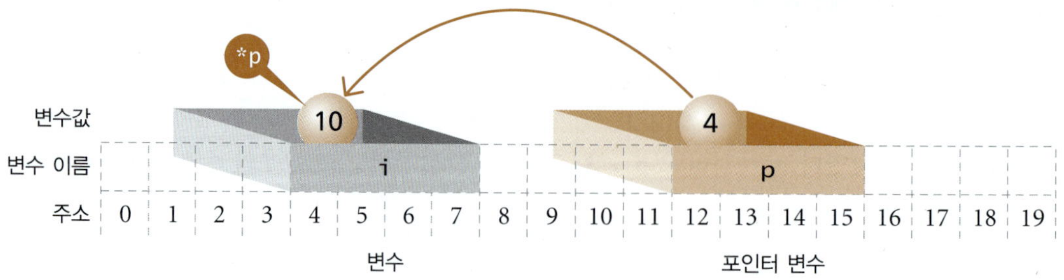

그림 6-7 ● 간접 참조 연산자 *

* 연산자를 이용하여 포인터가 가리키는 변수의 값을 변경할 수 있다. *p = 20은 포인터 p가 가리키는 위치에 20을 대입한다. *p의 값을 변경하게 되면 변수 i의 값도 바뀌게 된다.

```
*p = 20;
cout << i;      // 20이 출력된다
```

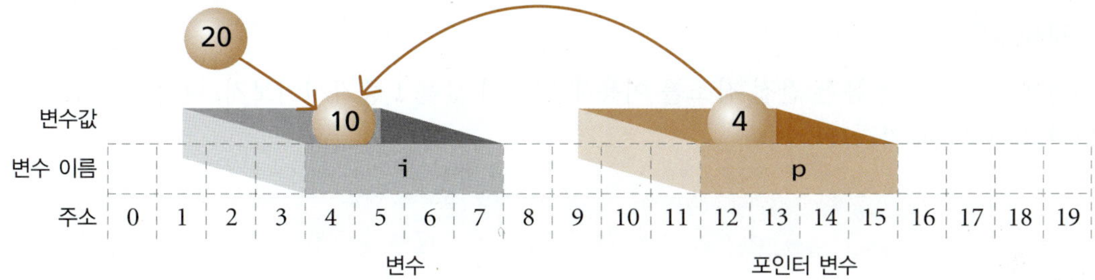

그림 6-8 • *p = 20;은 p가 가리키는 위치에 20을 대입한다

예제 #1

가장 기본적인 예제로 변수와 포인터를 연결한 후에 변수의 주소와 포인터의 값을 출력하여 보자. 또한 변수의 값과 포인터가 가리키는 값을 출력하여 비교해보자. 설명은 주석을 참조하라.

pointer1.ccp

```
#include <iostream>
using namespace std;

int main()
{
   int i = 3000;
   int *p = &i;                // 변수와 포인터 연결

   cout << &i << endl;       // 변수의 주소 출력
   cout << p << endl;        // 포인터의 값 출력

   cout << i << endl;        // 변수의 값 출력
   cout << *p << endl;       // 포인터를 통한 간접참조값 출력

   return 0;
}
```

실행결과

```
0012FF7C
0012FF7C
3000
3000
```

예제 #2

이번에는 포인터를 통한 간접 참조를 이용해 변수의 값을 1 증가시켜보자. 다양한 타입의 포인터를 사용해보자.

pointer2.ccp

```
#include <iostream>
using namespace std;

int main()
{
    char c = 'A';              // 문자형 변수 정의
    int i = 10000;             // 정수형 변수 정의
    double d = 6.78;           // 실수형 변수 정의

    char *pc = &c;             // 문자형 포인터 정의 및 초기화
    int *pi = &i;              // 정수형 포인터 정의 및 초기화
    double *pd = &d;           // 실수형 포인터 정의 및 초기화

    (*pc)++;                   // 간접 참조로 1 증가
    *pi = *pi + 1;             // 간접 참조로 1 증가
    *pd += 1;                  // 간접 참조로 1 증가

    cout << c << endl;
    cout << i << endl;
    cout << d << endl;

    return 0;
}
```

실행결과

```
c = B
i = 10001
d = 7.780000
```

프로그램 설명

다양한 타입의 변수와 포인터를 정의하고 연결한 후에 포인터를 통한 간접 연산으로 1 증가하였다. 변수의 값을 출력해보면 변수의 값이 증가된 것을 알 수 있다. ++ 연산을 이용하여 포인터가 가리키는 값을 증가시킬 때 (*pc)++와 같이 반드시 괄호가 있어야 한다. 만약 *pc++라고 하면 * 연산자보다 ++ 연산자의 우선순위가 높기 때문에 포인터의 값이 증가되어 버린다.

참고사항 **포인터 사용 시 주의할 점**

❶ 포인터 타입과 변수의 타입은 일치하여야 한다. 즉, int형 포인터는 int형만을 가리킬 수 있다. 마찬가지로 double형 포인터는 double형만을 가리킬 수 있다. 다음과 같은 문장은 오류이다.

```
int i;
double *pd;
pd = &i;    // 오류! double형 포인터에 int형 변수의 주소를 대입
```

❷ 초기화하지 않고 사용하기
만약 포인터가 선언만 되고 초기화되지 않았다면 포인터는 임의의 주소를 가리키게 된다. 따라서 이런 상태에서 포인터를 이용하여 메모리의 내용을 변경한다면 문제가 발생한다.

```
int *p;     // 포인터 p는 초기화가 되어있지 않음
*p = 100;   // 위험한 코드
```

❸ 포인터가 아무것도 가리키고 있지 않을 때는 NULL(0)로 설정하는 것이 바람직하다.

```
int *p = NULL;
```

왜냐하면 주소 0을 액세스하려고 하면 시스템에서 자동적으로 오류를 감지하고 이것을 해결할 수 있기 때문이다.

중간점검

1. 메모리는 어떤 단위를 기준으로 주소가 매겨지는가?
2. 나음의 긱 자료형이 차지하는 메모리 공간의 크기를 써보아라.
   ❶ char ❷ short ❸ int ❹ long ❺ float ❻ double
3. 포인터도 변수인가?
4. 변수의 주소를 추출하는데 사용되는 연산자는 무엇인가?
5. 변수 x의 주소를 추출하여 변수 p에 대입하는 문장을 써보아라.
6. 정수형 포인터 p가 가리키는 위치에 25를 저장하는 문장을 써보아라.

2. 포인터 연산

포인터에 대해서도 사칙 연산이 적용될까? 포인터도 변수이고 메모리의 주소를 값으로 가지고 있으므로 값을 더하거나 뺄 수 있을 것 같다. 실제로 포인터에 대하여 덧셈과 뺄셈은 의미 있는 연산이다. 포인터에 대해서는 사칙 연산 중에서 덧셈과 뺄셈만이 의미가 있다. 만약 포인터를 증가시키거나 감소시키면 어떻게 될까? 또는 포인터값에 정수를 더하거나 뺀다면 어떻게 될까?

덧셈, 뺄셈 연산

만약 포인터 p의 값이 1000이라고 해보자. 즉, 포인터 p는 1000번지를 가리키고 있다. 만약 p를 하나 증가시키면 p의 값은 어떻게 될까? 다시 말해서 p++하면 p의 값은 무엇이 되는가? 일반적으로는 1001이 될 것 같지만 p가 어떤 자료형을 가리키는 포인터인가에 따라 그럴 수도 있고 아닐 수도 있다.

포인터 변수에 대한 연산은 일반적인 변수에 대한 연산과는 조금 다르다. 포인터에 증가 연산인 ++를 적용하였을 경우, 증가되는 값은 포인터가 가리키는 객체의 크기이다. 따라서 char형 포인터를 증가시키면 char형의 크기인 1바이트만큼 증가한다. int형 포인터를 증가시키면 int형의 크기인 4바이트만큼 증가한다. 증감 연산자뿐만 아니라 포인터에 정수를 더하거나 뺄 때도 마찬가지이다. 포인터에 정수를 더하면 포인터의 값에 단순히 1이 증가되는 것이 아니라 포인터가 가리키는 자료형의 크기만큼 증가된다. 다음의 예제를 살펴보자.

pointer_arith1.ccp

```
// 포인터의 증감 연산
#include <iostream>
using namespace std;

int main()
{
   char *pc;
   int *pi;
   double *pd;

   pc = (char *)10000;
   pi = (int *)10000;
   pd = (double *)10000;
   cout << "증가 전 pc = " << (void *)pc << " pi = " << pi << " pd = " << pd << endl;

   pc++;
   pi++;
```

```
18        pd++;
19        cout << "증가 후 pc = " <<  (void *)pc << " pi = " << pi << " pd = " << pd << endl;
20
21        return 0;
22    }
```

실행결과

```
증가 전 pc = 00002710 pi = 00002710 pd = 00002710
증가 후 pc = 00002711 pi = 00002714 pd = 00002718
```

프로그램 설명

7~9 char형 포인터 pc, int형 포인터 pi, double형 포인터 pd를 선언한다.

11~13 pc, pi, pd에 절대주소 10000을 대입한다. 절대주소는 사용하지 않는 것이 좋지만 여기서는 보다 명확한 설명을 위하여 사용하였다.

14 pc, pi, pd의 현재값을 출력한다. 형식 지정자 %d를 이용하였다.

16~18 pc, pi, pd의 값을 증가 연산자 ++를 이용하여 증가시킨다.

19 pc, pi, pd의 증가된 값을 출력한다. 각 포인터가 가리키는 대상의 크기에 따라 서로 다르게 증가됨을 알 수 있다.

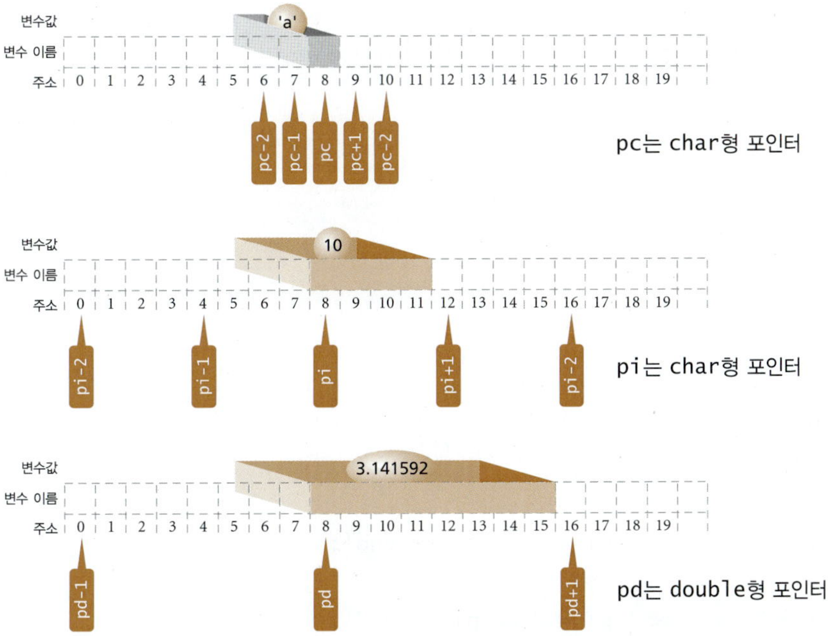

그림 6-9 • 포인터와 정수와의 덧셈과 뺄셈 연산

간접 참조 연산자와 증감 연산자

++나 --와 같은 증감 연산자는 간접 참조 연산자인 *와 같이 사용될 수 있다. 여기서 주의하여야 할 점이 있다. 증감 연산자를 포인터에 적용할 수도 있고 포인터가 가리키는 대상에 적용할 수도 있다. 이것을 잘 구별하여 사용해야 한다. 다음과 같은 문장은 무엇을 증가하는 것일까?

```
*p++;
```

이 문장은 p가 가리키는 위치에서 값을 가져온 후에 p를 증가시킨다. ++의 우선순위가 *보다 높기 때문이다. 만약 포인터가 가리키는 대상의 값을 증가시키려고 했으면 다음과 같이 하여야 한다. 이 문장에서 괄호가 * 연산자를 먼저 수행하게 만든다.

```
(*p)++;
```

뺄셈에 대해서도 마찬가지이다. 다음의 표에 비교하여 정리하였다.

수식	의미
v = *p++	p가 가리키는 값을 v에 대입한 후에 p를 증가시킨다.
v = (*p)++	p가 가리키는 값을 v에 대입한 후에 가리키는 값을 증가시킨다.
v = *++p	p를 증가시킨 후에 p가 가리키는 값을 v에 대입한다.
v = ++*p	p가 가리키는 값을 가져온 후에 그 값을 증가하여 v에 대입한다.

아래 예제 프로그램을 통하여 보다 확실하게 살펴보자.

pointer_arith2.ccp

```
// 포인터의 증감 연산
#include <iostream>
using namespace std;

int main()
{
   int i = 10;
   int *pi = &i;

   cout << "i = " << i << " pi = " << pi << endl;
   (*pi)++;
   cout << "i = " << i << " pi = " << pi << endl;
```

```
    *pi++;
    cout << "i = " << i << " pi = " << pi << endl;

    return 0;
}
```

실행결과

```
i = 10 pi = 0012FF7C
i = 11 pi = 0012FF7C
i = 11 pi = 0012FF80
```

중간점검

1. 포인터에 대하여 적용할 수 있는 연산에는 어떤 것들이 있는가?
2. int형 포인터 p가 80번지를 가리키고 있었다면 (p+1)은 몇 번지를 가리키는가?
3. double형 배열을 가정하자. 2개의 double형 포인터 p, q가 있고 p가 배열의 2번째 원소를 가리키고 q가 배열의 5번째 원소를 가리키고 있었다면 (q - p)는 얼마인가?
4. p가 포인터라고 하면 *p++와 (*p)++의 차이점은 무엇인가?
5. p가 포인터라고 하면 *(p+3)의 의미는 무엇인가?

3. 포인터와 배열

포인터와 배열의 관계

포인터를 학습하는 도중에 배열이 나오는 것에 대해 의아하게 생각하는 사람도 있을 것이다. 배열과 포인터는 아주 밀접한 관계를 가지고 있다. 왜냐하면 배열 이름 그 자체가 포인터이기 때문이다. 배열 이름은 첫 번째 배열 원소의 주소와 같다.

p_array1.ccp

```
// 포인터의 증감 연산
#include <iostream>
using namespace std;

int main()
```

```
6  {
7      int a[] = { 10, 20, 30, 40, 50 };
8  
9      cout << "&a[0] = " << &a[0] << endl;
10     cout << "&a[1] = " << &a[1] << endl;
11     cout << "&a[2] = " << &a[2] << endl;
12 
13     cout << "a = " << a << endl;
14 
15     return 0;
16 }
```

실행결과

```
&a[0] = 1245008
&a[1] = 1245012
&a[2] = 1245016
a = 1245008
```

프로그램 설명

9~11 배열의 첫 번째 원소는 a[0]이다. 이 첫 번째 원소의 주소는 &a[0]가 된다. 같은 식으로 두 번째, 세 번째 원소의 주소값은 각각 &a[1]와 &a[2]이다. 이 주소값들을 부호없는 정수값으로 출력하였다.

13 배열 이름을 부호 없는 정수값으로 출력하였다. 첫 번째 원소의 주소값과 완전히 동일함을 알 수 있다.

위의 프로그램에서 알게 된 몇 가지 사실을 정리하여 보자. 배열은 원소들이 메모리에서 연속된 공간을 차지하고 있음을 알 수 있다. 또한 a가 int형 배열이므로 각 원소들이 차지하는 메모리 공간은 4바이트이다. 이것은 첫 번째 원소와 두 번째 원소의 주소의 차이를 관찰하면 알 수 있다. 놀라운 사실은 배열의 이름을 정수 형식으로 출력하면 배열의 첫 번째 원소의 주소와 같다는 사실이다.

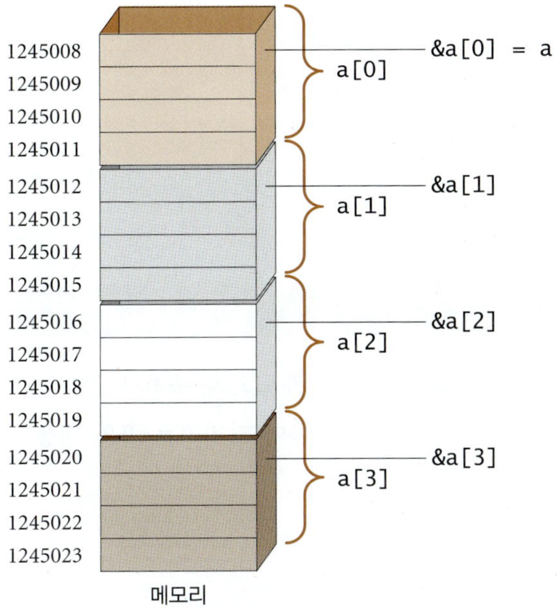

그림 6-10 ● 포인터와 정수와의 덧셈과 뺄셈 연산

배열의 이름이 포인터이므로 여기에 여러 가지 포인터 연산을 적용하여 보자.

p_array2.ccp

```
#include <iostream>
using namespace std;

int main()
{

   int a[] = { 10, 20, 30, 40, 50 };

   cout << "a = " << a << endl;
   cout << "a + 1 = " << a+1 << endl;
   cout << "*a = " << *a << endl;
   cout << "*(a+1) " << *(a+1) << endl;

   return 0;
}
```

실행결과

```
a = 1245008
a + 1 = 1245012
*a = 10
*(a+1) = 20
```

프로그램 설명

10 a + 1의 값을 출력하였다. a + 1은 a보다 4가 크며 a[1]의 주소와 같다.

11 배열의 이름이 포인터라고 했음으로 배열의 이름이 가리키는 곳의 내용 *a를 출력하면 a[0]와 같다.

12 *(a + 1)은 a[1]과 같다.

배열 이름을 포인터라고 생각하고 *a를 출력하여 보면 첫 번째 원소 a[0]의 값이 출력됨을 알 수 있었다. 또한 a + i는 a가 포인터이므로 배열의 시작 주소에 (i * 배열 원소의 크기)값이 더해진다. 따라서 a + i는 &a[i]와 같다. 또한 *(a + i)는 a[i]와 완전히 동일하다.

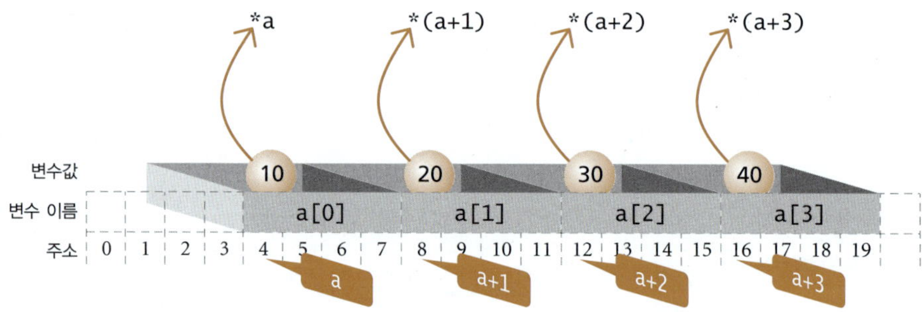

그림 6-11 ● 배열의 이름은 첫 번째 원소를 가리키는 포인터와 같다

배열의 이름이 포인터이기는 하지만 배열의 이름에다 다른 변수의 주소를 대입할 수는 없다. 왜냐하면 배열의 이름은 포인터 상수이기 때문이다. 즉, 그 값이 변경될 수는 없다.

배열 포인터와 포인터의 배열

다음 두 가지 문장은 배열을 선언하지만 그 차이에 주의하여야 한다.

```
int array1[100];      // ❶ array1은 정수 100개의 배열
int *array2[100];     // ❷ array2는 포인터 100개의 배열
```

array1은 100개의 정수 배열이다. 반면에 array2는 100개의 int 포인터의 배열이다. array1에는 100개의 정수가 저장되지만 array2에는 정수가 저장되는 것이 아니라 정수를 가리킬 수 있는 100개의 포인터가 저장된다.

중간점검

1. 배열의 첫 번째 원소의 주소를 계산하는 2가지 방법을 설명하라.
2. 배열 a[]에서 *a의 의미는 무엇인가?
3. 배열의 이름에 다른 변수의 주소를 대입할 수 있는가?
4. 포인터를 이용하여 배열의 원소들을 참조할 수 있는가?
5. 포인터를 배열의 이름처럼 사용할 수 있는가?

4. 동적 할당 메모리

포인터의 용도

앞에서 변수의 주소를 포인터에 저장하고 포인터를 이용해서 변수의 값을 변경하였지만 실제 프로그래밍에서는 이런 용도로 포인터를 사용하지 않는다. 변수를 그냥 사용하면 되는데 왜 포인터를 통하여 간접적으로 변경하겠는가? 포인터는 실제로는 다음과 같은 경우에 사용된다.

- 동적으로 할당된 메모리를 사용하는 경우
- 함수의 매개 변수로 변수의 주소를 전달하는 경우
- 클래스의 멤버 변수나 멤버 함수를 호출하는 경우

앞으로 이들 경우들을 차례로 살펴본다. 단, 클래스에 관련된 포인터는 다음 장에서 다룬다.

동적 할당 메모리의 개념

보통 프로그램이 메모리를 할당받는 방법에는 정적(static)과 동적(dynamic)의 2가지 방법이 있다. 정적 메모리 할당이란 프로그램이 시작되기 전에 미리 정해진 크기의 메모리를 할당받는 것이다. 이 경우, 메모리의 크기는 프로그램이 시작하기 전에 결정되며 프로그램의 수행 도중에 그 크기가 변경될 수는 없다. 예를 들면 아래와 같이 변수나 배열을 선언하면 정적으로 메모리를 할당받는 것이다.

```
int i, j;
int buffer[80];
char name[] = "data structure";
```

정적 메모리 할당은 아주 간단하게 메모리를 할당할 수 있는 방법이지만 경우에 따라 비효율적일 수 있다. 예를 들면 프로그램이 처리해야 하는 입력의 크기를 미리 알 수 없는 경우에는 고정된 크기의 메모리를 할당할 수밖에 없다. 만약 처음에 결정된 크기보다 더 큰 입력이 들어온다면 처리하지 못할 것이고 더 작은 입력이 들어온다면 남은 메모리 공간은 낭비될 것이다.

동적 메모리 할당(dynamic memory allocation)이란 프로그램이 실행 도중에 동적으로 메모리를 할당받는 것을 말한다. 프로그램에서는 필요한 만큼의 메모리를 시스템으로부터 할당받아서 사용하고, 사용이 끝나면 시스템에 메모리를 반납한다. 필요한 만큼만 할당을 받고 또 필요한 때에 사용하고 반납하기 때문에 메모리를 매우 효율적으로 사용할 수 있다. 동적 메모리는 C++에서 `new`와 `delete` 연산자를 사용하여 할당받을 수 있다. 프로그램이 수행되다가 `new`를 만나면 필요한 만큼의 동적 메모리를 할당하게 된다.

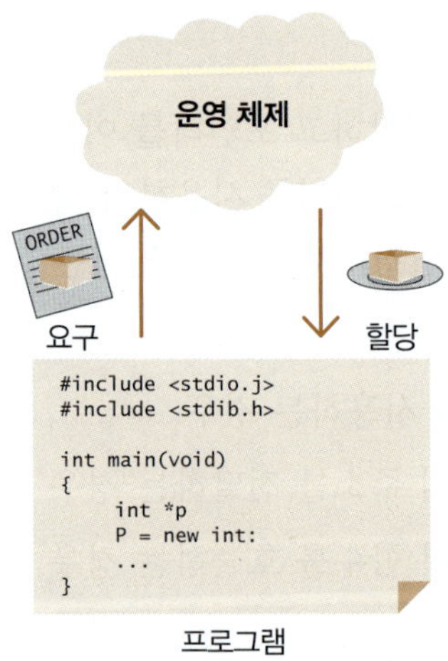

그림 6-12 • 동적 메모리 할당

동적 메모리의 위치

동적 메모리는 도대체 어디에 존재하는 것일까? 우리가 사용하는 컴퓨터에는 메모리가 존재한다. C++에서는 메모리를 몇 가지의 영역으로 나누어서 사용한다.

1. 코드 공간(code space): 코드 공간에는 프로그램 코드가 저장된다.
2. 전역 공간(global namespace): 전역 공간에는 전역 변수들이 생성된다.

③ 스택(stack): 스택은 프로그램이 실행하면서 사용하는 공간이다. 스택은 주로 함수 호출 시에 함수 매개 변수와 함수 안의 지역 변수를 생성하는 공간이다. 함수 호출 시에 스택에 할당된 공간은 함수 호출이 끝나면 사라지게 된다. 따라서 프로그래머는 함수 안에 선언한 변수들을 따로 제거할 필요가 없다. 이들은 함수 호출만 끝나면 자동적으로 소멸되는 것이다. 하지만 만약 함수 안에서 소멸되면 안 될 변수를 생성하려면 어떻게 하는가? 물론 전역 변수를 사용해도 되지만 전역 변수는 관리가 어렵다.

④ 히프(heap): 바로 이런 경우에 사용하는 것이 히프이다. 히프는 이들을 제외하고 남은 공간이다. 이 공간은 프로그래머가 동적 할당을 이용하여 얼마든지 사용할 수 있다. 히프의 장점은 히프에서 할당받으면 함수가 종료되더라도 메모리 공간이 없어지지 않는다는 것이다. 하지만 히프에서 할당받은 공간은 반드시 반납하여야 한다. 반납하지 않고 계속 할당만 받으면 시스템이 정지할 수도 있다.

동적 메모리의 사용 절차

동적 메모리 할당 절차에 대하여 살펴보자. 동적 메모리 할당은 푸드 코트와 같은 셀프 서비스 식당에서 식사를 하는 절차와 비슷하다. 푸드 코트에서는 음식을 주문하고 음식이 준비되면 받아오는 단계가 필요하다. 식사가 끝나면 빈 그릇을 푸드 코트로 반납하는 단계가 필요하다. 동적 메모리 할당도 마찬가지이다. 먼저 얼마나 할당을 받을 것인지를 결정하고 라이브러리 함수를 호출하여 시스템에게 메모리를 요청하는 단계가 필요하다. 만약 충분한 메모리가 존재하면 그 요청은 승인되고 메모리가 할당된다. 프로그램은 할당된 메모리를 사용한다. 사용이 끝나면 메모리를 다시 시스템에 반납하는 단계가 필요하다. 만약 메모리를 반납하지 않으면 다른 프로그램이 동적 메모리를 사용할 수 없게 될 것이다. 따라서 반드시 동적 메모리는 명시적으로 반납을 해주어야 한다.

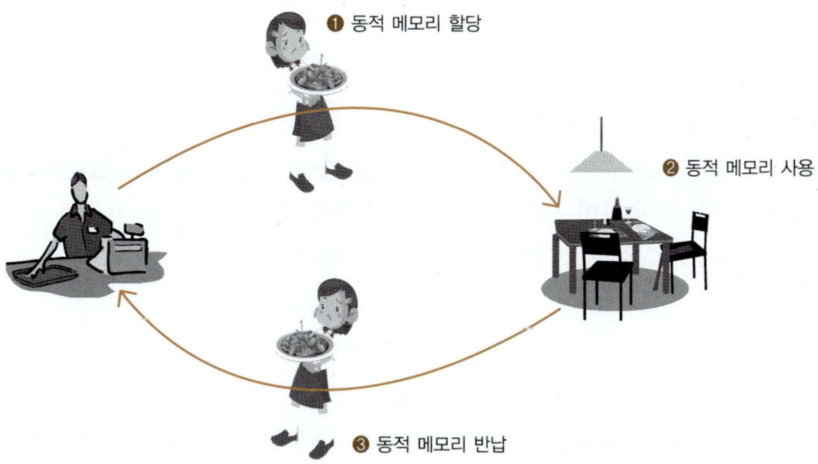

그림 6-13 • 동적 메모리의 사용 단계

전형적인 동적 메모리 할당 코드는 다음과 같다.

```
#include <iostream>
using namespace std;

int main()
{
   int *pi;    // 동적 메모리를 가리키는 포인터

   pi = new int;     // ❶ 동적 메모리 할당

   *pi = 100;        // ❷ 동적 메모리 사용
   delete pi;        // ❸ 동적 메모리 반납

   return 0;
}
```

❶ 동적 메모리 할당

C++언어에서는 new 키워드를 이용하여서 동적으로 메모리를 할당한다. new 다음에는 할당하고 싶은 객체의 타입을 써주면 된다. 컴파일러는 이것을 보고 메모리를 얼마나 할당할지를 알 수 있다. 예를 들어서 new char라고 하면 1바이트를 할당하고 new long이라고 하면 4바이트를 할당한다.

new가 반환하는 것은 할당된 메모리 주소이다. 메모리 주소는 포인터만이 저장할 수 있기 때문에 반환값은 포인터에 저장하여야 한다. 포인터의 선언과 할당을 동시에 할 수 있다.

```
int *pi = new int;
```

❷ 동적 메모리 사용

동적 메모리는 어떻게 사용할 수 있는가? 정적으로 할당된 변수나 배열은 이름이 있어서 이름을 통하여 사용할 수 있다. 하지만 동적 메모리 공간은 이름을 붙이지 않는다. 동적 메모리 공간은 오직 포인터를 사용하여 사용할 수 있다. 반환된 포인터를 통하여 메모리에 데이터를 쓰고 읽는다. *pi = 100; 문장을 수행하면 동적으로 할당된 공간에 정수 100이 저장된다.

❸ 동적 메모리 반납

동적 메모리 공간이 더 이상 필요가 없는 경우에는 명시적으로 동적 메모리를 반납하여야 한다. 동적 메모리 반납을 위해서는 delete 키워드가 사용된다. delete의 피연산자는 할당된 메모리 블록을 가리키는 포인터이다.

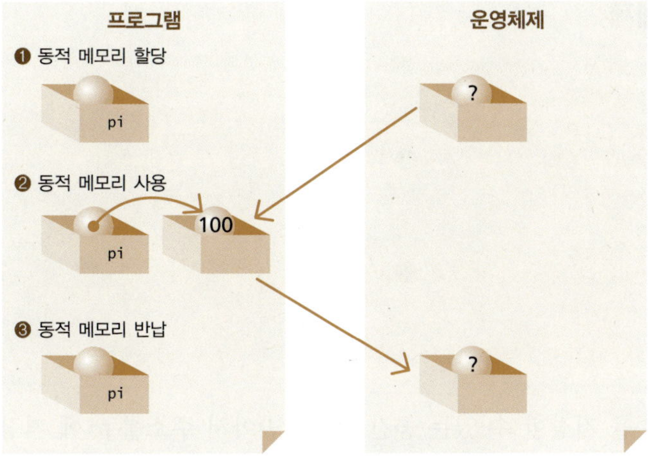

그림 6-14 • 동적 메모리의 사용 단계

동적 할당된 메모리는 자동적으로 반납되지 않는다. 따라서 할당된 메모리를 가리키는 포인터를 항상 가지고 있다가 메모리가 더 이상 필요 없으면 delete를 사용하여서 시스템에 반납해야 한다. 만약 동적 할당된 메모리를 반납하지 않고 포인터를 없애버리면 메모리를 반납할 방법이 없다. 따라서 메모리는 프로그램이 종료되기 전까지 할당된 상태로 남아 있다. 이러한 상태를 메모리 누수(memory leak)라고 한다. 반복적으로 메모리 누수가 일어나면 최종적으로 메모리 부족 상황이 초래될 수도 있다. 이러한 메모리 누수를 막기 위하여 반드시 할당받은 메모리는 다음과 같은 형식으로 시스템에 반납한다.

```
delete pi;
```

pi는 동적 할당된 메모리의 주소로서 new가 반환한 값이어야 한다. 위 문장의 의미는 pi 포인터가 가리키는 메모리를 히프에 반환하라는 것이다.

파생 자료형의 경우

앞에서는 단순한 정수 하나를 저장할 수 있는 예제를 살펴보았다. 하지만 배열이나 구조체 등의 복잡한 파생 자료형도 얼마든지 동적으로 할당할 수 있다. 예를 들어서 크기가 10인 double형 배열은 다음과 같이 동적 할당한다.

```
double *pd = new double[10];
```

구조체 이름이 Employee인 경우, 하나의 구조체를 할당하려면 다음과 같이 한다. 구조체는 뒤에서 학습하자.

```
Employee *p = new Employee;
```

메모리 누수 예제

```
void sub()
{
    int *pi = new int;        // ❶
    *pi = 67;

    pi = new int;             // ❷
    *pi = 99;
}
```

❶에서 int형 정수를 저장할 수 있는 공간을 할당받아서 주소를 pi에 저장한다. 이어서 ❷에서 또 다른 공간을 할당받아서 이 공간의 주소를 pi에 저장한다. 이렇게 하면 먼저 저장된 공간의 주소가 없어진다. 이 공간은 더 이상 사용할 수 없으며 또한 반납도 불가능하다. 또한 두 번째 공간도 반납하지 않은 채 함수를 종료하였다. 이렇게 되면 두 번째 공간도 반납되지 않은 채 지역 변수인 pi가 소멸된다. 위의 코드를 올바르게 수정하여 보면 다음과 같다.

```
void sub()
{
    int *pi = new int;
    *pi = 67;
    delete pi;

    pi = new int;
    *pi = 99;
    delete pi;
}
```

const 포인터

포인터 선언 시에 const 키워드를 붙일 수 있다. const의 위치에 따라서 그 의미가 차이가 있다. 쉽게 구분하려면 const 바로 뒤에 붙는 것이 상수라고 생각하면 된다.

```
    const int *p1;
```

p1은 const int에 대한 포인터이다. 즉, p1이 가리키는 내용이 정수형 상수가 된다.

```
    int * const p2;
```

이번에는 p2가 상수라는 의미이다. 즉, p2의 내용이 변경될 수 없다.

중간점검

1. 프로그램의 실행 도중에 메모리를 할당받아서 사용하는 것을 ________(이)라고 한다.
2. 동적으로 메모리를 할당받을 때 사용하는 키워드는 _____(이)다.
3. 동적으로 할당된 메모리를 해제하는 키워드는 _____(이)다.

5. 참조에 의한 호출(포인터 이용)

함수 호출 시 인자 전달 방식

함수가 외부로부터 매개 변수를 통하여 데이터를 받는 방법은 크게 나누어서 두 가지가 있다.

- 값에 의한 호출(call-by-value)
- 참조에 의한 호출(call-by-reference)

함수가 호출될 때 인자의 복사본이 함수로 전달되면 값에 의한 호출이다. 만약 함수가 호출될 때 인자들의 원본이 함수로 전달되면 참조에 의한 호출이다. C++에서는 두 가지 방식을 모두 지원한다.

값에 의한 호출

C++에서의 기본적인 인자 전달 방식은 복사본이 전달되는 것이다. 전통적인 예제인 `swap()` 함수를 이용하여서 설명해보자. `swap()`은 주어진 변수의 값을 교환하는 함수이다. `swap(a, b)`와 같이 호출하면 변수 `a`와 변수 `b`의 값이 실제로 교환될까?

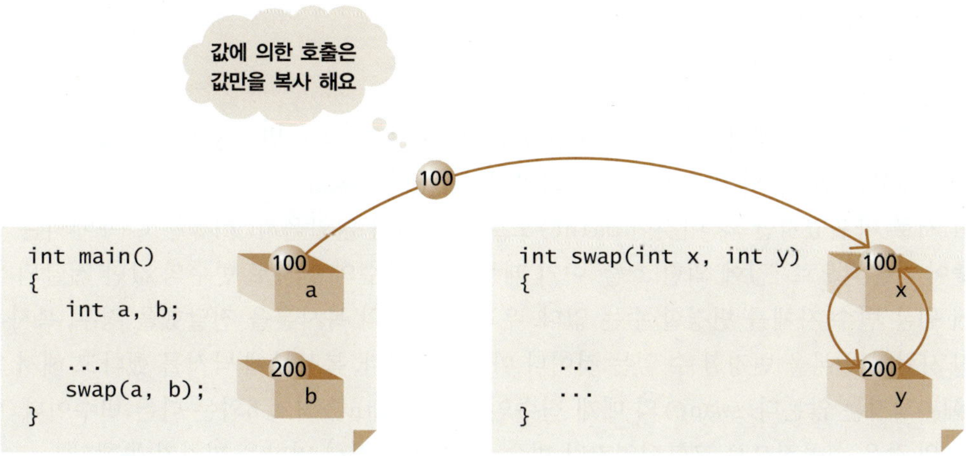

그림 6-15 • 값에 의한 호출

이것을 다음과 같이 구현하면 어떤 결과가 나올까?

```
#include <iostream>
using namespace std;

void swap(int x, int y);

int main()
{
   int a = 100, b = 200;
   cout << "swap() 호출전: a = " << a << ", b = " << b << endl;
   swap(a, b);
   cout << "swap() 호출후: a = " << a << ", b = " << b << endl;
   return 0;
}

void swap(int x, int y)
{
   int tmp;
   cout << "In swap() : x = " << x << ", y = " << y << endl;
   tmp = x; x = y; y = tmp;
   cout << "In swap() : x = " << x << ", y = " << y << endl;
}
```

인자를 값으로 받는다

실행결과

```
swap() 호출전: a = 100, b = 200
In swap() : x = 100, y = 200
In swap() : x = 200, y = 100
swap() 호출후: a = 100, b = 200
계속하려면 아무 키나 누르십시오 . . .
```

위의 프로그램의 실행결과를 보면 swap() 안에서는 변수 x와 변수 y의 값이 교환되었지만 main()에서는 변수 a와 변수 b의 값이 교환되지 않았다. swap() 함수 안에서는 변수 x와 y의 값이 서로 바뀌었지만 왜 이것이 main()으로 전달되지 않았을까? 이유는 C++에서는 함수 호출이 기본적으로 "값에 의한 호출"이기 때문이다. 함수의 인자로 변수의 값만 전달되기 때문에 원본 변수 자체를 변경할 수는 없다. 우리가 문서의 복사본을 전달했을 경우, 복사본을 가진 사람이 원본을 변경할 수 없는 것이나 마찬가지이다. 복사본에 낙서를 했다고 해서 원본이 훼손되지는 않는다. swap()의 매개 변수인 x, y는 main()의 a, b와는 다른 변수이다. 변수 x와 y의 값은 성공적으로 교환되었지만 변수 a과 b에는 전혀 영향을 끼치지 못했다.

참조에 의한 호출

"값에 의한 호출"과 반대되는 개념은 "참조에 의한 호출(call-by-reference)"이다. 이것은 변수의 복사본이 함수로 전달되는 것이 아니라 원본이 직접 전달되는 것이다. 변수의 원본이 전달되기 때문에 호출된 함수 안에서 매개 변수의 값을 수정하면 원래의 변수가 똑같이 수정된다. "값에 의한 호출"이 부작용을 막는 안전한 방법이고 많이 사용되지만 때때로 참조에 의한 호출이 꼭 필요한 경우가 있다. C++에서는 다음과 같은 두 가지의 방법을 사용하여 참조에 의한 호출을 구현할 수 있다. 이번 절에서는 포인터를 사용하는 방법을 살펴보고 다음 절에서 레퍼런스를 사용하는 방법을 살펴본다.

- 포인터(pointer)를 이용하는 방법
- 레퍼런스(reference)를 이용하는 방법

포인터를 사용하는 "참조에 의한 호출"

먼저 포인터를 함수로 넘기면 변수의 주소를 알 수 있으므로 함수는 그 주소에 위치한 변수의 값을 변경할 수 있다. 이것은 인터넷 쇼핑몰에 자신의 주소를 알려주고 물건이 배달되도록 하는 것과 같다. swap()에서는 매개 변수를 선언할 때 포인터 타입으로 선언하여야 한다. 이 포인터를 간접 참조하게되면 변수 a와 b에 접근할 수 있고 따라서 값을 교환할 수 있다.

```
void swap(int *px, int *py)
int main()
{
   int a = 100, b = 200;
   cout << "swap() 호출전: a = " << a << ", b = " << b << endl;
   swap(&a, &b);
   cout << "swap() 호출후: a = " << a << ", b = " << b << endl;
   return 0;
}

void swap(int *px, int *py)
{
   int tmp;
   cout << "In swap() : *px = " << *px << ", *py = " << *py << endl;
   tmp = *px; *px = *py; *py = tmp;
   cout << "In swap() : *px = " << *px << ", *py = " << *py << endl;
}
```

인자를 포인터로 받는다

실행결과

```
swap() 호출전: a = 100, b = 200
In swap() : *px = 100, *py = 200
In swap() : *px = 200, *py = 100
swap() 호출후: a = 200, b = 100
계속하려면 아무 키나 누르십시오 . . .
```

위의 실행 결과를 보면 두 개의 변수의 값이 제대로 교환된 것을 알 수 있다. 먼저 main()에서는 다음과 같이 swap()을 호출하였다.

```
swap(&a, &b);
```

함수 호출 시 인자가 a, b가 아니고 &a, &b인 것에 유의하여야 한다. 즉, 변수의 값을 전달하는 것이 아니라 변수의 주소를 전달한다. swap()에서는 매개 변수 px, py가 전달된 변수의 주소를 받아야 한다. 주소를 받을 수 있는 자료형은 포인터이다. 따라서 swap()은 다음과 같이 정의되어야 한다.

```
void swap(int *px, int *py)
```

swap() 안에서는 tmp라는 임시 변수에 a의 값을 저장하여야 한다. a의 값은 포인터 px를 통하여 얻을 수 있다. px는 &a의 값을 가지고 있고 따라서 *px는 a의 값이 된다.

```
tmp = *px;     // 결과적으로 tmp = a;와 같은 의미이다
```

다음으로 포인터를 통하여 b의 값을 a에 저장하는 것이 필요하다. px과 py가 a과 b를 가리키고 있으므로 다음 문장이 b의 값을 a에 대입한다.

```
*px = *py;     // 결과적으로 a = b;와 같은 의미이다
```

마지막으로 tmp에 저장되었던 값을 b에 대입하면 된다.

```
*py = tmp;     // 결과적으로 b = tmp;와 같은 의미이다
```

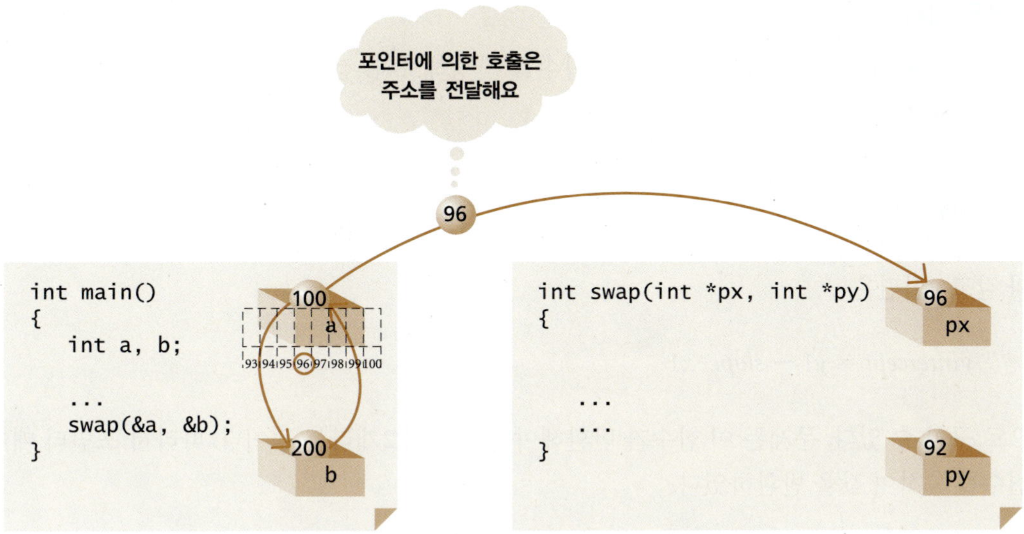

그림 6-16 • 포인터를 이용하는 "참조에 의한 호출"

위와 같이 포인터를 이용하는 것은 잘 동작하지만 약간의 문제가 있다. 만약 프로그래머가 swap() 안에서 실수로 *기호를 생략하는 경우에는 포인터가 가리키는 대상이 변경되지 않고 포인터 자체가 변경되어 버린다. 또한 swap()를 호출하기 전에 반드시 주소 연산자 &을 사용하여 변수의 주소를 추출해보내야 한다는 점도 부담이다.

Q & A

Q: 값에 의한 호출과 참조에 의한 호출은 어떤 경우에 사용해야 하는가?

A: 일반적으로 함수의 반환값만을 필요로 하면 당연히 값에 의한 호출을 사용하여야 한다. 반면 함수가 외부에서 선언된 변수의 값을 변경할 필요가 있다면 참조에 의한 호출을 사용하여야 한다. 참조에 의한 호출은 함수가 전역 변수를 사용하지 않고서도 외부의 변수들을 참조할 수 있는 합법적인 방법이다.

함수가 여러 개의 값을 반환하는 경우

일반적으로 함수는 하나의 값만을 반환할 수 있다. 하지만 여러 개의 값을 반환하면 편리한 경우가 종종 있다. 이런 경우에는 어떤 방법으로 함수로부터 여러 개의 값을 받을 수 있을까? 이런 경우에도 포인터 또는 레퍼런스를 사용할 수 있다. 먼저 포인터를 사용하는 방법부터 살펴보자. 레퍼런스를 사용하여 반환하는 방법은 추후에 살펴본다.

포인터를 이용한 반환

직선의 기울기와 y절편의 값을 구하는 함수를 작성해보자. 점 $(x1, y2)$, $(x2, y2)$를 지나는 직선의 기울기는

$$slope = \frac{y2 - y1}{x2 - x1}$$

와 같고 y절편은

$$yintercept = y1 - slope*x1$$

으로 구할 수 있다. 문제는 이 함수가 반환해야하는 값이 2개라는 점이다. 따라서 포인터 매개 변수를 통하여 값을 반환하였다.

slope.cpp

```
#include <iostream>
using namespace std;

// 기울기와 y절편을 계산
int get_line_parameter(int x1, int y1, int x2, int y2, float *slope, float *yintercept)
{
   if( x1 == x2 )
      return -1;
   else
   {
      *slope = (float)(y2 - y1)/(float)(x2 - x1);
      *yintercept = y1 - (*slope)*x1;
      return 0;
   }
}
//
int main()
{
   float s, y;

   if( get_line_parameter(3, 3, 6, 6, &s, &y) == -1 )
      cout << "에러" << endl;
   else
      cout << "기울기는 " << s << endl << "y절편은 " << y << endl;

   return 0;
}
```

포인터 매개 변수를 통하여 값을 반환

실행결과

```
기울기는 1
y절편은 0
계속하려면 아무 키나 누르십시오 . . .
```

지금까지는 모두 함수의 인자로 포인터를 받는 형태였다. 함수의 반환값으로도 포인터를 사용할 수 있다. 하나 약간의 주의해야할 점은 함수가 종료되더라도 남아 있는 기억 장소의 변수를 반환해야 한다는 점이다. 예를 들어서 지역 변수의 경우, 함수가 종료되면 사라지기 때문에 지역 변수의 주소를 반환하면 안 된다. 예를 들어서 다음 함수는 지역 변수의 주소를 반환하기 때문에 잘못되었다.

```
int *add(int x, int y)
{
   int result;

   result = x + y;
   return &result;          // 오류!!
}
```

중간점검

1. 함수에 매개 변수로 변수의 복사본이 전달되는 것을 __________(이)라고 한다.
2. 함수에 매개 변수로 변수의 원본이 전달되는 것을 __________(이)라고 한다.
3. 배열을 함수의 매개 변수로 지정하는 경우, 배열의 복사가 일어나는가?

6. C-문자열

C++에서는 문자열을 나타내는 두 가지 방법이 있다. 첫 번째 방법은 문자 배열을 생성하여서 문자열을 저장하고 맨 끝에 NULL 문자를 추가하는 방법이다. 이러한 방식은 C언어에서 사용해왔던 고전적인 방식으로 C-문자열이라고 한다. 또 한 가지 방법은 문자열을 나타내는 클래스인 string을 사용하는 방법이다. 이번 장에서 C-문자열을 학습하고 8장에서 string 클래스를 학습하여 서로 비교해보자.

문자열(string)은 문자들의 연속이다. 즉, 문자들이 여러 개 모인 것이 문자열이다. 문자열은 큰 따옴표를 이용하여 표현된다. 다음은 문자열의 예이다.

```
"A"
"Hello World!"
"변수 score의 값은 %d입니다"
```

여기서 주의해야 할 것은 'A'는 하나의 문자를 나타내며 문자 A에 대한 아스키 코드값과 같지만 "A"는 문자열이다. 문자열이 되면 문자열 끝을 나타내는 특별한 문자인 NULL 문자가 추가된다.

C++에서 문자열은 어디에 어떻게 저장되는가? C++에는 문자를 저장하기 위하여 만들어진 자료형인 char형이 있다. char형은 단지 하나의 문자만을 저장할 수 있다. 따라서 하나의 char형만 가지고는 부족하다. 대신에 char형의 배열을 이용하여 문자열을 저장한다.

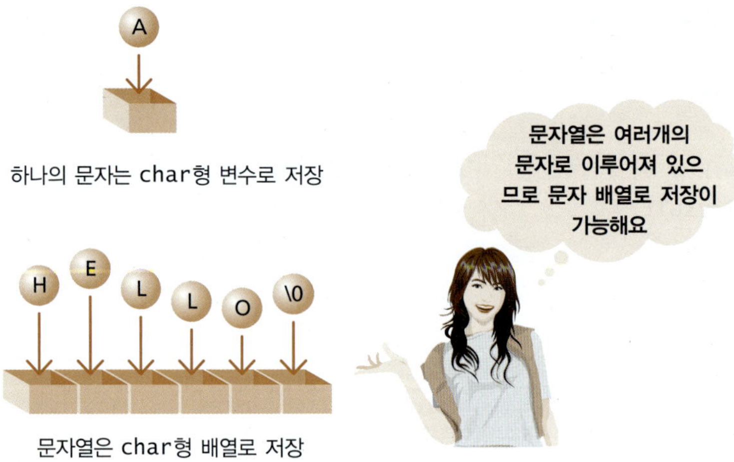

그림 6-21 • 문자열의 표현 방법

예를 들어 5개의 문자로 된 문자열을 표현하려면 다음과 같이 6개의 원소를 가지는 char형 배열을 선언한다.

```
char str[6];
```

문자열을 이루는 각각의 문자는 배열 원소에 저장되게 된다. 여기서 한 가지 의문은 5개의 문자만 저장한다면 배열의 크기가 5이면 될 것 같은데 왜 6이어야 하느냐이다. 그 이유는 C++에서는 문자열의 끝이 반드시 NULL 문자(null character)라는 특수한 값으로 끝나야 하기 때문이다. NULL 문자는 아스키값이 0인 문자이다. 문자열의 끝이 NULL 문자로 끝나지 않으면 문자열을 처리하는데 상당한 애로가 있다. 따라서 반드시 문자열은 NULL 문자로 끝나야 한다. NULL 문자는 프로그램에서 '\0'으로 표현된다.

그림 6-22 • 문자열의 끝에는 항상 NULL 문자가 들어가야 한다

왜 문자열의 끝은 반드시 표시를 해주어야 하는 것인가? 컴파일러는 char형 배열에서 어디서부터 어디까지가 의미 있는 문자열인지 알지 못한다는 점이다. 왜냐하면 '#' 나 '%' 들도 당당한 하나의 문자이기 때문이다. 따라서 문자열의 경우, 문자열의 끝을 확실하게 표시하여야만 메모리에서 정확히 어디까지가 의미 있는 문자열인지를 확실하게 할 수 있다.

문자 배열의 초기화

문자 배열을 초기화하는 방법을 살펴보자. 각 배열 요소에 문자들을 저장할 수도 있지만 보다 편리한 방법은 다음과 같이 문자열 상수를 할당하는 방법이다. 각 문자 배열의 원소에는 문자열 상수 안의 문자들이 대입된다. 이 경우에는 컴파일러가 자동으로 문자열의 끝에 NULL 문자를 추가한다. 따라서 문자 배열의 크기는 문자열보다 하나 커야 한다.

```
char str[6] = "Hello";
```

만약 배열을 크기를 지정하지 않으면 컴파일러가 자동으로 배열의 크기를 초기화값에 맞추어 설정한다. 이 방법은 문자열을 이루는 문자의 개수를 셀 필요가 없어서 편리하다.

```
char str[] = "C Bible";      // 배열의 크기는 8이 된다
```

예제 #1

문자열 배열을 선언하고 초기화한 다음, 그 내용을 출력하는 간단한 예제를 살펴보자.

string1.cpp

```
#include <iostream>
using namespace std;
```

```
3
4   int main()
5   {
6       char str1[7] = "Seoul ";
7       char str2[3] = { 'i', 's' };
8       char str3[] = " the capital city of Korea.";
9
10      cout << str1 << str2 << str3 << endl;
11      return 0;
12  }
```

실행결과

```
Seoul is the capital city of Korea.
```

프로그램 설명

6 문자 배열 str1을 선언하였다. str1의 초기값은 문자열 상수 "Seoul"이 된다. 문자열 "Seoul"의 각각의 문자들은 문자 배열 str1의 배열 원소에 하나씩 들어가게 된다. 여기서 주의할 점은 문자열의 끝을 나타내는 문자인 NULL 문자를 위한 공간이 필요하기 때문에 문자열의 길이는 5이지만 문자 배열의 크기는 6으로 잡아주었다는 점이다.

7 문자 배열 str2를 선언하였다. 이번에는 초기화 방법이 약간 다르다. 문자열 상수로 초기화를 하는 것이 아니라 전통적인 배열 초기화 방법인 각 배열 원소들의 초기값을 중괄호 안에 적어주는 방법으로 초기화되었다. NULL 문자는 컴파일러에 의하여 자동으로 문자 배열의 맨 끝에 삽입된다.

8 문자 배열 str3를 선언하였다. 이번에는 선언 시에 배열의 크기를 지정하지 않았다. 컴파일러는 자동으로 초기화 문자열의 크기에 맞추어 배열의 크기를 결정한다. 여기서는 초기화 문자열의 길이는 26이고 여기에다 NULL 문자를 위한 공간을 합치면 27이 되므로 문자 배열의 크기는 27이 된다. 초기화 문자열이 길어서 문자열의 크기가 얼마인지 계산하기 어려운 경우에 유용하다.

예제 #2

문자열 배열이 문자열 상수와 다른 점은 초기화한 후에도 문자열 안의 문자들을 변경할 수 있다는 점이다. 이번 예제에서는 문자 단위의 조작을 살펴보자.

string2.ccp

```
#include <iostream>
using namespace std;

```

```
4   int main()
5   {
6       char str[] = "komputer";
7       int i;
8
9       for(i=0;i<8;i++)
10          cout << str[i] << " ";
11
12      str[0] = 'c';
13      cout << endl;
14
15      for(i=0;i<8;i++)
16          cout << str[i] << " ";
17      cout << endl;
18      return 0;
19  }
```

실행결과

```
k o m p u t e r
c o m p u t e r
```

프로그램 설명

6 문자열 배열 str을 선언하였다. str의 초기값은 문자열 상수 "komputer"가 된다. 선언 시에 배열의 크기를 지정하지 않았다. 컴파일러는 자동으로 초기값에 맞추어 배열의 크기를 정한다. 여기서는 초기 문자열의 길이는 8이고 여기에다 NULL 문자를 위한 공간을 합치면 9가 되므로 문자 배열의 크기는 9가 된다.

9 str에는 8개의 문자기 저장되어 있기 때문에 8번의 반복을 해야만 전체 문자를 출력할 수 있다.

12 여기서는 문자 배열 str에서 첫 번째 요소인 str[0]에 문자 'c'를 대입하였다. 원래 str[0]에 있었던 문자 'k'는 지워지게 되고 그 자리에 'c'가 저장된다.

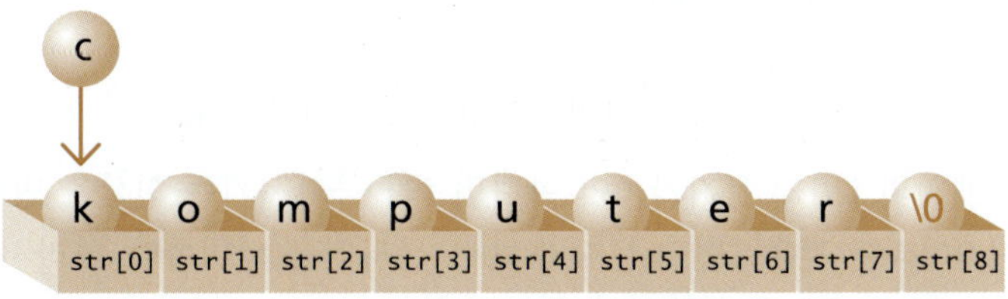

그림 6-23 ● 문자 배열에서는 각 글자들을 변경할 수 있다

예제 #3

주어진 문자열의 길이를 구하는 방법을 살펴보자. 문자열의 길이는 라이브러리 함수를 이용하면 쉽게 알 수 있으나 여기서는 직접 문자 배열을 처리하여 길이를 구해보자.

string3.cpp

```
1  // 문자열의 길이를 구하는 프로그램
2  #include <iostream>
3  using namespace std;
4
5  int main()
6  {
7     char str[30] = "C++ language is easy";
8     int i = 0;
9
10    while(str[i] != 0)
11       i++;
12    cout << "문자열 " << str << "의 길이는 " << i << "입니다." << endl;
13
14    return 0;
15 }
```

실행결과

```
문자열 C++ language is easy의 길이는 20입니다.
계속하려면 아무 키나 누르십시오 . . .
```

프로그램 설명

7 위의 문장은 char형 배열을 선언하고 초기화하는 문장이다. 배열의 크기는 일단은 초기화하는 문자열보다 더 크게 잡아야 한다. 만약 정확하게 초기화 문자열만큼만 잡고 싶으면 다음과 같이 하는 편이 좋다.

```
char str[ ] = "C++ language is easy";
```

8 문자열의 길이가 계산되어 저장될 변수 i를 선언하고 0으로 초기화한다.

10~11 위의 반복 루프는 str배열의 i번째 문자가 0이 아니면 i를 증가시키는 연산을 반복하라는 의미이다. i번째 문자의 값이 0이라는 것은 i번째 문자가 NULL 문자임을 의미한다. 따라서 위의 반복 루프는 NULL 문자가 아니면 i값을 계속해서 증가시키라는 의미이다. NULL 문자는 문자열의 끝에 위치하

므로 i값은 NULL 문자 앞에 위치한 문자들의 개수와 같게 된다. NULL 문자는 개수에 포함되지 않는다. 여기서 0대신 '\0'을 사용하여도 마찬가지이다. 그러나 통상적으로 위의 문장이 더 많이 사용된다.

12 문자열의 길이를 계산한 후에 문자열과 문자열의 길이를 출력한다.

문자열의 복사, 추가, 비교

문자열을 사용하다보면 두 개의 문자열을 붙이는 작업이나 두 개의 문자열을 서로 비교하는 작업들이 필요해진다. 이러한 문자열 처리 작업을 프로그래머가 직접 함수로 작성하여 사용하는 것도 물론 가능하다. 하지만 무척 시간이 많이 소모되는 작업이고 또한 작성된 함수에 오류가 있을 가능성도 있다. C에서는 이러한 문자열 조작을 처리해주는 많은 라이브러리 함수들을 제공하고 있다.

C-스타일 문자열 함수들은 cstring에 선언되어 있다. 따라서 이들 함수들을 사용하려면 cstring을 프로그램의 첫 부분에서 포함시켜야 한다. 그리고 함수이름은 str으로 시작한다.

```
#include <cstring>
```

문자열 처리 라이브러리는 상당히 복잡하다. 따라서 여기서는 가장 기초적인 몇 가지만 살펴볼 것이다.

표 6-2 ● 문자열 라이브러리 함수

함수	설명
strlen(s)	문자열 s의 길이를 구한다.
strcpy(s1, s2)	s2를 s1에 복사한다.
strcat(s1, s2)	s2를 s1의 끝에 붙여넣는다.
strcmp(s1, s2)	s1과 s2를 비교한다.
strncpy(s1, s2, n)	s2의 최대 n개의 문자를 s1에 복사한다.
strncat(s1, s2, n)	s2의 최대 n개의 문자를 s1의 끝에 붙여넣는다.
strncmp(s1, s2, n)	최대 n개의 문자까지 s1과 s2를 비교한다.
strchr(s, c)	문자열 s안에서 문자 c를 찾는다.
strstr(s1, s2)	문자열 s1에서 문자열 s2를 찾는다.

문자열 길이

```
size_t strlen( const char *s );
```

문자열의 길이를 구한다. 예를 들어서 strlen("Hello")는 5를 반환한다. NULL 문자는 길이 계산에서 제외된다.

문자열 복사

```
char *strcpy( char *dst,   const char *src );
```

그림 6-24 ● strcpy( )에서는 원본 배열과 복사 배열의 위치를 주의하여야 한다

strcpy()의 두 인수는 char형 포인터이다. strcpy()는 src가 가리키는 문자열을 dst가 가리키는 배열로 복사한다. dst가 가지고 있었던 문자열은 덮어씌워져서 없어진다. 문자열의 복사는 한 문자씩 이루어지며 NULL 문자 '\0'가 나올 때까지 복사를 계속하게 된다.

```
char dst[6];
char src[6] = "Hello";
strcpy(dst, src);
```

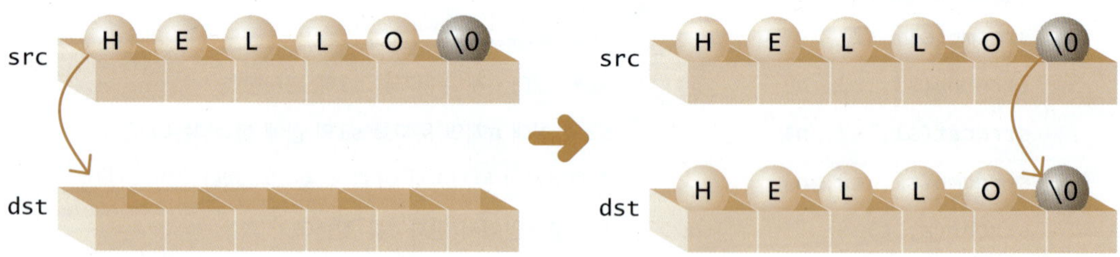

그림 6-25 ● strcpy( )의 동작

strcpy()를 사용하면 간단하게 한 줄로 복사를 할 수 있으므로 간편하다. 이때 주의할 점은 dst의 문자열 길이가 src의 문자열 길이보다 길거나 같아야 한다.

문자열 연결

두 개의 문자열이 있는 경우, 이 두 개의 문자열을 연결하여 하나의 문자열로 만들려면 어떻게 해야 할까? dst 배열에 "Hello"가, src 배열에 "World"가 저장되어 있는 경우, srccat(dst, src)를 호출하면 **그림 6-26**과 같이 dst 배열에 src 배열에 저장되어 있던 문자열이 연결된다. strcat()은 src를 dst의 끝에 붙이고 전체 문자열을 NULL 문자로 종료한다.

```
char dst[12] = "Hello";
char src[6] = "World";
strcat(dst, src);
```

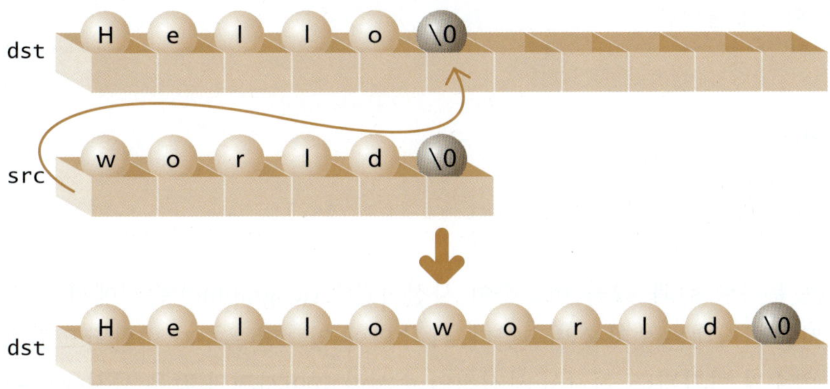

그림 6-26 • strcpy( )의 동작

strcpy_strcat.cpp

```
// strcpy와 strcat
#include <iostream>
#include <cstring>
using namespace std;

int main()
{
    char string[80];

    strcpy(string, "Hello World from ");
    strcat(string, "strcpy() ");
    strcat(string, "and ");
    strcat(string, "strcat()!");
    cout << string << endl;
    return 0;
}
```

실행결과

```
Hello World from strcpy() and strcat()!
계속하려면 아무 키나 누르십시오 . . .
```

프로그램 설명

8	크기가 80인 문자 배열을 정의한다.
10	strpcy() 함수를 이용하여 문자 배열 string[]에 Hello World from을 복사한다.
11~13	strcat() 함수를 이용하여 기존의 문자열의 끝에 새로운 문자열을 붙인다.
14	최종 문자열을 화면에 출력한다.

문자열 비교

```
char *strcmp(const char *s1,  const char *s2);
```

strcmp()는 문자열 s1과 s2를 비교하여 사전적인(lexicographic) 순서에서 어떤 문자열이 앞에 있는지를 나타내는 숫자를 반환한다. s1이 앞에 있으면 음수가 반환되고 같으면 0이, 뒤에 있으면 양수가 반환된다. 여기서 사전적인 순서란 영어사전과 같은 사전에서 문자열이 나타나는 순서이다.

그림 6-27 ● 사전적인 순서

대문자는 소문자보다 아스키 코드값이 작다. 따라서 strcmp("STRCMP", "strcmp")에서 "STRCMP"는 "strcmp"보다 아스키 코드 기준으로 앞에 있고 따라서 음수가 반환된다. strcmp("strcmp", "str")와 같이 호출했을 경우에는 두 번째 문자열인 "str"의 NULL 문자('\0')와 'c'가 비교되어서 NULL 문자는 0이므로 아스키 코드 기준으로 NULL 문자가 앞에 있게 되어 양수가 반환된다.

strcmp.cpp

```
1  // strcmp() 함수
2  #include <iostream>
3  #include <cstring>
4  using namespace std;
5
6  int main()
7  {
8     char s1[80];  // 첫 번째 단어를 저장할 문자배열
9     char s2[80];  // 두 번째 단어를 저장할 문자배열
10    int result;
11
12    cout << "첫번째 단어를 입력하시오:";
13    cin >> s1;
14    cout << "두번째 단어를 입력하시오:";
15    cin >> s2;
16
17    result = strcmp(s1, s2);
18    if( result < 0 )
19       cout << s1 << "이 " << s2 << "보다 앞에 있습니다." << endl;
20    else if( result == 0 )
21       cout << s1 << "이 " << s2 << "와 같습니다." << endl;
22    else
23       cout << s1 << "이 " << s2 << "보다 뒤에 있습니다." << endl;
24    return 0;
25 }
```

실행결과

```
첫번째 단어를 입력하시오:cat
두번째 단어를 입력하시오:dog
cat이 dog보다 앞에 있습니다.
계속하려면 아무 키나 누르십시오 . . .
```

프로그램 설명

3 strcmp()를 사용하기 위해서는 cstring 헤더 파일이 필요하다.

8, 9 첫 번째 단어와 두 번째 단어를 입력받아 저장하기 위한 문자 배열을 선언한다. 배열의 크기는 각각 80이다. 충분한 배열의 크기를 확보하는 것은 프로그래머의 책임이다.

17 strcmp()를 이용하여 s1과 s2에 저장된 문자열을 비교한다. 만약 s1이 s2보다 앞서 있으면 음수가, 같으면 0이, s1이 뒤에 있으면 양수가 반환된다.

중간점검

1. C-문자열 src를 C-문자열 dst로 복사하는 문장을 써보아라.
2. "String"을 저장하려면 최소한 어떤 크기 이상의 문자 배열이 필요한가?
3. 문자열을 서로 비교하는 함수는?

EXERCISE
INTRODUCTION TO C++ PROGRAMMING

1. int형 포인터 p에 대한 다음과 같은 연산의 동작을 설명하라.

❶ `*p = 100;` ❷ `*p++;`

❸ `(*p)++;` ❹ `*(p+2) = 300;`

2. 아래의 설명에 적합한 하나의 문장을 선언하라.

❶ double형 포인터 pd1과 pd2

❷ 변수 c의 주소로 초기화된 char형 포인터 pc

❸ NULL값으로 초기화된 float형 포인터 pf;

3. 다음의 설명에 맞는 문장을 순차적으로 작성하라.

❶ char형 변수 color를 가리키는 포인터 pcolor를 선언하고 초기화하라.

❷ 변수 color에 포인터 pcolor를 통하여 간접적으로 'B'를 대입하는 문장을 작성하라.

❸ 포인터 pcolor가 가리키는 값을 출력하는 문장을 작성하라.

4. 다음에서 인덱스에 의한 배열 원소 참조는 포인터에 의한 참조로 바꾸고 반대로 포인터에 의한 참조는 인덱스에 의한 참조로 바꾸어라.

❶ `list[6]` ❷ `name[3]` ❸ `*(cost + 8)` ❹ `*message`

5. 만약 x[]라는 이름의 배열이 1000번지에 저장되어 있다면 다음 수식의 값은 얼마인가?

수식	값(x가 char형 배열)	값(x가 int형 배열)
x		
&x[0]		
&x[3]		
&x[10]		

6. 다음과 같이 선언되어 있는 경우, 다음 수식의 값은 얼마인가?

```
int *p = 1000;
double *q = 2000;
```

❶ p + 3 ❷ p − 2 ❸ q + 5 ❹ q − 1

7. 다음과 같이 선언되어 있는 경우, 논리적으로 틀린 것을 지적하고 그 이유를 말하시오.

```
int *p, *q;
int list[10];
p = q = list;
```

❶ `*p = *p + 2;` ❷ `&p = &list[0];`

❸ `q = &(p + 1);` ❹ `*list[0] = 100;`

8. int형 배열 a의 처음부터 5번째에 위치한 원소에 20을 대입하는 문장을 다양한 방법으로 작성하여 보라.

❶ 인덱스를 사용

❷ 배열 이름을 포인터로 사용

❸ int형 포인터 pi를 사용

9. double형 배열 a를 매개 변수 b로 전달받는 함수 print_array()의 헤더를 다음과 같은 방법으로 작성하라. 반환값은 없다.

❶ b를 배열로 선언

❷ b를 포인터로 선언

10. 다음의 설명에 부합하는 프로그램의 일부분을 작성하시오. 실수 1.0, 2.0, 3.0을 저장하는 배열 numbers를 만들고 display_numbers()라는 함수에서 위의 배열을 pd라는 매개 변수 이름으로 받아서 *(pd + i) 수식을 이용하여 배열의 각 원소에 4.0, 5.0, 6.0을 대입하라.

11. 다음의 변수들에게 몇 바이트의 메모리가 할당되는가?

❶ `char str[ ] = "Sample";`

❷ `char *pc = "Visual C++";`

❸ `char c;`

❹ `char str[10] = "Hello!";`

❺ `char str[2][10] = { "Hello", "World" };`

12. 다음과 같이 정의되어 있다고 가정하고 다음의 수식의 값을 말하라.

```
char s[][10] = { "HIGH", "MIDDLE", "LOW" };
```

❶ `s[0]`

❷ `s[1][3]`

❸ `*(s[2]+1)`

13. 다음의 문장에 오류가 있는지를 밝히고 만약 오류가 있다면 오류를 수정하라.

❶ `char c = "c";`

❷ `char s[] = "processing!#$";`

❸ `char s[10] = { "c bible" };`

❹ `char s[][] = { "c", "java", "c++" };`

❺ `char *ps[] = { "network", "security", "vision" };`

14. 다음의 문장의 출력을 써보아라.

❶ `cout << toupper('a');`

❷ `cout << strcmp("xyz", "xy");`

❸ `cout << strcat("abc", "xyz");`

PROGRAMMING
INTRODUCTION TO C++ PROGRAMMING

1. 배열의 원소들을 난수를 사용하여 채우는 함수를 작성하고 테스트하라. 난수는 라이브러리 함수인 rand()를 사용하여 생성한다.

```
void fill(int *A, int n);
```

2. 배열의 원소들을 화면에 출력하는 함수를 작성하고 테스트하라. 출력 형식은 A[] = { 1, 2, 3, 4, 5 }와 같은 형식이 되도록 하라.

```
void print(int *A, int n);
```

3. 배열 A[]를 배열 B[]에 복사하는 함수를 작성하고 테스트하라.

```
void copy(int *A, int *B, int n);
```

4. 서로 대응되는 배열 A[]의 원소와 배열 B[]의 원소를 더하여 배열 C[]에 저장하는 함수를 작성하고 테스트하라. 즉 모든 i에 대하여 C[i] = A[i] + B[i]가 된다.

```
void add(int *A, int *B, int *C, int n);
```

5. 배열 원소들의 순서를 반대로 하는 함수를 작성하고 테스트하라. 즉 예를 들어서 A[0]는 A[n-1]로 이동하고 A[n-1]은 A[0]로 이동한다.

```
void reverse(int *A, int n);
```

6. 배열에서 특정한 범위에 속하는 원소들의 합을 구하여 반환하는 함수를 작성하고 테스트하라.

```
int sum_range(int *p_start, int *p_end); // pstart와 pend는 범위에
                                속하는 첫 번째 원소와 마지막 원소를 가리키는 포인터
```

7. 배열 A[]에서 주어진 숫자를 탐색하여 숫자를 가리키는 포인터를 반환하는 다음과 같은 원형을 가지는 함수를 작성하고 테스트하라.

```
int *search(int *A, int x);
```

8. 포인터 인수를 사용하여 2개의 정수의 합과 차를 동시에 반환받는 함수를 작성하고 테스트하라. 포인터 인수를 사용하여 결과를 받도록 하라.

```
void get_sum_diff(int A[], int n, int *p_sum, int *p_diff);
```

9. 실수값들이 저장되어 있는 double형 배열 A[]에서 평균값, 최대값, 전체의 합을 계산하여 포인터 인수를 통하여 반환하는 함수 get_stat(double A[], doube *p_avg, double *p_max, double *p_sum)을 구현하라.

10. 2개의 정렬된 정수 배열 A[]와 B[]가 있다고 가정하자. 이 2개의 배열을 합쳐서 하나의 정렬된 배열 C[]로 만드는 함수를 작성하여 보자. 다음과 같은 함수 원형을 가진다고 가정하라.

```
void merge(int *A, int *B, int *C);
```

여기서 배열 A[], B[]는 모두 크기가 SIZE로 정의되어 있다고 가정한다. 배열 C[]에는 충분한 공간이 확보되어 있다고 가정하자. 합치는 알고리즘은 다음과 같다. 먼저 A[0]와 B[0]를 비교한다. 만약 A[0]가 B[0]보다 작으면 A[0]를 C[0]에 복사한다. 다음에는 A[1]과 B[0]를 비교한다. 이번에는 B[0]가 A[1]보다 작다면 B[0]를 C[1]에 저장한다. 똑같은 방식으로 남아있는 원소들을 비교하여 더 작은 원소를 C[]로 복사한다. 만약 A[]나 B[]중에서 어느 하나가 먼저 끝나게 되면 남아있는 원소들을 전부 C[]로 이동한다. 다음의 그림을 참고하라.

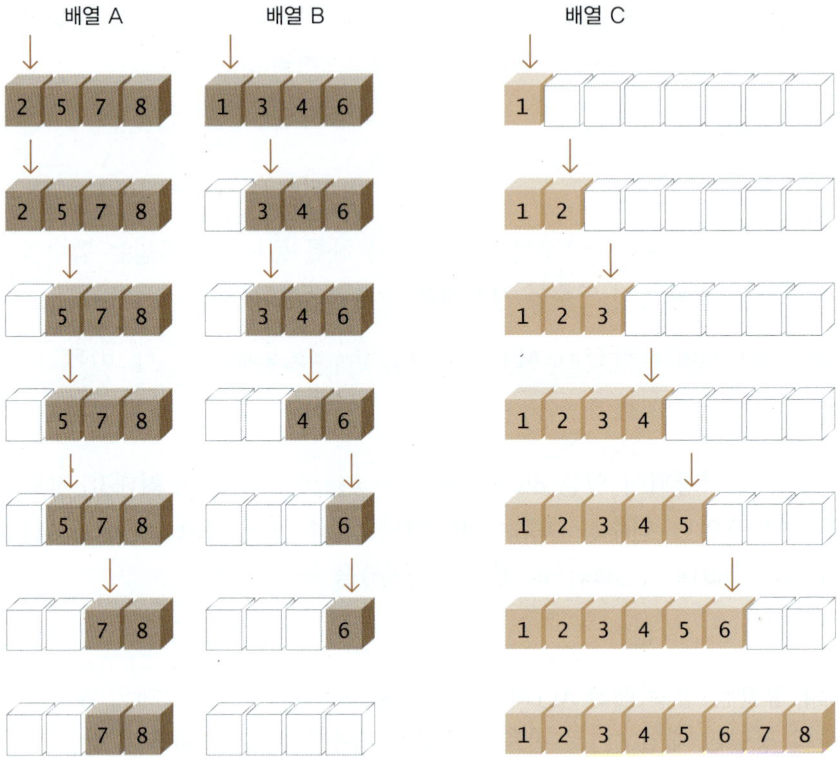

11. 사용자로부터 문자를 입력받아서 그 문자의 아스키 코드값을 출력하는 프로그램을 작성하라.

12. 문자열을 입력으로 받아서 문자열에 포함된 모든 공백 문자를 삭제하는 함수를 작성하고 테스트하라.

13. 라이브러리 함수인 `strlen()`와 비슷한 함수를 직접 작성하여 보자. `int str_len(char *s)`의 원형을 가진다고 가정하자. `str_len()`은 문자열에 들어 있는 문자들의 개수를 반환한다.

14. 영문 문자열 안에 포함된 영단어의 개수를 계산하여 화면에 출력하는 프로그램을 작성하여 보자. `isalpha()`를 사용하여 공백문자와 단어들을 구별할 수 있다. 영어 알파벳이 연속되다가 공백문자가 나오면 단어가 끝나는 것으로 간주한다.

15. 엔터기가 눌려질 때까지 사용자로부터 문자열을 입력받아서 문자열에 포함된 단어들을 역순으로 배열하여 출력하는 프로그램을 작성하시오. 즉 "programming in c"가 입력되면 "c in programming"으로 출력하면 된다.

16. 회문(palindrome)이란 바로 읽거나 거꾸로 읽어도 같은 글이 되는 문구이다. 예를 들면 "Able was I ere I saw Elba"와 같은 문자열이 회문이다. 사용자로부터 문자열을 받아서 회문 여부를 판별하여 그 결과를 화면에 출력하는 프로그램을 작성하여 보라. strlen()와 같은 라이브러리 함수는 사용해도 좋다.

17. 사용자에게 영어 이름을 성과 이름으로 나누어서 입력하도록 하여서 이름의 첫 글자와 마침표, 성을 출력하는 프로그램을 작성하라. 즉 사용자가 HONG GIL DONG을 입력하면 G. I. HONG과 같이 출력하도록 하라.

18. 사용자에게 영어 이름을 성과 이름으로 나누어서 대문자로 입력하도록 하여서 성과 이름의 위치를 바꾸고 소문자로 변환하여 출력하는 프로그램을 작성하라. 즉 사용자가 HONG GIL DONG을 입력하면 gil dong, hong과 같이 출력하도록 하라.

19. 사용자에게 질문을 제시하고 답변을 받아서 긍정이면 1을 반환하고 부정이면 0을 반환하는 함수 get_response(char *prompt)를 작성하고 테스트하라. 여기서 매개 변수 prompt는 사용자에게 제시하는 질문이다. 긍정을 의미하는 문자열은 "yes", "ok"로 가정하라. 부정을 의미하는 문자열은 "no"로 가정하라. 대소문자는 구별하지 않도록 하라.

20. 간단한 철자 교정 프로그램을 작성하여 보자. 문자열을 입력으로 받아서 문자열 안에 마침표가 있으면 문자열의 첫 번째 문자가 대문자인지를 검사한다. 만약 대문자가 아니면 대문자로 변환한다. 또한 문장의 끝에 마침표가 존재하는지를 검사한다. 역시 마침표가 없으면 넣어준다. 즉 입력된 문자열이 "pointer is easy"라면 "Pointer is easy."로 변환하여 화면에 출력한다.

21. 간단한 "찾아 바꾸기" 기능을 구현하여 보자. 첫 번째로 사용자에게 최대 80 문자의 문자열을 입력하도록 한다. 두 번째로 찾을 문자열을 입력받는다. 세 번째로 바

꿀 문자열을 입력받는다. 문자열을 찾아서 바꾼 후에 결과 문자열을 화면에 출력한다.

```
문자열을 입력하시오: A fool and his mony are soon parted.
찾을 문자열: mony
바꿀 문자열: money
결과: A fool and his money are soon parted.
```

22. 사용자로부터 문자열을 받아서 서로 다른 단어가 몇 번이나 등장하였는지를 세는 프로그램을 작성하라. 대소문자는 구분하지 않는다.

```
문자열을 입력하시오: Easy come, easy go
===================
단어  빈도
===================
come    1
easy    2
go      1
```

23. 메시지를 암호화하는 간단한 기법 중의 하나는 시저가 사용한 암호화 기법이다. 이 방법은 평문에 단순히 더하기(즉, 영어의 알파벳을 왼쪽으로 이동하던지 오른쪽으로 이동하는 것)를 하여 암호문을 얻는다. 즉 예를 들어 다음 표와 같이 변경하여 전송하였다.

평 문	a	b	c	d	e	f	g	h	i	j	k	l	m	n	o	p	q	r	s	t	u	v	w	x	y	z
암호문	D	E	F	G	H	I	J	K	L	M	N	O	P	Q	R	S	T	U	V	W	X	Y	Z	A	B	C

예를 들어서 "meet at midnight"을 위의 표에 의하여 변환하면 "phhw dw plgqjkw"가 된다. 사용자가 제시한 문자열을 암호화하거나 복호화하는 프로그램을 작성하라.

```
1. 암호화
2. 복호화
메뉴를 선택하시오:1
문자열을 입력하시오: meet at midnight
암호화된 문자열: phhw dw plgqjkw
```

LAB
INTRODUCTION TO C++ PROGRAMMING

1. 정수 배열에서 최대값을 구하는 함수 get_largest()를 작성하고 테스트하여 보자.

❶ int get_largest(int array[], int n);과 같은 원형을 사용한다.

❷ int get_largest(int *parray, int n);과 같은 원형을 사용한다.

2. 계산기 프로그램을 약간 변경하여 보자. 사용자로부터 다음과 같은 문자열을 받아서 계산을 수행하여 화면에 출력하는 프로그램을 작성하여 보자.

```
문자열을 입력하시오: 10 add 20
연산의 결과는 30입니다.
```

위의 문자열이 입력되면 “10”과 “20”을 정수로 변환한 후에 10과 20을 더하여 그 결과인 30을 화면에 출력하면 된다.

❶ add, minus, multiply, divide와 같은 다양한 연산을 구현하여 보자.

❷ 거듭 제곱 연산인 power도 구현하여 테스트하여 보자.

```
문자열을 입력하시오: 10 power 2
연산의 결과는 100입니다.
```

3. 사용자로부터 받은 문자열에서 각각의 문자가 나타나는 빈도를 계산하여 출력하는 프로그램을 작성하시오.

```
문사열을 입력하시오: meet at midnight
a: 1
b: 0
c: 0
e: 2
...
```

4. 문자열의 일부를 추출하는 sub_string() 함수를 작성한다. void sub_string(char *s, int start, int n, char *result)와 같은 원형을 가진다. s가 가리키는 문자열의 start번째 문자부터 n만큼의 문자를 추출하여 result가 가리키는 곳에 저장

하여 외부로 전달한다. 예를 들어서 `sub_string("language", 3, 2, result)`라고 호출하면 "ng"가 result에 저장된다.

```
문자열을 입력하시오: language
시작 위치: 3
길이: 2
결과: ng
```

CHAPTER 07

향상된 C언어

이 장의 차례

학습목표

- C 언어 사용자들에게 C 언어와 C++ 언어의 차이점을 학습하도록 한다.
- 이름 공간 개념을 학습한다.

1. 변수와 자료형의 변경

변수 선언 위치

C 언어에서는 함수나 블록의 시작 부분에서 반드시 변수를 선언하여야 했었다. 하지만 C++ 언어에서는 어디에서나 변수를 선언하는 것이 가능하다. 즉, 함수나 블록의 중간에서 변수를 선언하는 것이 가능하다.

```
int getSum(int array[], int n)
{
    cout << "변수는 어디서나 선언이 가능합니다" << endl;
    int sum=0;
    for(int i=0 ; i < n; i++)
        sum += array[i];
    return 0;
}
```

형변환

C 언어에서 형변환을 하려면 (***새로운 타입***) ***수식***의 형태를 사용하였다. C++ 언어에서도 같은 방식으로 할 수도 있고 또한 ***새로운 타입***(***수식***)의 형태도 가능하다.

```
double d = 3.14;
int i;
i = (int)d;
i = int(d);        // 새로운 형변환 형식
```

엄격한 자료형 검사

C 언어의 컴파일러는 상대적으로 느슨한 타입 검사를 실시한다. 예를 들면 함수가 반환값을 지정하지 않으면 그냥 int 형을 반환한다고 가정한다. 그러나 이 느슨한 검사 때문에 수많은 오류들이 발생하였다. 따라서 C++ 언어의 컴파일러는 상대적으로 엄격하게 타입을 검사한다. 예를 들면 C++에서는 반드시 함수의 반환형을 지정하여야 한다. 다음과 같은 문장은 컴파일 오류에 해당한다.

```
sub(int n) // void sub(int n)으로 수정하여야 함
{
    ...
}
```

함수의 반환값이 없다면 반드시 앞에 void를 붙여주어야 한다.

bool형

C 언어에서는 참과 거짓을 1과 0으로 표현하였지만 C++ 언어에서는 true와 false값만을 가지는 bool형을 도입하였다.

```
bool isLarger=false;
if( x > y )
    isLarger = true;
else
    isLarger = false;
```

true와 false는 C++ 언어의 키워드이므로 예전의 TRUE와 FALSE처럼 #define이나 열거형을 이용하여서 정의할 필요가 없다. 그러나 예전 C 언어와의 호환성 때문에 조건문에서는 여전히 1과 0도 사용할 수 있다.

구조체

여기에도 약간의 변경이 있었다. 구조체의 경우에 C 언어에서는 반드시 키워드 struct를 써준 후에 구조체 태그(tag)를 적어주어야 했다. 하지만 C++에서는 구조체 태그만 적어주면 된다. 이것은 열거형이나 공용체의 경우에도 마찬가지이다.

```
struct _point {
    int x;
    int y;
};
struct _point p1;   // C 언어 방식
_point p2; // C++ 언어 방식
```

중간점검

1. `bool` 타입의 변수가 가질 수 있는 값은?
2. C++에서 함수의 중간에서 변수가 선언될 수 있는가?

2. 레퍼런스

C++에서는 변수에 별명을 붙여서 접근할 수 있는데 이것을 레퍼런스(reference)라고 한다. 레퍼런스를 선언하려면 다음과 같이 &기호를 사용한다.

```
int &ref = var;
```

위의 문장은 "레퍼런스 `ref`은 변수 `var`의 별명(alias)이다" 라는 의미이다. 여기서 &연산자는 주소 연산자와는 다른 연산자이다. 레퍼런스를 선언할 때는 참조하는 변수와 자료형을 동일하게 하여야 한다. 즉, `int`형의 변수를 참조하는 레퍼런스는 `int &`로 선언하여야 한다.

그림 7-1 ● 레퍼런스는 변수의 다른 이름

레퍼런스는 참조라고도 번역될 수 있으나 참조라는 용어가 다른 의미로 많이 등장하고 있기 때문에 레퍼런스라고 부르기로 한다.

레퍼런스의 생성과 사용

레퍼런스는 변수에 대한 별명이므로 레퍼런스에 값을 할당하면 레퍼런스가 참조하는 변수에 값이 할당된다.

```
1   #include <iostream>
2   using namespace std;
3
4   int main()
5   {
6       int var;
7       int &ref = var;            // 레퍼런스 선언
8
9       var = 10;
10      cout << "var의 값: " << var << endl;
11      cout << "ref의 값: " << ref << endl;
12
13      ref = 20;      // ref의 값을 변경하면 var의 값도 변경된다
14      cout << "var의 값: " << var << endl;
15      cout << "ref의 값: " << ref << endl;
16
17      return 0;
18  }
```

레퍼런스를 통한 변경 (13~15행)

실행결과

```
var의 값: 10
ref의 값: 10
var의 값: 20
ref의 값: 20
계속하려면 아무 키나 누르십시오 . . .
```

프로그램 설명

6 지역 변수 var이 선언된다.

7 int형에 대한 레퍼런스 ref가 선언되고 var 변수를 참조하도록 초기화된다. 만약 레퍼런스를 선언만 하고 초기화시키지 않으면 컴파일 오류이다.

9 var에 10이 할당된다.

10~11 var와 ref를 출력하여 보면 값이 동일함을 알 수 있다.

13 ref에 20이 할당된다. ref는 레퍼런스이므로 var의 별명이고 따라서 20은 실제로는 var 변수로 할당된다.

레퍼런스 사용 시 주의점

레퍼런스는 일견 포인터와 비슷해 보인다. 하지만 차이가 있다. 포인터는 변수이다. 따라서 포인터가 가리키는 대상은 수시로 변경될 수 있다. 하지만 레퍼런스에는 자신만의 메모리 공간이 할당되지 않는다. 따라서 레퍼런스가 가리키는 대상은 변경될 수 없다.

```
int n=10, m=20;
int &ref = n;
ref = m;                // 컴파일 오류!!
```

또 하나의 주의점은 레퍼런스는 반드시 선언과 동시에 초기화되어야 한다. 만약 초기화시키지 않으면 컴파일 오류가 된다.

```
int &ref;               // 컴파일 오류!!
```

레퍼런스를 상수로 초기화하면 역시 컴파일 오류이다.

```
int &ref = 10;          // 컴파일 오류!!
```

참고사항

포인터의 경우에는 널 포인터가 존재한다. 레퍼런스는 어떨까? 레퍼런스는 선언과 동시에 반드시 초기화되기 때문에 널 레퍼런스가 존재할 수 없다.

레퍼런스를 사용하는 "참조에 의한 호출"

앞에서 변수를 하나 선언하고 레퍼런스로 이 변수를 참조하게 하였다. 하지만 실제로는 이런 식으로 변수에다가 다른 이름을 붙이는 것은 거의 쓸모가 없다. 변수의 원래 이름이 있는데 왜 별명을 사용하겠는가? 레퍼런스가 유용한 것은 "참조에 의한 호출(call-by-reference)"을 구현할 때이다.

C++에서 레퍼런스를 이용하면 보다 쉽고 안전하게 "참조에 의한 호출"을 구현할 수 있다. 함수의 매개 변수를 레퍼런스로 선언하게 되면 호출된 함수에서는 이 레퍼런스를 이용하여 원본 변수의 값을 수정할 수 있다. 다음 프로그램은 레퍼런스를 이용하여 swap()을 다시 구현한 예이다.

```
#include <iostream>
using namespace std;
void swap(int &rx, int &ry);

int main()
{
   int a = 100, b = 200;
   cout << "swap() 호출전: a = " << a << ", b = " << b << endl;
   swap(a, b);
   cout << "swap() 호출후: a = " << a << ", b = " << b << endl;
   return 0;
}

void swap(int &rx, int &ry)
{
   int tmp;
   tmp = rx; rx = ry; ry = tmp;
}
```

레퍼런스를 이용한 swap()의 구현

실행결과

```
swap() 호출전: a = 100, b = 200
swap() 호출후: a = 200, b = 100
계속하려면 아무 키나 누르십시오 . . .
```

swap()의 정의를 보면 매개 변수 rx와 ry가 레퍼런스로 선언되어 있다. main()에서 swap()를 호출할 때는 변수 a와 b를 swap()의 인자로 전달한다. 포인터의 경우처럼 변수의 주소를 추출하여서 넘길 필요가 없다. swap() 안에서도 변수의 값을 참조할 때 * 연산자를 사용할 필요가 없다. 포인터의 경우와 비교하여 보면 레퍼런스가 포인터보다 사용하기 편리하다는 것을 알 수 있다.

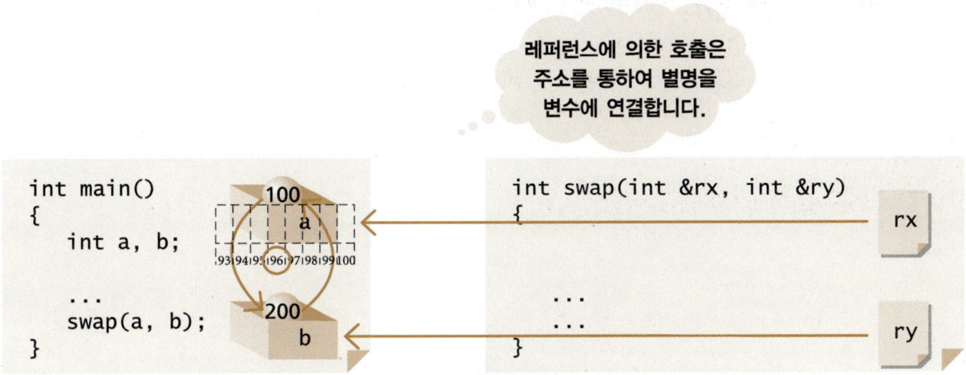

그림 7-2 ● 레퍼런스를 이용하는 "참조에 의한 호출"

레퍼런스를 이용하는 반환값

함수가 여러 개의 값을 반환할 때도 레퍼런스를 이용할 수 있다. 레퍼런스를 이용하면 동일한 효과를 내면서도 가독성과 유지 보수가 좋다. 이번 소스에서는 열거형을 사용하여서 에러 여부를 함수의 반환값으로 반환하도록 하였다.

slope.cpp

```
#include <iostream>
using namespace std;

enum RCODE { SUCCESS, ERROR };

// 기울기와 y절편을 계산
RCODE get_line_parameter(int x1, int y1, int x2, int y2, float &slope, float &yintercept)
{
    if( x1 == x2 )
        return ERROR;
    else
    {
        slope = (float)(y2 - y1)/(float)(x2 - x1);
        yintercept = y1 - slope*x1;
        return SUCCESS;
    }
}
//
int main()
{
    float s, y;

    if( get_line_parameter(3, 3, 6, 6, s, y) == ERROR )
```

레퍼런스를 이용한 반환

```
        cout << "에러" << endl;
    else
        cout << "기울기는 " << s << endl << "y절편은 " << y << endl;

    return 0;
}
```

실행결과

```
기울기는 1
y절편은 0
계속하려면 아무 키나 누르십시오 . . .
```

레퍼런스를 통한 효율성의 향상

"값에 의한 호출"을 이용하는 경우에는, 함수를 호출할 때마다 인자는 매개 변수로 복사된다. 인자의 변수처럼 크기가 크지 않으면 이러한 복사는 시간이 걸리지 않는다. 하지만 만약 인자가 클래스의 객체인 경우에는 상당한 시간이 걸릴 수도 있다. 이런 경우에도 레퍼런스가 해답이 될 수 있다. 즉, 크기가 큰 객체인 경우에는 "값에 의한 호출"보다는 레퍼런스를 사용하는 "참조에 의한 호출"이 효과적이다. 우리는 아직 클래스를 학습하지 않았으므로 이것은 개념적으로만 이해하도록 하자.

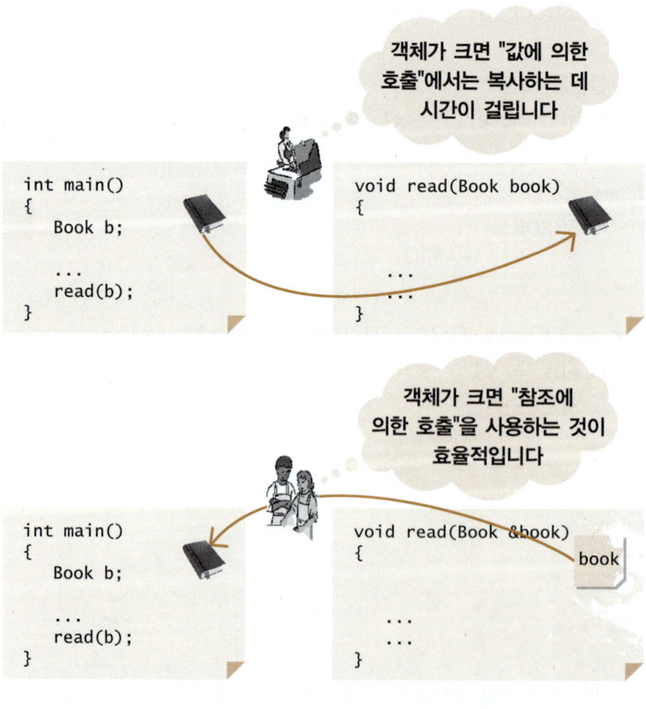

그림 7-3 ● 레퍼런스를 이용하는 객체 전달

레퍼런스를 통한 변경을 방지하려면

"참조에 의한 호출"은 원래 변수의 값을 수정할 필요가 있는 경우에 한하여 구현하여야 한다. 만약 프로그래머가 레퍼런스를 통하여 원본 변수의 값이 변경되지 않도록 지정하고 싶으면 함수의 매개 변수를 선언할 때 앞에 const를 붙이면 된다. const를 앞에 붙이면 레퍼런스가 가리키는 내용이 변경 불가능한 상수라는 뜻이 된다. 위의 코드에서 sub()가 매개 변수 p를 통하여 p가 가리키는 값을 변경하는 것을 방지하고 싶으면 다음과 같이 한다.

```
void sub(const int &p)
{
    p = 0; // 오류!!
}
```

포인터 vs 레퍼런스

일반적으로 레퍼런스를 사용하는 편이 더 깔끔하고 쉽다. 하지만 레퍼런스는 참조 대상을 변경할 수 없다. 따라서 참조하는 대상이 수시로 변경되는 경우에는 포인터를 사용하여야 한다. 또한 레퍼런스는 NULL이 될 수 없으므로 NULL이 될 가능성이 있는 경우에도 포인터를 사용하여야 한다. 이것의 하나의 예가 new가 반환하는 값을 참조하는 경우이다.

```
int *p = new int;      //포인터를 사용하여야 한다.
if( p != NULL )
{
    int &ref = *p;
    ref = 100;
}
```

위의 코드에서 포인터 p가 NULL이 아닌 경우에만 간접 참조할 수 있고 이것의 레퍼런스를 생성할 수 있다.

중간점검

1. 포인터와 레퍼런스의 차이점을 설명하라.
2. 레퍼런스보다 포인터를 사용하여야 하는 경우는?
3. 함수가 레퍼런스를 반환할 수 있는가?

3. 함수의 변경

디폴트 매개 변수

함수 정의에서 선언된 모든 매개 변수에 대하여 원칙적으로 호출 시에는 값을 전달하여야 한다. 예를 들어서 다음과 같이 함수 원형이 선언된 sub() 함수는 double값을 호출 함수가 전달하여야 한다.

```
void sub(double value);
```

만약 sub()에 전달되는 인자가 double형이 아니면 컴파일 오류가 발생한다. 하지만 C++에서는 인자를 전달하지 않아도 디폴트값을 대신 넣어주는 기능이 있다. 이것을 디폴트 매개 변수(default parameter)라고 한다. 이것은 함수 원형 정의 시에 다음과 같이 선언한다.

```
void sub(double value = 1.0);      // 함수 원형 정의
```

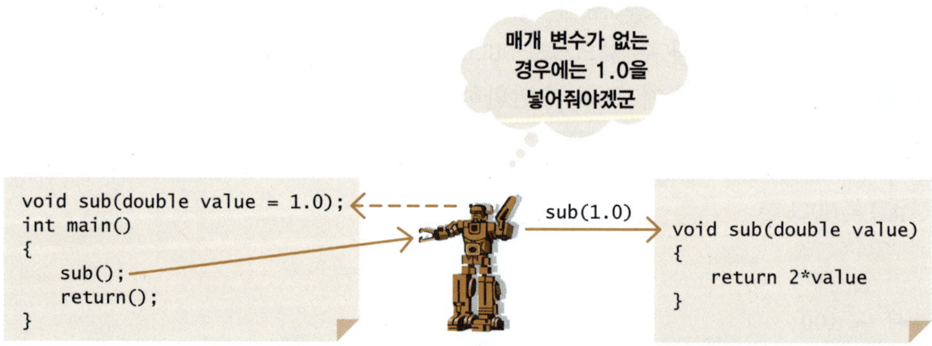

만약 sub()에 인자가 주어지지 않으면 매개 변수는 1.0이라는 디폴트값을 갖게 된다. 디폴트 매개 변수는 원형에서만 정의된다. 실제 함수를 정의할 때는 디폴트값을 표시하지 않는다.

```
void sub(double value)                          // 함수 정의
{
    ...
}
```

어떤 함수도 디폴트 매개 변수를 가질 수 있다. 또한 어떤 매개 변수에도 디폴트값을 부여할 수 있다. 하지만 하나의 규칙을 지켜야 한다. 디폴트 매개 변수는 뒤에서부터 앞쪽으로만 정의할 수 있다.

```
void sub(int p1, int p2, int p3=30);            // OK!
void sub(int p1, int p2=20, int p3=30);         // OK!
void sub(int p1=10, int p2=20, int p3=30);      // OK!
```

다음과 같이 선언하는 것은 오류가 된다.

```
void sub(int p1, int p2=20, int p3);            // 컴파일 오류!
void sub(int p1=10, int p2, int p3=30);         // 컴파일 오류!
```

예를 들어서 월급을 정해진 기간 동안 모았을 경우, 저축액을 계산하는 예제 프로그램은 다음과 같다.

deposit.cpp

```
#include <iostream>
using namespace std;

int calc_deposit(int salary=300, int month=12);

int main()
{
   cout << "0개의 디폴트 매개 변수 사용" << endl;
   cout << calc_deposit(200, 6) << endl;

   cout << "1개의 디폴트 매개 변수 사용" << endl;
   cout << calc_deposit(200) << endl;

   cout << "2개의 디폴트 매개 변수 사용" << endl;
   cout << calc_deposit() << endl;
   return 0;
}

int calc_deposit(int salary, int month)
{
   return salary*month;
}
```

실행결과

```
0개의 디폴트 매개 변수 사용
1200
1개의 디폴트 매개 변수 사용
2400
2개의 디폴트 매개 변수 사용
3600
계속하려면 아무 키나 누르십시오 . . .
```

중복 함수

C++에서는 같은 이름의 함수가 여러 개 존재할 수 있다. 이것을 중복 함수(overloading functions)라고 한다. 중복 함수는 다른 종류의 데이터에 같은 처리를 수행하는 경우에 많이 사용된다.

예를 들어서 제곱값을 구하는 함수 square()를 가정해보자. 정수값의 제곱을 계산할 수도 있고 실수값의 제곱을 계산할 수도 있게 작성하려면 다음과 같이 작성하면 된다.

```
// 정수값을 제곱하는 함수
int square(int i)
{
   return i*i;
}

// 실수값을 제곱하는 함수
double square(double i)
{
   return i*i;
}
```

만약 square(3.14)와 같이 호출되면 컴파일러는 매개 변수의 개수, 타입, 순서 등을 봐서 두 번째 함수를 호출한다. 함수의 이름, 매개 변수의 개수, 타입, 순서를 시그니처(signature)라고 한다. 중복 함수는 이름은 같지만 매개 변수의 개수와 타입은 달라야 한다.

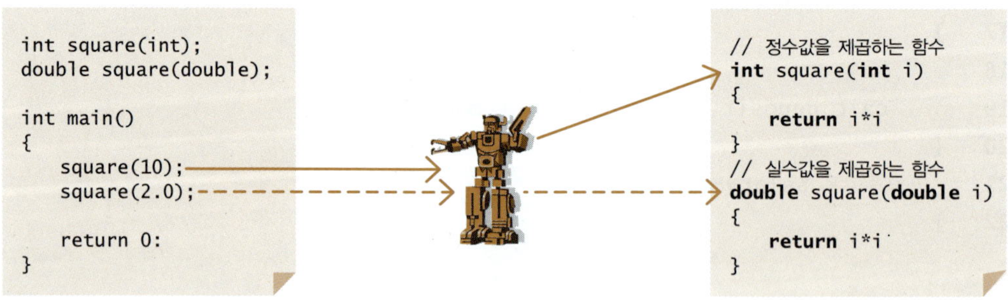

그림 7-4 • 중복 함수의 개념

중복 함수는 하나의 함수에 여러 가지 의미를 부여하는 기능이다. 매개 변수의 개수나 타입을 변경하여서 여러 개의 함수에 같은 이름을 부여할 수 있고, 주어진 매개 변수에 따라 자동적으로 가장 적합한 함수가 호출된다. 예를 들어서 중복 함수 기능이 없다면 주어진 값을 제곱하는 함수는 다음과 같이 여러 개가 존재하여야 한다.

```
square_int(int, int);
square_double(double, int);
square_short(short, int);
```

중복 함수를 사용하면 다음과 같이 같은 이름에 매개 변수만 변경하여서 함수를 정의하는 것이 가능하다.

```
square(int, int);
square(double, int);
square(short, int);
```

중복 함수는 매개 변수의 개수와 타입에 의하여 서로 구별된다. 따라서 같은 매개 변수로는 중복 함수를 만들 수 없다. 컴파일러가 구별할 수 없기 때문이다. 한 가지 주의할 점은 반환형을 사용하여 구별하지는 않는다. 즉, 반환형이 다르다고 해서 중복시킬 수는 없다.

```
int sub(int);
int sub(int, int);          // 중복 가능!
int sub(int, double);       // 중복 가능!
double sub(double);         // 중복 가능!

double sub(int);            // 오류!! - 반환형이 다르더라도 중복 안됨!
float sub(int, int);        // 오류!! - 반환형이 다르더라도 중복 안됨!
```

인라인 함수

일반적으로 우리가 함수를 호출하면 컴퓨터 시스템은 함수가 정의된 곳으로 점프하여 함수 안의 문장들을 차례대로 실행하고 다시 호출한 곳으로 되돌아오게 된다. 함수 호출 시에는 약간의 오버헤드가 존재한다. 함수를 호출할 때는 돌아올 곳의 주소를 스택에 저장하여야 하고 함수 호출 시의 전달되는 값들을 스택에 저장하여야 한다. 만약 함수 몸체가 아주 작다면 함수 안의 문장을 실행하는 것보다 함수 호출이 더 시간이 많이 걸릴 수도 있다.

따라서 크기가 작은 함수의 경우에는 차라리 함수 호출을 하지 않고 코드를 복사하여서 넣어주는 편이 효율적일 수 있다. C++에는 이런 경우를 대비하여서 inline이라고 하는 키워드가 준비되어 있다. 만약 함수 이름 앞에 inline이 붙으면 컴파일러는 함수를 작성하지 않고 함수 몸체 안의 코드를 호출한 곳에 집어넣는다. 따라서 함수 호출 오버헤드가 사라지므로 프로그램을 더 빠르게 실행할 수 있다.

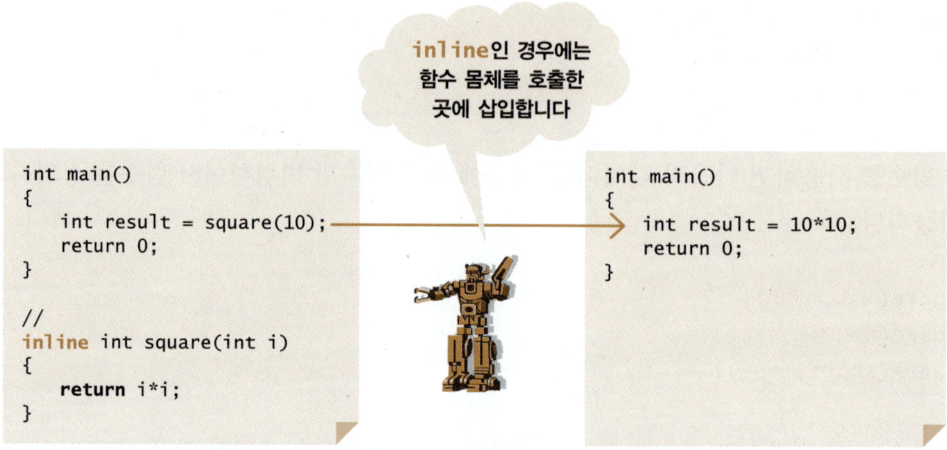

그림 7-5 ● 인라인 함수의 개념

주의하여야 할 점은 함수 호출이 여러 번 이루어지면 똑같은 코드가 복사되어서 삽입되므로 전체 코드의 크기가 늘어나게 된다. 따라서 일반적으로 10번 이상 서로 다른 곳에서 호출하는 경우에는 인라인 함수를 사용하는 것을 자제하여야 한다. 하나의 예로, 주어진 값을 제곱하는 함수를 인라인 함수로 작성해보면 다음과 같다.

inline.cpp

```
#include <iostream>
using namespace std;

// 정수값을 제곱하는 함수
inline double square(double i)
{
   return i*i;
}
int main()
{
   double result;

   cout << "2.0의 제곱은 ";
   result = square(2.0);
   cout << result << endl;
   cout << "3.0의 제곱은 ";
   result = square(3.0);
   cout << result << endl;
   return 0;
}
```

실행결과

```
2.0의 제곱은 4
3.0의 제곱은 9
계속하려면 아무 키나 누르십시오 . . .
```

프로그램 설명

위의 코드에서 `result = square(2.0);`의 문장은 `result = 2.0*2.0;`으로 대치되어서 컴파일된다.

중간점검

1. 같은 이름의 함수를 여러 개 정의하는 것을 무엇이라고 하는가?
2. 함수를 호출한 곳에 코드를 복사하여서 넣어주는 것을 무엇이라고 하는가?
3. 함수 `sub(int n)`가 인자가 없이 호출되는 경우에 자동적으로 100의 값을 가지게끔 변경해보라.

4. 동적 할당 메모리의 변경

malloc( )과 free( )

C 언어에서 동적 메모리를 할당받으려면 `malloc()`을 사용하였다. 또한 동적 메모리를 반납하려면 `free()`를 사용하였다.

```
#include <malloc.h>
int main()
{
   ...
   int *p = (int *) malloc(sizeof(int));
   *p = 0;
   free(p);
   ...
}
```

C++ 언어에서도 여전히 이 방식을 사용할 수는 있다. C++ 언어는 C 언어의 확장이므로 C에서 사용하였던 방식은 C++에서도 사용할 수 있는 것이다. 하지만 동적 메모리 할당은 광범위하게 사용되고 있다. 따라서 C++에서 언어의 설계자들은 동적 메모리 할당을 라이브러리

차원이 아니고 언어 차원에서 지원하기로 하였다. C++에서는 동적 메모리를 할당하는 연산자를 도입하였다.

new와 delete 연산자 사용

C++에서는 new 연산자를 사용하여서 동적 메모리를 할당받을 수 있으며 delete 연산자를 사용하여서 동적 메모리를 반납할 수 있다.

```
포인터 = new 자료형;              // 자료형만큼의 메모리 할당
포인터 = new 자료형[개수];        // 여러 개 할당
delete[] 포인터;                  // 포인터가 가리키는 동적 메모리 반납
```

전형적인 동적 메모리 할당 코드는 다음과 같다.

```
#include <iostream>
using namespace std;

int main()
{
    int *pi;            // 동적 메모리를 가리키는 포인터

    pi = new int;       // ❶ 동적 메모리 할당

    *pi = 100;          // ❷ 동적 메모리 사용
    delete pi;          // ❸ 동적 메모리 반납

    return 0;
}
```

❶ 동적 메모리 할당

C++언어에서는 new 키워드를 이용하여서 동적으로 메모리를 할당한다. new 다음에는 할당하고 싶은 타입을 써주면 된다. 컴파일러는 이것을 보고 메모리를 얼마나 할당할지를 알 수 있다. 예를 들어서 new char라고 하면 1 바이트를 할당하고 new long이라고 하면 4바이트를 할당한다.

new가 반환하는 것은 할당된 메모리 주소이다. 메모리 주소는 포인터만이 저장할 수 있기 때문에 반환값은 포인터에 저장하여야 한다. 포인터의 선언과 할당을 동시에 할 수 있다.

```
int *pi = new int;
```

❷ 동적 메모리 사용

동적 메모리는 어떻게 사용할 수 있는가? 정적으로 할당된 변수나 배열은 이름이 있어서 이름을 통하여 사용할 수 있다. 하지만 동적 메모리 공간은 이름을 붙이지 않는다. 동적 메모리 공간은 오직 포인터를 사용하여 사용할 수 있다. 반환된 포인터를 통하여 메모리에 데이터를 쓰고 읽는다. `*pi = 100;` 문장을 수행하면 동적으로 할당된 공간에 정수 100이 저장된다.

❸ 동적 메모리 반납

동적 메모리 공간이 더 이상 필요가 없는 경우에는 명시적으로 동적 메모리를 반납하여야 한다. 동적 메모리 반납을 위해서는 `delete` 키워드가 사용된다. `delete`의 피연산자는 할당된 메모리 블록을 가리키는 포인터이다.

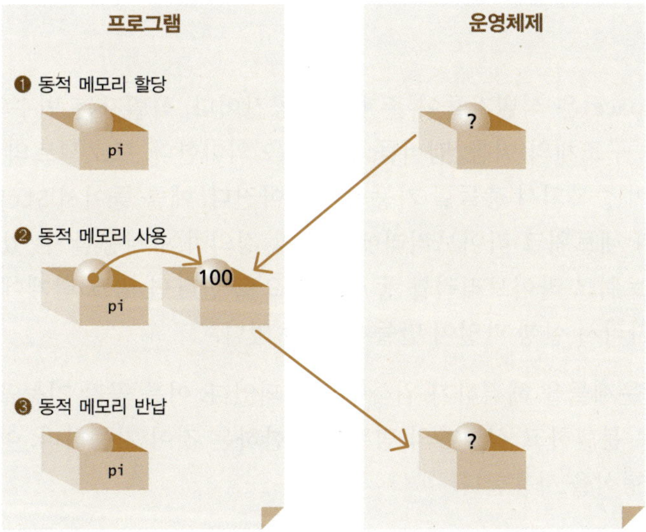

그림 7-6 • 동적 메모리의 사용단계

동적 할당된 메모리는 자동적으로 반납되지 않는다. 따라서 할당된 메모리를 가리키는 포인터를 항상 가지고 있다가 메모리가 더 이상 필요 없으면 `delete`를 사용하여 시스템에 반납하여야 한다. 만약 동적 할당된 메모리를 반납하지 않고 포인터를 없애버리면 메모리를 반납할 방법이 없다. 따라서 메모리는 프로그램이 종료되기 전까지 할당된 상태로 남아 있다. 이러한 상태를 메모리 누수(memory leak)라고 한다. 반복적으로 메모리 누수가 일어나면 최종적으로 메모리 부족 상황이 초래될 수도 있다. 이러한 메모리 누수를 막기 위하여 반드시 할당받은 메모리는 다음과 같은 형식으로 시스템에 반납한다.

```
delete pi;
```

pi는 동적 할당된 메모리의 주소로서 new가 반환한 값이어야 한다. 위 문장의 의미는 pi 포인터가 가리키는 메모리를 시스템에 반환하라는 것이다.

중간점검

1. 프로그램의 실행 도중에 메모리를 할당받아서 사용하는 것을 ________(이)라고 한다.
2. 동적으로 메모리를 할당받을 때 사용하는 연산자는 _____(이)다.
3. 동적으로 할당된 메모리를 해제하는 연산자는 _____(이)다.

5. 이름 공간

이름 공간(name space)은 식별자들이 존재하는 공간이다. 식별자는 변수의 이름, 함수의 이름, 클래스의 이름, 구조체의 이름, 멤버들의 이름을 의미한다. 프로젝트의 규모가 커지게 되면 이들 식별자들이 중복되서 충돌할 가능성이 높아진다. 예를 들어서 String 클래스를 그래픽스 라이브러리와 네트워크 라이브러리에서 각각 정의하여 사용할 수 있다. 만약 프로그램이 그래픽스와 네트워크 라이브러리를 동시에 필요로 한다면 링크 단계에서 String 클래스 이름이 충돌되고 따라서 실행 파일이 만들어 질 수 없다.

이름 공간은 이들 문제들을 해결하기 위하여 제안되었다. 이름 공간 기능을 사용하면 식별자 공간을 논리적으로 분할하고 식별자의 범위를 제한하는 것이 가능하다. 이름 공간을 선언하려면 다음과 같은 형식을 사용한다.

```
namespace 이름 {
    변수 정의;
    함수 정의;
    클래스 정의;    ...
}
```

예를 들면 Graphics라는 이름 공간을 생성하고 여기에 몇 개의 변수와 함수를 선언하여 보면 다음과 같다.

```
namespace Graphics {
    int mode;
    int x, y;
    void draw();
    void message();
```

```
    ...
}
```

이름 공간이 없었으면 변수 mode, x, y는 전역 변수가 되었을 것이다. 하지만 위와 같이 이름 공간을 생성한 후에 그 안에서 변수를 선언하게 되면 이름 공간 안에서만 존재하는 변수가 된다. 함수 message()도 마찬가지로 Graphics 이름 공간 안에서만 존재한다. 클래스나 구조체도 마찬가지가 된다.

이름 공간을 하나 더 생성하여 보자. 네트워크를 담당하는 Network라는 이름 공간을 생성하여 보자.

```
namespace Network {
    int mode;
    int speed;
    void send(char *);
    void message();
    ...
}
```

이름 공간 Graphics와 Network에서는 mode라는 같은 이름의 변수를 선언하고 있다. 만약 이름 공간 기능이 없었으면 이들은 충돌을 일으켰을 것이다. message()라는 함수도 마찬가지이다.

이름 공간의 사용

프로그램 안에서 이름 공간 안에 정의된 식별자를 사용하려면 식별자 앞에 "이름공간::"을 붙여 주면 된다. 예를 들어서 앞의 Graphics 이름 공간 안의 mode 변수를 사용하려면 다음과 같이 한다.

```
Graphics::mode = 1;
```

::은 식별자의 이름 공간을 지정하는 연산자이다. 만약 Network에 속해있는 mode 변수를 사용하고 싶으면 다음과 같이 한다.

```
Network::mode = 1;
```

하나의 프로그램 안에 같은 이름의 식별자가 여러 개 있더라도 이런 식으로 이름 공간만 다르면 아무런 문제가 없다.

예제

앞의 Graphics와 Network 이름 공간을 동시에 사용하는 프로그램을 작성해보자.

test.cpp

```
#include <iostream>
using namespace std;
int mode;                          // 전역 변수 mode

namespace Graphics {
    int mode;
    int x, y;
    void draw() { cout << "Graphics 이름 공간 안의 draw()" << endl; };
    void message() { cout << "Graphics 이름 공간 안의 message()" << endl; };
}

namespace Network {
    int mode, speed;
    void send(char *) { cout << "Graphics 이름 공간 안의 send()" << endl; };
    void message() { cout << "Network 이름 공간 안의 message()" << endl; };
}

int main()
{
    //x = y = 100;                 // 컴파일 오류!
    //speed = 22900;               // 컴파일 오류!
    //draw();                      // 컴파일 오류!

    mode = 1;                      // 전역 변수 mode
    Graphics::mode = 1;            // Graphics 안의 mode
    Network::mode = 2;             // Network 안의 mode

    Graphics::message();
    Network::message();
    return 0;
}
```

실행결과

```
Graphics 이름 공간 안의 message()
Network 이름 공간 안의 message()
계속하려면 아무 키나 누르십시오 . . .
```

프로그램 설명

20	이름 공간 안에 선언된 변수나 함수를 이름 공간 이름을 앞에 써주지 않으면 컴파일 오류가 발생한다.
24	전역 변수 mode
25	이름 공간 안에 선언된 변수나 함수를 사용하려면 변수나 함수 앞에 "이름공간::"을 붙인다.

using 문

각 이름 공간 안에 정의된 변수나 함수를 사용하기 위하여 매번 이름 공간을 지정한다는 것은 상당히 불편하고 번거로운 작업이다. 이런 경우에 대비하여 using 문이 준비되어 있다. using 문은 특정 식별자를 사용한다는 의미로 그 식별자는 이름 공간을 식별자 앞에 붙이지 않아도 사용할 수 있게 한다.

```
using 이름공간::식별자;
```

예를 들어서 다음과 같이 선언하면 Network안의 mode는 이름 공간을 붙이지 않아도 접근이 가능하다.

```
using Network::speed;
speed = 100;   // Network 이름 공간 안의 speed를 의미
```

만약 이름 공간 안에 정의된 모든 식별자에 대하여 이름 공간을 생략하고 싶으면 다음과 같은 형식을 사용한다.

```
using namespace 이름공간;
```

```
using namespace Network;
speed = 19200;              // Network 이름 공간 안의 speed를 의미
send("This is a test");     // Network 이름 공간 안의 send()를 의미
```

현재 using 문을 이용하여서 특정 이름 공간을 사용하고 있는 도중에, 다른 이름 공간 안의 식별자에 접근하려면 "이름공간::식별자" 형식을 이용하여야 한다.

```
using namespace Network;
speed = 19200;              // Network 이름 공간 안의 speed를 의미
send("This is a test");     // Network 이름 공간 안의 send()를 의미
Graphics::x = 100;          // Graphics 이름 공간 안의 x를 의미
Graphics::y = 100;          // Graphics 이름 공간 안의 y를 의미
```

자 그러면 지금까지 항상 프로그램의 첫 부분에 사용해왔던 다음 문장의 의미는 무엇이었을까?

```
using namespace std;
```

당연히 프로그램의 이름 공간이 std라는 의미이다. std 이름 공간 안에 cout이 선언되어 있기 때문이다.

전역 범위 접근

만약 이름 공간 안의 변수와 전역 변수가 이름이 같다고 가정하자. 앞의 예제에서 mode라는 변수가 그러하였다. 이렇게 전역 변수와 이름 공간 안의 변수 사이에 충돌이 발생하는 경우에는 반드시 어떤 공간인지 지정하여야 한다. 지정하지 않으면 오류가 발생한다. 전역 변수에 접근할 때는 공간 이름 없이 ::을 식별자 앞에 붙인다.

global.cpp

```
#include <iostream>
using namespace std;

int mode;   // 전역 변수 mode
void message()
{
   cout << "전역 공간 안의 message()" << endl;
}

namespace Graphics {
   int mode;
   int x, y;
   void draw() { cout << "Graphics 이름 공간 안의 draw()" << endl; };
   void message() { cout << "Graphics 이름 공간 안의 message()" << endl; };
}

int main()
{
   using namespace Graphics;

   //mode = 1;                  // 컴파일 오류!!
   Graphics::mode = 1;          // Graphics 공간 안의 mode
   ::mode = 1;                  // 전역 변수 mode

   //message();                 // 컴파일 오류
```

```
    Graphics::message();      // Graphics 공간 안의 message()
    ::message();              // 전역 함수
    return 0;
}
```

실행결과

```
Graphics 이름 공간 안의 message()
전역 공간 안의 message()
계속하려면 아무 키나 누르십시오 . . .
```

이름 공간과 소스 파일

하나의 소스 파일에서 여러 개의 이름 공간을 정의할 수 있다. 또 같은 이름 공간이 여러 소스 파일에 흩어져서 존재할 수도 있다.

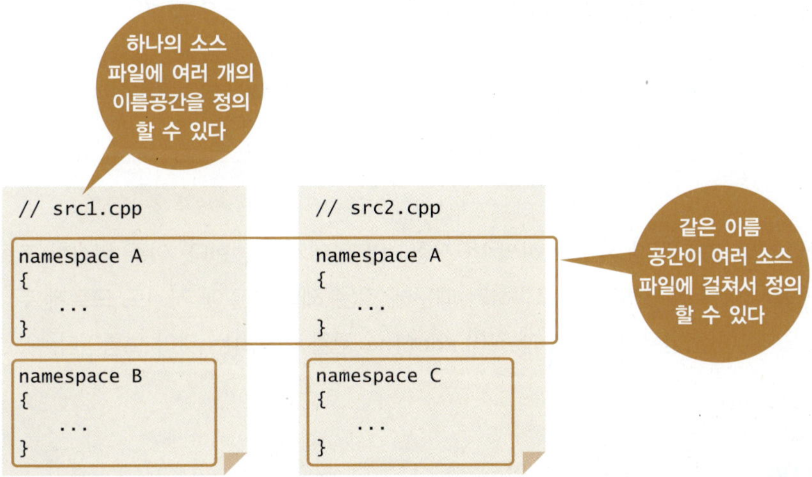

이름 공간을 사용하면 특정한 기능을 구현하는 소스 파일들을 하나의 단위로 묶을 수 있다. 예를 들면 통신에 관한 소스 파일들을 Network라는 이름 공간으로 묶을 수 있는 것이다. 이름 공간은 프로젝트에 속하는 소스 파일들을 파일보다 더 큰 단위로 묶는 도구가 될 수 있다.

이름 공간과 헤더 파일

큰 프로젝트에서는 하나의 프로그램이 여러 개의 소스 파일로 이루어진다. 만약 이름 공간의 정의를 헤더 파일에 넣고 이 헤더 파일을 여러 소스 파일에서 포함시킬 때는 변수 정의가 중복되지 않도록 주의하여야 한다. 일반적으로 헤더 파일에는 이름 공간 안에 함수, 구조체, 클래스 정의를 포함하도록 하고 변수 정의는 하나의 소스 파일에서만 하면 된다.

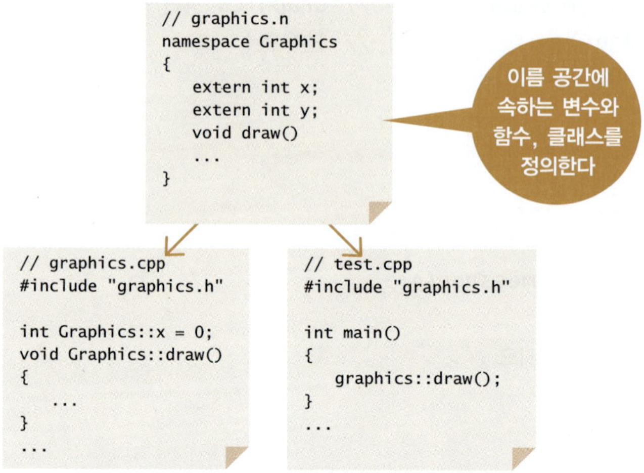

오류주의

위의 그림에서 만약 **graphics.h**에 **int x;**와 같이 변수를 정의하는 문장을 넣게 되면 **graphics.cpp**와 **test.cpp**에서 변수 x가 두 번 정의되어서 링크 시에 컴파일 오류가 된다.

참고사항

하나의 소스 파일에서 같은 헤더 파일이 여러 번 포함되면 문제가 발생한다. 아주 복잡한 프로젝트에서는 헤더 파일 안에서 다른 헤더 파일을 포함하기 때문에 같은 헤더 파일에 자기도 모르게 두 번 포함되는 경우가 종종 있다. 이런 경우에는 다음과 같이 **#define** 문을 이용하는 것이 보통이다.

```
// graphics.h
#ifndef GRAPHICS_H
#define GRAPHICS_H
...
#endif
```

중간점검

1. 지역 변수와 같은 이름의 전역 변수를 접근하려면 어떻게 하는가?
2. 이름 공간을 사용하는 이유는 무엇인가?

EXERCISE
INTRODUCTION TO C++ PROGRAMMING

1. 다음 중 레퍼런스를 잘못 사용한 것을 지적하고 올바르게 수정하라.

❶ `int i; int &r = &i;`

❷ `int *pi; int &r = pi;`

❸ `int &r = NULL;`

❹ `int i; int &r = i;`

2. 다음과 같은 프로그램의 출력은 무엇일까?

```
void square1(int n)
{
  n = n * n;
}
void square2(int& n)
{
  n = n * n;
}
int main()
{
  int i = 10;
  square1(i);
  cout << i << endl;
  square2(i);
  cout << i << endl;
  return 0;
}
```

3. 다음과 같은 프로그램의 출력은 무엇일까?

```
void sub(int& a, int b)
{
  a = 10;
  b = 20;
}
int main()
```

```
{
   int x = 100;
   int y = 200;
   sub(x, y);
   cout << x << " " << y << " ";
   return 0;
}
```

4. 다음 코드에서 잘못된 점은 무엇인가?

```
int& sub()
{
   int t = 200;
   return t;
}
int main()
{
   int& r = sub();
   r = 100;
}
```

5. 다음 코드에서 잘못된 점은 무엇인가?

```
int& sub()
{
   int *p = new int;
   *p = 200;
   return p;
}
int main()
{
   int& r = sub();
   r = 100;
}
```

6. 다음 코드에서 잘못된 점은 무엇인가? 올바르게 수정하라.

```
void sub(int x=1, int y=0, int z);
```

```
....
void sub(int x=1, int y=0, int z)
{
  ...
}
```

7. 다음 코드에서 잘못된 점은 무엇인가? 올바르게 수정하시오.

```
int sub(int x, int y);
double sub(int x, int y);
```

8. 다음 코드에서 잘못된 점은 무엇인가? 올바르게 수정하시오.

```
void sub(int x, double y=1.0);
void sub(int x);

int main()
{
  sub(3);
  return 0;
}
void sub(int x, double y){ }
void sub(int x){ }
```

9. 다음과 같이 함수 원형이 정의되었다고 가정하자.

```
int sub(int x);
int sub(double x, int y);
int sub(int x, double y);
```

다음과 같이 함수를 호출하면 어떤 함수가 호출되는가?

```
sub(1, 0.5);
```

PROGRAMMING
INTRODUCTION TO C++ PROGRAMMING

1. 사용자로부터 정수값을 받아서 반환하는 get_input() 함수를 작성하여 보자. get_input()은 레퍼런스 타입의 매개 변수를 통하여 값을 반환한다. 예를 들어서 변수 x에 사용자가 입력한 정수값을 저장하고 싶으면 다음과 같이 호출한다.

```
void get_input(... x)         // 사용자가 입력한 값이 x를 통하여 반환된다
{
   ...
}
```

2. 1번 문제의 get_input() 함수를 중복 정의하여 보자. 사용자가 입력한 두개의 정수값을 반환할 수 있도록 get_input()을 중복 정의하라. 여러 개의 값을 반환할 때에 레퍼런스 타입을 사용하면 장점이 있는가?

```
void get_input(... x, ... y) // 사용자가 입력한 값이 x, y를 통하여 반환된다
{
   ...
}
```

3. 두 개의 인자 중에서 더 큰 값을 반환하는 함수 get_max(x, y)를 중복 함수를 이용하여 정수형 버전, 실수형 버전으로 중복하여서 작성한 후에 테스트하라.

```
... get_max(... x, ... y)    // 정수 버전
{
   ...
}
... get_max(... x, ... y)    // 실수 버전
{
   ...
}
```

4. 레퍼런스 타입의 매개 변수로 정수 변수를 받아서 값을 두 배로 만드는 make_double()을 작성하여 보자.

```
... make_double(... x)
{
```

```
    ...
}
```

5. 사용자에게서 반지름을 받아서 원의 면적을 구하는 프로그램을 작성하라. 원의 면적을 구하는 함수인 calc_area()는 인라인 함수로 작성하라.

6. 사용자가 월급과 소득세율를 인자로 주면 월급에 소득세를 추가하여서 반환하는 함수 add_tax()를 작성하여 보자. 월급은 레퍼런스 타입으로 전달되며 소득세율이 주어지지 않으면 20%를 디폴트값으로 하라(디폴트 매개 변수를 이용한다).

```
void add_tax(... salary, ... rate ...);    // 원형 정의

void add_tax(... salary, ... rate)
{
    ...   // salary에 rate*salary를 곱한 값을 추가하여 반환한다
}
```

7. 원기둥의 부피를 구하는 프로그램을 작성하라. 원기둥의 부피를 구하는 함수 cylinder(r, h)를 작성하여 사용하고 만약 원기둥의 높이가 주어지지 않으면 1.0이라고 가정한다. 디폴트 매개 변수를 사용하라.

8. 은행으로부터 대출받은 금액에 대한 이자를 계산하는 프로그램을 작성하여 보자. 사용자로부터 대출 금액과 이율을 get_input() 함수를 통하여 입력받는다. get_input()에서 레퍼런스 매개 변수를 사용하라. 원금을 상환하지 않고 이자만 낸다고 가정했을 경우에 한 달 이자를 계산하여 출력한다.

LAB
INTRODUCTION TO C++ PROGRAMMING

1. 두 수 중에서 최소값과 최대값을 동시에 구하는 함수 get_min_max()를 작성하고 테스트하여 보자.

❶ 두 개의 정수를 받아서 최소값과 최대값을 반환하는 함수를 작성한다. 레퍼런스 매개 변수를 이용하여서 최소값과 최대값을 반환하도록 하라. 다음과 같은 원형을 사용한다.

```
void get_min_max(int x, int y, int& min, int& max);
```

❷ 두 개의 실수 중에서 최소값과 최대값을 구하는 함수를 동일한 이름으로 정의해보자. 함수 중복을 이용한다.

❸ 정수 배열 중에서 최소값과 최대값을 구하는 함수를 동일한 이름으로 정의해보자. 함수 중복을 이용한다.

2. 이름 공간을 실습해보자.

```
#include <iostream>
using namespace std;
namespace A {
   int x;
   void sub() { cout << "이름 공간 A안의 sub()" << endl; };
}
namespace B {
   int x;
   void sub() { cout << "이름 공간 A안의 sub()" << endl; };
}
int main()
{
   // ❶
   return 0;
}
```

❶ ❶의 위치에 이름 공간 A의 변수 x에 10을 할당하는 문장을 추가하라.

❷ ❶의 위치에 이름 공간 B의 함수 sub()를 호출하는 문장을 추가하라.

❸ 이름 공간 B 아래에 다시 이름 공간 A를 추가하여 보자. 여기에 변수 y를 선언한다. ❶의 위치에서 변수 y에 50을 할당하여 보자.

❹ 위의 프로그램에 전역 변수 x와 지역 변수 x도 추가하여 보자. 이름 공간 A안의 x, 이름 공간 B안의 x, 전역 변수 x, 지역 변수 x에 각각 10, 20, 30, 40의 값을 할당하여 보자.

PART 02

객체지향 프로그래밍

Power C++

CHAPTER 08

객체 지향 소개

이 장의 차례

학습목표

- 객체 지향 기법은 소프트웨어 설계에 있어서 많은 장점을 제공하는 매우 강력한 기술이다. 그러나 문제는 객체 지향 개념이 이해하기 어렵다는 것이다. 객체 지향 개념을 완벽하게 이해하기 전에는 객체 지향 설계의 이점을 활용하기가 어렵다. 이번 장에서는 객체 지향의 개념을 살펴본다.

1. 객체 지향이란?

아무리 객체 지향 언어를 사용한다고 하여도 프로그래머가 객체 지향에 대하여 확실히 이해하고 있지 않으면 객체 지향 언어의 효과는 나오지 않는다. 특히 C++ 언어에는 C 언어의 모든 기능이 포함되어 있으므로 자칫하면 기존의 절차 지향 방식으로 프로그램하기 쉽다. 이번 장에서 객체 지향 개념을 확실하게 학습하도록 하자.

객체 지향 프로그래밍(object-oriented programming: OOP)은 실제 세계가 객체(object)들로 구성되어 있는 것과 비슷하게 소프트웨어도 객체 단위로 작성하는 방법이다. 우리가 살고 있는 실제 세계에는 사람, 동물, 건물, 자동차, 시계, 토스터, 세탁기 등의 많은 객체가 존재한다. 객체들은 객체 나름대로의 고유한 기능을 수행하면서 다른 객체들과 상호작용한다.

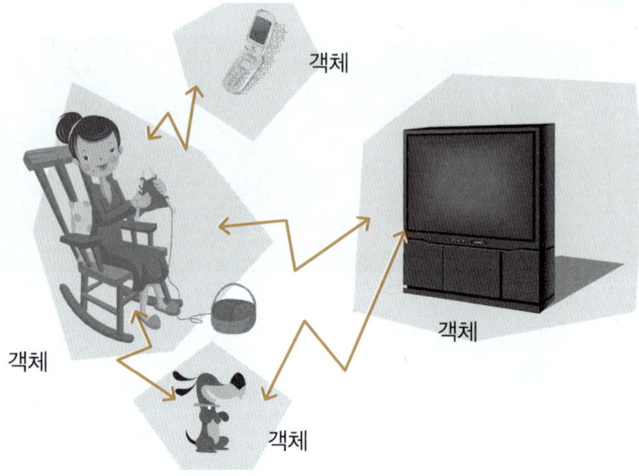

그림 8-1 • 실제 세계는 객체들로 이루어진다

예를 들면, 사람이 자동차를 운전하는 상황을 생각해보자. 사람과 자동차는 모두 특정한 기능을 수행하는 객체라고 생각할 수 있고 사람과 자동차는 속도계, 브레이크 페달, 가속 페달 등을 통하여 서로 상호작용하고 있다.

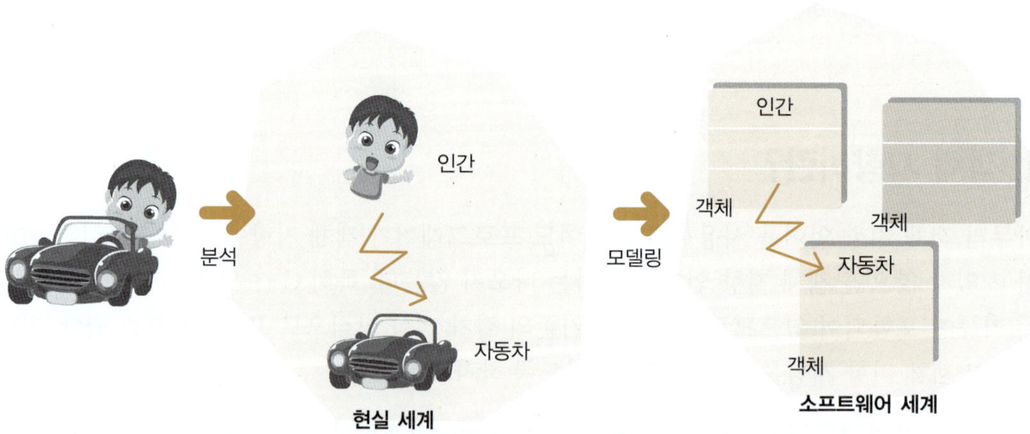

그림 8-2 • 객체 지향 방법은 현실 세계를 모델링하는 것

소프트웨어 개발도 이와 같이 하는 방식을 객체 지향 방법(object-oriented approach)이라고 한다. 다양한 기능을 하는 소프트웨어 객체들이 존재하고 이러한 객체들을 조합하여 자기가 원하는 기능을 구현하는 기법이다. **그림 8-2**의 예에서 인간과 자동차는 소프트웨어 객체로 표현되며, 이들 소프트웨어 객체들이 메시지를 전달하여 서로 상호작용하면서 원하는 작업을 수행하게 된다.

2. 객체

객체(Object)는 그 이름에서 볼 수 있듯이, 객체 지향 기술의 핵심 개념이다. 객체는 현실 세계에서 존재하는 객체들을 흉내 내어서 소프트웨어 상에서 구현한 것이다. 객체는 상태와 동작을 가지고 있다. 객체의 상태(state)는 객체의 특징값(속성)이다. 예를 들어 자동차 객체의 경우 속성은 차종, 색상, 기어, 최대 속도, 연식, 배기량, 주행 거리, 연비 등이다. 객체의 동작(behavior) 또는 행동은 객체가 취할 수 있는 동작이다. 다시 자동차를 예로 들면 출발하기, 멈추기, 가속하기, 감속하기, 방향 전환하기, 기아 변속하기, 전진하기, 후진하기 등이 여기에 해당된다.

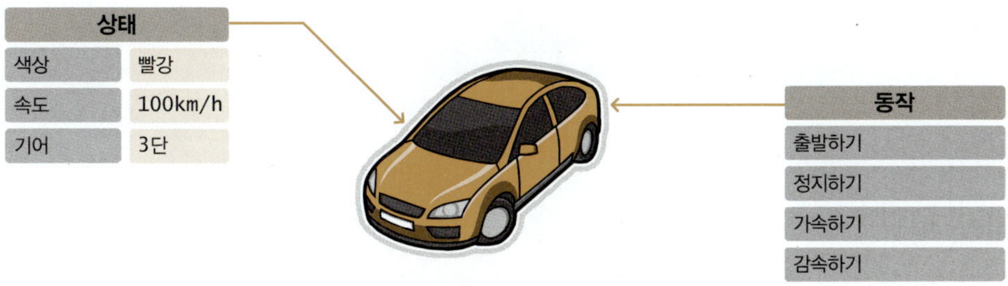

그림 8-3 • 자동차 객체의 예

객체의 상태와 동작은 소프트웨어에서는 각각 변수와 함수로 표현할 수 있다. 객체는 변수와 함수로 이루어져 있는 소프트웨어의 묶음이라 할 수 있다. 변수(variable)에는 객체의 상태를 저장한다. 객체 안에 포함된 변수를 다른 일반적인 변수와 구별하기 위하여 특별히 필드(field) 또는 멤버 변수라고 한다.

함수(function)는 특정한 동작(작업)을 수행한다. C++에서 함수는 객체 없이도 정의할 수 있으므로 역시 일반적인 함수와 구별하기 위하여 객체 안의 함수를 메소드(method), 또는 멤버 함수라고 한다. 자동차의 경우에는 **그림 8-4**과 같은 멤버 변수와 멤버 함수를 생각할 수 있다.

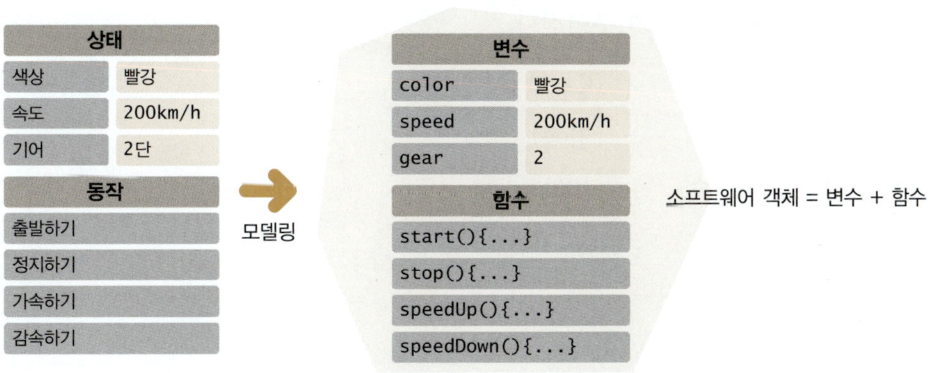

그림 8-4 • 변수와 멤버 함수

중간점검

1. 다음과 같은 실제 세계의 객체에서 객체의 가능한 상태와 객체가 수행할 수 있는 동작을 정리하여 보라.

객 체	상 태	동 작
전 구		
라디오		
강아지		
자전거		
사 자		

3. 메시지

어떤 문제를 해결하는 프로그램을 작성할 때 홀로 작동하는 객체는 거의 유용하지 않다. 일반적으로 유용한 프로그램은 많은 수의 객체로 이루어진다. 대부분의 객체는 무언가를 실행하기 위해서 다른 객체를 필요로 한다. 예를 들어, 자동차의 경우 혼자서는 거의 쓸모가 없다. 그러나 운전사가 있으면 유용한 작업을 할 수 있다. 대부분의 유용한 프로그램은 여러 개의 객체를 가지고 있고 작업은 이 객체들의 상호작용으로 이루어지며, 객체들이 다른 것들과 상호작용하기 위해서 어떤 종류의 통신 메커니즘을 필요로 한다.

소프트웨어의 세계에서도 마찬가지이다. 소프트웨어 객체는 메시지(message)를 통해 다른 소프트웨어 객체와 통신하고 서로 상호작용한다. 운전사 객체가 자동차 객체를 가속하기를 원한다면, 운전사 객체는 가속 메시지를 작성하여 자동차 객체에 전달한다. 때때로 메시지에는 추가적인 정보들이 필요한 경우도 있는데, 예를 들어 가속하는 경우, 목표 속도가 필요한 경우가 있다. 이런 정보들은 메시지의 매개 변수(parameter)의 형태로 전달된다. 메시지는 다음의 세 가지의 구성 요소로 이루어진다.

- 메시지를 받는 객체 (Car1)
- 메시지의 이름 (가속)
- 메시지의 매개 변수 (100km)

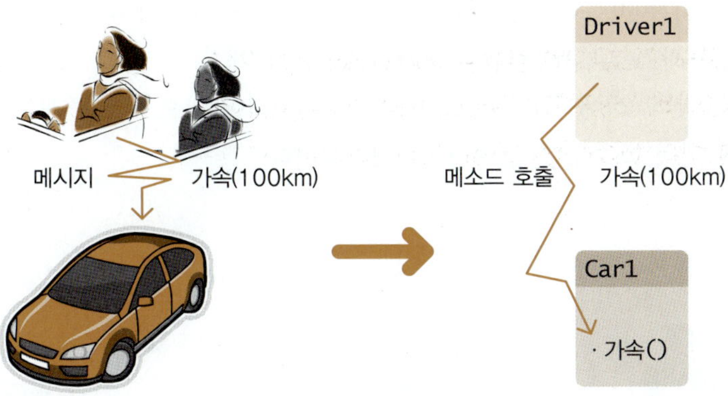

그림 8-5 ● 메시지 전달

"메시지 전달"은 "멤버 함수 호출"을 부르는 또 다른 방법이라는 것을 이해해야 한다. 객체는 다른 객체에 메시지를 보낼 때, 실제로 객체의 멤버 함수를 호출하는 것이다. 메시지의 매개 변수는 실제로 함수의 매개 변수이다. 객체가 할 수 있는 모든 것은 멤버 함수로 표현되기 때문에, 메시지 전달은 즉 멤버 함수 호출을 의미한다.

중간점검

1. 객체들은 _______전달을 통해서 서로 간에 상호 작용을 한다.
2. 자동차 객체에서 생각할 수 있는 메시지와 매개 변수에 대하여 나열하여 보라.

4. 클래스

우리는 객체 지향 프로그램이 객체로 구성된다는 사실을 알았다. 그런데 같은 종류의 객체는 하나만 있을까? 현실 세계에서도 예를 들면 자동차는 하나만 있는 것이 아니다. 철수네도 같은 브랜드의 자동차를 가지고 있을 수 있고, 영희네도 같은 브랜드의 자동차를 가질 수 있다. 자동차는 공장에서 어떻게 만들어지는가? 엔지니어가 설계하여서 설계도를 만들고 이 설계도에 의하여 각각의 자동차가 만들어진다.

객체 지향 소프트웨어에서도 같은 객체들이 여러 개 필요한 경우도 있다. 이러한 객체들은 모두 하나의 설계도로 만들어진다. 바로 이 설계도를 클래스(class)라고 한다. 다시 말하면 클래스(class)란 어떤 종류의 모든 객체에게 공통인 변수와 멤버 함수를 정의하는 형틀(template) 또는 청사진(blueprint)이라 할 수 있다. 객체 지향에서는 소프트웨어의 기본 단위가 클래스가 된다. 소프트웨어를 만들어간다고 하는 것은 클래스를 하나씩 추가해나가는 과정이다. 객체 지향에서는 클래스로부터 만들어지는 각각의 객체를 특별히 그 클래스의 인스턴스(instance)라고도 한다. 객체들이 변수와 멤버 함수로 되어 있으므로 클래스는 이러한 객체에 포함된 변수들과 멤버 함수들을 정의하여야 할 것이다.

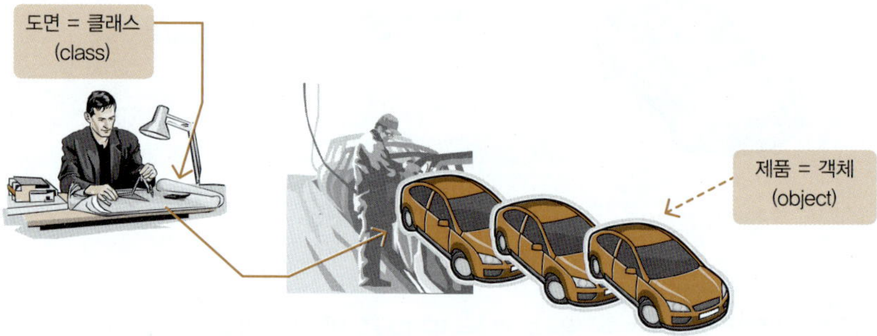

그림 8-6 ● 객체는 클래스라는 설계도로 생성된다

객체가 생성될 때마다 각 객체에 필요한 기억 공간이 할당된다. 각각의 객체에 필요한 공간이란 무엇일까? 다시 자동차의 예로 돌아가 보자. 같은 설계도로 만든 자동차라고 하더라도 운전하는 사람에 따라 속도, 주행 거리, 기어 단수 등의 상태는 자동차마다 다르다. 따라서 같은 클래스로 만든 객체라고 하더라도 각기 다른 상태값을 가질 수 있다. 따라서 이들 상태값을 저장할 공간이 객체마다 필요하다.

멤버 함수의 경우는 약간 다르다. 멤버 함수는 같은 클래스에 속하는 객체이면 모두 동일하다. 자동차를 예로 들면, 전조등을 켜는 방법은 같은 설계도로 만든 자동차이면 모두 동일하다. 따라서 객체의 멤버 함수들은 객체마다 저장되는 것이 아니라 하나의 멤버 함수를 공유한다. 정리하면 같은 클래스의 인스턴스들은 멤버 함수는 공유하지만 멤버 함수는 각각 가지고 있다.

5. 절차 지향과 객체 지향

현재 많이 사용되는 프로그래밍 기법은 절차 지향 프로그래밍과 객체 지향 프로그래밍으로 나눌 수 있다.

절차 지향 프로그래밍

절차 지향 프로그래밍(procedural programming)은 문제를 해결하는 알고리즘(절차)을 중요하게 생각하는 소프트웨어 개발 방법이다. 이들 알고리즘은 모두 함수(또는 프로시저)라는 단위로 묶이게 된다. 일반적으로 이들 프로그램은 함수들의 집합으로 이루어진다. 함수 또는 프로시저는 입력이 들어와서 출력이 나가는 블랙박스(black box)로 간주된다. 데이터는 별도의 구조에 저장되며 이들 함수나 프로시저에 의하여 조작된다.

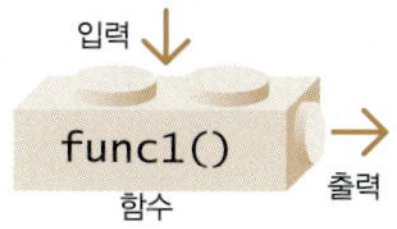

절차 지향 프로그래밍은 오랫동안 좋은 방법으로 여겨졌다. 하지만 문제는 없었을까? 가장 중요한 단점은 데이터가 함수와 분리된다는 점이다. 많은 경우에, 절차 지향 방법에서는 데이터가 프로그램의 중요한 부분임에도 불구하고 프로그래머들은 함수 작성에만 신경을 쓰게 된다. 구체적으로 절차 지향 방법에서는 다음과 같은 문제가 발생할 수 있다.

❶ 과도한 전역 변수의 사용

많은 경우, 데이터는 전역 변수에 저장된다. 이 경우, 데이터에 접근하는 것을 통제할 수 없어서 어떤 함수든지 쉽게 데이터를 변경할 수 있다. 일반적으로 규모가 큰 프로그램의 경우, 많은 함수들이 쉽게 접근하게 하기 위해서 전역 변수에 핵심적인 데이터를 저장하게 된다. 하지만 전역 변수는 모든 함수에 대하여 개방되어 있기 때문에 전역 변수의 값을 잘못 설정할 가능성도 많아진다.

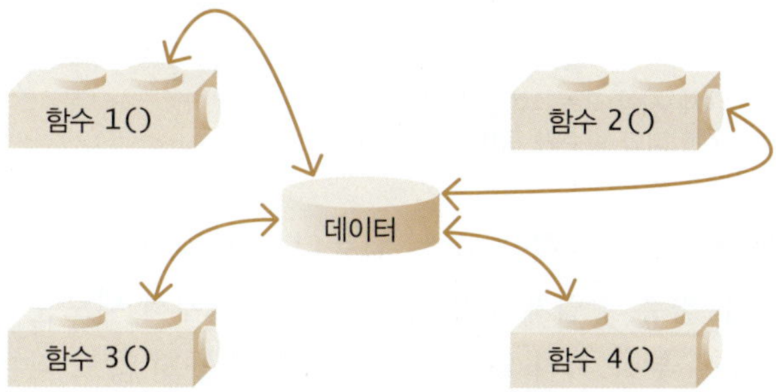

절차 지향 프로그래밍에서는
데이터와 함수가 묶어 있지 않다

❷ 프로그램의 이해가 어려워진다.

절차 지향에서는 작업들이 함수로 작성된다. 하지만 인간이 동시에 이해할 수 있는 함수의 숫자는 제한되어 있다. 따라서 서로 상호작용하는 수백 개의 함수를 이해하는 것은 쉽지 않다.

❸ 변경하고 확장하기가 어렵다.

절차 지향의 경우, 프로그램의 복잡도가 어느 정도 이상으로 커지게 되면 프로그램을 변경하기가 어려워진다. 종종 하나의 함수를 수정하면 다른 함수들이 영향을 받게 되기 때문이다.

객체 지향 프로그래밍

이후로 연구가 진행될수록 서로 관련된 함수와 데이터를 묶어서 생각해야한다는 점이 명백해졌다. 객체 지향 프로그래밍(Object-Oriented Programming)은 데이터와 함수를 하나의 덩어리로 묶어서 생각하는 방법이다. 데이터와 함수를 객체로 묶는 것을 캡슐화(encapsulation)라고 부른다.

객체 지향 프로그래밍 방법은 현재 가장 각광받고 있는 프로그래밍 기술이다. 객체 지향은 현실 세계를 시뮬레이션하는 언어였던 1960년대의 시뮬라(SIMULA)라는 언어에 기반을 두고 있다.

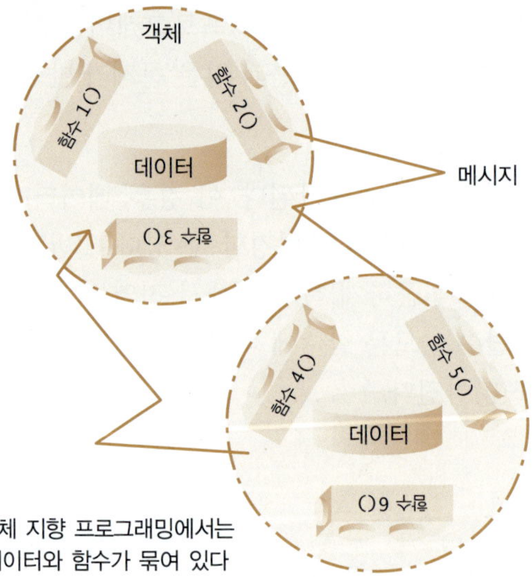

객체 지향으로 소프트웨어를 작성하는 것은 컴퓨터 하드웨어 부품을 구입하여서 컴퓨터를 조립하는 것과 비슷하다. 컴퓨터 업체들이 아주 빠른 시간에서 새로운 모델의 컴퓨터를 시장에 내어 놓을 수 있는 것은 부품 하나 하나를 자신들이 만들지 않고 다른 업체의 부품을 구입하여 조립만 하기 때문이다. 예를 들어 그래픽 카드나 파워 서플라이, 디스크 드라이브 등은 외부에서 공급받아서 사용한다.

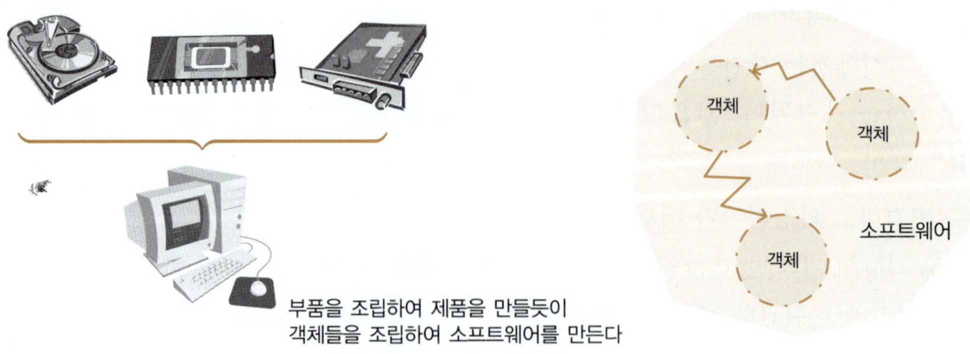

그림 8-7 ● 객체 지향 방법

이들 부품들은 속성(크기, 모양 등)을 가지고 있으며 기능(데이터를 읽는다, 전원을 공급한다 등)도 가지고 있다. 객체 지향 소프트웨어도 같은 아이디어를 사용하는 것이다. 프로그램은 객체들로 구성되고 객체들은 속성과 기능을 가지고 있다. 객체를 직접 작성할 것이냐 아니면 사올 것이냐는 예산과 시간에 따라 달라진다. 하지만 기본적으로 객체가 사양을 만족하기만 하면 그 기능이 어떤 식으로 구현되었느냐는 중요하지 않다. 즉, 디스크 드라이브가 디스크를 읽고 쓰기만 한다면 디스크 드라이브의 내부 구조에 대해서는 신경쓰지 않는다.

자동차 경주 예제

자동차 경주 게임을 제작한다고 가정하여 보자. 절차 지향에서는 먼저 처리하여야할 절차를 우선적으로 생각한다. 즉, 전체 작업을 몇 개의 세부 작업으로 나눌 것이다. 먼저 자동차를 초기화하는 작업, 자동차를 출발하는 작업, 자동차를 정지하는 작업으로 나눌 수 있다. 이들은 모두 함수로 작성된다.

절차가 어느 정도 마무리되면 데이터를 어떻게 표현할 것인지를 생각한다. 자동차에 대한 데이터는 구조체로 표현할 수 있다.

```
struct Car {
    int speed;
    int gear;
    char *pcolor;
};

void init(Car& c, char *color);
void start(Car& c);
void stop(Car& c);
int get_speed(Car& c);
void set_speed(Car& c, int speed);


int main()
{
    Car car;
    init(car, "red");
    start(car);
    set_speed(car, 60);
    stop(car);
    return 0;
}
```

(a) 절차적 프로그래밍

```
class Car {
    int speed;
    int gear;
    char *pcolor;

public:
    void init(char *color);
    void start();
    void stop();
    int get_speed();
    void set_speed(int speed);
};

int main()
{
    Car car;
    car.init("red");
    car.start();
    car.set_speed(60);
    car.stop(car);
    return 0;
}
```

(b) 객체 지향 프로그래밍

그림 8-8 ● 절차적 프로그래밍과 객체 지향 프로그래밍의 비교

객체 지향 방법에서는 상당히 다른 접근 방법을 사용한다. 먼저 데이터에 우선적으로 촛점을 맞춘다. 데이터를 표현하는 방법, 사용하는 방법을 절차보다도 먼저 생각한다. 자동차 경주에서는 자동차가 가장 핵심이 되는 데이터가 된다. 따라서 자동차를 나타내는 모든 정보를 하나의 객체가 가지고 있어야 한다. 이들 정보를 외부로부터 받아들이는 멤버 함수가 필요하다. 또한 주행 거리나 주행 시간을 계산하는 멤버 함수도 필요하다. 결과를 출력하는 멤버 함수도 추가될 것이다. 전체 작업은 이들 자동차 객체를 원하는 만큼 만들고 이들 객체의 적절한 멤버 함수를 호출하면서 실행된다.

중간점검

1. 객체 지향 프로그래밍은 ______들을 조합하여서 프로그램을 작성하는 기법이다.
2. 객체 지향 프로그래밍의 시작은 ________년대에 개발된 ______언어이다.

6. 객체 지향 프로그래밍의 개념들

캡슐화

캡슐화(encapsulation)란 데이터와 함수들을 객체 안에 넣어서 묶는다는 의미이다. 이것은 보기보다 상당한 장점이 되는데 캡슐화된 객체들은 다른 프로그래머가 사용하기가 아주 편하다.

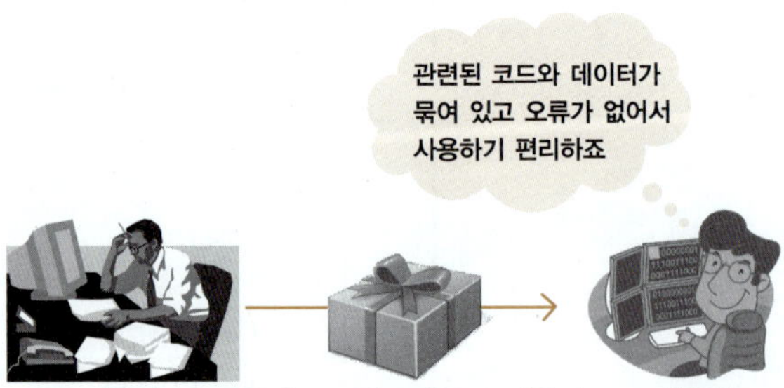

그림 8-9 • 객체 지향을 사용하면 코드를 재사용할 수 있다

지금까지 소프트웨어 개발이 힘들었던 이유는 이전의 사람들이 작성하였던 수많은 코드가 있음에도 불구하고 새로운 소프트웨어를 개발하기 위해서는 다시 처음부터 모든 것을 개발

하여야 한다는 점이었다. 따라서 이전의 코드들을 재사용할 수 있는 메카니즘이 필요하다는 것을 인식하게 되었는데, 다른 사람이 작성한 코드를 쓰기 위해서는 코드 자체가 잘 정리되어 있어야만 할 것이다. 즉, 관련된 데이터와 함수가 하나의 묶음으로 정리되어 있어야 한다. 따라서 만약 자기가 필요로 하는 클래스가 다른 사람에 의해 작성되어서 이미 존재한다면 언제든지 가져다가 사용할 수 있다. 또 이 클래스는 이미 그 방면의 전문가가 테스트와 디버그를 마쳤기 때문에 안심하고 사용할 수 있다.

객체 지향 방법으로 제작된 라이브러리는 절차 지향 언어의 라이브러리와는 다르다. 절차 지향 언어에서도 라이브러리가 제공되지만 함수 수준의 라이브러리만 제공된다. 하지만 객체 지향 방법에서는 필요한 데이터와 함수가 클래스 단위로 묶여 있기 때문에 사용하기 편리하고 보다 완전한 기능을 제공한다. C++에서도 그래픽, 네트워크, 데이터베이스 등의 많은 기능이 객체 지향 형식으로 제공이 되고 있다.

정보 은닉

객체 지향 기법에서는 객체는 절대 다른 객체의 내부적인 데이터를 직접 조작하지 않는다. 반대로 다른 객체에게는 내부 데이터를 노출하지 않아야 한다. 객체간의 모든 통신은 함수 호출을 통해야 한다. 객체의 함수를 가지고 상호작용을 함으로써 객체 내부 구현의 세부 사항은 외부 세계로부터 감춰진다. 이런 식으로 객체의 데이터를 은폐하는 것을 정보 은닉(information-hiding)이라고 한다.

왜 객체의 내부 데이터를 보호하여야 하는가? 내부 데이터가 숨겨져 있다는 것은 이들 부분이 프로그램의 다른 부분에 영향을 미치지 않고 쉽게 변경될 수 있음을 의미한다. 예를 들어서 **그림 8-10**과 같이 컴퓨터와 스피커를 연결하는 문제를 생각하여 보자. 만약 컴퓨터의 표준 인터페이스 단자를 사용하지 않고 내부의 카드에 직접 선을 연결하였다면 내부의 카드는 업그레이드할 수 없다.

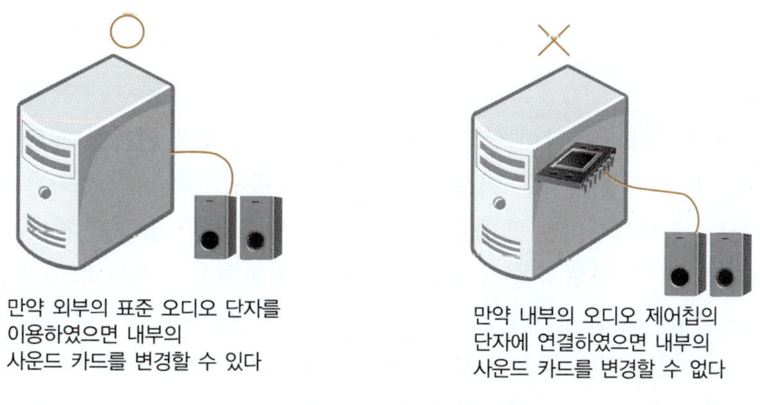

그림 8-10 • 정보 은닉의 장점

소프트웨어에서도 똑같은 일이 발생한다. 만약 외부에서 객체의 내부 데이터를 직접 사용하였다면 그 객체의 데이터 구조는 변경될 수 없다. 따라서 객체의 업그레이드가 불가능하다. 하지만 객체의 멤버 함수를 통하여 데이터에 접근하였다면 객체 내부의 데이터 구조는 언제든지 업그레이드가 가능하다. 만약 특정한 객체가 문제 있는 것으로 밝혀진다면 그냥 간단하게 그 객체를 제거하고 다른 객체를 대체품으로 끼워넣으면 된다. 이것은 실세계에서 가전 제품을 수리하는 것과 비슷하다. 만약 TV에서 어떤 부속품이 망가졌으면 전체 TV가 아닌 그 부속품만 갈면 된다. 단, 사용자가 TV 내부를 건드리지 않는 경우에만 가능하다.

상속과 다형성

상속은 기존의 코드를 재활용하기 위한 기법으로 이미 작성된 클래스(부모 클래스)를 이어받아서 새로운 클래스(자식 클래스)를 생성하는 기법이다. 자식 클래스는 부모 클래스의 모든 속성과 동작을 물려받는다. 추가로 만약 자식 클래스에만 필요한 기능이 있다면 추가 또는 변경할 수 있다. 다른 사람이 제공한 클래스는 아무래도 자신의 문제에 맞지 않는 경우가 종종 있다. 이런 경우에 상속을 사용하여서 다른 사람의 클래스를 상속받아서 자신이 필요한 부분을 변경하여서 사용할 수 있다. 상속은 기존의 코드를 재사용하는 강력한 기법이다.

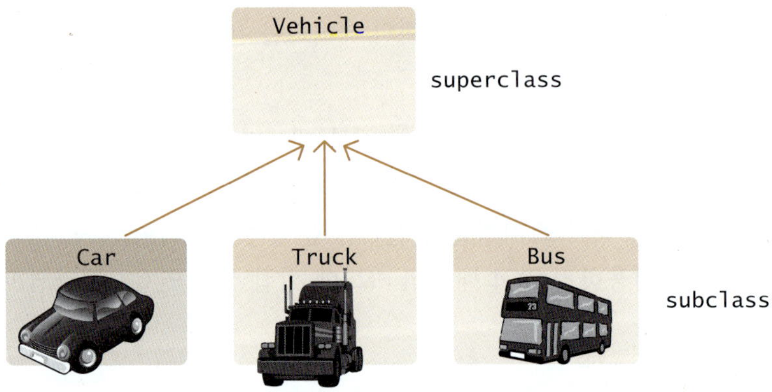

그림 8-11 • 상속의 개념

다형성이란 객체가 취하는 동작이 상황에 따라서 달라지는 것을 의미한다. C++에서는 서로 다른 타입에 속하는 객체들이 같은 이름의 멤버 함수에 응답하여서 서로 다른 동작을 보여주는 것이 가능하다. 프로그래머는 객체의 타입을 미리 알 필요가 없고 객체의 정확한 동작은 실행 시간에야 결정된다. 다형성을 사용하게 되면 실제 동작은 다르더라도 개념적으로 동일한 작업을 하는 멤버 함수들에 똑같은 이름을 부여할 수 있으므로 코드가 더 간단해진다. 예를 들어 `display()`라는 멤버 함수가 모든 객체 타입마다 정의되어 있어서 호출하면 객체의 내부 정보를 화면에 출력한다고 가정하자. 만약 프로그래머가 객체의 정보를 화면에 출력하는 것이 필요하면 객체의 타입에 관계없이 `display()` 멤버 함수를 호출하면 된다.

쉬운 디버깅

절차 지향 프로그래밍보다 객체 지향 프로그래밍이 디버깅하기가 유리하다. 예를 들어 절차 지향 프로그램에서 하나의 변수를 1000개의 함수가 사용하고 있다고 가정해보자. 반면에 객체 지향 프로그램에서 100개의 클래스가 있고 클래스 당 10개의 멤버 함수를 가정해보자. 함수의 총 개수는 동일하다. 하지만 만약 어떤 변수가 잘못된 상태에 있다면 클래스 안의 10개의 멤버 함수를 검사하는 편이 전체 1000개의 함수를 검사하는 것보다 훨씬 나을 것이다.

중간점검

1. C++에서 코드 재사용이 쉬운 이유는 관련된 ______과(와) ________이(가) 하나의 덩어리로 묶여 있기 때문이다.
2. 정보 은닉이란 ______을(를) 외부로부터 보호하는 것이다.
3. 정보를 은닉하면 발생하는 장점은 무엇인가?

7. string 객체의 생성과 사용

객체를 생성하려면 먼저 클래스부터 작성하여야 한다. 하지만 다른 사람이 작성해놓은 클래스가 있다면 이 클래스를 이용하여서 객체를 생성할 수 있다. 클래스 작성에 대하여 본격적으로 학습하기 전에, 이미 작성되어서 우리에게 제공되는 `string` 클래스를 통하여 객체 지향의 장점을 살펴보자.

문자열은 프로그램에서 많이 사용되는 중요한 자료형이다. 문자열은 "`Hello World!`"와 같이 문자들의 나열(sequence)이다. 5장에서 학습하였듯이 문자열은 문자 배열로도 나타낼 수 있다. 하지만 `string` 클래스를 이용하면 보다 쉽게 문자열을 저장하고 처리할 수 있다.

string 클래스

`string`은 문자열을 나타내기 위하여 작성된 클래스이다. 문자열 저장과 처리에 필요한 변수와 함수들이 정의되어 있다. 우리는 5장에서 문자 배열을 사용하여 문자열을 저장하고 처리를 하는 방법을 학습하였다. 문자 배열을 사용하는 경우, 사용자가 배열의 크기에 대하여 항상 신경을 써야 한다. 예를 들어서 문자열의 크기가 변경되었을 경우, 배열의 크기가 충분하지 않으면 중대한 문제가 발생한다. `string` 클래스를 사용하게 되면 `string` 클래스가 이런 처리를 담당하기 때문에 프로그래머는 문자열의 크기에 신경 쓸 필요가 없다. 또한 `string` 클래스는 문자열 처리에 필요한 여러 가지 다양한 멤버 함수들을 제공한다. 프로그래머들은

이러한 멤버 함수들이 내부적으로 어떻게 구현되는지 모르더라도 얼마든지 멤버 함수들을 사용할 수 있다. 이것이 객체 지향의 장점이다.

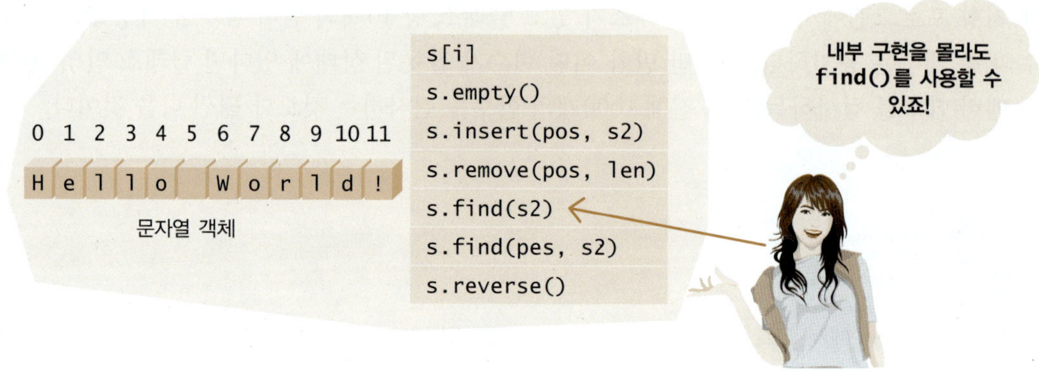

그림 8-12 • string 클래스

string 객체의 생성

string 클래스는 string이라는 헤더 파일에 정의되어 있다. 따라서 string 클래스를 사용하려면 먼저 string 헤더 파일을 포함시켜야 한다. string 클래스는 std 이름 공간에 속해있기 때문에 using 지시어를 사용하여서 std 이름 공간을 포함하여야 한다.

예를 들어서 string 클래스를 이용하여서 문자열 객체를 생성하려면 다음과 같이 한다.

```
string s;            // string 객체 s를 생성한다
```

만약 string 객체를 생성과 동시에 초기화하려면 다음과 같이 한다.

```
string s = "Hello World!"; // string 객체를 생성하고 초기화한다
```

아래의 프로그램에서 string 클래스의 객체를 생성하고 초기화하였다.

string1.cpp

```
#include <iostream>
#include <string>
using namespace std;

int main()
{
   string s1 = "This is a test.";     // string 객체를 생성하고 초기화한다
```

```
    string s2;                          // 비어있는 string 객체를 생성한다

    cout << s1 << endl;
    cout << "문자열을 입력하시오: " << endl;
    cin >> s2;                          // 사용자로부터 문자열 받아서 s2에 저장
    cout << s2 << endl;
    return 0;
}
```

실행결과

```
This is a test.
문자열을 입력하시오: object
object
```

프로그램 설명

string 객체가 문자배열보다 편리한 점은 string 타입의 변수로 선언하면 바로 문자열이 생성된다는 점이다. C에서처럼 문자배열을 선언할 필요가 없다. 또한 미리 배열의 크기를 결정할 필요가 없다. string 객체의 경우, 문자열 입력 시 공간이 부족하면 자동적으로 크기에 맞추어서 공간이 재할당된다. 이러한 이유로 string 객체를 사용하는 것이 문자배열보다 편리하고 안전하다.

객체의 멤버 함수 호출

객체가 생성된 후에 객체의 멤버 함수를 호출하려면 도트(.) 연산자를 사용한다. 예를 들어서 string 클래스는 size()라는 이름의 멤버 함수를 가지고 있다. size()는 문자열의 길이를 계산하여 반환한다. 객체를 통하여 size() 멤버 함수를 사용하려면 다음과 같이 객체 뒤에 도트 연산자를 붙이고, 멤버 함수 이름을 적어주면 된다.

```
string s = "Hello World!";
int size = s.size();        // string 클래스의 size() 멤버 함수 호출
```

클래스가 제공하는 멤버 함수에 어떤 것이 있는지는 클래스의 제작자가 알려주어야 한다. string 클래스의 경우, C++ 문서를 보면 string 클래스가 제공하는 멤버 함수들이 자세하게 나열되어 있다. string 클래스에는 문자열의 추가, 삭제, 검색을 위한 많은 멤버 함수들이 존재한다. 그 중에서 몇 가지만 다음 표에 나타내었다.

멤버 함수	설명
s[i]	i번째 원소
s.empty()	s가 비어있으면 true 반환
s.insert(pos, s2)	s의 pos 위치에 s2를 삽입
s.remove(pos, len)	s의 pos 위치부터 len만큼을 삭제
s.find(s2)	s에서 문자열 s2가 발견되는 첫 번째 인덱스를 반환
s.find(pos, s2)	s의 pos 위치부터 문자열 s2가 발견되는 첫 번째 인덱스를 반환

string2.cpp

```
#include <iostream>
#include <iostream>
#include <string>
using namespace std;

int main()
{
   string s1 = "This is a test.";     // string 객체를 생성하고 초기화한다

   s1.insert(4, "Hello");             // s1에서 문자열 삽입
   cout << s1 << endl;
   int index = s1.find("test");       // s1에서 "test" 검색
   cout << index << endl;
   s1.append("World");                // s1에 문자열 추가
   cout << s1 << endl;
   return 0;
}
```

실행결과

```
ThisHello is a test.
15
ThisHello is a test.World
```

문자열의 결합

string 클래스를 사용하면 문자 배열보다 더 쉽게 문자열을 처리할 수 있다. 예를 들어서 두 개의 문자열을 + 연산자를 이용하여 결합할 수 있다. 이것은 객체 지향의 하나의 특징인 다형

성으로 설명할 수 있는데, C++에서 연산자는 사용자가 원하는 대로 재정의가 가능하다. + 연산자는 일반적으로 정수를 더하는데 사용되지만 문자열 객체를 더할 때도 사용할 수 있는 것이다. 즉 + 연산자의 정의가 피연산자의 타입에 따라서 달라진다.

```
string subject = "Money";
string other = "has no value if it is not used";
string sentence = subject + other; // "Money has no value if it is not used"
```

= 연산자를 이용하여서 하나의 문자열 객체를 다른 문자열 객체에 할당할 수도 있다.

```
string s1 = "Hello";
string s2;
s2 = s1;        // s2는 "Hello"
```

기존의 문자열에 다른 문자열을 추가하려면 += 연산자를 사용할 수 있다.

```
string s1 = "Hello";
string s2 = "World!";
s1 += s2;       // s1은 "Hello World!"
```

string3.cpp

```
#include <iostream>
#include <string>
using namespace std;

int main()
{
   string s1("Slow"), s2("steady"); //이런 식으로도 초기화가 가능하다
   string s3 = "the race.";
   string s4;

   s4 = s1 + " and " + s2 + " wins " + s3;
   cout << s4 << endl;
   return 0;
}
```

실행결과

```
Slow and steady wins the race.
계속하려면 아무 키나 누르십시오 . . .
```

문자열의 비교

문자열을 처리할 때 string 클래스를 사용하는 것이 편리하다. 이유는 == 연산자나 > 연산자들이 우리가 기대하는 대로 정의되어 있기 때문이다. 즉, string 객체의 경우 다음과 같은 문장을 사용하여서 문자열이 동일한지를 검사할 수 있다.

```
string s1("Hello"), s2("World");
if(s1 == s2)
    cout << "동일한 문자열입니다" << endl;
else
    cout << "동일한 문자열이 아닙니다" << endl;
```

또한 < 연산자나 > 연산자를 사용하면 사전적인 순서로 어떤 문자열이 앞이 나오는지를 검사할 수 있다.

```
if(s1 > s2)
    cout << "s1이 앞이 있습니다. " << endl;
else
    cout << "s2가 앞이 있습니다. " << endl;
```

string 클래스를 사용하는 입출력

string 클래스도 ≫와 ≪ 연산자를 정의하여서 입출력 연산을 구현하고 있다. 다만 문자열 입력에 있어서는 약간 복잡하다. 먼저 ≫ 연산자를 이용하여서 cin에서 string 객체로 입력하는 경우에 공백 문자가 있으면 입력을 중단하게 된다. 예를 들어서 다음과 같은 프로그램에서 사용자가 "All's well that ends well."을 입력하면 s의 값은 All's가 되고 나머지 단어들은 입력을 대기하게 된다.

```
string s;
cin >> s;
```

전체 라인을 읽으려면 getline()이라는 함수를 사용한다. 문제는 getline()이 cin의 멤버 함수가 아니라는 점에 있다. getline()은 매개 변수로 cin을 받는다. getline()도 string 라이브러리에 정의되어 있다.

```
string line;
getline(cin, line);
```

만약 한 문자씩 읽고자 한다면 cin의 멤버 함수인 get()을 사용할 수 있다. 예를 들어서 표준 입력에서 줄바꿈 문자가 나올 때까지 문자를 읽어서 버리는 함수는 다음과 같다.

```
void goNextLine()
{
   char c;
   do{
      cin.get(c);                        // 문자를 처리하지 않고 버린다
   } while( c != '\n' );
}
```

string 객체에서 문자 추출하기

string 객체에서 각각의 문자를 추출하려면 배열처럼 []연산자를 적용하면 된다. 예를 들어서 line이라는 string 객체에서 첫 번째 문자를 꺼내려면 line[0]라고 하면 된다. i번째 문자를 추출하려면 line[i]라고 하면 된다. 사용자가 입력한 주민등록번호에서 '–' 문자를 삭제하는 프로그램을 작성해보자.

string4.cpp

```
#include <iostream>
#include <string>
using namespace std;

int main()
{
   string s;
   cout << "주민등록번호를 입력하시오: ";
   cin >> s;

   cout << "-가 제거된 주민등록번호: ";
   for(int i=0;i < s.length();i++){
      if( s[i] == '-' ) continue;
      cout << s[i];
   }
   cout << endl;

   return 0;
}
```

실행결과

```
주민등록번호를 입력하시오: 111111-11111
-가 제거된 주민등록번호: 11111111111
계속하려면 아무 키나 누르십시오 . . .
```

예제

휠오브포츈(wheel of fortune) 또는 행맨(hangman)과 같은 단어 게임을 제작하여 보자. 빈칸으로 구성된 문자열이 주어지고 사용자는 문자열에 들어갈 글자들을 하나씩 추측해서 맞추는 게임이다. 사용자가 문자열에 들어 있는 글자를 말했으면 화면에 그 글자를 출력한다. 일정한 횟수만 시도할 수 있게 해보자.

```
현재 상태: -----
글자를 추측하시오: s
현재 상태: s----
글자를 추측하시오: p
...
```

string5.cpp

```
#include <iostream>
#include <string>
using namespace std;

int main()
{
   string prob = "space";
   int length = prob.length();
   int tries=0;
   string answer(length, '-');        // -로 초기화

   cout << "현재 상태: " << answer << endl;
   while(tries < 6 && answer != prob ){
      char c;
      cout << "글자를 추측하시오: ";
      cin >> c;
      if( answer.find(c) != string::npos ){
         cout << "전과 동일한 글자입니다. ";
         continue;
      }
      int pos = prob.find(c);
      if( pos == string::npos ){
         cout << "추측한 글자가 없습니다." << endl;
         tries++;
         continue;
      }
```

문자검색

```
        else{
            answer[pos] = c;
            pos = prob.find(c, pos+1);   // 같은 글자가 또 있으면 반복적으로 찾는다
            while(pos != string::npos){
                answer[pos] = c;
                pos = prob.find(c, pos+1);
            }
        }
        cout << "현재 상태: " << answer << endl;
        if( answer == prob ) {
            cout << "맞았습니다" << endl;
            break;
        }
    }
    if( tries >= 6 ){
        cout << "틀렸습니다. 정답은 " << prob << "입니다." << endl;
    }
    return 0;
}
```

실행결과

```
현재 상태: -----
글자를 추측하시오: s
현재 상태: s----
글자를 추측하시오: p
현재 상태: sp---
글자를 추측하시오: a
현재 상태: spa--
글자를 추측하시오: c
현재 상태: spac-
글자를 추측하시오: p
전과 동일한 글자입니다. 글자를 추측하시오: k
추측한 글자가 없습니다.
글자를 추측하시오: e
현재 상태: space
맞았습니다
계속하려면 아무 키나 누르십시오 . . .
```

여기서 string::npos는 find()에서 찾고자 하는 단어가 없는 경우에 반환되는 값이다.

중간점검

1. 변수를 크게 두 가지로 나누면 ________변수와 _________변수로 분류할 수 있다.
2. 객체를 생성하는 키워드는 _________(이)다.
3. 문자열은 클래스 _________의 객체로 저장할 수 있다.
4. 문자열의 길이를 반환하는 멤버 함수는 __________(이)다.

참고사항

어떤 프로그램이든지 계획 단계는 무척 중요하다. 계획 단계에서 프로그래머들은 프로그램의 요구조건과 어떤 자료구조와 알고리즘을 사용할 것인지를 결정하여야 한다. 객체 지향 프로그래밍 용어로는 객체 지향 분석(object-oriented analysis)이라고 한다. 어떤 클래스가 사용될 것인지를 결정하는 단계가 바로 이 단계이다. 객체 지향 분석은 다음과 같은 단계로 나누어질 수 있다.

❶ 프로그램에서 사용될 객체와 클래스를 식별한다.
❷ 각 클래스의 속성을 정의한다.
❸ 각 클래스의 동작을 정의한다.
❹ 클래스 간의 관계를 정의한다.

EXERCISE
INTRODUCTION TO C++ PROGRAMMING

1. 다음에 대하여 간략하게 설명하라.

   ❶ 객체와 클래스의 관계

   ❷ 클래스에서 객체의 상태를 나타내는 것은?

   ❸ 클래스에서 객체의 동작을 나타내는 것은?

2. 캡슐화란 무엇이며 캡슐화를 사용할 경우의 장점은 무엇인가?

3. 메시지는 객체 지향 프로그래밍에서 어떤 역할을 하는가?

4. 객체의 세부 구현 사항을 숨기는 것을 정보 은닉이라고 한다. 정보가 은닉되면 어떤 장점이 있는가?

5. 본문에서 다루지 않은 `string` 클래스의 멤버 함수에 대하여 그 사용법을 조사하여 보자. 만약 중복 정의된 멤버 함수가 있으면 역시 조사하여 보자.

멤버 함수	설명
s1.compare(s2)	
s1.append(s2)	
s1.substr(pos1)	
s1.rfind(s2, pos)	
s1.find_first_of(s2, pos)	
s1.find_last_of(s2, pos)	
s1.at(pos)	
s1.replace(pos1, len1, s2)	
s1.clear()	

6. 날짜(date)를 클래스 `Date`로 작성한다고 가정하자. `Date` 안에 저장되는 변수 이름과 날짜를 조작하는 멤버 함수 이름을 생각하여 보자.

	변수	설명
상태(속성)		년도
		월
		일

	멤버 함수 이름	설명
동작(행동)		날짜를 설정
		날짜를 출력

유리수(fraction)를 클래스 `Fraction`으로 작성한다고 가정하자. `Fraction` 안에 저장되는 변수 이름과 날짜를 조작하는 멤버 함수 이름을 생각하여 보자.

	변수	설명
상태(속성)		분자
		분모

	멤버 함수 이름	설명
동작(행동)		유리수의 덧셈
		유리수의 뺄셈
		유리수의 곱셈
		유리수의 나눗셈
		유리수 출력

7. 다음의 문장에 의하여 생성되는 출력은 무엇인가?

```
string s("Hello World!");
s.erase(3, 2);
cout << s << endl;
```

8. 다음의 문장에 의하여 생성되는 출력은 무엇인가?

```
string s("Hello World!");
int i = s.find("W", 0);
cout << i << endl;
```

9. 다음의 문장에 의하여 생성되는 출력은 무엇인가?

```
string s1 = "Hello";
string s2 = "World!";
string s3 = s1 + " " + s2;
cout << s3 << endl;
```

10. 다음의 문장에 의하여 생성되는 출력은 무엇인가?

```
string s1 = "Hello";
string s2 = "Hi";
bool b = ( s1 == s2 );
cout << b << endl;
```

PROGRAMMING
INTRODUCTION TO C++ PROGRAMMING

여러 가지 클래스를 설계하여 보자. 문법을 따를 필요는 없고 클래스 이름과 속성, 멤버 함수의 이름과 매개 변수만을 자연 언어로 작성하여 보자. 멤버 함수를 실제로 구현할 필요는 없다.

1. 복소수를 나타내는 클래스를 만들어보자. 복소수는 다음과 같은 형태를 갖는다. $real + imag*i$ 여기서 $i = \sqrt{-1}$ 이다.

복소수에 필요한 속성들과 가능한 멤버 함수들을 결정하라.

2. 2차원 공간에서 점을 나타내는 클래스 `Point`를 만들어보자. 점에 필요한 속성과 멤버 함수를 생각하여 보자.

3. 사각형을 나타내는 클래스 `Rectangle`을 만들어보자. 사각형에 필요한 속성과 멤버 함수를 생각하여 보자.

4. 직원(employee)을 나타내는 클래스 `Employee`를 설계해보라. 어떤 속성값과 멤버 함수들을 가질 수 있는가?

5. 자동차를 클래스로 표현해보라. 어떤 속성값과 멤버 함수들을 가질 수 있는가?

6. `string` 클래스의 각종 메소드를 사용하여서 사용자로부터 받은 문자열이 올바른 물품 번호인지를 검사하는 프로그램을 작성하라. 물품 번호는 크기가 6인 문자열로 되어 있으며 앞의 2개의 알파벳 문자는 물건의 종류를 나타내고 뒤의 4개의 숫자는 모델 번호이다. 예를 들어서 TV1523는 텔레비전을 나타내고 모델 번호는 1523이라는 것을 의미한다. 문자열의 길이, 앞의 두개의 문자가 알파벳인지, 나머지 문자가 숫자인지를 검사하라.

7. 사용자로부터 원의 반지름을 받아서 원의 면적을 구하는 프로그램을 작성하라. 원의 면적이 계산되면 "사용자에게 계속하시겠습니까?(Y/N)" 라는 질문을 하고 사용자가 Y라고 대답하면 다시 반복한다. 만약 N이 입력되면 실행을 중단한다. 사용자가 소문자 y나 n을 입력하여도 대문자와 마찬가지로 동작할 수 있도록 프로그램을 작성하라.

8. 사용자로부터 받은 문자열에서 알파벳 글자의 개수, 숫자의 개수, 공백 문자의 개수를 계산하는 프로그램을 작성하라. 예를 들어서 사용자가 "transformer 2"를 입력하면 알파벳 글자의 개수는 11개, 숫자의 개수는 1개, 공백 문자의 개수도 1이라고 출력한다.

9. 사용자로부터 문자열을 받아서 단어의 개수를 계산하여서 콘솔에 출력하는 프로그램을 작성하여 보자. 예를 들어서 사용자가 "To be or not to be"라고 입력하면 6을 출력한다.

10. 사용자에게서 받은 문자열을 역순으로 화면에 출력하는 프로그램을 작성하여 보자. 예를 들어서 사용자가 "secret"를 입력하면 "terces"를 출력한다.

11. 사용자로부터 받은 문자열에서 자음과 모음의 개수를 계산하여서 출력하는 프로그램을 작성하라.

12. 사용자로부터 아이디와 패스워드를 받아서 일치하는지를 검사하는 프로그램을 작성하여 보자.

13. 워드 프로세서에 사용되는 "찾아 바꾸기" 기능을 구현하여 보자. 첫 번째로 사용자로부터 최대 100글자의 텍스트를 입력받는다. 두 번째로 찾는 문자열을 입력받는다. 최대 10글자로 제한한다. 세 번째로 바꾸는 문자열을 입력받는다. 역시 최대 10글자로 제한된다. 텍스트 중에서 지정된 문자열을 찾아서 바꾼 후에 화면에 출력한다.

LAB
INTRODUCTION TO C++ PROGRAMMING

1. 만약 가격 비교 사이트에 등장하는 물건을 나타내는 클래스 Product를 작성한다면 어떤 데이터와 멤버 함수들을 포함하고 싶은가? 아래의 표를 채워보자.

멤버	의미
(예) price	물건의 가격

2. string의 멤버 함수들을 이용하여서 문자열을 모르스 코드로 변환하는 프로그램을 작성하여 보자. 모르스 코드는 각 알파벳 글자를 짧은 신호와 긴 신호로 표기하는 방법이다.

구문	모르스 코드	구문	모르스 코드	구문	모르스 코드
A	.-	B	-...	C	-.-.
D	-..	E	.	F	..-.
G	--.	H	....	I	..
J	.---	K	-.-	L	.-..
M	--	N	-.	O	---
P	.--.	Q	--.-	R	.-.
S	...	T	-	U	..-
V	...-	W	.--	X	-..-
Y	-.--	Z	--..		

❶ 영어 알파벳을 받아서 모르스 코드로 변환하는 함수를 작성하고 테스트하라. 모르스 코드 출력에서 글자와 글자 사이에 | 기호를 출력한다. 즉 "AB"는 ".-|-..."으로 변환된다.

❷ 모르스 코드를 영어 알파벳으로 변환하는 함수를 작성하고 테스트하라. 예를 들어서 ".-|-..."을 "AB"로 변환하면 된다.

CHAPTER 09

클래스의 기초

이 장의 차례

학습목표

- 클래스는 객체를 만들기 위한 청사진이다. 클래스만 있으면 필요할 때마다 객체를 생성시켜서 사용할 수 있다. 따라서 C++에서는 기본적인 프로그래밍 단위가 클래스가 된다. 클래스를 작성하는 방법, 작성된 클래스를 가지고 객체를 생성하고 사용하는 방법을 살펴본다. 더불어 클래스 안에서 정의되는 변수와 멤버 함수에 대하여 구체적으로 살펴본다.

1. 클래스의 정의

클래스란?

클래스는 서로 관련이 있는 변수와 함수들을 한곳으로 모은 것이다. 클래스 안에 선언되는 변수를 특별히 멤버 변수 또는 필드(field)라고 하며 객체의 속성을 나타낸다. 클래스 안에 선언되는 함수는 멤버 함수 또는 메소드(method)라고 하며 객체가 할 수 있는 동작을 나타낸다.

그림 9-1 • 클래스의 구성

클래스 선언

하나의 예제로 자동차를 나타내는 Car 클래스를 선언해보자. Car 클래스는 자동차에 관련된 속성과 동작을 묶은 것이다. 자동차는 모델, 색상, 가격, 속도, 기어, 주행 거리, 승차 인원 등의 속성을 가지고 있다. 자동차의 동작으로는 출발하기, 멈추기, 가속하기, 감속하기, 방향 변경 등을 생각할 수 있다.

자동차를 나타내는 클래스의 이름은 Car라고 하자. 대개 클래스 이름은 명사로 하며, 이름을 이루는 단어의 첫 글자는 대문자로 한다. Car 클래스를 선언하려면 다음과 같이 먼저 멤버 변수를 선언하고 이어서 멤버 함수를 정의하면 된다.

car1.cpp

```
class Car {

public:
    // 멤버 변수 선언
    int speed;      // 속도
    int gear;       // 기어
    string color;   // 색상

    // 멤버 함수 선언
    void speedUp() {    // 속도 증가 멤버 함수
        speed += 10;
    }

    void speedDown() {  // 속도 감소 멤버 함수
        speed -= 10;
    }
};
```

멤버 변수

멤버 함수

Car 클래스에서는 speed, gear, color 등을 멤버 변수로 선언하였다. 이들은 각각 자동차 속성 중에서 속도, 기어, 색상을 나타낸다. 여기서 멤버 변수 선언 앞에 있는 키워드 public은 접근 지정자로서 클래스 외부에서 멤버를 자유롭게 사용할 수 있음을 의미한다. 또 속도를 증가하고 감소시키는 speedUp()과 speedDown() 멤버 함수가 선언되어 있다. 멤버 변수와 멤버 함수에서 대해서는 다음 절에서 좀 더 자세히 학습하도록 하자.

객체 생성

클래스를 정의한 후에는 클래스를 새로운 타입으로 생각하여서 변수를 정의할 수 있다. 즉, 정수 타입의 변수를 선언할 때와 마찬가지로 클래스 타입의 변수를 정의한다.

```
Car myCar;      // myCar라는 이름의 객체가 생성된다
```

위의 문장은 myCar라는 객체를 정의하는데 변수 myCar의 타입은 Car이다. 이 문장이 실행되면 myCar라는 객체가 실제로 생성된다. 물리적인 실체를 가지게 되는 것이다. 이처럼 실제로 생성된 객체를 클래스의 인스턴스(instance)라고도 부른다. 이는 객체(object)라는 용어가 많은 의미를 가지고 있으므로 그 의미를 더 확실히 하기 위해서이다.

항상 주의하여야 할 점이지만 클래스를 정의했다고 해서 객체가 생성되는 것은 아니다. 클래스는 객체를 생성할 수 있는 틀만을 만든 것이다. 이 틀을 이용하여서 객체를 찍어내야만 객체가 생성된다.

중간점검

1. Car 클래스 타입의 yourCar라는 이름의 객체를 생성하는 문장을 작성하라.

2. 멤버의 접근

객체가 생성될 때마다 멤버 변수는 별도로 생성된다. 예를 들어서 모든 Car의 객체들은 speed, gear, color 변수를 객체마다 하나씩 가지고 있다. 멤버 함수는 어떨까? 멤버 함수는 객체마다 변경되지 않는다. 따라서 같은 클래스의 객체들은 멤버 함수를 공유한다.

그림 9-2 • 객체의 생성

이들 멤버 변수에 접근하기 위해서는 도트(.) 연산자를 사용한다. 예를 들어서 myCar 객체의 speed에 100을 대입하려면 다음과 같이 한다.

```
myCar.speed = 100;
```

위의 문장은 점 앞의 객체에게 점 뒤에 있는 것을 가져다 달라는 의미가 된다.

도트 연산자를 이용하여 멤버 함수도 호출할 수 있다.

```
myCar.speedUp();
myCar.speedDown();
```

객체 지향의 개념에서 보면 클래스 안의 멤버 변수를 직접 사용하는 것은 바람직하지 않다. 객체 내의 멤버 변수는 간접적으로 접근하는 것이 원래의 객체 지향의 개념이다. 이것은 멤버 함수를 설명할 때 자세하게 살펴보기로 하자. 지금까지의 설명을 종합하여서 하나의 예제로 만들어 보면 다음과 같다.

car2.cpp

```
#include <iostream>
#include <string>
using namespace std;

class Car {
public:
    // 멤버 변수 선언
    int speed;                    // 속도
    int gear;                     // 기어
    string color;                 // 색상

    // 멤버 함수 선언
    void speedUp() {              // 속도 증가 멤버 함수
        speed += 10;
    }

    void speedDown() {            // 속도 감소 멤버 함수
        speed -= 10;
    }
};

Car globalCar;                    // ❶ 전역 객체 생성
int main()
```

멤버 변수

멤버 함수

```
{
    Car localCar;                 // ❷ 지역 객체 생성

    globalCar.speed = 100;;
    localCar.speed = 60;
    localCar.color = "white";

    cout << "현재 global 차의 속도는 " << globalCar.speed << endl;
    cout << "현재 local 차의 속도는 " << localCar.speed << endl;

    return 0;
}
```

객체의 멤버 접근

실행결과

```
현재 global 차의 속도는 100
현재 local 차의 속도는 60
계속하려면 아무 키나 누르십시오 . . .
```

오류주의

클래스에 값을 대입하면 안된다. 객체에만 값을 대입할 수 있다.

```
Car.speed = 100;      //오류!!
myCar.speed = 100;   // OK!
```

중간점검

1. 객체들을 만드는 설계도에 해당되는 것이 ___________(이)다.
2. 같은 종류의 객체가 여러 개 생성될 때 각 객체의 변수와 멤버 함수는 공유되는가? 아니면 각 객체마다 별도로 만들어지는가?
3. 클래스 선언 시에 클래스 안에 포함되는 것은 _______과(와) _______(이)다.
4. 객체의 멤버에 접근하는데 사용되는 연산자는 ________(이)다.
5. 각 객체마다 별도로 가지고 있는 것은 클래스의 _________(이)다.
6. 상품의 재고를 나타내는 클래스를 작성하여 보자. 클래스 안에 상품 번호, 재고 수량이 멤버 변수로 저장되고 재고를 증가, 감소하는 멤버 함수를 작성하여 보라.
7. 강아지를 나타내는 클래스를 작성하여 보라. 강아지의 이름, 종, 색깔 등을 멤버 변수로 지정하고 짖기, 물기, 먹기 등의 멤버 함수를 정의하여 보라.

3. 접근 제어

접근 제어(access control)란 외부에서 특정한 멤버 변수나 멤버 함수에 접근하는 것을 제어하는 것이다. `private`이나 `public` 등의 접근 지정자를 멤버 변수나 멤버 함수 앞에 붙여서 접근을 제한하게 된다.

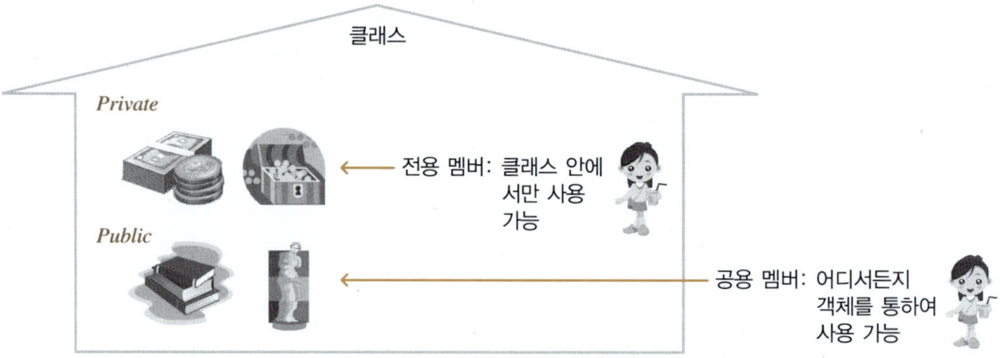

그림 9-3 ● 접근 지정자

지정된 접근 지정자에 따라서 모든 멤버는 다음의 2가지 중의 하나에 속하게 된다.

1 전용 멤버(private member)

전용 멤버는 클래스 내부에서만 접근이 허용된다. 클래스 안에서 `private:`를 적어주면 이후에 정의되는 모든 멤버는 다른 접근 지정자가 지정되기 전까지 전용 멤버가 된다. 만약 접근 지정자가 생략되면 자동적으로 전용 멤버가 된다. 전용 멤버는 같은 클래스 안의 멤버 함수뿐만이 사용할 수 있다. 일반적으로 정보 은닉의 개념에 따라서 멤버 변수는 전용 멤버로 선언하는 것이 좋다.

2 공용 멤버(public member)

공용 멤버는 다른 모든 클래스들이 사용할 수 있다. 공용 멤버를 선언하려면 접근 지정자인 `public:`을 적어주면 된다. `public:` 이후에 선언된 모든 멤버는 다른 접근 지정자가 나오기 전까지 공용 멤버가 된다. 공용 멤버는 객체를 통하여 클래스 외부에서 접근할 수 있다.

만약 멤버 앞에 아무것도 붙이지 않으면 디폴트로 전용 멤버가 된다. 클래스 `Car`가 다음과 같이 정의되었다고 가정하자.

```
class Car {
  // 멤버 변수 선언
  int speed; // 속도
  int gear; // 기어
  string color; // 색상
}
```

디폴트로 전용 멤버가 된다

따라서 다음과 같이 main() 함수에서 멤버 변수들을 사용하면 이것은 오류가 된다.

```
int main()
{
   Car myCar;
   myCar.speed = 100; // 오류!
}
```

객체 myCar의 speed는 private로 선언되었기 때문에 클래스 내의 멤버 함수들은 접근할 수 있지만 외부에서는 전혀 사용할 수 없는 것이다. 그러면 외부에서도 사용하게 하려면 어떻게 해야 하는가? 다음과 같이 앞에 public을 붙여주면 된다.

```
class Car {
public:
   // 멤버 변수 선언
   int speed;        // 속도
   int gear;         // 기어
   string color;     // 색상
}
```

공용 멤버가 된다

위와 같이 public을 붙이면 private가 나오기 전까지 모든 멤버는 전부 public이 된다. 하지만 이런 식으로 모든 멤버 변수를 외부에 공개하는 것은 정보 은닉의 개념에 위배되는 것이다. 더 좋은 방법은 특수한 멤버 함수를 사용하여서 멤버 변수의 값을 읽거나 설정하는 것이다. 이것이 접근자와 설정자 함수의 개념이다. 이것은 다음 절에서 자세하게 살펴보도록 하자.

예제

회사의 직원을 모델링하는 Employee 클래스를 이용하여서 접근 제어를 학습하여 보자.

employee.cpp

```
#include <iostream>
#include <string>
using namespace std;
class Employee {
   string name;  // private로 선언
   int salary;   // private로 선언
   int age;      // private로 선언
   // 직원의 월급을 반환
   int getSalary() {     return salary;     }
public:
   // 직원의 나이를 반환
   int getAge() {     return age;     }
   // 직원의 이름을 반환
   string getName() {     return name;     }
};

int main()
{
   Employee e;
   e.salary = 300;            // 오류! private 멤버 변수
   e.age = 26;                // 오류! private 멤버 변수
   int sa = e.getSalary();    // 오류! private 멤버 함수
   string s = e.getName();    // OK!
   int a = e.getAge();        // OK
}
```

실행결과

```
...
1>.\strtest.cpp(25) : error C2248: 'Employee::salary' : private 멤버('Employee' 클래스에서 선언)에 액세스할 수 없습니다.
1>.\strtest.cpp(26) : error C2248: 'Employee::age' : private 멤버('Employee' 클래스에서 선언)에 액세스할 수 없습니다.
1>.\strtest.cpp(27) : error C2248: 'Employee::getSalary' : private 멤버('Employee' 클래스에서 선언)에 액세스할 수 없습니다.
...
```

Employee의 멤버 변수 salary와 age는 private로 선언되어 있기 때문에 클래스 외부에서는 접근할 수 없다. getSalary() 멤버 함수도 역시 private로 선언되어 있기 때문에 접근하려고 시도하면 오류가 발생한다.

참고사항

- 일반적으로 멤버에 대해서는 가장 엄격한 접근 제어를 선택하도록 한다. 만약 특별한 이유가 없으면 private를 선택하라.
- 상수를 제외하고는 멤버 변수에 public을 사용하면 안 된다. 외부 클래스들이 public 멤버 변수를 사용하면 코드를 변경하기가 힘들어진다.

중간점검

1. 멤버 변수의 경우, `private`로 만드는 것이 바람직한 이유는 무엇인가?
2. 접근지정자가 전혀 선언되어 있지 않으면 디폴트로 어떻게 간주되는가?

4. 멤버 변수

멤버 변수의 사용 범위

멤버 변수는 클래스 몸체 안에서, 그러나 멤버 함수의 외부에서 정의되는 변수이다. 멤버 변수는 클래스의 모든 멤버 함수가 사용할 수 있다. 멤버 변수는 선언 위치에 관계없이 클래스 안에서는 어느 곳에서도 사용이 가능하다. 다음의 예를 참고하도록 하자.

date.cpp

```
class Date {
public:
   void print() {

      cout << year << "." << month << "." << day << endl;
   }

   int getDay() {
      return day;
   }

   // 멤버 변수 선언
   int year;
```

선언 위치와는 상관없이 어디서나 사용이 가능하다

```
    string month;
    int day;
}
```

getter와 setter

객체 지향 방법의 핵심은 구현의 세부 사항을 클래스 안에 감추는 것이다. 이것이 정보은닉이다. 따라서 public 멤버 변수는 되도록 피해야 하고 대신에 특수한 멤버 함수를 추가하여서 멤버 변수에 대한 접근을 선별적으로 승인하여야 한다. 예를 들면 은행 계좌의 잔액을 나타내는 멤버 변수는 전용으로 선언되지만 잔액을 조회하거나 잔액을 변경할 수 있는 멤버 함수는 제공된다.

멤버 변수와 관련된 두 가지의 종류의 멤버 함수가 있다. 하나는 멤버 변수값을 반환하는 접근자이고 또 하나는 멤버 변수값을 설정하는 설정자이다. 이러한 멤버 함수는 대개 get이나 set이 멤버 함수 이름 앞에 붙여진다. 예를 들면 getBalance(), setBalance() 등이다. get이 붙여지는 멤버 함수는 접근자(accessor)라고 불린다. set이 붙여지는 멤버 함수는 설정자(mutator)라고 불린다.

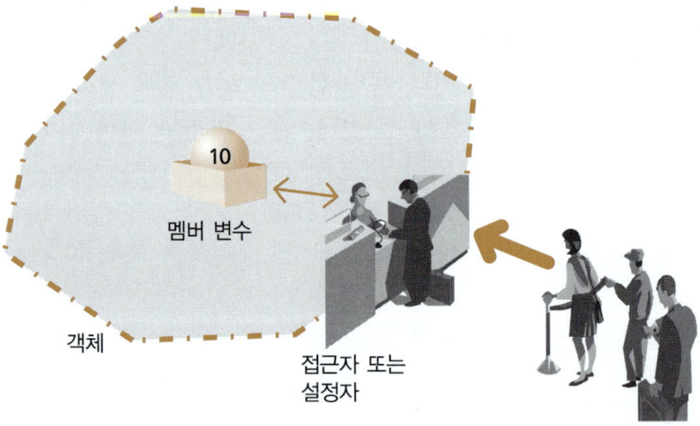

그림 9-4 ● 접근자와 설정자 멤버 함수는 멤버 변수의 접근을 제한합니다

앞의 Car 클래스에 접근자와 설정자를 추가하여 보면 다음과 같다.

car3.cpp

```
class Car {
private:
    // 멤버 변수 선언
    int speed;      //속도
```

```
    int gear;   //기어
    string color; //색상
    ...
public:
    // 접근자 선언
    int getSpeed() {
        return speed;
    }
    // 설정자 선언
    void setSpeed(int s) {
        speed = s;
    }
    // 접근자 선언
    int getGear() {
        return gear;
    }
    // 설정자 선언
    void setGear(int g) {
        gear = g;
    }
    // 접근자 선언
    string getColor() {
        return color;
    }
    // 설정자 선언
    void setColor(string c) {
        color = c;
    }
}
```

멤버 변수를 public으로 만드는 것과 무엇이 다른가?

이런 식으로 멤버 함수를 사용하여 멤버 변수를 간접적으로 접근하는 것은 다음과 같은 이점을 가져다준다.

- 설정자에서 매개 변수를 통하여 잘못된 값이 넘어오는 경우, 이를 사전에 차단할 수 있다.
- 멤버 변수값을 필요할 때마다 계산하여 반환할 수 있다.
- 접근자만을 제공하면 자동적으로 읽기만 가능한 멤버 변수를 만들 수 있다.

예를 들면 접근자는 반환하는 데이터의 형식을 제어할 수 있어서 외부 코드가 실제 데이터 표현 방식을 모르게 할 수 있다. 설정자는 변수의 값을 변경하려는 외부의 시도를 주의 깊게 검사할 수 있다. 즉, 새로운 값이 데이터에 적절한지를 판단할 수 있다. 예를 들어서 시간의 값을 25시로 변경하는 시도는 거부되어야 한다. 또한 인간의 나이를 음수로 변경하려는 것도 거부되어야 한다. 우리의 자동차 예제에서는 속도는 음수가 될 수 없다. 만약 멤버 함수를 통하지 않고 인스턴스 변수를 직접 조작하게 한다면 다음과 같은 잘못된 값이 변수에 들어갈 수 있다.

```
myCar.speed = -10;  // 차의 속도가 -10
```

따라서 다음과 같이 설정자를 사용하는 편이 여러모로 안전하다.

```
void setSpeed(int s)
{
   if( s < 0 )
      speed = 0;
   else
      speed = s;
}
```

참고사항

멤버 변수들이 반드시 클래스 정의 첫 부분에 나와야 하는 것은 아니다. 멤버 변수들은 사용되기 전에만 선언되면 된다.

멤버 변수와 지역 변수의 차이점

먼저 멤버 변수는 클래스 안에 선언되지만 멤버 함수 안에서 선언되는 것은 아니다.

```
class Dog {
   int size;          // 멤버 변수
   string name;       // 멤버 변수
   ...
}
```

지역 변수(local variable)는 함수 안에 선언된다. 함수의 매개 변수도 지역 변수의 일종이다.

```
int getAverage(int x, int y)
{
```

```
    int sum;    // 지역 변수
    sum = x + y;
    return sum/2;
}
```

모든 변수는 사용될 수 있는 범위(scope)가 결정되어 있다. 지역 변수는 선언된 함수 안에서만 사용될 수 있다. 반면에 멤버 변수는 클래스 전체를 통하여 사용될 수 있는 변수이다. 즉, 멤버 변수는 클래스 안의 어떤 멤버 함수도 사용할 수 있다.

지역 변수는 함수가 호출되기 전에는 존재하지 않다가 함수가 호출되면 비로소 등장하고 함수가 종료되면 지역 변수도 소멸된다.

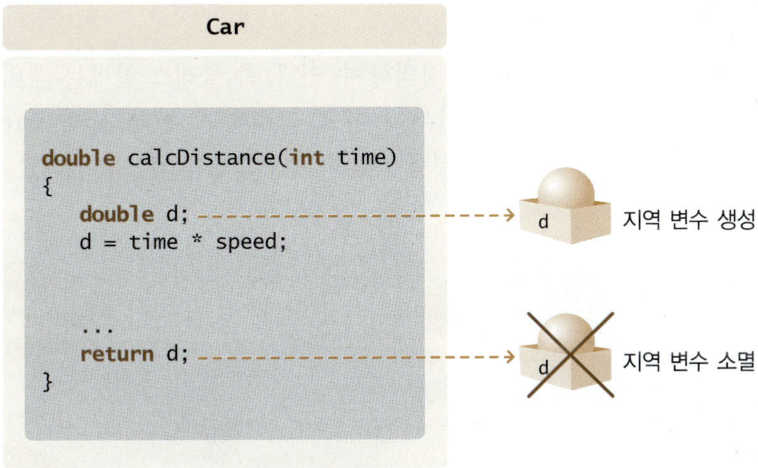

그림 9-5 ● 지역 변수의 생성과 소멸

중간점검

1. 접근자와 설정자 함수를 사용하는 이유는 무엇인가?
2. 멤버 변수와 지역 변수와의 차이점은 무엇인가?

5. 멤버 함수

클래스는 멤버 변수 선언과 멤버 함수 선언으로 이루어진다. 앞에서 학습한 바와 같이 멤버 함수는 객체가 할 수 있는 기능을 나타낸다. 멤버 함수의 이름짓는 관례는 대개 소문자로 시작되는 동사가 먼저 오고 다음에 명사나 형용사가 오는 것이다. 예를 들면 setBackground(), isEmpty(), getData(), isActive() 등이다.

멤버 함수의 외부 정의

우리는 지금까지 멤버 함수를 클래스 내부에 정의하였다. 지금까지 등장한 멤버 함수들은 길이가 짧아서 특별한 문제가 없었다. 하지만 만약 멤버 함수가 아주 복잡하여서 100줄이 넘으면 어떻게 될까? 이 경우, 클래스의 정의가 어디서 시작하여서 어디서 끝나는지를 분간하기가 어려워질 것이다.

C++에서는 멤버 함수를 클래스 외부에 정의할 수 있다. 즉 클래스 안에는 멤버 함수의 원형만을 정의하고 멤버 함수의 몸체는 외부에 따로 작성하면 된다. 만약 Car 클래스에서 getSpeed()라는 멤버 함수를 클래스 외부에 정의하려면 **그림 9-6**과 같이 하면 된다.

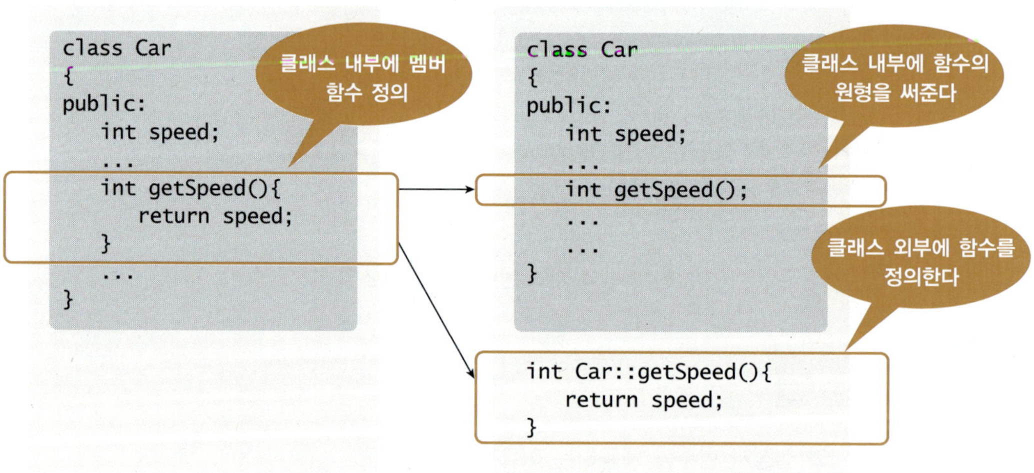

그림 9-6 ● 클래스 외부에 멤버 함수를 정의하는 방법

클래스 내부에는 일단 함수의 원형을 넣어서 외부에서 작성하고자 하는 함수가 멤버 함수라는 것을 알려야 한다. 외부에서 멤버 함수를 정의할 때는 다음과 같은 형식을 사용한다.

```
반환형  클래스이름::함수이름(매개 변수)
{
    ...
}
```

함수 이름 앞에 클래스 이름을 붙이는 것이 좀 특이하다. 이것은 함수가 클래스의 멤버 함수임을 나타낸다고 보면 된다.

멤버 함수를 클래스 내부에 정의하는 것과 클래스 외부에 정의하는 것은 약간의 차이가 있다.

- 멤버 함수가 클래스 내부에 정의되면 자동적으로 인라인(inline) 함수가 된다. 따라서 멤버 함수를 호출한 곳에 멤버 함수의 코드가 직접 삽입된다.
- 멤버 함수가 클래스 외부에 정의되면 일반적인 함수와 동일하게 호출된다. 즉 스택에 인자들을 저장하고 복귀 주소를 저장한 후에 멤버 함수로 제어가 이동된다.

따라서 일반적으로 멤버 함수의 크기가 작으면 클래스 내부에 정의하는 것이 좋을 수 있다. 하지만 멤버 함수의 크기가 큰 경우에 클래스 내부에 정의하면 코드의 복사가 여러 번 일어나서 실행 파일의 크기가 커질 수 있다. 즉 인라인 함수의 장단점을 가지게 된다. 이것은 개발자가 선택할 문제이다. 실전에서는 보통 멤버 함수를 클래스 외부에 많이 정의한다. 하지만 이 책에서는 클래스 내부에 가급적 멤버 함수들을 위치시켰다. 그렇게 하는 편이 입문자들의 경우에는 클래스를 더 쉽게 파악할 수 있기 때문이다.

앞의 Car 클래스에서 몇 개의 멤버 함수를 클래스 외부에 정의해보자.

car4.cpp

```
#include <iostream>
using namespace std;

class Car {
public:
    int getSpeed();
    void setSpeed(int s);
    void honk();
private:
    int speed;    //속도
};

int Car::getSpeed()
{
    return speed;
}
```

클래스 외부에 멤버 함수 선언

```
void Car::setSpeed(int s)
{
   speed = s;
}
void Car::honk()
{
   cout << "빵빵!" << endl;
}

int main()
{
   Car myCar;
   myCar.setSpeed(80);
   myCar.honk();
   cout << "현재 속도는 " << myCar.getSpeed() << endl;
   return 0;
}
```

클래스 외부에 멤버 함수 선언

실행결과

```
빵빵!
현재 속도는 80
계속하려면 아무 키나 누르십시오 . . .
```

멤버 함수 중복 정의

C++에서는 같은 이름의 멤버 함수가 여러 개 존재할 수 있다. 즉, 멤버 함수도 중복 정의할 수 있다. 이것을 중복 멤버 함수라고 한다. 중복 멤버 함수는 다른 종류의 데이터에 같은 처리를 수행하는 경우에 많이 사용된다.

그림 9-7 ● 중복 멤버 함수

예를 들어서 멤버 함수 setSpeed()를 중복 정의해보자.

```
void setSpeed()
{
   speed = 0;
}

void setSpeed(int s)
{
   speed = s;
}
```

만약 setSpeed()와 같이 호출되면 컴파일러는 매개 변수의 개수, 타입, 순서 등을 봐서 첫 번째 멤버 함수를 호출한다. 매소드의 이름, 매개 변수의 개수, 타입, 순서를 시그니처(signature)라고 한다. 중복 멤버 함수는 이름은 같지만 매개 변수의 개수와 타입은 달라야 한다. 만약 중복 멤버 함수를 사용하지 않으려면 각 데이터 타입마다 다른 이름을 주어야 한다. 이는 상당히 번거로운 일이다.

중복된 멤버 함수는 매개 변수의 개수와 타입에 의하여 서로 구별된다. 한 가지 주의할 점은 반환형을 사용하여 구별하지는 않는다. 즉, 반환형이 다르다고 해서 중복시킬 수는 없다.

고급기법

중복 멤버 함수는 주의 깊게 사용되어야 한다. 중복 멤버 함수는 코드를 읽기 어렵게 만들 수 있기 때문이다.

전역 함수와 멤버 함수가 이름이 같은 경우

만약 전역 함수와 멤버 함수의 이름이 같으면 어떻게 될까? 전역 함수는 클래스 외부에 선언되는 함수라서 어디서나 호출이 가능한 함수를 말한다. 예를 들어서 setSpeed()라는 함수가 전역 함수로도 정의되어 있고 멤버 함수로도 정의되어 있다고 가정하자.

```
void setSpeed(int s)        // 전역 함수
{
   ...
}
class Car
{
   int speed;
```

```
public:
    void setSpeed(int s)      // 멤버 함수
    {
        speed = s;
    }
    void init()
    {
        setSpeed(0);          // 멤버 함수인 setSpeed()가 호출된다
    }
};
```

역시 멤버 함수인 init() 안에서 setSpeed()를 호출하면 전역 함수가 호출될까? 아니면 멤버 함수가 호출될까? 이 경우에는 멤버 함수가 전역 함수를 가리게 된다. 다시말해, 멤버 함수가 우선순위가 높아서 먼저 호출된다.

그러나 상황에 따라서는 전역 함수를 호출하고 싶은 경우도 있을 것이다. 이런 경우에는 이름 공간 지정자인 ::을 앞에 붙여주면 전역 함수가 호출된다.

```
    void init()
    {
        ::setSpeed(0);        // 전역 함수인 setSpeed()가 호출된다
    }
```

클래스 선언과 멤버 함수 정의의 분리

우리가 클래스를 작성하는 이유는 여러 소스 파일에서 이 클래스를 사용하기 위해서이다. 다른 소스 파일에서 클래스를 사용하려면 클래스에 대한 정의를 포함하여야 한다. 만약 하나의 파일에 클래스에 대한 모든 것이 들어 있다면, 상당한 양이 될 수도 있다. 따라서 대부분의 프로그래머들이 선호하는 방법은 클래스를 헤더 파일과 소스 파일로 나누어서 작성하는 방법이다. 즉, Car 클래스를 예로 들면 Car 클래스의 정의는 헤더 파일 Car.h에 저장한다. 이때 멤버 함수의 구현은 헤더 파일에 포함되지 않는다.

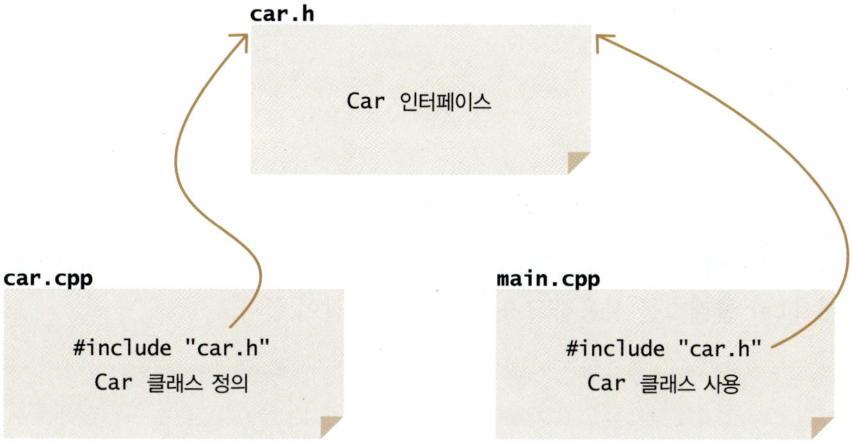

그림 9-8 ● 클래스를 헤더 파일과 소스 파일로 분리

car.h

```
class Car {
public:
   int getSpeed();
   void setSpeed(int s);
   void honk();
private:
   int speed;     //속도
};
```

멤버 함수의 몸체는 별도의 소스 파일인 car.cpp에서 정의된다. 여기서 주의할 점은 car.h를 반드시 포함하여야 한다는 점이다.

car.cpp

```
#include <iostream>
#include "car.h"
using namespace std;

int Car::getSpeed()
{
   return speed;
}
void Car::setSpeed(int s)
{
   speed = s;
```

```
}
void Car::honk()
{
   cout << "빵빵!" << endl;
}
```

만약 다른 소스 파일에서 이 클래스를 사용하려면 헤더 파일만을 포함하면 된다. 예를 들어서 main.cpp에서 Car 클래스를 사용하고자 하면 다음과 같이 한다.

main.cpp

```
#include <iostream>
#include "car.h"                // 현재 위치에 car.h를 읽어서 넣으라는 것을 의미한다
using namespace std;

int main()
{
   Car myCar;
   myCar.setSpeed(80);
   myCar.honk();
   cout << "현재 속도는 " << myCar.getSpeed() << endl;
   return 0;
}
```

어차피 다시 읽어서 포함시킬 것이라면 왜 이런 식으로 클래스의 선언과 구현을 분리하는가? 그 이유는 간단하다. 클래스를 사용하는 사람들은 클래스의 자세한 구현에는 관심이 없기 때문이다. 클래스를 사용하는데 필요한 최소한의 정보만 있으면 되는 것이다. 바로 헤더 파일 car.h에 그 정보가 들어 있다. 또한 개발자 자신도 car.h를 여러 소스 파일에서 사용할 수도 있다.

예제

멤버 함수를 위한 구체적인 예제로 주사위 게임을 생각하여 보자. 주사위 게임에는 아주 많은 종류가 있으나 가장 간단한 게임으로 컴퓨터가 굴린 주사위의 눈을 사용자가 알아맞히는 게임을 작성해보자.

dice_game.cpp

```
#include <iostream>
#include <string>
#include <math>
using namespace std;
```

```

class DiceGame {
   int diceFace;
   int userGuess;

   void RollDice()
   {
      diceFace = (int)(rand() * 6) + 1;
   }
   int getUserInput(string prompt)
   {
      int r;
      cout << prompt;
      cin >> r;
      return r;
   }
   void checkUserGuess()
   {
      if( diceFace == userGuess )
         cout << "맞았습니다";
      else
         cout << "틀렸습니다";
   }
public:
   void startPlaying()
   {
      userGuess = getUserInput("예상값을 입력하시오: ");
      RollDice();
      checkUserGuess();
   }
};

int main()
{
      DiceGame game;
      game.startPlaying();
}
```

실행결과

```
예상값을 입력하시오:
3
틀렸습니다
```

DiceGame 클래스 안에서는 getUserInput()와 같은 클래스 안에서만 사용되는 멤버 함수가 정의되어 있고 이것은 startPlaying() 멤버 함수 안에서 호출된다. 같은 클래스 안이므로 객체를 적어줄 필요가 없다. 하지만 DiceGameTest 클래스 안에서 호출되는 startPlaying() 멤버 함수는 서로 다른 클래스에 위치하고 있으므로 객체를 통하여만 호출이 가능하다.

중간점검

1. 멤버 함수 안에서 private 멤버 변수를 사용할 수 있는가?
2. 멤버 함수는 클래스의 외부에서 정의될 수 있는가?
3. 멤버 함수는 별도의 소스 파일에서 정의될 수 있는가?

6. UML

컴퓨터 프로그래밍 초기부터 사람들은 프로그램을 그림으로 표현하기를 좋아했다. 초기에는 절차적인 논리를 그림으로 표현하기 위하여 순서도(flow chart)를 그렸다. 순서도는 알고리즘을 그리는 데는 좋았지만 너무 세부적이었다. 1970년대에 구조적인 프로그래밍이 유행하면서 프로그래머들은 프로그램의 전반적인 구조를 구조도(structure chart)로 그렸다. 구조도는 프로그램의 각 모듈 사이의 구조적인 관계를 나타낸다. 객체 지향 프로그래밍에서도 프로그래머들은 애플리케이션을 구성하는 클래스들 간의 관계를 그리기 위하여 클래스 다이어그램(class diagram)을 사용한다. 가장 대표적인 클래스 다이어그램 표기법은 UML(Unified Modeling Language)이다.

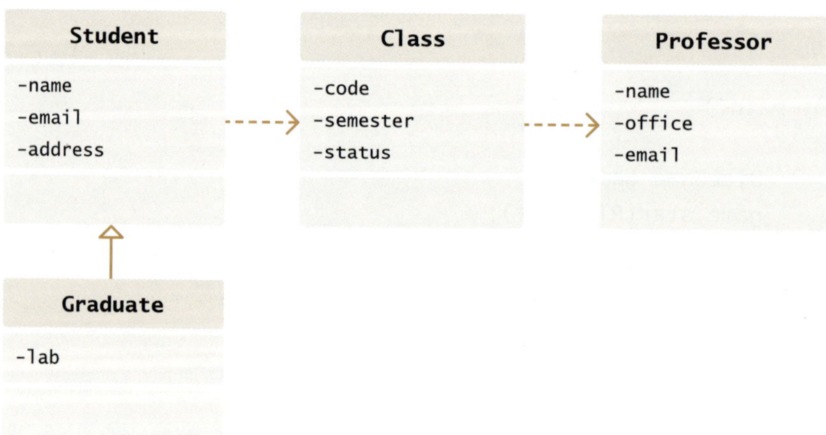

그림 9-9 • UML의 예

각 클래스는 사각형으로 그려진다. 사각형은 반드시 클래스 이름을 포함하여야 한다. 보통은 사각형이 두 개나 세 개로 나누어져 있다. 중간 부분은 멤버 변수들을 나열하고 아래 부분에는 멤버 함수들이 나열되어 있다. 멤버 변수나 멤버 함수의 이름 앞에는 가시성 표시자(visibility indicator)가 올 수 있다. +는 공용을, −는 전용을 의미한다. 예를 들어서 **그림 9-9**는 학생, 수업, 교수 등에 관한 클래스 다이어그램을 보여준다.
UML에서는 화살표를 사용하여 클래스 간의 관계를 나타낸다. UML은 **그림 9-10**과 같은 다양한 화살표를 사용한다.

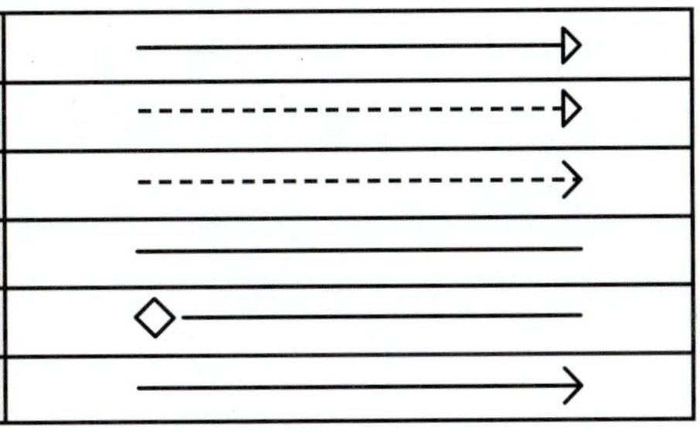

상속(inheritance)	
인터페이스 상속(interface inheritance)	
의존(dependency)	
집합(aggregation)	
연관(association)	
유향 연관(direct association)	

그림 9-10 ● UML에서 사용되는 화살표의 종류

우선 다음의 두 가지만 알아두자. 먼저 실선에 속이 빈 삼각형 화살표는 상속을 나타낸다. 화살표의 방향은 부모 클래스를 가리킨다. 상속은 다음에 학습하기로 하자.

점선의 열린 화살표는 의존을 나타낸다.

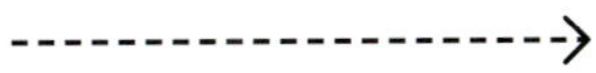

의존이란 하나의 클래스가 다른 클래스를 사용하는 관계이다.

참고사항

UML 다이어그램을 그리는 많은 도구들이 있다. 고성능이면서 값이 비싼 대표적인 도구는 IBM사의 Rational Rose (http://www.ibm.com/software/awdtools/developer/rose)일 것이다. 무료로 사용할 수 있는 도구도 많다. ArgoUML (http://argouml.tigris.org)이나 Violet (http://violet.sourceforge.net)이 대표적이다.

중간점검

1. 전형적인 회사의 고객 관리 업무를 UML의 클래스 다이어그램으로 표현해보아라.

7. 구조체

클래스와 유사한 것으로 C언어부터 사용해오던 구조체가 있다. 구조체(structure)는 서로 타입이 다른 변수들을 한곳에 모아 놓은 것이다. 즉, 클래스에서 멤버 함수를 제외하면 구조체가 된다. 반대로 구조체에 함수를 추가하여서 확장한 것이 클래스가 된다.

구조체의 예로 예금 계좌를 구조체로 정의하여 보자. 예금 계좌는 잔액과 이율을 가지고 있다. 예금 계좌는 구조체로 정의하고 잔액은 정수형 변수로 정의하고 이율은 실수형 변수로 정의하여 보자.

```
struct BankAccount {                // 은행 계좌
   int accountNumber;               // 계좌 번호
   int balance;                     // 잔액을 표시하는 변수
   double interest_rate;            // 연이자
};
```

여기서 BankAccount는 구조체의 이름으로 구조체의 태그(tag)라고 한다. 일반적으로 구조체의 정의는 함수의 외부에서 이루어진다. 구조체가 정의되면 이 구조체를 이용하여서 구조체 변수를 정의할 수 있다.

```
BankAccount a1;
```

만약 구조체의 멤버 변수에 접근하려면 클래스의 경우와 마찬가지로 도트 연산자(.)를 사용한다.

```
a1.balance = 1000000;
```

C++에서 구조체는 클래스와 같은 의미로 사용된다. 실제로 C++ 프로그램에서는 구조체 안에 멤버 함수를 정의할 수도 있다. 따라서 이 책에서는 구조체에 대해서는 별도의 설명을 하지 않는다.

```
struct BankAccount {                // 은행 계좌
```

```
    int accountNumber;                  // 계좌 번호
    int balance;                        // 잔액을 표시하는 변수
    double interest_rate;               // 연이자
    double get_interrest(int days){
        return (balance*interest_rate)*((double)days/365.0);
    }
};
```

접근 지정자가 없으면 구조체의 멤버들은 기본적으로 public이 된다. 이것은 클래스의 멤버들이 기본적으로 private로 여겨지는 것과는 차이가 있다.

중간점검

1. C++언어에서는 구조체의 모든 기능이 class 키워드에 의하여 제공되는가?
2. 구조체와 클래스 사이에 존재하는 단 하나의 차이점은 무엇인가?

8. 예제

예제 #1

집에서 사용하는 데스크 램프를 클래스로 작성하여 보자. 먼저 DeskLamp 클래스의 외부 인터페이스부터 작성하여 보자. 데스크 램프는 우리가 잘 알고 있듯이 켜는 것과 끄는 것을 동작으로 가진다. 내부 데이터로는 점등 여부를 나타내는 bool형 변수만 있으면 될 것이다.

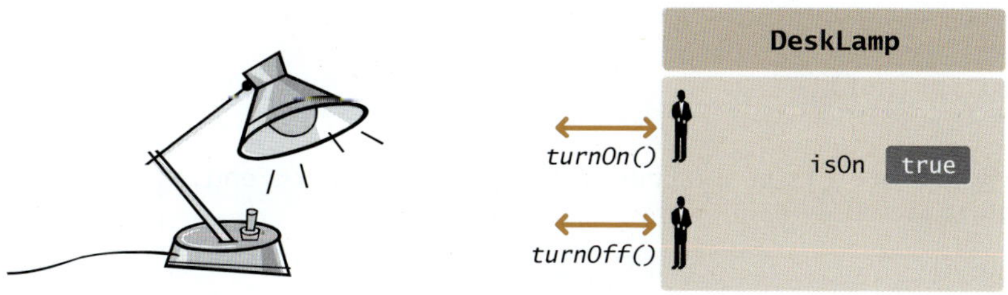

멤버 변수와 멤버 함수에 이름을 붙여서 UML로 그려보면 다음과 같다.

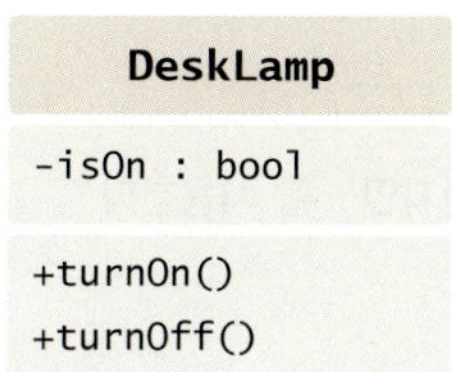

멤버 함수들은 모두 클래스 외부에 정의되었다.

desk_lamp.cpp

```
#include <iostream>

#include <string>
using namespace std;

class DeskLamp {
private:
    // 인스턴스 변수 정의
    bool isOn;                  // 켜짐이나 꺼짐과 같은 램프의 상태

public:
    // 멤버 함수 선언
    void turnOn();              // 램프를 켠다
    void turnOff();             // 램프를 끈다
    void print();               // 현재 상태를 출력
};

void DeskLamp::turnOn()
{
    isOn = true;
}

void DeskLamp::turnOff()
{
    isOn = false;
}

void DeskLamp::print()
{
    cout << "램프가 " << (isOn == true ? "켜짐" : "꺼짐") << endl;
}

int main()
{
    // 객체 생성
    DeskLamp lamp;

    // 객체의 멤버 함수를 호출하려면 도트 연산자인 .을 사용한다
```

클래스 정의

멤버 함수의 정의

```
    lamp.turnOn();
    lamp.print();
    lamp.turnOff();
    lamp.print();

    return 0;
}
```

실행결과

```
램프가 켜짐
램프가 꺼짐
```

예제 #2

은행 계좌를 클래스로 정의하여 보자. 클래스 이름은 BankAccount로 하고 은행 계좌 번호, 예금주, 잔액은 각각 accountNumber, owner, balance라는 멤버 변수로 표시한다. 은행 계좌에 관련된 동작은 접근자와 설정자에 추가하여 저금하기, 인출하기 등을 생각할 수 있다. 통상적인 접근자와 설정자는 제외하고 중요한 동작인 저금하기, 인출하기를 각각 deposit()와 withdraw() 멤버 함수로 구현하였다.

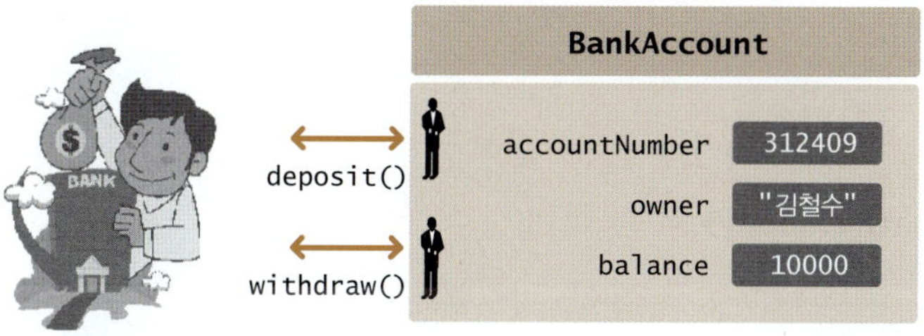

멤버 변수와 멤버 함수에 이름을 붙여서 UML로 그려보면 다음과 같다. UML에서 통상적인 접근자와 설정자는 생략하였다.

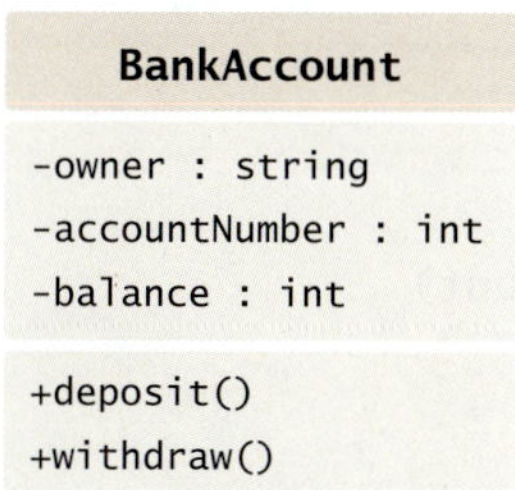

멤버 함수들은 모두 클래스 외부에 정의되었다.

bank_account.cpp

```
#include <iostream>
#include <string>
using namespace std;

class BankAccount {                     // 은행 계좌
private:
   int accountNumber;                   // 계좌 번호
   string owner;                        // 예금주
   int balance;                         // 잔액을 표시하는 변수

public:
   void setBalance(int amount);         // balance에 대한 설정자
   int getBalance();                    // balance에 대한 접근자
   void deposit(int amount);            // 저금 함수
   void withdraw(int amount);           // 인출 함수
   void print();                        // 현재 상태 출력
};

void BankAccount::setBalance(int amount)
{
   balance = amount;
}

int BankAccount::getBalance()
{
   return balance;
}

void BankAccount::deposit(int amount)
{
   balance += amount;
}

void BankAccount::withdraw(int amount)
{
   balance -= amount;
}

void BankAccount::print()
```

```
{
   cout << "잔액은 " << balance << "입니다." << endl;
}

int main() {
   BankAccount account;

   account.setBalance(0);
   account.deposit(10000);
   account.print();
   account.withdraw(8000);
   account.print();

   return 0;
}
```

실행결과

```
현재 잔액은 10000입니다.
현재 잔액은 2000입니다.
```

예제 #3

날짜를 클래스로 정의하여 보자. 클래스 이름은 Date로 하고 연, 월, 일은 각각 year, month, day라는 멤버 변수로 표시한다. 날짜에 관련된 동작은 통상적인 접근자, 설정자, 현재 날짜를 콘솔에 출력하는 함수를 생각할 수 있다. 아래 그림에는 year에 관련된 접근자와 설정자만을 표시하였다.

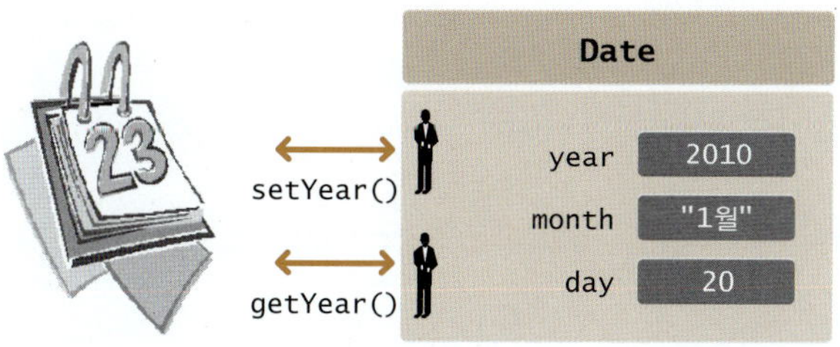

멤버 변수와 멤버 함수에 이름을 붙여서 UML로 그려보면 다음과 같다. UML에서 통상적인 접근자와 설정자는 생략하였다.

Date

Date
-year : int -month : string -day : int
+setDate() +print()

멤버 함수들은 모두 클래스 외부에 정의되었다.

date.cpp

```
#include <iostream>
#include <string>
using namespace std;

class Date {
private:
   int year;
   int month;
   int day;

public:
   int getYear();
   void setYear(int y);
   int getMonth();
   void setMonth(int m);
   void setDay(int d);
   int getDay();
   void print();
};

int Date::getYear()
{
   return year;
}

void Date::setYear(int y)
{
   year = y;
}

int Date::getMonth()
```

```
{
    return month;
}

void Date::setMonth(int m)
{
    month = m;
}

int Date::getDay()
{
    return day;
}

void Date::setDay(int d)
{
    day = d;
}

void Date::print()
{
    cout << year << "년 " << month <<  "월 " << day << "일" << endl;
}

int main()
{
    Date date;

    date.setYear(2010);
    date.setMonth(1);
    date.setDay(20);
    date.print();

    return 0;
}
```

실행결과

```
2010년 1월 20일
```

예제 #4

마트에서 판매되는 상품을 클래스 Product로 정의하여 보자. Product는 일련 번호, 이름, 가격, 수량 등의 정보를 가지고 있다.

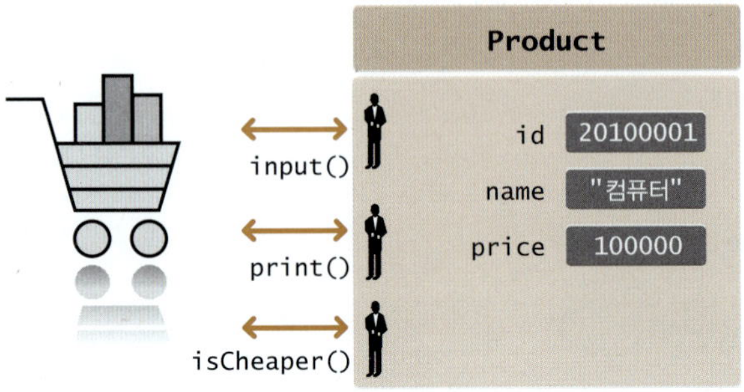

멤버 함수들은 모두 클래스 외부에 정의되었다.

product.cpp

```
#include <iostream>
#include <string>
using namespace std;

class Product {
private:
   int id;
   string name;
   int price;

public:
   void input();
   void print();
   bool isCheaper(Product other);
};

void Product::input()
{
   cout << "상품의 일련 번호: ";
   cin >> id;
   cout << "상품의 이름: ";
   cin >> name;
   cout << "상품의 가격: ";
   cin >> price;
}

```

```
void Product::print()
{
   cout << " 상품 번호 " << id << endl
      << " 상품의 이름: " << name
      << " 상품의 가격: " << price << endl;
}

bool Product::isCheaper(Product other)
{
   if( price < other.price )
      return true;
   else
      return false;
}

int main()
{
   Product p1, p2;

   p1.input();
   p2.input();
   if( p1.isCheaper(p2) ){
      p1.print();
      cout << "이 더 쌉니다\n";
   }
   else {
      p2.print();
      cout << "이 더 쌉니다\n";
   }

   return 0;
}
```

실행결과

```
상품의 일련 번호: 1
상품의 이름: 모니터
상품의 가격: 100000
상품의 일련 번호: 2
상품의 이름: 컴퓨터
상품의 가격: 20000000
 상품 번호 1
 상품의 이름: 모니터 상품의 가격: 100000
이 더 쌉니다
```

프로그램 설명

여기에서 특이한 점은 isCheaper() 멤버 함수의 구현이다. isCheaper()는 물건의 가격을 비교하는 멤버 함수로서 첫 번째 물건은 이 함수를 실행하는 객체 자신이다. 두 번째 물건은 함수의 매개 변수로 전달된다. 객체도 int 타입과 같이 함수의 매개 변수로 전달될 수 있다.

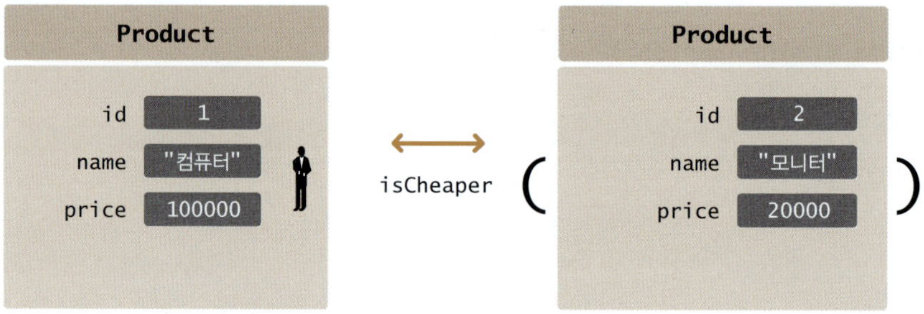

EXERCISE
INTRODUCTION TO C++ PROGRAMMING

1. 다음 질문에 대하여 간단히 답하라.

❶ 클래스와 객체의 차이점은 무엇인가?

❷ 멤버 변수와 지역 변수의 차이점은 무엇인가?

❸ 멤버 함수의 결과값은 어떤 문장에 의하여 반환되는가?

2. 멤버 변수에 직접 접근하여서 사용하는 것보다 접근자 멤버 함수와 설정자 멤버 함수를 통해서 사용하는 것이 좋은 이유는 무엇인가?

3. 다음의 클래스 정의에서 모든 오류를 찾아보아라.

```
class Test
{
private int x;
public:
   Test(int x){    }
}
```

4. 다음의 클래스에서 각 멤버 변수가 공용 멤버인지 전용 멤버인지를 구분하라.

```
class Test
{
   int x;
public:
   int y;
}
```

5. 다음 코드에서 버그를 모두 찾아라.

```
class Audio
{
public:
   void setVolume(int level);
```

```
    int getVolume();
private:
    int volume;
}
int main()
{
    Audio bose;
    bose.volume = 50;
    Audio.setVolume(80);
    return 0;
}
```

6. ❶ 다음 프로그램의 빈칸에 알맞은 코드를 넣어보아라.

```
class Time
{
public:
    int hour, minute;
    void print();
}
____________________
{
    cout << << hour << ":" << minute << endl;
}
int main()
{
    Time t;
    t.hour = 11;
    t.minute = 35;
    t.print();
    return 0;
}
```

❷ 각 멤버 변수에 설정자와 접근자를 정의하여 추가하라. 멤버 변수는 private로 설정한다. main() 안의 문장들을 수정하라.

7. 2차원 공간에서 하나의 점을 나타내는 Point 클래스를 작성하여 보자.

```
class Point {
    int x;
```

```
   int y;
public:
   int getX()                        // 접근자
   {
      _____________________;
   }
   void setX(int xCoord)      // 설정자
   {
      _____________________;
   }
}
```

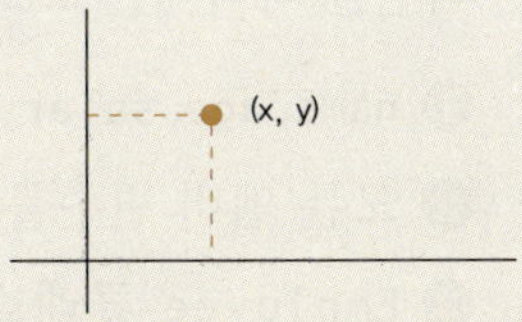

❶ 위의 빈칸을 채우고 실행하여 보자.

❷ 멤버 변수 y에 대해서도 접근자와 설정자를 추가하여 보자.

❸ 접근자와 설정자를 클래스 외부에 정의하여 보자.

❹ p1이라는 이름의 객체를 생성하고 p1을 통하여 설정자를 호출하여 p1의 x 좌표를 100, y 좌표를 200으로 설정하여 보라.

❺ 두 번째 객체를 생성하고 p2가 가리키게 하라.

8. 다음은 영화를 나타내는 Movie 클래스이다. 질문에 답하라.

```
class Movie
{
   string title;
   string director;
   string actors;
}
```

❶ Movie 클래스를 UML로 그려보자. 멤버 함수도 포함시켜라.

❷ 각 멤버 변수에 대한 접근자와 설정자를 작성하여 보라.

❸ 추가할 수 있는 멤버 변수와 멤버 함수를 생각하여 보자.

❹ Movie 클래스를 C++로 작성하여 보라.

❺ Movie 객체를 하나 생성하여 보자.

❻ 생성된 객체의 title 속성을 "Transformer"로 변경하여 보자.

❼ Movie 객체를 3개 생성하여 보자.

9. 직원을 나타내는 Employee 클래스를 다음의 단계에 따라서 작성하여 보자.

❶ name, age, salary, years 등을 멤버 변수로 가지는 클래스를 정의한다.

❷ 모든 멤버 변수를 private로 정의하고 접근자와 설정자를 제공하라.

❸ Employee 클래스의 객체를 생성하고 설정자를 통하여 { "홍길동", 26, 1000000, 1 }으로 설정하고 접근자를 이용하여서 멤버 변수의 값을 화면에 출력한다.

10. 다음의 은행 업무를 기술한 문장을 읽고 클래스의 후보를 생각하여 보자.

> 은행은 정기 예금과 보통 예금 업무를 제공한다. 고객들은 자신의 계좌에 돈을 입금할 수 있으며 계좌에서 돈을 인출할 수 있다. 그리고 각 계좌는 기간에 따라 이자를 지급한다. 계좌마다 이자는 달라진다.

❶ 이 문제 영역 기술 문서를 읽고 잠재적인 클래스 후보를 찾아보라. 참고로 업무 기술서의 문장에 등장하는 명사가 클래스의 후보가 된다.

❷ 이 문제를 해결하는 데 필요한 클래스만을 선별하여 보자.

❸ 각 클래스에 필요한 멤버 변수와 멤버 함수를 생각하여 보자.

PROGRAMMING

INTRODUCTION TO C++ PROGRAMMING

1. 사각형을 나타내는 Rectangle이라고 이름 붙여진 클래스를 설계하여 보자. Rectangle은 사각형의 가로를 나타내는 width와 length를 멤버 변수로 가진다. 또한 사각형의 넓이를 계산하여서 반환하는 calcArea()를 멤버 함수로 가진다. Rectangle 클래스를 UML로 그리고 접근자, 설정자를 추가하여서 구현하여 보라.

2. 책을 나타내는 Book 클래스를 정의하여 보자. Book 클래스는 제목(title)과 저자(author)를 나타내는 멤버 변수를 가진다.

   ❶ 각 멤버 변수를 직접 접근하여서 제목에 "Great C++"를 대입하고 저자에 "bob"을 대입하여 보자.

   ❷ 접근자와 설정자 함수를 정의하고 이것을 통하여 제목과 저자를 설정하여 보자.

3. 주사위를 나타내는 클래스인 Dice를 작성하여 보자. Dice 클래스에 필요한 멤버 변수와 멤버 함수를 생각하여 보자. 멤버 함수에는 주사위를 굴리는 멤버 함수인 roll()을 포함하라. roll() 멤버 함수를 작성할 때 난수를 얻는 다음 문장을 참조하라.

```
face = (int) (rand()%6 + 1)
```

   Dice 객체를 생성하여서 테스트하라.

4. 직원을 나타내는 Employee 클래스를 작성하여 보자. 직원은 이름, 전화 번호, 연봉을 멤버 변수로 가지고 있다. 각 멤버 변수에 대하여 접근자와 설정자를 작성하라. Employee 객체를 생성하여서 테스트하라.

5. 핸드폰을 나타내는 CellPhone 클래스를 작성하여 보자. 핸드폰의 상태는 모델명, 제조 회사, 색상, 전원, 카메라 장착 여부로 나타낸다. 이것들은 멤버 변수로 정의하고 각 멤버 변수에 대하여 접근자와 설정자를 작성한다. 전원을 끄고 켜는 멤버 함수도 추가하여 보자. CellPhone 객체를 생성하여서 테스트하라.

6. 복소수를 나타내는 Complex 클래스를 작성하라. 복소수는 실수부와 허수부로 이루어진다. 필요한 멤버 변수와 접근자와 설정자 함수를 정의하라. 복소수를 12.0 + 17.9i와 같이 출력하는 print() 멤버 함수를 정의하라. 복소수에 대한 덧셈 연산과 뺄셈 연산을 정의하라. Complex 객체를 생성하여서 테스트하라.

7. 삼각형을 나타내는 Triangle 클래스를 정의하여 보자. Triangle 클래스는 밑변과 높이, 면적을 나타내는 멤버 변수를 가진다. 각 멤버 변수에 대하여 접근자와 설정자를 작성한다. 삼각형의 면적을 구하는 멤버 함수 getArea()를 추가하라. Triangle 객체를 생성하여서 테스트하라.

8. 본문의 은행 계좌를 나타내는 BankAccount 클래스에 다음과 같은 기능을 하는 멤버 함수를 추가하고 테스트하라.

```
// 현재 객체의 잔액에서 amount만큼을 otherAccount 계좌로 송금한다
int transfer(int amount, BankAccount otherAccount)
{
   ...
}
```

9. 평균을 구하는 멤버 함수 getAverage()를 중복 정의해보자.

❶ 두개의 정수를 받아서 평균을 구하는 멤버 함수를 정의하여 보자.

❷ 세개의 정수를 받아서 평균을 구하는 멤버 함수를 중복 정의하여 보자.

❸ 중복 정의된 멤버 함수를 호출하여 보자.

10. MyArray라는 이름의 클래스를 작성하여 보자. MyArray는 정수들을 저장하는 동적 배열을 구현한다. 멤버 변수로는 배열의 크기를 나타내는 size와 정수들이 실제로 저장된 메모리를 가리키는 ptr을 가진다. 멤버 함수로는 정수를 추가하는 append(), 마지막 정수를 삭제하는 delete(), 배열 안의 정수를 출력하는 print() 등을 가진다. MyArray 객체를 생성하여서 테스트하라.

11. Product라는 이름의 클래스를 작성하여 보자. Product는 제품을 나타낸다. 멤버 변수로는 제품의 이름을 나타내는 name, 제품의 가격을 나타내는 price, 제품에 대한 평가를 나타내는 assessment를 가진다. 멤버 함수로는 제품에 대한 정보들을 읽는 getInfo(), 두 개의 제품을 비교하는 bool isBetter(Product another), 제품에 대한 정보를 출력하는 print()를 가진다. Product 객체를 생성하여서 테스트하라.

LAB
INTRODUCTION TO C++ PROGRAMMING

1. 상자를 나타내는 Box 클래스를 작성하자.

❶ 먼저 상자의 속성을 나열하여 보라.

❷ 상자의 속성 중에서 가로, 세로, 높이를 나타내는 속성만을 선택하고 width, length, height라는 이름을 부여하여 멤버 변수로 만들어라.

❸ 위의 멤버 변수들을 포함하는 Box 클래스를 정의하라.

```
class Box {
   // 멤버 변수 정의
   int ________;
   int ________;
   int ________;
   // 멤버 함수 정의
}
```

❹ 각 멤버 변수에 대하여 설정자와 접근자 함수를 작성하여 Box 클래스 내부에 추가하라. 접근자와 설정자는 모두 public으로 선언한다.

❺ 상자의 부피를 계산하는 getVolume()을 작성하여 Box 클래스 내부에 추가하라. public으로 선언한다.

❻ 상자의 속성값을 출력하는 print() 멤버 함수를 작성하여 Box 클래스 내부에 추가하라. public으로 선언한다.

❼ box1이라는 이름의 객체를 생성하라.

❽ box1을 통하여 멤버 변수 width에 접근하여 보라. 접근이 가능한가?

❾ width를 public으로 선언한 후에 box1을 통하여 멤버 변수 width에 접근하여 보라. 접근이 가능한가?

❿ 설정자 함수를 호출하여서 상자 box1의 가로, 세로, 높이를 100, 100, 100으로 설정하여 보자.

⓫ box1 객체를 통하여 getVolume() 멤버 함수를 호출하여 보자. 어떤 값이 출력되는가?

⓬ Box 클래스에 사용자로부터 상자의 가로, 세로, 높이를 받아서 멤버 변수에 대입하는 함수 get_input()을 추가하여 보자.

⓭ Box 클래스의 모든 멤버 함수들을 클래스 외부에 정의하여 보자.

CHAPTER 10

생성자와 소멸자

이 장의 차례

학습목표

- 객체가 가지고 있는 데이터를 초기화하는 생성자를 학습한다.
- 마무리 작업을 수행하는 소멸자를 학습한다.
- 객체를 복사하는 복사 생성자를 살펴본다.

1. 생성자와 소멸자란?

생성자

변수의 경우, 초기화를 하지 않으면 쓰레기값을 가지는 경우가 종종 있다. 객체도 마찬가지이다. 객체가 생성된 후에는 반드시 객체를 초기화하여야 한다. 객체의 초기화란 주로 멤버 변수의 값을 초기화하는 것을 의미한다. 객체의 멤버 변수를 초기화한다고 해서 다음과 같이 클래스 안의 변수에 초기값을 주게 되면 컴파일 오류가 발생한다.

```
class Car {
   int speed = 0;    // 오류!!
   ...
}
```

언어마다 약간의 차이가 있는데 C++에서는 위와 같은 초기화는 컴파일 오류에 해당한다. 멤버 변수는 클래스를 정의할 때 생성되는 것이 아니라 객체가 생성되어야만 존재하기 때문이다.

이러한 초기화 작업을 위하여 생성자라는 특수한 멤버 함수가 준비되어 있다. 생성자(constructor)는 객체가 생성될 때에 자동으로 호출되어서 필요한 초기화 절차를 실행한다. 생성자는 변수의 초기화뿐만 아니라 메모리 같은 자원을 할당하거나 파일을 오픈할 수도 있다.

그림 10-1 ● 생성자의 역할

소멸자

객체에 따라서는 객체가 소멸되는 시점에 마무리 작업을 해주어야 하는 경우가 있다. 앞에서 만약 생성자에서 동적 메모리 할당을 하는 경우에 객체가 소멸되면 이 동적 메모리 공간을 다시 시스템에 반납하여야 한다. 만약 반납하지 않고 객체가 소멸되어 버리면 메모리 누수가 일어나게 된다. 소멸자(destructor)는 객체 소멸 시에 자동으로 호출된다. 소멸자는 클래스 이름에 ~가 붙는다. 소멸자도 생성자와 마찬가지로 값을 반환하지 않는다. 또한 매개 변수를 받지 않으며, 따라서 중복 정의도 불가능하다.

그림 10-2 ● 객체의 일생

2. 생성자

생성자는 일반 멤버 함수와 아주 흡사하다. 다만 멤버 함수 이름이 클래스 이름과 같고 반환값을 가지지 않는다는 점만 다르다. 또한 생성자는 반드시 public으로 선언되어야 한다. 하나의 클래스 안에 여러 개의 생성자를 중복 정의(overloading)하는 것도 가능하다. 매개 변수가 없는 생성자를 먼저 살펴보고 이어서 매개 변수가 있는 생성자를 살펴보자.

디폴트 생성자

앞 장에서 학습한 Car 클래스에 매개 변수를 가지지 않는 생성자를 추가해보자. 매개 변수를 가지지 않는 생성자를 디폴트 생성자(default constructor)라고 한다. 객체를 생성할 때 특별히 생성자를 지정하지 않으면 자동으로 디폴트 생성자가 사용된다. Car 클래스의 경우, 디폴트 생성자에서는 멤버 변수인 speed, gear, color의 값을 디폴트값으로 초기화한다.

car1.cpp

```
#include <iostream>
#include <string>
using namespace std;

class Car {
private:
   int speed; // 속도
   int gear; // 기어
   string color; // 색상
public:
   Car()
   {
      cout << "디폴트 생성자 호출" << endl;
      speed = 0;
      gear = 1;
      color = "white";
   }
};
int main()
{
   Car c1; // 디폴트 생성자 호출
   return 0;
}
```

디폴트 생성자

실행결과

```
디폴트 생성자 호출
계속하려면 아무 키나 누르십시오 . . .
```

위의 생성자가 호출되면 아래 그림처럼 Car 객체가 디폴트 생성자에서 지정한 초기값을 가지고 생성된다.

c1

speed	0
gear	1
color	"white"

생성자도 다른 멤버 함수들과 마찬가지로 클래스 내부에 정의될 수도 있고 클래스 외부에 정의될 수도 있다. 클래스 외부에 정의하려면 아래 코드와 같이 앞에 "클래스_이름::"을 붙여야 한다.

```
Car::Car()
{
    cout << "디폴트 생성자 호출" << endl;
    speed = 0;
    gear = 1;
    color = "white";
}
```

매개 변수를 가지는 생성자

이번에는 매개 변수를 가지는 생성자를 추가해보자. 이번 생성자는 3개의 매개 변수를 가지고 있고 이들은 각각 멤버 변수의 초기값으로 사용된다.

car2.cpp

```
#include <iostream>
#include <string>
using namespace std;

class Car {
private:
    int speed;              // 속도
    int gear;               // 기어
    string color;           // 색상

public:
```

```
    Car(int s, int g, string c)
    {
        speed = s;
        gear = g;
        color = c;
    }
    void print();
};
void Car::print()
{
    cout << "속도: " << speed << endl;
    cout << "기어: " << gear << endl;
    cout << "색상: " << color << endl;
}

int main()
{
    Car c1(0, 1, "red");            // 생성자 호출
    Car c2 = Car(0, 1, "blue");     // 이런 식으로도 생성자 호출이 가능하다
    c1.print();
    c2.print();
    return 0;
}
```

생성자

실행결과

```
속도: 0
기어: 1
색상: red
속도: 0
기어: 1
색상: blue
계속하려면 아무 키나 누르십시오 . . .
```

위의 코드가 실행되면 객체들은 다음과 같은 멤버 변수값을 가지게 된다.

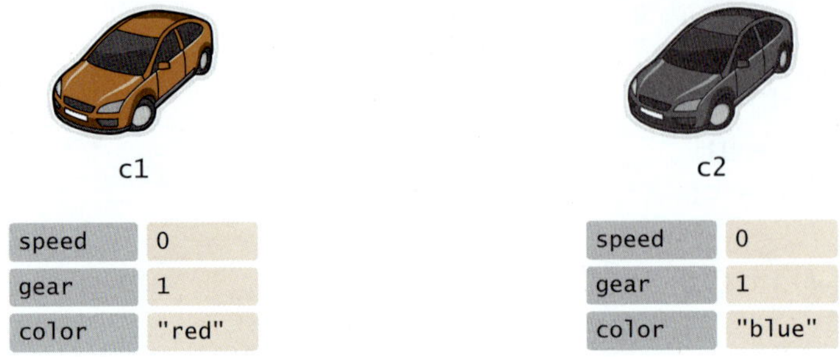

그림 10-3 ● 생성자를 통한 객체의 초기화

생성자 중복 정의

생성자도 멤버 함수의 일종이다. 따라서 생성자도 중복 정의될 수 있다. 앞의 디폴트 생성자와 매개 변수가 있는 생성자를 동시에 정의하면 다음과 같다.

car3.cpp

```
#include <iostream>
#include <string>
using namespace std;

class Car {
private:
   int speed;              // 속도
   int gear;               // 기어
   string color;           // 색상
public:
   Car()
   {
      cout << "디폴트 생성자 호출" << endl;
      speed = 0;
      gear = 1;
      color = "white";
   }
   Car(int s, int g, string c)
   {
      cout << "매개 변수가 있는 생성자 호출" << endl;
      speed = s;
      gear = g;
      color = c;
   }
};
int main()
```

생성자 중복 정의

```
{
    Car c1(100, 0, "blue");      // 생성자 호출
    Car c2;                      // 디폴트 생성자 호출
    return 0;
}
```

실행결과

```
매개 변수가 있는 생성자 호출
디폴트 생성자 호출
계속하려면 아무 키나 누르십시오 . . .
```

컴파일러는 어떻게 프로그래머가 원하는 생성자를 찾을 수 있을까? 중복 함수와 마찬가지로 컴파일러는 생성자 호출 시에 전달하는 인자의 개수와 타입을 보고 자동적으로 원하는 생성자를 알아낸다. 예를 들어 `Car c2;`와 같은 식으로 호출했다면 이것은 매개 변수가 없는 생성자를 의미한다. 만일 `Car c1(100, 0, "blue");`와 같이 호출했다면 이는 3개의 매개 변수를 가지는 생성자라는 것을 컴파일러가 알 수 있다.

여기서 생성자를 호출하는 방법을 정리하고 주의해야 할 점을 살펴보자.

```
int main()
{
    Car c1;               // ❶디폴트 생성자 호출
    Car c2();             // ❷이것은 생성자 호출이 아니라 c2()라는 함수의 원형 선언
    Car c3(100, 3, "white");        // ❸생성자 호출
    Car c4 = Car(0, 1, "blue");     // ❹이것은 먼저 임시 객체를 만들고 이것을 c4에 복사

    return 0;
}
```

❶은 디폴트 생성자를 호출한다. ❷는 생성자의 호출처럼 보이지만 컴파일러는 함수의 원형을 선언한 것으로 해석한다. 즉 Car라는 객체를 반환하는 함수 c2()의 원형을 정의한 것으로 간주한다. 따라서 이런 식으로 디폴트 생성자를 호출하면 안 된다. 다음과 같은 문장과 동일하게 간주한다.

```
int sub(); // int를 반환하는 sub()
```

❸은 구체적인 값들이 있으므로 생성자 호출로 취급된다. ❹는 먼저 생성자가 호출되어서 임시 객체가 만들어진 후에 이것이 c4로 복사된다. 이것은 전적으로 ❸과 동일한 효과를 가진

다. 자 결론을 이야기해보자. 디폴트 생성자는 ❶과 같이 호출하는 것이 좋다. 매개 변수가 있는 생성자는 ❸과 같이 호출하는 것이 권장된다.

생성자를 하나도 정의하지 않으면?

만약 클래스 작성 시 생성자를 하나도 만들지 않는 경우에는 자동적으로 비어 있는 디폴트 생성자가 하나 만들어진다. 디폴트 생성자는 몸체가 비어 있기 때문에 실행결과에 아무런 영향을 끼치지 않는다. 아래 코드에서 Car 클래스는 생성자를 전혀 작성하지 않았다. 따라서 디폴트 생성자가 자동으로 만들어진다.

car4.cpp

```
#include <iostream>
#include <string>
using namespace std;

class Car {
   int speed;                    // 속도
   int gear;                     // 기어
   string color;                 // 색상
};
int main()
{
   Car c1;                       // 디폴트 생성자 호출
   return 0;
}
```

위의 클래스 정의는 다음과 같은 클래스 정의와 동일하다.

```
class Car {
   int speed;          // 속도
   int gear;           // 기어
   string color;       // 색상
public:
   Car() {  }
};
```

디폴트 매개 변수

생성자도 당당한 함수이기 때문에 매개 변수에 디폴트값을 지정할 수 있다.

```
Car(int s = 0, int g = 1, string c = "red")
{
   speed = s;
   gear = g;
   color = c;
}
```

위와 같이 디폴트 매개 변수를 지정하면 결국 디폴트 생성자를 정의한 것과 동일한 효과를 얻게 된다.

생성자에서 다른 생성자 호출하기

생성자도 당당한 멤버 함수이기 때문에 다른 멤버 함수들을 호출할 수 있다. 특히 생성자들은 거의 비슷한 초기화 작업을 수행하기 때문에 하나의 생성자에서 다른 생성자를 호출하는 경우도 많다. 예를 들어 자동차의 색상만 초기화하는 생성자는 기존의 생성자를 호출하여서 다음과 같이 작성할 수도 있다.

컴파일러는 생성자 시그니처를 보고 적절한 생성자를 호출하게 된다.

car5.cpp

```
#include <iostream>
#include <string>
using namespace std;
class Car {
   int speed;                  // 속도
   int gear;                   // 기어
   string color;               // 색상
public:
   // 첫 번째 생성자
   Car(int s, int g, string c) {
      speed = s;
      gear = g;
      color = c;
   }
   // 색상만 주어진 생성자
   Car(string c) {
      Car(0, 0, c);            // 첫 번째 생성자를 호출한다
   }
};

int main()
```

```
{
   Car c1("white");
   return 0;
}
```

참고사항

"생성자"라는 이름 때문에 약간의 오해가 있을 수 있다. 생성자는 객체를 생성하는 멤버 함수가 아니다. 객체가 생성될 때 초기화하는 멤버 함수이다. 따라서 생성자를 구성자라고 번역하기도 한다.

Q & A

Q: 생성자에서 다른 멤버 함수를 호출할 수 있는가?

A: 생성자에서 다른 멤버 함수를 얼마든지 호출할 수 있다.

중간점검

1. 만약 클래스 이름이 MyClass라면 생성자의 이름은 무엇이어야 하는가?
2. 생성자의 반환형은 무엇인가?
3. 생성자는 중복 정의가 가능한가?
4. 클래스 안에 생성자를 하나도 정의하지 않으면 어떻게 되는가?

3. 소멸자

객체에 따라서는 객체가 소멸되는 시점에서 마무리 작업을 해주어야 하는 경우가 있다. 예를 들어서 생성자에서 동적 메모리 할당을 하였다면 객체가 소멸될 때에 이 동적 메모리 공간을 다시 시스템에 반납하여야 한다. 만약 반납하지 않고 객체가 소멸되어 버리면 메모리 누수가 일어나게 된다. 이것을 위하여 소멸자가 존재한다. 소멸자는 객체 소멸 시에 자동으로 호출되는 함수이다.

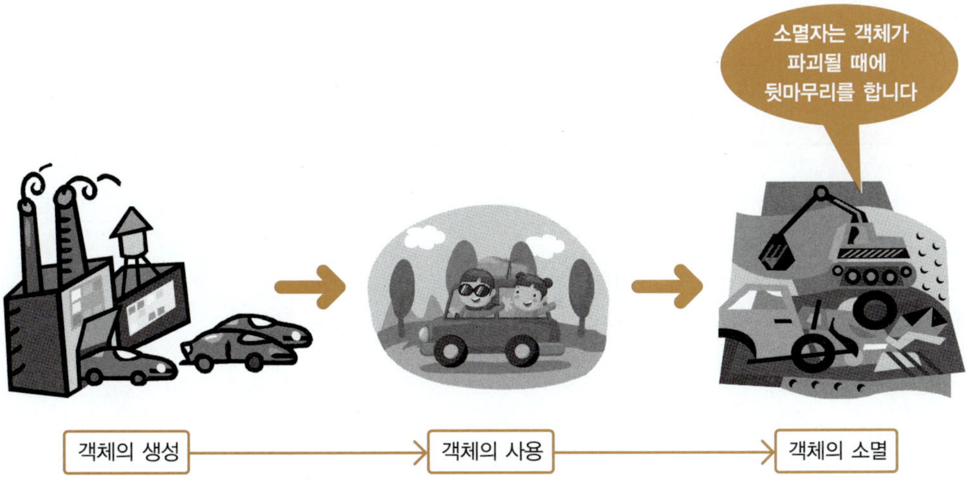

그림 10-4 ● 소멸자의 개념

소멸자는 클래스 이름에 ~가 붙는다. 소멸자도 생성자와 마찬가지로 값을 반환하지 않는다. 소멸자도 외부에서 호출되어야 하므로 public 멤버 함수로 선언된다. 소멸자는 매개 변수를 받지 않으며 따라서 중복 정의도 불가능하다. 앞의 Car 클래스에 소멸자를 추가하여 보자.

car6.cpp

```
#include <iostream>
#include <string>
using namespace std;

class Car {
private:
   int speed;                // 속도
   int gear;                 // 주행 거리
   string color;             // 색상
public:
   Car()
   {
      cout << "생성자 호출" << endl;
      speed = 0;
      gear = 1;
      color = "white";
   }
```

```
    ~Car()
    {
        cout << "소멸자 호출" << endl;
    }
};
int main()
{
    Car c1;                    // 디폴트 생성자 호출
    return 0;                  // 함수가 종료되면 지역 변수인 c1도 소멸된다
}
```

소멸자

실행결과

```
생성자 호출
소멸자 호출
계속하려면 아무 키나 누르십시오 . . .
```

예제

생성자 안에서 동적 메모리 할당을 하는 경우도 많다. 예를 들어 Car 클래스에서 색상을 저장하는 문자열을 string 객체를 사용하지 않고 문자 배열로 처리하는 경우를 생각해보자.이런 경우에는 생성자에서 문자열을 위한 공간을 동적으로 할당하고 소멸자를 이용하여서 생성자에서 할당한 메모리 공간을 반납한다.

car7.cpp

```
#include <iostream>
#include <string>
using namespace std;

class Car {
    int speed;                 // 속도
    int gear;                  // 기어
    char *color;               // 색상
public:

    // 첫 번째 생성자
    Car(int s, int g, char *c) {
        speed = s;
        gear = g;
        color = new char[strlen(c)+1];
```

동적 메모리 할당

```
        strcpy(color, c);
    }
    ~Car() {
        delete [] color;
    }
};

int main()
{
    Car c(0, 1, "yellow");
    return 0;
}
```

동적 메모리 반납

실행결과

```
계속하려면 아무 키나 누르십시오 . . .
```

디폴트 소멸자

만약 프로그래머가 소멸자를 정의하지 않았다면 어떻게 되는가? 생성자와 마찬가지로 소멸자도 디폴트 소멸자가 자동으로 삽입되어서 호출된다. 예를 들면 다음과 같다.

```
class Time {
    int hour, minute, second;
}
```

위와 같은 클래스에는 자동적으로 디폴트 생성자와 디폴트 소멸자가 추가된다.

중간점검

1. 만약 클래스 이름이 MyClass라면 소멸자의 이름은 무엇이어야 하는가?
2. 소멸자의 반환형은 무엇인가?
3. 소멸자는 중복 정의가 가능한가?

4. 초기화 리스트

생성자의 주된 임무는 멤버 변수를 초기화하는 것이다. 만약 생성자에서 멤버 변수에 초기값을 할당한다면 C++에는 더 간단한 형식이 있다. 바로 초기화 리스트(initialization list)이다. 초기화 리스트는 생성자 함수 헤더와 몸체 사이에 :을 찍고 "멤버(매개 변수)"의 형식을 사용하여 멤버의 초기값을 할당하는 것이다. `Car` 생성자를 초기화 리스트로 다시 작성해보면 아래와 같다.

```
Car(int s, int g, string c) : speed(s), gear(g), color(c) {
    ...// 만약 더 하고 싶은 초기화가 있다면 여기에
}
```

위의 `Car` 생성자는 `speed`는 `s`로, `gear`는 `g`로, `color`는 `c`로 초기화한다. 생성자 몸체에서 값을 직접 대입하는 것과 초기화 리스트는 근본적으로 같은 효과를 낸다. 단, 초기화 리스트를 꼭 사용해야만 하는 경우가 있다.

멤버가 상수인 경우

만약 클래스의 멤버 중에 상수가 있다면 이 상수의 초기화는 어떻게 해야 하는가?

```
class Car
{
    const int MAX_SPEED;  <------------ 상수
    int speed; // 속도
}
```

클래스의 상수를 다음과 같이 초기화하는 것은 컴파일 오류이다.

```
class Car
{
    const int MAX_SPEED = 300;       // 컴파일 오류!
    int speed; // 속도
    ...
}
```

클래스를 선언할 때는 객체가 생성되지 않았으므로 위와 같은 초기화는 실행할 수 없다. 즉, 아직 상수에 메모리가 할당되지 않은 것이다.

또한 생성자 안에서 문장으로 상수를 초기화할 수는 없다.

```
class Car
{
   const int MAX_SPEED;
   int speed; // 속도
public:
   Car()
   {
      MAX_SPEED = 300;   <------------ 컴파일 오류
   }
}
```

왜냐하면 상수에 값을 대입하는 것은 금지되어 있기 때문이다. 상수는 한번 값이 정해지면 변경을 할 수 없다. 이때에 바로 초기화 리스트를 사용한다. 상수가 클래스의 멤버인 경우에는 객체가 생성될 때까지 초기화가 연기되며 초기화 리스트를 통해서만 값을 초기화할 수 있다.

```
class Car
{
   const int MAX_SPEED;
   int speed; // 속도
public:
   Car() : MAX_SPEED(300)
   {
   }
};
```

멤버가 레퍼런스인 경우

레퍼런스는 변수에 대한 별명으로 선언 시에 참조하는 변수가 결정되어야 한다. 다만 클래스 안에 선언된 레퍼런스인 경우에는 생성자 호출 때까지 초기화가 연기된다. 이때도 초기화 리스트에서 레퍼런스를 초기화하면 된다.

```
#include <iostream>
#include <string>
using namespace std;
class Car
{
   string& alias;
   int speed;                  // 속도
public:
   Car(string s) : alias(s)
```

```
    {
        cout << alias << endl;
    }
};

int main()
{
    Car c1("꿈의 자동차");
    return 0;
}
```

실행결과

```
꿈의 자동차
계속하려면 아무 키나 누르십시오 . . .
```

멤버가 객체인 경우

클래스 안에 객체를 멤버로 정의할 수 있다. 객체 안에 다른 객체가 포함되는 것이다. 예를 들어서 사각형 클래스 안에는 점을 나타내는 클래스가 포함될 수 있다. 포함된 객체를 초기화할 때에도 초기화 리스트가 사용된다.

```
#include <iostream>
#include <string>
using namespace std;

class Point
{
    int x, y;
public:
    Point(int a, int b) : x(a), y(b)
    {
    }
};

class Rectangle
{
    Point p1, p2;
public:
    Rectangle(int x1, int y1, int x2, int y2) : p1(x1, y2), p2(x2, y2)
    {
```

멤버 객체를 초기화

```
    }
};

int main()
{
   Rectangle r1(10, 10, 100, 100);
   return 0;
}
```

Rectangle의 생성자 안에서 Point()의 생성자를 호출할 수는 없다. 생성자는 객체가 생성될 때에 자동으로만 호출된다. 일반 함수처럼 명시적으로 호출할 수는 없다.

만약 포함된 객체가 디폴트 생성자를 정의하였다면 초기화 리스트를 사용하여서 초기화하지 않아도 컴파일러가 자동으로 디폴트 생성자를 호출하게 된다. 하지만 디폴트값이 아닌 다른 값으로 초기화하는 경우에는 반드시 위와 같은 초기화 리스트를 사용하여야 한다.

중간점검

1. 반드시 초기화 리스트를 사용하여 초기화해야 되는 멤버의 타입은?
2. 클래스 MyClass의 상수 limit를 초기화 리스트를 사용하여서 초기화하여 보라.

5. 복사 생성자

작업을 하다보면 한 객체의 내용을 다른 객체로 복사하여서 생성하고 싶은 경우가 있다. 그런 경우에 사용하는 것이 복사 생성자이다.

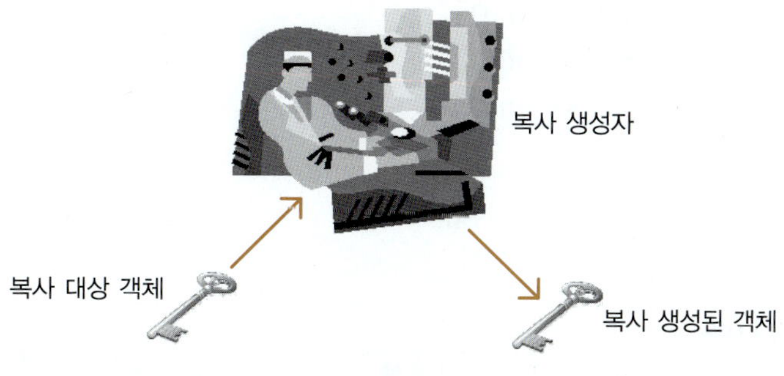

그림 10-5 ● 복사 생성자는 다른 객체의 내용을 복사하여서 새로운 객체를 초기화한다

복사 생성자는 자신과 같은 타입의 객체를 매개 변수로 받는다. 예를 들어서 Car 클래스의 복사 생성자는 다음과 같이 정의된다.

```
Car(Car& obj);
Car(const Car& obj);
```

C++에서는 프로그래머가 복사 생성자를 명시적으로 정의하지 않아도 디폴트 복사 생성자를 자동으로 생성한다. 따라서 우리는 복사 생성자를 정의하지 않았어도 마치 복사 생성자가 있는 것처럼 복사 생성자를 호출하여 사용할 수 있다.

예를 들어서 기존에 존재하는 Car 객체의 데이터를 그대로 복사하여서 새로운 Car 객체를 생성하고 싶은 경우에는 다음과 같이 디폴트 복사 생성자를 사용하면 된다.

car8.cpp

```
#include <iostream>
#include <string>
using namespace std;

class Car {
   int speed;                  // 속도
   int gear;                   // 기어
   string color;               // 색상
public:
   // 첫 번째 생성자
   Car(int s, int g, string c) {
      speed = s;
      gear = g;
      color = c;
   }
   void print()
   {
      cout << "속도: " << speed << endl;
      cout << "기어: " << gear << endl;
      cout << "색상: " << color << endl;
   }
};
int main()
{
   Car c1(0, 1, "yellow");
   Car c2(c1);                 // 복사 생성자 호출

```

디폴트 복사 생성자 호출

```
    c1.print();
    c2.print();
    return 0;
}
```

실행결과

```
속도: 0
기어: 1
색상: yellow
속도: 0
기어: 1
색상: yellow
계속하려면 아무 키나 누르십시오 . . .
```

위의 실행 결과를 보면 복사 생성자를 작성하지 않았는데도 마치 복사 생성자가 있는 것처럼 실행되었음을 알 수 있다. 왜 그런가? 만약 복사 생성자가 정의되어 있지 않으면 컴파일러가 알아서 디폴트 복사 생성자를 추가해주기 때문이다.

위의 출력 결과를 보면 멤버 변수의 값이 같음을 알 수 있다. 따라서 디폴트 복사 생성자가 아무런 작업을 하지 않는 것이 아니고, 객체가 가지고 있는 변수의 값을 복사한다는 것을 알 수 있다. 그렇다면 우리가 굳이 복사 생성자를 정의할 필요는 없는 것인가? 하지만 경우에 따라서 복사 생성자를 정의해야 하는 경우가 발생한다. 바로 얕은 복사(shallow copy) 문제 때문이다.

다음은 학생을 클래스로 나타내고 학생의 이름을 동적 할당된 문자 배열에 저장하고 있다. 디폴트 복사 생성자를 사용하는 경우의 문제점을 살펴보자.

student.cpp

```
#include <iostream>
#include <string>
using namespace std;

class Student {
   char *name; // 이름
   int number;
public:
   // 첫 번째 생성자
   Student(char *pn, int n) {
      name = new char[strlen(pn)+1];
```

```
        strcpy(name, pn);
        number = n;
    }
    ~Student() {
        delete [] name;
    }
    void setName(char *pn)
    {
        delete[] name;
        name = new char[strlen(pn)+1];
        strcpy(name, pn);
    }
    void print()
    {
        cout << "이름: " << name << " ";
        cout << "학번: " << number << endl;
    }
};
int main()
{
    Student s1("Park", 20100001);
    Student s2(s1);

    s1.print();
    s2.print();
    s1.setName("Kim");        // s1의 이름 변경

    s1.print();               // s1 출력
    s2.print();               // s2 출력
    return 0;
}
```

복사 생성자 호출

실행결과

```
이름: Park 학번: 20100001
이름: Park 학번: 20100001
이름: Kim 학번: 20100001
이름: Kim 학번: 20100001
계속하려면 아무 키나 누르십시오 . . .
```

이상한 결과가 출력된다. 분명히 s1 객체의 이름을 변경하였는데 s2 객체의 이름도 같이 변경이 된다. 이러한 결과가 나오는 이유는 복사 생성자에서 단순히 포인터의 값만 복사하였기 때문이다. 즉, 새로운 메모리 공간을 할당하여서 복사한 것이 아니고 멤버 변수 안에 들어 있었던 주소값만 복사가 되었기 때문이다.

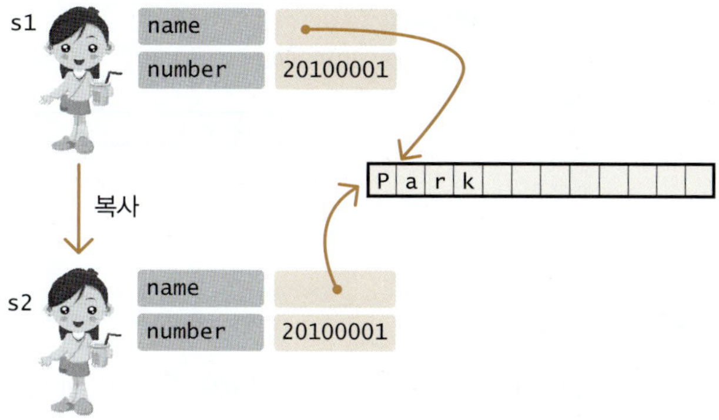

그림 10-6 ● 얕은 복사의 문제점

이 문제를 해결하려면 어떻게 하면 될까? 디폴트 복사 생성자를 사용하지 않고 우리가 직접 복사 생성자를 구현해주면 된다. 이것을 깊은 복사(deep copy)라고 한다.

student1.cpp

```cpp
class Student {
	....
	Student(Student& s) {
		name = new char[strlen(s.name)+1];
		strcpy(name, s.name);
		number = s.number;
	}
	....
};
```

복사 생성자 정의

실행결과

```
이름: Park 학번: 20100001
이름: Park 학번: 20100001
이름: Kim 학번: 20100001
이름: Park 학번: 20100001
계속하려면 아무 키나 누르십시오 . . .
```

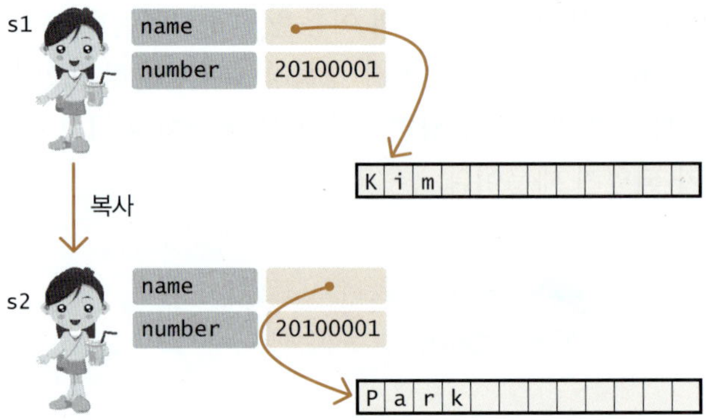

그림 10-7 ● 깊은 복사

복사 생성자 호출

복사 생성자는 생각보다 많이 호출된다. 이전에 살펴본 기존의 객체의 내용을 복사하여서 새로운 객체를 만드는 경우에도 호출되지만 객체를 값으로 매개 변수로 전달하는 경우에도 호출되며 객체를 값으로 반환하는 경우에도 호출된다. 예제를 통하여 살펴보자.

student2.cpp

```
class Student {
   char *name; // 이름
   int number;
public:
   // 첫 번째 생성자
   Student(char *pn, int n) {
      name = new char[strlen(pn)+1];
      strcpy(name, pn);
      number = n;
   }
   Student(Student& s) {
      name = new char[strlen(s.name)+1];
      strcpy(name, s.name);
      number = s.number;
   }
   ~Student() {
      delete [] name;
   }
   char *getName()
   {
      return name;
```

복사 생성자 정의

```
    }
    int getNumber()
    {
        return number;
    }
};
void displayStudent(Student obj)
{
    cout << "이름: " << obj.getName() << endl;
    cout << "학번: " << obj.getNumber() << endl;
}

int main()
{
    Student s1("Park", 20100001);
    displayStudent(s1);
    return 0;
}
```

객체를 값으로 전달하는 경우에도 복사 생성자 사용

실행결과

```
이름: Park
학번: 20100001
계속하려면 아무 키나 누르십시오 . . .
```

displayStudent() 함수에서는 매개 변수로 객체를 받아 객체의 접근자 함수를 호출하여서 객체의 자료를 출력한다. displayStudent() 함수의 매개 변수인 obj도 객체이다. 하지만 displayStudent()가 호출되기 전까지는 obj 객체는 생성되지 않는다. displayStudent()가 호출되면 비로소 객체가 생성되고 이때에 복사 생성자가 호출이 되면서 인자인 s1 객체의 속성이 obj로 모두 복사가 되는 것이다.

만약 Student가 깊은 복사를 수행하는 복사 생성자를 제공하였으면 깊은 복사가 이루어진다. 만약 디폴트 복사 생성자를 사용하였다면 얕은 복사가 수행될 것이다.

같은 식으로 만약 함수가 반환값으로 객체를 반환하였다면 이것을 보내고 받는 과정에서 복사 생성자가 호출된다.

student3.cpp

```
#include <iostream>
#include <string>
using namespace std;

class Student {
   char *name; // 이름
   int number;
public:
   // 첫 번째 생성자
   Student(char *pn, int n) {
      name = new char[strlen(pn)+1];
      strcpy(name, pn);
      number = n;
   }
   Student(Student& s) {
      name = new char[strlen(s.name)+1];
      strcpy(name, s.name);
      number = s.number;
   }


   ~Student() {
      delete [] name;
   }
   void setName(char *pn)
   {
      delete[] name;
      name = new char[strlen(pn)+1];
      strcpy(name, pn);
   }
   void setNumber(int n)
   {
      number = n;
   }
   int getNumber()
   {
      return number;
   }
   void print()
   {
      cout << "이름: " << name << endl;
```

복사 생성자

```
        cout << "학번: " << number << endl;
    }

};
Student modifyNumber(Student obj)
{
    obj.setNumber(obj.getNumber() + 1);
    return obj;
}
int main()
{
    Student s1("Park", 20100001);
    Student s2 = modifyNumber(s1);
    s1.print();
    s2.print();
    return 0;
}
```

값으로 객체를 반환하는 경우에도 복사 생성자가 사용된다

실행결과

```
이름: Park
학번: 20100001
이름: Park
학번: 20100002
계속하려면 아무 키나 누르십시오 . . .
```

중간점검

1. 복사 생성자는 언제 사용되는가?

2. 얕은 복사와 깊은 복사의 차이점은 무엇인가?

6. 디폴트 멤버 함수

만약 생성자나 소멸자가 전혀 정의되어 있지 않은 클래스의 경우에는 객체가 생성되거나 소멸될 때 아무것도 호출되지 않을까? 그렇지 않다고 앞에서 이야기 하였다. 컴파일러가 알아서 디폴트 생성자나 디폴트 소멸자를 추가하여 준다. 단, 이러한 디폴트 생성자나 소멸자에서는 아무런 작업도 하지 않는다. 단지 함수 외형만 작성하여 주고 함수 몸체는 비어 있다.

컴파일러가 기본적으로 추가해주는 디폴트 멤버 함수에는 디폴트 복사 생성자와 디폴트 할당 연산자도 있다. 디폴트 복사 생성자는 다른 객체를 복사하여서 현재 객체를 초기화하는 것이다. 디폴트 할당 연산자는 객체를 다른 객체로 할당(대입)하는 기능을 한다.

디폴트 멤버 함수들은 클래스 안에 해당되는 함수들이 하나도 정의되어 있지 않은 경우에만 추가된다. 만약 프로그래머가 생성자나 소멸자를 하나라도 정의하였다면 해당 멤버 함수를 자동으로 추가하지 않는다. 예를 들어서 프로그래머가 생성자를 하나라도 정의하면 디폴트 생성자는 추가하지 않는다.

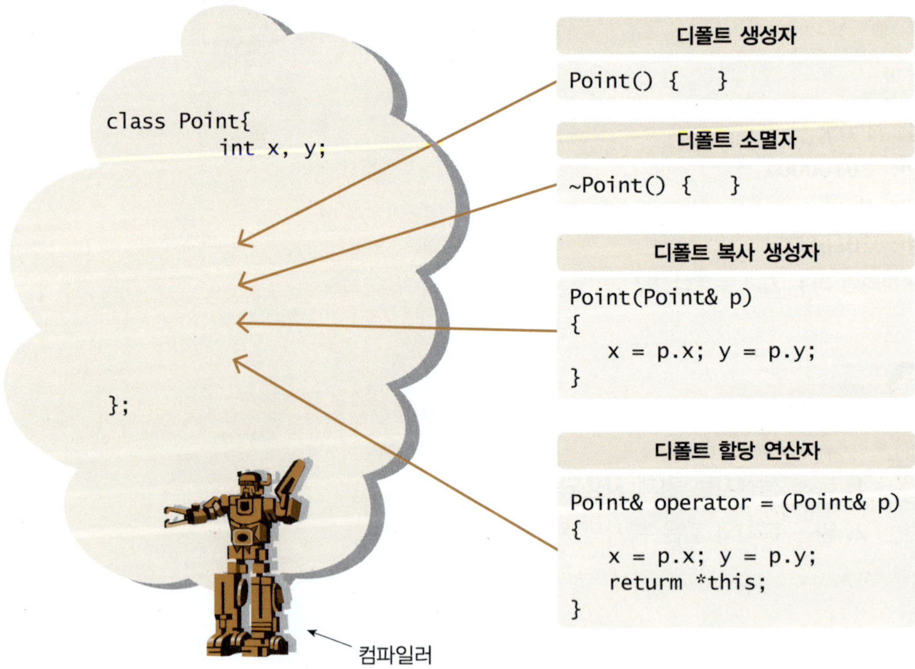

그림 10-8 ● 디폴트 멤버 함수의 추가

7. 예제

예제 #1

앞장에서 등장하였던 Date 클래스에 대하여 생성자를 중복 정의하여 보자. 매개 변수를 가지지 않는 디폴트 생성자와 하나의 매개 변수를 가지는 생성자, 세 개의 매개 변수를 가지는 생성자를 정의한 후에 호출하여 보자.

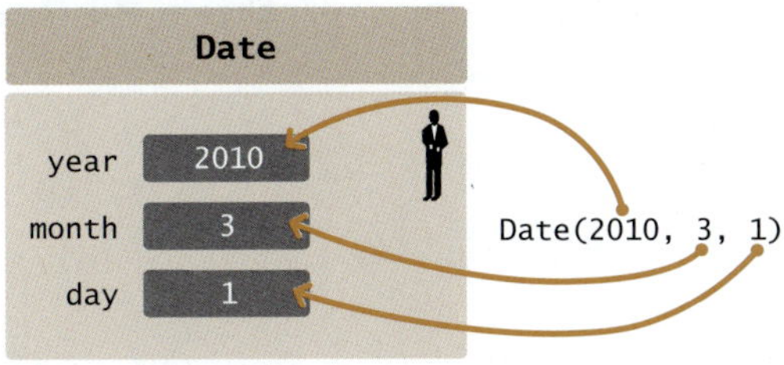

date.cpp

```
#include <iostream>
using namespace std;

class Date {
private:
    int year;
    int month;
    int day;
public:
    Date();                                          // 디폴트 생성자
    Date(int year);                                  // 생성자
    Date(int year, int month, int day);              // 생성자
    void setDate(int year, int month, int day);      // 멤버 함수
    void print();                                    // 멤버 함수
};

Date::Date()  // 디폴트 생성자
{
    year = 2010;
    month = 1;
    day = 1;
}
Date::Date(int year)                                 // 생성자
{
```

```
    setDate(year, 1, 1);
}
Date::Date(int year, int month, int day)    // 생성자
{
    setDate(year, month, day);
}
void Date::setDate(int year, int month, int day)
{
    this->month = month;                     // this는 현재 객체를 가리킨다
    this->day = day;
    this->year = year;
}
void Date::print()
{
    cout << year << "년 " << month << "월 " << day << "일" << endl;
}

int main()
{
    Date date1(2009, 3, 2);                  // 2009.3.2
    Date date2(2009);                        // 2009.1.1
    Date date3;                              // 2010.1.1

    date1.print();
    date2.print();
    date3.print();
    return 0;
}
```

실행결과

```
2009년 3월 2일
2009년 1월 1일
2010년 1월 1일
```

프로그램 설명

setDate()에서 사용되는 this는 현재 객체를 가리키는 포인터이다. 따라서 this->day는 현재 객체가 가지고 있는 멤버 변수 day를 가리킨다.

예제 #2

시간을 나타내는 클래스 Time의 생성자를 작성하고 테스트하여 보자. 이번에는 생성자에서 올바르지 않은 시간을 수정하여 보자.

time.cpp

```
#include <iostream>
using namespace std;

class Time {
private:
   int hour;                              // 0 - 23
   int minute;                            // 0 - 59
   int second;                            // 0 - 59
public:
   Time();                                // 생성자
   Time(int h, int m, int s);
   void setTime(int h, int m, int s);
   void print();
};
// 첫 번째 생성자
Time::Time()
{
   setTime(0, 0, 0);
}

// 두 번째 생성자
Time::Time(int h, int m, int s)
{
   setTime(h, m, s);
}

// 시간 설정 함수
void Time::setTime(int h, int m, int s)
{
   hour = ((h >= 0 && h < 24) ? h : 0);       // 시간 검증
   minute = ((m >= 0 && m < 60) ? m : 0);     // 분 검증
   second = ((s >= 0 && s < 60) ? s : 0);     // 초 검증
}

// "시:분:초"의 형식으로 출력
```

```
void Time::print()
{
    cout << hour << ":" << minute << ":" << second << endl;
}

int main()
{
    Time time1;

    cout << "기본 생성자 호출 후 시간: ";
    time1.print();

    // 두 번째 생성자 호출
    Time time2(13, 27, 6);
    cout << "두번째 생성자 호출 후 시간: ";
    time2.print();

    // 올바르지 않은 시간으로 설정해본다
    Time time3(99, 66, 77);
    cout << "올바르지 않은 시간 설정 후 시간: ";
    time3.print();

    return 0;
}
```

실행결과

```
기본 생성자 호출 후 시간:  0:0:0
두번째 생성자 호출 후 시간: 13:27:6
올바르지 않은 시간 설정 후 시간: 0:0:0
```

프로그램 설명

Time 클래스에서는 두 개의 생성자가 정의되었다. 생성자에서 setTime() 멤버 함수를 호출하여서 초기화 작업을 진행한다. display()는 현재 시각을 화면에 출력한다. main()에서는 3개의 객체를 다양한 초기값을 주어서 생성해본다. 생성자의 또 하나의 중요한 역할은 적절하지 않은 초기값을 걸러낼 수 있다는 점이다. setTime()에서 초기값들을 검사하여서 적절한 값만 통과시킨다.

예제 #3

원을 나타내는 Circle 클래스를 작성하여 보자. 원은 중심과 반지름으로 표현된다. 중심을 표현하기 위하여 Point 클래스를 작성하고 Point 객체를 Circle 클래스 안에 포함하여 정의하여 보자. Circle은 3개의 생성자를 가지고 있다. 이번 예제에서는 초기화 리스트를 집중적으로 사용하였다. 초기화 리스트를 사용하느냐 하지 않느냐는 전적으로 프로그래머의 선택이다. 만약 초기화 리스트가 프로그램을 읽기 힘들게 한다고 판단되면 사용하지 않는 것도 하나의 방법이다. 초기화 리스트를 반드시 사용하여야 하는 몇 가지의 경우를 제외하면 얼마든지 다른 방법으로도 멤버 변수를 초기화 할 수 있다.

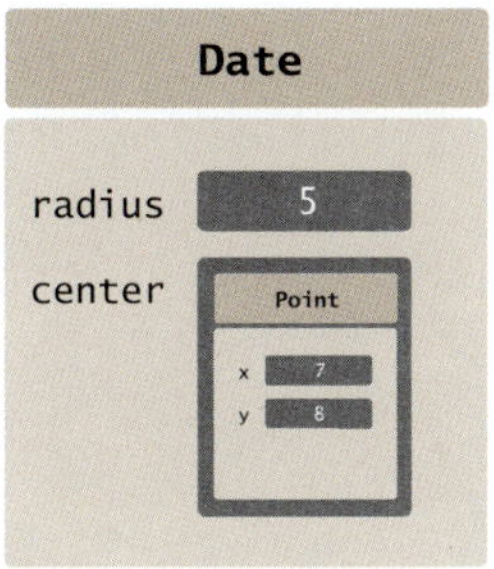

circle.cpp

```
#include <iostream>
#include <string>
using namespace std;

class Point {
private:
   int x;
   int y;
public:
   Point();
   Point(int a, int b);
   void print();
};

Point::Point() : x(0), y(0)
{
}

Point::Point(int a, int b) : x(a), y(b)
{
}
```

```

void Point::print()
{
   cout << "( " << x << ", " << y << " )\n";
}

class Circle {
private:
   int radius;
   Point center;              // Point 객체가 멤버 변수로 선언되어 있다
public:
   Circle();
   Circle(int r);
   Circle(Point p, int r);
   Circle(int x, int y, int r);
   void print();
};

// 생성자
Circle::Circle(): radius(0), center(0, 0)
{
}

Circle::Circle(int r) : radius(r), center(0, 0)
{
}

Circle::Circle(Point p, int r) : radius(r), center(p)
{
}

Circle::Circle(int x, int y, int r) : radius(r), center(x, y)
{
}

void Circle::print()
{
   cout << "중심: ";
   center.print();
   cout << "반지름: " << radius << endl << endl;
}

```

```
int main()
{
   Point p(5, 3);

   Circle c1;
   Circle c2(3);
   Circle c3(p, 4);
   Circle c4(9, 7, 5);

   c1.print();
   c2.print();
   c3.print();
   c4.print();
   return 0;
}
```

실행결과

```
중심: ( 0, 0 )
반지름: 0

중심: ( 0, 0 )
반지름: 3

중심: ( 5, 3 )
반지름: 4

중심: ( 9, 7 )
반지름: 5
```

프로그램 설명

이번 예제에서는 초기화 리스트를 이용하여서 멤버 변수들을 초기화하였다. Circle 객체는 내부에 Point 객체를 가지고 있고 Point 객체를 초기화하는데 초기화 리스트가 사용되었다. 초기화 리스트를 사용하지 않아도 동일한 작업을 할 수 있다. 예를 들어서 Circle의 세 번째 생성자는 다음과 같이 정의할 수도 있다.

```
Circle::Circle(Point p, int r)
{
   radius = r;
   center = p;      // 객체의 복사가 일어난다
}
```

예제 #4

본 예제에서는 소멸자와 복사 생성자를 작성하여 보자. C++에서는 문자열 처리를 위하여 string 클래스를 제공한다. 우리도 비슷한 클래스를 작성하여 보자. 이름은 MyString 이라고 하자. MyString에는 주로 생성자만이 정의되어 있다. 유용한 멤버 함수들은 차후에 추가하여 보자.

my_string.cpp

```
#include <iostream>
using namespace std;

class MyString
{
private:
   char *pBuf;                    //동적으로 할당된 메모리의 주소값 저장

public:
   MyString(const char *s=NULL);
   MyString(MyString& s);
   ~MyString();

   void print();                  // 문자열을 화면에 출력
   int getSize();                 // 문자열의 길이 반환
};

// 생성자
MyString::MyString(const char *s)
{
   if( s == NULL )
   {
      pBuf = new char[1];
      pBuf[0] = NULL;
   }
   else
   {
      pBuf = new char[::strlen(s)+1];
      strcpy(pBuf, s);
   }
}

// 복사 생성자
MyString::MyString(MyString &s)
```

```
{
    pBuf = new char[s.getSize()+1];
    strcpy(pBuf, s.pBuf);
}

// 소멸자
MyString::~MyString()
{
    if ( pBuf )
        delete [] pBuf;
}

void MyString::print()
{
    cout << pBuf << endl;
}

int MyString::getSize()
{
    return strlen(pBuf);
}

int main() {

    MyString str1;
    MyString str2("Hello");
    MyString str3 = "World!";
    MyString str4(str3);

    str1.print();
    str2.print();
    str3.print();
    str4.print();

    return 0;
}
```

실행결과

```
Hello
World!
World!
```

프로그램 설명

10 생성자가 선언되었다. 디폴트 매개 변수를 사용하여서 매개 변수가 없으면 0으로 간주한다.

11 복사 생성자를 선언하였다. 디폴트 복사 생성자로는 문자 배열을 복사할 수 없다. 따라서 우리 나름대로의 복사 생성자를 정의하여야 한다.

12 소멸자가 선언되었다.

19 `const`는 매개 변수를 통하여 변경을 하지 않는다는 것을 확실히 하기 위해서이다. 버그를 예방하는 효과가 있다.

21 만약 매개 변수 s가 0이면 한 개의 문자만큼의 공간을 할당받아서 NULL 문자를 넣어놓는다.

28 만약 s가 0이 아니면 s의 크기만큼의 문자 배열을 할당받아서 s를 복사한다. NULL 문자도 저장되어야 되기 때문에 문자 배열의 크기가 `s.getSize() + 1`이 된다.

29 `strcpy()` 함수는 C언어의 라이브러리 함수이다.

41 생성자에서 동적 메모리를 할당하였기 때문에 소멸자에서 이 동적 메모리를 반납하여야 한다. 배열을 반납하는 경우에는 `delete []`을 사용한다.

59 디폴트 생성자가 사용된다. 즉 `MyString(const char *s=NULL)`이 호출된다.

60 `MyString(const char *s)` 생성자가 사용된다.

61 `MyString(const char *s)`은 매개 변수가 하나이므로 변환 생성자로 사용될 수 있다. 컴파일러는 "`World!`"를 받을 수 있는 생성자가 있는지를 살피고 "`World!`"를 `MyString("World!")`로 변환하여 처리한다.

62 복사 생성자가 사용된다.

중간점검

1. `MyString` 클래스에 두 개의 문자열을 합하는 멤버 함수인 `add(String& s)`를 추가하여 보자.
2. `MyString` 클래스에서 변환 생성자를 이용하여서 묵시적인 변환이 일어나지 못하도록 `explicit`를 다음과 같이 생성자에 추가한 후에 코드를 다시 컴파일하여 보자. 컴파일 오류가 발생하는 부분은 어디인가?

```
explicit MyString(const char *s=NULL);
```

EXERCISE

INTRODUCTION TO C++ PROGRAMMING

1. 다음 코드에 존재하는 모든 오류를 수정하라.

```
class Test {
   const int SIZE;
   Test()
   {
      SIZE = 100;
   }
};
```

2. 다음 코드에 존재하는 모든 오류를 수정하라.

```
class Point {
private:
   int x, y;
public:
   void Point() {                            // 생성자
      x = 0;
      y = 0;
   }
   void Point(int xloc, int yloc) {   // 생성자
      x = xloc;
      y = yloc;
   }
   ~Point(void) {                           // 소멸자
   }
};
```

3. 2번 문제처럼 Point 클래스가 정의되었다고 가정하라.

❶ 생성자와 소멸자를 클래스 외부에 정의하여 보라.

❷ 초기화 리스트를 사용하여서 멤버 변수를 초기화하여 보라.

❸ 디폴트 매개 변수를 사용하여서 y값이 주어지지 않으면 0으로 초기화하라.

❹ 복사 생성자를 정의하여 보라.

❺ Point 클래스의 생성자를 호출하는 문장으로 잘못된 것을 모두 골라라.

```
int main()
{
  Point p1;
  Point p2();
  Point p3(100, 200);
  Point *p4 = new Point();
  Point *p5 = new Point(100);

  return 0;
}
```

❻ 다음 문장 중에서 Point 클래스의 복사 생성자가 호출되는 문장은?

```
int main()
{
  Point p1;
  Point p2(100, 200);
  Point *p3 = new Point;
  Point p4 = Point(p2);
  return 0;
}
```

4. 사람을 나타내는 Person이라는 클래스는 다음과 같이 정의된다. Person 클래스의 모든 멤버 함수들을 클래스 외부에서 구현하여 보라.

```
class Person
{
  string name;
  int snumber;                 // 주민등록번호
  int age;
public:
  Person();
  Person(string n, int a);
  string getName();
  int getAge();
  int getSnumber();
  void print();                // 모든 정보를 출력한다
};
```

5. BankAccount 클래스는 저축 예금을 나타낸다. balance와 rate는 각각 잔고와 이율을 나타낸다.

```
class BankAccount {
   int balance;
   double rate;
public:
   BankAccount()
   {
   }
   BankAccount(int balance, double rate)
   }
}
```

❶ 디폴트 생성자가 호출되면 잔고는 0으로 이율은 5%로 설정하는 코드를 추가하라.

❷ 만약 매개 변수가 있는 생성자가 호출되면 매개 변수로 전달된 값을 멤버 변수에 할당하라.

❸ deposit(), withdraw(), transfer(), print()와 같은 멤버 함수들을 구현하여 보라.

6. Dog이라는 이름의 클래스를 설계한다. Dog 클래스는 다음과 같은 데이터를 가져야 한다.

- name: 강아지의 이름, 전용 멤버
- breed: 강아지의 종류, 예를 들면 "요크셔테리어", "푸들", "말티즈" 등등, 공용 멤버
- age: 강아지의 나이, 전용 멤버

Dog 클래스는 다음과 같은 생성자를 가져야 한다. 초기화되지 않은 데이터는 0으로 초기화하라.

- Dog(string name, int age): 강아지의 이름과 나이를 초기화
- Dog(string name, string breed, int age): 강아지의 이름, 종류, 나이를 초기화

❶ 각 멤버 변수에 대하여 설정자와 접근자 멤버 변수를 정의하라.

❷ 이 클래스를 UML로 그려라.

❸ Dog 클래스를 구현하라.

❹ 각종 생성자를 선언하고 테스트하라.

7. 정육면체를 나타내는 클래스 Cube가 다음과 같이 정의되어 있다.

```
class Cube {
   double side;   // 정육면체의 한 변
public:
   double getSide() {
      return side;
   }
   double getVolume() {
      return side*side*side;
   }
}
```

❶ 매개 변수가 없는 생성자를 작성하라. 이 생성자는 side를 0으로 할당한다.

❷ 또 하나의 생성자를 중복 정의하라. 이 생성자는 매개 변수를 통하여 전달된 값을 side에 할당한다.

❸ 복사 생성자를 선언하고 테스트하라.

PROGRAMMING
INTRODUCTION TO C++ PROGRAMMING

1. 비행기를 나타내는 Plane라는 이름의 클래스를 설계하라. Plane 클래스는 식별 번호, 모델, 승객수를 멤버 변수로 가지고 있다.

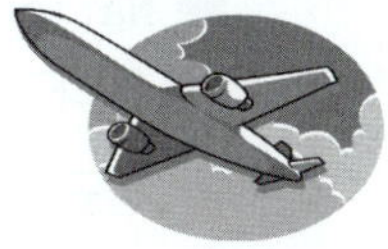

   ❶ 멤버 변수를 정의하라. 모든 멤버 변수는 전용 멤버로 하라.

   ❷ 모든 멤버 변수에 대한 접근자와 설정자 멤버 함수를 작성한다.

   ❸ Plane 클래스의 생성자 몇 개를 중복 정의하라. 생성자는 모든 데이터를 받을 수도 있고 아니면 하나도 받지 않을 수 있다.

   ❹ Plane 객체의 현재 상태를 콘솔에 출력하는 print() 함수도 포함시켜라.

   ❺ main()에서 Plane 객체 여러 개를 생성하고 접근자와 설정자를 호출하여 보라.

2. 상자를 나타내는 Box라는 이름의 클래스를 설계하라. Box 클래스는 상자의 높이, 너비, 높이를 멤버 변수로 가지고 있다.

   ❶ Box 클래스의 생성자를 중복 정의하라. 생성자는 모든 데이터를 받을 수도 있고 아니면 하나도 받지 않을 수 있다. 새로 생성된 Box는 비어 있다고 가정한다.

   ❷ 박스가 비어 있는지 그렇지 않은지를 나타내는 empty라고 하는 멤버 함수도 추가한다. 부피를 계산하는 getVolume() 멤버 함수도 추가한다.

   ❸ 접근자와 생성자를 비롯하여 필요한 멤버 함수들을 추가하라.

   ❹ main()에서 몇 개의 Box 객체를 생성하고 가장 부피가 큰 박스를 탐색하여 화면에 출력하는 프로그램을 작성하라.

3. 영화를 나타내는 Movie라는 이름의 클래스를 설계하라. 제목, 감독, 제작사평점을 나타내는 멤버 변수를 가진다.

   ❶ Box 클래스의 생성자를 중복 정의하라. 생성자는 모든 데이터를 받을 수도 있고 아니면 하나도 받지 않을 수 있다.

   ❷ 접근자와 생성자를 비롯하여 필요한 멤버 함수들을 추가하라.

   ❸ main()에서 몇 개의 Movie 객체를 생성하고 가장 평점이 좋은 영화를 탐색하여 화면에 출력하는 프로그램을 작성하라.

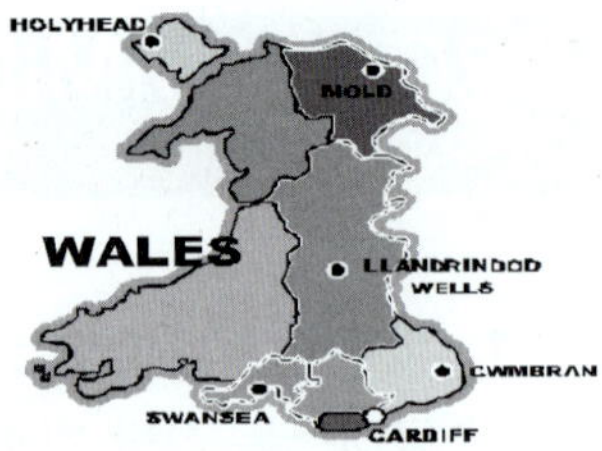

4. 국가를 나타내는 클래스 Nation을 작성하여 보자. Nation 클래스는 국가 이름, 인구, 넓이, 국민 소득 등의 데이터를 가지고 있다.

❶ Nation 클래스를 정의하고 적절한 생성자를 추가하라.

❷ 접근자와 생성자를 비롯하여 필요한 멤버 함수들을 추가하라.

❸ main()에서 몇 개의 Nation 객체를 생성하고 가장 인구가 많은 국가, 가장 국민 소득이 높은 국가를 탐색하여 화면에 출력하는 프로그램을 작성하라.

5. 핸드폰의 문자 메시지를 나타내는 클래스 SMS를 작성하여 보자. SMS는 송신자의 전화 번호, 수신자의 전화 번호, 메시지 텍스트, 송신 시각 등의 데이터를 가진다.

❶ 적절한 생성자를 추가하라.

❷ 멤버 함수 setText()는 문자 메시지의 텍스트를 설정한다. 멤버 함수 print()는 메시지에 헤더를 붙여서 콘솔에 출력한다. 기타 적절한 멤버 변수와 멤버 함수를 추가하라.

❸ 몇 개의 문자 메시지를 생성하여서 테스트하라.

LAB
INTRODUCTION TO C++ PROGRAMMING

1. 원을 나타내는 클래스 Circle를 가지고 실습하여 보자.

```
#include <iostream>
#include <string>
using namespace std;

class Circle {
  double radius;
};

int main()
{
  Circle c1;                  // ❶
  Circle c2();                // ❷
  Circle c3(5.0);             // ❸
  Circle c4(c1);              // ❹
  Circle c5 = Circle(5.0);    // ❺
  return 0;
}
```

❶ 위의 프로그램을 입력하여서 컴파일하여 보자. 컴파일 오류가 발생하는 문장은 어느 것들인가? 이유를 설명하라.

❷ 특히 ❷에 대하여 자세히 살펴보자. 이 문장은 c2라는 객체를 생성하고 디폴트 생성자를 호출하는 문장인가? 아니면 Circle을 반환하는 c2()라는 함수의 원형을 선언하는 문장일까? 컴파일러의 입장에서 생각하여 보자.

❸ 원의 반지름을 0.0으로 초기화하는 디폴트 생성자를 추가하라.

❹ 원의 반지름을 매개 변수로 받는 생성자를 작성하여 추가하라. 초기화 리스트를 사용하여 보라. 컴파일 오류들이 없어졌는가?

❺ Cricle 클래스에 접근자와 설정자, 원의 면적을 계산하는 getArea()와 원주를 계산하는 getPerimeter()를 추가하여 보자.

❻ 각 객체를 통하여 getArea()와 getPerimeter()를 호출하여서 어떤 값이 반환되는 지 출력하여 보자.

❼ 위의 문장 중에서 복사 생성자가 호출되는 문장은 어느 것인가?

❽ Circle 클래스를 UML로 그려보라. 필드나 메소드가 전용인지 공용인지도 표시하라.

❾ 점을 나타내는 `Point` 클래스를 정의하고 위의 `Circle` 클래스에 원의 중심을 나타내는 `Point` 객체를 추가하라. `Circle`의 생성자에서 `Point`의 생성자를 호출하도록 하라.

❿ `Circle` 클래스에 소멸자를 추가하여 보자. 소멸자가 호출되는지를 확인하라.

⓫ 만약 `Circle` 클래스에 `const double PI;`라는 실수형 상수 정의가 포함되면 디폴트 생성자가 자동으로 생성되지 않는다. 왜 그럴까? 이유를 생각하여 보자.

CHAPTER 11

Introduction to C++ Programming

클래스의 활용

이 장의 차례

학습목표

- 클래스와 객체를 활용하는데 필요한 여러 가지 지식을 학습한다.
- 함수에서 객체를 전달받는 여러가지 방법을 살펴본다.
- 정적 멤버를 이해한다.

1. 객체의 동적 생성

일반 변수와 마찬가지로 객체도 정적 메모리 할당이나 동적 메모리 할당을 이용하여 생성할 수 있다. 앞에서 등장하였던 Car 클래스를 이용하여서 설명하여 보자.

```
❶ Car myCar;                // 정적 메모리 할당으로 객체 생성
❷ Car *pCar = new Car();    // 동적 메모리 할당으로 객체 생성
```

❶은 객체 변수를 정의한 것이다. myCar는 객체가 들어 있는 변수가 된다. ❷에서 pCar는 객체를 가리키는 포인터이다. pCar에는 객체의 주소가 저장된다. 실제 객체는 new라는 동적 메모리 할당 연산자로 생성된다. 동적 생성된 객체의 주소가 pCar에 할당되어서 pCar는 객제를 가리키게 된다.

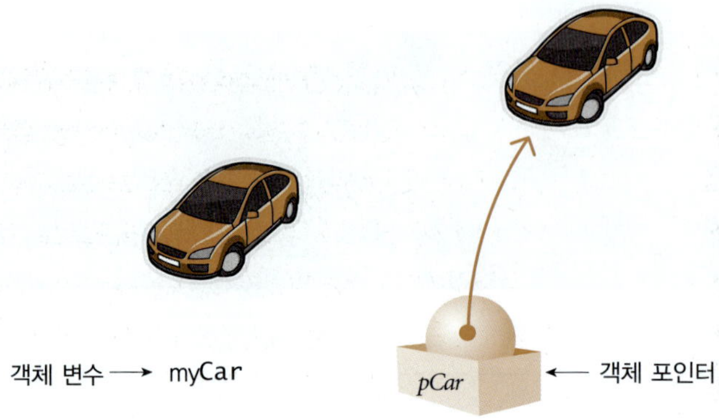

그림 11-1 ● 객체 변수와 객체 포인터

객체 포인터를 사용하여서 객체 멤버들을 접근할 때는 -> 연산자를 사용하여야 한다.

```
pCar->speed = 100;
pCar->speedUp();
```

한 가지 주의할 점은 객체 포인터에는 반드시 동적 할당된 객체의 주소만 저장하는 것이 아니다. 일반적인 정적 객체의 주소도 얼마든지 저장할 수 있다.

```
Car myCar;
Car *pCar = &myCar; // 객체 변수의 주소를 pCar에 할당
```

dynamic_object.cpp

```
#include <iostream>
#include <string>
using namespace std;

class Car {
   int speed;
   int gear;
   string color;
public:
   Car(int s = 0, int g = 1, string c = "white") : speed(s), gear(g), color(c) {
   }
   void display();
};
void Car::display()
{
```

```
    cout << " 속도: " << speed << " 기어: " << gear << " 색상: " << color << endl;
}

int main()
{
    Car myCar;                            // 정적 메모리 할당으로 객체 생성
    myCar.display();

    Car *pCar = &myCar;                   // 객체 포인터로 객체를 가리키게 함
    pCar->display();

    pCar = new Car(0, 1, "blue");         // 동적 메모리 할당으로 객체 생성
    pCar->display();
    delete pCar;
    return 0;
}
```

실행결과

```
속도: 0 기어: 1 색상: white
속도: 0 기어: 1 색상: white
속도: 0 기어: 1 색상: blue
계속하려면 아무 키나 누르십시오 . . .
```

중간점검

1. 클래스로부터 객체를 생성할 수 있는 방법을 열거하여 보라.
2. 객체 포인터 p로 sub() 멤버 함수를 호출하는 문장을 작성하여 보라.

2. this 포인터

this는 자신을 가리키는 객체 포인터이다. 클래스의 멤버 함수들은 여러 객체들 사이에서 공유된다. 따라서 현재 실행하고 있는 객체가 누구인지 모르는 경우가 종종 있다. 이런 경우에 this를 사용하면 현재 문장을 실행하는 객체를 알 수 있다.

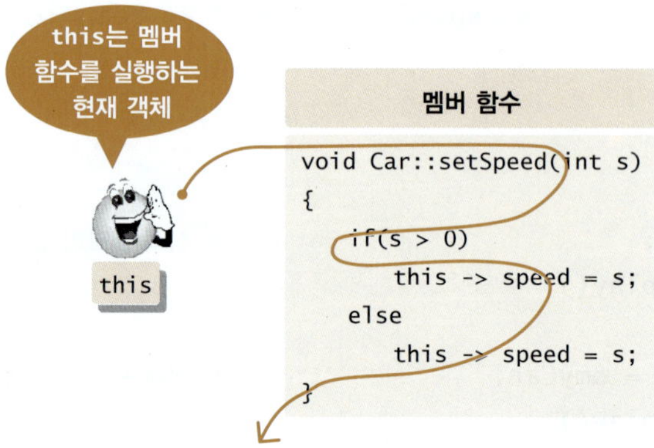

그림 11-2 ● this 포인터

this는 컴파일러에 의하여 자동으로 생성된다. 따라서 별도로 선언할 필요가 없다. 특히 멤버 변수를 사용할 때는 암묵적으로 컴파일러는 this->를 앞에 붙인다. this는 특히 멤버 변수의 이름과 매개 변수의 이름이 동일한 경우, 구분하기 위하여 자주 사용된다. 앞의 Car 클래스에서 설정자 함수를 다음과 같이 작성할 수 있다.

```
void Car::setSpeed(int speed)
{
    if( speed > 0 )
        this->speed = speed; // speed는 매개 변수, this->speed는 멤버 변수
    else
        this->speed = 0;
}
```

위의 코드에서 매개 변수가 speed로 선언되어 있다. 하지만 멤버 변수 이름도 speed이다. 이런 경우에 그냥 speed라고 하면 매개 변수를 의미한다. 만약 멤버 변수 speed를 참조하고 싶으면 this->speed라고 하여야 한다. 현재 객체의 멤버 변수라는 의미이다.

또한 this는 멤버 함수 몸체에서 멤버 변수나 멤버 함수를 좀 더 확실하게 하려고 할 때 사용될 수 있다. 예를 들어서 Car 클래스의 생성자에서 setSpeed()을 호출하는 경우, setSpeed()이 현재 클래스의 멤버 함수라는 것을 강조하기 위하여 다음과 같이 작성할 수 있다.

```
// 생성자
Car::Car(int s) {
    this->setSpeed(s);      // this는 없어도 된다      멤버 함수임을 강조
    this->gear = 1;
    this->color = "white";
}
```

가끔은 매개 변수로 자기 자신에 대한 포인터를 넘겨야할 필요가 있는 경우에 사용된다.

```
func(this);
```

예제

사람을 나타내는 클래스 Person을 통하여 this의 사용을 학습해보자.

person.cpp

```
#include <iostream>
#include <string>
using namespace std;

class Person {
   string lastName;                    // 성
   string firstName;                   // 이름
public:
   Person(string lastName, string firstName);
   string getLastName() {
      return lastName;
   };
   string getFirstName() {
      return firstName;
   }
   string buildName();                 // 성과 이름을 합친다
};
Person::Person(string lastName, string firstName)
{
   this->lastName = lastName;          // this는 현재 객체를 가리킨다
   this->firstName = firstName;        // this는 현재 객체를 가리킨다
}
string Person::buildName() {
   return this->getLastName() + this->getFirstName();     // ❶
}
int main()
{
   Person person("홍", "길동");
   cout << person.buildName() << endl;
}
```

실행결과

```
홍길동
계속하려면 아무 키나 누르십시오 . . .
```

위의 Person 클래스의 생성자에서 매개 변수 lastName과 멤버 변수 lastName을 구분하기 위하여 this 키워드가 사용되었다. 또한 ❶과 같이 this를 사용하여서 명확하게 같은 클래스에 속하는 멤버 함수를 호출할 수 있다.

중간점검

1. this 포인터는 무엇을 가리키는가?
2. this 포인터가 꼭 필요한 경우는?

3. const 수식자

이쯤에서 const 수식자를 다시 복습하고 넘어가야 한다. const는 여러분도 잘 알고 있다시피 변수 선언 앞에 붙어서 상수를 만드는 수식자이다.

```
const int STDUENTS = 60;
```

클래스와 관련하여서 const는 멤버 변수에 붙일 수 있고 멤버 함수에도 붙일 수 있다. 심지어 객체에도 붙일 수 있다. 이제부터 그 의미를 차례대로 살펴보도록 하자.

그림 11-3 • const 수식자

멤버 변수에 const를 붙이는 경우

멤버 변수에 const가 붙으면 멤버 변수가 상수가 된다. 클래스에 따라서 일부 멤버들은 const를 이용하여서 상수로 만드는 편이 프로그래밍 오류를 줄인다. 예를 들어서 자동차를 나타내는 클래스에서 자동차의 시리얼 번호는 자동차 생성 시에 결정되는 상수라고 할 수 있다.

```
class Car
{
   const int serial;        // 멤버 상수
   string color;
   ...
public:
   Car(int s, string c) : serial(s)
   {
      color = c;
   }
}
```

위와 같이 변경하면 아무런 문제가 없이 컴파일된다.

멤버 함수에 const를 붙이는 경우

멤버 함수에 const를 붙이면 이 함수를 통하여 멤버 변수를 변경할 수 없다는 의미가 된다. 예를 들어서 display() 함수를 정의할 때 다음과 같이 const를 붙이면 display()를 통하여 멤버 변수의 값을 변경할 수 없다.

```
void display() const
{
      cout << " 속도: " << speed << endl;
      cout << " 기어: " << gear << endl;
      cout << " 색상: " << color << endl;
}
```

한 가지 주의할 점은 상수화된 함수 안에서 상수화가 되지 않는 함수를 호출하면 오류가 발생한다.

객체에 const를 붙이는 경우

만약 객체에 const가 붙는다면 이 객체를 통해서는 멤버 변수의 값을 변경힐 수 없다. 멤버 함수의 경우에도 상수화된 멤버 함수가 아니면 호출할 수 없다.

```
int main()
{
```

```
    const Car c1(0, 1, "yellow");
    c1.setSpeed();   // 오류!
    return 0;
}
```

함수 중복와 const

만약 함수에 const가 붙어 있으면 중복 정의가 가능하다. 예를 들어서 display() 함수는 다음과 같이 중복될 수 있다.

```
class Car
{
    ...
    void display() const
    {
        cout << " 속도: " << speed << endl;
        cout << " 기어: " << gear << endl;
        cout << " 색상: " << color << endl;
    }
    void display()
    {
        cout << "----------------------------------------" << endl;
        cout << " 속도: " << speed << endl;
        cout << " 기어: " << gear << endl;
        cout << " 색상: " << color << endl;
        cout << "----------------------------------------" << endl;
    }
}
```

중간점검

1. 객체 선언 시 const가 붙으면 어떤 의미인가?
2. 멤버 변수 getSpeed()에 const를 붙여보라. 어떤 의미인가?

4. 객체와 연산자

객체에 대하여 할당 연산자인 =을 사용할 수 있을까? 즉, 다음과 같이 한 객체 변수를 다른 객체 변수에 할당(대입)할 수 있을까?

```
class Car
{
   ... //생략
};

int main()
{
   Car c1(0, 1, "white");
   Car c2(0, 1, "red");
   c1 = c2;    // 어떻게 되는가?
   return 0;
}
```

이 경우에는 c2가 가지고 있는 모든 객체 변수의 값이 c1로 복사된다. 같은 타입의 객체끼리는 할당 연산이 가능하다.

객체와 객체를 비교 연산자인 ==을 이용하여서 비교할 수 있을까?

```
int main()
{
   Car c1(0, 1, "white");
   Car c2(0, 1, "red");
   if( c1 == c2 ){
      cout << "같습니다" << endl;
   }
   else {
      cout << "같습니다" << endl;
   }
   return 0;
   }
```

위의 코드를 컴파일하면 오류가 발생한다. Car 클래스에서 == 연산자를 정의하지 않았다는 것이다. 만약 Car 클래스 객체들을 == 연산자를 이용하여서 서로 비교할 수 있으면 상당히 편리할 것이다. 이것을 위하여 연산자 중복(operator overloading)이라는 메카니즘이 존재한다. 연산자 중복을 이용하면 객체에 대하여 원하는 연산자를 마음대로 정의하여서 사용할 수 있다. 이것은 12장에서 학습하도록 하자.

중간점검

1. = 연산자를 이용하여서 하나의 객체를 다른 객체에 할당할 수 있는가?
2. == 연산자를 이용하여서 하나의 객체와 다른 객체를 비교할 수 있는가?

5. 객체와 함수

객체와 함수의 관계를 살펴보자. 구체적으로 다음과 같은 4가지의 경우에 대하여 살펴볼 것이다.

1. 객체가 함수의 매개 변수로 전달되는 경우
2. 함수가 객체를 반환하는 경우
3. 객체의 포인터가 함수로 전달되는 경우
4. 객체의 레퍼런스가 함수로 전달되는 경우

객체가 함수의 매개 변수로 전달되는 경우

함수의 인자는 기본적으로 값에 의하여 매개 변수로 전달된다. 이것은 인자가 객체일 때도 마찬가지이다. 객체를 매개 변수로 받아서 객체를 교환하는 프로그램을 작성하여 보자.

object_func1.cpp

```
#include <iostream>
#include <string>
using namespace std;

class Car {
   int speed;
   int gear;
   string color;
public:
   Car(int s = 0, int g = 1, string c = "white") : speed(s), gear(g), color(c) {
   }
   void display();
};

void Car::display()
```

```
{
   cout << "속도: " << speed << " 기어: " << gear << " 색상: " << color << endl;
}

void swapObjects(Car c1, Car c2)
{
   Car tmp;
   tmp = c1;
   c1 = c2;
   c2 = tmp;
}

int main()
{
   Car mine(0, 1, "white");
   Car yours(0, 1, "red");
   mine.display();
   yours.display();
   swapObjects(mine, yours);
   mine.display();
   yours.display();

   return 0;
}
```

객체를 값으로 전달받음

실행결과

```
속도: 0 기어: 1 색상: white
속도: 0 기어: 1 색상: red
속도: 0 기어: 1 색상: white
속도: 0 기어: 1 색상: red
계속하려면 아무 키나 누르십시오 . . .
```

위의 실행 결과로부터 몇 가지의 정보를 얻을 수 있다. swapCars()는 두 개의 매개 변수로, 객체를 받아서 객체의 내용을 서로 교환하는 함수이다. 먼저 객체를 인자로 전달하면 매개 변수로 객체의 내용이 복사된다. 즉, main() 안에 정의된 mine과 yours의 내용은 swapCars()의 매개 변수인 c1과 c2로 복사된다. swapObjects() 안에서 c1과 c2의 내용은 tmp 변수를 사용하여서 교환할 수 있었다. 하지만 swapObjects() 안의 c1과 c2의 내용이 교환되어도 원본인 mine과 yours의 내용에는 전혀 변화가 없음을 알 수 있다. 왜 그런 것일까? 원본이 swapObjects()에 전달된 것이 아니고 객체의 내용이 복사되었기 때문이다.

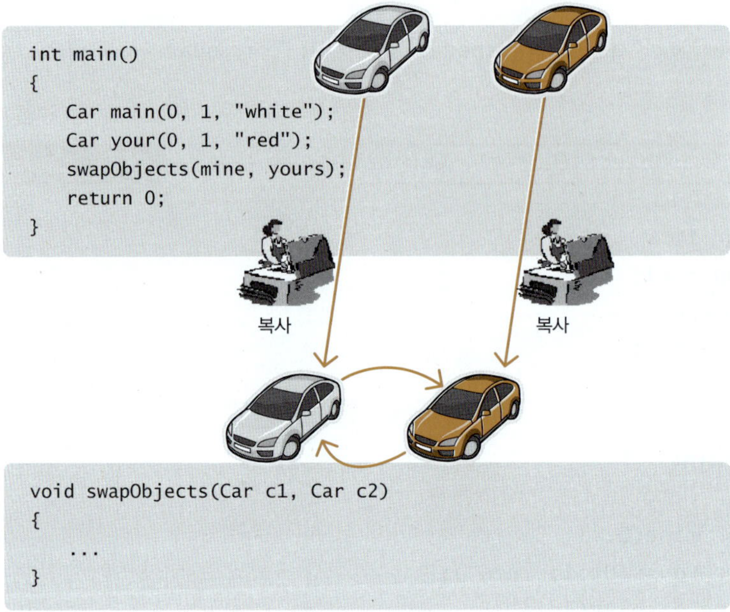

그림 11-4 ● 객체는 값으로 전달된다

함수가 객체를 반환하는 경우

함수가 객체를 반환할 때도 객체의 내용이 복사될 뿐 원본이 전달되지 않는다. 다음의 코드를 살펴보자.

object_func2.cpp

```
...// 전과 동일
Car buyCar()
{
   Car tmp(0, 1, "metal");
   return tmp;
}

int main()
{
   Car c1;
   c1.display();
   c1 = buyCar();
   c1.display();

   return 0;
}
```

객체를 값으로 변환

변환 객체가 c1으로 복사된다

실행결과

```
속도: 0 기어: 1 색상: white
속도: 0 기어: 1 색상: metal
계속하려면 아무 키나 누르십시오 . . .
```

먼저 buyCar()의 반환형은 Car이어야 한다. buyCar()는 함수 안에서 정의된 객체 변수 tmp를 반환한다. 이 경우, tmp가 전달되는 것이 아니라 tmp의 내용이 복사된다. 즉, main()에서 buyCar()의 반환값을 받는 변수인 c1으로 복사되는 것이다. 따라서 c1이 가지고 있었던 값은 사라지고 buyCar()가 반환한 객체의 값이 덮여 씌워진다.

객체의 포인터가 함수로 전달되는 경우

이때에는 객체의 포인터가 전달되므로 포인터를 이용하여서 원본 객체의 내용을 변경할 수 있다. swapObject()를 객체 포인터를 이용하여서 다시 작성하면 다음과 같다.

object_func3.cpp

```
...// 전과 동일
void swapObjects(Car *p1, Car *p2)
{
   Car tmp;
   tmp = *p1;
   *p1 = *p2;
   *p2 = tmp;
}

int main()
{
   Car mine(0, 1, "white");
   Car yours(0, 1, "red");
   mine.display();
   yours.display();
   swapObjects(&mine, &yours);
   mine.display();
   yours.display();
   return 0;
}
```

객체의 포인터가 전달된다

객체의 주소 전달

실행결과

```
속도: 0 기어: 1 색상: white
속도: 0 기어: 1 색상: red
속도: 0 기어: 1 색상: red
속도: 0 기어: 1 색상: white
계속하려면 아무 키나 누르십시오 . . .
```

여기서 함수를 호출할 때 &mine과 같이 변수의 주소를 추출하여서 매개 변수로 전달하여야 한다. 실행 결과를 보면 포인터가 전달되는 경우에는 객체의 내용이 교환되는 것을 알 수 있다.

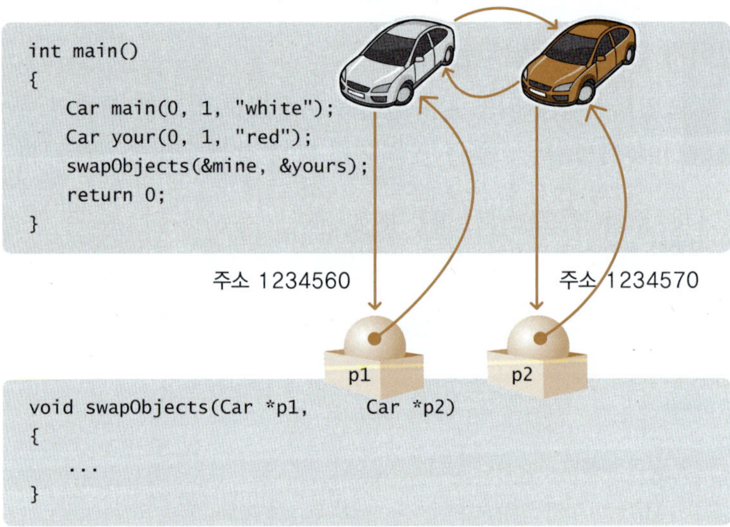

그림 11-5 ● 객체의 포인터를 전달하는 경우

객체의 레퍼런스가 함수로 전달되는 경우

레퍼런스란 변수에 하나의 이름을 더 주는 것이다. 레퍼런스에는 별도의 메모리 공간이 할당되지 않고 원본 변수의 별명이 된다. 따라서 레퍼런스를 통하여 변수의 값을 변경하면 원본 변수를 변경하는 것이나 마찬가지이다. 객체에 대한 레퍼런스도 마찬가지의 역할을 한다.

object_func4.cpp

```
...// 전과 동일
void swapObjects(Car &r1, Car &r2)
{
   Car tmp;
   tmp = r1;
   r1 = r2;
```

객체의 레퍼런스로 매개 변수 정의

```
    r2 = tmp;
}

int main()
{
    Car mine(0, 1, "white");
    Car yours(0, 1, "red");
    mine.display();
    yours.display();
    swapObjects(mine, yours);
    mine.display();
    yours.display();

    return 0;
}
```

객체의 전달

실행결과

```
속도: 0 기어: 1 색상: white
속도: 0 기어: 1 색상: red
속도: 0 기어: 1 색상: red
속도: 0 기어: 1 색상: white
계속하려면 아무 키나 누르십시오 . . .
```

레퍼런스로 객체를 받으면 객체의 이름이 하나 더 생기는 것과 마찬가지이다. 따라서 레퍼런스를 통하여 값을 교환하면 변수의 원래 이름을 사용하는 것과 마찬가지가 된다.

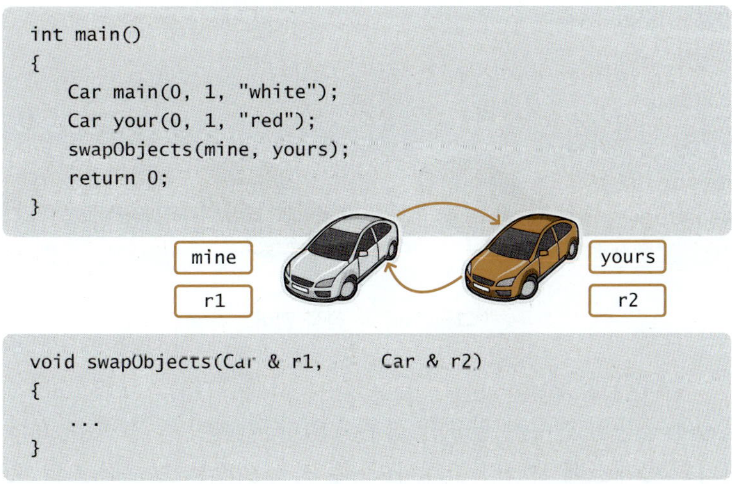

그림 11-6 ● 객체의 레퍼런스를 전달하는 경우

중간점검

1. 함수 안에서 매개 변수로 전달받은 객체의 내용을 수정하려면 매개 변수를 어떤 타입으로 선언하여야 하는가?
2. 매개 변수로 포인터와 레퍼런스를 사용하는 경우를 비교해보아라.

6. 정적 멤버

정적 멤버 변수

같은 클래스를 이용하여 객체들이 생성될 때 각각의 객체(인스턴스)들은 자신만의 멤버 변수들을 가진다. 이들 멤버 변수는 인스턴스마다 별도로 생성되기 때문에 인스턴스 변수(instance variable)라고도 한다. `Car` 클래스 예제에서 `speed`, `gear`, `color`는 인스턴스 변수가 된다. 각 객체는 이들 변수에 대하여 별도의 기억 공간을 가지고 있으며 각기 다른 값을 가지고 있다.

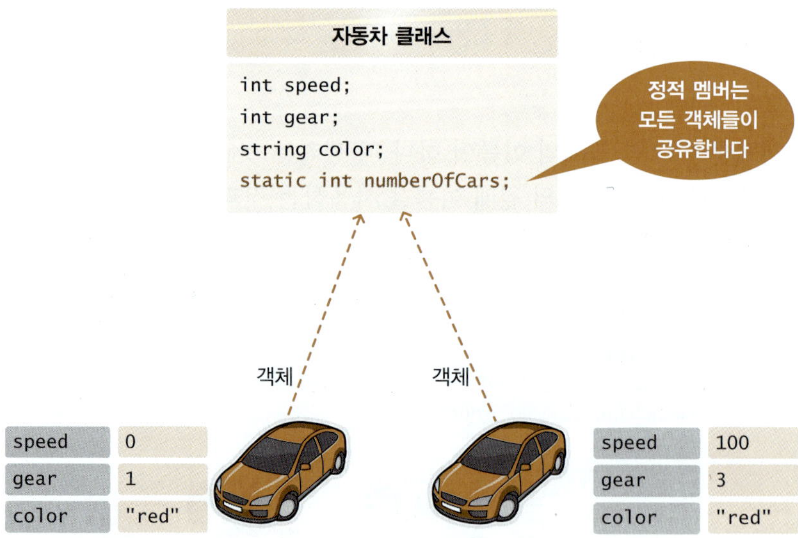

그림 11-7 • 정적 멤버

그러나 모든 객체에 공통인 변수가 필요한 경우도 있다. 이것이 정적 변수(static variable)이다. 정적 변수는 하나의 클래스에 하나만 존재한다. 즉, 정적 변수는 그 클래스의 모든 객체들에 의하여 공유된다. 정적 변수를 만들려면 변수를 선언할 때 앞에 `static` 키워드를 붙이면 된다.

static 키워드를 붙이지 않으면 기본적으로 인스턴스 변수가 된다.

예를 들어 생산된 자동차에 시리얼 번호를 붙인다고 가정하자. 시리얼 번호를 각각의 객체에 붙이기 위해서는 지금까지 객체가 얼마나 생산되었는지를 알아야 한다. 이러한 경우에 정적 변수를 사용할 수 있다.

static1.cpp

```
#include <iostream>
using namespace std;

class Car {
   int speed;
   int gear;
   string color;
   int id;     // 자동차의 시리얼 번호

public:
   // 실체화된 Car 객체의 개수를 세는 정적 변수
   static int numberOfCars;
   Car(int s = 0, int g = 1, string c = "white"): speed(s), gear(g), color(c) {
      // 자동차의 개수를 증가시키고 id 번호를 할당한다
      id = ++numberOfCars;
   }
};
int Car::numberOfCars = 0;

int main()
{
   Car c1;
   cout << Car::numberOfCars << endl;

   Car c2;
   cout << c2.numberOfCars << endl;
}
```

정적 변수 선언

① 정적 변수 정의

실행결과

```
1
2
계속하려면 아무 키나 누르십시오 . . .
```

위의 코드에서 클래스 안에 선언된 numberOfCars가 바로 정적 변수이다. 정적 변수의 실제 정의는 반드시 클래스 외부에서 ❶과 같이 하여야 한다. 인스턴스 변수들은 생성자 안에서 초기화를 하지만 정적 변수는 클래스의 외부에서 초기화를 하여야 한다.

또 정적 변수는 객체를 만들지 않고서도 접근될 수 있다. 객체가 없으므로 클래스의 이름을 객체처럼 사용하여 접근한다.

```
Car::numberOfCars = 100;
```

또 객체를 통해서도 정적 멤버 변수를 접근할 수도 있다.

```
c2.numberOfCars = 100;
```

객체가 생성될 때마다 numberOfCars가 증가되는 것을 알 수 있다. 위의 예에서 2개의 객체가 생성되었으므로 최종적으로 정적 멤버 변수 numberOfCars는 2가 된다.

정적 멤버 함수

멤버 함수도 정적으로 만들 수 있다. 정적 멤버 함수는 static 수식자를 멤버 함수 선언에 붙이며 클래스 이름을 통하여 호출되어야 한다. 정적 멤버 함수도 클래스의 객체를 만들지 않고서도 호출될 수 있다.

```
Car::getNumberOfCars();
```

또 객체를 통해서도 정적 멤버 함수를 호출할 수도 있다.

```
c2.getNumberOfCars();
```

정적 멤버 함수는 객체가 생성되지 않은 상태에서 호출되는 멤버 함수이므로 객체 안에서만 존재하는 인스턴스 변수들은 사용할 수 없고 정적 변수와 지역 변수만을 사용할 수 있다. 또한 정적 멤버 함수에서 인스턴스 멤버 함수를 호출하면 역시 오류가 된다. 인스턴스 멤버 함수도 객체가 생성되어야만 사용할 수 있기 때문이다. 하지만 정적 멤버 함수에서 정적 멤버 함수를 호출하는 것은 가능하다. 또한 정적 멤버 함수는 this 포인터를 사용할 수 없다. 왜냐하면 this가 가리키는 객체가 없기 때문이다.

앞의 Car 클래스에서 정적 변수의 값을 반환해주는 정적 멤버 함수를 작성하여 보면 다음과 같다.

static2.cpp

```
#include <iostream>
#include <string>
using namespace std;

class Car {
   int speed;
   int gear;
   string color;
   int id;                               // 자동차의 시리얼 번호

public:
   // 실체화된 Car 객체의 개수를 세는 정적 변수
   static int numberOfCars;
   Car(int s = 0, int g = 1, string c = "white"): speed(s), gear(g), color(c) {
      // 자동차의 개수를 증가시키고 id 번호를 할당한다
      id = ++numberOfCars;
   }
   // 정적 멤버 함수
   static int getNumberOfCars() {
      return numberOfCars; // OK!
   }
};
int Car::numberOfCars=0;                 // 정적 변수 정의 및 초기화

int main()
{
   Car c1(100, 0, "blue");               // 첫 번째 생성자 호출
   Car c2(0, 0, "white");                // 첫 번째 생성자 호출
   int n = Car::getNumberOfCars();       // 정적 멤버 함수 호출
   cout << "지금까지 생성된 자동차 수 = " << n << endl;
   return 0;
}
```

정적 멤버 함수

실행결과

```
지금까지 생성된 자동차 수 = 2
계속하려면 아무 키나 누르십시오 . . .
```

상수

정적 변수는 모든 객체가 공유하는 정보를 나타내는 데 주로 사용되는데, 대표적인 것이 상수이다. 상수를 인스턴스 변수로 선언하면 각 객체마다 하나씩 만들어지므로 저장 공간이 낭비된다. C++에서 상수는 const 키워드를 사용하여 상수를 정의할 수 있다. 정적 상수의 경우에는 클래스 안에서 초기화가 가능하다.

```
class Car {
   ...
   static const int MAX_SPEED=300;
   ...
}
```

예제

정적 멤버 함수를 사용하는 추가 예제로 직원을 나타내는 클래스에서 직원들의 수를 카운트하는 예를 살펴보자. Car 클래스와 비슷하게 생성자에서 정적 변수 count를 증가시킨다. 특이한 것은 객체가 소멸될 때 호출되는 소멸자에서는 count를 감소시킨다는 점이다.

static3.cpp

```
#include <iostream>
#include <string>
using namespace std;

class Employee {
   string name;
   double salary;

   static int count;          // 정적 변수 선언
public:
   // 생성자
   Employee(string n = " ", double s = 0.0): name(n), salary(s) {
      count++; // 정적 변수인 count를 증가
   }

   // 객체가 소멸될 때 호출된다
   ~Employee() {
      count--; // 직원이 하나 줄어드는 것이므로 count를 하나 감소
   }
```

```
    // 정적 멤버 함수
    static int getCount() {          <------------ 정적 멤버 함수
        return count;
    }
};
int Employee::count=0;           // 정적 변수 정의

int main()
{
    Employee e1("김철수", 35000);
    Employee e2("최수철", 50000);
    Employee e3("김철호", 20000);

    int n = Employee::getCount();
    cout << "현재의 직원수 = " << n << endl;
    return 0;
}
```

실행결과

```
현재의 직원수=3
```

중간점검

1. 정적 변수는 어떤 경우에 사용하면 좋은가?
2. 정적 변수나 정적 멤버 함수를 사용할 때, 클래스 이름을 통하여 접근하는 이유는 무엇인가?
3. 정적 멤버 함수 안에서 인스턴스 멤버 함수를 호출할 수 없는 이유는 무엇인가?

7. 객체들의 배열

일반 변수와 마찬가지로 객체들의 배열도 정의하여 사용할 수 있다. 예를 들어서 Car 배열은 다음과 같이 선언한다.

```
Car objArray[3];
```

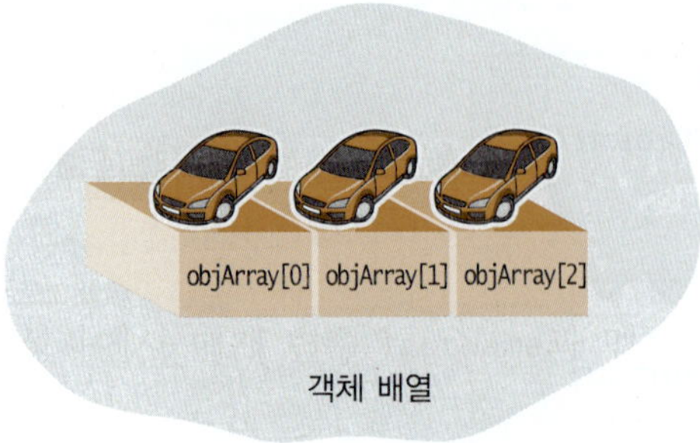

그림 11-8 ● 객체 배열

만약 객체 배열을 통하여 멤버 변수나 멤버 함수를 호출하려면 다음과 같이 한다.

```
objArray[0].speed = 0;      // 멤버 변수 접근
objArray[1].speedUp();      // 멤버 함수 호출
```

여기서 약간 어색한 것은 객체 배열 안에 정의된 각각의 객체들을 초기화하는 문법이다. 다음과 같이 각 배열 요소별로 생성자를 호출할 수 있다.

```
Car objArray[3] = {
   Car(0, 1, "white"),
   Car(0, 1, "red"),
   Car(0, 1, "blue"),
};
```

즉, 객체 배열은 일반 배열과 같은 초기형태를 가지지만 초기화대신에 생성자를 호출할 수 있는 것이다. 각 배열의 요소마다 서로 다른 생성자를 호출할 수도 있다.

object_array.cpp

```
#include <iostream>
#include <string>
using namespace std;

class Car {
   int speed;
   int gear;
   string color;
public:
   Car(int s = 0, int g = 1, string c = "white"): speed(s), gear(g), color(c) {
   }
   void display();
```

```
};

void Car::display()
{
   cout << " 속도: " << speed << " 기어: " << gear << " 색상: " << color << endl;
}

int main()
{
   Car objArray[3] = {
      Car(0, 1, "white"),
      Car(0, 1, "red"),
      Car(0, 1, "blue"),
   };
   for(int i = 0; i< 3; i++)
      objArray[i].display();

   return 0;
}
```

객체 배열

실행결과

```
속도: 0 기어: 1 색상: white
속도: 0 기어: 1 색상: red
속도: 0 기어: 1 색상: blue
계속하려면 아무 키나 누르십시오 . . .
```

객체 배열과 포인터

일반 변수들의 배열 이름은 배열 요소의 첫 번째 주소와 같다. 객체 배열에서도 똑같은 법칙이 적용된다. 따라서 배열의 이름은 포인터처럼 사용될 수 있다.

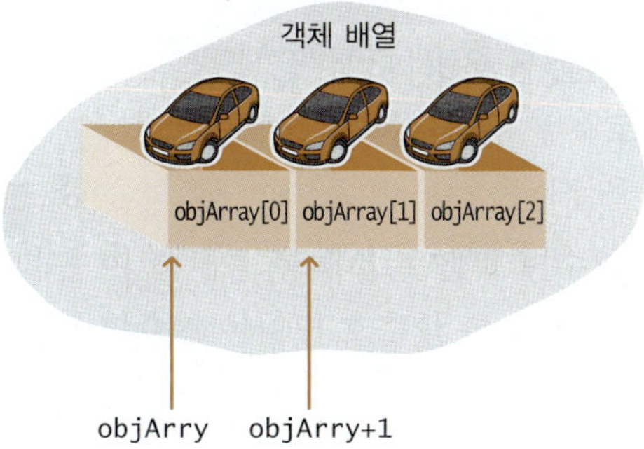

그림 11-9 ● 객체의 이름은 포인터

예를 들어서 다음과 같이 객체 배열이 선언되어 있다고 하자.

```
Car objArray[3];
```

여기서 배열 이름인 objArray는 objArray[0]를 가리키는 포인터 상수이다. 따라서 objArray를 통하여 objArray[0]의 멤버들을 접근할 수 있다.

```
objArray->display(); // objArray[0].display()와 동일
```

마찬가지로 objArray에 1을 더하면 그 다음 원소인 objArray[1]을 가리키게 된다.

```
(objArray+1)->display(); // objArray[1].display()와 동일
```

여기서 주의할 점은 +연산이 -> 연산보다 먼저 실행되어야 하므로 괄호로 묶어 주어야 한다는 것이다.

object_array1.cpp

```
#include <iostream>
#include <string>
using namespace std;

class Car {
   int speed;
   int gear;
   string color;
public:
   Car(int s = 0, int g = 1, string c = "white"): speed(s), gear(g), color(c) {
   }
   void display();
};

void Car::display()
{
   cout << " 속도: " << speed << " 기어: " << gear << " 색상: " << color << endl;
}

int main()
{
   Car objArray[3] = {
      Car(0, 1, "white"),
      Car(0, 1, "red"),
      Car(0, 1, "blue"),
```

```
    };
    for(int i=0; i< 3; i++)
        (objArray+i)->display();

    Car *p = objArray;
    for(int i=0; i< 3; i++){
        p->display();
        p++;
    }
    return 0;
}
```

실행결과

```
속도: 0 기어: 1 색상: white
속도: 0 기어: 1 색상: red
속도: 0 기어: 1 색상: blue
속도: 0 기어: 1 색상: white
속도: 0 기어: 1 색상: red
속도: 0 기어: 1 색상: blue
```

중간점검

1. 객체 배열의 요소를 초기화하는데 클래스 생성자를 사용할 수 있는가?

8. 클래스와 클래스 간의 관계

일반적으로 하나의 프로그램은 여러 개의 클래스로 이루어진다. 클래스와 클래스 간에는 어떤 관계가 있을까? 일반적으로는 3가지의 관계를 생각할 수 있다.

❶ 사용(use): 하나의 클래스가 다른 클래스를 사용한다.

❷ 포함(has-a): 하나의 클래스가 다른 클래스를 포함한다.

❸ 상속(is-a): 하나의 클래스가 다른 클래스를 상속한다.

상속 관계는 13장에서 자세히 학습할 것이다. 여기서는 사용 관계와 집합 관계만을 살펴보기로 하자.

사용 관계(use)

이 관계에서는 클래스 A의 멤버 함수에서 클래스 B의 멤버 함수들을 호출한다. 이것은 지금까지 많이 사용하였던 관계이다. 클래스 B의 멤버 함수를 호출하려면 클래스 B의 객체를 가지고 있어야 한다.

```
ClassA::func()
{
    ClassB obj;        // 사용 관계
    obj.func();
    ...
}
```

포함 관계(has-a)

이 관계에서는 하나의 객체 안에 다른 객체들이 포함된다. 엄밀하게 이야기하면 하나의 객체 안에 객체들을 포함하고 있다. 예를 들어서 사람을 나타내는 Person 객체에는 이름을 나타내는 string 객체가 포함될 수 있다. 클래스는 다른 클래스의 객체를 멤버로서 가질 수 있다. 이것은 흔히 has-a 관계로 불린다. 클래스 AlarmClock의 경우, 현재 시각과 알람을 울려야 하는 시각을 가지고 있어야 한다. 이런 경우에는 Time 객체를 멤버로서 포함하는 것이 논리적이다.

alarm_clock.cpp

```
#include <iostream>
#include <string>
using namespace std;

// 시각을 나타내는 클래스
class Time {
private:
    int time;      // 시간
    int minute;    // 분
    int second;    // 초
public:
    Time();      // 디폴트 생성자
    Time(int t, int m, int s); // 생성자
    void print();              // 객체의 정보 출력
};

Time::Time() {                 // 디폴트 생성자
    time = 0;
    minute = 0;
    second = 0;
```

```
}
Time::Time(int t, int m, int s) {     // 생성자
   time = t;
   minute = m;
   second = s;
}
void Time::print()           // 객체의 정보를 출력
{
   cout << time << "시 " << minute << "분 " << second << "초 \n";
}

// 알람 시계를 나타낸다
class AlarmClock {
private:
   Time currentTime;         // 현재 시각
   Time alarmTime;           // 알람 시각
public:
   AlarmClock(Time a, Time c);        // 생성자
   void print();             // 객체의 정보 출력
};

AlarmClock::AlarmClock(Time a, Time c) {    // 생성자
   alarmTime = a;              // 객체가 복사된다
   currentTime = c;            // 객체가 복사된다
}

void AlarmClock::print()
{
   cout << "현재 시각: ";
   currentTime.print();
   cout << "알람 시각: ";
   alarmTime.print();
}

int main()
{
   Time alarm(6, 0, 0);
   Time current(12, 56, 34);
   AlarmClock c(alarm, current);

   c.print();
   return 0;
}
```

실행결과

```
현재 시각: 12시 56분 34초
알람 시각: 6시 0분 0초
```

중간점검

1. 사용 관계와 포함 관계는 어떻게 다른가?
2. 사용 관계와 포함 관계의 예를 더 들어보자.

9. 예제

예제 #1 객체 포인터

객체 포인터가 포함된 예제를 살펴보자. 이 예제에서는 객체 포인터를 이용하여 효율적으로 문제들을 해결하는 방법을 살펴보자. 학교의 연구실(lab)을 클래스로 나타내보자. 연구실은 "영상 처리 연구실"과 같은 이름이 있고 일반적으로 실장 학생이 존재한다. 연구실에 따라서는 실장이 없을 수도 있다. 이런 경우에 포인터를 사용하면 효과적이다.

```
class Lab
{
private:
    string name;            // 연구실 이름
    Student *chief;         // 실장
public:
    ...
};
```

만약 연구실에 실장이 있다면 chief 포인터는 학생 객체의 주소를 가지게 된다. 그렇지 않다면 NULL값을 가지게 된다.

만약 이것을 다음과 같이 학생 객체를 Lab 안에 포함시켰다면 좀 더 복잡하게 되었을 것이다. 즉 실장이 있는지 없는지를 표시하는 bool 변수가 필요해진다.

```
class Lab
{
private:
   string name;              // 연구실 이름
   bool hasChief;            // 실장 존재 여부 표시
   Student chief;            // 실장
public:
   ...
};
```

두 번째 구현은 명백하게 첫 번째 구현에 비하여 비효율적이다. 두 번째 구현에서는 실장이 없어도 Lab 클래스 안의 메모리 공간을 차지한다.

포인터는 객체를 공유할 때도 사용할 수 있다. 만약 연구실이 아주 작아서 한 학생이 실장과 총무를 겸직하고 있다고 가정하자. 이런 경우에 포인터를 이용하면 하나의 객체를 공유할 수 있다.

```
class Lab
{
private:
   string name;              // 연구실 이름
   Student *chief;           // 실장
   Student *manager;         // 총무
public:
   ...
};
```

즉 다음과 같이 하나의 객체를 생성하여서 이 객체를 chief와 manager가 동시에 가리키도록 할 수 있다.

```
Student *s1 = new Student("김철수", "011-123-5678");
Lab image("영상 처리");
image.setChief(s1);
image.setManager(s1);
s1 -> setTelephone("010-123-5678");
```

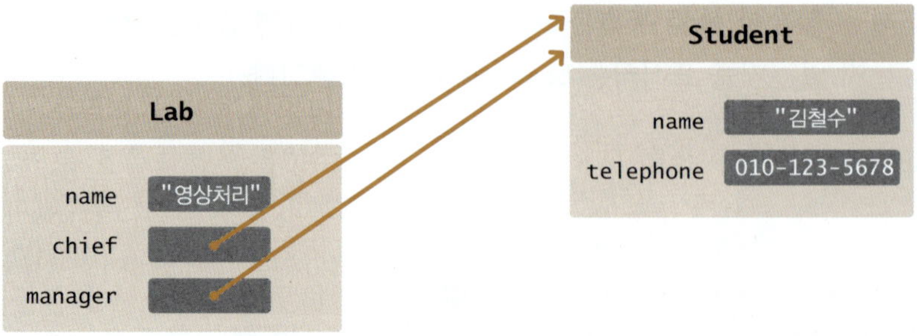

이러한 구현은 다음과 같이 객체를 직접 포함시키는 것보다 효율적이면서 데이터의 불일치가 발생하지 않는 좋은 방법이다. 즉 학생의 전화번호를 변경하면 chief나 manager에도 반영된다. 다음과 같은 구현과 비교해보아라.

```
class Lab
{
private:
    string name;            // 연구실 이름
    Student chief;          // 실장
    Student manager;        // 총무
public:
    ...
};
```

위의 구현에서는 학생의 전화번호를 변경하여도 Lab 안의 객체에 반영되지 않는다. 이제까지의 설명을 소스로 정리하여 보면 다음과 같다.

lab.cpp

```
#include <iostream>
#include <string>
using namespace std;

// 학생을 나타낸다
class Student {
private:
    string name;
    string telephone;
public:
    Student(const string n = " ", const string t = " ");
    string getTelephone() const;
    void setTelephone(const string t);
    string getName() const;
    void setName(const string n);
```

```
};

Student::Student(const string n, const string t)
{
   name = n;
   telephone = t;
}

string Student::getTelephone() const
{
      return telephone;
}
void Student::setTelephone(const string t)
{
      telephone = t;
}

string Student::getName() const
{
      return name;
}
void Student::setName(const string n)
{
      name = n;
}

// 연구실을 나타낸다
class Lab {
         string name;
      Student *chief;
      Student *manager;
public:
   Lab(string n = " ");
   void setChief(Student *p);
   void setManager(Student *p);
   void print() const;
};

Lab:: Lab(const string n)
{
   name = n;
   chief = NULL;
   manager = NULL;
}
```

```cpp

void Lab::setChief(Student *p)
{
   chief = p;
}

void Lab::setManager(Student *p)
{
      manager = p;
}

void Lab::print() const
{
   cout << name << "연구실" << endl;
   if( chief != NULL )
      cout << "실장은 " << chief->getName() << endl;
   else
      cout << "실장은 현재 없습니다\n";
   if( manager != NULL )
      cout << "총무는 " << manager->getName() << endl;
   else
      cout << "총무는 현재 없습니다\n";
}

int main()
{
   Lab lab("영상 처리");
   Student *p= new Student("김철수", "011-123-5678");

   lab.setChief(p);
   lab.setManager(p);
   lab.print();

   delete p;
   return 0;
}
```

실행결과

```
영상 처리연구실
실장은 김철수
총무는 김철수
```

예제 #2 복소수

복소수(complex number)는 x + yi와 같이 실수와 허수와의 합으로 나타내지는 수로서 공학에서 널리 사용된다. 복소수는 모든 대수식의 근을 구하기 위하여 수학자 가우스가 처음으로 만들었다고 한다.

복소수: a + bi

복소수를 나타내는 클래스 Complex를 작성하여 보면 다음과 같다. Complex는 당연히 실수부와 허수부를 데이터로 가져야 한다. 생성자로는 디폴트 생성자와 실수부와 허수부를 매개 변수로 받는 생성자를 작성하자.

complex.cpp

```
#include <iostream>
using namespace std;

class Complex
{
private:
   double real;                    // 실수부
   double imag;                    // 허수부

public:
   Complex();     // 생성자
   Complex(double a, double b);    // 생성자
   ~Complex();    // 소멸자

   double getReal();               // 실수부를 반환한다
   double getImag();               // 허수부를 반환한다
   Complex add(const Complex& c);  // 복소수의 덧셈 연산을 구현한다
   void print();                   // 복소수를 출력한다
}

Complex::Complex()
{
   real = 0;
```

```
    imag = 0;
}

Complex::Complex(double a, double b)
{
    real = a;
    imag = b;
}

Complex::~Complex()
{
}

double Complex::getReal()
{
    return(real);
}

double Complex::getImag()
{
    return(imag);
}
// 복소수의 덧셈 연산 구현
Complex Complex::add(const Complex& c)
{
    Complex temp;                                  // 임시 객체
    temp.real = this->real + c.real;
    temp.imag = this->imag + c.imag;

    return(temp);                                  // 객체를 반환한다
}

void Complex::print()
{
    cout << real << " + " << imag << "i" << endl;
}

int main(void)
{
    Complex x(2, 3), y(4, 6), z;

    cout << "첫번째 복소수 x: ";
```

```
    x.print();

    cout << "두번째 복소수 y: ";
    y.print();

    z = x.add(y);                       // z = x + y

    cout << " z = x + y = ";
    z.print();

    return(0);
}
```

실행결과

```
첫번째 복소수 x: 2 + 3i
두번째 복소수 y: 4 + 6i
 z = x + y = 6 + 9i
```

프로그램 설명

47 복소수의 많은 연산 중에서 멤버 함수로 덧셈 연산만을 구현하여 보자. 복소수끼리의 덧셈을 나타내는 멤버 함수인 add() 멤버 함수는 Complex 객체를 매개 변수로 받아서 덧셈한 결과를 새로운 객체를 생성하여 반환하게 된다. 덧셈 연산의 첫 번째 피연산자는 현재 객체인 *this이고 두 번째 피연산자는 함수의 매개 변수 c가 된다. 여기서 매개 변수가 레퍼런스로 정의되어 있는 것에 유의하라. 단순히 객체를 복사하여 받는 것보다 레퍼런스가 조금이나마 효율적이다. 하지만 다음과 같이 값에 의한 전달을 사용하여도 100% 올바르다.

```
Complex Complex::add(const Complex c)
{
 Complex temp;
 temp.real = this->real + c.real;
 temp.imag = this->imag + c.imag;

 return(temp);
}
```

53 덧셈 연산의 결과를 가지고 있는 객체 temp를 반환한다. 만약 여기서 객체 temp의 레퍼런스를 반환하면 절대 안 된다. temp는 지역 변수이기 때문에 add() 함수가 종료되면 소멸된다. 소멸되는 객체의 레퍼런스를 반환하면 안 되는 것이다. 여기서는 값에 의한 전달을 하여야 한다.

만약 복소수의 덧셈 연산을 멤버 함수가 아닌 일반 함수로 구현하면 어떻게 될까? 아래와 같이 작성할 수 있다.

```
Complex add(Complex& c1, Complex& c2)
{
   double real = c1.getReal() + c2.getReal();
   double imag = c1.getImag() + c2.getImag();
   Complex temp(real, imag);

   return(temp);
}

int main(void)
{
   Complex x(2, 3), y(4, 6), z;
   z = add(x, y);                    // z = x + y

   return(0);
}
```

객체 사이의 연산은 뒤에서 학습하게 되는 연산자 중복을 사용하면 더 쉽게 표현할 수 있다.

EXERCISE

INTRODUCTION TO C++ PROGRAMMING

1. 다음은 동적 객체 생성에 대한 코드이다. 오류를 찾아서 올바르게 수정하라.

```
Point p1 = new Point(100, 200);
Point p2;
p2->setX(30);
p2->setY(60);
delete p2;
Point *p3 = new Point();
p3.setY(50);
*p3.setY(50);
```

2. 다음은 정적 멤버에 대한 코드이다. 오류 또는 생략된 부분을 찾아서 올바르게 수정하거나 추가하라.

```
class Company
{
public:
  static int nEmployee;
}
int main()
{
  Box::nEmployee = 100;
  return 0;
}
```

3. 다음과 같은 코드에서 각 const 키워드가 의미하는 것을 설명하라.

```
const int SIZE = 100;
class Test
{
public:
  int sub1() const;
  int sub2(const Test& y);
};
```

4. 아래와 같은 클래스의 멤버 함수에 최대한 많이 const를 추가하여 보라.

```
class Point {
   int x;
   int y;
public:
   int getX()     { return x; }
   int getY()     { return y; }
   int setX(int x)    { this->x = x }
   int setY(int y)    { this->y = y }
}
```

5. 다음과 같은 함수에서 질문에 답하여라.

```
bool isEqual1(Point p1, Point p2)
{
   return ((p1.getX() == p2.getX()) && (p1.getY() == p2.getY()));
}
```

❶ 위의 프로그램에 const를 최대한 많이 추가하여 보라.

❷ 위와 같이 "값에 의한 호출"을 사용하는 것과 "참조에 의한 호출"을 사용하는 것을 효율적 측면에서 비교하여 보자. 어떤 방법이 효율적인가?

```
❶ bool isEqual(Point p1, Point p2);        // 값에 의한 전달
❷ bool isEqual(Point& p1, Point& p2)       // 참조에 의한 전달
```

6. 다음 코드에서 잘못된 곳을 찾아서 그 이유를 설명하라.

```
class Box
{
   int data;
public:
   static void setData();
};

void Box::setData()
{
   data = 100;
}
```

PROGRAMMING
INTRODUCTION TO C++ PROGRAMMING

1. 싸이월드나 마이 스페이스와 같은 인맥 기반 커뮤니티를 객체 포인터를 이용하여서 작성하여 보자. 먼저 `MyWorld`라는 클래스를 구현한다. 이 클래스는 이름, 친구(일촌)를 가리키는 포인터, 인기도 등을 멤버 변수로 가지고 있다. `MyWorld` 객체의 배열을 생성한 후에 각각의 객체에 대하여 친구들의 이름을 질문한다. 이름이 입력되면 배열에서 일치하는 이름을 가지는 객체를 찾아서 친구를 가리키는 포인터에 그 객체의 주소를 저장한다. 인기도는 친구가 많을수록 증가되게 한다.

2. `MyMath` 클래스에 `PI`라는 이름으로 정적 변수를 선언하고 3.141592로 초기화한다. 이 `PI`값을 반환하는 `getPI()` 라는 이름의 정적 메소드도 작성하여 보자.

3. `MyMetric`이라는 클래스를 작성하고 여기에 킬로미터를 마일로 변환하는 정적 함수인 `kiloToMile()`을 작성하라. 또 반대로 마일을 킬로미터로 변환하는 정적 메소드 `mileToKilo()`로 작성하라. `main()`에서 이들 정적 메소드를 호출하여 테스트하여 보자.

4. 카운터를 나타내는 클래스 `Counter`를 작성하여 보자. 전용 멤버로 `value`를 가지며 이 변수에 대하여 접근자와 설정자 함수가 존재한다. `print()` 멤버 함수는 현재 카운터의 값을 콘솔에 출력한다. `countDown()`과 `countUp()` 멤버 함수도 가지고 있다. 클래스 구현 시에 최대한 `const`를 많이 사용하여 보자.

5. 시간을 나타내는 `Time` 클래스를 작성하여 보자. 전용 멤버로 `hour`, `minute`, `second`를 가지며 각 멤버 변수에 대하여 접근자와 설정자 함수를 제공하라. 생성자와 소멸자도 적절하게 정의하라. `print()` 멤버 함수는 현재 시간을 콘솔에 출력한다. 다음과 같은 원형을 가지는 전역 함수를 중복 정의하여 보자.

```
bool isEqual(Time t1, Time t2);
bool isEqual(Time& t1, Time& t2);
```

```
bool isEqual(Time *pt1, Time *pt2);
```

몇 개의 Time 객체를 생성하여서 위의 함수의 인자로 전달하여서 위의 함수들을 테스트하라.

6. 날짜를 나타내는 Date 클래스를 정의하라. Date 클래스는 year, month, day를 멤버 변수로 가지며 생성자와 소멸자도 가진다. 이어서 직원을 나타내는 Employee 클래스를 정의한다. Employee 클래스는 직원의 이름과 직원의 생일, 직원의 입사일를 가지고 있다. 생일과 입사일은 Date 객체로 표현된다. Employee 클래스의 생성자는 이름, 생일, 입사일을 매개 변수로 받는다.

```
Empoyee(string name, Date& birthDate, Date& hireDate);
```

Employee 클래스를 구현하고 객체를 생성하여서 테스트하라.

LAB
INTRODUCTION TO C++ PROGRAMMING

1. 원을 나타내는 클래스 Circle를 가지고 실습하여 보자.

```
#include <iostream>
#include <string>
using namespace std;

class Circle {
  double radius;
};

int main()
{
  Circle *p = ______________;          // ❶
  return 0;
}
```

❶ Cricle 클래스에 접근자와 설정자, 원의 면적을 계산하는 getArea()와 원주를 계산하는 getPerimeter()를 추가하여 보자. 기타 print()와 같은 필요한 멤버 함수도 추가한다. const를 추가할 수 있으면 최대한 추가하라.

❷ 필요한 생성자를 추가하여 보자.

❸ ❶위치에 동적으로 객체를 생성하여 보자. 반지름을 5.0으로 설정하는 생성자를 호출한다.

❹ p를 통하여 getArea()를 호출하여 보자.

❺ Circle 클래스의 복사 생성자를 작성하여 보자. 복사 생성자가 호출되는 문장을 작성하여보자.

❻ Circle 객체 두 개를 받아서 같은 반지름인지를 체크하는 일반 함수 is_equal()을 작성하여 보자. 다음과 같은 함수 원형을 가정한다.

```
bool is_equal(Circle c1, Circle c2);
```

❼ 함수 is_equal()을 약간 수정하여 보자. 이번에는 함수의 매개 변수를 레퍼런스로 선언하여 보자. 수정되어야 하는 코드가 있는가? ❺와의 차이점은 무엇일까? 실행 속도는 어떤 것이 빠를까? 위험성은 없는가?

```
bool is_equal(Circle& c1, Circle& c2);
```

❽ 레퍼런스 타입의 매개 변수를 가지는 `is_equal()`에 `const` 키워드를 추가하여서 코드를 보다 안전하게 만들어보라. 어디에 const를 추가하여야 하는가?

❾ 지금까지 생성된 원의 개수를 나타내는 정적 변수 `count`를 추가하고 원이 생성될 때마다 `count`의 값을 증가하라. 원이 소멸되면 `count`를 감소한다.

❿ count의 값을 반환하는 정적 함수를 정의하여 보자.

CHAPTER 12

Introduction to C++ Programming

프렌드와 연산자 중복

이 장의 차례

학습목표

- 내부 데이타에 접근할 수 있는 프렌드 함수를 학습한다.
- 연산자 중복을 이해하고 활용할 수 있도록 한다.

1. 프렌드 함수

클래스의 전용 멤버 변수들은 내부 데이터를 저장하고 있고 이것은 일반적으로 외부의 접근으로부터 은닉된다. 전용 멤버 변수들에 접근할 수 있는 것은 멤버 함수뿐이었다. 하지만 어떤 경우에는 멤버 함수가 아닌 일반 함수도 클래스의 내부 데이터에 접근할 수 있도록 만드는 것이 효율적이다. C++는 지정된 함수나 클래스에 한하여 내부 테이터에 접근할 수 있게 해주는 프렌드(friend)라는 메카니즘을 가지고 있다.

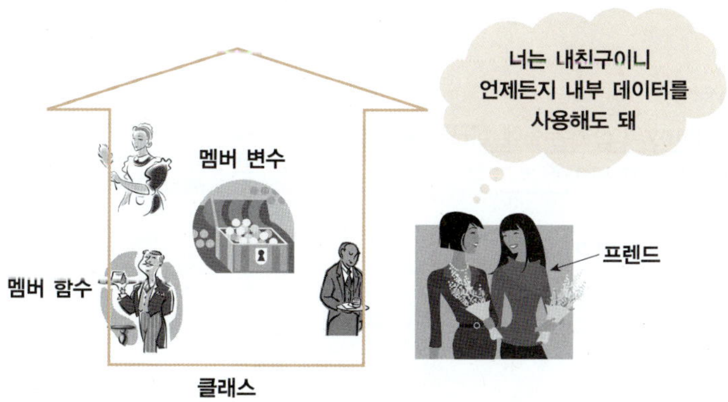

그림 12-1 ● 프렌드의 개념

프렌드는 전역 함수일수도 있고 어떤 클래스의 멤버 함수일 수도 있고 아니면 전체 클래스일 수도 있다. 하나의 클래스를 프렌드로 지정하면 그 클래스의 모든 멤버 함수는 내부 데이터를 참조할 수 있다.

하나의 예로 일반 함수를 프렌드로 지정하여 보자. 프렌드를 선언하기 위해서는 클래스 안에 프렌드로 지정하고 싶은 함수의 원형을 적고 원형 앞에 `friend`라는 키워드를 붙인다.

```
class MyClass
{
   friend void sub();          프렌드 함수 선언
   ....
};
```

프렌드 함수 선언은 클래스 안의 어떤 위치에서도 가능하지만 일반적으로 시작 부분에 두는 것이 바람직하다. 프렌드 함수는 클래스의 멤버가 아니므로 `public`이나 `private`의 영향을 받지 않는다. 프렌드 함수의 원형은 비록 클래스 안에 포함되어 있으나 멤버 함수는 아니며 프렌드 함수의 본체는 외부에서 따로 정의된다. 프렌드 함수는 클래스 내부의 모든 멤버 변수를 사용할 수 있으며 어떤 멤버 함수도 호출할 수 있다.

예제 #1

아주 간단한 예부터 시작하자. Company 클래스에 `print()`를 프렌드 함수로 지정한다. `print()`는 Company 클래스의 전용 멤버들에 접근할 수 있다.

company.cpp

```
#include <iostream>
#include <string>
using namespace std;

class Company {
private:
   int sales, profit;
   // print()는 Company의 전용 부분에 접근할 수 있다
   friend void print(Company& c);          프렌드 함수
public:
   Company(): sales(0), profit(0)
   {
   }
};
void print(Company& c)
{
   cout << c.profit << endl;
```

```
}
int main()
{
    Company c1;
    print(c1);
    return 0;
}
```

실행결과

```
0
```

프렌드 클래스

회사에서 관리자 밑에 여러 명의 직원이 있다고 가정하자. 관리자를 나타내는 클래스 Manager는 직원을 나타내는 Employee 클래스의 내부 데이터에 대한 접근이 필요할 수 있다. 이 경우에는 Manager를 Employee 클래스의 프렌드로 지정한다.

```
class Employee {
    int salary;
    // Manager는 Employee의 전용 부분에 접근할 수 있다
    friend class Manager;   <-------- 프렌드 클래스
    // ...
};
```

Manager의 멤버들은 Employee의 전용 멤버를 직접 참조할 수 있다. 예를 들면 Manager는 Employee의 봉급을 올려주는 다음과 같은 함수를 가질 수 있다.

```
void Manager::raiseSalary(Employee& e, int amount)
{
    // salary를 참조하는 것이 허용된다
    e.salary += amount;
}
```

만약 프렌드 지정이 없었으면 이것은 오류가 된다. 즉, 매개 변수 e를 통하여 e의 salary 멤버를 사용하는 것이 금지되어 있다. 하지만 Employee 클래스가 Manager를 프렌드로 지정하였으므로 Manager는 Employee의 모든 멤버를 사용할 수 있다.

예제 #2

프렌드 함수는 두 개의 객체를 비교할 때 많이 사용된다. 예를 들어서 두 개의 객체가 같은지를 검사할 때 프렌드 함수를 사용할 수 있다. 프렌드를 사용하지 않으면 약간은 이해하기 어려운 멤버 함수 형태를 사용하여야 한다.

❶ 멤버 함수 사용

equals()가 첫 번째 객체의 멤버 함수가 된다. 두 번째 객체는 매개 변수로 전달된다.

```
if( obj1.equals(obj2) ) {  ...  }
```

❷ 프렌드 함수 사용

equals()가 일반 함수가 될 수 있다. 비교 대상 객체들이 모두 매개 변수로 전달된다.

```
if( equals(obj1, obj2) ) {  ...  }
```

날짜를 나타내는 Date 클래스를 이용하여서 설명하여 보자. Date는 년, 월, 일에 대한 정보를 가지고 있다.

date.cpp

```
#include <iostream>
using namespace std;

class Date
{
   friend bool equals(Date d1, Date d2);
private:
   int year, month, day;
public:
   Date(int y, int m, int d)
   {
      year = y;
      month = m;
      day = d;
   }
}
// 프렌드 함수
bool equals(Date d1, Date d2)
{
   return d1.year == d2.year && d1.month == d2.month && d1.day == d2.day;
}
```

프렌드 함수 선언

프렌드 함수 정의

```
int main()
{
   Date d1(1960, 5, 23), d2(2002, 7, 23);
   cout << equal_f(d1, d2) << endl;
}
```

equals()의 경우, 프렌드 함수로 지정되어 있기 때문에 멤버 변수를 직접 접근하여서 비교할 수 있다. 물론 이런 경우에도 다음과 같이 접근자 함수를 사용할 수도 있다. 하지만 equals()가 많이 사용된다면 이런 방식은 비효율적일 수 있다.

```
// 일반 함수와 접근자 사용
bool equals(Date d1, Date d2)
{
   return d1.getYear() == d2.getYear()
         && d1.getMonth() == d2.getMonth()
         && d1.getDay() == d2.getDay();
}
```

예제 #3

프렌드 함수는 두 개의 객체를 가지고 연산을 하는 경우에도 많이 사용된다. 앞의 예제와 비슷하게 프렌드를 사용하지 않으면 약간은 이해하기 어려운 멤버 함수 형태를 사용하여야 한다. 예를 들어서 두 개의 복소수를 더하는 함수인 add()를 프렌드 함수로 구현해보면 다음과 같다. 만약 프렌드 함수로 구현하지 않았으면 멤버 함수로 구현하여야 한다. 하지만 이런 형태는 쉽게 알아보기 힘들다.

complex.cpp

```
#include <iostream>
using namespace std;

class Complex {
public:
   friend Complex add (Complex, Complex);
   Complex (double r, double i) {re=r; im=i; }
   Complex(double r) { re=r; im=0; }
   Complex () { re = im = 0; }
   void Output(){
      cout << re << " + " << im << "i" << endl;
   }
```

프렌드 함수 선언

```cpp

private:
   double re, im;
};

Complex add(Complex a1, Complex a2)
{
   return Complex (a1.re+a2.re, a1.im+a2.im);
}

int main()
{
   Complex c1(1,2), c2(3,4);
   Complex c3 = add(c1, c2);
   c3.Output();
   return 0;
}
```

프렌드 함수 정의

실행결과

```
4 + 6i
계속하려면 아무 키나 누르십시오 . . .
```

참고사항 멤버 함수와 프렌드 함수의 선택

멤버 함수와 프렌드 함수는 비슷한 역할을 수행한다. 그렇다면 어떤 경우에 멤버 함수로 정의하고 어떤 경우에 프렌드 함수로 정의하여야 하는가?

- 함수가 수행하는 작업이 오직 하나의 객체에만 관련된다면 멤버 함수로 정의한다.
- 함수가 수행하는 작업이 두 개 이상의 객체에 관련된다면 프렌드 함수로 정의한다.

물론 함수가 수행하는 작업이 두 개 이상의 객체에 관련되더라도 접근자와 설정자를 사용하면 똑같이 수행할 수 있다. 하지만 효율성을 생각하면 프렌드 함수로도 정의할 수 있는 것이다.

중간점검

1. 프렌드 함수란 무엇인가?
2. 어떤 경우에 프렌드 함수가 유용한가?
3. 두 개의 Vector 객체를 더하는 프렌드 함수를 정의하라.

2. 연산자 중복

연산자(operator)는 간결하게 의미를 전달할 수 있는 편리한 기호이다. 일반적으로는 연산자 기호를 사용하는 편이 함수를 사용하는 것보다 이해하기가 쉽다. 다음의 두 가지 문장 중에서 어떤 것이 더 이해하기 쉬운가?

```
sum = x + y + z;              // ① 연산자 사용
sum = add(x, add(y, z));    // ② 함수 사용
```

C++에서는 연산자를 사용자가 다시 정의할 수 있다. 간단한 예를 통하여 살펴보자.

물리학에서 등장하는 벡터를 나타내는 클래스 Vector를 가정하여 보자(주의: 라이브러리에서 동적 배열을 나타내는 vector와는 그 의미가 완전히 다르다). 벡터는 크기와 방향을 가진다.

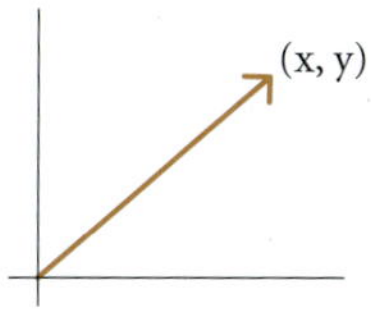


```
class Vector
{
private:
   double x, y;
public:
   Vector(double x, double y){
      this->x = x;
      this->y = y;
   }
}
```

두 개의 벡터는 합하여 하나의 벡터로 만들 수 있다. 만약 + 연산자를 Vector 타입의 객체에 사용할 수 있다면 더 좋을 것이다. C++에서는 연산자 중복(operator overloading)을 통하여 이것이 가능하다.

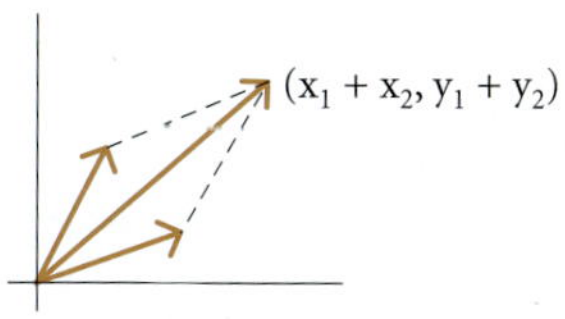

```
Vector v1, v2, v3;
v3 = v1 + v2;
```

연산자 중복이란 여러 가지 연산자들을 기초 타입뿐만 아니라 객체에 대해서도 적용하는 것을 의미한다. 하나의 예로 + 연산자는 정수나 실수와 같은 기초 타입에 대해서만 사용이 가능하다. 하지만 C++에서는 + 연산자를 클래스 타입에 대해서도 사용할 수도 있도록 연산자의 의미를 확대하는 것이 가능하다.

C++에서 연산자는 함수로 정의된다. C++에서 함수는 얼마든지 중복(overloading)이 가능하다. 따라서 연산자도 중복이 가능한 것이다.

연산자 중복의 형식

연산자를 중복하려면 다음과 같은 형식을 사용한다.

```
반환형 operator연산자(매개 변수 목록)
{
    .... // 연산 수행
}
```

중복된 연산자는 특수한 이름을 가진 함수라고 생각하면 된다. 즉, 키워드 operator에 연산자 기호가 붙어 있는 함수이다. 다른 함수처럼 중복된 연산자도 반환형과 매개 변수 리스트를 가진다. 예를 들어서 Vector 클래스에 + 연산자를 중복한 함수는 다음과 같다.

```
Vector operator+(const Vector&, const Vector&);
```

연산자 중복은 다음의 두 가지의 방법으로 구현할 수 있다.

- 멤버 함수로 구현
- 비 멤버 함수로 구현

만약 클래스의 멤버 함수로 정의한다면 피연산자의 개수보다 하나 적은 수의 매개 변수를 가진다. 이 경우, 현재 객체가 암묵적으로 첫 번째 피연산자가 된다. 따라서 2개의 피연산자를 가지는 이항 연산자의 경우에는 하나의 매개 변수만을 가지게 된다.

비 멤버 함수로 + 연산자를 구현

예를 들어서 Vector 클래스에서 + 연산자를 비 멤버 함수를 사용하여서 중복 정의해보자. 연산자가 중복되어 있으면 컴파일러는 + 연산자를 함수 operator+()로 변경하여 호출한다. 일반 함수로 구현하면 모든 피연산자들이 연산자 함수의 매개 변수로 전달된다.

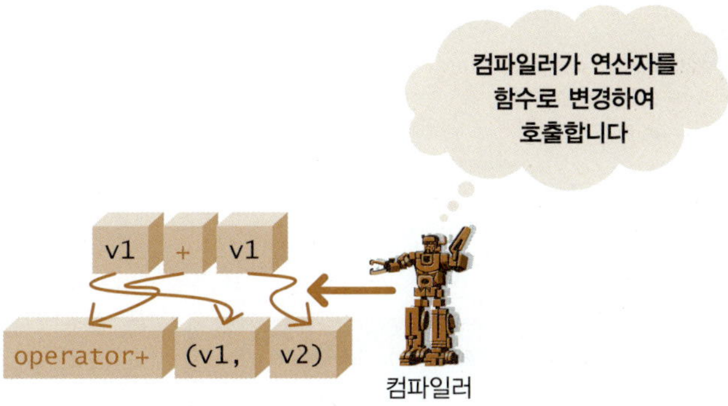

그림 12-2 • 비 멤버 함수로 연산자 중복

연산자 함수를 효율적으로 구현하려면 내부 데이터에 접근할 수 있는 프렌드 함수 형태로 구현하는 것이 좋다.

vector1.cpp

```
#include <iostream>
using namespace std;

class Vector
{
private:
   double x, y;
public:
   Vector(double x, double y){
      this->x = x;
      this->y = y;
   }
   friend Vector operator+(const Vector& v1, const Vector& v2);
   void display()
   {
      cout << "(" << x << ", " << y << ")" << endl;
   }
};

Vector operator+(const Vector& v1, const Vector& v2)
{
   Vector v(0.0, 0.0);
   v.x = v1.x + v2.x;
```

프렌드 선언

연산자 중복

```
    v.y = v1.y + v2.y;
    return v;
}

int main()
{
    Vector v1(1, 2), v2(3, 4);
    Vector v3 = v1 + v2;
    v3.display();

    return 0;
}
```

연산자 중복 함수 호출

실행결과

```
(4, 6)
계속하려면 아무 키나 누르십시오 . . .
```

중간점검

1. 두 개의 벡터가 같은지를 검사하는 == 연산자를 오버로딩하라.
2. 문자열을 나타내는 String 클래스를 작성하고 +연산자를 오버로딩하라.

연산자 중복은 함수 중복과 아주 유사하다. 코드에서 보듯이 연산자 +를 중복시키는 문장은 프렌드 함수로 지정되어 있다. 그 이유는 연산자에 해당하는 작업을 하기 위해서는 통상적으로 클래스의 내부 데이터에 효율적으로 접근하여야 하기 때문이다.

멤버 함수로 + 연산자를 구현

연산자 중복은 멤버 함수로도 얼마든지 구현이 가능하다. 실제로 멤버 함수로 구현하는 것이 객체 지향 원리에 더 충실한 방법이다. 하지만 문제는 입문자들이 이해하고 구현하기가 어렵다는 점이다.

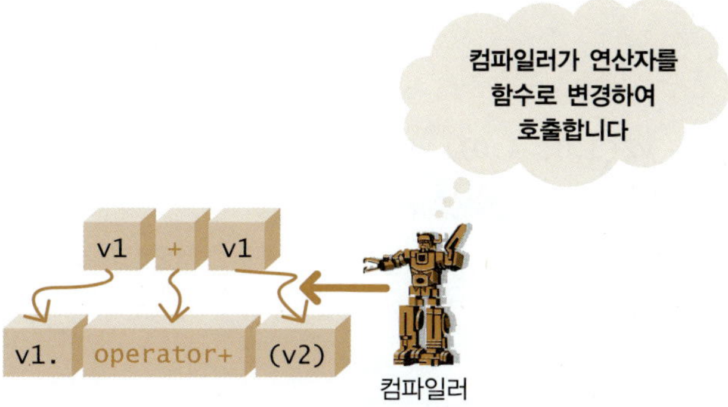

그림 12-3 • 멤버 함수로 연산자 중복

멤버 함수로 구현하면 첫 번째 피연산자가 객체가 되고 + 연산자가 operator+() 함수로 변환되며 두 번째 피연산자가 함수의 매개 변수가 된다.

vector2.cpp

```
#include <iostream>
using namespace std;

class Vector
{
private:
   double x, y;
public:
   Vector(double x, double y){
      this->x = x;
      this->y = y;
   }
   Vector operator+(Vector& v2)
   {
      Vector v(0.0, 0.0);
      v.x = this->x + v2.x;
      v.y = this->y + v2.y;
      return v;
   }
   void display()
   {
      cout << "(" << x << ", " << y << ")" << endl;
   }
};
```

연산자 중복(멤버 함수)

```
int main()
{
   Vector v1(1.0, 2.0), v2(3.0, 4.0);
   Vector v3 = v1 + v2;   <----- 연산자 중복 함수 호출
   v3.display();

   return 0;
}
```

실행결과

```
(4, 6)
계속하려면 아무 키나 누르십시오 . . .
```

= 연산자의 중복

할당 연산자인 =도 물론 중복이 가능하다. 할당 연산자를 중복할 때는 약간의 주의가 필요하다. 먼저 할당 연산자의 매개 변수는 일반적으로는 객체에 대한 레퍼런스 상수이지만 코드에 따라서 그냥 객체이거나 상수가 아닌 레퍼런스일 수 있다. 이 경우에는 컴파일러에 의하여 매개 변수가 적절하게 변환된다. 컴파일러가 매개 변수를 변환할 수 있으려면 할당 연산자는 멤버 함수이어야 한다.

```
class Vector
{
   ...
   Vector& operator=(const Vector& v2)
   {
      this->x = v2.x;
      this->y = v2.y;
      return *this;   <---------- 주의: 반드시 현재 객체의 레퍼런스를 반환
   }
   ...
};
```

여기서 반환값에 주의하여야 한다. 할당 연산자는 레퍼런스를 반환한다. 할당 연산자는 연속하여 적용될 수 있기 때문이다. 할당 연산자는 반드시 좌측 피연산자에 대한 참조값을 반환하여야 한다.

```
Vector v1(2.0, 3.0);
v3 = v2 = v1; // 가능!
```

할당 연산자는 몇 개라도 중복하여서 정의될 수 있다. 하나의 예로 double값을 저장하는 Box 클래스의 경우에는 피연산자의 타입에 따라서 다음의 3가지 버전이 중복되어 있다.

```
class Box {
   double data;
public:
   Box& operator=(const Box &);
   Box& operator=(const int);
   Box& operator=(const double);
   // ....
};
```

== 연산자의 중복 정의

일반적으로 == 연산자는 두 개의 객체가 동일한 데이터를 가지고 있는지를 체크하는데 사용된다. 다시 말해서, 각 멤버 변수의 값을 비교하여서 일치하는 지를 검사하게 된다.

```
// 프렌드 함수로 정의
bool operator==(const Vector &v1, const Vector &v2)
{
   return v1.x == v2.x && v2.y == v2.y;
}

// 프렌드 함수로 정의
bool operator!=(const Vector &v1, const Vector &v2)
{
   return !(v1 == v2); // 중복된 == 연산자를 이용
}
```

두 개의 객체가 같은 데이터를 가지고 있는지를 검사하는 함수를 별도로 두는 것보다 == 연산자를 중복하는 편이 더 좋다. 그 이유는 표준 라이브러리를 사용할 때 == 연산자가 정의 되어 있으면 find()와 같은 함수를 쉽게 사용할 수 있기 때문이다. 또한 == 연산자가 정의되어 있으면 != 연산자도 당연히 정의하는 편이 혼란을 일으키지 않는다.

<< 과 >> 연산자의 중복

<< 연산자는 일반적으로 출력을 위하여 사용된다. 다른 연산자들에 비하여 특이한 점은 출력 연산을 수행한 후에 다시 스트림 객체를 반환하여야 한다는 점이다. 스트림 객체를 반환하지 않으면 뒤에 위치한 << 연산자가 제대로 작동되지 않는다.

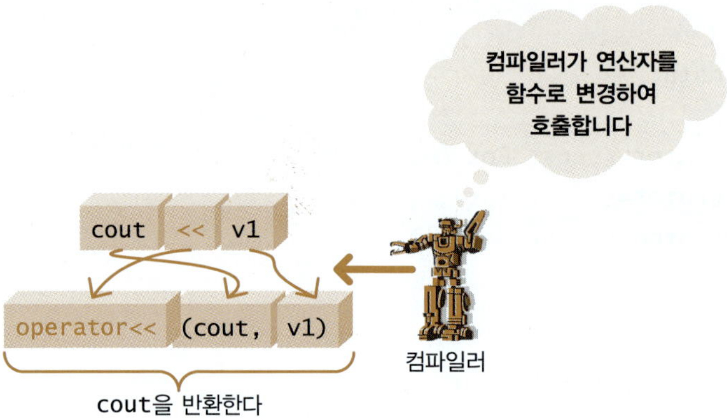

그림 12-4 ● 〈〈 연산자 중복 정의

하나의 예로 벡터를 나타내는 Vector 클래스를 살펴보자. << 연산자를 중복하여서 벡터의 x, y 좌표를 화면에 출력하여 보자.

vector3.cpp

```
#include <iostream>
using namespace std;
class Vector
{
   friend ostream& operator<<(ostream& os, const Vector& v);
private:
   double x, y;
public:
   Vector(double x, double y){
      this->x = x;
      this->y = y;
   }
   Vector operator+(const Vector& v2) const
   {
      Vector v(0.0, 0.0);
      v.x = this->x + v2.x;
      v.y = this->y + v2.y;
```

```
        return v;
    }
    void display()
    {
        cout << "(" << x << "," << y << ")" << endl;
    }
};

ostream& operator<<(ostream& os, const Vector& v)
{
    os << "(" << v.x << "," << v.y << ")" << endl;
    return os;
}

int main()
{
    Vector v1(1.0, 2.0), v2(3.0, 4.0);
    Vector v3 = v1 + v2;
    cout << v1 << v2 << v3;

    return 0;
}
```

<< 연산자 중복

스트림 객체를 반환하여야 함

<< 연산자 함수 호출

실행결과

```
(1,2)
(3,4)
(4,6)
계속하려면 아무 키나 누르십시오 . . .
```

<< 연산자는 입출력 라이브러리와의 호환성을 위하여 첫 번째 매개 변수로 ostream&을 받아야 하고 두 번째 매개 변수로는 현재 객체의 const 객체를 받아야 한다. 그리고 반환값으로 반드시 매개 변수로 받은 ostream에 대한 레퍼런스를 반환하여야 한다.

<< 연산자 함수는 반드시 비 멤버 함수로 정의되어야 한다. 왜 그럴까? << 을 멤버 함수로 정의하면 << 연산자의 왼쪽에 현재 정의 중인 클래스의 객체가 와야 하기 때문이다. 이것은 통상적인 << 연산자의 방향과 다르다.

```
// 만약 << 연산자가 멤버 함수로 정의되었다면 아래와 같이 사용하여야 한다
Vector v1;
v1 << cout;
```

입력 연산자인 >>을 중복하면 다음과 같다.

```
istream& operator>>(istream& in, Vector& v)
{
   in >> v.x >> v.y;
   return in;
}
```

연산자 중복 정의 시에 유의할 점

- 새로운 연산자를 만드는 것은 허용되지 않는다. 예를 들어서 지수승을 나타내기 위하여 ^ 연산자를 새롭게 정의할 수 없다.
- 거의 모든 연산자가 중복이 가능하다. 하지만 :: 연산자, .* 연산자, . 연산자, ?: 연산자는 중복이 불가능하다.
- 중복된 연산자는 클래스 타입의 피연산자를 반드시 가져야 한다. 즉, 내장된 int형이나 double형에 대한 연산자의 의미를 변경할 수는 없다.

```
// 컴파일 오류!! : double형에 대하여 *연산자의 의미를 변경할 수는 없다
double operator*(double, double);
```

- 연산자들의 우선순위나 결합 법칙은 변경되지 않는다.
- 만약 +연산자를 중복하였다면 일관성을 위하여 +=, -= 연산자도 중복하는 것이 좋다.
- 일반적으로 산술 연산자와 관계 연산자는 비멤버 함수로 정의한다. 반면에 할당 연산자는 멤버 함수로 정의한다.

```
// 멤버 함수: 좌측 피연산자는 this이다
Vector& Vector::operator=(const Vector&);

// 비멤버 함수: 모든 피연산자를 매개 변수로 선언
Vector operator+(const Vector&, const Vector&);
```

중간점검

1. 벡터를 나타내는 Vector 클래스에 - 연산자를 오버로딩하라.
2. 벡터를 나타내는 Vector 클래스에 += 연산자를 오버로딩하라.
3. 문자열을 나타내는 String 클래스를 작성하고 << 연산자를 오버로딩하라.

3. 타입 변환

기본 타입의 변수 사이에서는 타입 변환 규칙에 따라 자동적으로 타입이 변환된다. 예를 들어서 double 타입의 변수에 int 타입의 변수를 대입하면 int 타입의 값이 double 타입으로 변환되어서 저장된다.

```
int i = 10;
double d = i; // int 타입이 double 타입으로 자동적으로 변환된다
```

자동적인 타입 변환에는 올림 변환과 내림 변환이 있고 올림 변환은 문제가 없지만 내림 변환의 경우에는 데이터의 손실이 있을 수 있다. 함수의 매개 변수로 변수가 전달될 때도 동일한 자동적인 변환이 일어난다.

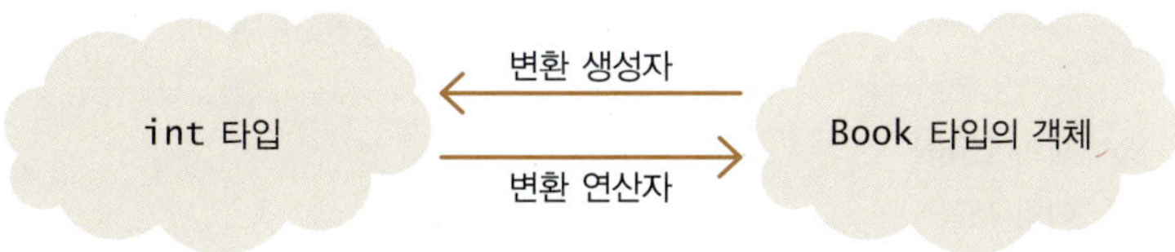

그림 12-5 ● 타입 변환

클래스의 객체들도 하나의 타입에서 다른 타입으로 자동적인 변환이 가능하다. 이것은 변환 생성자(conversion constructor)와 변환 연산자(conversion operator)에 의하여 가능하다.

변환 생성자

우리는 매개 변수가 하나인 생성자를 사용하여서 다른 타입을 우리가 정의하고 있는 클래스 타입으로 변경할 수 있다. 이것을 변환 생성자라고 한다. 변환 생성자는 반드시 매개 변수가 하나이어야 한다. 매개 변수가 하나가 아니면 변환 생성자의 역할을 하지 못한다.

그림 12-6 ● 변환 생성자와 변환 연산자

int값을 Book 객체로 변환하는 변환 생성자를 작성하여 보자.

book1.cpp

```
#include <iostream>
#include <string>
using namespace std;

class Book
{
private:
   int isbn;      // 책의 ISBN
   string title; // 책의 제목
public:
   Book() { // 생성자
      isbn = 0;
      title = "unknown";
   }
   Book(int isbn) {
      this->isbn = isbn;
      this->title = "unknown";
   }
   void display() {
      cout << isbn << ":" << title << endl;
   }
```

변환 생성자(int->Book)

```
};

int main()
{
    Book b1 = 9782001;          // ❶ int 타입을 Book 타입에 대입
    b1.display();
    b1 = 9783001;               // ❷ 가능
    b1.display();
    return 0;
}
```

변환 생성자 호출

실행결과

```
9782001:unknown
9783001:unknown
계속하려면 아무 키나 누르십시오 . . .
```

Book 클래스는 책을 표현하며 책의 ISBN 번호와 제목을 멤버 변수로 가진다. 두 개의 생성자가 정의되어 있는데 디폴트 생성자와 변환 생성자가 그것이다. 변환 생성자 Book(int)은 정수형의 매개 변수를 가지는 데, isbn을 받아서 Book 객체를 생성한다. 이렇게 하나의 매개 변수를 받아서 이것을 변환하여 객체를 생성하는 생성자를 변환 생성자라고 한다.

❶번 문장을 좀 더 자세하게 분석하여 보자.

```
Book b1 = 9782001;
```

원래 Book 타입의 객체 b1에 정수값을 대입할 수는 없지만 변환 생성자가 정의되어 있으면 컴파일러에 의해 정수값이 자동으로 객체로 변환된다. 즉, 컴파일러는 변환 생성자를 이용하여서 정수 9782001을 Book 객체로 변환하는 것이다. ❷번 문장을 살펴보자.

```
    b1 = 9783001;              // 가능
```

위의 문장에서도 마찬가지로 컴파일러는 정수값 9783001을 자동 변환하여서 Book 객체를 만들고 이것을 b1에 대입하게 된다.

이러한 변환 생성사의 개념은 상당히 편리하기도 하지만 때로는 버그의 원인이 된다. 예를 들어 다음과 같은 코드를 보자.

```
Book b2 = 3.141592;
b2.display();
```

여기서 b2에 실수형의 값이 할당되더라도 컴파일러가 실수형을 정수형으로 자동 변환하고 이것을 변환 생성자에 넣어서 객체를 생성하게 된다. 따라서 이런 경우에는 변환 생성자 때문에 의도하지 않은 오류를 만들게 된다.

이러한 문제점 때문에 explicit 키워드가 만들어졌다. 만약 생성자 앞에 explicit를 붙이면 컴파일러가 자동적으로 타입 변환을 하지 못한다. 그러나 이 경우에도 명시적인 타입 변환을 하는 것은 가능하다.

```
Book b1=9783001;            // NOT OK!
Book b1(9783001);           // OK
Book b1=(Book)9783001;      // OK
```

변환 연산자 함수

클래스 타입을 다른 타입으로 자동적으로 변환하려면 다음과 같은 형식을 가지는 변환 연산자 함수를 정의하면 된다.

```
operator 데이터_타입()
{
   ....
}
```

변환 연산자 함수는 반환형이 없으며 매개 변수도 없다. 예를 들어서 앞의 Book 객체를 int 타입으로 변환하는 연산자 함수는 다음과 같다.

```
class Book
{
   operator int() const
   {
      return isbn;
   }
}
```

변환 연산자(Book->int)

앞의 Book 클래스에 변환 연산자 함수를 완전하게 정의하여 보면 다음과 같다.

Book2.cpp

```
#include <iostream>
#include <string>
using namespace std;

class Book
{
private:
   int isbn;
   string title;
public:
   Book(int isbn, string& title) {
      this->isbn = isbn;
      this->title = title;
   }
   Book(int isbn) {
      this->isbn = isbn;
      this->title = "unknown";
   }
   operator int() const
   {
      return isbn;
   }

   void display() {
      cout << isbn << ":" << title << endl;
   }
};

bool check(int isbn)
{
   cout << isbn << endl;
   return true;
}

int main()
{
   Book b1 = 9782001;         // 변환 생성자 실행!
   b1.display();
   int isbn = b1;             // 변환 연산자 실행!
```

변환 생성자(int->Book)

변환 연산자(Book->int)

```
    cout << isbn << endl;
    check(b1);                    // 변환 연산자 실행!

    return 0;
}
```

실행결과

```
9782001:unknown
9782001
9782001
계속하려면 아무 키나 누르십시오 . . .
```

check()라는 함수는 매개 변수로 int 타입을 받는다. 하지만 main()에서는 Book 타입의 객체인 b1을 인자로 전달하였다. 이때 바로 변환 연산자 함수가 호출되어서 Book 타입을 int 타입으로 변환한다.

자동적인 변환은 편리한 경우도 있지만 자칫하면 아주 발견하기 힘든 버그를 만들기도 한다. 따라서 충분한 의미가 있고 꼭 필요한 경우에만 사용하여야 한다.

참고사항

클래스 타입과 클래스 타입 사이에도 자동적인 변환이 가능하다. 이 경우에는 변환 생성자만을 사용할 수도 있고, 변환 연산자만을 사용할 수도 있다. 아니면 한쪽은 변환 생성자를, 다른 한쪽은 변환 연산자를 사용할 수 있다. 클래스 간의 변환은 사용 이유가 분명한 경우에만 사용하여야 한다.

중간점검

1. 클래스 Car를 string으로 변환하는 변환 연산자를 작성해보아라.
2. 변환 연산자의 위험성은 무엇인가?

4 예제

예제 #1 MyString

9장에서 다루었던 MyString 클래스에 + 연산자를 중복 정의하여 보자.

my_string.cpp

```
#include <iostream>
using namespace std;

class MyString
{
private:
   char *pBuf;                          //동적으로 할당된 메모리의 주소값 저장

public:
   MyString(const char *s=NULL);
   MyString(MyString& s);
   ~MyString();

   void print();                        // 문자열을 화면에 출력
   int getSize();                       // 문자열의 길이 반환
   MyString operator+(MyString& s);     // + 연산자 중복 정의
};

// 생성자
MyString::MyString(const char *s)
{
   if( s == NULL )
   {
      pBuf = new char[1];
      pBuf[0] = NULL;
   }
   else
   {
      pBuf = new char[::strlen(s)+1];
      strcpy(pBuf, s);
   }
]

// 복사 생성자
MyString::MyString(MyString &s)
```

```
{
   pBuf = new char[s.getSize()+1];
   strcpy(pBuf, s.pBuf);
}

// 소멸자
MyString::~MyString()
{
   if ( pBuf )
      delete [] pBuf;
}

void MyString::print()
{
   cout << pBuf << endl;
}

int MyString::getSize()
{
   return strlen(pBuf);
}
MyString MyString::operator+(MyString& s)
{
   char *temp = new char[getSize() + s.getSize() + 1];
   strcpy(temp, pBuf);
   strcat(temp, s.pBuf);
   MyString r(temp);
   delete [] temp;
   return r;
}

int main() {

   MyString s1("Hello");
   MyString s2("World!");
   MyString s3 = s1 + s2;

   s1.print();
   s2.print();
   s3.print();

   return 0;
}
```

실행결과

```
Hello
World!
Hello World!
```

프로그램 설명

59 두 개의 문자열을 저장할 수 있는 공간을 동적 할당한다. 1을 더한 것은 NULL문자를 위한 공간이다.

60 strcpy()를 이용하여서 첫 번째 문자열을 복사한다.

61 strcat()를 이용하여서 두 번째 문자열을 뒤에 붙인다.

62 MyString 객체를 지역 변수로 생성한다. 생성자의 매개 변수로 C-스타일 문자열인 temp를 전달한다.

63 동적 할당 받은 공간을 반납한다.

64 객체를 반환한다. 이때도 절대 레퍼런스를 반환하면 안된다. r은 지역 변수이기 때문에 함수가 종료되면 없어지게 된다.

예제 #2 MyArray

인덱스 연산자인 []을 중복하여서 향상된 배열을 작성하여 보자. 기존의 배열은 인덱스에 대하여 전혀 검사를 하지 않는다. 인덱스 연산을 사용할 때마다 인덱스가 경계를 넘었는지를 검사하도록 하자.

my_array.cpp

```
#include <iostream>
#include <assert.h>
using namespace std;

// 향상된 배열을 나타낸나
class MyArray {
   friend ostream& operator << (ostream &, const MyArray &);  // 출력 연산자 <<
private:
   int *data;                                       // 배열의 데이터
   int size;                                        // 배열의 크기

public:
   MyArray(int size = 10);                          // 디폴트 생성자
   ~MyArray();                                      // 소멸자

   int getSize() const;                             // 배열의 크기를 반환
```

```
    MyArray& operator = (const MyArray &a);          // = 연산자 중복 정의
    int& operator[](int i);                          // [] 연산자 중복: 설정자
};

MyArray::MyArray(int s) {
    size = (s > 0 ? s : 10);                         // 디폴트 크기를 10으로 한다
    data = new int[size];                            // 동적 메모리 할당

    for (int i = 0; i < size; i++)
        data[i] = 0;                                 // 요소들의 초기화
}

MyArray::~MyArray() {
    delete [] data;                                  // 동적 메모리 반납
    data = NULL;
}

MyArray& MyArray::operator=(const MyArray& a) {
    if (&a != this) {                                // 자기 자신인지를 체크
        delete [] data;                              // 동적 메모리 반납
        size = a.size;                               // 새로운 크기를 설정
        data = new int[size];                        // 새로운 동적 메모리 할당

        for (int i = 0; i < size; i++)
            data[i] = a.data[i];                     // 데이터 복사
    }
    return *this;                                    // a = b = c와 같은 경우를 대비
}

int MyArray::getSize() const
{
    return size;
}

int& MyArray::operator[](int index) {
    assert(0 <= index && index < size);              // 인덱스가 범위에 있지 않으면 중지
    return data[index];
}

// 프렌드 함수 정의
ostream& operator<<(ostream &output, const MyArray &a) {
    int i;
    for (i = 0; i < a.size; i++) {
        output << a.data[i] << ' ';
```

```
61      }
62      output << endl;
63      return output;                         // cout << a1 << a2 << a3와 같은 경우 대비
64   }
65
66   int main()
67   {
68      MyArray a1(10);
69
70      a1[0] = 1;
71      a1[1] = 2;
72      a1[2] = 3;
73      a1[3] = 4;
74      cout << a1 ;
75
76      return 0;
77   }
```

실행결과

```
1 2 3 4 0 0 0 0 0 0
```

프로그램 설명

7 출력 연산자 <<을 프렌드 함수로 중복 정의한다.

17 할당 연산자 =을 중복 정의한다.

18 인덱스 연산자 []을 중복 정의한다. 인덱스 연산자는 레퍼런스를 반환한다. 레퍼런스가 반환되면 할당 연산자의 왼쪽과 오른쪽에 모두 사용할 수 있다.

```
MyArray a(10);
a[3] = 9;
a[5] = a[2] + 87;
```

중간점검

1. MyArray 클래스에 == 연산자를 중복 정의하라.
2. MyArray 클래스에 != 연산자를 중복 정의하라. == 연산자를 사용하라.
3. MyArray 클래스에 >> 연산자를 중복 정의하라.

EXERCISE
INTRODUCTION TO C++ PROGRAMMING

1. 프렌드 함수와 멤버 함수와의 차이점은 무엇인가?

2. 중복 정의할 수 없는 연산자에는 어떤 것들이 있는가?

3. 누를 때마다 1씩 증가하는 카운터를 나타내는 클래스를 작성하여 보자. Counter 클래스는 count를 멤버 변수로 가진다. 단항 연산자인 ++와 -- 연산자를 중복 정의하여 보자. 빈칸을 채워서 클래스 정의를 완성하여 보자.

```
class Counter
{
  int count; //카운터 값
public:
  Counter() { count = 0; }  // 생성자
  Counter(int value) { ______________ }   // 생성자
  void operator ++() { count++; }  // ++ 연산자 중복
  ___________________________          // -- 연산자 중복
}
int main()
{
  Counter c(10);   //____________________
  ______;    // c에 ++ 연산자를 적용한다
  ______;    // c에 -- 연산자를 적용한다
  return 0;
}
```

4. 시간(어떤 시각에서 어떤 시각까지의 사이)를 나타내는 클래스 Time을 작성하여 보자. Time은 hours를 멤버로 가진다.

```
class Time
{
  int hours;
public:
  Time(){ hours = 0; }
  Time(int h){ hours = h; }
}
```

❶ + 연산자를 프렌드 함수 형태로 작성하여 보자.

❷ + 연산자를 멤버 함수 형태로 작성하여 보자.

❸ 출력 연산자인 << 을 중복 정의해보라.

❹ Time 클래스에 분을 나타내는 멤버 변수인 minutes를 추가하여서 다시 작성하여 보라.

PROGRAMMING
INTRODUCTION TO C++ PROGRAMMING

1. 정수형 배열을 나타내는 Array를 구현하여 보자. 생성자는 배열의 크기만을 받거나 포인터 기반의 배열을 매개 변수로 받는다. 멤버로는 현재 크기를 나타내는 size와 데이터가 저장된 위치를 가리키는 포인터인 ptr이 있다.

   ❶ 출력 연산자인 >>을 중복 정의한다.

   ❷ ==와 != 연산자를 중복 정의하여서 두 개의 배열을 비교할 수 있도록 한다.

   ❸ [] 연산자를 중복 정의하여서 배열의 요소를 반환하도록 한다. 이 때에 인덱스가 배열의 크기를 넘었는지를 검사한다.

   ❹ = 연산자를 중복 정의하여서 하나의 배열을 다른 배열로 대입할 수 있도록 한다.

2. 우리 나름대로의 문자열을 나타내는 클래스 String을 정의하여 보자. String은 내부적으로 문자 배열을 이용하여서 문자열을 저장한다. 다음과 같은 연산자들을 중복 정의하여 보자.

   ❶ + 연산자를 중복 정의하여서 두 개의 문자열을 합치는 연산을 제공한다.

   ❷ ! 연산자를 중복 정의하여서 문자열이 공백이면 true를 반환한다.

   ❸ ==와 != 연산자를 중복 정의하여서 두 개의 문자열이 일치하면 true를 반환한다.

   ❹ <, >, <=, >= 연산자를 중복 정의하여서 두 개의 문자열의 순서를 비교한다.

3. 날짜를 나타내는 클래스 Date를 정의하여 보자. Date는 내부적으로 멤버 변수인 year, month, day에 날짜를 저장한다. 다음과 같은 연산자들을 중복 정의하여 보자.

   ❶ ++ 연산자를 중복 정의하여서 이전 날짜를 반환하도록 한다.

   ❷ -- 연산자를 중복 정의하여서 다음 날짜를 반환하도록 한다.

   ❸ >> 연산자를 중복 정의하여서 콘솔에 날짜를 출력한다.

4. 현재 시각을 나타내는 Time 클래스를 정의한다. Time 클래스는 hour, minute, second를 멤버 변수로 가진다. 필요한 멤버 함수나 생성자, 소멸자를 정의하라. Time 객체에 여러 가지의 연산자를 사용할 수 있도록 연산자를 중복 정의하라. 클

래스 외부에 일반 함수로 정의하거나 클래스 내부의 멤버 함수로 정의하여 보라.

```
Time start;
Time end = start + 1000; // 1000초 후
```

❶ +와 − 연산자를 중복 정의하라.

❷ <와 > 연산자를 중복 정의하라.

❸ ==와 != 연산자를 중복 정의하라.

❹ >>와 << 연산자를 중복 정의하라.

5. 분수를 나타내는 클래스 Fraction을 정의한다. Fraction 클래스는 numer(분자), denom(분모)를 멤버 변수로 가진다. 필요한 멤버 함수나 생성자, 소멸자를 정의하라. Fraction 객체에 여러 가지의 연산자를 사용할 수 있도록 연산자를 중복 정의하라. 클래스 외부에 일반 함수로 정의하거나 클래스 내부의 멤버 함수로 정의하여 보라.

```
Fraction a(3, 8);
Fraction b(1, 8);
Fraction c;
c = a + b; // c는 4/8이 된다
```

6. 집합을 나타내는 클래스 Set을 정의하여 보자. Set은 정수들을 저장한다. Set에서는 중복이 허용되지 않는다.

❶ + 연산자를 중복 정의하여서 원소를 집합에 추가할 수 있도록 한다.

❷ − 연산자를 중복 정의하여서 원소를 집합에서 삭제할 수 있도록 한다.

❸ |와 & 연산자를 중복 정의하여서 합집합과 교집합 연산을 구현한다.

❹ 두 개의 집합이 같으면 == 연산자가 true를 반환하게 중복 정의한다.

❺ 입출력 연산자인 >>과 <<을 중복 정의한다.

7. 2차원 공간의 점을 나타내는 클래스 Point를 정의한다. Point 클래스는 x, y를 멤버 변수로 가진다. 필요한 멤버 함수나 생성자, 소멸자를 정의하라. +, − 연산자를 중복 정의하라.

8. 복소수를 나타내는 Complex를 구현하여 보자.

❶ +, −, *, >>, << 연산자를 멤버 함수의 형태로 중복 정의하라.

❷ +, −, *, >>, << 연산자를 프렌드의 형태로 중복 정의하라.

9. [] 연산자도 중복이 가능하다. 텍스트를 분석하여서 단어들이 등장하는 횟수를 기록하는 심볼 테이블을 SymbolTable이라는 클래스로 작성하여 보자. SymbolTable 클래스는 key과 value를 멤버 변수로 가진다. 심볼 테이블에 원소를 추가하는 멤버 함수인 add()와 집합에서 원소를 삭제하는 delete()를 제공하라. [] 연산자를 중복 정의하여서 다음과 같이 심볼의 이름을 주면 값을 반환하도록 하라.

```
SymbolTable table;
table.add("house", 100);
table.add("mouse", 200);
cout << table["house"] << endl;     // 100을 출력
```

10. 직원을 나타내는 Employee 클래스의 객체를 정수형으로 형변환하면 월급을 반환하도록 Employee 클래스 안에 형변환 함수를 중복 정의하라.

```
Employee e("홍길동", 100);
int salary = (int) e; // salary에 100이 저장된다
```

LAB
INTRODUCTION TO C++ PROGRAMMING

1. 복소수를 나타내는 Complex 클래스를 가지고 실습하여 보자.

```
class Complex {
private:
  double real, imag;
public:
  Complex(double r, double i) : real(r), imag(i) { }
  Complex operator+(Complex);
  Complex operator-(Complex);
};
```

❶ 연산자 +와 −에 대한 함수를 클래스 외부에 작성하라.

❷ 복소수 (1.0, 7.0)와 (3.0, 8.0)을 나타내는 객체를 생성하고 두 개의 복소수를 +연산자를 이용하여 합하는 문장을 완성하라.

❸ a, b가 Complex 객체라고 했을 때 a + b 대신에 a.operator+(b)의 형태로도 호출이 가능한지를 확인하라.

❹ +=, −= 연산자도 중복 정의해보라. 객체를 생성하여서 테스트하라.

❺ 다음과 같은 문장을 가능하게 하려면 어떤 생성자가 정의되어야 하는가? 필요한 생성자를 정의하여 보자.

```
Complex a = 6;   // a.real = 3, a.imag = 0이라는 의미가 된다
```

❻ (double) 형변환 연산자를 중복 정의하여 보자. (double)이 복소수에 적용되면 복소수의 절대값을 구해서 반환한다.
절대값 = $\sqrt{real^2 + imag^2}$

❼ 연산자 +와 −에 대한 연산자 중복 함수를 프렌즈 함수의 형태로 정의하여 보자. 사용 방법을 보여라.

❽ 연산자 >>와 <<도 중복 정의하여 보자.

❾ 연산자 ==과 !=도 중복 정의하여 보자.

CHAPTER 13

상속

이 장의 차례

학습목표

- 강력한 재사용 기법인 상속에 대해서 살펴본다.
- 부모 클래스와 자식 클래스의 생성자, 소멸자 호출 메커니즘을 이해한다.
- 멤버 변수와 멤버 함수의 재정의 메커니즘을 학습한다.

1. 상속의 개요

상속의 개념

우리는 현실 세계의 상속에 대해서는 잘 알고 있다. 우리는 부모에게서 재산을 상속받을 수 있으며 상속된 재산에 우리가 벌어들인 새로운 재산을 추가할 수 있다.

객체 소프트웨어에서도 비슷한 개념이 존재한다. 상속(inheritance)은 기존에 존재하는 유사한 클래스로부터 속성과 동작을 이어받고 자신이 필요한 기능을 추가하는 기법이다. 상속은 이미 작성된 검증된 소프트웨어를 재사용할 수 있기 때문에 신뢰성 있는 소프트웨어를 손쉽게 개발, 유지 보수할 수 있게 해주는 중요한 기술이다. 또한 상속을 이용하면 코드의 중복을 줄일 수 있으므로 전체적으로 코드의 크기가 작아진다.

그림 13-1 • 상속의 개념

상속

상속(inheritance)이란 이미 존재하는 클래스로부터 멤버들을 물려받는 것이다. 이미 존재하는 클래스를 부모 클래스(parent class)라고 하고 상속을 받는 클래스를 자식 클래스(child class)라고 한다. C++에서의 상속은 다음과 같은 형식을 사용한다.

```
class ChildClass : 접근지정자 ParentClass
{
    ...    // 추가된 멤버 변수와 멤버 함수
}
```

스포츠카는 일반적인 자동차의 특징을 모두 가지고 있고 추가로 스포츠카에 필요한 장치(예를 들어서 터보 차저)가 추가되어 있다고 하자. 이런 경우에는 스포츠카를 위한 클래스를 다시 작성하는 것보다는 일반적인 자동차를 나타내는 클래스인 Car 클래스를 상속받아서 스포츠카를 나타내는 클래스인 SportsCar를 작성하는 것이 쉽다. 간단하게 클래스를 정의하여서 상속의 개념을 살펴보자.

```
class Car
{
    int speed;
}
class SportsCar : public Car
{
    bool turbo;
}
```

Car 클래스를 상속하여서 SportsCar 클래스를 정의 클래스 간의 상속은 UML을 이용하여 표시할 경우, 자식 클래스에서 부모 클래스로의 화살표로 표시한다.

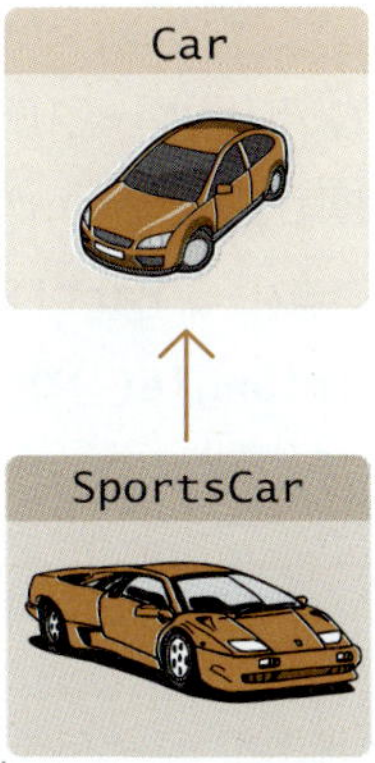

그림 13-2 ● 자동차에서의 상속의 예

자식 클래스는 부모 클래스가 가지고 있는 모든 멤버들을 전부 상속받고 자신이 필요한 멤버를 추가하기 때문에 항상 자식 클래스가 부모 클래스를 포함하게 된다.

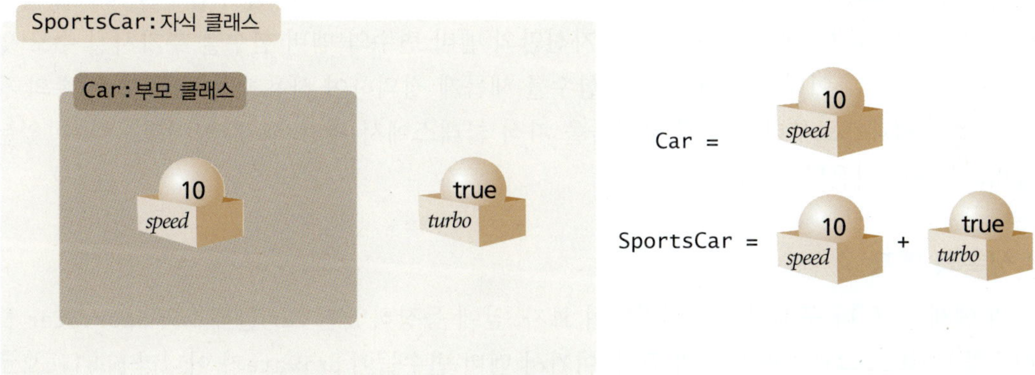

그림 13-3 ● 자식 클래스는 부모 클래스를 포함한다

예를 들어서 `SportsCar` 클래스는 `Car` 클래스가 가지고 있는 `speed` 변수는 물론 포함하고 추가로 자신이 정의한 `turbo` 변수까지 가지고 있다. 상속을 나타낼 때 확장(extend) 또는 파생(derive)이라는 용어를 사용하는 이유도 상속을 하게 되면 멤버가 증가하기 때문이다.

많이 등장하는 부모 클래스와 자식 클래스의 예를 표로 정리하여 보면 다음과 같다. 대개 부모 클래스는 추상적이고 자식 클래스는 구체적이다.

부모 클래스	자식 클래스
Animal(동물)	Lion(사자), Dog(개), Cat(고양이)
Bike(자전거)	MountainBike(산악자전거)
Vehicle(탈것)	Car(자동차), Bus(버스), Truck(트럭), Boat(보트), Motorcycle(오토바이), Bicycle(자전거)
Student(학생)	GraduateStudent(대학원생), UnderGraduate(학부생)
Employee(직원)	SalariedEmployee(관리자), PartTimeEmployee(시간제 직원)
Shape(도형)	Rectangle(사각형), Triangle(삼각형), Circle(원)

참고사항

- 부모 클래스 == 수퍼 클래스(super class) == 베이스 클래스(base class)
- 자식 클래스 == 서브 클래스(sub class) == 파생된 클래스(derived class)

상속되는 것

그렇다면 도대체 무엇이 상속되는 것인가? 부모 클래스의 멤버 변수와 멤버 함수가 자식 클래스로 상속된다. 따라서 자식 클래스는 부모 클래스의 멤버 변수와 멤버 함수를 자유롭게 사용할 수 있다. 자식 클래스는 필요하면 자신만의 멤버 변수와 멤버 함수를 추가시킬 수도 있고 부모 클래스에 이미 존재하는 멤버 함수를 새롭게 정의하여 사용할 수도 있다. 상속의 강점은 부모 클래스로부터 상속된 특징들을 자식 클래스에서 추가, 교체, 상세화시킬 수 있는 능력으로부터 나온다.

상속의 예제

앞의 예제를 좀 더 구체적으로 설명하여 보자. 앞에 등장하였던 `Car` 클래스와 `SportsCar` 클래스를 UML로 그려보면 다음과 같다. 여기서 멤버 변수들이 `private`가 아니라 `public`으로 선언된 것은 의도적인 것으로 멤버 변수도 `public`으로 선언되면 자식 클래스에서 사용할 수 있음을 보여주기 위한 것이다.

앞의 예제를 확장시켜서 다음과 같은 멤버 변수와 멤버 함수를 가졌다고 가정하자.

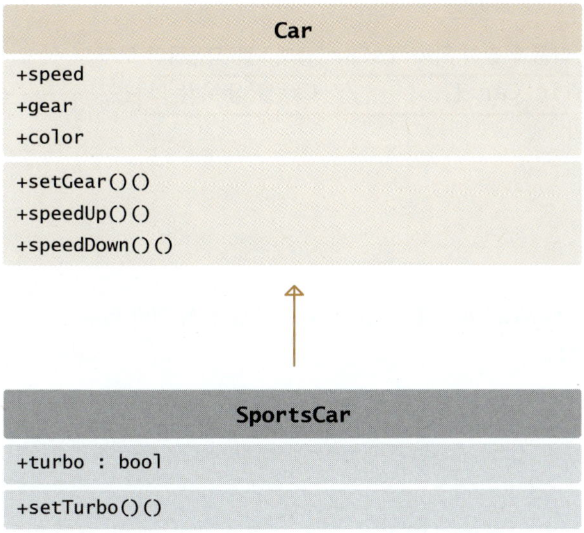

위의 UML 표기법을 코드로 옮겨보면 다음과 같다. 접근자와 설정자 함수는 일부만 구현하였고 멤버 함수들은 클래스 안에 표기되었다.

sports_car.cpp

```
#include <iostream>
#include <string>
using namespace std;

class Car {
public:
   // 3개의 멤버 변수 선언
   int speed;                       // 속도
   int gear;                        // 주행거리
   string color;                    // 색상

   // 3개의 멤버 함수 선언
   void setGear(int newGear) {      // 기어 설정 멤버 함수
      gear = newGear;
   }
   void speedUp(int increment) {    // 속도 증가 멤버 함수
      speed += increment;
   }
   void speedDown(int decrement) {  // 속도 감소 멤버 함수
      speed -= decrement;
   }
};
```

```

// Car 클래스를 상속받아서 다음과 같이 SportsCar 클래스를 작성하여 보자
class SportsCar : public Car {        // Car를 상속받는다
   // 1개의 멤버 변수를 추가
   bool turbo;

public:
   // 1개의 멤버 함수를 추가
   void setTurbo(bool newValue) {     // 터보 모드 설정 멤버 함수
      turbo = newValue;
   }
};
```

상속 표기

상속을 이용하지 않고 작성하였다면 SportsCar는 4개의 멤버 변수와 4개의 멤버 함수를 가진 클래스로 새로 작성하여야 했을 것이다. 여기서는 간단하게 설명하기 위하여 Car의 멤버 변수와 멤버 함수를 대폭 줄였지만 만약 부모 클래스가 복잡한 클래스였다면 상속의 역할이 더욱 두드러 졌을 것이다. 상속은 시간을 절약하고 버그를 줄여주는 소중한 기법이다.

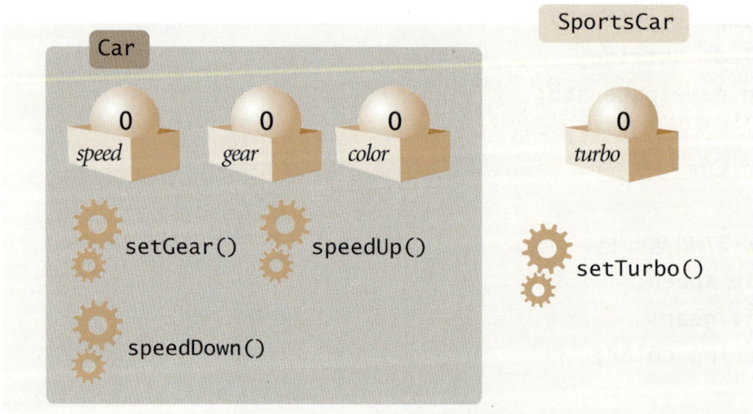

그림 13-4 ● Car와 SportsCar

자 이제부터는 SportsCar 클래스의 객체를 생성하여 상속받은 멤버 변수와 멤버 함수를 사용해보자. 자식 클래스 객체는 부모 클래스의 멤버들을 사용할 수 있다.

```
int main()
{
   SportsCar  c;
   c.color = "Red";             // 부모 클래스 멤버 변수 접근
```

```
    c.setGear(3);                // 부모 클래스 멤버 함수 호출
    c.speedUp(100);              // 부모 클래스 멤버 함수 호출
    c.speedDown(30);             // 부모 클래스 멤버 함수 호출
    c.setTurbo(true);            // 자체 멤버 함수 호출
    return 0;
}
```

자식 클래스는 부모 클래스의 멤버 변수와 멤버 함수를 마치 자기 것처럼 사용할 수 있다. 상속받은 멤버 변수들은 직접 선언한 것과 똑같이 사용할 수 있다. c는 SportsCar 클래스의 객체이지만 Car 클래스의 멤버 변수인 color를 사용할 수 있다. 부모 클래스에 선언된 setGear(), speedUp(), speedDown() 등의 멤버 함수도 마음대로 사용할 수 있다. 자체 멤버 함수인 setTurbo()를 사용할 수 있음은 물론이다.

상속된 변수나 멤버 함수는 원래의 가시성을 유지한다. 즉, 부모 클래스에서 public이었으면 자식 클래스에서도 public이 된다.

오류주의

상속은 일방향성임을 기억해야 한다. 즉, 자식 클래스에서 추가된 멤버 변수나 멤버 함수는 부모 클래스에 의해 사용될 수 없다. 위의 예제 프로그램에서 Car 클래스 객체는 SportsCar 클래스의 turbo를 사용할 수 없다.

왜 상속이 필요한가?

상속을 사용하면 중복되는 코드를 줄일 수 있다. 예를 들어서 승용차, 트럭, 버스는 모두 가속 페달을 밟아서 가속시키고 브레이크 페달을 밟아서 감속시킨다. 이들 각각을 클래스로 표현한다면 동일한 멤버 함수들이 중복되어서 각 클래스에 포함되게 된다.

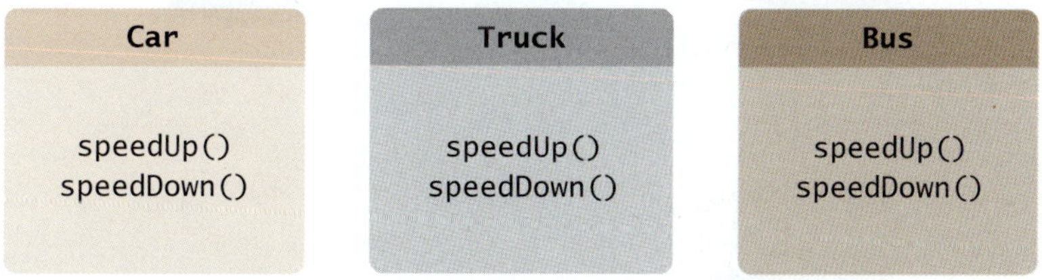

그림 13-5 ● 각 클래스에 코드가 중복된다

만약 여러 클래스에 공통적인 특징을 새로운 클래스 Vehicle로 만들고 Vehicle을 상속받는다면 중복되는 부분을 최소화할 수 있다.

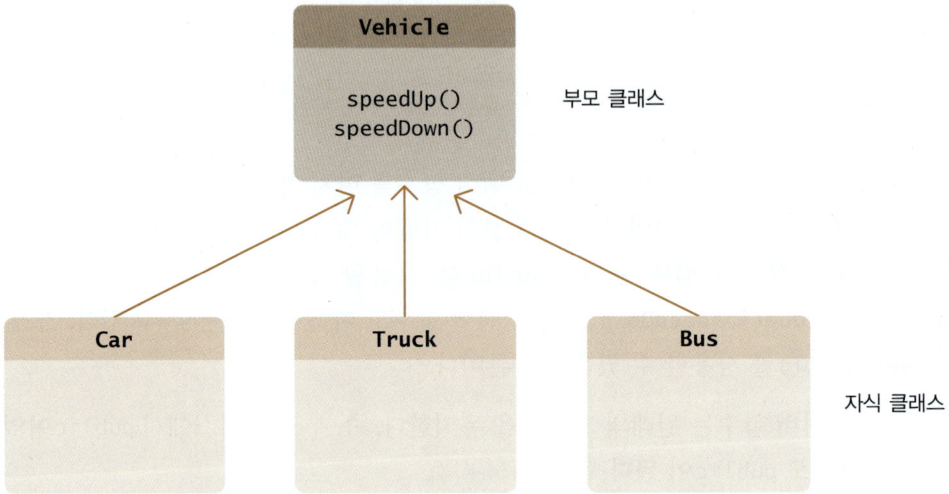

그림 13-6 ● 중복되는 코드는 부모 클래스에 모은다

이제는 공통 부분이 하나로 정리되어 관리하기 편리하고 유지 보수와 변경도 쉬워진다. 이것을 SportsCar까지 집어 넣어서 다시 상속 계층도로 그려보면 다음과 같다.

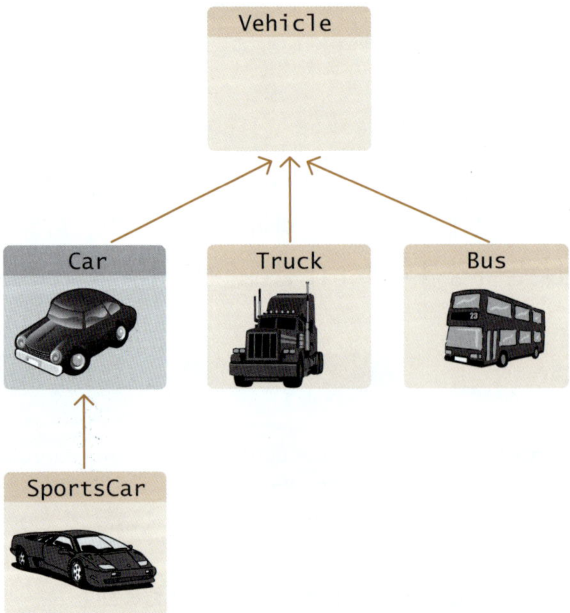

그림 13-7 ● 상속 계층 구조도

위의 상속 계층도에 맞추어 클래스를 정의해보면 다음과 같을 것이다.

```
class Vehicle {     ...     }
class Car : public Vehicle { ... }
class Truck : public Vehicle { ...        }
class Bus : public Vehicle { ... }
class SportsCar : public Car { ...        }
```

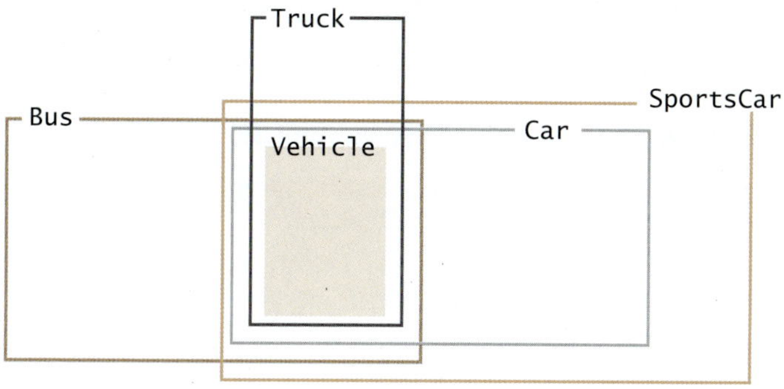

그림 13-8 • 클래스들의 크기

상속은 is-a 관계

상속에서 자식 클래스와 부모 클래스는 "~은 ~이다"와 같은 is-a 관계가 있다. 따라서 상속의 계층 구조를 올바르게 설계하였는지를 알려면 is-a 관계가 성립하는지를 생각해보면 된다.

- 자동차는 탈것이다. (Car *is a* Vehicle).
- 사자, 개, 고양이는 동물이다.

만약 "~은 ~을 가지고 있다"와 같은 has-a(포함) 관계가 성립되면 이 관계는 상속으로 모델링을 하면 안 된다. 예를 들어서 다음과 같다.

- 도서관은 책을 가지고 있다(Library *has a* book).
- 거실은 소파를 가지고 있다.

has-a 관계가 성립되는 경우에는 상속을 이용하는 것이 아니라 하나의 클래스 안에 다른 클래스의 객체를 포함시키면 된다. 예를 들면 직선은 양 끝점을 가지고 있다(has-a). 따라서 직선을 나타내는 클래스 안에 점을 나타내는 객체를 포함시키면 된다.

```
class Point {
   int x;
```

```
    int y;
}
class Line {
    Point p1;   // 객체 포함
    Point p2;   // 객체 포함
}
```

중간점검

1. 상속은 왜 필요한가?
2. 사자, 호랑이, 개, 고양이, 여우를 상속 계층 구조를 이용하여 표현해 보자.

2. 접근 제어 지정자

상속이 도입되기 전까지는 2개의 접근 제어 지정자만을 사용했었다. 바로 private와 public이었다. 상속이 도입되면 protected라고 하는 접근 제어 지정자가 하나 더 필요하다. 왜 필요한지 잠시 생각하여 보자.

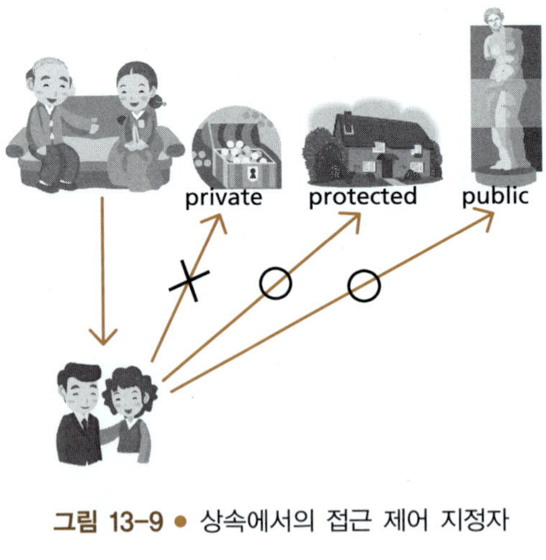

그림 13-9 ● 상속에서의 접근 제어 지정자

멤버 변수들은 대개 private로 지정되어서 외부의 접근이 차단된다. 멤버 변수를 접근하려면 접근자와 설정자라고 하는 특수한 멤버 함수를 사용하여야 한다. 하지만 private로 지정되면 자식 클래스에서도 접근할 수 없다. 그렇다고 만약 public으로 지정하면 정보 은닉이라는 객체 지향의 목표를 위반하는 것이 된다. 따라서 외부에서는 접근하지 못하지만 자식 클래스는 접근하게 하는 새로운 접근 제어 지정자가 필요해지는 것이다. 이것이 바로 protected이다. protected로 지정되면 자식 클래스에서는 마음대로 사용할 수 있지만 외부에서는 접근할 수 없다. protected는 private와 public의 중간에 있다고 생각하면 된다.

접근 제어 지정자	현재 클래스	자식 클래스	외부
private	○	×	×
protected	○	○	×
public	○	○	○

그렇다면 자식 클래스가 부모 클래스로부터 상속을 받는 것은 과연 무엇인지 자세히 살펴보자. 자식 클래스는 부모 클래스의 공용 멤버(public member)와 보호 멤버(protected member)를 상속받는다. 상속되지 않는 것도 있다. 부모 클래스의 전용 멤버(private member)는 상속되지 않는다.

직원과 매니저의 예를 들어서 접근 제어 지정자의 효과를 살펴보자. 직원은 월급만 받지만 매니저는 월급과 보너스를 받는다. 따라서 이 경우에는 매니저도 직원의 일종이기 때문에 직원이 부모 클래스가 되고 매니저가 자식 클래스가 된다. 직원을 나타내는 클래스 Employee에는 공용 멤버로 name, 전용 멤버로 RRN(주민등록 번호), 보호 멤버로 salary가 선언되어 있다.

manager.cpp

```
#include <iostream>
#include <string>

using namespace std;
class  Employee {
   int rrn;                  // Regident Registration Number: 주민등록번호

protected:
   int salary;               // 월급

public:
   string name;              // 이름
   void setSalary(int salary);
   int getSalary();
};

void Employee::setSalary(int salary) {
```

```cpp
    this->salary = salary;
}
int Employee::getSalary() {
    return salary;
}

class Manager : public Employee {
    int bonus;
public:
    Manager(int b=0) : bonus(b) { }
    void modify(int s, int b);
    void display();
};

void Manager::modify(int s, int b) {
    salary = s; // 부모 클래스의 보호 멤버 사용 가능!
    bonus = b;

}
void Manager::display()
{
    cout << "봉급: " << salary << "보너스: " << bonus << endl;
    // cout << "주민등록번호: " << rrn << endl;  // 부모 클래스의 전용 멤버는 사용할 수 없음!!
}

int main()
{
    Manager m;
    m.setSalary(2000);
    m.display();
    m.modify(1000, 500);
    m.display();
}
```

상속

부모 클래스의 보호 멤버 사용

부모 클래스의 전용 멤버는 사용할 수 없음

부모 클래스의 공용 멤버 함수 사용

실행결과

```
봉급: 1000 보너스: 500
계속하려면 아무 키나 누르십시오 . . .
```

Employee를 상속받아서 Manager 클래스를 정의하였다. 자식 클래스인 Manager에서는 공용 멤버 name과 보호 멤버 salary를 접근할 수 있다. 하지만 private로 선언된 전용 멤버인 rrn은 접근이 불가능하다.

자식 클래스 객체를 통하여 public이나 protected로 선언된 부모 클래스의 멤버 함수는 얼마든지 사용이 가능하다. 하지만 멤버 함수가 private로 선언되면 자식 클래스조차 사용할 수 없다.

중간점검

1. protected가 의미하는 바는 무엇인가?
2. 부모 클래스에서 private로 선언된 변수를 자식 클래스에서 사용할 수 있는가?
3. 자식 클래스의 객체 obj를 통하여 부모 클래스에서 protected로 선언된 변수 x를 사용할 수 있는가? 즉, obj.x = 10;과 같은 문장을 작성할 수 있는가?

3. 상속과 생성자/소멸자

자식 클래스의 객체가 생성될 때에 당연히 자식 클래스의 생성자는 호출된다. 이때 부모 클래스 생성자도 호출될까?

우리는 자식 클래스의 객체는 부모 클래스의 객체를 포함하고 있음을 알고 있다. 앞의 Car와 SportsCar의 예에서도 보듯이 SportsCar 객체 안에는 Car 객체가 있는 것이나 마찬가지이다.

자식 클래스 객체 안의 부모 클래스 부분을 초기화하기 위해서는 부모 클래스의 생성자도 호출되어야 하는 것이 논리적이다.

실제로 자식 클래스의 생성자에서 제일 먼저 하는 일이 부모 클래스의 생성자를 호출하는 일이다. 만약 특별히 지정하지 않으면 부모 클래스의 기본 생성자가 호출된다.

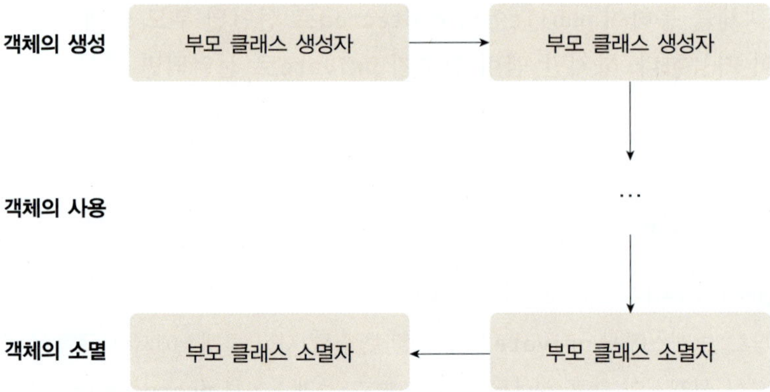

그림 13-10 ● 상속에서 생성자와 소멸자의 호출

소멸자의 경우에는 역순으로 호출된다. 즉 자식 클래스의 소멸자가 먼저 호출되고 이어서 부모 클래스의 소멸자가 호출된다.

이것을 알아보기 위하여 다음과 같이 2차원 도형을 나타내는 `Shape` 클래스를 만들고 이것을 상속받아서 `Rectangle` 클래스를 정의해보자. 각 생성자와 소멸자에 출력문을 추가한 후에 `Rectangle` 객체를 생성하여 보면 다음과 같은 실행 결과가 출력된다.

inheri_shape.cpp

```
#include <iostream>
#include <string>
using namespace std;

class Shape {
   int x, y;
public:
   Shape() {
      cout << "Shape 생성자() " << endl;
   }
   ~Shape() {
      cout << "Shape 소멸자() " << endl;
   }
};

class Rectangle : public Shape {   <------- 상속
   int width, height;
public:
   Rectangle(){
      cout << "Rectangle 생성자()" << endl;
```

```
    }
    ~Rectangle(){
        cout << "Rectangle 소멸자()" << endl;
    }
};
int main()
{
    Rectangle r;   <------- 자식 클래스의 객체 생성
    return 0;
}
```

실행결과

```
Shape 생성자()
Rectangle 생성자()
Rectangle 소멸자()
Shape 소멸자()
계속하려면 아무 키나 누르십시오 . . .
```

출력 결과를 보면 부모 클래스의 기본 생성자가 먼저 호출되고 이어서 자식 클래스의 생성자, 다시 자식 클래스의 소멸자, 부모 클래스의 소멸자 순으로 호출되는 것을 알 수 있다. 여기서는 부모 클래스의 생성자를 특별히 지정하지 않았으므로 디폴트 생성자가 호출되었다.

부모 클래스의 생성자를 지정하는 방법

부모 클래스의 생성자를 지정하지 않으면 항상 디폴트 생성자(매개 변수가 없는 생성자)가 호출된다. 그렇다면 매개 변수가 있는 다른 생성자를 호출하려면 어떻게 하여야 하는가? 이때에는 자식 클래스의 생성자 헤더의 뒤에 콜론(:)을 추가한 후에 원하는 부모 클래스의 생성자를 적어주면 된다.

```
자식클래스의 생성자():부모클래스의 생성자()
{
    ...
}
```

앞의 예제에서 Shape와 Rectangle의 생성자가 모두 매개 변수를 받는다고 가정하자. 만약 Rectangle 클래스에서 Shape의 생성자 중에서 Shape(int x, int y) 생성자를 호출하려고 하면 다음과 같이 : 다음에 적어주면 된다.

```
Rectangle(int x=0, int y=0, int w=0, int h=0) : Shape(x, y)
{
        width = w;
        height = h;
}
```

부모 클래스의 생성자 호출

부모 클래스의 생성자 호출 다음에 멤버 초기화 리스트를 붙여도 된다.

```
Rectangle(int x=0, int y=0, int w=0, int h=0) : Shape(x, y), width(w), height(h)
{
}
```

완전한 프로그램으로 작성해보면 다음과 같다.

inheri_shape2.cpp

```cpp
#include <iostream>
#include <string>
using namespace std;

class Shape {
   int x, y;
public:
   Shape() {
      cout << "Shape 생성자() " << endl;
   }
   Shape(int xloc, int yloc) : x(xloc), y(yloc){
      cout << "Shape 생성자(xloc, yloc) " << endl;
   }
   ~Shape() {
      cout << "Shape 소멸자()" << endl;
   }
};

class Rectangle : public Shape {
   int width, height;
public:
   Rectangle(int x=0, int y=0, int w=0, int h=0);
   ~Rectangle(){
      cout << "Rectangle 소멸자()" << endl;
   }
};
```

```
Rectangle::Rectangle(int x, int y, int w, int h) : Shape(x, y) {
      width = w;
      height = h;
      cout << "Rectangle 생성자(x, y, w, h)" << endl;
}

int main()
{
   Rectangle r(0, 0, 100, 100);
   return 0;
}
```

부모 클래스의 생성자 호출

실행결과

```
Shape 생성자(xloc, yloc)
Rectangle 생성자(x, y, w, h)
Rectangle 소멸자()
Shape 소멸자()
계속하려면 아무 키나 누르십시오 . . .
```

참고사항

`Rectangle::Rectangle(int x, int y, int w, int h) : Shape(int x, int y) { ... }`

와 같이 작성하는 것은 오류이다.

중간점검

1. 자식 클래스의 생성자와 부모 클래스의 생성자 중에서 먼저 실행되는 것은?
2. 자식 클래스의 소멸자와 부모 클래스의 소멸자 중에서 먼저 실행되는 것은?

4. 멤버의 재정의

재정의란?

만약 상속받은 멤버 함수의 변경이 필요하면 어떻게 하면 되는가? 이 경우에는 재정의(overriding)를 사용하면 된다. 재정의란 오버라이딩을 우리말로 번역한 것이다. 재정의는 자식 클래스가 필요에 따라 상속된 멤버 함수를 재정의하여 사용하는 것을 의미한다. 이 기법을 사용하면 자식 클래스에서는 상속받은 멤버 함수들을 자기 자신의 필요에 맞추어서 변경할 수 있다.

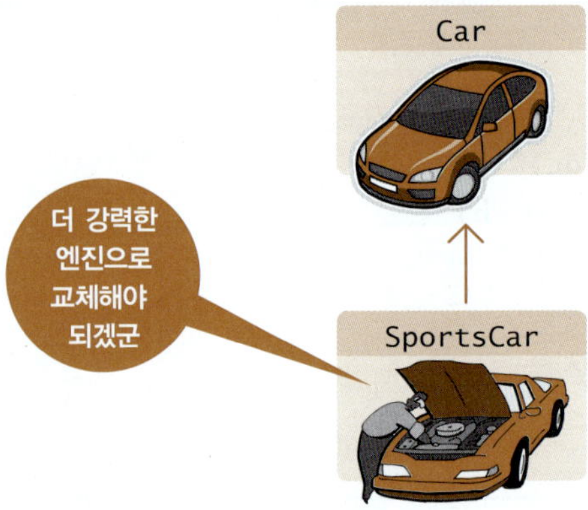

그림 13-11 ● 멤버 함수 재정의

예를 들면 Car 클래스에 차의 마력수를 반환하는 getHP()라는 멤버 함수가 선언되어 있다고 하자. Car 클래스를 상속받은 SportsCar 클래스에서는 이 getHP() 함수를 재정의하였다.

inheri_car1.cpp

```
#include <iostream>
#include <string>
using namespace std;
class Car {
public:
    int getHP()
    {
        return 100;// 100마력 반환
    }
};
class SportsCar : public Car {
public:
```

재정의

```
    int getHP()
    {
       return 300;// 300마력 반환
    }
};
int main()
{
   SportsCar sc;
   cout << "마력: " << sc.getHP() << endl;
   return 0;
}
```

실행결과

```
마력: 300
계속하려면 아무 키나 누르십시오 . . .
```

SportsCar 클래스의 객체인 sc를 통하여 getHP()를 호출하면 부모 클래스의 getHP()가 아니라 재정의한 getHP()가 호출되는 것을 실행결과에서 확인할 수 있다.

자식 클래스인 SportsCar 클래스는 부모의 getHP()와 재정의된 getHP()를 동시에 가지게 된다. SportsCar 객체인 sc을 통하여 접근하면 재정의된 함수가 우선권이 있으므로 SportsCar에서 재정의된 getHP()가 먼저 호출된다. 만약 부모 클래스의 getHP()를 호출하고 싶으면 다음과 같이 범위 지정자를 사용하면 된다.

```
cout << "마력: " << sc.Car::getHP() << endl;   // 100이 출력된다
```

재정의의 조건

재정의는 멤버 함수의 헤더는 그대로 두고 멤버 함수의 몸체만을 교체하는 것이다. 따라서 멤버 함수의 헤더 부분은 부모 클래스의 헤더와 동일하여야 한다. 즉, 부모 클래스의 멤버 함수와 동일한 시그니처를 가져야 한다. 이것은 멤버 함수의 이름, 반환형, 매개 변수의 개수와 데이터 타입이 일치하여야 함을 말한다.

멤버 함수 재정의에서 흔히 하는 실수는 멤버 함수의 이름이 잘못되어서 자신이 재정의하였다고 믿고 있지만 실제로는 재정의되지 않은 경우이다. 예를 들어서 앞의 예에서 getHP()라고 하여야 할 것을 getPH()라고 하였다면 멤버 함수는 재정의되지 않는다. 하지만 컴파일러는 getPH()를 새로운 멤버 함수로 인지하기 때문에 아무런 오류가 발생하지 않는다.

```
class SportsCar : public Car {
public:

   int getPH()
   {
      return 300;// 300마력 반환
   }
};
int main()
{
   SportsCar sc;
   cout << "마력: " << sc.getHP() << endl;     // 부모 클래스의 getHP() 호출
   return 0;
}
```

새로운 멤버 함수로 인식

실행결과

```
마력: 100
계속하려면 아무 키나 누르십시오 . . .
```

중복과 재정의의 차이

여기서 잠깐 중복과 재정의의 차이점을 살펴보고 지나가자. 중복은 같은 이름의 멤버 함수를 여러 개 정의하는 것이다. 반면에 재정의는 부모 클래스에 있던 멤버 함수를 다시 정의해서 내용을 변경하는 것이다. **그림 13-12**을 참고하라.

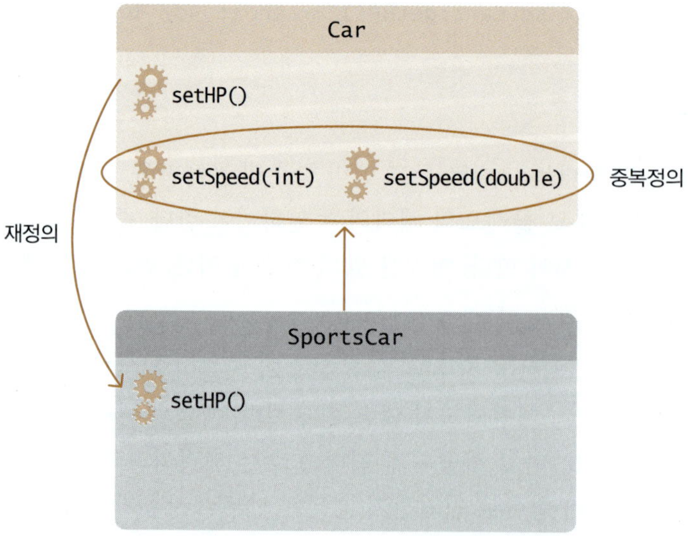

그림 13-12 ● 멤버 함수 중복과 멤버 함수 재정의

참고사항

자식 클래스에서 부모 클래스로부터 상속받은 멤버 함수들을 중복할 수 있을까? 예를 들어서 SportsCar 클래스에서 getHP(int)를 작성하면 어떻게 될까? 이것은 상속받은 함수 getHP()와 매개 변수가 다르므로 재정의가 아니고 이것은 SportsCar의 새로운 멤버 함수로 간주된다.

멤버 변수 재정의

만약 자식 클래스에서 부모 클래스와 동일한 이름의 멤버 변수를 정의하면 어떻게 되는가? 이런 경우에는 무조건 자식 클래스의 멤버 변수가 부모 클래스의 멤버 변수를 가리게 된다. 이런 경우, 부모 클래스의 멤버 변수를 참조하려면 부모 클래스를 범위로 지정해주어야 한다. 일반적으로 부모 클래스의 멤버 변수를 재정의하는 것은 코드를 난해하게 하므로 피하는 것이 좋다. 상속 시에는 멤버 함수만을 재정의하는 것이 좋다.

inheri_car2.cpp

```
#include <iostream>
#include <string>
using namespace std;

class Car {
public:
    int speed;
    int gear;
    string color;
    Car(): speed(0), gear(1), color("white") { }
    void setSpeed(int s){ speed = s; }
    int getSpeed(){ return speed; }
};

class SportsCar : public Car {
public:
    int speed;
    int gear;
    string color;
    SportsCar(): speed(100), gear(3), color("blue") { }
};

int main()
{
    SportsCar sc;
```

멤버 변수의 재정의

```
    cout << "스피드: " << sc.speed << endl;          // 자식 클래스의 speed
    cout << "스피드: " << sc.Car::speed << endl;     // 부모 클래스의 speed
    cout << "스피드: " << sc.getSpeed() << endl;     // 부모 클래스의 getSpeed()
    return 0;
}
```

실행결과

```
스피드: 100
스피드: 0
스피드: 0
계속하려면 아무 키나 누르십시오 . . .
```

위의 코드에서도 알 수 있듯이 SportsCar의 변수 speed가 부모 클래스 Car의 변수 speed를 가리게 된다. 하지만 진짜 문제는 Car의 멤버 함수는 Car 안에 정의된 speed를 사용하고 SportsCar의 멤버 함수들은 SportsCar 안에 정의된 speed를 사용하게 되는 것이다. 즉, 어떤 멤버 함수를 사용하는냐에 따라서 서로 다른 speed가 사용될 수 있다. 따라서 결론적으로 멤버 변수를 재정의하는 것은 절대 피해야 한다.

재정의된 멤버 함수의 호출 순서

다음과 같은 상속 계층 구조에서 만약 Eagle의 객체를 생성하여서 멤버 함수를 호출하였다면 어떤 함수가 호출되는가? eat(), sound(), move() 등의 멤버 함수는 재정의되어 있다.

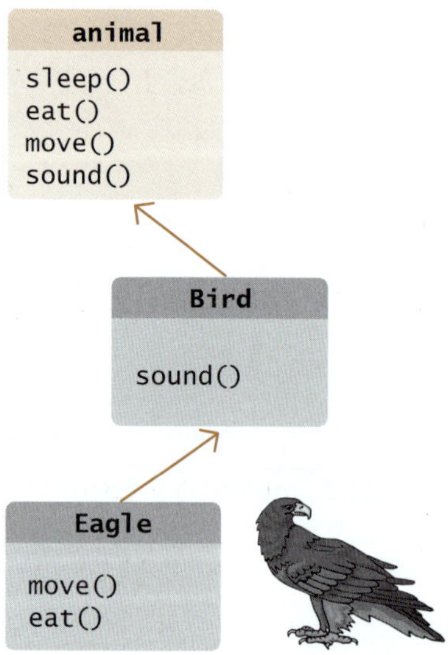

그림 13-13 ● 상속 계층 구조

```
Eagle e;
e.sleep();      // Animal의 sleep() 호출
e.eat();        // Eagle의 eat() 호출
e.sound();      // Bird의 sound() 호출
```

상속 계층 구조에서 가장 낮은 위치의 멤버 함수부터 호출된다.

부모 클래스의 멤버 함수 호출

상속에서 부모 클래스의 멤버 함수를 호출하려면 범위 연산자인 ::을 사용하여서 "부모클래스::"을 함수 앞에 붙이면 된다. 만약 부모 클래스의 멤버 함수를 재정의한 경우에 이 방법을 사용하면 부모 클래스의 멤버 함수나 멤버 변수를 호출할 수 있다.

보통 자식 클래스에서는 부모 클래스의 멤버 함수를 완전히 대치하는 경우보다 내용을 추가하는 경우가 많다. 이런 경우에는 자신이 필요한 부분을 작성한 다음, 부모 클래스의 멤버 함수를 호출해주면 된다.

inheri_child.cpp

```
#include <iostream>
#include <string>
using namespace std;

class ParentClass {
public:
   void print() {
      cout << "부모 클래스의 print() 멤버 함수" << endl;
   }
};

class ChildClass : public ParentClass {
   int data;
public:
   void print() { //멤버 함수 재정의
      ParentClass::print();
      cout << "자식 클래스의 print() 멤버 함수 " << endl;
   }
};
int main()
{
   ChildClass obj;
   obj.print();
   return 0;
}
```

부모 클래스의 함수 호출

실행결과

```
부모 클래스의 print() 멤버 함수
자식 클래스의 print() 멤버 함수
계속하려면 아무 키나 누르십시오 . . .
```

위의 코드에서는 print()가 재정의되었다. ChildClass의 print()에서는 먼저 ParentClass의 print()를 호출한 후에 자신의 작업을 수행한다.

중간점검

1. 자식 클래스에서 재정의한 부모 클래스의 멤버 함수를 호출하려면 어떻게 해야 하는가?
2. 멤버 변수를 재정의하는 것은 바람직한가?

5. 부모 클래스를 상속받는 3가지 방법

이제까지는 항상 부모 클래스를 public으로 상속받았었다. 다음과 같은 형식만을 사용한 것이다.

```
class 자식클래스 : public 부모클래스   <------------ public으로 상속
{
    ...
}
```

일반적으로 가장 많이 사용하는 것이 public으로 상속받는 것이지만 protected나 private를 통해서도 부모 클래스를 상속받을 수 있다. protected나 private으로 상속받으면 부모 클래스의 멤버들의 접근 권한이 다음 표와 같이 변경된다.

	public으로 상속	protected로 상속	private로 상속
부모 클래스의 public 멤버	→ public	→ protected	→ private
부모 클래스의 protected 멤버	→ protected	→ protected	→ private
부모 클래스의 private 멤버	접근 안됨	접근 안됨	접근 안됨

public으로 상속받는 것은 앞에서 다루었기 때문에 private로 상속받는 것만 학습하여 보자.

inheri_child2.cpp

```
#include <iostream>
using namespace std;

class ParentClass {
public:
   const static int x=100;   // 정적 상수는 초기화가 가능하다
};

class ChildClass1 : public ParentClass {
};
class ChildClass2 : private ParentClass {
};

int main()
{
   ChildClass1 obj1;
   ChildClass2 obj2;
   cout << obj1.x << endl;   // 가능: x는 public으로 유지된다
   cout << obj2.x << endl;   // 오류!!! 불가능: x는 public에서 private로 변경되었다
   return 0;
}
```

실행결과

```
1>컴파일하고 있습니다...
1>.\test.cpp(19) : error C2247: 'ParentClass::x'에 액세스할 수 없습니다. 이는 'ChildClass2'
이(가) 'private'을(를) 사용하여 'ParentClass'에서 상속하기 때문입니다.
```

위의 실행 결과를 보면 오류가 발생하였다. 그 이유를 살펴보자. ChildClass1은 public으로 부모 클래스를 상속받았다. 따라서 부모 클래스에서 public으로 선언되어 있던 상수 x를 사용할 수 있다. 하지만 ChildClass2는 private로 부모 클래스를 상속받았다. 따라서 부모 클래스에 있던 상수인 x는 public에서 private로 접근 권한이 변경되었다. 따라서 ChildClass2의 외부에서는 사용할 수 없다. 사실 public 상속이 아니면 잘 사용되지 않는다. 하지만 그 개념은 알고 있어야 한다.

중간점검

1. 부모 클래스에 public 변수 x가 있다. 부모 클래스를 protected로 상속받은 자식 클래스에서는 x의 접근 권한이 무엇으로 변경되는가?

6. 다중 상속

다중 상속(multiple inheritance)이란 하나의 자식 클래스가 두 개 이상의 부모 클래스로부터 멤버를 상속받는 것을 의미한다. 이런 경우에는 다음과 같은 형식을 사용한다.

```
class Sub : public Sup1, public Sup2
{
    ...// 추가된 멤버
    ...// 재정의된 멤버
}
```

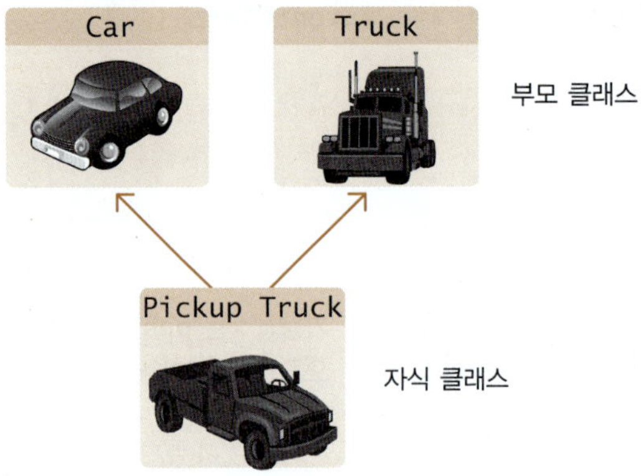

간단한 예로 픽업 트럭을 생각해보자. 픽업 트럭은 승용차의 특징도 일부 가지고 있고 트럭의 특징도 가지고 있다. 이런 경우에는 다중 상속을 사용하는 것도 하나의 방법이다.

inheri_multi.cpp

```
#include <iostream>
using namespace std;

class PassangerCar {
public:
   int seats; // 정원
   void set_seats(int n){ seats = n; }
};

class Truck {
public:
   int payload; // 적재 하중
   void set_payload(int load){ payload = load; }
};

```

```
class Pickup : public PassangerCar, public Truck {
public:
   int tow_capability; // 견인 능력
   void set_tow(int capa){ tow_capability = capa; }
};

int main()
{
   Pickup my_car;
   my_car.set_seats(4);
   my_car.set_payload(10000);
   my_car.set_tow(30000);
   return 0;
}
```

다중 상속

실행결과

```
계속하려면 아무 키나 누르십시오 . . .
```

다중 상속의 문제점

어떤 문제들이 다중 상속에서 나타날까? 다중 상속에 나타나는 문제들 중 하나는 다음과 같다.

inheri_multi2.cpp

```
#include <iostream>
using namespace std;

class SuperA
{
public:
   int x;
   void sub(){
      cout << "SuperA의 sub()" << endl;
   }
};
class SuperB
{
public:
   int x;
   void sub(){
      cout << "SuperB의 sub()" << endl;
```

```
    }
};
class Sub : public  SuperA, public SuperB
{
};

int main()
{
    Sub obj;
    obj.x = 10;                // obj.x는 어떤 부모 클래스의 x를 참조하는가?
    return 0;
}
```

다중 상속

만약 SuperA와 SuperB에 똑같이 x라는 이름의 인스턴스 변수가 있는 경우에 obj.x는 과연 어떤 인스턴스 변수를 가리키는가? 위와 같이 입력하고 컴파일하면 다음과 같은 오류가 발생한다.

실행결과

```
1>.\multi_inheri.cpp(27) : error C2385: 'x' 액세스가 모호합니다.
1>          기본 'SuperA'의 'x'일 수 있습니다.
1>          또는 기본 'SuperB'의 'x'일 수 있습니다.
```

위의 오류를 제거하려면 다음과 같이 x의 앞에 범위 지정자를 붙여야 한다.

```
int main()
{
    Sub obj;
    obj.SuperA::x = 10;      // x는 SuperA의 x를 의미
    return 0;
}
```

결론적으로 다중 상속은 상당히 이해하기 어렵고 미묘한 문제들을 발생시킬 수 있으므로 아주 주의하여서 사용하여야 한다.

중간점검

1. 다중 상속에서 나타날 수 있는 문제에는 어떤 것이 있는가?

7. 예제

예제 #1

앞에서 등장한 동물 예제 중에서 일부만 구현하여 보자. Animal을 부모 클래스로 하여서 Dog 클래스를 작성하여 본다. Dog 클래스는 Animal 클래스의 speak()를 재정의하고 있다.

dog.cpp

```
#include <iostream>
using namespace std;
enum BREED { YORKIE, POODLE, BULLDOG };

class Animal
{
protected:
   int age;       // 나이
   int weight;    // 몸무게

public:
   // 생성자와 소멸자
   Animal();
   ~Animal();

   // 멤버 함수들
   void speak() const;
   void sleep() const;
   void eat() const;
};
Animal::Animal()
{
   cout << "Animal 생성자\n";
}
Animal::~Animal()
{
   cout << "Animal 소멸자\n";
}

// 멤버 함수들
void Animal::speak() const
{
   cout << "Animal speak()\n";
```

```
}
void Animal::sleep() const
{
   cout << "Animal sleep()\n";
}
void Animal::eat() const
{
   cout << "Animal eat()\n";
}

class Dog : public Animal
{
private:
   BREED breed;
public:

   // 생성자와 소멸자
   Dog();
   ~Dog();

   // 멤버 함수들
   void wag();
   void bite();
   void speak() const;

};

Dog::Dog()
{
   cout << "Dog 생성자\n";
}
Dog::~Dog()
{
   cout << "Dog 소멸자\n";
}

// 멤버 함수들
void Dog::wag()
{
   cout << "Dog wag()\n";
}
void Dog::bite()
```

```
{
   cout << "Dog bite()\n";
}
void Dog::speak() const
{
   cout << "Dog speak()\n";
}

int main()
{
   Dog dog;

   dog.eat();
   dog.sleep();
   dog.speak();
   dog.wag();

   return 0;
}
```

실행결과

```
Animal 생성자
Dog 생성자
Animal eat()
Animal sleep()
Dog speak()
Dog wag()
Dog 소멸자
Animal 소멸자
```

예제 #2

사람을 나타내는 Person 클래스를 정의하고 이 Person을 상속받아서 직원을 나타내는 Employee 클래스를 정의하여 보자. 가독성을 위하여 멤버 함수들은 모두 클래스 안에서 인라인으로 정의되었다.

inheri_employee2.cpp

```
#include <iostream>
#include <string>
```

```
using namespace std;

class Person {
   string name;
   int age;
   bool gender;
public:
   Person(string n=" ", int a=0, bool g=true): name(n), age(a), gender(g) { }
   void setName(string s) { name = s; }
   string getName() const { return name; }
   void setAge (int a) { age = a; }
   int getAge() const { return age; }
   void setGender (bool g) { gender = g; }
   bool getGender() const { return gender; }
};

class Employee : public Person {
   int number;
   int salary;
public:
   Employee(string n=" ", int a=0, bool g=true, int num=0, int s=0):
                              Person(n,  a,4 g), number(num), salary(s) { }
   void display() const;
   void setNumber (int n) { number = n; }
   int getNumber() const { return number; }
   void setSalary (int s) { salary = s; }
   int getSalary() const { return salary; }
};

void Employee::display() const
{
   cout << this->getName() << endl;
   cout << this->getAge() << endl;
   cout << this->getGender() << endl;
   cout << this->getNumber() << endl;
   cout << this->getSalary() << endl;
}

int main()
{
   Employee e("김철수", 26, true, 2010001, 2800);
   e.display();
   return 0;
}
```

상속

실행결과

```
김철수
26
1
2010001
2800
계속하려면 아무 키나 누르십시오 . . .
```

Employee의 생성자에서 명시적으로 Person의 생성자를 호출하고 있다. 각각의 멤버 변수에 대하여 설정자와 접근자 함수가 선언되어 있다. 함수 헤더 끝에 const가 붙은 함수는 멤버 변수를 변경하지 않기 때문이다.

예제 #3

사람을 나타내는 Person 클래스를 정의하고 이 Person을 상속받아서 직원을 나타내는 Employee 클래스를 정의하여 보자.

inheri_employee2.cpp

```cpp
#include <iostream>
#include <string>
using namespace std;

class Person {
   string name;
   int age;
   bool gender;
public:
   Person(string n="", int a=0, bool g=true): name(n), age(a), gender(g) { }
   void setName(string s) { name = s; }
   string getName() const { return name; }
   void setAge (int a) { age = a; }
   int getAge() const { return age; }
   void setGender (bool g) { gender = g; }
   bool getGender() const { return gender; }
};

```

```
class Employee : public Person {
   int number;
   int salary;
public:
   Employee(string n=" ", int a=0, bool g=true, int num=0, int s=0):
                              Person(n,  a, g), number(num), salary(s) { }
   void display() const;
   void setNumber (int n) { number = n; }
   int getNumber() const { return number; }
   void setSalary (int s) { salary = s; }
   int getSalary() const { return salary; }
};

void Employee::display() const
{
   cout << this->getName() << endl;
   cout << this->getAge() << endl;
   cout << this->getGender() << endl;
   cout << this->getNumber() << endl;
   cout << this->getSalary() << endl;
}

int main()
{
   Employee e("김철수", 26, true, 2010001, 2800);
   e.display();
   return 0;
}
```

상속

실행결과

```
김철수
26
1
2010001
2800
계속하려면 아무 키나 누르십시오 . . .
```

Employee의 생성자에서 명시적으로 Person의 생성자를 호출하고 있다. 각각의 멤버 변수에 대하여 설정자와 접근자 함수가 선언되어 있다. 함수 헤더 끝에 const가 붙은 함수는 멤버 변수를 변경하지 않기 때문이다.

EXERCISE
INTRODUCTION TO JAVA PROGRAMMING

1. 다음 질문에 간단히 답하라.

❶ 자식 클래스에서 재정의된 부모 클래스의 멤버 함수를 호출하려면 어떻게 하여야 하는가?

❷ 만약 자식 클래스에 부모 클래스의 멤버 함수와 동일한 시그니처를 가진 멤버 함수가 있다고 하면 이것은 재정의인가 아니면 중복 정의인가?

❸ 멤버 함수 재정의는 어떤 용도로 사용하는가?

❹ 만약 어떤 멤버가 `protected`로 선언되었다면 어떤 코드가 접근할 수 있는가?

2. 다음 문장의 참과 거짓을 말하라.

❶ 자식 클래스의 생성자가 부모 클래스의 생성자를 명시적으로 호출하지 않으면 부모 클래스의 생성자는 호출되지 않는다.

❷ 생성자는 상속되지 않는다.

❸ 부모 클래스의 객체는 자식 클래스의 멤버 변수에 접근할 수 있다.

❹ 부모 클래스의 생성자는 자식 클래스의 생성자보다 먼저 호출된다.

❺ 부모 클래스의 소멸자는 자식 클래스의 소멸자보다 먼저 호출된다.

3. 상속에 대하여 실습하여 보자.

❶ 클래스 `Human`을 정의하여 보자. 다음과 같은 멤버 변수를 정의하라.

```
string name;
int age;
```

❷ 생성자를 작성하여 보자.

```
Human(string name, int age)
{
   ...// 매개 변수의 값으로 멤버 변수를 초기화한다.
}
```

❸ 각 멤버 변수에 대하여 접근자와 변경자를 작성하여 보자.

❹ 객체의 현재 상태를 콘솔에 출력하는 `print()`을 작성하여 보자.

❺ `main()` 함수 안에서 (“춘향”, 18세), (“몽룡”, 21세), (“사또”, 50세)에 해당하는

객체를 생성하여 보라. 각 객체의 print()를 호출하여 보라.

❻ 클래스 Human을 상속하여서 Student 클래스를 작성하여 보자. 다음과 같은 멤버 변수가 추가된다.

```
string major;
```

❼ 다음과 같은 생성자를 정의하여 보자. 부모 클래스의 생성자를 호출하여 보자.

```
Student(string name, int age, string major) ____________________
{
  ...// 매개 변수의 값으로 멤버 변수를 초기화한다.
}
```

❽ 각 멤버 변수에 대하여 접근자와 변경자를 작성하여 보자.

❾ 객체의 현재 상태를 콘솔에 출력하는 print()을 작성하여 보자. 부모의 print()을 먼저 호출하여 보라.

❿ main() 함수 안에서 ("명진", 21세), ("미현", 22세), ("용준", 24세)에 해당하는 객체를 생성하여 보라. 각 객체의 print()를 호출하여 보라.

4. 다음과 같은 클래스 정의에서 질문에 답하라.

```
class Student {
    int number;
public:
    string name;
};

class GraduateStudent : public Student {
public:
  string lab;
};
```

❶ 위의 코드에서 부모 클래스는 __________이고 자식 클래스는 ________이다.

❷ 위의 클래스 관계를 나타내는 UML 도형을 그려라.

❸ 각 멤버 변수의 접근자와 설정자를 작성하라.

❹ 생성자를 추가하여 보시오. 자식 클래스의 생성자에서 부모 클래스의 생성자를 명시적으로 호출하게 하라.

❺ GraduateStudent s;와 같이 객체를 생성하였다고 하자. 다음 중 멤버 변수를 잘못 접근한 것은?

ⓐ s.number = 10;

ⓑ s.lab = "Image Processing Lab";

ⓒ s.name = "홍길동";

5. 다음 코드에서 오류를 찾으시오.

```
class Bike
{
private:        int price;
protected:      int gear;
public:         int speed;
};
class MountainBike : public Bike
{
private:        int seatHeight;
public:         int maxGear;
};
int main()
{
  Bike b;
  MountainBike mb;
  b.price = 10000;
  b.gear = 1;
  b.speed = 0;
  mb.gear = 3;
  mb.speed = 30;
  mb.seatHeight = 65;
  mb.maxGear = 8;
  return 0;
}
```

6. 다음 프로그램의 출력을 쓰시오.

```
#include <iostream>
#include <string>
using namespace std;

class Animal
{
  string name;
public:
```

```
    Animal() { cout << "동물(생성자)\n"; }
    Animal(string name) { cout << "동물(생성자)(string)\n"; }
    ~Animal() { cout << "동물(소멸자)\n"; }
};
class Lion : public Animal
{
public:
    Lion() { cout << "사자(생성자)\n"; }
    Lion(string name) : Animal(name) { cout << "사자(생성자)\n"; }
    ~Lion() { cout << "사자(소멸자)\n"; }
};
int main()
{
    Lion lion1("king");
    return 0;
}
```

PROGRAMMING
INTRODUCTION TO JAVA PROGRAMMING

1. 회사에서 근무하는 직원들을 나타내는 클래스들을 상속을 이용하여 작성하여 보자.

   ❶ Employee 클래스를 설계하라. Employee 클래스는 이름, 사번 등의 정보를 멤버 변수로 가져야 한다. 생성자를 정의하고 접근자와 설정자도 작성하라. 월급을 계산하는 멤버 함수인 computeSalary()를 구현하라.

   ❷ Employee 클래스에서 상속받아서 SalariedEmployee라는 클래스를 정의하여 보자. 이 클래스는 월급이라는 멤버 변수를 추가로 가진다. 역시 생성자를 정의하고 접근자와 설정자 멤버 함수도 작성하라. 부모 클래스의 computeSalary()를 재정의하라.

   ❸ Employee 클래스에서 상속받아서 시간제 직원을 나타내는 HourlyEmployee 클래스를 정의하라. 시간당 임금과 일한 시간을 멤버 변수로 추가하라. 역시 생성자를 정의하고 접근자와 설정자 멤버 함수도 작성하라. 부모 클래스의 computeSalary()를 재정의하라.

2. Person 클래스를 설계하라. Person 클래스는 이름, 주소, 전화 번호를 멤버 변수로 가진다. 하나 이상의 생성자를 정의하고 각 멤버 변수에 대하여 접근자와 설정자 함수를 작성하라. 이어서 Person을 상속받아서 Customer를 작성하여 보자. Customer는 고객 번호와 마일리지를 멤버 변수로 가지고 있다. 한 개 이상의 생성자를 작성하고 적절한 접근자 함수와 설정자 함수를 작성하라.

3. 일반적인 책을 나타내는 Book 클래스를 상속받아서 잡지를 나타내는 Magazine 클래스를 작성하여 보자. Book 클래스는 제목, 페이지수, 저자 등의 정보를 가진다. Magazine 클래스는 추가로 발매일 정보를 가진다. 먼저 UML을 그리고 생성자를 포함하여서 구현하여 보라.

4. 일반적인 음식을 나타내는 Food 클래스를 상속받아서 멜론을 나타내는 Melon 클래스를 작성하여 보자. Food 클래스는 칼로리, 가격, 중량 등의 정보를 가진다. Melon 클래스는 추가로 경작 농원 정보를 가진다. 먼저 UML을 그리고, 생성자를 포함하여서 구현하여 보라.

5. Coffee라는 부모 클래스를 작성하고 이 클래스를 상속받아서 Latte, Mocha, Cappuccino, Americano 커피를 정의해보라.

6. 2차원 도형들을 나타내는 클래스들을 작성하여 보자. 부모 클래스인 Shape에는 도형의 위치, 크기 등의 정보가 들어 간다. 각각의 멤버 변수에 대하여 접근자와 설정자 함수를 정의하라. 추가로 도형의 둘레, 면적을 계산하는 멤버 함수 getArea()도 제공한다. 각 도형은 Shape에서 상속받아서 특정 도형에 맞도록 둘레와 면적을 계산하는 getArea() 함수를 재정의한다. 여러 도형들을 생성하고 테스트한다.

7. 다음 그림에 해당하는 클래스를 작성하여 보자.

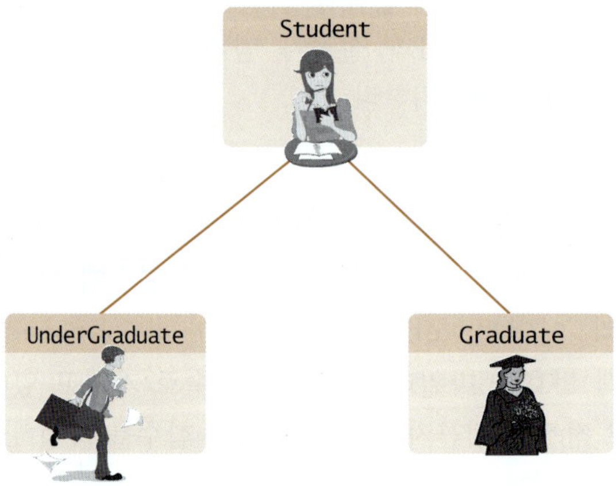

모든 학생은 이름, 학번, 소속 학과, 학년, 이수 학점 수를 가진다. 추가적으로 학부생은 소속 동아리명을 가지고 있고 대학원생은 조교 유형과 장학금 비율을 가진다. 조교 유형에는 교육 조교와 연구 조교가 있으며 장학금 비율은 0과 1사이의 값이다. 각 클래스는 적절한 생성자, 접근자, 설정자를 가진다. 이러한 클래스들의 객체를 만들고 각 객체에 대응된 모든 정보를 출력하는 프로그램을 작성하라.

LAB
INTRODUCTION TO JAVA PROGRAMMING

1. 상속에 대하여 실습하여 보자.

❶ 클래스 Human을 정의하여 보자. 다음과 같은 필드를 정의하라.

```
string name;
int age;
```

❷ 생성자를 작성하여 보자.

```
Human(string name, int age)
{
   ...// 매개 변수의 값으로 필드를 초기화한다.
}
```

❸ 각 멤버 변수에 대하여 접근자와 설정자를 작성하여 보자.

❹ 객체의 현재 상태를 출력하는 print()를 작성하여 보자.

❺ main() 함수 안에서 ("춘향", 18세), ("몽룡", 21세), ("사또", 50세)에 해당하는 객체를 생성하여 보라. 각 객체의 print()를 호출하여 보라.

❻ 클래스 Human을 상속하여서 Student 클래스를 작성하여 보자. 다음과 같은 필드가 추가된다.

```
string major;
```

❼ 다음과 같은 생성자를 정의하여 보자. 부모 클래스의 생성자를 호출하여 보라.

```
student(string name, int age, string major)
{
   ...// 매개 변수의 값으로 필드를 초기화한다.
}
```

❽ Student의 각 멤버 변수에 대하여 접근자와 설정자를 작성하여 보자.

❾ Student 객체의 현재 상태를 출력하는 print()을 작성하여 보자.

❿ main() 함수 안에서 ("명진", 21세, "컴퓨터"), ("미현", 22세, "경영"), ("용준", 24세, "전자")에 해당하는 Student 객체를 생성하여 보라. 각 객체의 print()를 호출하여 보라. 어떤 생성자가 호출되는지 알기 위하여 모든 생성자에 출력문을 넣어보자.

⓫ Human과 Student에 소멸자를 정의하고 어떤 소멸자가 호출되는지 알기 위하여 모든 소멸자에 출력문을 넣어보자.

CHAPTER 14

다형성

이 장의 차례

학습목표

- 객체의 타입에 따라 함수와 연산자의 의미가 달라지는 다형성을 이해한다.
- 가상 함수 개념과 응용을 학습한다.

1. 다형성이란?

다형성(polymorphism)이란 객체들의 타입이 다르면 똑같은 메시지가 전달되더라도 서로 다른 동작을 하는 것을 말한다. 만약 강아지가 speak라는 메시지를 받는다면 "멍멍"이라고 할 것이고 고양이가 speak 메시지를 받는다면 "야옹"이라고 할 것이다. 이렇게 똑같은 명령을 내리지만 객체의 타입이 다르면 서로 다른 결과를 얻는 것을 다형성이라고 한다. 여기서 중요한 것은 메시지를 보내는 측에서는 객체가 어떤 타입인지 알 필요가 없다는 점이다. 실행 시간에 객체의 타입에 따라서 자동적으로 적합한 동작이 결정된다. 다형성은 객체 지향 기법에서 하나의 코드로 다양한 타입의 객체를 처리하는 중요한 기술이다. 예를 들어서 한곳에 모인 동물들이 소리를 내게 하고 싶으면 어떤 동물인지 신경쓰지 말고 무조건 speak 메시지를 보내면 된다. 메시지를 받은 동물은 자신이 낼 수 있는 소리를 낼 것이다.

그림 14-1 ● 다형성의 개념

상향 형변환

다형성은 객체 포인터를 통하여 이루어진다. 객체 포인터는 객체를 가리키는 포인터이다. 설명을 위하여 몇 가지 클래스가 정의되어 있다고 가정하자. Animal 클래스는 동물을 나타낸다. Animal 클래스에서 상속을 받아서 Dog과 Cat 클래스를 정의한다.

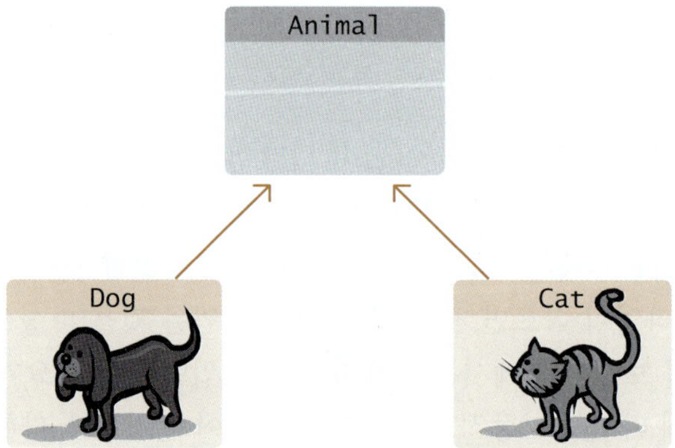

그림 14-2 ● 상속 계층도

객체 포인터도 타입이 맞는 객체만을 가리킬 수 있다. 예를 들면 Dog 객체의 포인터는 Dog 타입의 객체만을 가리킬 수 있다. 하지만 다음과 같은 코드를 생각하여 보자.

```
Dog dog;          // ❶ Dog 타입의 객체
Animal *pa;       // ❷ Animal 객체 포인터
pa = &dog;        // ❸ Animal 객체 포인터로 Dog 타입의 객체를 가리킬 수 있을까?
```

❸번 문장은 Animal 타입의 포인터로 Dog 타입의 객체를 가리키는 문장이다. 이 문장은 문법적으로 맞을까? 놀랍게도 컴파일러는 아무런 오류 메시지를 발생하지 않는다. 왜 그런가?

왜냐하면 자식 클래스 객체는 부모 클래스 객체를 포함하고 있기 때문에 자식 클래스 객체는 부모 클래스 객체이기도 하기 때문이다. 따라서 부모 클래스 포인터는 자식 클래스 객체를 가리킬 수 있다. 위의 문장은 다형심의 핵심이 되므로 잘 이해하여야 한다.

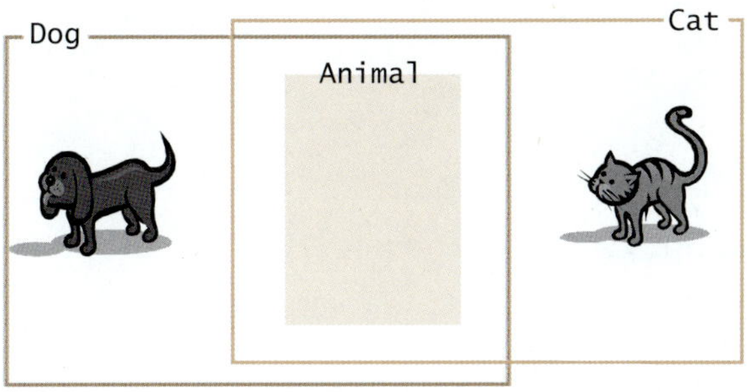

이러한 포인터 타입의 변환을 상향 형변환(up-casting)이라고도 한다. 상향 형변환을 하면 자식 클래스 중에서 부모 클래스로부터 상속받은 부분만을 포인터를 통해서 사용할 수 있고 나머지는 사용하지 못한다. 위의 ❸번 문장이 실행되면 dog 객체 중에서 Animal로부터 상속받은 부분은 pa를 통해서 사용할 수 있지만 dog 객체의 다른 부분은 pa를 통해서 사용할 수 없는 것이다. 좀 더 완전한 소스를 통해서 상향 형변환을 이해하여 보자.

도형 예제

하나의 예로 Rectangle, Triangle, Circle과 같은 도형을 나타내는 클래스들이 부모 클래스인 Shape 클래스로부터 상속되었다고 가정하자.

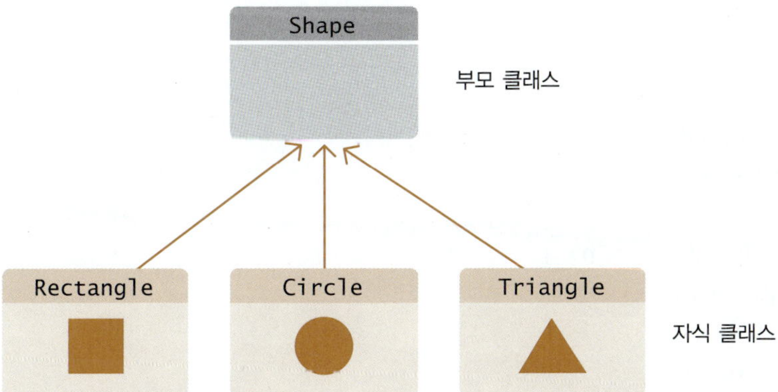

그림 14-3 • 도형의 상속 구조

각 도형들은 2차원 공간에서 도형의 위치를 나타내는 기준점 (x, y)을 가진다. 이것은 모든 도형에 공통적인 속성이므로 부모 클래스인 Shape에 저장한다. 또한 각 도형들을 화면에 그리는 멤버 함수 draw()가 필요하다. 이것도 모든 도형에 필요한 기능이므로 부모 클래스 Shape에 정의하도록 하자. 하지만 아직 특정한 도형이 결정되지 않았으므로 draw()에서 하는 일은 없다.

```
class Shape {
protected:
   int x, y;

public:
   void setOrigin(int x, int y){
      this->x = x;
      this->y = y;
   }
   void draw() {
      cout <<"Shape Draw";
   }
};
```

이어서 Shape에서 상속받아서 사각형을 나타내는 클래스 Rectangle을 정의하여 보자. Rectangle은 추가적으로 width와 height 변수를 가진다. 각 멤버 변수에 대하여 설정자를 정의한다. Shape 클래스의 draw()라는 멤버 함수를 사각형을 그리도록 재정의한다. 물론 실제 그래픽은 사용할 수 없으므로 화면에 사각형을 그린다는 메시지만을 출력한다.

```
class Rectangle : public Shape {
private:
   int width, height;

public:
   void setWidth(int w) {
      width = w;
   }
   void setHeight(int h) {
      height = h;
   }
   void draw() {
      cout << "Rectangle Draw";
   }
};
```

위와 같이 정의된 상태에서 다음과 같은 문장을 작성하여 보자. 동적으로 객체를 생성하고 그 주소를 ps에 저장한다. 아래의 문장이 문제가 없다는 것은 앞에서 설명하였다.

```
Shape *ps = new Rectangle();        // OK!
```

그렇다면 ps로 접근할 수 있는 것은 무엇일까? 자식 클래스는 부모 클래스의 멤버를 상속받고 추가로 자신만의 멤버를 정의하게 된다. 그중에서 ps로 참조할 수 있는 것은 부모 클래스의 멤버뿐이다.

```
ps->setOrigin(10, 10);              // OK!
```

하지만 ps로 setWidth()나 setHeight() 같은 Rectangle의 멤버는 참조할 수 없다.

```
ps->setWidth(100);                  // 컴파일 오류!
```

이것은 좀 이상하게 보인다. 왜냐하면 ps가 실제로 가리키는 것은 Rectangle 객체이기 때문이다. 하지만 ps가 Shape 포인터이기 때문에 ps로는 Rectangle 안에 있는 Shape 부분만을 참조할 수 있는 것이다. 즉, 객체 포인터를 상향 형변환하면 참조할 수 있는 영역의 크기가 축소된다.

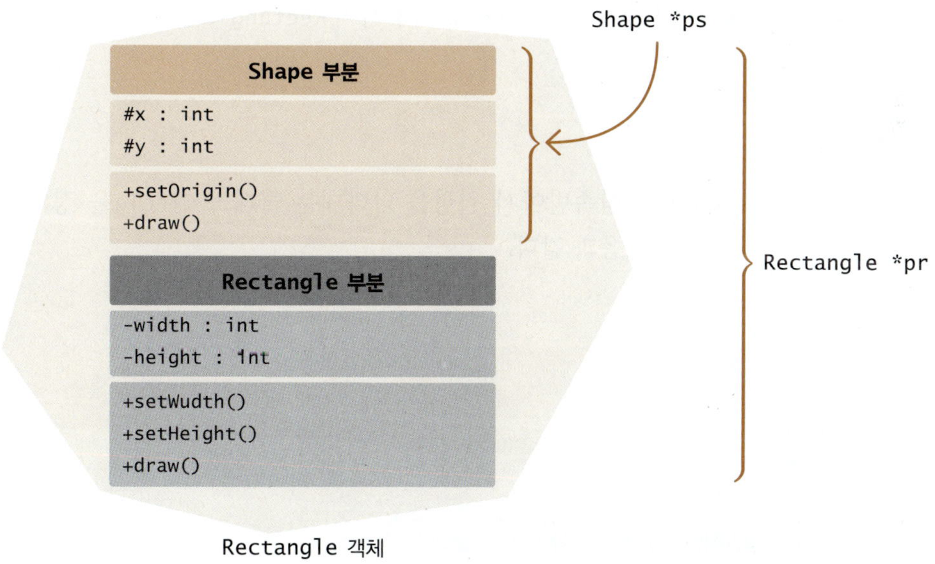

그림 14-4 ● Rectangle 객체를 Shape 포인터로 가리키면 Shape에 정의된 부분만을 가리킬 수 있다

하향 형변환

다시 다음과 같은 문장을 생각하여 보자.

```
Shape *ps = new Rectangle();
```

ps를 통하여 Shape 클래스의 필드와 멤버 함수는 사용할 수 있지만 만약 Rectangle 클래스의 필드와 멤버 함수를 사용하고자 할 때는 어떻게 하여야 하는가? 다시 말해 부모 클래스 타입의 포인터를 통하여 자식 클래스의 멤버 함수를 호출하려면 어떻게 하여야 하는가? 이때는 하향 형변환을 하면 된다. 상향이나 하향은 모두 상속 계층 구조에서의 방향을 의미한다. 하향 형변환 시에는 형변환 연산자를 앞에 지정하여야 한다.

```
Rectangle *pr = (Rectangle *) ps;         // Shape을 Rectangle로 형변환
pr->setWidth(100);                        // Rectangle 클래스의 멤버 함수 사용
```

또 하나의 방법은 같은 문장에서 형변환하여서 바로 자식 클래스의 멤버 함수인 setWidth()를 호출하는 것이다.

```
((Rectangle *) ps)->setWidth(100);
```

여기서 ((Rectangle *) ps) 수식은 변수 ps에 의하여 참조되는 객체를 Rectangle로 형변환하여서 반환한다. 따라서 이 경우, -> 연산자를 사용하여 Rectangle의 어떤 멤버 함수도 호출할 수 있다.

전체 프로그램

앞의 예제에 추가로 Shape에서 상속받아서 원형을 나타내는 클래스 Circle을 정의하여 전체 프로그램을 작성하여 보면 다음과 같다.

shape1.cpp

```
#include <iostream>
using namespace std;

class Shape {     // 일반적인 도형을 나타내는 부모 클래스
protected:
   int x, y;

public:
   void draw() {
```

일반적인 도형

```
        cout << "Shape Draw" << endl;
    }
    void setOrigin(int x, int y){
        this->x = x;
        this->y = y;
    }
};

class Rectangle : public Shape {
private:
    int width, height;

public:
    void setWidth(int w) {
        width = w;
    }
    void setHeight(int h) {
        height = h;
    }
    void draw() {
        cout << "Rectangle Draw" << endl;
    }
};

class Circle : public Shape {
private:
    int radius;

public:
    void setRadius(int r) {
        radius = r;
    }
    void draw() {
        cout << "Circle Draw" << endl;
    }
};

int main()
{
    Shape *ps = new Rectangle();          // OK!
    ps->setOrigin(10, 10);
    ps->draw();
```

사각형

원

상향 형변환

```
    ((Rectangle *)ps)->setWidth(100);        // Rectangle의 setWidth() 호출
    delete ps;

    Circle c;
    Shape &s = c;                            // OK!
    s.setOrigin(10, 10);
    s.draw();
    ((Circle *)ps)->setRadius(5);            // Circle의 setRadius() 호출
}
```

하향 형변환

실행결과

```
Shape Draw
Shape Draw
계속하려면 아무 키나 누르십시오 . . .
```

함수의 매개 변수

이와 같은 형변환 규칙은 함수 호출 시에도 그대로 적용된다. 따라서 함수의 매개 변수는 자식 클래스보다는 부모 클래스 타입으로 선언하는 것이 좋다. 예를 들어서 Shape와 Rectangle 객체를 받는 함수를 별도로 선언하는 것보다 Shape 객체만을 받는 함수를 선언하는 것이 좋다.

그림 14-5 ● 함수의 매개 변수는 부모 클래스 타입으로 선언하는 것이 좋다

예를 들어서 도형을 평행 이동하는 함수를 move()로 구현하는 경우, Rectangle과 Circle을 받는 함수를 별도로 작성할 것이 아니라 다음과 같이 함수의 매개 변수를 Shape 클래스 참조로 정의하면 모든 종류의 도형을 전부 매개 변수로 받을 수 있다.

```
void move(Shape& s, int sx, int sy)
{
   s.setOrigin(sx, sy);
}

int main()
{
   Rectangle r;
   move(r);

   Circle c;
   move(c);

   return 0;
}
```

중간점검

1. 부모 클래스 포인터 변수는 자식 클래스 객체를 참조할 수 있는가? 역은 성립하는가?
2. 다형성은 어떤 경우에 유용한가?

2. 가상 함수

가상 함수의 필요성

단순히 자식 클래스 객체를 부모 클래스 객체로 취급하는 것이 어디에 쓸모가 있을까? 좀 더 구체적으로 들어가 보자. 앞에서 Shape 클래스의 draw() 함수는 도형을 화면에 그리는 멤버 함수이다. 각각의 도형을 그리는 방법은 당연히 도형에 따라 다르다. 따라서 도형의 종류에 따라 서로 다른 draw()를 호출하는 것이 자연스럽다. **그림 14-6**처럼 Shape가 draw() 멤버 함수를 가지고 있고 Rectangle, Triangle, Circle 클래스들이 이 draw() 멤버 함수를 재정의하였다고 가정하자.

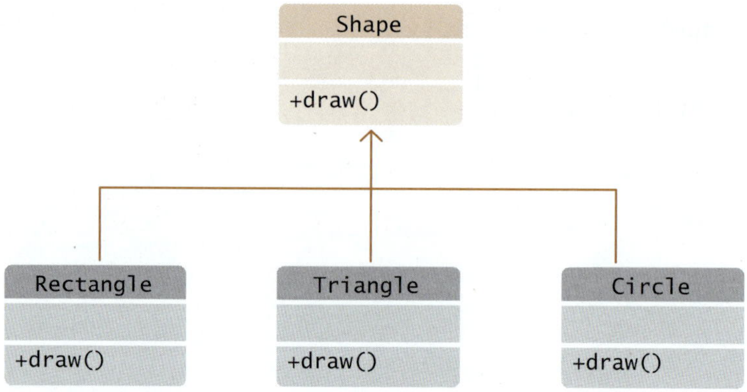

그림 14-6 ● 도형의 UML

Shape 포인터 변수를 통하여 각 객체들의 draw() 멤버 함수를 호출하면 과연 어떤 멤버 함수가 호출될까?

```
class Shape {
   ...
}
class Rectangle : public Shape {
   ...
}
int main()
{
   Shape *ps = new Rectangle();      //  OK!
   ps->draw();                       // 어떤 draw()가 호출되는가?
}
```

실행결과

```
Shape Draw
```

현재는 Shape의 draw()가 호출된다. ps가 실제 가리키는 것은 Rectangle 객체이고 draw()가 재정의되어 있지만 Shape 포인터이기 때문에 Shape의 draw()가 호출되는 것이다.

가상 함수

만약 Shape 포인터를 통하여 멤버 함수를 호출하더라도 도형의 종류에 따라서 서로 다른 draw()가 호출된다면 상당히 유용할 것이다. 즉, 사각형인 경우에는 사각형을 그리는 draw()

가 호출되고 원의 경우에는 원을 그리는 draw()가 호출된다면 좋을 것이다. C++에는 이것을 위한 메커니즘이 준비되어 있다. 바로 가상 함수(virtual function)이다. 부모 클래스의 포인터로 호출하더라도 부모 클래스의 함수가 가상 함수로 정의되어 있으면 자식 클래스의 재정의된 함수가 호출된다.

shape2.cpp

```
#include <iostream>
#include <string>
using namespace std;

class Shape {
protected:
   int x, y;

public:
   void setOrigin(int x, int y){
      this->x = x;
      this->y = y;
   }
   virtual void draw(){        <------------ 가상 함수 정의
      cout << "Shape Draw" << endl;
   }
};

class Rectangle : public Shape {
private:
   int width, height;

public:
   void setWidth(int w) {
      width = w;
   }
   void setHeight(int h) {
      height = h;
   }
   void draw() {
      cout << "Rectangle Draw" << endl;   <------------ draw() 재정의
   }
};
class Circle : public Shape {
private:
```

```
    int radius;

public:
    void setRadius(int r) {
        radius = r;
    }
    void draw() {
        cout << "Circle Draw" << endl;
    }
};

int main()
{
    Shape *ps = new Rectangle();        // OK!
    ps->draw();                         // Rectangle의 draw()가 호출된다
    delete ps;

    Circle c;
    Shape &s = c;                       // OK!
    s.draw();                           // Circle의 draw()가 호출된다

    return 0;
}
```

재정의

자식 클래스의 draw() 호출

실행결과

```
Rectangle Draw
Circle Draw
계속하려면 아무 키나 누르십시오 . . .
```

virtual 키워드는 멤버 함수에만 사용할 수 있다. 멤버 변수에는 사용할 수 없다. 부모 클래스에서 virtual로 정의하면 자식 클래스에서는 virtual 키워드를 사용하지 않더라도 자동으로 가상 함수가 된다.

여기서 다형성의 가장 중요한 특징을 알 수 있는데 가상 함수를 사용하면 ps가 실제로 가리키고 있는 객체의 타입이 Rectangle이기 때문에 Rectangle의 draw()가 호출된다. 즉, 포인터 변수가 실제로 가리키는 객체에 따라 서로 다른 멤버 함수가 자동적으로 선택된다. 따라서 도형을 그릴 때 모든 도형을 부모 클래스인 Shape의 포인터를 통하여 draw() 함수를 호출하면 도형에 따라서 서로 다른 draw()가 자동적으로 선택된다.

Q&A

Q: 부모 클래스에서 가상 함수로 정의했으면 자식 클래스에서도 가상 함수로 정의하여야 하나요?

A: 한번 가상 함수로 정의하면 자식 클래스에서 재정의하더라도 자동적으로 가상 함수가 된다. 따라서 `virtual`을 써줄 필요는 없다. 하지만 가상 함수라는 것을 분명히 하기 위하여 `virtual`을 적어주는 것이 좋다.

동적 바인딩

앞에서 `Shape`의 포인터나 참조를 통하여 가상 함수 `draw()`를 호출하면 자식 클래스 `Rectangle`의 재정의된 함수가 호출된다. 그렇다면 과연 어떻게 해서 `Rectangle`의 `draw()`가 호출되는 것일까?

함수 호출을 실제 함수의 몸체와 연결하는 것을 바인딩(binding)이라고 한다. 바인딩에는 정적 바인딩과 동적 바인딩이 존재한다. 컴파일 단계에서 모든 바인딩이 완료되는 것을 정적 바인딩(static binding)이라고 한다. 반대로 바인딩이 실행 시까지 연기되고 실행 시간에 실제 호출되는 함수를 결정하는 것을 동적 바인딩(dynamic binding), 또는 지연 바인딩(late binding)이라고 한다.

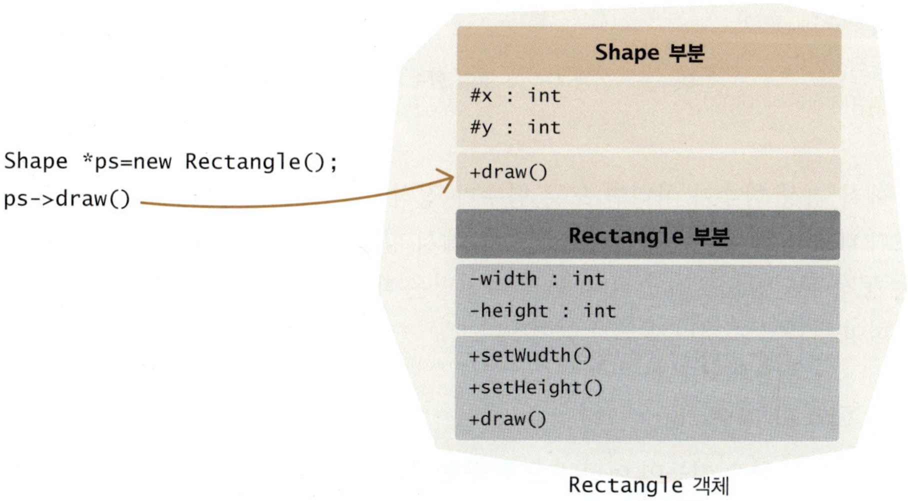

그림 14-7 ● 정적 바인딩(일반 함수로 정의되는 경우)

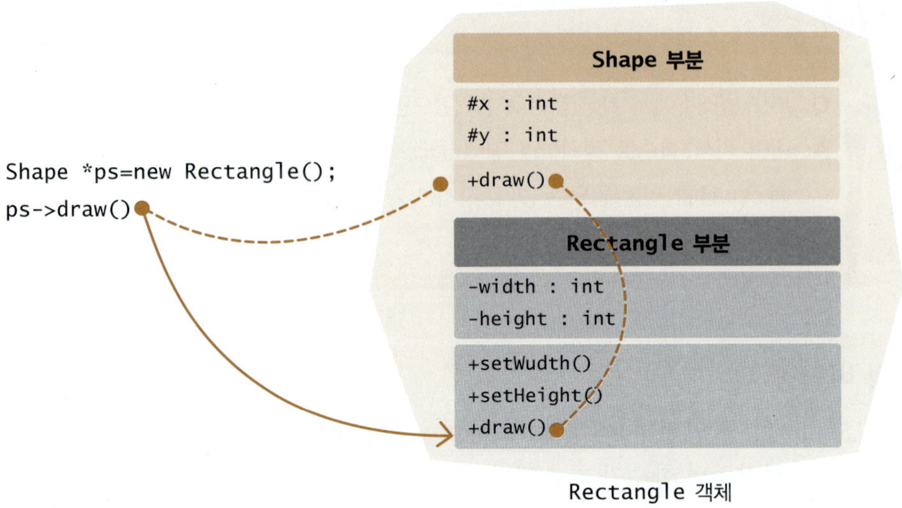

그림 14-8 ● 동적 바인딩(가상 함수로 정의되는 경우)

동적 바인딩을 사용하면 객체 지향의 중요한 특징 중의 하나인 다형성을 구현할 수 있다. 즉 객체에 메시지를 보내면 객체가 메시지를 해석하여서 가장 적절한 동작을 하게 한다.

바이딩의 종류	특징	속도	대상
정적 바인딩 (static binding)	컴파일 시간에 호출 함수가 결정된다	빠르다	일반 함수
동적 바인딩 (dynamic binding)	실행 시간에 호출 함수가 결정된다	늦다	가상 함수

C++에서 가상 함수가 아니면 모든 함수가 정적 바인딩으로 호출된다. 정적 바인딩은 호출 속도가 빠르지만 호출 함수가 컴파일 단계에서 항상 결정되므로 유연성은 떨어진다. 가상 함수는 동적 바인딩으로 호출된다. 동적 바인딩은 테이블을 사용하여서 실제 호출되는 함수를 결정하여야 하므로 처리 속도가 늦어진다.

가상 함수의 구현

여기서는 가상 함수 기능이 어떤 식으로 구현되는지를 아주 간단히 살펴보자. 가상 함수는 v-table이라고 불리는 테이블에 의하여 구현된다. Rectangle 객체는 내부에 Shape에 해당되는 부분과 Rectangle에 해당되는 부분을 가지게 된다.

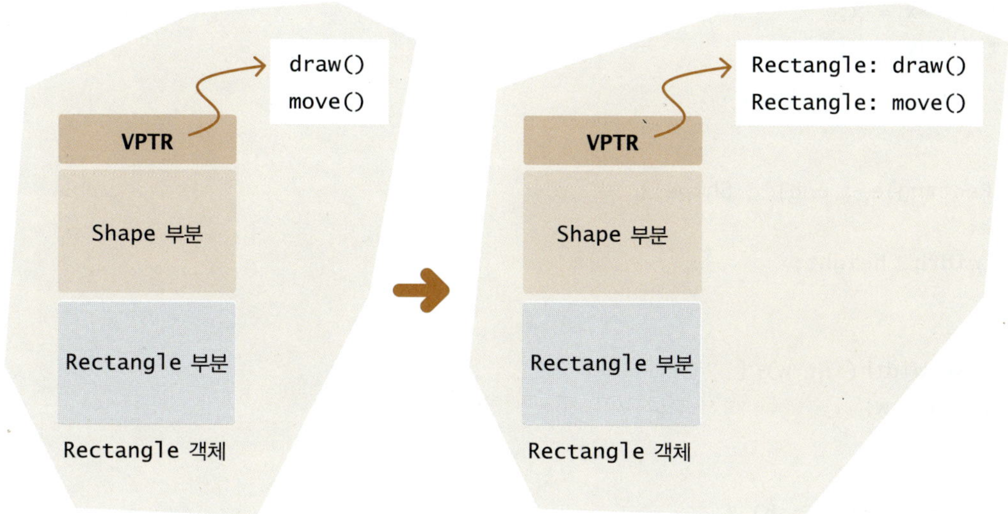

그림 14-9 • 가상 함수의 구현

객체 안에서 가상 함수가 정의되면 각각의 객체는 이들 가상 함수를 관리하는 테이블을 만들게 된다. 객체가 생성되어서 Shape() 부분이 생성되면 가상 함수 테이블은 Shape() 안의 멤버들의 주소를 가지게 된다. 이어서 Rectangle 부분이 추가로 생성되어서 가상 함수가 재정의되면 Rectangle() 안의 멤버 함수 주소로 테이블의 내용이 변경된다.

예제 #1

배열에 타입이 다른 객체들을 저장하고 이들 객체에 대하여 동일한 멤버 함수를 호출하여 보자.

shape3.cpp

```
#include <iostream>
using namespace std;

class Shape {
protected:
   int x, y;

public:
   virtual void draw() {
      cout << "Shape Draw";
   }
   void setOrigin(int x, int y){
```

가상 함수

```
        this->x = x;
        this->y = y;
    }
};

class Rectangle : public Shape {
private:
    int width, height;

public:
    void setWidth(int w) {
        width = w;
    }

    void setHeight(int h) {
        height = h;
    }

    void draw() {
        cout << "Rectangle Draw" << endl;   <---- 재정의
    }
};

class Circle : public Shape {
private:
    int radius;

public:
    void setRadius(int r) {
        radius = r;
    }
    void draw() {
        cout << "Circle Draw" << endl;   <---- 재정의
    }
};

class Triangle: public Shape {
private:
    int base, height;

public:
    void draw() {
        cout << "Triangle Draw" << endl;   <---- 재정의
    }
```

```
57  };
58
59
60  int main()
61  {
62     Shape *arrayOfShapes[3];
63
64     arrayOfShapes[0] = new Rectangle();
65     arrayOfShapes[1] = new Triangle();
66     arrayOfShapes[2] = new Circle();
67     for (int i = 0; i < 3; i++) {
68        arrayOfShapes[i]->draw();
69     }
70  }
```

동적 바인딩에 의하여 서로 다른 draw()가 호출된다

실행결과

```
Rectangle Draw
Triangle Draw
Circle Draw
```

프로그램 설명

1 자식 클래스인 Shape를 정의한다. draw() 멤버 함수는 몸체가 비어 있는 멤버 함수이다. 이러한 멤버 함수는 다음에 설명될 추상 멤버 함수를 사용하면 깔끔하게 처리된다.

18 자식 클래스인 Rectangle을 Shape 클래스에서 상속받아 만든다.

36 자식 클래스인 Triangle을 Shape 클래스에서 상속받아 만든다.

49 자식 클래스인 Circle을 Shape 클래스에서 상속받아 만든다.

62 클래스 Shape에 대한 포인터 배열 arrayOfShapes[]를 선언한다.

67 배열 arrayOfShapes[] 길이만큼 루프를 돌면서 포인터를 사용하여 draw() 멤버 함수를 호출해본다. 어떤 draw()가 호출될까? 각 포인터가 실제로 가리키고 있는 객체에 따라 서로 다른 draw()가 호출된다.

위와 같이 코딩하는 것이 어떤 장점이 있을까? 만약 위의 프로그램에 다음과 같이 새로운 도형인 평행사변형를 나타내는 **Parallelogram** 클래스를 추가한다고 가정해보자.

```
class Parallelogram: public Shape {
public:
```

```
    void draw(){
        cout << "Parallelogram Draw" << endl;
    }
};
```

만약 main()에서 switch 문장을 사용했다면 새로운 case 문을 추가해야 할 것이다. 그러나 위의 프로그램처럼 가상 함수를 사용했다면 main()은 전혀 변경할 필요가 없다. 프로그래밍할 때 고려하지 않았던 도형의 종류도 처리할 수 있는 것이다. 다형성을 사용하면 시스템에 최소한의 영향을 미치면서 새로운 유형의 객체를 추가하여 시스템을 쉽게 확장할 수 있다.

예제 #2

동물을 나타내는 클래스를 작성하여 보자. 동물을 나타내는 Animal 클래스를 정의하고 여기에서 상속받아 Dog 클래스와 Cat 클래스를 정의하자. 동물의 울음 소리를 나타내는 speak() 함수를 가상 함수로 선언한다.

animal.cpp

```
#include <iostream>
using namespace std;

class Animal
{
public:
    Animal() { cout << "Animal 생성자" << endl; }
    ~Animal() { cout << "Animal 소멸자" << endl; }
    virtual void speak() { cout << "Animal speak()" << endl; }   <---- 가상 함수
};

class Dog : public Animal
{
public:
    Dog() { cout << "Dog 생성자" << endl; }
    ~Dog() { cout << "Dog 소멸자" << endl; }
    void speak() { cout << "멍멍" << endl; }   <---------- 재정의
};

class Cat : public Animal
{
public:
    Cat() { cout << "Cat 생성자" << endl; }
    ~Cat() { cout << "Cat 소멸자" << endl; }
```

```
    void speak() { cout << "야옹" << endl; }
};

int main()
{
    Animal *a1 = new Dog();
    a1->speak();
    delete a1;
    Animal *a2 = new Cat();
    a2->speak();
    delete a2;
    return 0;
}
```

재정의

Dog의 speak()가 호출된다

Cat의 speak()가 호출된다

실행결과

```
Animal 생성자
Dog 생성자
멍멍
Animal 소멸자
Animal 생성자
Cat 생성자
야옹
Animal 소멸자
```

소멸자 문제

다형성을 사용하는 과정에서 소멸자를 virtual로 해주지 않으면 문제가 발생한다. 어떤 문제가 발생하는지 다음의 코드에서 살펴보자. 문자열을 나타내는 String 클래스를 작성하여 보자. String 클래스는 내부에는 문자열을 저장하기 위하여 char 배열을 동적으로 생성한다. 따라서 소멸자에서는 반드시 동적 생성된 배열을 삭제하여야 한다.

String 클래스를 상속받아서 각 줄의 앞에 헤더를 붙이는 MyString 이라는 클래스를 정의하여 보자. MyString 클래스에서도 헤더 문자열을 저장하기 위한 공간을 생성자에서 할당받는다. 따라서 메모리 누수를 막기 위하여 소멸자가 호출되어야 한다.

my_string1.cpp

```
#include <iostream>
using namespace std;

```

```
class String {
    char *s;
public:
    String(char *p){
        s = new char[strlen(p)+1];            생성자
        strcpy(s, p);
    }
    ~String(){
        cout << "String() 소멸자" << endl;
        delete[] s;                           소멸자
    }
};

class MyString : public String {
    char *header;
public:
    MyString(char *h, char *p) : String(p){
        header = new char[strlen(h)+1];       생성자
        strcpy(header, h);
    }
    ~MyString(){
        cout << "MyString() 소멸자" << endl;
        delete[] header;                      소멸자
    }
};

int main()
{
    cout << "자식 클래스 포인터 이용" << endl;
    MyString *s1 = new MyString("//////", "Hello World!");
    delete s1;
    cout << endl;


    cout << "부모 클래스 포인터 이용" << endl;
    String *s2 = new MyString("*****", "Hello World!");
    delete s2;

    return 0;
}
```

실행결과

```
자식 클래스 포인터 이용
MyString() 소멸자
String() 소멸자

부모 클래스 포인터 이용
String() 소멸자
계속하려면 아무 키나 누르십시오 . . .
```

위의 실행결과를 살펴보자. MyString 객체를 String 포인터로 가리킨 후에 객체를 삭제하면 MyString 소멸자가 호출되지 않았음을 알 수 있다. 이것은 실제로는 MyString 객체이지만 String 포인터로 가리키고 있으므로 컴파일러는 String 객체로 생각한다. 따라서 삭제시에 String의 소멸자만 호출하는 것이다.

그렇다면 어떻게 하여야 MyString 소멸자도 호출되게 할 수 있는가? String 클래스의 소멸자를 virtual로 선언하면 된다. 즉, 부모 클래스의 소멸자를 가상 함수로 선언하면 되는 것이다. 부모 클래스의 소멸자가 가상 함수로 선언되어 있고 현재 가리키는 객체가 자식 클래스 객체이면 재정의된 자식 클래스의 소멸자를 호출하게 되고 이어서 부모 클래스의 소멸자를 호출하게 된다.

my_string2.cpp

```
class String {
   char *s;
public:
   String(char *p){
      s = new char[strlen(p)+1];
      strcpy(s, p);
   }
   virtual ~String(){
      cout << "String() 소멸자" << endl;
      delete[] s;
   }
};
class MyString : public String {
   ...// 앞과 동일
};

int main()
{
   ...// 앞과 동일
}
```

부모 클래스의 소멸자를 가상 함수로 선언

실행결과

```
자식 클래스 포인터 이용
MyString() 소멸자
String() 소멸자

부모 클래스 포인터 이용
MyString() 소멸자
String() 소멸자
계속하려면 아무 키나 누르십시오 . . .
```

값에 의한 전달

만약 객체를 함수에 값으로 전달하는 경우에도 가상 함수 기능이 작동하는가? 가상 함수 기능은 포인터와 참조를 통해서만 가능하다. 객체를 값으로 전달하는 경우에는 동작하지 않는다.

중간점검

1. 가상 함수가 필요한 이유는 무엇인가?
2. 어떤 경우에 부모 클래스의 소멸자에 virtual을 붙여야 하는가?

3. 순수 가상 함수

순수 가상 함수

순수 가상 함수(pure virtual function)는 함수 헤더만 존재하고 함수의 몸체는 없는 함수이다. 다음과 같은 형식을 사용한다.

```
virtual 반환형 함수이름(매개변수리스트) = 0;
```

순수 가상 함수를 하나라도 가지고 있는 클래스를 추상 클래스(abstract class)라고 한다. 추상 클래스로는 객체를 생성할 수 없다. 그렇다면 추상 클래스의 용도는 무엇일까? 추상 클래스는 추상적인 개념을 나타내거나 클래스와 클래스 사이의 인터페이스를 나타내는 용도로 사용된다. 추상 클래스는 멤버 함수의 원형만을 정의하는 것이고 그 구현은 자식 클래스에서 하게 된다. 추상 클래스를 상속받는 자식 클래스는 반드시 순수 가상 함수를 구현하여야 한다.

예를 들어서 앞의 Shape 클래스를 추상 클래스로 작성하면 다음과 같다. Shape 클래스의 draw()는 어차피 도형의 종류가 결정되지 않았으므로 도형을 그릴 수가 없다. 따라서 순수 가상 함수로 선언하는 것이 바람직하다.

shape4.cpp

```
#include <iostream>
#include <string>
using namespace std;

class Shape {
protected:
   int x, y;

public:
   void setOrigin(int x, int y){
      this->x = x;
      this->y = y;
   }
   virtual void draw() = 0;
};

class Rectangle : public Shape {
private:
   int width, height;

public:
   void setWidth(int w) {
      width = w;
   }
   void setHeight(int h) {
      height = h;
   }
   void draw() {
      cout << "Rectangle Draw" << endl;
   }
};
int main()
{
   Shape *ps = new Rectangle();       // OK!
   ps->draw();                        // Rectangle의 draw()가 호출된다
```

순수 가상 함수 정의

순수 가상 함수 구현

재정의된 draw() 호출

```
    delete ps;

    return 0;
}
```

실행결과

```
Rectangle Draw
```

여기서 한 가지 주의할 점이 있다. Shape가 추상 클래스이기 때문에 Shape을 가지고는 객체를 생성할 수 없다. 하지만 위에서 보듯이 포인터 변수는 생성할 수 있고 이 포인터 변수를 통하여 자식 클래스의 객체를 가리킬 수 있다. 또한 Shape에 정의된 함수들을 호출할 수 있다.

예제 #1

추상 클래스는 추상적인 개념을 표현할 수 있다. 하나의 예로 동물을 나타내는 상속 계층도를 생각하여 보자. 동물을 Animal 클래스로 정의할 수 있지만 약간의 문제가 있다. 우리는 동물의 추상적인 개념에 대해서는 알고 있지만 구체적으로 어떤 동물인지 정해지지 않았으므로 구체적인 속성이나 동작에 대해서는 결정할 수 없다. 예를 들어서 동물이 움직인다는 것은 알지만 구체적으로 날아다니는지 기어 다니는지는 알 수 없다. 즉, Animal 클래스의 멤버 함수들을 완전하게 작성할 수 없는 것이다. 따라서 이런 경우에 Animal은 추상 클래스로 정의된다. 마찬가지로 Mammal(포유류), Fish(어류), Bird(조류) 클래스도 마찬가지이다.

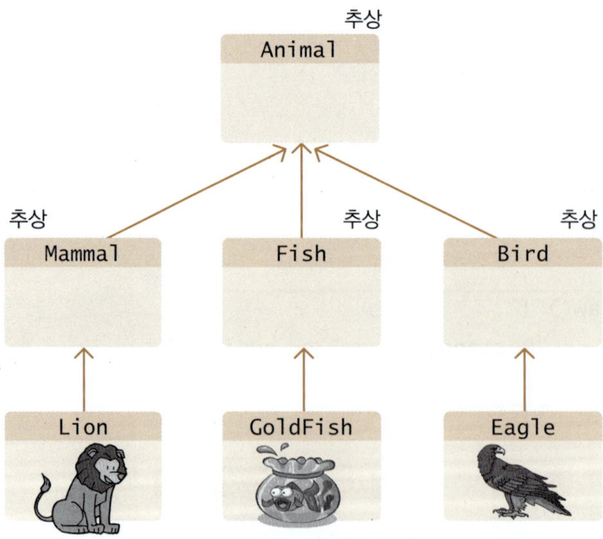

그림 14-10 • 동물의 상속 계층도에서 추상 클래스

추상 클래스를 만들기 위해서는 클래스 선언 안에 순수 가상 함수를 정의하면 된다. 예를 들어서 Mammal 클래스를 추상 클래스로 정의하여 보면 다음과 같다.

```
class Mammal  {
   virtual void move() = 0;
   virtual void eat() = 0;
   virtual void speak() = 0;
};
class Lion : public Mammal  {
   void move(){
      cout << "사자의 move() << endl;
   }
   void eat(){
      cout << "사자의 eat() << endl;
   }
   void speak(){
      cout << "사자의 speak() << endl;
   }
};
```

각종 동물들의 움직이는 방법은 동물에 따라 상당히 다르므로 추상 메소드로 선언하는 것이 논리적이다. 추상 클래스를 상속받는 자식 클래스에서는 반드시 추상 메소드를 재정의하여야 한다. 만약 재정의하지 않으면 오류가 발생한다.

예제 #2

추상 클래스는 객체들 사이에 상호 작용하기 위한 인터페이스를 정의하는 용도로 사용할 수 있다.

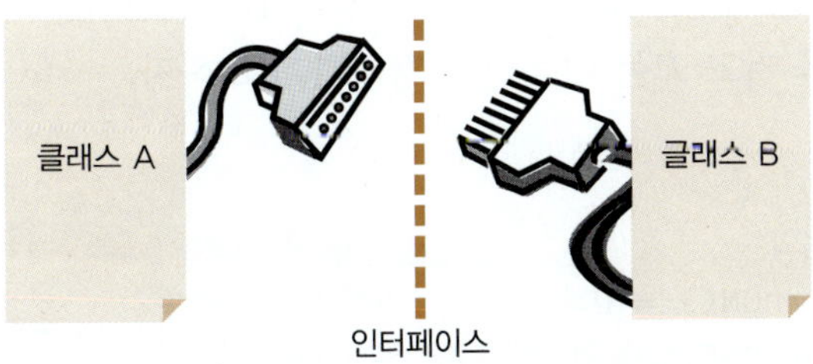

그림 14-11 • 추상 클래스는 클래스 간의 상호간의 인터페이스로 사용할 수 있다

예를 들어서 홈 네트워크 시스템을 생각하여 보자. 홈 네트워크 시스템이란 가정에서 쓰이는 모든 가전 제품들이 유무선 하나의 시스템으로 연결, 쌍방향 통신이 가능한 미래형 가정 시스

템을 말한다. 가전 제조사들과 홈 네트워크 업체 사이에는 가전 제품을 제어할 수 있는 일종의 표준 규격이 필요하다. C++로 작성한다면 이 표준 규격은 바로 추상 클래스로 나타난다. 가전 제조사들은 가전 제품을 원격 제어할 수 있도록 가전 제품을 제어할 수 있는 소프트웨어를 내장하여 제공한다. 반면 홈 네트워크 업체에서는 모든 가전 제품을 원격 제어할 수 있는 통일된 방법이 필요하다. 따라서 둘 사이에는 어떤 약속이 필요하게 되고, 구체적으로 원격으로 제어하는데 필요한 멤버 함수들에 대하여 합의하여야 한다. 가전 제품 안에서 멤버 함수가 어떻게 구현되는가는 전혀 필요가 없다. 외부에서 멤버 함수를 호출하여 사용할 수 있으면 그것으로 충분하다.

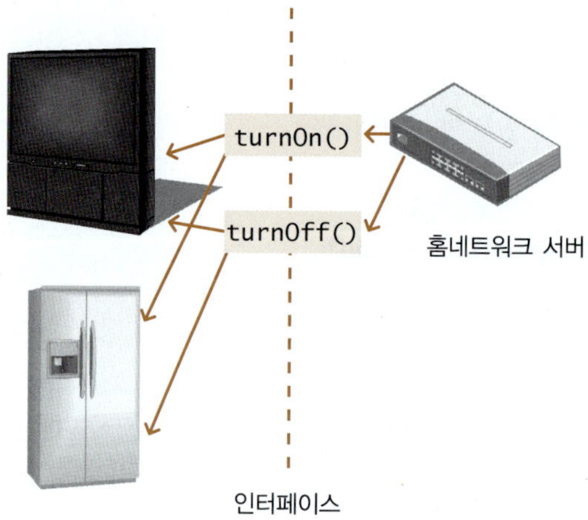

그림 14-12 ● 홈네트워크 예제

일단 추상 클래스가 디자인되면, 클래스들 간의 통합에 대하여 걱정할 필요없이 각 클래스들은 별도의 팀에 의해 병렬적으로 작성될 수 있다.

구체적으로 홈 네트워크의 가전 제품들을 원격 조종하기 위한 인터페이스를 정의하여 보자. 여기서는 가전 제품들을 켜고 끄는 기능만을 정의하기로 하자.

```
class RemoteControl {
   // 순수 가상 함수 정의
   virtual void turnON() = 0;       // 가전 제품을 켠다
   virtual void turnOFF() = 0;      // 가전 제품을 끈다
}
```

추상 클래스만 가지고서는 객체를 생성할 수 없다. 추상 클래스를 사용하기 위해서는 추상 클래스를 상속받는 클래스를 작성하여야 한다. 추상 클래스를 상속받으면 반드시 추상 클래스 안에 선언된 각 순수 가상 함수에 대하여 몸체를 제공하여야 한다.

```
class Television : public RemoteControl {
    void turnON()
    {
        // 실제로 TV의 전원을 켜기 위한 코드가 들어간다
        ...
    }
    void turnOFF()
    {
        // 실제로 TV의 전원을 끄기 위한 코드가 들어간다
        ...
    }
};
```

홈 네트워크 예제에서는 Televion 클래스가 RemoteControl 추상 클래스를 상속받게 된다. TV 생산 업체마다 상당히 다르게 인터페이스를 구현할 것이다. 하지만 여전히 동일한 제어 인터페이스를 지원한다. 따라서 홈 네트워크 업체에서는 이들 인터페이스 멤버 함수들을 호출하여서 가전 제품들을 원격 조종할 수 있다.

Television 클래스의 객체를 생성하여 인터페이스에 정의된 메소드를 호출하여 보자.

```
Television *pt = new Television();
pt->turnOn();
pt->turnOff();
```

만약 냉장고를 나타내는 Refrigerator 클래스도 동일한 추상 클래스를 상속받았다면 같은 방식으로 가전 제품을 제어할 수 있다.

```
Refrigerator *pr = new Refrigerator();
pr->turnOn();
pr->turnOff();
```

추상 클래스를 상속받으면 추상 클래스에 포함된 모든 가상 함수를 구현하여야 한다. 즉, 각 가상 함수들의 매개 변수의 수나 반환형 등을 맞추어 모든 가상 함수를 정의하여야 한다. 클래스가 추상 클래스에 있는 하나의 가상 함수라도 빠뜨린다면 컴파일러는 그 클래스도 추상 클래스로 정의되어야 함을 지적한다.

중간점검

1. 순수 가상 함수의 용도는?
2. 부모 클래스의 모든 순수 가상 함수를 구현하여야 하는가?

EXERCISE
INTRODUCTION TO C++ PROGRAMMING

1. 다음 문장이 참인지 거짓인지를 말하라. 만약 거짓이면 올바르게 수정하라.

❶ 부모 클래스의 포인터 변수는 자식 클래스의 객체를 참조할 수 있다.

❷ 자식 클래스의 포인터 변수는 부모 클래스의 객체를 참조할 수 있다.

❸ 멤버 함수가 포인터를 통하여 호출되면 항상 정적 바인딩된다.

❹ 멤버 함수가 객체를 통하여 호출되면 항상 정적 바인딩된다.

❺ 가상 함수를 호출하는 것은 일반 함수를 호출하는 것보다 더 많은 시간이 소요된다.

❻ 생성자도 가상 함수로 만들 수 있다.

❼ 부모 클래스에서 가상 함수로 선언되면 자식 클래스에서는 자동적으로 가상 함수로 된다.

2. 다음의 문장 중에서 오류가 발생하는 문장을 지적하시오. 각 문장의 의미도 설명하시오. 여기서 Base는 부모 클래스이고 Derived는 자식 클래스이다.

```
class Base{ };
class Derived : public Base { };
```

❶

```
Base p;
Derived c;
p = c;
```

❷

```
Base p;
Derived c;
c = p;
```

❸

```
Base *pp = new Base();
Derived *pc;
pc = pp;
```

❹

```
Base *pp;
Derived *pc = new Derived();
pp = pc;
```

3. 다음 프로그램의 출력은 무엇인가?

```
class Base
{
public:
  Base() { };
  void print() const { cout << "Base::print()" << endl;  }
  virtual void display() const { cout << "Base::display()" << endl; }
};
class Derived : public Base
{
public:
  Derived() { };
  void print() const { cout << "Derived::print()" << endl; }
  virtual void display() const { cout << "Derived::display()" << endl; }
};
int main()
{
  Derived d;
  Derived*  pd1 = new Base;
  Derived*  pd2 = new Derived;
  d.print();
  d.display();
  pd1.print();
  pd1.display();
  pd2.print();
  pd2.display();
  delete pd1;
  delete pd2;
  return 0
}
```

4. 가상 메소드 sound()를 가지고 있는 추상 클래스 Bird를 작성하고 Bird를 상속받아서 Dove 클래스를 작성하라. Dove 클래스의 sound()에서는 "coo coo"를 출력한다.

5. 위의 URL 그림과 같은 클래스 상속 관계를 가정하라.

❶ 다음과 같은 문장은 적법한가? 그 이유는?

```
Point2D *p = new Point3D();
```

❷ 다음과 같은 문장은 적법한가? 만약 적법하지 않다면 적법하도록 고쳐보라.

```
p->setX(100);
p->setZ(40);
```

❸ 다음과 같은 문장은 적법한가? 그 이유는?

```
Point2D *p = new Point3D();
```

❹ Point2D와 Point3D 클래스를 실제로 작성하여 보라.

PROGRAMMING
INTRODUCTION TO C++ PROGRAMMING

1. 은행의 계좌를 나타내는 BankAcct라는 부모 클래스를 작성한다. Account 클래스는 deposit()와 withdraw()라는 멤버 함수를 가진다. getInterest()라는 이름의 가상 함수를 정의한다. getInterest()는 현재 계좌의 이자율을 반환한다. SavingAcct과 CheckingAcct 클래스를 BankAcct로부터 상속받아서 작성한다. SavingAcct 클래스는 이자율이 연 9%인 저축 예금 계좌를 나타내고 CheckingAcct 클래스는 이자율이 연 5%인 당좌 예금 계좌를 나타낸다. main() 안에서 각 객체를 생성하여서 돈을 저축하고 인출하면서 이자를 계산하여 보자.

2. 전자 제품을 나타내는 HomeAppliance 클래스를 작성한다. HomeAppliance 클래스는 가격을 반환하는 getPrice()라는 가상 함수를 가진다. Television 클래스와 Refrigerator 클래스는 HomeAppliance 클래스를 상속받는다. Television 클래스와 Refrigerator 클래스는 모델명, 메이커를 멤버 변수로 가진다. 필요한 생성자, 접근자 설정자를 제공하라. 몇 개의 객체를 생성한 후에 getPrice() 함수를 호출하여서 제품의 가격을 출력하여 보자.

3. 본문에 등장하는 Shape라는 클래스에 추가로 move(), getArea() 함수를 모두 가상 함수로 정의하라. move()는 도형의 기준점을 이동한다. getArea()는 도형의 면적을 구한다. Rectangle(사각형), Ellipse(타원), Triangle(삼각형) 클래스는 Shape 클래스를 상속받아서 작성된다. Shape* 포인터 배열을 다양한 도형 객체로 채운다. 도형을 그리고 면적을 계산하며 도형을 이동하는 작업을 코딩해보라.

4. 3번 문제에서 새로운 도형 객체를 생성하여서 반환해주는 가상 함수 createShape()을 부모 클래스 Shape 안에 정의하고 자식 클래스에서 이 가상 함수를 구현하여 보자. 객체를 생성하는 작업을 한 클래스에 캡슐화시켜 놓으면 구현을 변경해야 하는 경우에 여기저기 다 들어가서 고칠 필요 없이 클래스 하나만 고치면 된다. 이것을 팩토리 메소드(factory method)라고 한다.

5. 도형에 관한 클래스를 약간 변경하여 보자. Shape 클래스는 전체 도형의 부모 클래스이다. Shape에서 상속된 TwoDimShape은 2차원 도형을 나타내며 면적을 계산

하기 위하여 getArea()라는 메소드를 가진다. Shape에서 상속된 ThreeDimShape은 3차원 도형을 나타내며 체적을 계산하기 위하여 getVolume()을 가진다. 2차원 도형에는 타원, 사각형, 삼각형이 있으며 3차원 도형에는 구, 직육면체, 원기둥이 있다. 다양한 도형을 생성하여 Shape 배열에 저장하는 프로그램을 작성하라. 각 도형은 자신의 정보를 텍스트로 출력한다. 프로그램의 반복 루프에서 각 도형이 2차원 도형이면 면적을 출력하고 3차원 도형이면 체적을 출력한다.

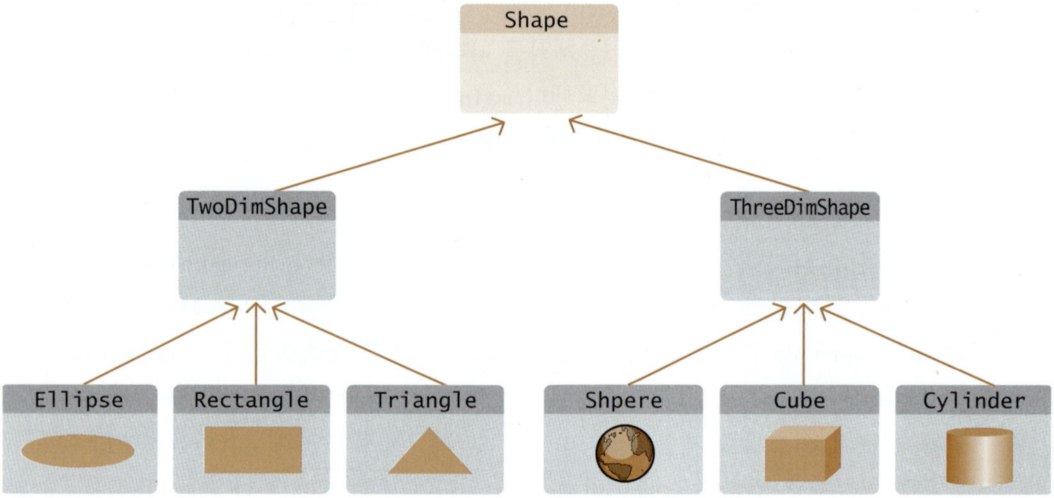

6. 3차원 도형들을 칠하는데 필요한 페인트의 양을 계산하는 프로그램을 작성하여 보자. 부모 클래스는 Shape이며 자식 클래스는 구(Sphere), 직육면체(Cube), 원기둥(Cylinder)이다. Shape은 이름(name)과 3차원 도형의 표면적을 계산하는 함수인 getSurfaceArea()만을 가지고 있다. 하나의 구, 하나의 직육면체, 하나의 원기둥을 생성하여서 Shape* 배열에 저장하고 저장된 모든 도형에 대하여 표면적을 계산하여 보자.

7. 마트에서 판매되는 물건을 클래스 Product로 나타내자. Product 클래스에서 상속받아서 할인 물건을 나타내는 DiscountProduct 클래스를 작성할 수 있다.

   ❶ Product 클래스는 물건의 이름(name)과 가격(price)를 멤버 변수로 가지고 있다. 또한 현재 물건의 가격을 계산하는 getPrice() 멤버 함수를 가지고 있다. Product 클래스를 구현하고 테스트하여 보자. 생성자, 설정자, 접근자를 작성하라. print()에서 물건의 이름과 가격을 출력한다.

❷ DiscountProduct는 Product로부터 상속받는다. %단위의 할인율(discount)을 멤버 변수로 가진다. getPrice()는 할인된 가격을 반환하도록 재정의된다. DiscountProduct 클래스를 구현하고 테스트하여 보자. 생성자, 설정자, 접근자를 작성하라. print()에서 물건의 이름과 할인된 가격을 출력한다.

❸ main() 메소드 안에서 다음과 같은 문장을 사용하여서 어떤 getPrice()가 호출되는지를 관찰하라.

```
Product *p1 = new Product("toothbrush", 3000);
Product *p2 = new DiscountProduct("toothbrush", 3000, 15%);
cout << p1.getPrice() << endl;
cout << p2.getPrice() << endl;
```

8. 책을 대여해주는 업체를 위한 Book이라는 클래스를 작성한다. Book은 관리 번호(number), 제목(title), 저자(author)를 필드로 가진다. Book 클래스는 각 멤버 변수에 대한 접근자와 설정자를 가진다. Object 클래스의 equals()를 재정의하여서 만약 관리 번호가 동일하면 동일한 책으로 간주한다. 다음으로 Book으로부터 상속을 받는 Novel, Poet, ScienceFiction 클래스를 작성한다. 이들 클래스들은 연체된 날짜에 따라서 연체료를 계산하는 getLateFees() 메소드를 재정의한다. getLateFees() 메소드는 연체 일수를 매개 변수로 받는다. Novel의 경우에는 300원/일이고 Poet는 200원/일, ScienceFiction는 600원/일이다. main()에서 작성된 클래스들을 테스트하라.

9. 간단한 게임 프로그램을 다형성을 이용하여서 작성하여 보자. 게임에는 많은 캐릭터들이 있다. 예를 들어서 호빗, 타이탄, 주술사 등이 있다. 이들 클래스들이 공통의 부모 클래스 GameCharacter로부터 상속받았다고 가정하라. 이 클래스는 draw()라는 가상 함수를 가지고 있다. 자식 클래스들은 이 draw() 메소드를 재정의한다. 이들 캐릭터들은 GameCharacter 배열에 주소값이 저장된다. 화면을 다시 그리기 위하여 프로그램은 주기적으로 모든 캐릭터의 draw()를 호출한다. 예를 들어서 호빗의 경우, draw()가 호출되면 콘솔에 "호빗을 그립니다"라고 출력한다.

LAB
INTRODUCTION TO C++ PROGRAMMING

1. 다음과 같은 코드를 가지고 실습하여 보자.

```
class Base  {
public: int x;
  Base(): x(0) { }
  virtual void print() { cout << "Base Class print()\n"; }
};
class Derived : public Base  {
public: int y;
  Derived(): y(20) { x = 100; }
  void print() { cout << "Derived Class print()\n"; }
};
```

❶ 다음과 같이 print()를 호출하여 보라. 어떤 print()가 호출되는가?

```
Base *b1 = new Base;
Derived *d1 = new Derived;
Base *b2 = new Derived;
b1 -> print();
d1 -> print();
b2 -> print();
```

❷ Base 클래스에서 virtual 키워드를 삭제하고 ❶을 다시 실행하여 보자. 결과가 달라지는가?

❸ Base 클래스의 print()를 순수 가상 함수로 작성하여 보라. ❶의 결과가 어떻게 달라지는가?

❹ 여러 가지 형 변환을 테스트하여 보자.

```
Base *b1 = new Derived;
Derived *d1 = b1;                // 가능한가?
Derived *d2 = (Derived *)b1;     // 가능한가?
Derived *d3 = new Derived;
Base *b2 = d3;                   // 가능한가?
Derived *d4 = (Derived *)b2;     // 가능한가?
```

2. 다음의 클래스 계층도를 보고 클래스를 작성하고 테스트한다. 운송 수단의 공통 적인 동작들은 가상 함수로 구현한다.

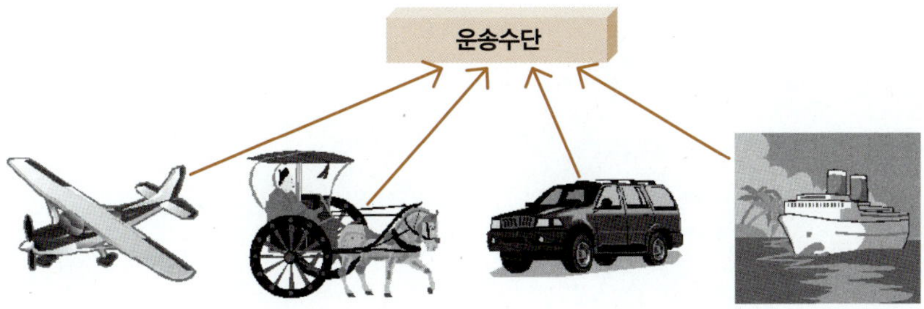

PART 03

고급 프로그래밍 기법

Power C++

CHAPTER 15

입출력과 파일 처리

이 장의 차례

학습목표

- 파일 입출력에 필요한 클래스를 살펴본다.
- 텍스트 파일과 이진 파일을 다루는 방법을 학습한다.
- 파일의 임의의 위치에서 데이터를 읽는 방법을 학습한다.

1. 파일 입출력

스트림이란?

입력과 출력은 프로그램에 있어서 대단히 중요하다. 입력이나 출력을 할 수 있어야 사용자와 상호 대화적(interactive)인 프로그램 작성이 가능하다. 프로그래머가 입력 장치나 출력 장치의 종류에 따라서 서로 다르게 프로그램을 작성하여야 한다면 아주 불편한 일이 될 것이다. 예를 들어서 화면에 출력하는 것과 프린터에 출력하는 방법이 다르다면 출력 장치에 따라서 별도의 입출력 함수를 준비해야 할 것이다.

C++에서는 이 문제를 해결하기 위하여 스트림(stream)이란 개념을 사용하고 있다. C++에서의 입력과 출력은 모두 스트림으로 이루어진다. 스트림이란 입력과 출력을 바이트(byte)들의 흐름으로 생각하는 것이다. 프로그램에서 외부로 흘러나가는 연속된 바이트가 출력 스트림이다. 반대로 외부에서 프로그램으로 흘러들어오는 바이트가 입력 스트림이다. 입력 스트림에서는 키보드와 같은 입력 장치에서 바이트들이 프로그램으로 흐른다. 출력 스트림에서는 바이트가 프로그램에서 모니터의 화면과 같은 출력 장치로 흐른다. 스트림을 그냥 바이트들이 떠다니는 시냇물이라고 생각하면 된다.

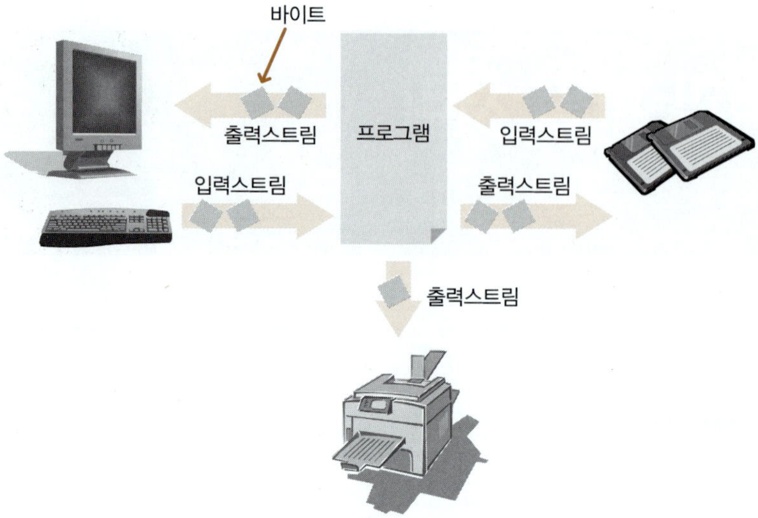

그림 15-1 • 스트림의 개념

스트림의 최대 장점은 장치 독립성이다. 입출력 장치에 상관없이 프로그램을 작성할 수 있다는 것이다. 입력 장치가 무엇이건 출력 장치가 무엇이건 간에 입력과 출력은 무조건 연속된 바이트의 스트림이라고 생각하면 된다.

이미 우리는 스트림을 사용하여서 프로그램을 작성한 적이 있다. 입력을 위하여 사용하였던 `cin`이 키보드와 연결된 입력 스트림이다. 또한 출력을 위하여 사용한 `cout`이 콘솔과 연결된 출력 스트림이었던 것이다.

입출력 관련 클래스들

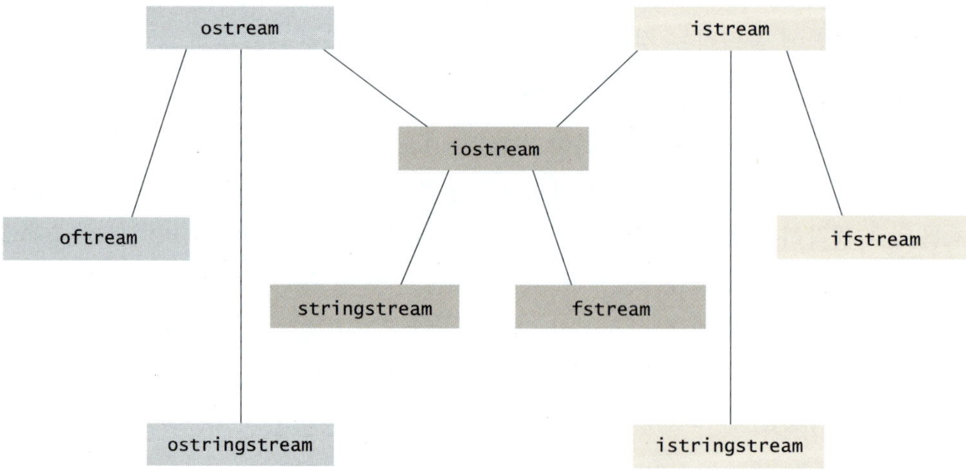

그림 15-2 • 입출력 클래스의 상속 계층도

“<<”과 “>>”을 이용한 파일 입출력

파일에 입출력하는 것도 스트림을 통하여 이루어진다. 파일을 통하여 입력할 때 사용되는 스트림은 클래스 ifstream의 객체이다. 파일에 출력할 때 사용되는 스트림은 클래스 ofstream의 객체이다. 먼저 객체를 나타내는 변수를 선언한 후에 이 변수를 파일과 연결하면 된다. 파일에 연결하려면 open() 멤버 함수를 사용하면 된다.

```
ifstream is;
is.open("score.txt");
```

일단 스트림이 파일과 연결되면 >> 나 << 연산자를 사용하여서 입출력이 가능하다. 예를 들어서 파일에서 정수를 읽으려면 다음과 같은 문장을 사용한다.

```
is >> number;
```

파일에 자료를 저장하는 출력 스트림도 마찬가지이다.

```
ofstream os;
os.open("result.txt");
os << number;
```

예제 #1

파일은 간단한 데이터를 저장하고 처리하는데 데이터베이스 대용으로 사용될 수 있다. 파일에 다음과 같은 학생들의 학번, 이름, 성적을 텍스트 파일로 저장한다고 가정하자.

```
int number;          // 학번
char name[30];       // 이름
int score;           // 성적
```

먼저 한 학생들의 성적을 파일에서 읽고 다시 파일에 저장하는 프로그램을 작성하여 보자.

score1.cpp

```
#include <iostream>
#include <fstream>              // 파일 입출력 관련 헤더 파일
using namespace std;

int main()
{
```

```
    ifstream is;
    is.open("score.txt");
    if( !is ) {                // ! 연산자 중복 정의
        cerr << "파일 오픈에 실패하였습니다" << endl;
        exit( 1 );
    }

    int number;                // 학번
    char name[30];             // 이름
    int score;                 // 성적
    is >> number >> name >> score;

    ofstream os;
    os.open("result.txt");
    os << number << " " << name << " " << score << endl;   <---- 파일 출력

    is.close();
    os.close();
    return 0;
}
```

파일 score.txt

```
20100001 홍길동 100
20100002 김유신 90
20100003 강감찬 80
```

파일 result.txt

```
20100001 홍길동 100
```

프로그램 설명

파일은 상대 경로와 절대 경로를 사용할 수 있다. 그냥 파일의 이름만 지정하면 현재 프로젝트가 저장된 위치에서 파일을 입력하거나 출력한다.

파일을 오픈하는 경우에는 오류가 발생할 수 있다. open() 함수가 성공했는지 실패했는지를 확인하려면 중복된 ! 연산자를 사용할 수 있다.

```
if(!is) {          // ! 연산자 중복
    cerr << "파일 오픈에 실패하였습니다" << endl;
    exit(1);
}
```

또는 멤버 함수 fail()을 사용할 수 있다.

```
if(is.fail()){
  cerr << "파일 오픈이 실패하였습니다" << endl;
  exit(1);
}
```

참고사항

기존의 파일에 자료를 추가하려면 다음과 같이 파일을 열어야 한다.

```
os.open("test.txt", ios::app);
```

여기서 ios:app는 ios 클래스에서 정의된 상수이다.

멤버 함수를 이용한 파일 입출력

입출력 연산자인 >>와 <<을 이용하여서 여러 가지 데이터를 파일에 입출력할 수도 있지만 fstream의 멤버 함수들을 사용하여서 파일에 입출력할 수도 있다. 하나의 예로 파일에 문자를 읽고 쓰는 프로그램을 멤버 함수를 이용하여서 작성해보자. 하나의 문자를 읽는 데는 get()을 사용하고 하나의 문자를 출력할 때는 put()을 사용할 수 있다.

예를 들어서 파일의 끝까지 문자를 읽어서 콘솔에 표시하려면 다음과 같은 반복 루프를 사용한다. 여기서 파일에서 자료를 읽는 경우에 파일의 끝을 알아내려면 eof() 함수를 사용한다.

score2.cpp

```
#include <iostream>
#include <fstream>                // 파일 입출력을 하려면 헤더 파일을 포함하여야 한다
using namespace std;

int main()
{
   ifstream is;
   is.open("score.txt");
   if(!is) {                  // ! 연산자 중복
      cerr << "파일 오픈에 실패하였습니다" << endl;
      exit(1);
   }
   char c;
   is.get(c);                 // 하나의 문자를 읽는다
   while(! is.eof())
```

```
    {
        cout << c;
        is.get(c);
    }
    is.close();
    return 0;
}
```

파일 score.txt

```
20100001 홍길동 100
20100002 김유신 90
20100003 강감찬 80
```

실행결과

```
20100001 홍길동 100
20100002 김유신 90
20100003 강감찬 80
계속하려면 아무 키나 누르십시오 . . .
```

예제

키보드에서 입력받은 문자들을 파일에 저장하는 프로그램을 작성하여 보자. 콘솔에서는 컨트롤-Z를 누르면 파일의 끝이라는 의미가 된다.

score3.cpp

```
#include <iostream>
#include <fstream>
using namespace std;

int main()
{
    ofstream os;
    char c;
    os.open("test.txt");
    while(cin.get(c))
    {
        os.put(c);
    }
```

```
    os.close();
    return 0;
}
```

파일 test.txt

```
This is a test.
```

실행결과

```
This is a test.
^Z
Press any key to continue
```

프로그램 설명

표준 입력에서 받아들일 때는 컨트롤-Z를 누르면 입력의 끝이라는 표시가 된다. 비주얼-C 2008 버전에서는 컨트롤-C가 입력의 끝이 된다. 또한 하나의 문자를 읽을 때 `c = cin.get()`와 같은 형식을 사용하여도 된다.

예제 #2

텍스트 파일을 읽어서 각 줄의 앞에 숫자를 붙인 후 출력 파일에 기록하여 보자.

score4.cpp

```
#include <iostream>
#include <iostream>
#include <fstream>
using namespace std;

int main()
{
   ifstream is;
   ofstream os;
   is.open("score.txt");                    // 입력 파일
   if(is.fail()){
      cerr << "파일 오픈 실패" << endl;
      exit(1);
```

```
    }
    os.open("result.txt");                    // 출력 파일
    if(os.fail()){
        cerr << "파일 오픈 실패" << endl;
        exit(1);
    }
    char c;
    int line_number = 1;                      // 행 번호
    is.get(c);
    os << line_number << ": ";
    while(! is.eof() )
    {
        os << c;
        if(c == '\n'){                        // 줄바꿈 문자가 있으면 행 번호 증가
            line_number++;
            os << line_number << ": ";
        }
        is.get(c);
    }
    is.close();
    os.close();
    return 0;
}
```

파일 score.txt

```
20100001 홍길동 100
20100002 김유신 90
20100003 강감찬 80
```

파일 result.txt

```
1: 20100001 홍길동 100
2: 20100002 김유신 90
3: 20100003 강감찬 80
```

출력 형식 지정

콘솔이나 파일에 출력하는 경우에 출력 형식을 지정할 수 있다. 예를 들어서 소수점 이하의 자리수를 3개로 하려면 다음과 같은 멤버 함수를 사용한다.

```
cout.precision(3);
```

또한 여러 가지의 출력 플래그를 설정하기 위하여 setf()라는 멤버 함수가 제공된다. 예를 들어서 고정 소수점 표기법을 사용하고 소수점을 항상 표시하려면 다음과 같은 문장을 사용한다.

```
cout.setf(ios::fixed);
cout.setf(ios::show_point);
```

만약 왼쪽 정렬을 원하면 다음과 같은 문장을 사용할 수 있다.

```
cout.setf(ios::left);
```

플래그들은 | 기호를 사용하여서 여러 개를 동시 설정할 수 있다.

```
cout.setf(ios::left | ios::showpoint);
```

출력 필드의 너비를 지정하려면 width() 멤버 함수를 사용한다.

```
cout.width(10);
```

많이 사용되는 플래그들을 다음 표에 나타내었다.

플래그	설명
ios::fixed	고정 소수점 표기법 사용
ios::scientific	과학적 표기법 사용(지수를 이용하여 표기)
ios::showpoint	소수점을 반드시 표시한다.
ios:showpos	양수 부호를 반드시 출력한다.
ios::right	값을 출력할 때 오른쪽 정렬을 사용한다.
ios::left	값을 출력할 때 왼쪽 정렬을 사용한다.
ios::dec	값을 출력할 때 10진법을 사용한다.
ios::oct	값을 출력할 때 8진법을 사용한다.
ios::hex	값을 출력할 때 16진법을 사용한다.
ios::uppercase	지수나 16진법으로 표시할 때 대문자를 사용한다.
ios::show	8진수이면 앞에 0을 붙이고 16진수이면 앞에 0x를 붙인다.

플래그를 해제할 때는 unsetf() 함수를 사용한다.

```
os.unsetf(ios::uppercase);
```

중간점검

1. 스트림의 장점은 무엇인가?
2. 하나의 파일을 다른 파일로 복사하는 프로그램을 작성하라.

2. 텍스트 파일과 이진 파일

C++에서는 텍스트 파일(text file)과 이진 파일(bianry file)의 두 가지 파일 유형을 지원한다. 텍스트 파일은 사람이 읽을 수 있는 텍스트가 들어 있는 파일이다. 소스 파일이나 메모장 파일이 텍스트 파일의 예이다. 텍스트 파일에는 문자들이 들어 있고 이들 문자들은 아스키 코드를 이용하여 표현된다. 텍스트 파일이 중요한 이유는 모니터, 키보드, 프린터 등이 모두 문자 데이터만을 처리하기 때문이다. 텍스트 파일은 연속적인 라인들로 구성된다.

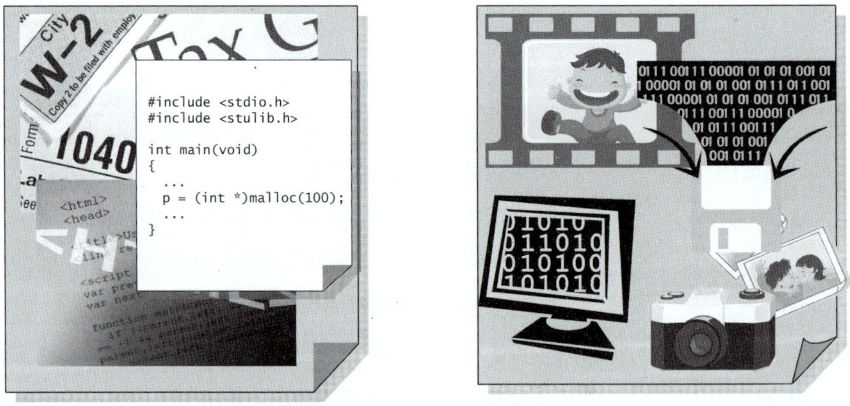

텍스트 파일: 문자로 구성된 파일　　　　이진 파일: 데이터로 구성된 파일

그림 15-3 ● 텍스트 파일과 이진 파일

반면에 이진 파일은 사람이 읽을 수는 없으나 컴퓨터는 읽을 수 있는 파일이다. 즉, 문자 데이터가 아니라 이진 데이터가 직접 저장되어 있는 파일이다. 이진 파일은 텍스트 파일과는 달리 라인들로 분리되지 않는다. 모든 데이터들은 문자열로 변환되지 않고 입출력된다. 따라서 라

인의 끝을 표시할 필요가 없으며 NULL이나 CR, LF와 같은 문자들은 특별한 의미를 가지지 않고 데이터로 취급된다. 이진 파일은 특정 프로그램에 의해서만 판독이 가능하다. 실행 파일, 사운드 파일, 이미지 파일 등이 이진 파일의 예이다.

텍스트 파일에서는 모든 정보가 문자열로 변환되어서 파일에 기록된다. 정수값도 출력 연산자 <<을 통하여 문자열로 변환된 후에 파일에 쓰인 것이다. 즉, 123456과 같은 정수값을 파일에 출력하려면 6개의 문자 '1', '2', '3', '4', '5', '6' 으로 변환하여 출력하는 것이다. 마찬가지로 파일에서 숫자를 읽을 때도 파일의 문자를 읽어서 입력 연산자 >>가 숫자로 변환한다.

반면에 이진 파일(binary file)은 사람이 읽을 수는 없으나 컴퓨터는 읽을 수 있는 파일이다. 이것은 문자 데이터가 아니라 숫자 데이터가 직접 저장되어 있는 파일이다. 정수 123456는 컴퓨터에서 4바이트로 표현되고 이 4바이트가 직접 파일에 써지는 것이다. 텍스트 파일의 경우, 숫자 데이터를 읽으려면 먼저 문자를 읽어서 이것을 입력 연산자 >>을 사용하여 숫자로 변환하여야 한다. 이 과정은 시간이 많이 걸리며 비효율적이다. 이진 파일을 사용하면 이러한 변환 과정이 필요 없이 바로 숫자 데이터를 읽을 수 있으며 텍스트 파일에 비하여 저장 공간도 더 적게 차지한다.

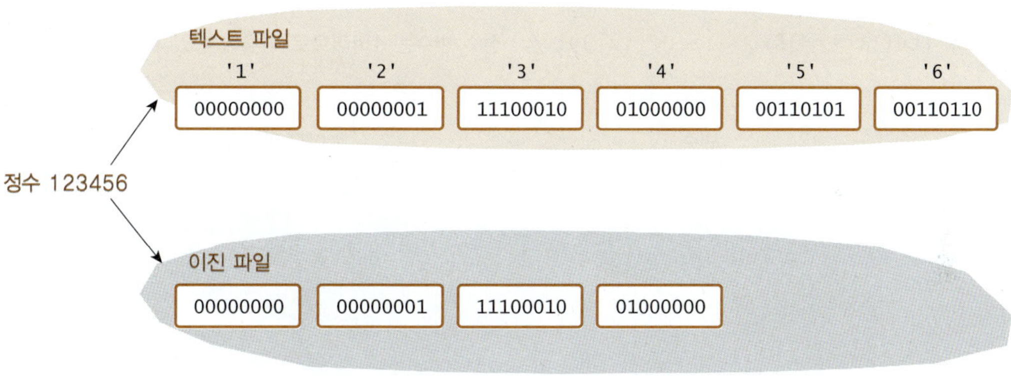

그림 15-4 • 정수 123456을 텍스트 파일에 저장하는 경우와 이진 파일에 저장하는 경우의 비교

이진 파일의 단점은 인간이 파일의 내용을 확인하기가 힘들다는 점이다. 문자 데이터가 아니므로 모니터나 프린터로 출력하는 것이 불가능하다. 또한 텍스트 파일은 컴퓨터의 기종이 달라도 파일을 이동할 수 있다. 왜냐하면 아스키 코드로 되어 있기 때문에 다른 컴퓨터에서도 읽을 수 있기 때문이다. 그러나 이진 파일의 경우, 정수나 실수 데이터를 표현하는 방식이 컴퓨터 시스템마다 다를 수 있기 때문에 이식성이 떨어진다. 따라서 이식성이 중요하다면 약간 비효율적이더라도 텍스트 형식의 파일을 사용하는 것이 좋다. 하지만 데이터가 상당히 크고 수행 속도가 중요하다면 이진 파일로 하는 것이 좋을 것이다.

이진 파일 입출력

이진 파일에 출력하려면 메모리에 있는 변수의 값을 그대로 저장하면 된다. 이진 파일의 입출력에는 fstream의 read()와 write() 멤버 함수가 사용된다. 먼저 출력하는 절차를 살펴보고 다음에 입력 절차를 살펴보자.

이진 파일에 데이터를 쓰는 함수는 write()이다. fwrite()는 fstream에 선언되어 있으며 그 원형은 다음과 같다.

```
write(char *buffer, int count);
```

포인터 buffer는 파일에 기록할 데이터를 가지고 있는 메모리 블록의 시작 주소이다. count는 파일에 기록되는 항목들의 개수이다. 만약 int형의 변수 x를 이진 파일에 기록하는 문장은 다음과 같다. 주의할 점은 open()의 두 번째 인자로 ofstream::binary를 주어서 이진 파일 모드로 파일을 오픈하여야 한다는 것이다.

```
ofstream os;
os.open("test.dat", ofstream::binary);
int x=5;
os.write((char*)&x, sizeof(int)); // 정수 변수는 4바이트로 이루어져 있다
```

그림 15-5 ● 이진 파일에 저장되는 모습

여기서는 int형 배열을 기록하는 예제를 다루어보자.

score5.cpp

```
#include <iostream>
#include <fstream>
using namespace std;

int main()
{
```

```
    int buffer[] = { 10, 20, 30, 40, 50 };
    ofstream os;
    os.open("test.dat",ofstream::binary);
    if(os.fail())
    {
        cout << "binary.txt 파일을 열 수 없습니다." << endl;
        exit(1);
    }
    os.write((char *)&buffer, sizeof(buffer));
    os.close();
    return 0;
}
```

배열을 이진 파일에 저장

파일 test.dat

```
00000000: 0A 00 00 00 14 00 00 00|1E 00 00 00 28 00 00 00 | ▮ ¢¢▮ ¢¢▮ ¢¢( ¢¢¢
00000010: 32 00 00 00             |                        | 2 ¢¢¢
```

프로그램 설명

위의 test.dat는 이진 데이터를 16진수 형식으로 표시한 것이다.

위의 프로그램은 배열이 int형이거나 float형이어도 변경 없이 사용할 수 있다. 배열뿐만 아니라 구조체도 다음과 같이 쉽게 저장할 수 있다. 앞의 학생들의 성적 데이터를 구조체로 저장하여 보자.

struct.cpp

```
#include <iostream>
#include <fstream>
using namespace std;

int main()
{
    struct Score {
        int number;
        char name[30];
        int score;
    } grades [] = {         {20100001, "홍길동", 100},
```

```
        {20100002, "김유신",  90},
        {20100003, "강감찬",  80} };

    ofstream os;
    os.open("test.dat",ofstream::binary);
    if(os.fail())
    {
       cout << "test.dat 파일을 열 수 없습니다." << endl;
       exit(1);
    }
    os.write((char *)&grades, sizeof(grades));   <------ 구조체 배열을 이진 파일에 저장
    os.close();
    return 0;
}
```

파일 test.dat

```
00000000: A1 B3 32 01 C8 AB B1 E6|B5 BF 00 00 00 00 00 00 |
00000010: 00 00 00 00 00 00 00 00|00 00 00 00 00 00 00 00 |
00000020: 00 00 CC CC 64 00 00 00|A2 B3 32 01 B1 E8 C0 AF |
00000030: BD C5 00 00 00 00 00 00|00 00 00 00 00 00 00 00 |
00000040: 00 00 00 00 00 00 00 00|00 00 CC CC 5A 00 00 00 |
00000050: A3 B3 32 01 B0 AD B0 A8|C2 F9 00 00 00 00 00 00 |
00000060: 00 00 00 00 00 00 00 00|00 00 00 00 00 00 00 00 |
00000070: 00 00 CC CC 50 00 00 00|                        |
```

여기서 하나 주의할 점은 이진 파일에 쓰여지는 데이터의 타입이 모두 똑같을 필요는 없다. 파일에 먼저 배열의 데이터를 쓰고 다음에 구조체를 쓸 수 있다. 얼마든지 다른 종류의 데이터를 섞어서 기록할 수 있다. 하지만 이럴 경우, 이진 파일에서 읽을 때는 파일에 들어 있는 데이터들의 정확한 순서를 알고 있어야 한다.

중간점검

1. 정수 10은 텍스트 파일에서는 어떻게 저장되는가?
2. 정수 10은 이진 파일에서는 어떻게 저장되는가?

3. 순차 파일과 랜덤 파일

지금까지의 파일 입출력 방법은 모두 데이터를 파일의 처음부터 순차적으로 읽거나 기록하는 것이었다. 이것을 순차 접근(sequential access) 방법이라고 한다. 이러한 방법에서 한번 읽은 데이터를 다시 읽으려면 파일을 닫고 파일을 다시 열어야 한다. 또한 앞부분을 읽지 않고 중간이나 마지막으로 건너뛸 수도 없다. 또 다른 파일 입출력 방법으로는 임의 접근(random access) 방법이 있다. 임의 접근 방법은 파일의 어느 위치에서든지 읽기와 쓰기가 가능하다.

순차 접근 파일

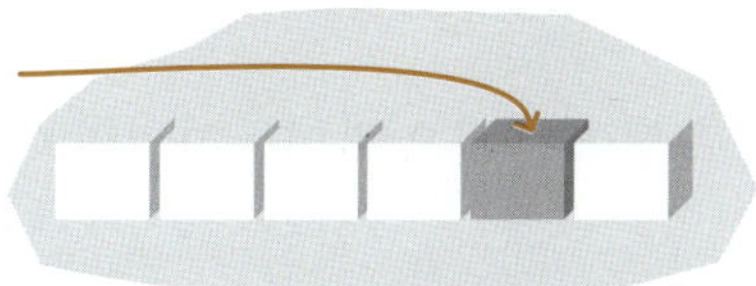

임의 접근 파일

그림 15-6 ● 순차 접근 파일과 임의 접근 파일의 비교

임의 접근 파일의 원리

모든 파일에는 파일 위치 표시자라는 것이 존재한다. 파일 위치 표시자는 읽기와 쓰기 동작이 현재 어떤 위치에서 이루어지는지를 나타낸다. 새 파일이 만들어지게 되면 파일 위치 표시자는 값이 0이고 이것은 파일의 시작 부분을 가리킨다. 파일이 이미 존재하는 경우, 추가 모드에서 열렸을 경우에는 파일의 끝이 되고, 다른 모드인 경우에는 파일의 시작 부분을 가리킨다.

파일에서 읽기나 쓰기가 수행되면 파일 위치 표시자가 갱신된다. 예를 들어 읽기 모드로 파일을 열고, 100바이트를 읽었다면 파일 위치 표시자의 값이 100이 된다. 다음에 다시 200바이트를 읽었다면 파일 위치 표시자는 300이 된다. 우리가 입출력 함수를 사용하면 파일 위치 표시자의 값이 변경된다. 사실 프로그래머는 파일 위치 표시자에 대하여 크게 신경 쓸 필요가 없다.

보통 순차적으로 데이터를 읽게 되면 파일 위치 표시자는 파일의 시작 위치에서 순차적으로 증가하여 파일의 끝으로 이동한다. 그러나 만약 파일의 데이터 전체를 다 읽지 않고 부분적으로 골라서 읽고 싶은 경우에는 파일 위치 표시자를 이동시켜서 임의 파일 액세스를 할 수 있다. 임의(random)이라는 말은 임의의 위치에서 데이터를 읽을 수 있다는 의미이다. 예를 들어서 데이터를 파일의 시작 부분으로부터 1000바이트 위치에서 읽었다가 다시 시작 위치로부터 500바이트 떨어진 위치에서 읽어야 하는 경우도 있다. 데이터를 임의의 위치에서 읽는 기능이 필요한 경우에는 위치 표시자를 조작하여야 파일을 원하는 임의의 위치에서 읽을 수 있다. 위치 표시자를 조작하는 함수는 seekg()이다.

```
seekg(long offset, seekdir way);
```

여기서 두 번째 매개 변수인 way는 다음과 같은 값들을 가질 수 있다.

way	설명
ios::beg	처음부터의 offset
ios::cur	현재 위치부터의 offset
ios::end	파일의 끝에서부터의 offset

파일의 처음 위치부터 100바이트 떨어진 곳으로 이동하려면 다음과 같이 하면 된다.

```
is.seekg(ios::beg, 100);
```

파일의 끝으로 이동하려면 다음과 같이 하면 된다.

```
is.seekg(ios::end, 0);
```

현재 위치에서 100 바이트 앞으로 가려면 다음과 같이 하면 된다.

```
is.seekg(ios::cur, -100);
```

예제

도대체 어떤 경우에 순차 접근이 아닌 임의 접근을 할 필요가 있을까? 음악 파일을 듣거나 동영상 파일을 보는 경우, 중간을 건너뛰고 뒷부분으로 가는 경우가 있다. 보통 멀티미디어 파일들은 그 크기가 커서 메모리에 전부 적재하지 못한다. 따라서 그런 경우에는 파일의 위치 표시자를 뒷부분으로 보낸 후에 그 위치부터 읽으면 될 것이다. 예제에서는 정수를 저장한 이진 파일을 만들고 사용자로부터 특정 위치를 입력받아서 그 위치로 파일 위치 표시자를 이동시켜서 하나의 정수를 읽어오는 프로그램을 작성해보자.

fseek.cpp

```
#include <iostream>
#include <fstream>
using namespace std;

const int SIZE=1000;
void init_table(int table[], int size);

int main()
{
   int table[SIZE];
   int data;
   long pos;

   // 배열을 초기화한다
   init_table(table, SIZE);

   // 이진 파일을 쓰기 모드로 연다
   ofstream os;
   os.open("test.dat",ofstream::binary);
   if(os.fail())
   {
      cout << "test.dat 파일을 열 수 없습니다." << endl;
      exit(1);
   }

   // 배열을 이진 모드로 파일에 저장한다
   os.write((char *)table, sizeof(table));
   os.close();

   // 이진 파일을 읽기 모드로 연다
   ifstream is;
   is.open("test.dat",ofstream::binary);
   if(is.fail())
   {
      cout << "test.dat 파일을 열 수 없습니다." << endl;
      exit(1);
   }

   // 사용자가 선택한 위치의 정수를 파일로부터 읽는다
   while(1)
   {
```

```
        cout << "파일에서의 위치를 입력하십시요(0에서 999, 종료-1): ";
        cin >> pos;
        if(pos == -1) break;
        is.seekg(pos*sizeof(int), ios::beg);   <-------- 위치 표시자 이동
        is.read((char *)&data, sizeof(int));
        cout << pos << " 위치의 값은" << data << " 입니다." << endl;
    }
    is.close();
    return 0;
}

// 배열을 인덱스의 제곱으로 채운다
void init_table(int table[], int size)
{
    int i;

    for(i = 0; i < size; i++)
        table[i] = i * i;
}
```

실행결과

```
파일에서의 위치를 입력하십시요(0에서 999, 종료 -1): 3
3 위치의 값은 9입니다.
파일에서의 위치를 입력하십시요(0에서 999, 종료 -1): 9
9 위치의 값은 81입니다.
파일에서의 위치를 입력하십시요(0에서 999, 종료 -1): -1
```

프로그램 설명

프로그램은 먼저 배열 table을 생성하고 인덱스를 제곱한 값으로 배열 원소들을 초기화한다. test.dat라는 이름으로 이진 파일을 연다. write()를 이용하여 배열의 내용을 파일에 저장한다. 그리고 파일을 닫는다. 배열 안에는 인덱스를 제곱한 값들이 저장되어 있었기 때문에 파일에도 그 값들이 저장되었을 것이다. 즉, 시작 위치에서 3번째 정수는 9이다. 텍스트 파일이 아니고 이진 파일이기 때문에 정수값들은 문자열로 변환되지 않았다. 각각의 정수값들은 컴퓨터가 정수를 표현하는 방법에 의하여 결정된 32비트 비트 패턴으로 저장되었다. 정수 15는 16진수로 0000000F라는 비트 패턴으로 저장되었을 것이다. 텍스트 파일이라면 '1', '5' 라는 문자열로 저장되었을 것이다. 또한 각 정수값들은 파일에서 정확히 32비트씩 차지한다. 따라서 파일에서 3번째 정수는 파일의 시작 위치에서 3 × 4 바이트 떨어진 위치에 저장된다. 따라서 저장된 정수값들의 위치는 간단하게 계산이 가능하다.

다음 단계로 똑같은 이름의 파일을 이번에는 읽기 모드로 연다. 사용자로부터 인덱스 번호를 입력받아서 그 인덱스 번호에 `int`형의 크기를 곱하여 파일에서의 위치를 계산한다. 이것은 `seekg()`의 `offset` 인수가 바이트 단위이기 때문이다. `seekg()`를 이용하여 파일 위치 표시자를 그 위치로 이동한다. `read()`를 이용하여 그 위치에 있는 하나의 정수를 읽어서 화면에 표시한다. 만약 사용자가 음의 값을 입력하면 반복을 종료한다.

중간점검

1. 파일의 처음으로 파일 위치 표시자를 이동시키는 문장을 작성하라.

2. 파일의 끝으로 파일 위치 표시자를 이동시키는 문장을 작성하라.

EXERCISE
INTRODUCTION TO C++ PROGRAMMING

1. infile 스트림을 통하여 입력 파일을 읽고 outfile 스트림을 통하여 출력 파일에 쓰고자 한다. 다음의 각 단계에 해당되는 문장들을 쓰시오.

❶ 필요한 헤더 파일을 포함한다.

❷ infile과 outfile을 선언한다.

❸ infile 스트림에 "input.txt" 파일을 오픈하여서 연결한다. 오픈이 실패했는지를 검사하라.

❹ outfile 스트림에 "output.txt" 파일을 오픈하여서 연결한다. 오픈이 실패했는지를 검사하라.

❺ infile과 outile 스트림을 닫는다.

2. 파일이 종료되었는지를 알아내는 전형적인 예제 문장을 작성하시오.

❶ 스트림 객체의 eof() 함수를 이용하는 방법

❷ >> 연산자가 반환하는 부울 값을 이용하는 방법

3. 순차 접근 파일과 임의 접근 파일의 차이점은 무엇인가?

4. 파일 포인터를 파일의 맨 처음으로 이동하려면 어떻게 하여야 하는가?

5. 기본 자료형인 int, short, long, float, double형의 데이터를 읽는 문장을 작성해보라. 또 반대로 int, short, long, float, double형의 데이터를 출력하는 문장을 작성해보라.

6. 다음과 같은 파일을 주어진 코드로 처리하는 경우의 화면 출력을 쓰시오.

파일 input.txt

```
1 2 3
4 5
6
```

```
ifstream infile;
infile.open("input.txt");
char c, count = 0;
while(infile >> c)
{
   cout << c << endl;
   if(s == '\n') count++;
}
infile.close();
```

PROGRAMMING
INTRODUCTION TO C++ PROGRAMMING

1. ❶ 정수가 문자열의 형태로 들어있는 파일을 읽어서 오름차순으로 정렬한 다음 정렬된 숫자를 문자열의 형태로 파일에 쓰는 프로그램을 작성하라.

```
127          10
25           25
10     →     127
223          223
...          ...
```

❷ 실수가 저장된 경우에도 정렬이 가능하도록 프로그램을 수정하라.

2. 시저 암호를 구현하여 보자. 로마의 유명한 정치가였던 쥴리어스 시저(Julius Caesar, 100-44 B.C.)는 친지들에게 비밀리에 편지를 보내고자 할 때 다른 사람들이 알아보지 못하도록 문자들을 다른 문자들로 치환하였다. 시저 암호의 규칙을 표로 그려 보면 다음과 같다.

평 문	a	b	c	d	e	f	g	h	i	j	k	l	m	n	o	p	q	r	s	t	u	v	w	x	y	z
암호문	D	E	F	G	H	I	J	K	L	M	N	O	P	Q	R	S	T	U	V	W	X	Y	Z	A	B	C

예를 들어 다음과 같은 평문 "come to me"은 "FRPH WR PH"으로 바뀐다. 시저 암호 방식을 이용하여서 파일을 암호화하고 복호화하는 프로그램을 작성하라.

```
C > Cipher input.txt output.txt [Enter]
시저 암호로 암호화하였습니다.
```

3. 사용자로부터 다음과 같은 형식으로 사용자의 번호, 이름, 전화번호, 이메일 주소 등을 입력받아서 파일로 저장한다. 입력이 끝나면 사용자로부터 번호를 입력받아서 그 번호에 해당하는 전화 번호를 출력하는 프로그램을 작성하라.

번호	이름	전화번호	이메일주소
1	홍길동	011-111-1111	hong@hanmail.net
2	김유신	010-222-2222	kim@hanmail.net

4. 파일에서 특정한 단어를 찾아서 파일 이름과 단어가 위치한 라인 번호를 출력하는 프로그램을 작성하라. 프로그램의 동작 예는 다음과 같다.

```
C > Grep input.txt score Enter
input.txt: 67    int score[100];
input.txt: 120   score[k] = score[i];
...
```

5. 텍스트 파일을 읽어서 앞에 라인 번호를 붙여서 출력하는 프로그램을 작성하라. 라인 번호는 폭이 6이고 오른쪽 정렬되도록 하라.

```
C > Line input.txt Enter
   1:    import java.util.*;
   2:
   3:    public class Test
...
```

6. 텍스트 파일을 입력받아서 파일 안에 포함된 전체 문자수, 단어 수, 문장수를 계산하여 출력하는 프로그램을 작성하라.

```
C > Wc src.txt Enter
문자수: 112398
단어수: 3465
문장수: 543
```

7. 명령어 라인으로 주어진 2개의 텍스트 파일을 합하여 하나의 파일로 만드는 프로그램을 작성하시오.

```
C > Concat src1.txt src2.txt dst.txt Enter
src1.txt와 src2.txt를 합하여 dst.txt를 삭성하였습니다.
```

8. 두개의 텍스트 파일을 비교하여서 일치하는지를 검사하는 프로그램을 작성하시오. 파일 이름은 명령어 라인으로 주어지고 바이트 단위로 비교를 하라.

LAB
INTRODUCTION TO C++ PROGRAMMING

1. 다음과 같은 메뉴를 통하여 회원들의 연락처를 이진 파일에 저장하는 프로그램을 작성하여 보자.

```
메뉴
----------------------
1. 레코드 추가
2. 레코드 탐색
3. 레코드 변경
4. 레코드 삭제
5. 종료
----------------------
번호를 선택하세요: 1
```

❶ 메뉴를 출력하고 사용자로부터 메뉴 번호를 받아서 반환하는 display_menu() 함수를 작성하여 보자.

❷ ❶번 메뉴인 레코드 추가를 구현하여 보자. 입력은 다음과 같이 한다.

```
김철수 0111111111
```

❸ ❷번 메뉴인 레코드 탐색을 구현하여 보자. 사용자로부터 이름을 입력받아서 그 이름에 해당하는 전화번호를 출력하는 코드를 작성하고 테스트하라. seekg()를 이용하여 이진 파일의 처음으로 이동하여서 탐색을 수행한다.

❹ ❸번 메뉴인 레코드 변경을 구현하여 보자. 사용자로부터 이름을 입력받아서 그 이름에 해당하는 전화번호를 새로운 전화번호로 변경하는 코드를 작성하고 테스트하라.

❺ ❹번 메뉴인 레코드 삭제도 구현되어 있지 않다. 사용자로부터 이름을 입력받아서 그 이름에 해당하는 레코드를 삭제한다. 여기서는 이진 파일에서 실제로 삭제하는 것은 아니고 해당 위치에 있는 레코드를 빈 레코드로 대치하도록 한다.

❻ 전체 프로그램을 완성하라.

CHAPTER 16

Introduction to C++ Programming

예외 처리

이 장의 차례

학습목표

- 프로그램 실행 도중에 여러 가지 원인으로 인하여 오류가 발생할 수 있다. 이번 장에서는 예외라는 개념을 사용하여 오류가 발생하더라도 오류를 우아하게 처리할 수 있는 방법을 학습한다.

1. 예외 처리란?

예외

이 세상에 완벽한 프로그램은 없다. 따라서 어떤 프로그램이든지 잘못된 코드, 부정확한 데이터, 예외적인 상황에 의하여 오류(error)가 발생할 수 있다. 예를 들어 0으로 나누는 것과 같은 잘못된 연산을 실행할 수도 있고 배열의 인덱스가 한계를 넘을 수도 있고, 디스크에서는 하드웨어 에러가 발생할 수 있다. 반드시 있어야 할 파일이 없을 수도 있고 네트워크가 다운될 수도 있다. C++에서는 이러한 오류를 예외(cxception)라는 이름으로 부른다. 대개의 경우 오류가 발생하면 프로그램이 종료된다. 그러나 무조건 종료하는 것보다 프로그램에서 오류를 감지하여 우아하게 프로그램을 종료하거나 오류를 처리한 후에 계속 실행할 수 있다면 더 나은 프로그램이 될 수 있다. 이것을 예외 처리(exception handling)라고 한다.

그림 16-1 ● 예외 처리의 개요

예외를 설명하는 예제로 피자 한 판을 여러 명이 나누어 먹는다고 가정하자. 한 사람이 먹을 수 있는 피자 조각 수를 계산하는 프로그램을 작성해보자.

pizza1.cpp

```
#include <iostream>
using namespace std;
int main()
{
   int pizza_slices = 0;
   int persons = -1;
   int slices_per_person=0;

   cout << "피자 조각수를 입력하시오: ";
   cin >> pizza_slices;
   cout << "사람수를 입력하시오: ";
   cin >> persons;
   slices_per_person = pizza_slices / persons;
   cout << "한사람당 피자는 " << slices_per_person << "입니다." << endl;

   return 0;
}
```

실행결과

```
피자 조각수를 입력하시오: 12
사람수를 입력하시오: 4
한사람당 피자는 3입니다.
계속하려면 아무 키나 누르십시오 . . .
```

위의 프로그램은 사용자가 정상적인 값을 입력하면 아무런 문제가 없다. 그러나 만약 사용자가 사람 수를 0으로 입력하면 어떻게 되는가? 12를 0으로 나누게 되어서 프로그램이 실행 오류를 일으키면서 중단된다. 따라서 사람 수가 0이 아닌지를 항상 체크하여야 한다. 이 문제를 먼저 전통적인 오류 처리 방식으로 처리하여 보자.

전통적인 오류 처리 방식

전통적인 오류 처리 방식은 if-else를 사용하여서 조건을 검사하는 것이다. 일단 사람 수가 0이면 오류 메시지를 출력한다. 사람 수가 0이 아니면 피자 조각 수를 사람 수로 나누어서 출력한다.

pizza2.cpp

```
#include <iostream>
using namespace std;
int main()
{
   int pizza_slices = 0;
   int persons = -1;
   int slices_per_person=0;

   cout << "피자 조각수를 입력하시오: ";
   cin >> pizza_slices;
   cout << "사람수를 입력하시오: ";
   cin >> persons;

   if (persons == 0) {
      cout << "사람이 0명 입니다. " << endl;
   } else {
      slices_per_person = pizza_slices / persons;
      cout << "한사람당 피자는 " << slices_per_person << "입니다." << endl;
   }
   return 0;
}
```

실행결과

```
피자 조각수를 입력하시오: 12
사람수를 입력하시오: 0
사람이 0명 입니다.
계속하려면 아무 키나 누르십시오 . . .
```

하지만 이러 방식의 경우, 검사해야하는 조건이 많아지면 상당히 복잡해지고 동시에 어떤 코드가 정상적인 실행이고 어떤 코드가 오류 처리 코드인지를 구별하기 힘들다. 우리의 피자 프로그램에서도 체크해야 할 것은 더 있다. 피자 조각이 0이나 음수이면 나눌 필요가 없다. 또한 사람 수가 음수이어도 안 된다. 이것을 다 처리하려면 프로그램이 다음과 같이 수정되어야 한다. 따라서 조사해야 하는 예외가 많아지면 더 좋은 방법이 필요하다.

```
if (pizza_slices < 0) {
    cout << "피자 조각이 음수임 ";
} else if (pizza_slices == 0) {
    cout << "피자 조각이 0임 ";
} else {
    if (persons == 0) {
        cout << "사람이 0명 입니다. " << endl;
    } else if (persons < 0) {
        cout << "사람이 음수입니다. " << endl;
    } else {
        slices_per_person = pizza_slices / persons;
        cout << "한사람당 피자는 " << slices_per_person << "입니다." << endl;
    }
}
```

그리고 함수 안에서 오류가 발생하면 보통 함수의 반환값으로 오류가 일어났음을 알리게 된다. 하지만 이런 방법은 함수의 반환값을 다른 용도로 사용할 수 없게 한다.

버그와 예외

여기서 한 가지 주의할 점은 버그와 예외는 구별하여야 한다. 실행 도중에 버그로 인해서도 실행 오류가 발생할 수 있지만 이러한 버그는 개발 과정에서 모두 수정되어야 한다. C++에서는 버그에 의한 실행 오류도 예외로 취급하지만 진정한 의미에서의 예외는 우리가 예상하였던 상황이 아닌 경우를 의미한다. 예를 들면 반드시 존재하여야 하는 파일이 없거나 인터넷 서버가 다운된 경우 등을 진정한 의미에서의 예외라고 할 수 있다.

중간점검

1. 예외는 어떤 경우에 발생하는가?

2. 예외를 처리하는 경우와 처리하는 않은 경우를 비교해보자. 장점은 무엇인가?

2. 예외 처리기

그동안 예외 처리 과정을 개선하기 위한 많은 노력들이 있어 왔다. C++에서는 언어 차원에서 예외 처리 형식을 제공한다. C++ 예외 처리는 try, throw, catch의 키워드를 사용한다. 예외 처리기의 기본 형식은 다음과 같다.

```
try {
   // 예외가 발생할 수 있는 코드
   if(예외 조건)
      throw 예외;
} catch (타입  매개변수) {
   // 예외를 처리하는 코드
}
```

먼저 try 블록에는 예외가 발생할 가능성이 있는 문장이 들어간다. 만약 예외 조건이 감지되면 throw 문장이 실행되어 예외를 던진다. 보통 예외가 발생되었다는 것을 예외를 던진다고 표현한다. throw 키워드 뒤에 던져질 예외를 적는다. 예외가 던져지면 이 예외를 처리하는 catch문으로 점프한다. 이 경우, throw 문장 밑에 위치한 코드들은 실행되지 않는다.

catch 블록에서는 던져진 예외를 받아서 처리한다. catch 뒤에는 자신이 처리할 수 있는 예외의 타입을 지정하고 그 예외를 처리하기 위한 코드가 들어간다.

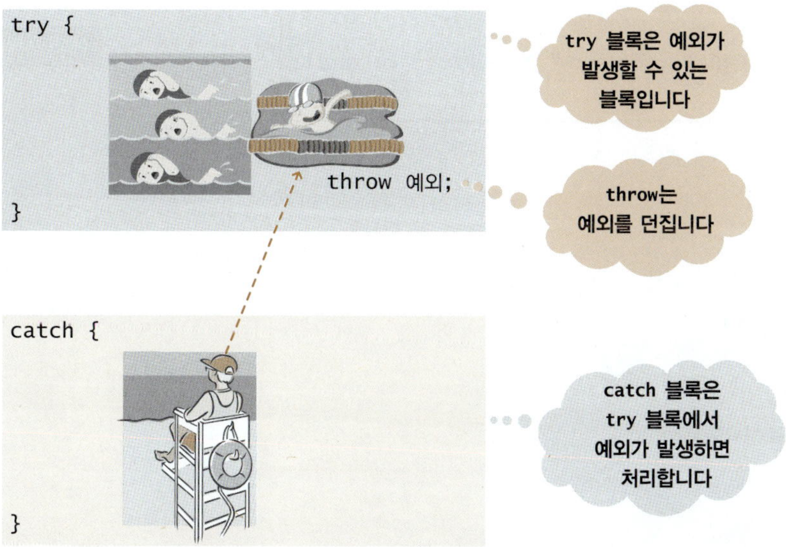

그림 16-2 ● try 블록은 예외가 발생할 수 있는 위험한 코드이고 catch 블록은 예외를 처리하는 코드이다

피자 예제에서 발생할 수 있는 예외를 try 블록과 catch 블록을 이용하여 처리해보자.

pizza3.cpp

```
#include <iostream>
using namespace std;
int main()
{
    int pizza_slices = 0;
    int persons = -1;
    int slices_per_person=0;

    try
    {
        cout << "피자 조각수를 입력하시오: ";
        cin >> pizza_slices;
        cout << "사람수를 입력하시오: ";
        cin >> persons;

        if (persons == 0)
            throw persons;
        slices_per_person = pizza_slices / persons;
        cout << "한사람당 피자는 " << slices_per_person << "입니다." << endl;
    }
    catch(int e)
    {
        cout << "사람이 " << e << " 명 입니다. " << endl;
    }
    return 0;
}
```

예외 발생 (throw persons;)

예외 처리 (catch 블록)

정상적인 실행결과

```
피자 조각수를 입력하시오: 12
사람수를 입력하시오: 4
한사람당 피자는 3입니다.
계속하려면 아무 키나 누르십시오 . . .
```

예외 발생 실행결과

```
피자 조각수를 입력하시오: 12
사람수를 입력하시오: 0
사람이 0 명 입니다.
계속하려면 아무 키나 누르십시오 . . .
```

여기서는 예외가 발생했을 경우, 단순히 경고 메시지를 출력하고 프로그램은 정상적으로 계속된다. 그리 간단히 보이지는 않지만 적어도 try와 catch 블록에 의하여 정상적인 실행과 예외 처리가 더 확실하게 구분되었다.

try/catch 블록에서의 실행 흐름

try/catch 블록에서 예외가 발생하는 경우와 발생하지 않는 경우의 실행 흐름을 비교하여 보자. 먼저 예외가 발생하지 않는 경우에는 catch 블록의 코드는 실행되지 않고 catch 블록의 아래에 있는 코드가 실행된다. 반면에 예외가 발생한 경우에는 catch 블록의 코드가 실행되고 이어서 다음 코드가 실행된다.

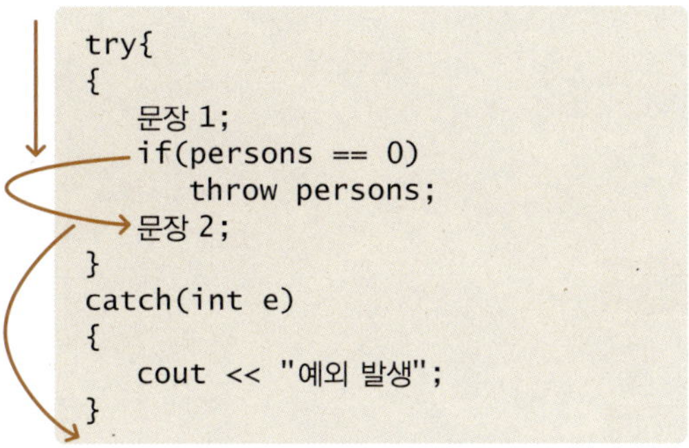

예외가 발생하지 않은 경우

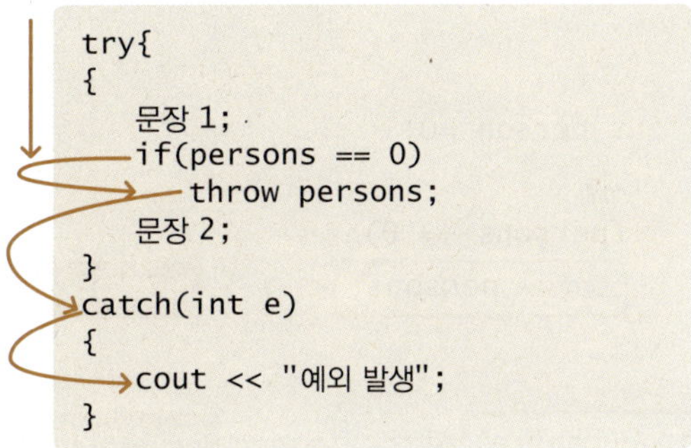

예외가 발생하는 경우

그림 16-3 ● try/catch 블록에서의 실행 흐름

catch 블록의 매개 변수

위의 예제에서도 알 수 있듯이 catch 블록은 함수는 아니지만 매개 변수를 가지고 있다는 점에서 함수와 상당히 유사하다. catch 블록을 흔히 예외 처리기(exception handler)라고 불리는 것에도 알 수 있다. 아래 코드에서 catch 블록의 매개 변수 e의 역할을 살펴보자.

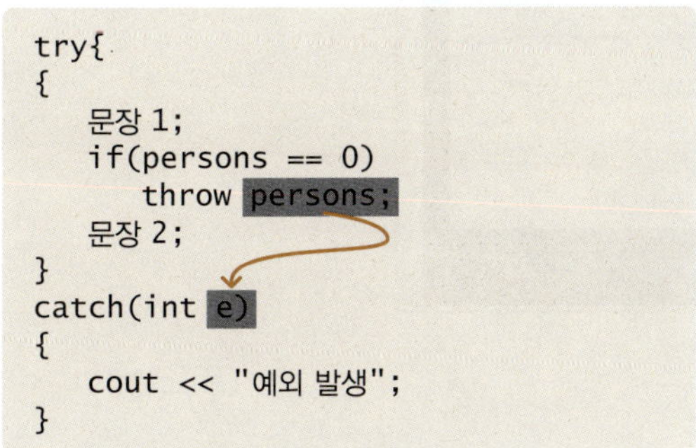

예외 처리기의 매개 변수

그림 16-4 ● catch 블록의 매개 변수

위의 코드에서 e는 함수의 매개 변수와 같은 역할을 한다. throw 문장에서 던진 값이 바로 매개 변수 e를 통하여 예외 처리기로 전달되는 것이다. 어떤 타입도 가능하므로 다양한 타입을 사용할 수 있다. 예제 코드에서처럼 정수 타입일 수도 있고 문자열, 만약 예외 정보가 복잡하다면 클래스 타입도 가능하다. 보통 매개 변수는 예외에 대한 추가 정보를 전달한다.

타입이 일치되는 예외만 처리된다

한 가지 주의할 점은 throw에서 던진 값의 타입과 catch 블록의 매개 변수의 타입이 일치해야만 예외가 처리된다. 예를 들어서 앞의 프로그램에서 예외 처리기 블록이 catch(char e)로 선언되어 있다면 예외가 처리되지 않는다.

```
try
{
   int person =0;
   ...
   if(persons == 0)
      throw persons;   <----- int 타입으로 예외 발생
   ...
}
catch(char e)   <----------- char 타입의 예외만 처리
{
   cout << "사람이 " << e << " 명 입니다. " << endl;
}
```

예외 발생 실행결과

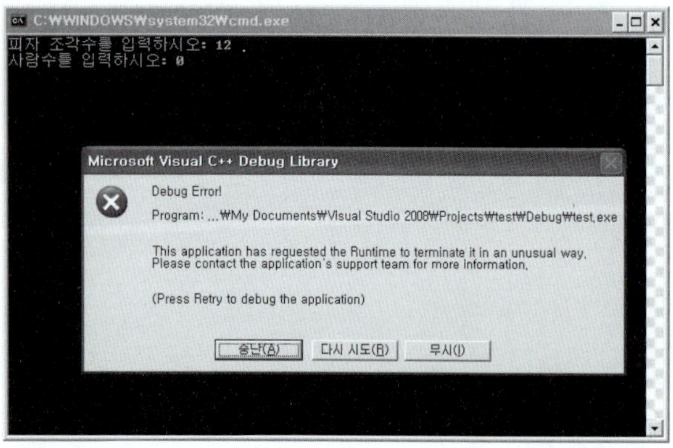

만약 발생하고 싶은 모든 예외를 잡고 싶으면 매개 변수를 ...로 표시하면 된다.

```
catch(...)
{
    // 모든 예외를 잡아서 처리할 수 있다
}
```

중간점검

1. try 블록에서 예외가 발생한 지점 이후의 문장들은 실행되는가?
2. catch 블록에서 모든 예외를 다 잡으려면 매개 변수를 어떻게 정의하는가?

3. 예외 전달

예외는 함수 범위를 넘어서 전달될 수 있다. 실제로 만약 함수 안에서 예외가 처리되지 않으면 예외는 상위 함수로 넘어간다. 던져진 예외를 처리할 때까지 함수 호출 체인을 따라가면서 예외의 타입과 같은 예외 처리기를 찾는다.

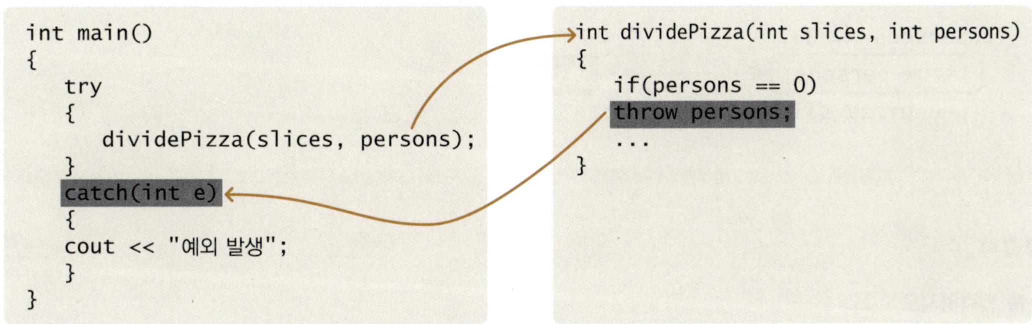

그림 16-5 ● 예외는 함수를 넘어서 전달될 수 있다

우리의 피자 나누기 프로그램에 이것을 적용하여 보면 다음과 같다.

pizza4.cpp

```
#include <iostream>
using namespace std;
int dividePizza(int pizza_slices, int persons);

int main()
```

```
{
    int pizza_slices = 0;
    int persons = 0;
    int slices_per_person=0;

    try
    {
        cout << "피자 조각수를 입력하시오: ";
        cin >> pizza_slices;
        cout << "사람수를 입력하시오: ";
        cin >> persons;
        slices_per_person =dividePizza(pizza_slices, persons);
        cout << "한사람당 피자는 " << slices_per_person << "입니다." << endl;
    }
    catch(int e)
    {
        cout << "사람이 " << e << " 명 입니다. " << endl;
    }
    return 0;
}
int dividePizza(int pizza_slices, int persons)
{
        if(persons == 0)
            throw persons;
        return pizza_slices / persons;
}
```

예외 처리

예외 발생

정상적인 실행결과

```
피자 조각수를 입력하시오: 12
사람수를 입력하시오: 4
한사람당 피자는 3입니다.
계속하려면 아무 키나 누르십시오 . . .
```

예외 발생 실행결과

```
피자 조각수를 입력하시오: 12
사람수를 입력하시오: 0
사람이 0  명 입니다.
계속하려면 아무 키나 누르십시오 . . .
```

만약 예외 처리기 안에서 자신을 호출한 함수에게 예외를 다시 보내주고 싶으면 다음과 같이 인자 없이 throw 문장을 작성하면 된다. 예를 들어서 위의 프로그램에서 dividePizza() 함수 안에서도 예외를 처리하고 또 main()에도 같은 예외를 전달하려면 다음과 같이 한다.

```
int dividePizza(int pizza_slices, int persons)
{
    try
    {
        if(persons == 0)
            throw persons;
        return pizza_slices / persons;
    }
    catch(int e)
    {
        cout << "사람이 " << e << " 명 입니다(dividePizza). " << endl;
        throw;
    }
}
```

(throw persons; ← 예외를 다시 생성한다)

예외 발생 실행결과

```
피자 조각수를 입력하시오: 12
사람수를 입력하시오: 0
사람이 0 명 입니다(dividePizza).
사람이 0 명 입니다.
계속하려면 아무 키나 누르십시오 . . .
```

헤더에서 예외 명시

만약 함수 안에서 발생된 예외를 즉시 처리하지 않는다면 예외를 던질 수 있음을 경고해주는 것이 좋다. 이것은 함수 헤더 정의 부분에서 이루어진다.

```
int dividePizza(int s, int p) throw ()       // 예외를 던지지 않는다
int dividePizza(int s, int p) throw (..)     // 예외를 던진다(타입은 지정하지 않음)
int dividePizza(int s, int p) throw (int)    // int타입의 예외를 던진다
int dividePizza(int s, int p) throw (int, double)    // int 또는 double 타입의
                                                        예외를 던진다.
```

함수 헤더에 예외를 던질 수 있다고 명시하는 것이 의무사항은 아니다. 그렇지만 프로그램의 쉬운 이해를 위하여 명시하는 것이 좋다.

만약 예외가 처리되지 않으면

만약에 어떤 함수에서도 예외가 처리되지 않으면 어떻게 되는가? 이런 경우에는 시스템 라이브러리 함수인 abort()가 호출되어서 프로그램을 종료하게 된다.

중간점검

1. 예외를 처리했지만 호출한 함수에게도 예외를 보내줄 수 있는가?
2. 예외는 3개의 함수를 거쳐서도 전달될 수 있는가?

4. 다중 catch 문장

하나의 try 블록에서는 여러 개의 throw 문장을 가질 수 있다. 각각의 throw 문장은 타입이 다른 값을 던질 수 있다. 만약 여러 가지 타입의 값을 처리하려면 여러 개의 catch 블록을 두어야 한다. 예를 들어서 피자 나누기 예제에서 사람 수가 0이 될 수도 있고 사람 수가 음수가 될 수도 있다. 이것을 구분하여서 처리하려면 다음과 같이 두 개의 catch 블록을 정의하여야 한다.

pizza5.cpp

```
#include <iostream>
using namespace std;

int main()
{
   int pizza_slices = 12;
   int persons = 0;
   int slices_per_person=0;

   try {
      cout << "피자 조각수를 입력하시오: ";
      cin >> pizza_slices;
      cout << "사람수를 입력하시오: ";
      cin >> persons;

      if(persons < 0) throw "negative";          // 예외 발생!
      if(persons == 0) throw persons;            // 예외 발생!
      slices_per_person = pizza_slices / persons;
```

```
        cout << "한사람당 피자는 " << slices_per_person << "입니다." << endl;
    }
    catch(const char *e) {
        cout << "오류: 사람수가 " << e << "입니다" << endl;
    }
    catch(int e) {
        cout << "오류: 사람이 " << e << " 명입니다." << endl;
    }
    return 0;
}
```

char* 타입의 예외만 처리

int 타입의 예외만 처리

예외 발생 실행결과

```
피자 조각수를 입력하시오: 12
사람수를 입력하시오: 0
사람이 0 명 입니다.
계속하려면 아무 키나 누르십시오 . . .
```

구체적인 예외를 먼저 잡는다

여러 개의 예외를 잡을 수도 있다. 이런 경우에는 보다 구체적인 예외를 먼저 잡아야 한다.

```
try {
    getIput();
}
catch(TooSmallException e) {
    //TooSmallException만 잡힌다
}
catch(...) {
    //TooSmallException을 제외한 나머지 예외들이 잡힌다
}
```

만약 이것을 반대로 하면 두 번째 catch 블록은 아무것도 잡아내지 못한다.

```
try {
    getInput();
}
catch(...) {
    //모든 예외들이 잡힌다
}
catch(TooSmallException e) {
    //아무 것도 잡히지 않는다!
}
```

따라서 구체적인 예외를 먼저 쓰고 일반적인 예외는 나중에 쓰는 것이 좋다. 즉 catch 블록을 사용할 때는 범위가 작은 것에서부터 큰 것 순서로 작성하여야 한다.

중간점검

1. 발생된 예외와 catch 블록의 매개 변수는 어떤 규칙에 의하여 매칭되는가?
2. 어떤 타입이라도 catch 블록의 매개 변수로 지정할 수 있는가?

5. 자신의 예외 클래스를 작성하는 방법

throw 문장은 어떤 타입의 값도 던질 수 있다. 따라서 클래스 타입의 객체도 던질 수 있다. 흔히 예외에 대한 정보를 묶어서 클래스로 정의하고 이 클래스의 객체를 던진다. 또 예외를 나타내는 클래스를 정의하게 되면 예외를 각 유형별로 분류하여서 정리할 수 있다는 장점도 있다.

예외 클래스도 단지 하나의 클래스에 불과하다. 차이점은 예외 클래스는 예외 처리에 사용된다는 것뿐이다. 다른 클래스와 전적으로 동일하다. 다음 코드는 예외 클래스를 정의하는 하나의 예를 보여준다. 가장 큰 차이점은 throw 문장이 다음과 같이 객체를 던진다는 점이다.

```
throw NoPersonException(persons);
```

NoPersonException(persons)은 NoPersonException 클래스의 생성자를 호출한다. 생성자는 사용자가 입력한 사람 수를 받아서 객체를 생성하고 이 객체는 던져진다.

pizza6.cpp

```
#include <iostream>
using namespace std;


class NoPersonException
{
public:
   NoPersonException();
   NoPersonException(int p) { persons = p; };
   int get_persons() { return persons; };
private:
   int persons;
```

```
};

int main()
{
   int pizza_slices = 12;
   int persons = -1;
   int slices_per_person=0;

   try {
      cout << "피자 조각수를 입력하시오: ";
      cin >> pizza_slices;
      cout << "사람수를 입력하시오: ";
      cin >> persons;
      if(persons <= 0) throw NoPersonException(persons);          // 예외 발생!
      slices_per_person = pizza_slices / persons;
      cout << "한사람당 피자는 " << slices_per_person << "입니다." << endl;
   }
   catch (NoPersonException e)
   {
      cout << "오류: 사람이 " << e.get_persons() << "명 입니다" << endl;
   }
   return 0;
}
```

예외 발생 실행결과

```
피자 조각수를 입력하시오: 12
사람수를 입력하시오: 0
사람이 0 명 입니다.
계속하려면 아무 키나 누르십시오 . . .
```

상속 관계에 있는 예외 클래스

만약에 예외를 나타내는 클래스 간에 상속 관계가 있고 catch 블록에서 레퍼런스 타입으로 예외 객체를 잡는다면 주의하여야 한다. 만약 매개 변수를 부모 클래스의 레퍼런스 타입으로 지정하면 상속에서 학습한 바와 같이 자손 클래스의 객체들을 모두 잡을 수 있다.

예를 들어서 간단한 예제를 생각하여 보자. ParentException 클래스와 ChildException 클래스 사이에는 상속 관계가 있다.

pizza7.cpp

```
#include <iostream>
using namespace std;

class ParentException
{
public:
   void display() { cout << "ParentException" << endl; }
};
class ChildException : public ParentException
{
public:
   void display() { cout << "ChildException" << endl; }
};

int main()
{
   try {
      throw ChildException();
   }
   catch (ParentException& e)
   {
      e.display();
   }
   catch (ChildException& e)
   {
      e.display();
   }
   return 0;
}
```

상속

부모 클래스의 객체와 자식 클래스의 객체를 모두 잡는다

예외 발생 실행결과

```
ParentException
계속하려면 아무 키나 누르십시오 . . .
```

코드에서는 분명히 ChildException 클래스의 객체를 생성하여 던졌지만 catch 블록에서는 ParentException에서 붙잡히게 된다. 왜 그런가? 다형성에 따르면 부모 클래스의 레퍼런스

는 자식 클래스의 객체를 받을 수 있다. 따라서 catch 블록에서는 자식 클래스의 레퍼런스를 더 위에 배치하는 것이 일반적이다.

중간점검

1. catch 블록의 매개 변수를 레퍼런스로 정의하게 되면 어떤 경우에 유용한가?
2. 클래스 A의 객체를 매개 변수로 받는 catch 블록을 정의하여 보라.

EXERCISE
INTRODUCTION TO C++ PROGRAMMING

1. 프로그램 실행 도중에 발생할 수 있는 예외 상황을 다음과 같은 카테고리로 분류하여 예를 하나씩 들어보시오.

❶ 사용자 입력 오류

❷ 장치 오류

❸ 물리적인 한계로 인한 오류

❹ 소프트웨어 컴포넌트 오류

2. 예외를 처리하는 다양한 방법들을 정의하여서 장단점을 비교하여 보자.

	사용예	장단점
오류 메시지를 출력하는 방법	`if( persons < 0 )` `cout << "오류발생\n"`	
특별한 반환값을 이용하는 방법	`if( persons < 0 )` `return -1;`	
외부의 플래그 변수를 이용하는 방법	`if( persons < 0 )` `errno = 21;`	
assert 문장을 이용하는 방법	`assert( persons >= 0 );`	
try-catch 구조를 이용하는 방법		

3. 회사에서 월급에 대한 세금을 계산하는 다음과 같은 함수가 있다고 하자. 이 함수에 예외 처리를 추가하여 보자.

```
double getTax(int salary, double rate)
{
   return salary * rate;
}
```

4. 다음 코드에서는 왜 try 블록에서 던져진 예외를 catch 블록에서 잡을 수 없는가?

```
try
{
```

```
    ...
    throw "하드 디스크가 가득 찼습니다.";
}
catch(string s)
{
    cerr << s << "\n";
}
```

5. 다음 코드에서 논리적으로 잘못된 부분을 지적하시오.

```
try
{
    ...
}
catch(...)
{
    ...
}
catch(logic_error& e)
{
    ...
}
```

6. process()라는 함수가 문자열 타입의 예외를 발생하고 이것을 main()에서 처리한다고 가정하자. 다음의 빈칸을 채우시오.

```
int main()
{
    try{
        process();
    }
    catch(__________________){
        ...
    }
}
void process()
{
    __________________; //예외를 발생한다
}
```

7. 다음의 문장의 의미를 설명하라.

❶ `void sub() throw (int);`

❷ `void sub() throw (int, const char *);`

❸ `void sub() throw ();`

❹ `void sub() throw (MyApplicationError);`

PROGRAMMING

INTRODUCTION TO C++ PROGRAMMING

1. 배열을 나타내는 SafeArray 클래스를 작성하여 보자. SafeArray는 기존의 배열을 향상시킨 것으로 사용자가 잘못된 인덱스로 요소에 접근하는 경우에 예외를 발생한다. SafeArray 클래스의 [] 연산자를 중복 정의하고 이 연산자 함수에서 매개 변수로 전달된 인덱스가 잘못된 경우에 예외를 발생한다. SafeArray 객체를 main() 안에서 생성하여서 테스트하라. try/catch 블록을 이용하여서 예외를 처리하도록 하라.

2. 은행 예금을 나타내는 BankAccount 클래스를 작성한다. BankAccount는 잔액(balance)을 나타내는 멤버 변수를 가지며 입금을 나타내는 deposit()과 출금을 나타내는 withdraw()를 멤버 함수로 가진다. 기타 필요한 생성자, 설정자, 접근자를 추가하라. withdraw()에서는 인출 금액이 잔액보다 크면 NegativeBalance라는 이름의 예외를 발생하도록 하라. NegativeBalance는 별도의 클래스로 정의한다. BankAccount 객체를 main() 안에서 생성하여서 테스트하라. try/catch 블록을 이용하여서 예외를 처리하도록 하라.

3. 스택(stack)은 먼저 들어온 요소가 먼저 나가는 자료 구조이다. 정수들이 저장된 Stack 클래스를 가정하자. Stack은 정수들이 저장된 배열을 멤버 변수로 가진다. Stack은 데이터를 추가하는 push()와 스택에서 데이터를 삭제하는 pop() 연산을 가진다. 만약 pop() 연산이 호출되었는데 데이터가 없으면 "Stack Underflow"라는 예외를 발생하라. 반대로 데이터가 가득찬 상황에서 push()가 호출되면 "Stack Overflow"라는 예외를 발생하라. Stack 객체를 main() 안에서 생성하여서 테스트하라. try/catch 블록을 이용하여서 예외를 처리하도록 하라.

4. 성적을 처리하는 클래스 ProcessScore를 작성하라. ProcessScore의 생성자에서 성적이 들어 있는 배열을 매개 변수로 받아서 평균을 구한다. 만약 성적이 음수이면 IllegalScore 예외를 발생한다. ProcessScore 객체를 main() 안에서 생성하여서 테스트하라. try/catch 블록을 이용하여서 예외를 처리하도록 하라.

5. 숫자를 저장하고 있는 배열을 받아서 지정된 숫자를 찾는 SearchArray 클래스를 작성하라. 만약 배열 안에 원하는 숫자가 없으면 NotFound 예외를 발생한다. NotFound 클래스를 별도로 정의한다. SearchArray 객체를 main() 안에서 생성하여서 테스트하라. try/catch 블록을 이용하여서 예외를 처리하도록 하라.

LAB
INTRODUCTION TO C++ PROGRAMMING

1. 다음 프로그램을 입력하여 컴파일하고 실행하라.

```
#include <iostream>
using namespace std;

void check(int number){
   if(number < 0) throw number; //정수형의 예외를 발생한다
}
int main() {
   int n;
   cout << "인원수를 입력하시요: ";
   cin >> n;
   check(n);
   return 0;
}
```

❶ 위의 프로그램에서 사용자가 −1을 입력하면 어떻게 되는가?

❷ check() 함수 안에서 try/catch 블록을 이용하여서 발생되는 예외를 check() 안에서 처리하여 보라.

❸ check() 함수 안에서 예외를 처리한 후에 다시 예외를 발생시키도록 하라.

❹ main() 함수 안에서 먼저 정수형의 예외를 처리하고 나머지 예외를 다음에 처리하도록 try/catch 블록을 작성하라.

❺ MyApplication 클래스를 작성하여서 예외가 발생되면 이 클래스의 객체를 던지도록 프로그램을 변경하여 보자. MyApplication 클래스는 예외에 대한 정보를 저장하도록 설계한다.

2. 사용자가 입력한 값들을 크기가 10인 배열에 저장하여서 이 값들의 평균값을 계산하는 프로그램을 작성하여 보자. 평균값을 구하는 코드는 getAverage()라는 함수로 독립시킨다. 작성 과정에서 발생할 수 있는 다음과 같은 예외들을 모두 처리하도록 프로그램하라.

- 분모가 0인 경우
- 배열의 크기가 음수인 경우
- 배열 인덱스가 범위를 넘은 경우
- 포인터가 NULL인 경우

CHAPTER 17

템플릿

이 장의 차례

학습목표

- C++는 template라는 키워드를 사용하여 매개 변수 다형성(parametric polymorphism)을 제공한다. 매개 변수 다형성이란 동일한 코드가 여러 가지 타입에 대하여 사용될 수 있음을 의미한다. 일반화 프로그래밍을 학습하여 보자.

1. 함수 템플릿

템플릿(template)이란 물건의 본을 떠 놓은 것으로서 물건을 만들 때 사용되는 틀이나 모형을 의미한다. 예를 들면 여러 가지 도형을 그리기 위한 모양자를 템플릿이라 할 수 있다. 템플릿이 있으면 복잡한 도형을 쉽게 그릴 수 있다.

C++에서도 하나의 형틀을 만들어서 다양한 코드를 생산해 내도록 할 수 있는데 이것을 템플릿이라고 한다. 함수 템플릿(function template)은 함수를 찍어내기 위한 형틀이다. 예를 들어서 두 수 중에서 최대값을 구하는 함수를 살펴보자.

```
int get_max(int x, int y)
{
   if(x > y) return x;
   else return y;
}
```

위의 함수는 `int` 타입에 대해서만 적용할 수 있다. 만약 `float` 타입에 대하여 최대값을 구하려면 어떻게 하여야 하는가? 템플릿을 사용하지 않는다면 함수를 하나 더 작성하여야 한다.

```
float get_max(float x, float y)
{
    if(x > y) return x;
    else return y;
}
```

위에서 두 개의 중복 정의된 함수 get_max()를 비교하여 보자. 핵심적인 부분은 완전히 동일하다. 하지만 달라지는 것은 매개 변수의 타입뿐이다. 따라서 중복되는 코드가 많아서 상당히 비효율적임을 알 수 있다. 만약 추가적으로 char형이나 double형의 변수의 최대값을 구하는 함수가 필요하면 어떻게 할 것인가? 역시 매개 변수의 타입만 변경한 함수를 작성하여야 한다.

```
_____ get_max(___x, ___y)
{
    if(x > y) return x;
    else return y;
}
```

```
int get_max(int x, int y)
{
    if(x > y) return x;
    else return y;
}
```

그림 17-1 • 제네릭 프로그래밍의 개념

일반화 프로그래밍(generic programming)은 이러한 문제를 해결하기 위하여 제안되었다. 일반화 프로그래밍은 용어 그대로 일반적인 코드를 작성하고 이 코드를 정수나 문자열과 같은 다양한 타입의 객체에 대하여 재사용하는 프로그래밍 기법이다. 일반화 프로그래밍을 사용하면 하나의 코드로 정수와 실수 둘 다 처리할 수 있다. 앞의 get_max() 함수를 일반화 프로그래밍을 적용하여서 함수 템플릿으로 다시 작성하여 보면 다음과 같다.

```
template <typename T>
T get_max(T x, T y)
{
    if(x > y) return x;
    else return y;
}
```

위의 코드를 살펴보면 데이터 타입이 변수처럼 표기되어 있음을 알 수 있다. T 대신에 int를 넣으면 정수 변수값 중에서 최대값을 구할 수 있는 함수가 되고 T 대신에 `float`를 넣으면 실수 변수값 중에서 최대값을 구할 수 있는 함수가 된다.

아래의 문장은 T가 타입의 이름으로 사용된다는 것을 컴파일러에게 알려주기 위한 문장이다. 만약 아래의 문장이 없다면 컴파일 오류가 발생할 것이다.

```
template <typename T>
```

위와 같은 템플릿 함수 정의는 실제 함수를 정의한 것은 아니다. 함수를 생성하는 틀만 정의한 것이다. 실제 함수는 함수를 호출하는 순간에 생성된다. 즉, 템플릿에 주어진 매개 변수의 타입에 따라 적절한 함수가 생성되는 것이다. 예를 들어 다음과 같은 매개 변수를 전달하여 보자.

```
int x=20, y=30;
get_max(x, y);        // 이때에 실제 함수가 작성된다
```

`get_max()`를 호출할 때에 정수형 변수를 인자로 전달하면 T가 `int`형으로 결정되고 T 대신에 `int`가 들어간 함수가 생성된다. 만약 `get_max()`를 호출할 때에 `double`형 변수를 인자로 전달하면 T가 `double`형으로 결정되고 T 대신에 `double`이 들어간 함수가 생성된다. 이것을 템플릿 함수의 인스턴스화라고 한다. 템플릿 함수에는 정수형이나 실수형뿐만 아니라 구조체나 클래스 타입도 인자로 전달할 수 있다.

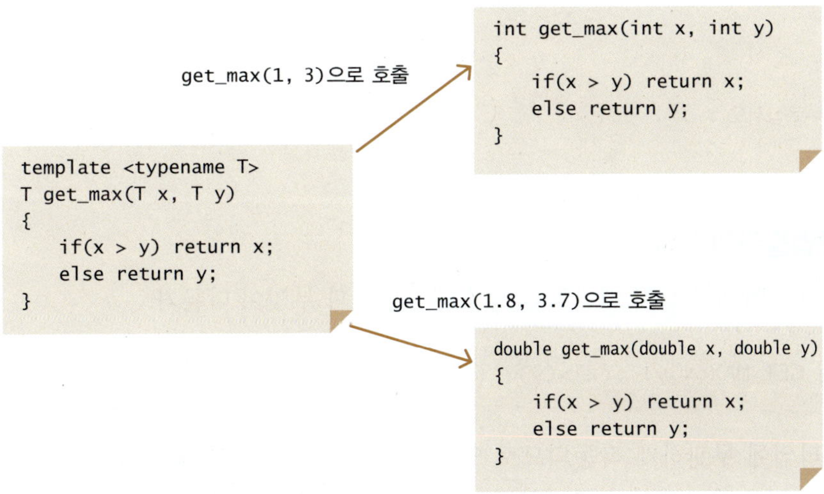

그림 17-2 ● 템플릿 함수

get_max.cpp

```cpp
#include <iostream>
using namespace std;

template <typename T>
T get_max(T x, T y)
{
   if(x > y)    return x;
   else return y;
}

int main()
{
   // 아래의 문장은 정수 버전 get_max()를 호출한다
   cout << get_max(1, 3) << endl;

   // 아래의 문장은 실수 버전 get_max()를 호출한다
   cout << get_max(1.2, 3.9) << endl;

   return 0;
}
```

실행결과

```
3
3.9
계속하려면 아무 키나 누르십시오 . . .
```

다른 방법들과의 비교

함수 템플릿은 아래와 같이 매크로를 사용하는 방법과 무엇이 다른가?

```cpp
#define GET_MAX(x,y) ((x)>(y)? (x): (y))
```

매크로도 타입에 무관하게 작동되므로 일반화 프로그래밍의 한 형태이다. 매크로를 정의하여 사용하는 것은 유용하지만 완벽하게 타입에 안전한 방법은 아니다. 매크로를 사용하는 것에 따른 문제점은 매개 변수가 여러 번 계산될 수 있다는 것이다. 또한 사용자는 타입의 변환이 부적절한데도 불구하고 타입을 혼합하여 사용할 수 있다.

함수 템플릿의 특수화(template specialization)

함수 템플릿을 정의하고 사용하다가 특수한 매개 변수에 대해서만 다른 동작을 하고 싶은 경우에는 템플릿 특수화 기능을 사용할 수 있다. 예를 들어서 아래와 같은 코드에서 배열 원소의 타입이 char인 경우에는 문자열로 출력하고 싶다고 가정하자. 이런 경우는 template <>을 사용하면 된다.

```
template <typename T>                  // 함수 템플릿으로 정의
void print_array(T[] a, int n)
{
   for(int i=0;i<n; i++)
      cout << a[i] << " ";
   cout << endl;
}
```

템플릿 특수화

```
template <>    // 템플릿 특수화
void print_array(char[] a, int n) // 매개 변수가 char인 경우에는 이 함수가 호출된다
{
   cout << a << endl;
}
```

함수 템플릿과 함수 중복

함수 템플릿은 특정한 경우에는 동작하지 않을 수 있다. 매개 변수를 서로 교환하는 함수 템플릿 swap_values()를 살펴보자.

```
template <typename T>
void swap_values(T& x, T& y)
{
   T  temp;
   temp = x;
   x = y;
   y = temp;
}
```

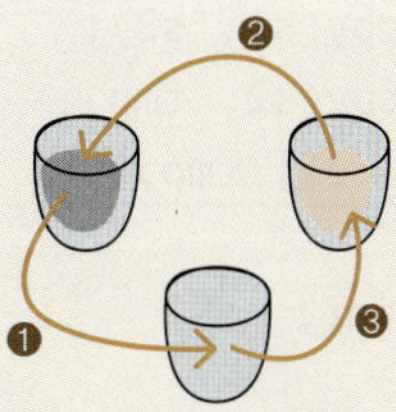

함수 템플릿 swap_values()는 int와 같은 기본 타입에서 잘 동작한다.

```
int x, y;
swap_values(x, y);                     // x, y가 모두 int 타입 - OK!
```

그러나 만약 문자 배열이 매개 변수로 전달된다면 잘못된 결과가 발생한다.

```
char s1[100], s2[100];
swap_values(s1, s2);                // s1, s2가 모두 배열 - Error!
```

배열에 대해서도 swap_values()가 동작되게 하려면 다음과 같이 swap_values()를 함수 중복을 사용하여서 정의하여야 한다.

swap_values.cpp

```
#include <iostream>
using namespace std;

template <typename T>
void swap_values(T& x, T& y)
{
   T  temp;
   temp = x;
   x = y;
   y = temp;
}
void swap_values(char* s1, char* s2)
{
   int  len;

   len = (strlen(s1) >= strlen(s2)) ? strlen(s1) : strlen(s2);
   char* tmp = new char[len + 1];

   strcpy(tmp, s1);
   strcpy(s1, s2);
   strcpy(s2, tmp);
   delete[] tmp;
}
int main()
{
   int x = 100, y = 200;
   swap_values(x, y);            // x, y가 모두 int 타입 - OK!
   cout << x << " " << y << endl;

   char s1[100] = "This is a first string";
   char s2[100] = "This is a second string";
   swap_values(s1, s2);          // s1, s2가 모두 배열 - 중복 함수 호출
   cout << s1 << " " << s2<< endl;
   return 0;
}
```

함수 템플릿

함수 중복

실행결과

```
200 100
This is a second string This is a first string
계속하려면 아무 키나 누르십시오 . . .
```

swap_values()를 함수 중복의 형태로 제공하면 문자 배열에 대한 복사도 가능해진다. 이는 함수 템플릿보다 함수 중복이 우선 순위가 높기 때문이다.

두 개의 타입 매개 변수를 가지는 함수 템플릿

함수 템플릿은 두개 이상의 타입 매개 변수를 가질 수 있다. 예를 들어서 배열을 다른 배열로 복사하는 함수를 함수 템플릿으로 작성하여 보자. 만약 다음과 같이 작성하였다고 가정하자.

```
template <typename T>
void copy(T a1[], T a2[], int n)
{
   for(int i = 0; i < n; ++i)
      a1[i] = a2[i];
}
```

위의 함수 템플릿은 다음과 같은 경우에는 잘 동작한다.

```
int a[100], b[100];
copy(a, b, 100);    // OK!
```

하지만 배열의 타입이 다르면 제대로 컴파일되지 않을 것이다.

```
int a[100];
short b[100];
copy(a, b, 100);    // ERROR!
```

따라서 이런 경우에는 타입 매개 변수를 하나 더 사용하는 함수 템플릿을 작성할 필요가 있다.

```
template <typename T1, typename T2>
void copy(T1 a1[], T2 a2[], int n)
{
   for(int i = 0; i < n; ++i)
      a1[i] = a2[i];
}
```

예제

주어진 배열에서 첫 번째 배열 원소를 반환하는 함수 템플릿을 작성해보자.

```
template <typename T>
T get_first(T[] a)
{
      return a[0];
}
```

get_first()는 T를 가지고 있으므로 함수 템플릿이다.

중간점검

1. 변수의 절대값을 구하는 `int abs(int x)`를 함수 템플릿으로 정의하여 보아라.
2. 두 수의 합을 계산하는 `int add(int a, int b)`를 함수 템플릿으로 구현하여 보아라.
3. `displayArray()`라는 메소드는 배열을 매개 변수로 받아서 반복 루프를 사용하여서 배열의 원소를 화면에 출력한다. 어떤 타입의 배열도 처리할 수 있도록 함수 템플릿으로 정의하여 보아라.

2. 클래스 템플릿

클래스 템플릿(class template)도 함수 템플릿과 비슷하다. 다만 이번에는 함수를 찍어내는 틀이 아니라 클래스를 찍어내는 틀(template)이라는 점만 다르다. 타입만 다르고 비슷한 동작을 수행하는 클래스는 클래스 템플릿으로 제작할 수 있다. 클래스 템플릿은 다음과 같은 형식으로 정의한다.

```
template <typename 타입이름, ...> class 클래스이름
{
   ...
}
```

간단한 예제로 하나의 값을 저장하고 있는 Box라고 하는 클래스를 설계해보자. 정수를 저장하는 Box 클래스를 정의한다.

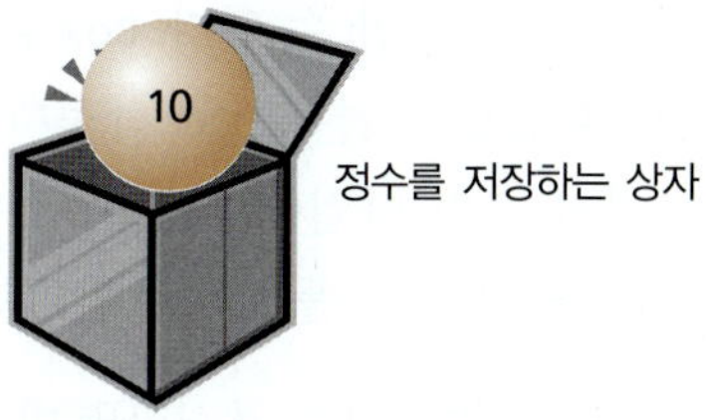

그림 17-3 ● 텍스트 파일과 이진 파일

정수는 private로 선언하고 접근자, 설정자 함수를 사용하여서 정수를 외부에서 접근한다.

box1.cpp

```
#include <iostream>
using namespace std;

class Box {
   int data;
public:
   Box() {  }
   void set(int value) {
      data = value;
   }
   int get() {
      return data;
   }
};

int main()
{
   Box box;
   box.set(100);
   cout << box.get() << endl;
   return 0;
}
```

실행결과

```
100
계속하려면 아무 키나 누르십시오 . . .
```

위의 Box 클래스는 오직 정수형 값만을 저장할 수 있다. Box 클래스를 실수나 문자, 또는 객체를 저장하도록 만들 수 있을까? 물론 별도의 클래스로 작성하는 것은 얼마든지 가능하다. 그러나 하나의 클래스를 가지고도 여러 가지 타입에 대하여 사용할 수 있을까? 이런 경우에는 클래스도 템플릿 개념을 적용하여서 클래스 템플릿으로 만들면 된다.

Box 클래스에서 저장되는 데이터의 타입을 변수 T로 표시하면 바로 이것이 클래스 템플릿이 된다.

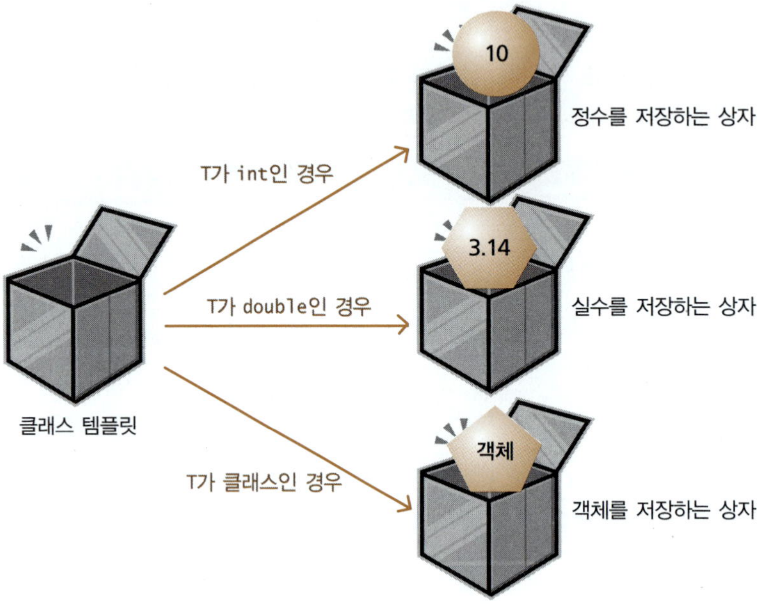

그림 17-4 ● 클래스 템플릿

클래스 템플릿은 다음과 같은 형식으로 정의된다.

```
template <typename T>
class 클래스이름
{
   ...// T를 어디서든지 사용할 수 있다
}
```

여기서 T가 바로 타입을 나타내는 타입 매개 변수이다. 타입 매개 변수는 int, double, char와 같은 기초형이 될 수도 있고 클래스와 같은 사용자 정의형이 될 수도 있다.

정의된 클래스 템플릿을 사용할 때는 클래스 이름 뒤에 <자료형>을 붙이면 된다.

```
Box <int>     box1;
```

```
Box <char>    box2;
Box <float>   box3;
Box <string>  box3;
```

클래스 템플릿는 클래스가 아니고 클래스를 생성하는 틀에 불과하기 때문에 구체적 타입이 주어지지 않으면 클래스가 생성되지 않는다. 구체적인 타입이 주어지면 그때에 클래스를 생성하게 된다. 앞에서 하나의 값을 저장하고 있는 Box 클래스를 클래스 템플릿으로 다시 작성하여 보자.

box2.cpp

```
#include <iostream>
using namespace std;

template <typename T>
class Box {
   T data; // T는 타입(type)을 나타낸다
public:
   Box() {      }
   void set(T value) {
      data = value;
   }
   T get() {
      return data;
   }
};

int main()
{
   Box <int> box;
   box.set(100);
   cout << box.get() <<endl;

   Box <double> box1;
   box1.set(3.141592);
   cout << box1.get() <<endl;

   return 0;
}
```

클래스 템플릿

정수 버전 Box

실수 버전 Box

실행결과

```
100
3.14159
계속하려면 아무 키나 누르십시오 . . .
```

클래스 외부에 멤버 함수를 정의하는 경우

멤버 함수를 클래스 외부에 정의하는 경우에는 함수 템플릿처럼 함수 정의 앞에 `template <typename ...>`을 써주어야 한다. 멤버 함수를 정의할 때마다 되풀이하여서 주어야 한다는 점에 주의하자. Box 클래스의 모든 멤버 함수를 외부에 정의하면 다음과 같다.

box3.cpp

```
template <typename T>
class Box {
   T data; // T는 타입(type)을 나타낸다
public:
   Box();
   void set(T value);
   T get();
};

template <typename T>
Box<T>::Box() {
}

template <typename T>
void Box<T>::set(T value) {
   data = value;
}

template <typename T>
T Box<T>::get() {
   return data;
}
```

생성자를 외부에 정의

이것은 상당히 번거로운 형식이나 이렇게 하지 않으면 컴파일러가 T를 템플릿 매개 변수로 인식하지 못한다. 생성자나 소멸자도 마찬가지로 `template` 문장이 함수 앞에 위치하여야 한다.

두 개 이상의 타입 매개 변수를 가지는 경우

어떤 클래스에서는 타입 매개 변수가 두 개 이상 필요한 경우가 있다. 예를 들어서 서로 타입이 다른 두 개의 데이터를 저장하는 Box2라는 클래스 템플릿을 작성하여 보자.

Box2 클래스 템플릿

이 경우에는 타입 매개 변수를 콤마로 분리하여 template 문장에 지정하면 된다.

box4.cpp

```
#include <iostream>
using namespace std;

template <typename T1, typename T2>
class Box2 {

   T1 first_data;    // T1은 타입(type)을 나타낸다
   T2 second_data;   // T2는 타입(type)을 나타낸다

public:
   Box2() {}
   T1 get_first();
   T2 get_second();
   void set_first(T1 value) {
      first_data = value;
   }
   void set_second(T2 value) {
      second_data = value;
   }
};
template <typename T1, typename T2>
T1 Box<T1, T2>::get_first() {
   return first_data;
}

template <typename T1, typename T2>
```

두 개의 타입 매개 변수를 가지는 클래스 템플릿

```
T2 Box2<T1, T2>::get_second() {
   return second_data;
}
int main()
{
   Box2<int, double> b;
   b.set_first(10);
   b.set_second(3.14);
   cout << "(" << b.get_first() << ", " << b.get_second() << ")" << endl;
   return 0;
}
```

실행결과

```
(10, 3.14)
계속하려면 아무 키나 누르십시오 . . .
```

클래스 템플릿의 사용

❶ 클래스 템플릿의 매개 변수에도 디폴트값을 부여할 수도 있다. 디폴트값을 부여하는 방법은 다음과 같다.

```
template <typename T = int>
class Box {
   ...
};
```

만약 디폴트값이 부여되어 있다면 다음과 같이 타입 매개 변수를 생략할 수 있다.

```
Box<> box;                // int형의 Box
```

❷ 클래스 템플릿을 사용하여서 포인터나 레퍼런스도 정의할 수 있다.

```
Box<int> *pbox;           // 포인터
```

❸ 보통 typedef 문장을 이용하여서 간단한 이름으로 만들어서 사용한다. 예를 들면 다음과 같다.

```
typedef Box<int> iBox;
iBox box;
```

④ 함수의 매개 변수나 반환형으로도 사용이 가능하다.

```
void sub(Box<int>& box);        // 매개 변수
```

⑤ 템플릿에서 생성된 클래스로부터 상속하는 것도 가능하다. 다음 문장은 Box<int> 클래스로부터 상속받아서 새로운 클래스를 정의한다.

```
class AdvancedBox : public Box<int> { ... }
```

템플릿 사용의 장점

템플릿으로부터 실제로 클래스를 생성하기 전까지는 코드가 생성되지 않는다. 따라서 템플릿은 아무리 많이 있더라도 코드의 크기를 증가시키지 않는다. 따라서 라이브러리를 템플릿 형태로 제공하면 장점이 많다. 라이브러리 안의 템플릿 중에서 사용자가 실제로 타입 매개 변수를 주어서 사용한 템플릿만 코드로 변환된다. 나머지 템플릿은 코드 공간을 차지하지 않는다. C++에서는 STL이라고 하는 템플릿 기반의 라이브러리가 제공되며 이것은 확장성과 실행 속도 면에서 우수하다.

클래스 템플릿과 프렌드

클래스 템플릿은 프렌드 멤버를 가질 수 있다. 만약 타입 매개 변수를 사용하지 않는 프렌드 함수는 클래스 템플릿에서 생성된 모든 클래스가 모두 사용할 수 있는 범용적인 프렌드이다. 만약 프렌드가 타입 매개 변수를 사용한다면 그 프렌드 함수는 특정한 타입의 클래스에만 속한다.

```
template <typename T>
class Test {
public:
   friend void sub1();                    // 모든 생성된 클래스에서 사용 가능
   friend Test<T> sub2(Test<T> v);        // 타입이 T인 클래스에서만 사용
   .....
};
```

정적 멤버

정적 멤버는 클래스 템플릿으로 생성된 모든 클래스에 대하여 하나씩 생성된다.

```
template <typename T>
class Test {
public:
```

```
    static int count;
    .....
};
```

만약 다음과 같이 클래스 템플릿의 인스턴스를 생성하였다면 여기서 정적 변수 `Test <int> :: count`와 `Test <double> :: count`는 서로 다른 변수가 된다.

```
Test<int> obj1;
Test<double> obj2;
```

중간점검

1. 클래스 템플릿 형태로 라이브러리를 제공하면 어떤 장점이 있는가?
2. 세 개의 데이터를 가지고 있는 `Triple`라는 클래스를 템플릿 클래스로 작성하여 보라.

3. 스택 예제

스택이란?

스택(stack)을 영어사전에서 찾아보면 '(건초 · 밀짚 따위를 쌓아놓은)더미, 낟가리' 를 의미한다고 되어 있다. 스택의 예를 들면 식당에 쌓여있는 접시 더미, 책상에 쌓여있는 책, 창고에 쌓여있는 상자 등을 들 수 있다. 스택을 창고에 쌓여있는 상자를 이용하여 설명해보자. 창고에서 새로운 상자들을 쌓을 때는 상자 더미의 맨 윗부분에 놓는다. 또 상자가 필요하면 상자 더미의 맨 위에 있는 상자를 꺼낸다. 만약 중간에서 상자를 꺼내면 전체 상자가 붕괴될 것이다. 따라서 가장 최근에 들어온 상자가 가장 위에 있게 되고, 또 먼저 나가게 된다. 이런 입출력 형태를 후입 선출(LIFO: Last-In First-Out)이라고 한다. **그림 17-5**처럼 스택에 A, B, C, D를 순서대로 입력했다가 하나를 삭제하면 맨 위에 놓여진 D가 삭제된다.

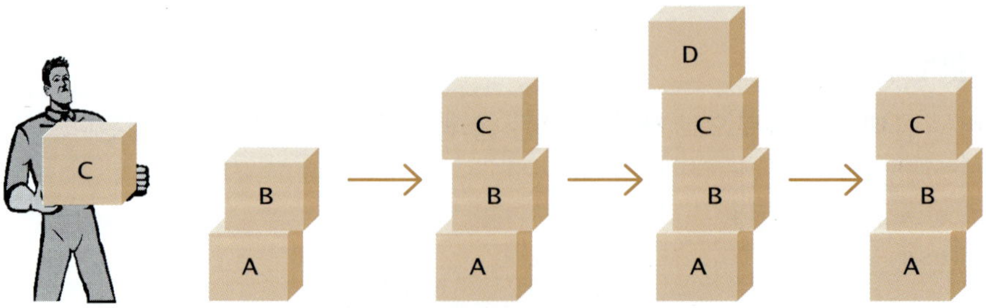

그림 17-5 • 일상생활에서의 스택의 예

스택을 다음과 같은 연산들을 가진다.

- is_empty(s) :: = 스택이 비어있는지를 검사한다.
- is_full(s) :: = 스택이 가득 찼는가를 검사한다.
- push(s, e) :: = 스택의 맨 위에 요소 e를 추가한다.
- pop(s) :: = 스택의 맨 위에 있는 요소를 삭제한다.

이중에서 가장 중요한 연산은 삽입 연산인 push 연산과 삭제 연산인 pop 연산이다. 다음 그림은 push 연산과 pop 연산을 그림으로 보여준다.

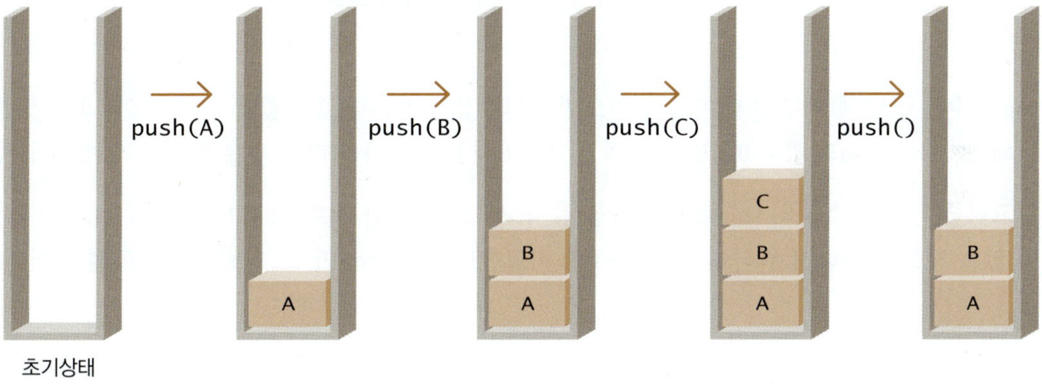

그림 17-6 • 스택의 삽입과 삭제 연산

스택은 특히 자료의 출력 순서가 입력 순서의 역순으로 이루어져야 할 경우에 매우 긴요하게 사용된다. 예를 들면 (A, B, C, D, E)의 데이터가 있을 때 데이터들의 순서를 (E, D, C, B, A)처럼 역순으로 하고 싶다면 데이터를 전부 스택에 입력했다가 다시 꺼내면 역순으로 만들 수 있다. 예를 들면 에디터에서 되돌리기(undo) 기능을 구현할 때 스택을 사용할 수 있다. 왜냐하면 수행된 명령어들 중에서 가장 최근에 수행된 것부터 되돌리기를 하여야 하기 때문이다.

기본 연산의 구현

스택을 배열을 이용하여 구현해보자. 여기서는 설명을 간단하게 하기 위하여 스택에는 int 타입의 정수가 저장되는 것으로 하자. 따라서 int형의 1차원 배열 stack[MAX_STACK_SIZE]이 필요하다. 이 배열을 이용하여 스택의 요소들을 저장하게 된다. 또한 스택에서 가장 최근에 입력되었던 자료를 가리키는 top 변수가 필요하다. 가장 먼저 들어온 요소는 stack[0]에, 가장 최근에 들어온 요소는 stack[top]에 저장된다.

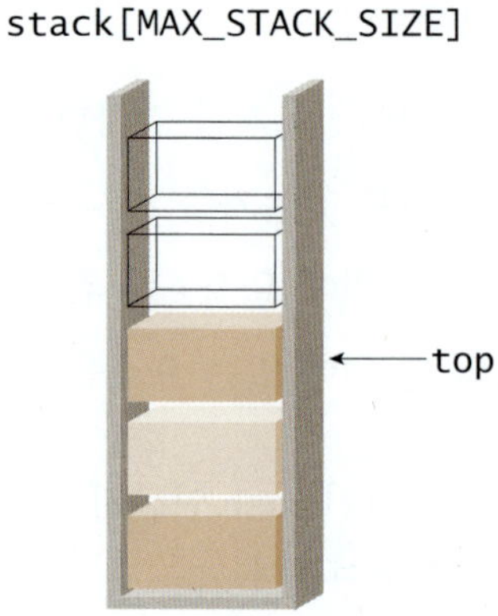

그림 17-7 ● 배열을 이용한 스택의 구현

top 변수는 스택에 아무런 데이터가 없으면 −1의 값을 갖는다. 0의 값을 가지면 안 되는 것을 이해해야한다. top의 값이 0이면 배열의 인덱스 0에 데이터가 있다는 것을 의미하기 때문이다.

알고리즘 17-1은 스택의 isEmpty 연산을 유사코드로 표현한 것이다. isEmpty()는 스택이 비어 있는 지를 검사하기 위하여 top을 −1과 비교한다. 만약 top이 −1이면 1이 반환될 것이다.

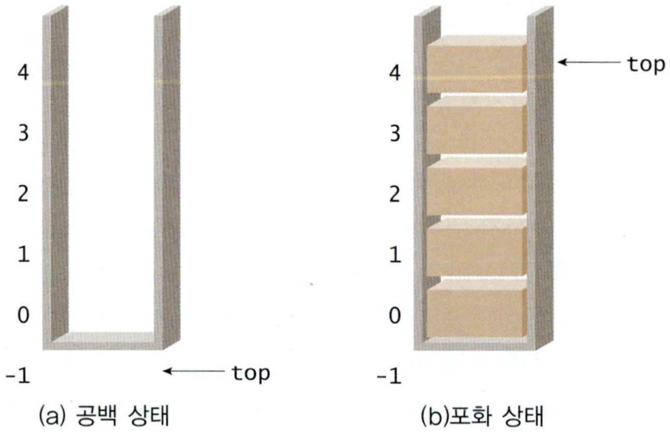

그림 17-8 ● 스택의 공백 상태와 포화 상태: MAX_STACK_SIZE는 5이다

알고리즘 17-1 스택의 isEmpty 연산

```
isEmpty()

if top = -1
   then return TRUE
   else return FALSE
```

알고리즘 17-2는 스택의 isFull 연산을 유사코드로 표현한 것이다. isFull()은 스택이 가득 차 있는지를 검사하기 위하여 top을 (MAX_STACK_SIZE-1)과 비교하여 같으면 포화 상태로 판정한다. 한 가지 주의할 점은 C언어에서는 배열의 인덱스가 0부터 시작하므로 top의 값이 (MAX_STACK_SIZE-1)이면 배열의 끝까지 요소가 채워져 있음을 의미한다. 만약 top이 (MAX_STACK_SIZE-1)이면 더 이상의 삽입은 불가능하다.

알고리즘 17-2 스택의 isFull 연산

```
isFull()

if top = (MAX_STACK_SIZE-1)
   then return TRUE
   else return FALSE
```

알고리즘 17-3은 스택의 push 연산을 유사코드로 표현한 것이다. push()에서 스택에 새로운 요소를 삽입하기 전에 필요한 것은 스택이 가득 차지 않았나를 검사하는 것이다. 이것은 isFull()을 호출하여 검사한다. 스택이 가득 차 있다면 에러 메시지가 출력되고 함수는 그냥 반환된다. push()에서는 먼저 top의 값을 증가하는 것을 유의하라. top이 가리키는 위치는 마지막으로 삽입되었던 요소이므로 top을 증가시키지 않고 삽입하면 마지막 요소가 지워지게 된다.

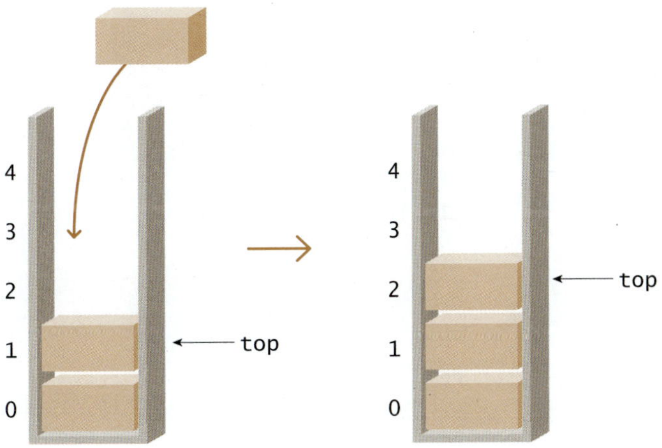

그림 17-9 • push( ) 함수

알고리즘 17-3 스택의 push 연산

```
push(x)

if isFull()
   then error "overflow"
   else top <- top+1
      stack[top] <- x
```

pop 연산은 스택에서 하나의 요소를 제거하는 연산으로 top이 가리키는 요소를 스택에서 꺼내어 외부로 건네주는 연산이다. 먼저 요소를 제거하기 전에 스택이 비어 있는지를 검사해야 한다. 스택의 공백 여부는 isEmpty()를 호출하여 검사한다. 스택이 비어 있으면 에러 메시지를 출력한다. 스택이 비어 있지 않으면 top이 가리키는 값을 반환하고 top을 하나 감소시킨다.

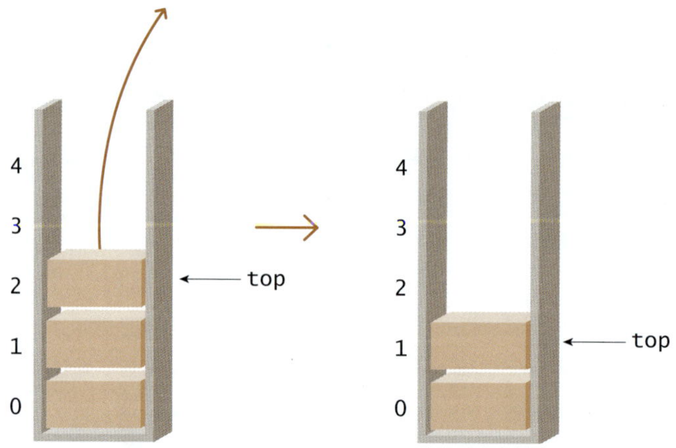

그림 17-10 • pop( ) 함수

알고리즘 17-4 스택의 pop 연산

```
pop(x)

if isEmpty()
   then error "underflow"
   else e <- stack[top]
      top <- top-1
      return e
```

스택의 구현

스택에 저장되는 데이터는 상당히 다양할 수 있다. 정수 스택도 있고 실수 스택, 또는 객체들의 스택도 생각할 수 있다. 따라서 스택을 클래스 템플릿으로 정의하는 것은 좋은 아이디어이다.

stack.cpp

```
#include <iostream>
using namespace std;
// 예외 처리를 위한 클래스
class FullStack
{} ;

// 예외 처리를 위한 클래스
class EmptyStack
{};

template <typename T>
class Stack {
private:
   T*  s;
   int    size;
   int    top;
public:
   Stack(int n = 100) : size(n), top(-1)
   {
      s = new T[size];
   }
   ~Stack() { delete []s; }
   void  push(T v);
   T pop();
   bool  isEmpty() const { return top == -1; }
   bool  isFull() const { return top == size - 1; }
};

template <typename T>
void Stack<T>::push(T v)
{
   if(isFull())
      throw FullStack();
   s[ ++top ] = v;
}
```

스택 클래스 템플릿

```

template <typename T>
T Stack<T>::pop()
{
   if(isEmpty())
      throw EmptyStack();
   return s[ top-- ];
}
int main()
{
   Stack<int> s;  // 크기가 100인 정수형 스택
   s.push(100);
   s.push(200);
   s.push(300);
   s.push(400);
   cout << s.pop() << endl;
   cout << s.pop() << endl;
   cout << s.pop() << endl;
   cout << s.pop() << endl;
   return 0;
}
```

실행결과

```
400
300
200
100
계속하려면 아무 키나 누르십시오 . . .
```

스택을 구현할 때 예외 상황을 처리하기 위하여 두 개의 클래스를 정의하였다. FullStack 클래스는 스택이 가득 차있는 상태에서 push() 함수가 호출되었을 경우의 예외를 나타낸다. EmptyStack 클래스는 스택이 비어 있는 상태에서 pop() 함수가 호출되었을 경우의 예외를 나타낸다.

스택의 응용

스택에 어디에 사용할 수 있을까? 문자열 중에서 앞으로 읽거나 뒤로 읽어도 같은 문자열이 있다. 이것을 회문(palindrome)이라고 한다. 영어에서는 "madam"이 대표적이다. 문자열이 회문인지 아닌지를 검사하는 데 스택이 이용될 수 있다.

stack2.cpp

```
...   // 앞의 스택 클래스 포함
int main()
{
   Stack<char> s;   // 크기가 100인 문자형 스택
   string str = "madam";

   for(int i=0;i<str.length(); i++)
      s.push(str[i]);

   for(int i=0;i<str.length(); i++) {
      if( s.pop() != str[i] ) {
         cout << "주어진 문자열은 회문이 아님" << endl;
         return 0;
      }
   }
   cout << "주어진 문자열은 회문임" << endl;
   return 0;
}
```

실행결과

```
주어진 문자열은 회문임
계속하려면 아무 키나 누르십시오 . . .
```

주어진 문자열의 문자들을 몽땅 스택에 삽입한다. 이후에 스택에서 문자를 하나씩 꺼내서 문자열의 문자와 비교하면 된다. 스택에 들어갔다 나오면 문자들의 순서가 반대로 된다는 것을 이용하는 것이다.

중간점검

1. 스택에 **peek()** 연산을 추가하여 보라. **peek()**는 데이터를 삭제하지 않고 값만 복사해오는 함수이다.

EXERCISE
INTRODUCTION TO C++ PROGRAMMING

1. 다음의 문장 중에서 오류가 있으면 지적하시오.

❶ `template<typename T> sub(int x)`

❷ `template<typename T, typename T> sub(T* p)`

❸ `template<typename T, typename S> sub(S x)`

❹

```
template <typename T, int SIZE>
class MyArray
{
  T data[SIZE];
}
```

2. 다음은 정수형 배열의 요소를 출력하는 printArray() 함수이다.

```
void printArray(int data[], int size)
{
  cout << "[ ";
  for(int i=0;i<size; i++){
     cout << data[i] << ", ";
  cout << " ]";
}
```

❶ 매개 변수 정의를 변경하여서 어떤 타입의 배열도 받을 수 있는 템플릿 함수로 변환하여 보라.

❷ main() 안에서 다양한 타입의 배열을 정의하여서 printArray()를 테스트하라.

3. 두 개의 값 중에서 최대값을 반환하는 함수 max()를 템플릿 함수로 작성하여 보라.

❶ 다음의 빈칸을 채워서 템플릿 함수를 완성하라.

```
template < ___________ T>
T max(T&  x, _____ y)
{
  if(x > y) return x;
  else return y;
}
```

❷ 다음과 같은 문장으로 max()를 호출해보자. 문제가 발생하는가?

```
int i = max(5, 6);
double f = max(6.78, 3.52);
double g = max(6, 3.52);
```

❸ 다음과 같은 문장으로 max()를 호출해보자. 문제가 발생하는가?

```
int i = max<int>(5, 6);
double f = max<double>(6.78, 3.52);
double g = max<double>(6, 3.52);
```

PROGRAMMING
INTRODUCTION TO C++ PROGRAMMING

1. 정수나 실수와 같은 다양한 타입의 데이터에 대하여 평균을 구하는 getAverage() 함수 템플릿을 작성하여 보자. Employee와 같은 특정 클래스의 객체에 대해서도 동작하게 하려면 그 클래스에서 어떤 연산자가 중복 정의되어 있어야 하는가?

2. 두 개의 수를 저장하고 있는 Pair라는 클래스 템플릿 형태로 작성하여 보자. 첫 번째 수는 first에 저장되고 두 번째 수는 second에 저장된다. 생성자를 정의한다. 적절한 접근자와 설정자를 추가하라. 이들 멤버 함수들은 클래스 외부에 정의하라. 다양한 타입의 수를 Pair 객체에 저장하여 Pair 클래스를 테스트하라.

3. 연결 리스트(linked list)는 데이터를 포인터를 이용하여서 연결하는 자료 구조이다. 연결 리스트에 다양한 타입의 데이터를 저장할 수 있도록 클래스 템플릿으로 작성하여 보자. 정수를 저장할 수 있는 Node 클래스는 다음과 같이 정의된다.

```
class Node
{
private:
  int data;
  Node* previous;
  Node* next;
public:
  Node(int i);
}
```

다양한 타입의 객체들을 Node 객체에 저장하여 연결 리스트로 만들고 테스트하라.

4. 랜덤 리스트(random list)를 작성하여 보자. 랜덤 리스트란 select() 멤버 함수가 호출되면 랜덤하게 하나의 요소를 선택하여서 반환한다. 모든 타입의 객체를 저장할 수 있도록 템플릿 클래스를 사용한다. 데이터는 add() 멤버 함수를 이용하여서 배열에 저장되고 select()가 호출되면 배열의 원소 중에서 하나를 랜덤하게 선택하여서 반환한다.

5. 큐(queue)는 먼저 들어간 데이터가 먼저 나오는 자료 구조이다. 큐를 배열을 사용하여서 Queue라는 클래스로 작성하여 보자. enqueue()는 큐에 데이터를 추가한다. dequeue()는 큐에서 하나의 데이터를 꺼낸다. 다양한 타입에 대하여 동작하도록 클래스 템플릿으로 정의하여 보자.

6. 집합을 구현하는 클래스 Set을 작성하여 보자. 집합에서는 모든 데이터가 유일하여야 한다. 따라서 집합에 데이터를 추가하는 add() 함수는 이미 집합에 동일한 데이터가 존재하는 지를 검사하여야 한다. 템플릿 클래스를 사용하여서 다양한 타입의 데이터를 받을 수 있도록 하라.

LAB
INTRODUCTION TO C++ PROGRAMMING

1. 어떤 타입의 데이터도 저장할 수 있는 MyArray 클래스를 작성하여 보자.

my_array.h
```
class MyArray {
private:
    int *data;                                // 데이터를 가리키는 포인터
    int size;                                 // 배열의 현재 크기
    int maxSize;                              // 배열의 최대 크기
public:
    MyArray(int size = 10);                   // 생성자
    ~MyArray();                               // 소멸자
    void pushBack(int value);                 // 배열의 끝에 데이터 추가
    int popBack(int index);                   // 배열의 끝의 데이터 삭제
    int getAt(int index);                     // 배열의 요소 반환
    void setAt(int index, int value);         // 배열의 요소 변경
    int getSize() const;                      // 배열의 크기를 반환
};
```

❶ 위의 my_array.h 파일을 템플릿 클래스 형식으로 다시 작성하여 보자. 어떤 자료형을 타입 매개 변수로 바꾸어야 하는가?

❷ MyArray 클래스의 생성자와 소멸자를 정의하여 보자. 생성자에서는 배열의 크기를 설정하고 동적 메모리를 할당한다. 소멸자에서는 동적 메모리를 반납한다.

```
template <typename T>
MyArray<T>::MyArray(int size) {
   ...
}
template <typename T>
MyArray<T>::~MyArray() {
   ...
}
```

❸ 멤버 함수들을 템플릿 형식으로 정의하여 보자. pushBack()은 배열의 끝에 데이터를 추가한다. 데이터가 추가되는 과정에서 배열의 크기를 넘어서면 배열의 크기를 늘려서 다시 동적 메모리를 할당받는다. popBack()은 배열의 끝에서 데

이터를 하나 삭제한다. setAt(i,d)은 i번째 요소에 d를 할당한다. getAt(i)은 i번째 요소의 값을 반환한다.

❹ main()에서 정수형 MyArray를 생성하여서 여기에 사용자로부터 받은 데이터를 추가하여 보자.

CHAPTER 18

STL 컨테이너

이 장의 차례

학습목표

- STL의 개요를 살펴본다.
- STL에서 데이터를 저장하는 여러 가지 컨테이너에 대하여 학습한다.

1. 표준 템플릿 라이브러리(STL)

STL은 표준 템플릿 라이브러리(Standard Template Library)의 약자로서 많은 프로그래머들이 공통적으로 사용하는 자료구조와 알고리즘에 대한 클래스이다. STL은 템플릿 기반의 일반화 프로그래밍 기법을 사용하여 작성되었다. STL은 템플릿을 사용하여 작성되었으며 그 설계가 매우 정교하다. STL은 템플릿 기법을 사용하였기 때문에 어떤 자료형에 대해서도 적용할 수 있다.

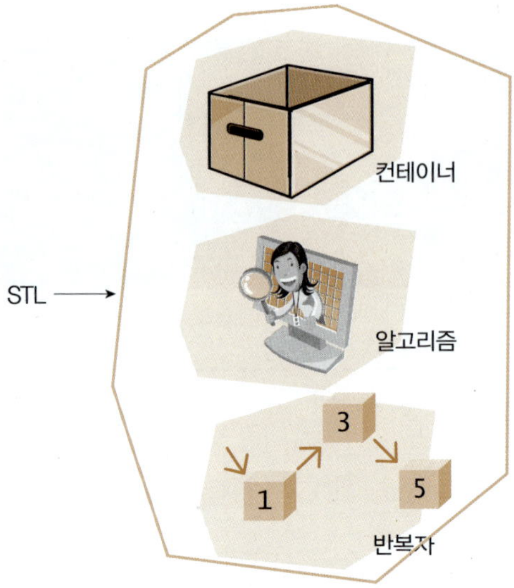

그림 18-1 ● STL

STL은 컨테이너, 반복자, 알고리즘이라고 하는 세 가지 종류의 컴포넌트를 제공한다.

- 컨테이너(container)는 용어 그대로 자료를 저장하는 구조이다. 벡터, 리스트, 맵, 집합, 큐, 스택과 같은 다양한 자료구조들이 제공된다.
- 반복자(iterator)는 컨테이너 안에 저장된 요소들을 순차적으로 처리하기 위한 컴포넌트이다. 반복자를 사용하여서 컨테이너 안의 자료들을 처리하게 되면 매우 편리하고 간단하다.
- 알고리즘(algorithm)은 정렬이나 탐색과 같은 다양한 알고리즘을 구현하여 놓은 것이다. 약 70개 이상의 알고리즘이 제공된다.

STL 사용의 장점

STL을 사용하면 어떤 장점이 있을까? 첫 번째로 STL은 전문가가 만들어서 테스트를 거친 검증된 라이브러리이다. 따라서 버그를 발생시키지 않으므로 안심하고 사용할 수 있다. 두 번째로 STL은 광범위하게 적용할 수 있다. STL은 객체 지향 기법과 일반화 프로그래밍 기법을 적용하여서 만들어졌으므로 어떤 자료형에 대해서도 적용할 수 있다. 세 번째로 STL은 표준 라이브러리이기 때문에 어떤 C++ 컴파일러도 지원한다. 따라서 호환성 문제가 없다.

결론적으로 STL을 사용하면 개발 기간을 단축할 수 있고 버그가 없는 프로그램을 쉽게 만들 수 있다. 따라서 STL 라이브러리는 가능하면 많이 사용하는 것이 좋다.

2. STL의 소개

컨테이너

컨테이너는 자료를 저장하는 창고와 같은 역할을 한다. 다만 창고에 따라서 자료의 입출력 방법이 달라진다. 컨테이너는 크게 나누어서 순차 컨테이너(sequence container)와 연관 컨테이너(associative container)로 나누어진다.

그림 18-2 ● 컨테이너의 개념

분류	컨테이너 클래스	설명	헤더파일
순차 컨테이너	vector	벡터처럼 입력된 순서대로 저장	<vector>
	list	순서가 있는 리스트	<list>
	deque	양끝에서 입력과 출력이 가능	<deque>
	set	수학에서의 집합 구현	<set>
연관 컨테이너	multiset	다중 집합(중복을 허용)	<set>
	map	사전과 같은 구조	<map>
	multimap	다중 맵(중복을 허용)	<map>
컨테이너 어댑터	stack	스택(후입선출)	<stack>
	queue	큐(선입선출)	<queue>
	priority_queue	우선순위 큐(우선순위가 높은 원소가 먼저 출력)	<queue>

순차 컨테이너

순차 컨테이너는 이름 그대로 자료를 순차적으로 가지고 있다. 대표적으로 배열과 리스트(list)를 들 수 있다. 순차적인 컨테이너에서는 자료의 추가는 빠르지만 탐색할 때는 시간이 많이 걸린다. STL에서 제공하는 순차 컨테이너는 다음과 같은 것들이 있다.

- 벡터(vector): 동적 배열처럼 동작한다. 뒤에서 자료들이 추가된다.
- 데크(deque): 벡터와 유사하지만 앞에서도 자료들이 추가될 수 있다.
- 리스트(list): 벡터와 유사하지만 중간에서 자료를 추가하는 연산이 효율적이다.

2 연관 컨테이너

연관 컨테이너는 사전과 같은 구조를 사용하여서 자료를 저장한다. 연관 컨테이너는 원소들을 검색하기 위한 키(key)를 가지고 있다. 자료들은 정렬되어 있다. 자료의 추가에는 시간이 걸리지만 자료의 탐색은 매우 빠르다. STL에서 제공하는 연관 컨테이너는 다음과 같은 것들이 있다.

- 집합(set): 중복이 없는 자료들이 정렬되어서 저장된다.
- 맵(map): 키-값(key-value)의 형식으로 저장된다. 키가 제시되면 해당되는 값을 찾을 수 있다.
- 다중 집합(multiset): 집합과 유사하지만 자료의 중복이 허용된다.
- 다중맵(multimap): 맵과 유사하지만 키가 중복될 수 있다.

3 컨테이너 어댑터

순차 컨테이너에 제약을 가해서 데이터들이 정해진 방식으로만 입출력되도록 한 컨테이너이다.

- 스택(stack): 먼저 입력된 데이터가 나중에 출력되는 자료구조
- 큐(queue): 데이터가 입력된 순서대로 출력되는 자료구조
- 우선순위 큐(priority queue): 큐의 일종으로 큐의 요소들이 우선순위를 가지고 있고 우선순위가 높은 요소가 먼저 출력되는 자료구조

반복자

컨테이너를 제대로 사용하려면 먼저 반복자(iterator)에 대하여 이해를 하여야 한다. 우선 왜 반복자라는 개념이 필요한지를 생각하여 보자. 컨테이너에는 자료들이 순서대로 저장되어 있다. 이들 자료들을 처리하려면 각각의 자료들을 순서대로 컨테이너에서 꺼내야 한다. 자료들을 순서대로 꺼내려면 현재 처리하고 있는 자료의 위치를 기억하고 있어야 하고 다음 자료를 가리키도록 증가될 수 있어야 한다. 이 역할을 하는 것이 반복자이다.

그림 18-3 • 반복자는 컨테이너에 저장된 요소들을 순차적으로 방문한다

반복자란 포인터와 유사한 역할을 한다. 즉, 컨테이너에 저장된 요소를 가리키는 역할을 한다. 반복자에 * 연산자를 적용하면 포인터처럼 반복자가 가리키는 요소가 반환된다. 유사하게 ++ 연산자를 사용하면 현재의 요소에서 다음 요소로 반복자가 이동한다.

그렇다면 왜 포인터를 사용하지 않고 반복자를 사용하는 것일까? 컨테이너는 아주 다양한 자료들이 들어갈 수 있고 그 구조도 상당히 다르다. 따라서 포인터로 접근하기 보다는 템플릿을 이용하여 구현되는 반복자를 사용하는 것이 바람직하다.

반복자는 용도에 따라서 크게 두 가지로 나눌 수 있다.

- 입력 반복자(input iterator): 컨테이너 안의 자료를 읽을 때 사용하는 반복자
- 출력 반복자(output iterator): 자료를 컨테이너에 출력할 때 사용하는 반복자

방향에 따라서 다음과 같이 분류하기도 한다.

- 전방 반복자(forward iterator): 전방으로만 이동할 수 있는 반복자
- 양방향 반복자(bidirectional iterator): 양방향으로 이동할 수 있는 반복자
- 임의 접근 반복자(random access iterator): 어떤 위치로나 이동할 수 있는 반복자

알고리즘

우리는 프로그램에서 상당히 많은 알고리즘들을 사용한다. 예를 들면 많은 자료 중에서 특별한 자료를 탐색한다던지, 자료를 어떤 기준에 의하여 정렬한다던지, 자료의 순서를 거꾸로 한다든지 등의 많은 알고리즘들이 있다. 이들 알고리즘은 처음부터 새로 만드는 것보다는 전문가가 구현한 오류없는 버전을 사용하는 편이 빠르고 간편하다.

그림 18-4 • 알고리즘의 예

STL은 이런 이유로 컨테이너와 함께 사용되는 많은 알고리즘들을 작성하여서 제공한다. 몇 개의 알고리즘만 살펴보면 다음과 같다.

- 탐색(find): 컨테이너 안에서 특정한 자료를 찾는다.
- 정렬(sort): 자료들을 크기순으로 정렬한다.
- 반전(reverse): 자료들의 순서를 역순으로 한다.
- 삭제(remove): 조건이 만족되는 자료를 삭제한다.
- 변환(transform): 컨테이너의 요소들을 사용자가 제공하는 변환 함수에 따라서 변환한다.

3. 벡터

여기서의 벡터(vector)는 물리학의 벡터와는 상당히 다르다. STL에서 벡터는 한마디로 동적 배열(dynamic array)이나 스마트 배열(smart array)로 이야기할 수 있다. 벡터는 자료를 추가할 때 배열의 크기나 요소의 타입에 신경 쓰지 않아도 되는 편리한 배열이다. 벡터는 아주 많이 사용되며 STL에서는 `vector`라는 이름으로 제공한다.

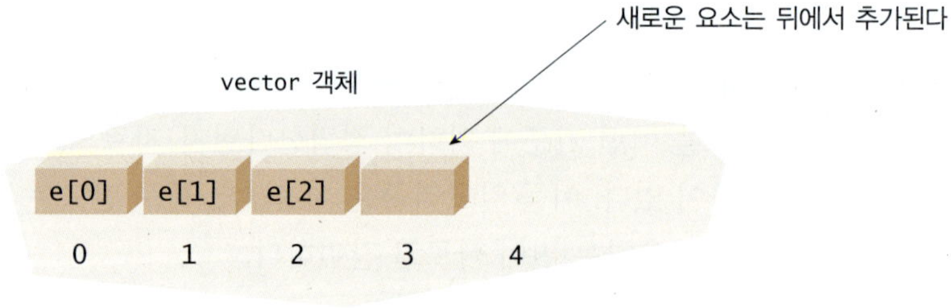

그림 18-5 ● 벡터

벡터는 템플릿으로 설계되어 있기 때문에 어떤 타입이든지 저장할 수 있고 요소의 개수에 따라서 자동으로 크기가 조절된다. 벡터는 배열의 특징을 그대로 가지고 있기 때문에 요소들이 메모리의 인접한 위치에 저장되고 임의의 위치에 있는 요소를 빠르게 접근할 수 있다. 반면에 요소를 중간에 삽입하거나 삭제하게 되면 뒤의 요소들을 모두 이동하여야 하는 단점이 있다. 따라서 중간에 삽입이나 삭제가 빈번히 발생하는 경우에는 연결 리스트를 사용하는 리스트 컨테이너를 사용하여야 한다.

벡터의 기본 예제

학생들의 성적을 사용자로부터 읽어서 화면에 출력하고 그 중에서 가장 높은 성적으로 옆에 표시하는 프로그램을 작성한다고 가정하자.

먼저 사용자로부터 읽혀진 학생들의 성적을 어딘가에 저장하여야 한다. 벡터를 사용하여 보자. 먼저 벡터를 생성하여야 한다. 10명 학생의 성적을 저장할 벡터를 정의해보면 다음과 같다.

```
vector<double> scores(10);
```

각 요소들의 타입이 vector<double>가 되고 10은 요소들의 개수라고 생각하면 된다.

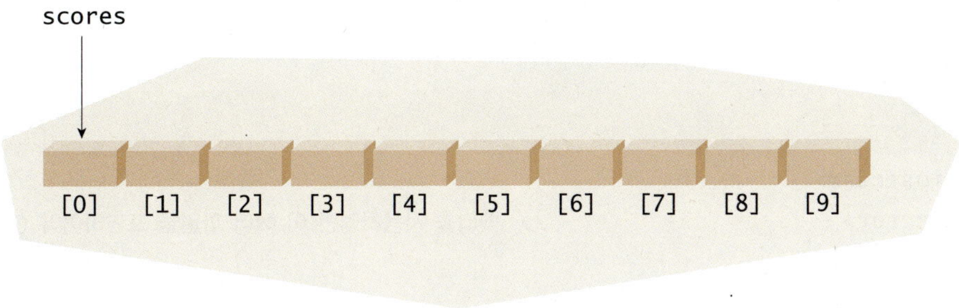

만약 데이터를 scores에 입력하고 싶으면 배열처럼 [] 연산자를 사용하면 된다.

```
score[3] = 78;
```

만약 score[3]을 콘솔에 출력하고 싶으면 다른 변수들과 똑같이 하면 된다.

```
cout << score[3] << endl;
```

여기서 한 가지 아주 주의해야할 점이 있다. 인덱스의 범위에 대한 문제이다.

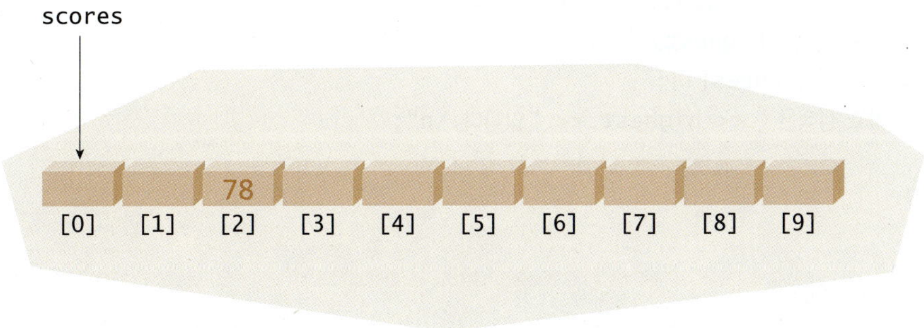

벡터도 배열과 마찬가지로 첫 번째 요소의 인덱스는 0이다. 마지막 요소의 인덱스는 (크기 −1)이 되어서 위의 예제에서는 9가 된다. 크기가 10인 scores에서 인덱스로 10을 사용하는 것은 오류이다.

```
vector<double> scores(10);
scores[10] = 65;          // 오류!!
```

벡터는 선언 시에 반드시 크기를 주어야 한다. 크기를 주지 않으면 자동적으로 크기가 0이 된다. 따라서 다음 문장도 오류가 된다.

```
vector<double> scores;
scores[0] = 65; // 오류!!
```

자 그렇다면 사용자로부터 성적을 입력받아 최대값을 구하는 완전한 프로그램을 작성하여 보자.

vector1.cpp

```
#include <iostream>
#include <vector>                         // 벡터를 사용하려면 이 헤더 파일을 포함하여야 한다
using namespace std;

int main()
{
   vector<double> scores(10); // 벡터를 생성한다

   for(int i = 0; i < scores.size() ; i++)
   {
      cout << "성적을 입력하시오: ";
      cin >> scores[i];
   }

   double highest = scores[0];
   for(int i = 1; i < scores.size() ; i++)
      if(scores[i] > highest)
         highest = scores[i];
   cout << "최고 성적은 " << highest << "입니다.\n";

   return 0;
}
```

실행결과

```
성적을 입력하시오: 10
성적을 입력하시오: 20
...
성적을 입력하시오: 90
성적을 입력하시오: 100
최고 성적은 100입니다.
```

프로그램 설명

벡터의 크기를 구하려면 size() 멤버 함수를 사용하면 된다. 10을 사용하는 것보다는 size()를 사용하는 편이 훨씬 낫다. 왜냐하면 벡터의 크기가 변경되더라도 size()를 사용한 문장은 수정될 필요가 없기 때문이다.

push_back( )과 pop_back( )

배열를 사용하는데 가장 문제점은 저장되는 데이터의 개수를 미리 알지 못한다는 것이다. 예를 들어서 성적을 처리하는 프로그램에서도 사용자가 성적을 몇 개나 입력할지를 미리 알 수 없다. 이럴 때 사용할 수 있는 멤버 함수가 push_back()이다. push_back()은 공백 벡터에서 시작하여서 성적이 하나씩 추가될 때마다 벡터의 크기를 확대한다.

```
vector<double> scores;
double s;
cin >> s;
scores.push_back(s);
```

push_back()은 함수의 이름에서도 알 수 있듯이 새로운 데이터를 벡터의 끝에 추가하고 벡터의 크기를 1만큼 증가시킨다. push_back()은 편리하기는 하지만 비효율적이다. 왜냐하면 벡터의 크기가 1만큼 증가하게 되면 새로운 메모리 영역을 찾아서 벡터를 이동하여야 하기 때문이다. 이것은 마치 우리의 식구가 증가할 때마다 더 큰 아파트를 찾아서 이사하는 것과 같다. 따라서 미리 크기를 어느 정도 짐작할 수 있으면 고정된 크기를 사용하는 편이 낫다.

push_back()와 반대의 기능을 하는 함수가 pop_back()이다. pop_back()은 벡터의 끝에서 요소를 제거하고 벡터의 크기를 하나 감소시킨다. 한 가지 주의할 점은 pop_back()은 요소를 반환하지 않는다. 따라서 삭제하기 전에 미리 삭제할 요소를 다른 곳에 저장하여야 한다.

```
vector<double> scores(10);
double value = score[ scores.size() - 1 ];
scores.pop_back();          // 벡터의 크기는 9가 된다
```

vector2.cpp

```
#include <iostream>
#include <vector>                    // 벡터를 사용하려면 이 헤더 파일을 포함하여야 한다
using namespace std;

int main()
```

```
{
vector<double> scores;          // 벡터를 생성한다

while(true)
{
   double value = 0.0;
   cout << "성적을 입력하시오(종료는 -1): ";
   cin >> value;
   if( value < 0.0 ) break;
   scores.push_back(value);
}

double highest = scores[0];
for(int i = 1; i < scores.size() ; i++)
   if( scores[i] > highest )
      highest = scores[i];
cout << "최고 성적은 " << highest << "입니다.\n";

return 0;
}
```

실행결과

```
성적을 입력하시오(종료는 -1): 10
성적을 입력하시오(종료는 -1): 20
성적을 입력하시오(종료는 -1): 30
성적을 입력하시오(종료는 -1): -1
최고 성적은 30입니다.
```

프로그램 설명

사용자로부터 음수가 입력되면 입력을 중단한다. 성적은 push_back()을 이용하여서 벡터의 끝에 추가된다.

참고사항

벡터에는 얼마든지 객체도 저장할 수 있다. 즉 double 타입뿐만 아니라 객체 타입도 저장이 가능하다.

```
vector<Student> students(100);
vector<Employee> employees(200);
```

반복자

반복자(iterator)는 어떤 컨테이너 안에 들어 있는 요소라도 쉽게 접근하기 위하여 만들어진 것이다. 반복자를 사용하면 컨테이너의 종류와 관계없이 요소들을 같은 방식으로 접근하여서 처리할 수 있다. 여기서는 간단한 사용법만 살펴보고 19장에서 본격적으로 살펴본다.

반복자는 컨테이너의 요소를 가리키는 객체이다. 기존의 포인터와 비슷한 개념이지만 반복자를 흔히 일반화된 포인터라고 한다. 반복자를 사용하여서 컨테이너의 첫 번째 요소를 가리킨 후에 첫 번째 요소에 접근하여서 작업을 하고 작업이 끝나면 반복자를 다음 요소를 가리키게 증가한다. 반복자가 마지막 요소를 벗어나게 되면 작업을 끝내면 된다.

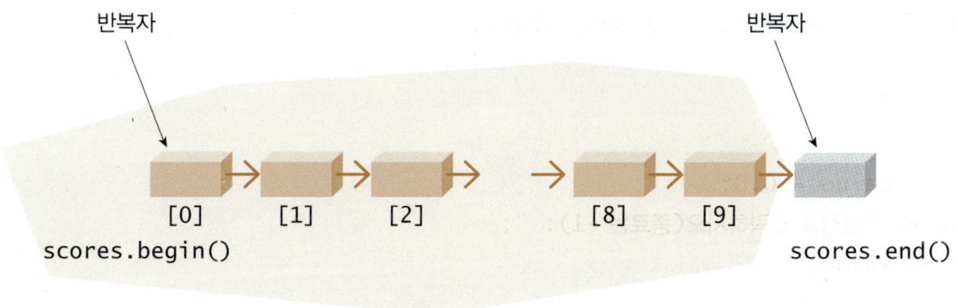

컨테이너에서 자료를 읽는 가장 일반적인 방법은 반복자를 사용하는 것이다. 반복자의 타입은 각각의 컨테이너 안에 정의되어 있다. 이름은 iterator이고 앞에다가 사용되는 컨테이너를 적어주면 된다. 예를 들어서 실수형을 저장하는 벡터의 반복자는 vector<double>::iterator it;와 같이 선언하면 된다.

만약 벡터가 다음과 같이 선언되어 있다고 가정하자.

```
vector<double>      scores;                  // 벡터 선언
vector<double>::iterator    it;              // 반복자 선언
```

반복자를 사용하여서 벡터의 처음부터 끝까지 읽으려면 다음과 같은 반복문을 사용하면 된다.

```
for(it = scores.begin(); it != scores.end(); it++)
   cout << *it << " ";
```

위의 반복문에서 보듯이 반복자는 마치 포인터처럼 동작한다. 즉 포인터처럼 증가시키고 포인터처럼 간접 참조 연산자인 *을 이용하여서 반복자가 가리키는 곳의 내용을 읽는다.

반복자를 사용하여서 최고 성적을 구하는 반복 루프를 다시 작성하여 보면 다음과 같다.

```
double highest = -100;
vector<double>::iterator it;
for(it = scores.begin(); it != scores.end() ; it++)
   if(*it > highest)
      highest = *it;
```

vector3.cpp

```
#include <iostream>
#include <vector>                // 벡터를 사용하려면 이 헤더 파일을 포함하여야 한다
using namespace std;

int main()
{
   vector<double> scores;   // 벡터를 생성한다

   while(true)
   {
      double value = 0.0;
      cout << "성적을 입력하시오(종료는 -1): ";
      cin >> value;
      if(value < 0.0) break;
      scores.push_back(value);
   }

   double highest = -100;
   vector<double>::iterator it;
   for(it = scores.begin(); it < scores.end() ; it++)
      if(*it > highest)
         highest = *it;


   cout << "최고 성적은 " << highest << "입니다.\n";

   return 0;
}
```

실행결과

```
성적을 입력하시오(종료는 -1): 10
성적을 입력하시오(종료는 -1): 20
성적을 입력하시오(종료는 -1): 30
성적을 입력하시오(종료는 -1): -1
최고 성적은 30입니다.
```

프로그램 설명

한 가지 주의해야 할 점은 scores.end()는 자료가 저장된 위치가 아니다. 마치 포인터의 NULL과 같은 의미가 된다. 따라서 다음과 같이 작성하지 않도록 주의한다.

```
for(it = scores.begin(); it <= scores.end(); it++)    // 오류!!!
  cout << *it << " ";
```

다양한 생성자

벡터는 여러 가지 다양한 생성자를 가지고 있다.

```
vector<int> array1;                  // ❶ 크기가 0인 벡터 생성
vector<int> array2(10);              // ❷ 10개의 요소를 가지는 벡터 생성
vector<int> array3(10, 1);           // ❸ 1로 초기화된 10개의 요소를 가지는 벡터 생성
vector<int> array4(array3)           // ❹ array3과 똑같은 요소를 가지는 벡터 생성

int data[]={10, 20, 30, 40, 50, 60, 70, 80, 90};
vector<int> array5(data, data+5);    // ❺ data 배열의 5개의 요소를 가지는 벡터 생성
```

❶은 디폴트 생성자를 이용하여서 생성된다. 크기가 0인 벡터 객체가 생성된다. ❷는 크기가 10인 벡터 객체를 생성한다. 요소의 초기값은 0이 된다. ❸은 10개의 요소가 1로 초기화된 벡터 객체를 생성한다. ❹는 다른 벡터와 동일한 벡터를 생성한다. ❺는 배열에서 처음 다섯 개의 요소를 추출하여서 벡터를 생성한다.

insert()와 erase()

벡터의 끝에 자료를 추가하는 함수는 push_back()이다. 만약 벡터의 중간 위치에 자료를 추가하고 싶으면 insert()를 사용할 수 있다.

```
scores.insert(score.begin(), 99);          // 정수 99를 벡터의 첫 부분에 삽입
```

벡터의 끝에서 요소를 삭제하는 메소드는 pop_back()이다. 만약 벡터의 중간에서 요소를 삭제하려면 erase()를 사용한다. erase()는 지정된 범위의 요소들을 삭제한다.

```
scores.erase(scores.begin(), scores.begin()+1);          // 첫 요소를 삭제
```

scores.begin()+1은 벡터의 두 번째 요소를 가리킨다. 반복자에 덧셈 연산을 하면 포인터와 같은 방식으로 동작한다.

참고사항

벡터의 경우, 처음이나 중간에 자료를 추가하는 것은 상당히 비효율적이다. 배열과 같이 빈 공간을 만들기 위해서는 요소들을 이동하여야 하기 때문이다.

벡터와 연산자

벡터에는 편리성을 위하여 연산자들이 중복 정의되어 있다. 우리가 앞에서 사용하였던 인덱스 연산자 []도 중복 정의되어 있다.

할당 연산자인 = 연산자를 이용하면 하나의 벡터를 다른 벡터로 복사할 수 있다. 기존의 배열에서는 하나의 배열을 다른 배열로 대입 연산자를 이용하여서 복사할 수 없다. 하지만 벡터에서는 = 연산자를 이용하여서 벡터끼리 복사를 할 수 있다.

```
  vector<int> v1;
  vector<int> v2;
  v2 = v1;
```

벡터와 벡터를 비교할 때도 ==나 != 연산자를 사용할 수 있다. ==연산자는 벡터의 요소의 개수와 값이 모두 일치할 때만 true를 반환한다.

```
int array1[] = {10,20,30,40,50};
int array2[] = {10,20,30,60,70};

vector<int> v1(array1, array1+5);
vector<int> v2(array2, array2+5);

if(v1 == v2)
   cout << "두 벡터가 같음" << endl;
else
   cout << "두 벡터가 같지 않음" << endl;
```

예제 #1

일단 간단한 예제를 통하여 컨테이너와 반복자를 이해하여 보자. vector 클래스는 템플릿으로 제작되었으며 우리는 정수를 저장하도록 타입 매개 변수를 지정할 것이다. 컨테이너 안의 요소들을 방문하는데 반복자가 사용된다.

vector4.cpp

```
#include <iostream>
#include <vector>
#include <string>
using namespace std;

int main()
{
    vector<string> vec;                          // 벡터를 생성한다

    vec.push_back("MILK");                       // 벡터의 끝에 자료를 저장한다
    vec.push_back("BREAD");
    vec.push_back("BUTTER");

    vector<string>::iterator it;                 // 벡터를 순회하기 위하여 반복자를 선언한다
    for(int i=0;i<vec.size();i++)
        cout << vec[i] << " ";                   // [] 연산자 사용
    cout << endl;

    vec.insert(vec.begin()+1, "APPLE");          // 벡터의 첫 부분에 자료를 저장한다
    vec.pop_back();                              // 벡터의 끝에서 자료를 삭제한다

    for(it = vec.begin(); it != vec.end(); ++it)
        cout << *it << " ";
    cout << endl;

    return 0;
}
```

실행결과

```
MILK BREAD BUTTER
MILK APPLE BREAD
계속하려면 아무 키나 누르십시오 . . .
```

프로그램 설명

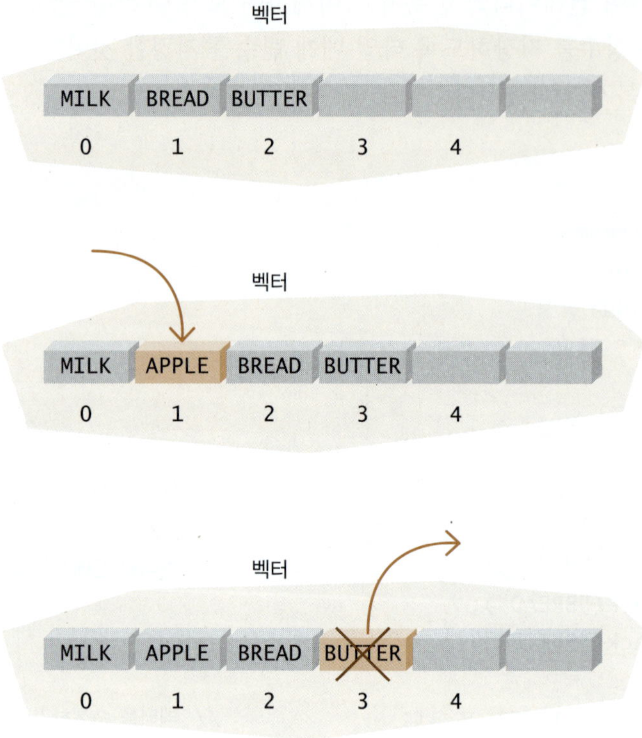

예제 #2

벡터의 요소로 객체도 저장할 수 있다. 이 경우에는 클래스를 타입으로 적어주면 된다. 영화에 대한 정보를 클래스로 저장하고 이 클래스의 객체를 벡터에 저장하여 보자.

vector5.cpp

```
#include <iostream>
#include <string>
#include <vector>
using namespace std;

class Movie
{
private:
   string title;
   double rating;
```

```
public:
   Movie(string t = " ", double r=0.0) { title = t; rating = r; }
   void print_movie() { cout << title << ": " << rating << endl; }
};

int main()
{
   vector<Movie> movies;

   Movie m("titinic", 9.9);
   movies.push_back(m);
   movies.push_back(Movie("gone with the wind", 9.6));
   movies.push_back(Movie("terminator", 9.7));

   vector<Movie>::iterator it;        // 벡터를 순회하기 위하여 반복자를 선언한다
   for (it = movies.begin(); it != movies.end(); ++it)
      it -> print_movie();

   return 0;
}
```

실행결과

```
titinic: 9.9
gone with the wind: 9.6
terminator: 9.7
계속하려면 아무 키나 누르십시오 . . .
```

만약 객체의 크기가 큰 경우에는 객체를 벡터에 저장하는 것보다는 객체에 대한 포인터를 저장하는 편이 유리하다.

4. 컨테이너의 공통 멤버 함수

여기서 잠깐 모든 컨테이너가 공통으로 지원하는 멤버 함수들을 살펴보자. 다음 표에 정리하였다.

함수	설명
Container()	기본 생성자
Container(size)	크기가 size인 컨테이너 생성
Container(size, value)	크기가 size이고 초기값이 value인 컨테이너 생성
Container(iterator, iterator)	다른 컨테이너로부터 초기값의 범위를 받아서 생성
begin()	첫 번째 요소의 반복자 위치
clear()	모든 요소를 삭제
empty()	비어있는지를 검사
end()	반복자가 마지막 요소를 지난 위치
erase(iterator)	컨테이너의 중간 요소를 삭제
erase(iterator, iterator)	컨테이너의 지정된 범위를 삭제
front()	컨테이너의 첫 번째 요소 반환
insert(iterator, value)	컨테이너의 중간에 value를 삽입
pop_back()	컨테이너의 마지막 요소를 삭제
push_back(value)	컨테이너의 끝에 데이터를 추가
rbegin()	끝을 나타내는 역반복자
rend()	역반복자가 처음을 지난 위치
size()	컨테이너의 크기
operator=(Container)	할당 연산자의 중복 정의

이들 멤버 함수들은 모든 컨테이너에 의하여 지원되기 때문에 컨테이너의 종류에 상관없이 사용할 수 있다. 예를 들어서 컨테이너에 들어 있는 숫자 중에서 3의 배수만을 골라서 삭제하는 코드는 컨테이너의 종류와 상관없이 다음과 같을 것이다.

```
it = container.beign();
while(it != container.end())
{
   if(( *it % 3 ) == 0)
      it = container.erase(it);
   else
      it++;
}
```

erase()는 현재 요소를 삭제하고 다음 요소의 위치를 반환한다. 따라서 이 반환값을 다시 반복자에 넣으면 반복자가 다음 요소를 가리키게 된다.

여기서 container와 it는 다음과 같이 벡터로 정의될 수 있다.

```
vector<int> container(10);
vector<int>::iterator  it;
```

또는 데크를 사용하여서 다음과 같이 정의하는 것도 가능하다. 데크는 다음에 설명된다.

```
deque<int> container(10);
deque<int>::iterator  it;
```

또는 리스트를 사용하여서 다음과 같이 정의하는 것도 가능하다. 리스트는 뒤에 설명된다.

```
list<int> container(10);
list<int>::iterator  it;
```

5. 데크

데크(deque)는 벡터와 아주 유사한 동적 배열이다. 데크와 벡터가 다른 점은 데크의 경우, 전단과 후단에서 모두 요소를 추가하고 삭제하는 것을 허용한다는 점이다.

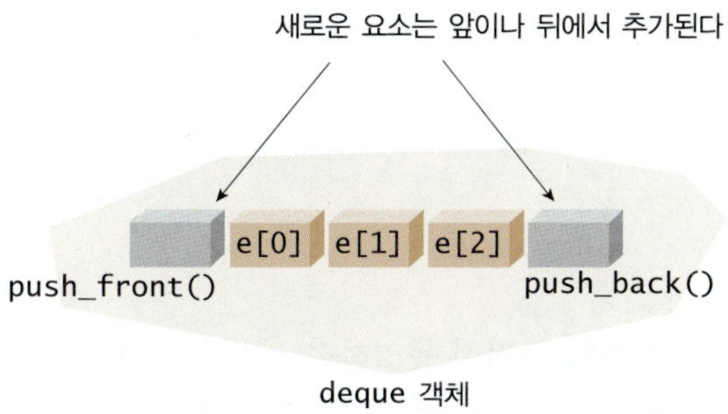

그림 18-6 ● 데크

deque.cpp

```
#include <iostream>
#include <deque>
using namespace std;

int main()
```

```
{
    deque<int> dq;
    dq.push_back(99);
    dq.push_back(1);
    dq.push_front(35);
    dq.push_front(67);

    for(int i = 0; i < dq.size(); i++)
        cout << dq[i] << " ";  // [] 연산자 사용
    cout << endl;
    dq.pop_back();
    dq.pop_front();
    for(int i = 0; i < dq.size(); i++)
        cout << dq[i] << " ";  // [] 연산자 사용
    cout << endl;

    return 0;
}
```

실행결과

```
67 35 99 1
35 99
계속하려면 아무 키나 누르십시오 . . .
```

6. 리스트

리스트(list)는 외부에서 보면 벡터와 완전히 동일하다. 벡터와 마찬가지로 순차적인 데이터를 저장한다. 벡터를 리스트로 대체하는 것도 가능하다. 하지만 벡터와 리스트는 내부 구조가 다르다. 리스트는 이중 연결 리스트로 구현된다. 이중 연결 리스트는 중간에서 삽입이나 삭제가 빈번한 경우에 효율적인 자료구조이다. 이중 연결 리스트에서는 모든 노드가 앞 노드와 뒤 노드를 가리키는 포인터를 동시에 가지고 있다. 따라서 반복자를 이용하여서 양방향으로 이동하는 것이 가능하다.

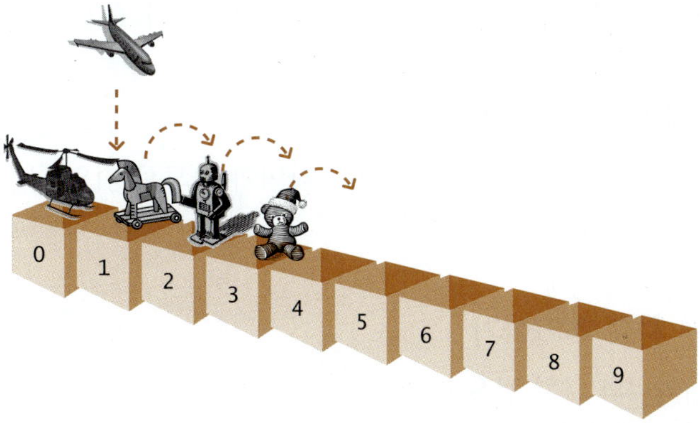

그림 18-7 ● 배열의 중간에 삽입하려면 원소들을 이동하여야 한다

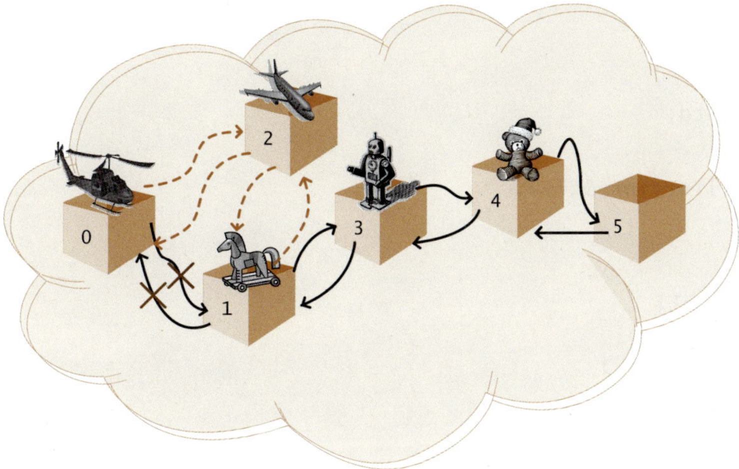

그림 18-8 ● 연결 리스트 중간에 삽입하려면 링크만 수정하면 된다

만약 삽입이나 삭제가 양 끝단에서만 빈번하게 발행한다면 deque를 사용하는 것이 유리하다. list 클래스는 순차 컨테이너 클래스들이 가지고 있는 공통 멤버 함수에 추가로 push_front(), pop_front(), remove(), unique(), merge(), reverse(), sort(), splice() 등을 가지고 있다.

벡터와 리스트의 차이점

- 벡터에서는 임의 접근이 가능하지만 리스트에서는 불가능하다. 리스트는 [ ] 연산자를 지원하지 않으며 리스트에서 어떤 요소에 접근하려면 첫 번째 요소부터 순차적으로 이동하여야 한다. 따라서 임의 접근 반복자를 필요로 하는 binary_search()와 같은 알고리즘은 적용할 수 없다.

- 벡터에서는 중간 위치에 삽입이나 삭제를 하려면 뒤의 요소들을 이동하여야 하므로 시간이 오래 걸린다. 반면에 리스트에서는 앞 노드의 링크만 조작하면 되므로 매우 효율적으로 삽입이나 삭제할 수 있다.
- 리스트에서는 각 데이터마다 링크를 저장하여야 하므로 기억 공간은 더 많이 차지한다. 반면에 벡터는 데이터만이 저장되므로 크기가 더 작다.

리스트의 중간에 자료 추가하기

리스트가 다른 컨테이너와 다른 점은 리스트의 중간 위치에 자료를 효율적으로 추가할 수 있다는 점이다. 중간에 자료를 추가하려면 insert() 멤버 함수를 사용하여야 한다.

list1.cpp

```
#include <iostream>
#include <list>
using namespace std;

void print_list(list<int>& li);
int main()
{
   list<int> my_list;

   my_list.push_back(10);
   my_list.push_back(20);
   my_list.push_back(30);
   my_list.push_back(40);

   my_list.insert(my_list.begin(), 5);
   my_list.insert(my_list.end(), 45);
   print_list(my_list);
   return 0;

}

void print_list(list<int>& li)
{
   list<int>::iterator it;
   for(it=li.begin(); it!=li.end(); ++it)
      cout << *it << " ";
   cout << endl;
}
```

중간에 데이터 추가

실행결과

```
5 10 20 30 40 45
계속하려면 아무 키나 누르십시오 . . .
```

리스트에서 자료 삭제하기

리스트에서 자료를 삭제하는 멤버 함수는 erase()이다. erase()는 두 개의 중복 정의를 가진다. 하나는 반복자가 가리키는 요소를 삭제한다. 또 하나는 범위를 매개 변수로 받아서 범위 안의 요소들을 삭제한다.

아래의 코드는 영화를 리스트에 저장한다. 저장된 영화를 다시 꺼내어 제작된 연도에 따라서 두 개의 리스트로 분류한다.

list2.cpp

```
#include <iostream>
#include <string>
#include <list>
using namespace std;

class Movie
{
private:
   string title;
   int year;
public:
   Movie(string t = " ", int y=0) { title = t; year = y; }
   void display() { cout << title << ": " << year << endl; }
   double getYear() { return year; }
};


void print_list(list<Movie>& li)
{
   list<Movie>::iterator it;
   for(it=li.begin(); it!=li.end(); ++it)
      it->display();
   cout << endl;
}

int main()
```

```
{
    list<Movie> movies;

    movies.push_back(Movie("gone with the wind", 1939));
    movies.push_back(Movie("terminator", 1984));
    movies.push_back(Movie("titanic", 1998));

    list<Movie> old_movie;
    list<Movie> new_movie;
    list<Movie>::iterator it;
    it = movies.begin();
    while(it != movies.end()){
        if(it -> getYear() > 1980)
            new_movie.push_back(*it);
        else
            old_movie.push_back(*it);
        it = movies.erase(it);
    }
    cout << "고전 영화" << endl;
    print_list(old_movie);
    cout << "최근 영화" << endl;
    print_list(new_movie);

    return 0;
}
```

movies 리스트를 new_movie와 old_movie로 분류한다

실행결과

```
고전 영화
gone with the wind: 1939

최근 영화
terminator: 1984
titanic: 1998

계속하려면 아무 키나 누르십시오 . . .
```

프로그램 설명

movies 리스트에 저장된 영화를 제작 연도에 따라 분류하여서 new_movie와 old_movie로 나누면서 movies 리스트에 저장된 영화는 erase()를 사용하여서 삭제한다. erase()는 현재 요소를 삭제하고 다음 요소의 위치를 반환한다. 따라서 이 반환값을 다시 반복자에 넣으면 반복자를 증가시킬 필요가 없다.

7. 집합

앞에서 학습한 벡터나 리스트에는 자료 사이에 순서가 존재한다. 하지만 만약 순서에는 상관없이 자료만 저장하고 싶은 경우도 존재한다. 이때 사용할 수 있는 구조가 집합(set)과 다중집합(multi-set)이다. 집합에 저장된 자료를 키(key)라고 한다. 집합(set)은 동일한 키를 중복해서 가질 수 없다. 즉, A = { 1, 2, 3, 4, 5 }는 집합이지만 B = { 1, 1, 2, 2, 3 }은 집합이 아니다.

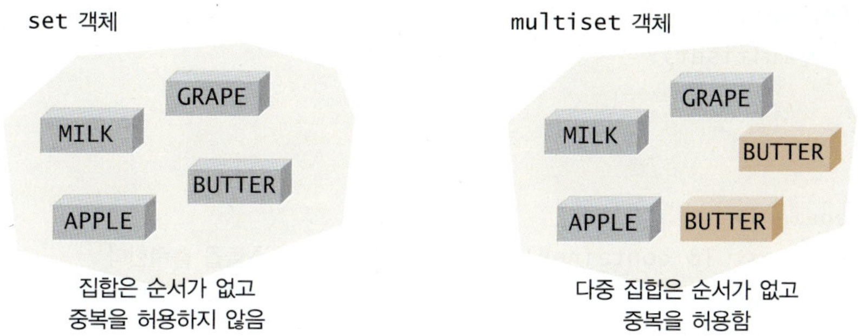

그림 18-9 • 집합과 다중집합

STL에 포함된 set 클래스는 바로 이 집합을 템플릿을 사용하여서 정의한 것이다. 집합에는 정수 또는 문자열, 클래스 객체도 포함할 수 있다.

집합 객체 생성과 자료 추가, 삭제

집합에 자료를 추가하려면 멤버 함수 insert()를 사용하면 된다.

set1.cpp

```
#include <iostream>
#include <set>
using namespace std;


template <typename T>
void print_list(const T& container);

int main()
{
   set<int> my_set;
   multiset<int> my_multiset;

```

```
14      my_set.insert(1);
15      my_set.insert(2);
16      my_set.insert(3);
17
18      my_multiset.insert(my_set.begin(), my_set.end());
19      my_multiset.insert(3);
20      my_multiset.insert(4);
21
22      print_list(my_set);
23      print_list(my_multiset);
24      return 0;
25   }
26
27   template <typename T>
28   void print_list(const T& container)      // 컨테이너의 요소들을 출력한다
29   {
30      T::const_iterator it;
31      for(it = container.begin(); it! = container.end(); ++it)
32         cout << *it << " ";
33      cout << endl;
34   }
```

집합에 데이터 추가 (14~16)

다중 집합에 데이터 추가 (18~20)

실행결과

```
1 2 3
1 2 3 3 4
계속하려면 아무 키나 누르십시오 . . .
```

프로그램 설명

6	집합과 다중 집합의 요소들을 출력하기 위하여 함수 템플릿 print_list()를 정의하였다.

집합에서의 삭제

set이나 map 같은 연관 컨테이너에서는 erase() 멤버 함수를 제공한다. erase()는 키를 받아서 연관된 값을 삭제한다.

```
my_set.erase(key);
```

또는 반복자를 사용하여서 해당되는 요소를 삭제하여도 된다.

```
my_set.erase(iterator);
```

집합에서의 탐색

set이나 map 같은 연관 컨테이너들은 모두 find()라고 하는 탐색 함수를 가지고 있다. find()는 키(key)를 매개 변수로 받아서 연관된 값(value)을 반환한다.

set2.cpp

```
#include <iostream>
#include <set>
using namespace std;

int main()
{
   set<int> my_set;

   my_set.insert(1);
   my_set.insert(2);
   my_set.insert(3);

   set<int>::iterator  pos = my_set.find(2);
   if( pos != my_set.end() )
      cout << "값 " << *pos << "가 발견되었음" << endl;
   else
      cout << "값이 발견되지 않았음" << endl;
   return 0;
}
```

집합에서 탐색

실행결과

```
값 2가 발견되었음
계속하려면 아무 키나 누르십시오 . . .
```

8. 맵

맵(map)은 많은 데이터 중에서 원하는 데이터를 빠르게 찾을 수 있는 자료구조이다. 맵은 사전과 같은 자료구조이다. 사전처럼 단어가 있고(이것을 키(key)라고 부른다), 단어에 대한 설명(이것을 값(value)라고 부른다)이 있다. 맵은 중복된 키를 가질 수 없다. 각 키는 오직 하나의 값에만 매핑될 수 있다. 키가 제시되면 맵은 값을 반환한다. 예를 들어서 학생에 대한 정보를 맵에 저장할 수 있다. 여기서 키는 학번이 될 것이고 값은 학생이 될 것이다.

그림 18-10 ● 맵의 개념

맵 객체 생성 및 자료 추가

맵이나 다중맵의 객체를 생성하기 위해서는 두 가지의 타입을 명시하여야 한다. 하나는 키(key)를 위한 타입이고 또 하나는 값(value)을 위한 타입이다. 맵의 장점은 탐색을 쉽게 할 수 있다는 점이다. 맵을 이용하여서 영어 사전을 제작하여 보자. 먼저 맵에 자료를 추가하는 방법은 insert() 함수를 사용할 수도 있지만 가장 편리한 방법은 인덱스 연산자 [ ]를 사용하여서 추가하는 방법이다.

```
dic["house"] = "집";
```

만약 house라는 단어가 아직 등록이 되어 있지 않다면 자동적으로 등록이 된다.

Map에서 탐색하는 방법도 집합처럼 find()를 사용할 수도 있지만 등록할 때와 마찬가지로 인덱스 연산자를 사용하는 것이 제일 쉽다.

map1.cpp

```
#include <iostream>
#include <string>
#include <map>
using namespace std;

int main()
```

```
{
    map<string, string> dic;
    dic["boy"] = "소년";
    dic["school"] = "학교";
    dic["office"] = "직장";
    dic["house"] = "집";
    dic["morning"] = "아침";
    dic["evening"] = "저녁";

    cout << "house의 의미는 " << dic["house"] << endl;         // 등록이 된 단어
    cout << "morning의 의미는 " << dic["morning"] << endl;     // 등록이 된 단어
    cout << "unknown의 의미는 " << dic["unknown"] << endl;     // 등록이 되지 않은 단어
    return 0;
}
```

맵에 데이터 추가

맵에서 검색

실행결과

```
house의 의미는 집
morning의 의미는 아침
unknown의 의미는
계속하려면 아무 키나 누르십시오 . . .
```

예제

맵을 이용하여서 사용자로부터 단어를 받아들이고 각 단어가 나오는 빈도를 계산하는 프로그램을 작성해보자.

map2.cpp

```
#include <iostream>
#include <string>
#include <map>
using namespace std;

int main()
{
    map<string, int> table;
    string s;

    cout << "문장을 입력하시오(종료는 Ctrl-Z): ";
    while(1){
```

```
13          cin >> s;
14          table[s]++;
15          if(cin.eof()) break;
16      }
17
18      map<string, int>::iterator iter;
19      for(iter = table.begin();iter != table.end();iter++) {
20          cout << iter -> first << " : " << iter -> second << endl;
21      }
22      return 0;
23  }
```

실행결과

```
문장을 입력하시오(종료는 Ctrl-Z): the good the bad the brave the ugly
^Z
bad : 1
brave : 1
good : 1
the : 4
ugly : 1
계속하려면 아무 키나 누르십시오 . . .
```

프로그램 설명

8 table을 맵의 객체로 정의한다. table은 string 타입의 키와 int 타입의 연관된 정수를 가진다.

12~16 반복 루프를 돌면서 사용자로부터 단어를 입력받는다. 만약 사용자가 Ctrl-Z를 입력하면 반복을 중단한다.

14 가장 중요한 문장이다. 맵에는 [] 연산자가 오버로딩되어 있어서 s가 주어지면 s에 연관되어 있는 정수를 찾는다. 연관된 정수를 증가한다. 연관된 정수는 즉 단어가 나타나는 빈도일 것이다.

만약 맵에 저장되지 않은 키값이 들어오면 자동적으로 그 키를 가지는 새로운 요소를 생성한다. 이 과정에서 단어 빈도를 나타내는 정수값은 0으로 초기화된다.

19 실제로 맵에 들어 있는 요소들은 모두 pair 타입이다. pair는 두 개의 요소로 되어 있는 타입이다. 첫 번째 요소 first에는 키가 저장되고 두 번째 요소 second에는 값이 저장된다. 따라서 iter → first는 키값을, iter → second는 값을 나타낸다.

9. 컨테이너 어댑터(container adapter)

컨테이너 어댑터 클래스는 이미 존재하는 컨테이너를 변경하여서 새로운 기능을 제공하는 클래스이다. 즉, 기존의 컨테이너의 기능을 그대로 이용하면서 새로운 기능이나 인터페이스를 제공하는 것이다. 컨테이너 어댑터에는 스택, 큐, 우선순위 큐 등이 있다.

스택

스택은 늦게 들어온 데이터들이 먼저 나가는 약간은 특이한 기능을 가지고 있는 자료구조이다. 이것을 후입 선출(LIFO: last-in first-out)이라고 한다. 스택은 컴퓨터에서는 없어서는 안 될 중요한 자료구조이다. 함수 호출이 스택을 사용하여 이루어진다. 함수가 호출되고 복귀할 때 바로 스택에 저장된 순서대로 복귀하는 것이다.

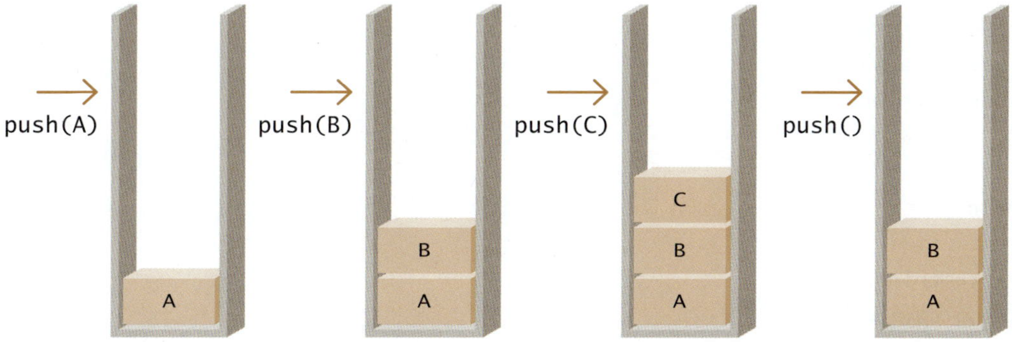

스택을 구현하기 위해서는 선형적인 자료구조만 있으면 된다. 즉, 배열이나 연결 리스트를 이용하여서 스택을 작성할 수 있다. 스택에서는 중간에서 데이터를 추가하거나 삭제하는 기능이 필요없다. 따라서 기존에 존재하는 순차 컨테이너를 이용하면 쉽게 만들 수 있다. 오히려 이들 순차 컨테이너의 기능이 너무 많아서 기능을 제약해야만 스택을 구현할 수 있다.

스택을 생성하려면 다음과 같이 스택에 저장할 타입만 템플릿 인자로 지정하면 된다. 스택은 벡터, 리스트, 데크 등을 사용하여서 구현될 수 있다. 디폴트는 데크를 이용한다.

```
stack<int> st;                        // 정수를 저장하는 스택
stack<string> st;                     // 문자열을 저장하는 스택
```

만약 스택을 구현하는데 사용되는 기반 컨테이너를 변경하고 싶으면 다음과 같이 생성자에 두 번째 인자를 주면 된다.

```
stack<string, vector<string> > st;    // 벡터를 사용하여 스택을 구현한다
```

스택에서는 다음과 같은 함수들이 제공된다. 이중에서 가장 중요한 연산은 push()와 pop()

이다. push()는 스택의 상단에 데이터를 집어 넣는 연산이다. pop()은 스택의 상단에서 데이터를 꺼내는 연산이다.

함수	설명
void push(const value_type& v)	스택에 v를 삽입한다.
void pop()	스택의 상단 원소를 삭제한다.
value_type& top() const	스택의 상단 원소를 반환한다.
bool empty() const	스택이 공백이면 true를 복귀한다.
size_type size() const	스택에 있는 원소의 개수를 반환한다.

stack.cpp

```
#include <iostream>
#include <stack>
#include <string>
using namespace std;

int main()
{
   stack<string> st;
   string sayings[3] =
   {"The grass is greener on the other side of the fence",
   "Even the greatest make mistakes",
   "To see is to believe" };

   for(int i = 0; i < 3; ++i)
      st.push(sayings[i]);
   while(!st.empty()) {
      cout << st.top() << endl;
      st.pop();
   }
   return 0;
}
```

실행결과

```
To see is to believe
Even the greatest make mistakes
The grass is greener on the other side of the fence
계속하려면 아무 키나 누르십시오 . . .
```

큐

큐(queue)는 먼저 들어온 데이터들이 먼저 나가는 자료구조이다. 이것을 선입 선출(FIFO: first-in first-out)이라고 한다. 주로 큐는 데이터를 처리하기 전에 잠시 저장하고 있는 용도로 사용된다. 모든 전자 제품에 존재하는 버퍼가 바로 이 큐를 이용하여서 구현된다. 큐는 후단(tail)에서 데이터를 추가하고 전단(head)에서 데이터를 삭제한다. 큐에서도 스택과 마찬가지로 중간에서 데이터를 추가하거나 삭제할 수 없다.

그림 18-11 • 큐

큐를 생성하려면 다음과 같이 큐에 저장할 타입만 템플릿 인자로 지정하면 된다. 큐는 스택과 아주 유사하다. 큐도 리스트, 데크 등을 사용하여서 구현될 수 있다. 디폴트는 데크를 이용한다.

```
queue<int> qu;            // 정수를 저장하는 큐
queue<string> qu;         // 문자열을 저장하는 큐
```

큐에서는 다음과 같은 함수들이 제공된다.

함수	설명
void push(const value_type& v)	큐의 끝에 v를 삽입한다.
void pop()	큐의 첫 번째 원소를 삭제한다.
value_type& front() const	큐의 첫 번째 원소를 반환한다.
value_type& back() const	큐의 마지막 원소를 반환한다.
bool empty() const	큐가 공백이면 true를 반환한다.
size_type size() const	큐의 원소 개수를 반환한다.

queue.cpp

```
#include <iostream>
#include <queue>
#include <string>
using namespace std;
```

```

int main()
{
    queue<int> qu;
    qu.push(100);
    qu.push(200);
    qu.push(300);
    while(!qu.empty()) {
        cout << qu.front() << endl;
        qu.pop();
    }
    return 0;
}
```

실행결과

```
100
200
300
계속하려면 아무 키나 누르십시오 . . .
```

우선순위 큐

우선순위 큐(priority queue)는 큐와 아주 비슷하지만 원소들이 우선순위를 가지고 있다. 원소들은 들어온 순서와는 상관없이 우선순위가 높은 원소가 먼저 나가게 된다. 우선순위 큐는 히프(heap)라고 하는 자료구조를 내부적으로 사용한다. 우선순위 큐의 가장 대표적인 예는 작업 스케쥴링(job scheduling)이다. 각 작업은 우선순위를 가지고 있고 가장 높은 우선순위의 작업이 큐에서 먼저 추출되어서 시작된다.

우선 순위큐

그림 18-12 • 우선순위 큐

우선순위 큐도 생성하려면 다음과 같이 큐에 저장할 타입만 템플릿 인자로 지정하면 된다.

```
priority_queue<int> pq;          // 정수를 저장하는 우선순위 큐
priority_queue<string> pq;       // 문자열을 저장하는 큐
```

pqueue.cpp

```
#include <iostream>
#include <queue>
#include <string>
using namespace std;

int main()
{
   priority_queue<int> pq;
   pq.push(100);
   pq.push(200);
   pq.push(300);
   while(!pq.empty()) {
      cout << pq.top() << endl;
      pq.pop();
   }
   return 0;
}
```

실행결과

```
300
200
100
계속하려면 아무 키나 누르십시오 . . .
```

실행결과를 보면 300이 가장 먼저 추출되는 것을 볼 수 있다. 디폴트로 값이 크면 우선순위가 높다고 간주된다.

EXERCISE
INTRODUCTION TO C++ PROGRAMMING

1. 다음의 설명에 맞는 문장을 작성하시오.

❶ 10개의 Employee 타입의 객체를 저장할 수 있는 벡터 workers를 정의한다.

❷ double형 벡터 values의 끝에 3.14를 추가한다.

❸ double형 벡터 values의 마지막 요소를 삭제한다.

❹ int형 리스트 values의 끝에 564를 추가한다(반복자를 사용하라)

❺ string 형의 집합을 정의한다.

❻ string 형의 key값과 int형의 value값을 가지는 맵을 정의한다.

2. 반복자와 포인터의 비교해여 보자.

	유사한 점	다른 점
반복자		
포인터		

3. 다음 코드에서 잘못된 점은 무엇인가?

```
vector<double> values(10);
for(int i = 0; i<= 10 ; i++)
  values[i] = i * i;
```

4. double형의 벡터를 매개 변수로 받아서 평균을 구하는 함수를 작성하여 보자. 다음 코드의 빈칸을 채워라.

```
double getAverage(vector<double> values)
{
  double sum = 0;
  for(int i = 0;i < values.________; i++)
     sum = sum + ___________;
  return sum / values.________;
}
```

5. Employee 타입의 벡터를 매개 변수로 받아서 각 직원들의 월급을 rate만큼 올려 주는 함수를 작성하여 보자. Employee 클래스는 salary(double형)와 name(문자열)을 멤버 변수로 가지고 있다고 가정하자.

```
void raiseSalary(______________________)
{
   for(____________________________)
        __________________________;
}
```

6. string 형의 key값과 int형의 value값을 가지는 맵의 처음부터 시작하여서 맵의 끝까지 반복하면서 key값과 value값을 출력하는 반복 루프를 작성하라. 반복자를 사용하라.

```
map<string, int> table;
_________________ iter = table.begin();
while( iter != table.end() )
{
   pair<string, int> element = ___________;
   cout << "key: " << pair.first << ", value:" << __________ << endl;
   ________________;
}
```

PROGRAMMING
INTRODUCTION TO C++ PROGRAMMING

1. 장기 자랑 프로그램에 필요한 심사 위원들의 점수를 집계하는 프로그램을 작성하여 보자. 점수는 0.0에서 10.0까지 가능하다. 10명의 점수 중에서 최저 점수와 최고 점수는 제외된다. 어떤 컨테이너와 알고리즘을 사용하여도 좋다.

2. 영어 사전을 구현하여 보자. 사용자가 단어를 입력하면 단어의 설명을 보여준다. 사전에 단어를 추가하거나 검색, 삭제할 수 있는 간단한 메뉴 시스템도 구현한다. 어떤 컨테이너와 알고리즘을 사용하여도 좋다.

3. 학생들의 정보를 저장하고 검색할 수 있는 프로그램을 작성하여 보자. 학생들의 정보는 `Student` 클래스로 표현된다. `Student` 클래스는 학생의 이름, 주소, 학번, 전화 번호 등의 정보를 멤버 변수로 가진다. 적절한 접근자와 설정자를 추가하라. 학생들의 정보를 추가하고 검색, 삭제하는 간단한 메뉴 시스템도 구현한다. 어떤 컨테이너와 알고리즘을 사용하여도 좋다.

4. 소수를 구하는데 고대의 그리스 수학자 에라스토스테네스에 의하여 개발된 에라스토스테네스의 체(sieves of Erastosthenes)라는 알고리즘이 있다. 이 알고리즘은 정해진 범위안의 소수를 찾아주는 비교적 간단한 방법이다. 처음에는 리스트 안의 모든 정수가 소수라고 가정한다. 알고리즘은 가장 적은 소수인 2부터 시작한다. 상식적으로 2의 배수는 소수가 아닌 것이 분명하다. 따라서 2의 배수를 모두 찾아서 리스트에서 제거한다. 즉 2, 4, 6, 8,.. 등의 정수는 소수에서 제외된다. 다시 3의 배수를 찾아서 리스트에서 제거한다. 정해진 범위에 대하여 이러한 절차를 완료한 후에도 리스트에 남아있는 원소가 바로 소수가 된다. 이 알고리즘을 이용하여서 2부터 100 사이의 범위 안에서 소수를 찾아보라. 어떤 컨테이너와 알고리즘을 사용하여도 좋다.

5. 로또 번호를 생성하는 프로그램을 작성하여 보자. 로또는 1부터 45까지의 숫자 중에서 6개를 무작위로 선택한다. 로또 번호는 중복되면 안 된다. 따라서 컨테이너 중에서 집합(set)을 사용하는 것이 바람직하다. 난수 발생기를 이용하여서 0부터 45 사이의 난수를 발생한다. 생성된 난수는 삽입 함수를 사용하여서 집합에 추가하라.

LAB
INTRODUCTION TO C++ PROGRAMMING

1. 간단한 미팅 중개 프로그램을 작성하자. 가장 간단한 알고리즘만을 사용하기로 한다. 2개의 컨테이너를 사용한다. 하나의 컨테이너에는 남학생들의 리스트가 들어있고 또 다른 하나의 컨테이너에는 여학생들의 리스트가 들어가 있다. 만약 새로운 남학생이 등록을 하면 먼저 여학생이 들어있는 컨테이너를 검사하여 여학생이 존재하면 맨 첫 번째 여학생과 자동으로 미팅이 주선된다. 만약 여학생 컨테이너에 여학생이 없으면 신청하는 남학생은 남학생컨테이너에 들어가서 여학생이 신청하기를 기다리게 된다. 샘플 출력 화면은 다음과 같다.

```
미팅 주선 프로그램입니다.

고객이름: 홍길동
성별을 입력하세요(f or m)  m
아직 대상자가 없습니다. 기다려주십시오

고객이름: 이순신
성별을 입력하세요(f or m)  m
아직 대상자가 없습니다. 기다려주십시오

고객이름: 황진이
성별을 입력하세요(f or m)  f
커플이 탄생했습니다! 홍길동과 황진이
```

❶ 사용자 인터페이스 부분을 작성하라.

❷ 벡터를 사용하여 남학생 컨테이너와 여학생 컨테이너를 구현해보라.

❸ 큐를 사용하여 남학생 컨테이너와 여학생 컨테이너를 구현해보라.

❹ 덱을 이용하여 남학생 컨테이너와 여학생 컨테이너를 구현하고 컨테이너에 입력될 때 즉시 원하는지를 물어보고 즉시 원한다고 하면 컨테이너의 맨 처음에 삽입한다. 만약 즉시 원하지 않으면 컨테이너의 끝에 삽입한다.

CHAPTER 19

STL 알고리즘

이 장의 차례

학습목표

- STL의 알고리즘의 동작 원리를 학습한다.
- 반복자를 자세히 살펴본다.
- 각종 STL 알고리즘을 학습한다.

1. STL 알고리즘의 소개

탐색(searching), 정렬(sorting), 계수(counting)와 같은 일반적인 알고리즘은 프로그램에서 널리 사용된다. STL은 이러한 문제들을 해결하기 위하여 템플릿 기반의 함수들을 제공한다. 이들 알고리즘은 거의 모든 컨테이너에 대하여 같은 방식으로 동작한다. 템플릿을 사용하여서 일반화 프로그래밍을 적용하고 있는 것이다.

그림 19-1 • STL 알고리즘은 반복자를 통하여 컨테이너에 접근하여 작업을 한다

STL 알고리즘은 일반적으로 반복자를 사용하여 주어진 타입으로 생성된 컨테이너에 접근한다. 반복자는 알고리즘과 컨테이너를 연결하는 역할을 한다. 이 라이브러리를 사용하는 코드는 프로그래머가 직접 작성한 코드와 비교하여도 효율성에 있어서 손색이 없다. 이들 알고리즘을 사용하려면 <algorithm> 헤더 파일을 포함하면 된다.

알고리즘의 분류

STL 알고리즘은 크게 불변경 알고리즘(nonmutating algorithm)과 변경 알고리즘(mutating algorithm)으로 나누어진다. 불변경 알고리즘이란 컨테이너에 들어있는 자료들의 순서나 내용을 변경하지 않는 알고리즘이다. 변경 알고리즘은 알고리즘이 실행되면 컨테이너의 자료들이 변경될 수 있는 알고리즘이다. 예를 들어서 탐색은 불변경 알고리즘에 속하고 정렬은 자료의 순서가 변경될 수 있으므로 변경 알고리즘이다.

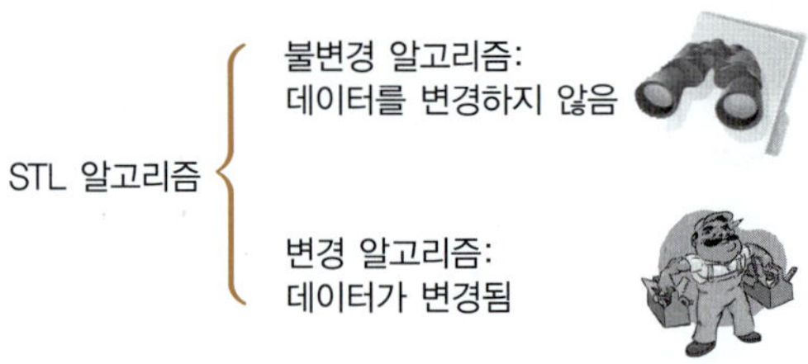

그림 19-2 ● STL 알고리즘의 분류

불변경 알고리즘

많이 사용되는 불변경 알고리즘은 **표 19-1**과 같다.

표 19-1 ● 불변경 알고리즘

분류	알고리즘	설명
계수 알고리즘	count()	주어진 값과 일치하는 요소들의 개수를 센다.
	count_if()	주어진 조건에 맞는 요소들의 개수를 센다.
탐색 알고리즘	search()	주어진 값과 일치하는 첫 번째 요소를 반환한다.
	search_n()	주어진 값과 일치하는 n개의 요소를 반환한다.
	find()	주어진 값과 일치하는 첫 번째 요소를 반환한다.
	find_if()	주어진 조건에 일치하는 첫 번째 요소를 반환한다.
	find_end()	주어진 조건에 일치하는 마지막 요소를 반환한다.
	binary_search()	정렬된 컨테이너에 대하여 이진 탐색을 수행한다.
비교 알고리즘	equal()	두 개의 요소가 같은지 비교한다.
	mismatch()	두 개의 컨테이너를 비교하여서 일치하지 않는 첫 번째 요소를 반환한다.
	lexicographical_compare()	두 개의 순차 컨테이너를 비교하여서 사전적으로 어떤 컨테이너가 작은지를 반환한다.

변경 알고리즘

많이 사용되는 변경 알고리즘은 **표 19-2**와 같다.

표 19-2 • 변경 알고리즘

분류	알고리즘	설명
초기화 알고리즘	fill()	지정된 범위의 모든 요소를 지정된 값으로 채운다.
	generate()	지정된 함수의 반환값을 할당한다.
변경 알고리즘	for_each()	지정된 범위의 모든 요소에 대하여 연산을 수행한다.
	transform()	지정된 범위의 모든 요소에 대하여 함수를 적용한다.
복사 알고리즘	copy()	하나의 구간을 다른 구간으로 복사한다.
삭제 알고리즘	remove()	지정된 구간에서 지정된 값을 가지는 요소들을 삭제한다.
	unique()	구간에서 중복된 요소들을 삭제한다.
대치 알고리즘	replace()	지정된 구간에서 요소가 지정된 값과 일치하면 대치값으로 바꾼다.
정렬 알고리즘	sort()	지정된 정렬 기준에 따라서 구간의 요소들을 정렬한다.
분할 알고리즘	partition()	지정된 구간의 요소들을 조건에 따라서 두 개의 집합으로 나눈다.

중간점검

1. 알고리즘과 컨테이너를 연결하는 역할을 하는 것은?
2. STL 알고리즘을 크게 분류하면 ________(과)와 __________(으)로 나눌 수 있다.

2. 반복자

본격적으로 알고리즘을 학습하기 전에 반복자(iterator)에 대하여 살펴보자. 컨테이너에는 요소들이 저장되어 있다. 각 요소들에 접근하려면 어떻게 하여야 하는가?

일단 예전의 방법들을 검토하여 보자. 벡터와 같은 컨테이너는 인덱스를 사용할 수 있을 것이다. 임의 접근을 허용하지 않는 리스트에서는 인덱스는 사용할 수 없고 아마도 포인터를 사용하여야 할 것이다. 문제는 컨테이너의 종류에 따라서 요소를 방문(순회)하는 방법이 상당히 다르다는 점이다. 일반적인 방법을 찾아야 한다.

STL을 작성한 사람들은 컨테이너의 종류에 관계없이 요소들을 방문하게 하기 위하여 반복자라는 방식을 제안하였다. 반복자는 컨테이너의 멤버를 가리키는 객체이다. 기존의 포인터와 비슷한 개념이지만 반복자를 흔히 일반화된 포인터라고 한다. 반복자를 사용하게 되면 컨테이너의 종류에 상관없이 일관된 방법으로 컨테이너의 요소를 가리킬 수 있다.

반복자는 어디에 이용되는가? 반복자는 컨테이너 안의 요소에 접근하고자 할 때 필요하다. 알고리즘은 필연적으로 컨테이너의 요소에 접근하여서 읽거나 써야 한다. 이때에 반복자가 사용된다. 반복자를 사용하여서 컨테이너의 첫 번째 요소를 가리킨 후에 첫 번째 요소에 접근하여서 작업을 하고 작업이 끝나면 반복자를 다음 요소를 가리키게 증가한다. 반복자가 마지막 요소를 벗어나게 되면 작업을 끝내면 된다.

일반적으로 STL 알고리즘의 형태를 보면 반복자들을 매개 변수로 받는다. 또한 함수의 반환 값도 반복자 형식이다. 이것에서 우리는 컨테이너의 종류와는 상관없이 해당 컨테이너가 반복자를 지원하기만 하면 STL 알고리즘도 적용할 수 있다고 생각할 수 있다.

반복자 동작 원리

반복자는 다음의 연산자가 중복 정의되어 있는 객체라고 생각하면 된다.

- 컨테이너에서 다음 요소를 가리키기 위한 ++ 연산자
- 컨테이너에서 이전 요소를 가리키기 위한 -- 연산자
- 두 개의 반복자가 같은 요소를 가리키고 있는 지를 확인하기 위한 ==와 != 연산자
- 반복자가 가리키는 요소의 값을 추출하기 위한 간접 참조 연산자 *

모든 반복자가 이들 연산자들을 모두 가지는 것은 아니다. 예를 들어서 벡터는 이들 연산자들을 모두 가지고 있다.

각 컨테이너는 특별한 위치의 반복자를 얻는 함수를 지원한다.

- v.begin() 함수는 컨테이너 v에서 첫 번째 요소를 반환한다.
- v.end() 함수는 컨테이너 v에서 마지막 요소를 지났는지를 나타내는 값을 반환한다. v.end()는 마지막 요소가 아니라 컨테이너의 끝을 나타내는 보초값(sentinel)을 반환한다. v.end()가 반환하는 값은 포인터에서의 NULL 값과 같은 의미를 지닌다.

반복자를 사용한 전형적인 문장을 살펴보자.

```
❶ vector<int> vec;                                    // 벡터 선언
❷ vector<int>::iterator it;                           // 반복자 선언
❸ for(it = vec.begin(); it != c.end(); it++)
❹     cout << *it << " ";                             // 반복자를 이용하여서 요소의 값을 추출한다
```

❶ 벡터 객체를 생성한다.

❷ 위의 문장은 반복자를 정의한다. 반복자 타입은 컨테이너 안에 정의되어 있다. 다시 말해 vector<int> 클래스 안에 사용할 수 있는 반복자의 타입이 정의되어 있다는 의미이다.

vector<int> 객체에 사용하는 반복자의 타입은 vector<int>::iterator이다.

❸ it의 초기값은 vec.begin()에서 얻는다. it는 매번 반복마다 증가되고 it가 vec.end()와 같아지면 컨테이너의 끝에 도달한 것이므로 반복을 종료한다.

❹ it가 가리키는 요소의 값은 *it로 얻을 수 있다. 여기서는 it가 가리키는 값을 콘솔에 출력한다.

예제

iterator1.cpp

```
#include <iostream>
#include <vector>
using namespace std;

int main()
{
   vector<int> vec;                                    // 정수형 벡터 생성
   for(int i=0;i<10;i++)
      vec.push_back(i);

   vector<int>::iterator it;                           // 반복자 객체 생성
   for(it=vec.begin(); it != vec.end() ; it++)         // 컨테이너의 모든 요소를 출력
      cout << *it << " ";
   cout << endl;

   for(it=vec.begin(); it != vec.end() ; it++)         // 컨테이너의 모든 요소를 -1로 설정
      *it = 0;

   for(it=vec.begin(); it != vec.end() ; it++)         // 컨테이너의 모든 요소를 출력
      cout << *it << " ";
   cout << endl;
   return 0;
}
```

실행결과

```
0 1 2 3 4 5 6 7 8 9
0 0 0 0 0 0 0 0 0 0
계속하려면 아무 키나 누르십시오 . . .
```

반복자 종류

반복자에는 3가지의 종류가 있다.

- 전향 반복자(forward iterator): ++ 연산자만 가능하다.
- 양방향 반복자(bidirectional iterator): ++ 연산자와 -- 연산자가 가능하다.
- 임의 접근 반복자(random access iterator): ++ 연산자와 -- 연산자, [ ] 연산자가 가능하다.

벡터는 임의 접근 연산자를 제공한다. 벡터를 이용하여서 이들 연산들을 테스트해보자.

iterator2.cpp

```
#include <iostream>
#include <vector>
using namespace std;

int main()
{
   vector<int> vec;                    // 정수형 벡터 생성
   for(int i=0;i<10;i++)
      vec.push_back(i);

   vector<int>::iterator it;           // 반복자 객체 생성
   it = vec.begin();
   cout << it[2] << " " << endl;
   cout << *(it+2) << " " << endl;
   it = it + 5;
   it--;
   cout << *it << " " << endl;
   return 0;
}
```

임의 접근

실행결과

```
2
2
4
계속하려면 아무 키나 누르십시오 . . .
```

const 반복자

무작위 접근 반복자가 지원되지만 어떤 경우에는 반복자를 통하여 읽기만 하는 경우도 있다. 이런 경우에는 버그를 막기 위하여 반복자를 일부러 상수 반복자로 정의하는 경우도 많다. 이를 위하여 컨테이너 안에 const_iterator라는 타입이 준비되어 있다.

```
vector<int>::const_iterator it = vec.begin();
cout << *it << " ";            // 가능!
*it = 10;                      // 컴파일 오류!
```

역순 반복자

컨테이너 안의 요소들을 역순으로 접근하고 싶은 경우도 종종 발생한다. 이런 경우에 다음과 같이 하는 것은 오류이다.

```
  for(it=vec.end(); it != vec.begin() ; it--)  // 오류!
     cout << *it << " ";
```

먼저 vec.end()가 가리키는 값은 올바른 요소가 아니다. vec.end()는 마지막 요소를 지났다는 것을 나타내는 값을 반환한다.

따라서 이런 경우에는 다음과 같은 역순 반복자 타입으로 반복자를 정의하여야 한다.

```
vector<int>::reverse_iterator rit;
for(rit = vec.rbegin(); rit!= vec.rend() ; rit++)
   cout << *rit << " ";
```

iterator3.cpp

```
#include <iostream>
#include <vector>
using namespace std;

int main()
{
   vector<int> vec;                                 // 정수형 벡터 생성
   for(int i=0;i<10;i++)
      vec.push_back(i);
   vector<int>::reverse_iterator rit;               // 정수형 벡터 생성
   for(rit = vec.rbegin(); rit!= vec.rend() ; rit++)
      cout << *rit << " ";
   cout << endl;
```

역순 반복자 사용

```
    return 0;
}
```

실행결과

```
9 8 7 6 5 4 3 2 1 0
계속하려면 아무 키나 누르십시오 . . .
```

중간점검

1. vec.begin()이 반환하는 값은 무엇인가?
2. vec.end()가 반환하는 값은 무엇인가?
3. 만약 it가 반복자라면 *it는 무엇인가?
4. 컨테이너 vec의 반복자를 정의하여 보라.

3. 탐색 알고리즘

공통 함수 print( )

알고리즘을 학습하기 전에 공통적으로 많이 사용되는 보조 함수를 하나 작성하자. 바로 컨테이너 안에 들어 있는 모든 요소의 값을 출력하는 함수인 print()이다. 다음과 같이 템플릿으로 작성한 후에 이것을 myheader.h에 저장하고 각 프로그램에서 이 헤더 파일을 포함하도록 하자.

myheader.h

```
#ifndef MYHEADER_H
#define MYHEADER_H
template <typename T>
void print(const T& v, const char* message = " ")
{
   typename T::const_iterator it;
   std::cout << message;
   std::cout << "( ";
   for (it=v.begin(); it!=v.end(); ++it) {
      std::cout << *it << ' ';
   }
```

```
    std::cout << " )" << std::endl;
}
#endif
```

이 함수는 먼저 두 번째 매개 변수를 화면에 출력하고 이어서 첫 번째 매개 변수로 전달된 컨테이너를 반복자를 이용하여 처음 요소부터 마지막 요소까지를 화면에 출력한다. 테스트 프로그램을 작성해보면 다음과 같다.

test.cpp

```cpp
#include <iostream>
#include <vector>
#include "myheader.h"
using namespace std;

int main()
{
    vector<int> vec;            // 정수형 벡터 생성

    vec.push_back(10);          // 벡터의 끝에 데이터 추가
    vec.push_back(20);
    vec.push_back(30);
    vec.push_back(40);
    vec.push_back(50);

    print(vec);                 // 벡터의 모든 요소를 출력한다
    return 0;
}
```

실행결과

```
( 10 20 30 40 50  )
계속하려면 아무 키나 누르십시오 . . .
```

find( ) 함수와 find_if( ) 함수

find()는 컨테이너의 주어진 범위 안에서 특정한 값을 찾아서 그것의 위치를 반환한다. 다음과 같은 형식을 가진다.

```cpp
InputIter
find(InputIter s, InputIter e, const T& value);
```

여기서 InputIter는 입력 반복자를 의미한다. find()는 [s, e)까지의 구간에서 value를 찾아서 그것의 위치를 반복자 형식으로 반환한다. [s, e)는 s에서 e까지의 구간을 의미하며 여기서 e는 제외된다.

find_if()는 마지막 매개 변수로 조건자 함수를 받아서 원하는 조건을 만족하는 요소를 찾아서 그것의 위치를 반환한다.

find.cpp

```
1   #include <iostream>
2   #include <vector>
3   #include <algorithm>
4   #include <string>
5   using namespace std;
6
7   int main()
8   {
9      string fruits[5] = { "사과", "토마토", "배", "수박", "키위" };
10     vector<string> vec(&fruits[0], &fruits[5]);      // 배열->벡터
11
12     vector<string>::iterator it;                      // 반복자 정의
13     it = find(vec.begin(), vec.end(), "수박");
14
15     if (it != vec.end())
16        cout << "수박이 " << distance(vec.begin(), it) << "에 있습니다." << endl;
17
18     return 0;
19  }
```

vec의 처음부터 끝까지 "수박"을 탐색

it의 위치를 인덱스로 반환

실행결과

```
수박이 3에 있습니다.
계속하려면 아무 키나 누르십시오 . . .
```

프로그램 설명

문자열 배열을 가지고 벡터를 초기화한다. 여기서 &fruits[4]가 아니고 &fruits[5]임을 명심하자.

12 string 요소를 가지는 벡터에 대한 반복자를 생성한다.

13 vec의 처음부터 끝까지 "수박"을 탐색하도록 find()를 호출한다. 첫 번째 성공하는 위치를 반환한다.

16 반환된 위치가 vec.end()라면 실패한 것이다. vec.end()가 아니면 distance() 함수를 이용하여서 "수박"이 위치한 요소의 인덱스값을 추출한다.

```
InputIter
find_if(InputIter s, InputIter e, const T& value, UnaryPred func);
```

find_if는 주어진 함수 f를 사용하여서 [s, e) 구간에서 조건을 만족하는 요소를 찾는다. 구간의 요소 elem에 대해 func(elem) 함수를 호출하여 true가 반환되면 그것의 위치를 반환한다.

find_if.cpp

```
#include <iostream>
#include <vector>
#include <algorithm>
#include <string>
using namespace std;
// 문자열 s가 "김"을 포함하면 true를 반환
bool checkKim(string s)
{
   if( s.find("김") != string::npos)                // "김"을 포함하고 있으면
      return true;
   else
      return false;
}

int main()
{
   string names[5] = { "김철수", "박문수", "강감찬", "김유신", "이순신" };
   vector<string> vec(&names[0], &names[5]);       // 배열->벡터

   vector<string>::iterator it;                    // 반복자 정의
   it = vec.begin();
   while(true){
      it=find_if(it, vec.end(),checkKim);   <---- 조건을 가지고 탐색
      if (it==vec.end())                           // 탐색 실패
         break;
      cout << "위치 " << distance(vec.begin(), it)<<
         "에서 " << *it << "를 탐색하였음" << endl;
      it++;
   }
   return 0;
}
```

실행결과

```
위치 0에서 김철수를 탐색하였음
위치 3에서 김유신를 탐색하였음
계속하려면 아무 키나 누르십시오 . . .
```

search( ) 함수

find()는 주어진 구간에서 하나의 특정한 값을 찾는다. 하지만 어떤 경우에는 연속적인 값들을 탐색하여야 하는 경우가 있다. 이때 사용할 수 있는 함수가 search()이다. 이들 함수들은 구간 단위로 동작하게끔 설계되어 있다. 이들 함수들은 전체 구간 안에서 부분 구간을 찾아서 그 위치를 반환한다.

```
ForwIter1
search (ForwIter1 s1, ForwIter1 e1, ForwIter2 s2, ForwIter2 e2)
```

여기서 ForwIter는 전향 반복자를 의미한다. [s1, e1) 구간에서 [s2, e2) 구간이 존재하는지를 찾는다. 만약 존재하면 그 구간의 시작 위치를 반환한다.

search.cpp

```
#include <iostream>
#include <vector>
#include <list>
#include <algorithm>
#include <string>
using namespace std;

int main()
{
   vector<int> vec;
   for(int i=0;i<10;++i)        // vec = (0, 1, 2, 3, 4, 5, 6, 7, 8, 9)
      vec.push_back(i);

   list<int> ilist;
   for(int i=3;i<6;++i)         // ilist = (3, 4, 5)
      ilist.push_back(i);

   vector<int>::iterator it;
   it = search(vec.begin(),vec.end(), ilist.begin(), ilist.end());

```

```
    if (it != vec.end()){
        cout << "부분 구간이 " << distance(vec.begin(), it) << "에 있습니다." << endl;
    }

    return 0;
}
```

실행결과

```
부분 구간이 3에 있습니다.
계속하려면 아무 키나 누르십시오 . . .
```

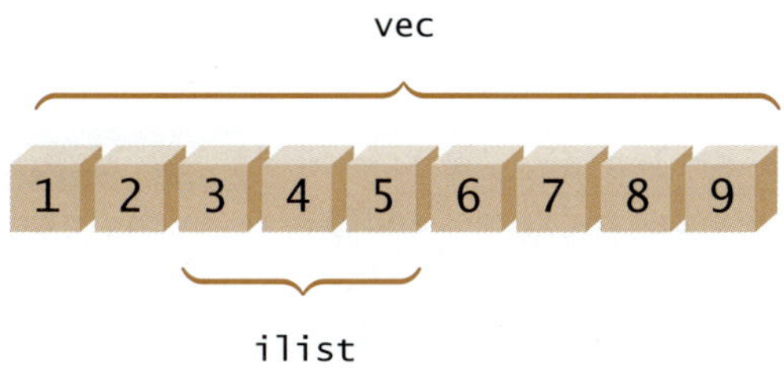

count( ) 함수

count()는 주어진 값과 일치하는 요소의 개수를 세는 함수이다. 구체적으로 count()는 구간 [s, e)에서 value와 일치하는 요소의 개수를 반환한다.

```
size_t
count (InputIter s, InputIter e, const T& value)
```

count_if()는 구간 [s, e)에서 func()을 참으로 만드는 요소의 개수를 반환한다.

```
size_t
count_if (InputIter s, InputIter e, const T& value, UnaryPred func)
```

count()를 사용하여서 문자열에서 특정한 문자가 등장하는 횟수를 세어보고 이어서 count_if()를 이용하여서 정수 벡터에서 짝수를 찾는 프로그램을 작성해보자.

count.cpp

```
#include <iostream>
#include <vector>
#include <algorithm>
```

```
using namespace std;

template <typename T>
bool is_even(const T& num)
{
   return (num %2 ) == 0;
}

int main()
{
   char *s = "I go to the school";
   vector<int> vec;
   for(int i=0;i<10;i++)
      vec.push_back(i);

   size_t n1 = count(s, s+strlen(s), 'o');   <---- 문자 'o'의 개수를 센다
   size_t n2 = count_if(vec.begin(),vec.end(), is_even<int>);

   cout << "값이 'o'인 요소의 개수: " << n1 << endl;
   cout << "값이 짝수인 요소의 개수: " << n2 << endl;

   return 0;
}
```

실행결과

```
값이 'o'인 요소의 개수: 4
값이 짝수인 요소의 개수: 5
계속하려면 아무 키나 누르십시오 . . .
```

프로그램 설명

문자열 s에는 'o'가 모두 4개 있으므로 count()는 4를 반환한다. count_if()는 is_even()이라는 함수를 이용하여서 조건을 검사한다. is_even()은 요소가 짝수인지를 검사하는 함수이다.

binary_search( ) 함수

탐색이란 리스트 안에서 원하는 원소를 찾는 것이다. 만약 리스트가 정렬되어 있지 않다면 처음부터 모든 원소를 방문할 수밖에 없다(선형 탐색). 하지만 리스트가 정렬되어 있다면 중간에 있는 원소와 먼저 비교하는 것이 좋다(이진 탐색). 정렬된 리스트에서 만약 찾고자 하는

원소가 중간 원소보다 크면 찾고자 하는 원소는 뒷부분에 있고 반대이면 앞부분에 있다. 이런 식으로 하여서 문제의 크기를 반으로 줄일 수 있다. 예를 들어서 1024개의 원소가 있는 리스트라면 최대 10번만 비교하면 원하는 원소를 찾을 수 있다. 만약 선형 탐색을 하였다면 평균 512번의 비교가 필요하다.

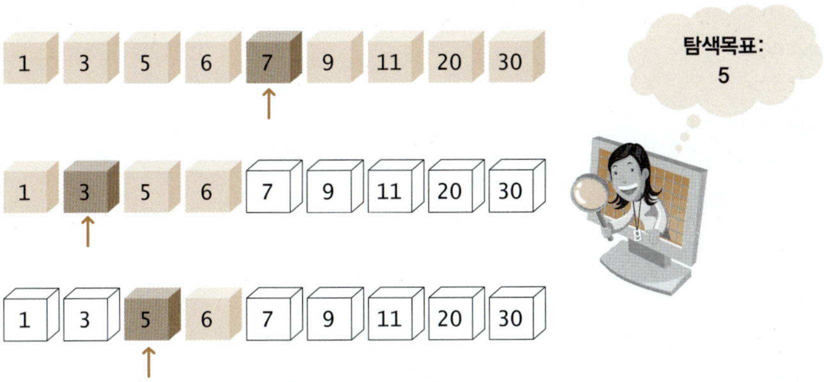

그림 19-3 ● 이진 탐색의 개념

STL에서 binary_serach()는 이진 탐색을 구현한다. 다음과 같은 형식을 사용한다.

```
bool
binary_search(ForwIter s, ForwIter e, const T& value);
```

binary_search()는 value인 값을 [start, end) 구간에서 이진 탐색한다. binary_search()는 탐색하는 값이 구간 안에 있는지 없는지만을 우리에게 알려준다. 즉, 구간 안에 값이 존재하면 true를 반환하고 그렇지 않으면 false를 반환한다. 만약 값의 위치가 필요한 경우라면 다음과 같은 함수를 이용하여야 한다.

```
ForwIter
lower_bound(ForwIter s, ForwIter e, const T& value);
```

```
ForwIter
upper_bound(ForwIter s, ForwIter e, const T& value);
```

lower_bound()는 구간 [start, end)에서 value가 자리하고 있는 첫 번째 위치를 반환하며 만약 값이 없다면 value를 삽입할 수 있는 위치를 반환한다. upper_bound()는 구간 [start, end)에서의 value가 자리하고 있는 마지막 위치의 다음 위치를 반환한다. 이들 함수들은 모두 같은 값이 여러 개 있는 경우를 가정하고 작성된 것이다.

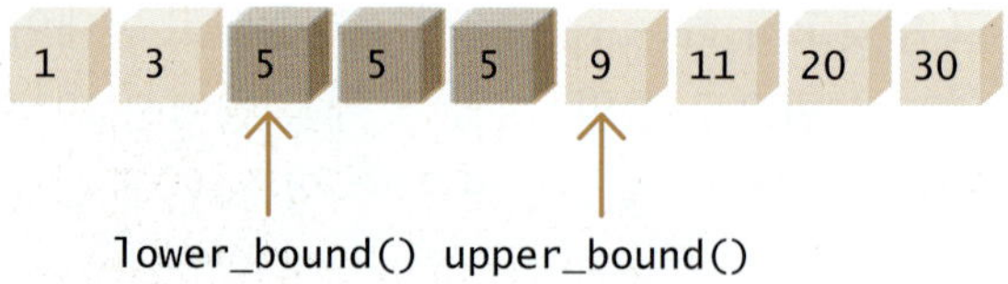

binary_search.cpp

```
#include <iostream>
#include <vector>
#include <algorithm>
#include "myheader.h"
using namespace std;

int main()
{
   const int wanted = 6;
   int values[9] = { 1, 3, 5, 5, 5, 8, 11, 20, 30 };
   vector<int> vec(&values[0], &values[9]);
   vector<int>::iterator it;

   print(vec);
   bool isInIt =binary_search(vec.begin(),vec.end(), wanted);

   if(isInIt ==true )
      cout << wanted << "을 찾았음 " << endl;
   else {
      it =lower_bound(vec.begin(), vec.end(), wanted);
      vec.insert(it, wanted);
   }
   print(vec);

   return 0;
}
```

삽입 위치를 구한다

실행결과

```
( 1 3 5 5 5 8 11 20 30  )
( 1 3 5 5 5 6 8 11 20 30  )
계속하려면 아무 키나 누르십시오 . . .
```

프로그램 설명

15 현재 6은 벡터에 없으므로 false가 반환된다.

20 lower_bound()를 이용하여서 6을 삽입할 위치를 찾는다. 이진 탐색에서는 정렬 상태를 유지하여야 하므로 lower_bound()를 이용하여서 삽입 위치를 찾아야 한다.

21 lower_bound()가 반환한 위치를 가지고 6을 벡터의 중간에 삽입한다.

중간점검

1. 벡터 vec에서 특정한 값을 탐색하는 경우에 사용할 수 있는 알고리즘은?
2. lower_bound()가 반환하는 값은 무엇인가?
3. 특정한 값을 가지는 요소들의 개수를 세려면 어떤 알고리즘을 사용하는가?

4. 비교 알고리즘

equal( ) 함수

equal()은 두 개의 구간을 비교하여 두 구간의 요소들이 일치하는지를 검사하여서 일치하면 true를 반환한다. 첫 번째 구간은 [s1, e1)이고 두 번째 구간은 s2에서 시작하여서 똑같은 길이의 구간 [s2, e2)라고 가정한다.

```
bool
equal(ForwIter s1, ForwIter e1, ForwIter s2, [UnaryPred func]);
```

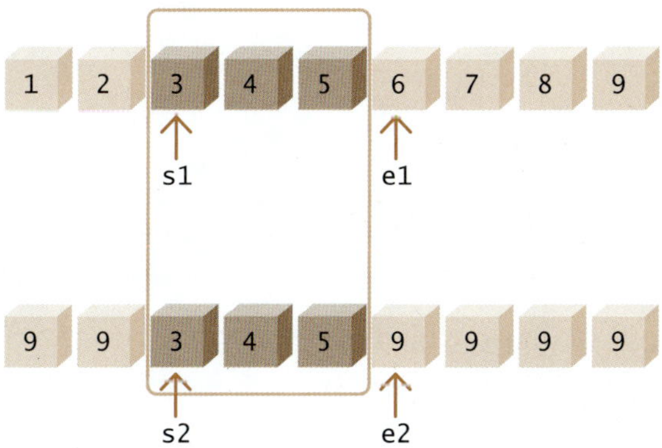

만약 타입이 다른 요소들이라도 비교가 가능하다. 그리고 구간 중의 하나의 요소라도 다르면 `false`를 반환한다. 만약 비교 함수가 주어지면, 주어진 함수를 이용하여서 비교를 하게 된다.

equal.cpp

```
#include <iostream>
#include <vector>
#include <algorithm>
#include "myheader.h"
using namespace std;

int main()
{
   int values1[9] = { 1, 2, 3, 4, 5, 6, 7, 8, 9 };
   int values2[9] = { 9, 9, 3, 4, 5, 9, 9, 9, 9 };
   vector<int> vec1(&values1[0], &values1[9]);
   vector<int> vec2(&values2[0], &values2[9]);
   print(vec1);
   print(vec2);
   bool isEqual =equal(vec1.begin()+2,vec1.begin()+5, vec2.begin()+2);

   if(isEqual ==true )
      cout << "두개의 구간이 동일함" << endl;

   return 0;
}
```

구간 비교

실행결과

```
( 1 2 3 4 5 6 7 8 9  )
( 9 9 3 4 5 9 9 9 9  )
두개의 구간이 동일함
계속하려면 아무 키나 누르십시오 . . .
```

중간점검

1. 두 개의 컨테이너 v1, v2의 두 번째 요소부터 다섯 번째 요소까지가 같은지를 비교하는 문장을 작성해보아라.

5. 초기화 알고리즘

fill( ) 함수

fill() 함수는 [s, e) 구간의 모든 요소에 value값을 할당한다.

```
void
fill( InputIter s, InputIter e, const TYPE& value );
```

예를 들어서 다음의 코드는 정수들의 벡터의 모든 요소를 0으로 설정한다.

fill.cpp

```
#include <iostream>
#include <vector>
#include <algorithm>
#include "myheader.h"
using namespace std;

int main()
{
   vector<int> v1;
   for( int i = 0; i < 10; i++ ) {
      v1.push_back( i );
   }
   cout << "fill() 이전의 값 ";
   print(v1);
   fill( v1.begin(), v1.end(), 0);

   cout << "fill() 이후의 값 ";
   print(v1);
   return 0;
}
```

v1을 0으로 초기화 한다

실행결과

```
fill() 이전의 값 ( 0 1 2 3 4 5 6 7 8 9 )
fill() 이후의 값 ( 0 0 0 0 0 0 0 0 0 0 )
계속하려면 아무 키나 누르십시오 . . .
```

copy( ) 함수와 reverse( ) 함수

컨테이너의 원소들을 복사하는 함수인 copy()의 원형은 다음과 같다.

```
OutputIter
copy(InputIter s1, InputIter e1, OutputIter s2);
```

이 함수는 s1에서 e1까지의 원소들을 s2로 복사한다. 입력 컨테이너와 출력 컨테이너는 다를 수 있다. 복사의 마지막 위치가 반환된다.

reverse()는 컨테이너의 모든 요소들을 역순으로 배치한다.

copy.cpp

```
1  // copy와 reverse의 사용 예
2  #include <iostream>
3  #include <algorithm>
4  #include <string>
5  #include <vector>
6  using namespace std;
7
8  int main()
9  {
10    string names[5] = {"사과", "배", "키위", "레몬", "포도"};
11    vector<string> fruits(5);
12    vector<string>::iterator it;
13    copy(&names[0], &names[5], fruits.begin());
14    reverse(fruits.begin(), fruits.end());
15    for (it = fruits.begin(); it != fruits.end(); ++it)
16       cout << *it << " ";
17    cout << endl;
18 }
```

실행결과

```
포도 레몬 키위 배 사과
계속하려면 아무 키나 누르십시오 . . .
```

프로그램 설명

13 copy()는 names 배열을 벡터 fruits에 복사한다.

14 reverse() 함수는 names2 배열의 모든 원소들을 역순으로 재배치한다.

for_each( ) 함수

```
UnaryPred
for_each(InputIter s, InputIter e, UnaryPred func)
```

함수 for_each()는 [s, e) 구간의 각각의 요소 elem에 대하여 func(elem)를 호출한다. 함수 func()는 요소를 변경할 수도 있다. func()의 반환값은 무시된다.

for_each.cpp

```
#include <iostream>
#include <algorithm>
#include <vector>
using namespace std;

// 각 요소에 대하여 호출되는 함수
void display(int element)
{
   cout << element << ' ';
}
int main()
{
   vector<int> vec;
   for(int i=0;i<10; i++)
      vec.push_back(i);

   for_each (vec.begin(), vec.end(),  display);
   cout << endl;
   return 0;
}
```

각 요소에 대하여 display() 적용

실행결과

```
0 1 2 3 4 5 6 7 8 9
계속하려면 아무 키나 누르십시오 . . .
```

transform( ) 함수

transform() 함수는 함수 func()를 구간의 각 요소에 적용한다. 각 적용의 결과는 result 위치에 저장된다.

```
OutputIter
transform(InputIter s, InputIter e, OutputIter result, UnaryPred func);
```

구체적으로 transform()은 func()를 [start,end) 구간의 각 요소에 적용하고 함수의 첫 번째 반환값은 result에 저장되며 두 번째 반환값은 (result+1)에 저장된다. 이후의 반환값들도 (result+2)부터 순차적 위치에 저장된다.

transform()을 이용하여서 각 요소의 값을 하나 증가하여 저장하는 프로그램을 작성하여 보자.

transform.cpp

```
#include <iostream>
#include <algorithm>
#include <vector>
#include "myheader.h"
using namespace std;

// 각 요소에 대하여 호출되는 함수
int increment(int element)
{
   return ++element;
}
int main()
{
   vector<int> vec;
   vector<int> result(10);
   for(int i=0;i<10; i++)
      vec.push_back(i);

   print(vec);
   transform (vec.begin(), vec.end(), result.begin(), increment);
   print(result);
   return 0;
}
```

각 요소에 대하여 increment 적용

실행결과

```
( 0 1 2 3 4 5 6 7 8 9 )
( 1 2 3 4 5 6 7 8 9 10 )
계속하려면 아무 키나 누르십시오 . . .
```

remove( ) 함수

remove() 함수는 요소를 삭제한다. 두 가지 버전이 가장 많이 사용된다.

```
ForwIter
remove(ForwIter s, ForwIter e, const Type& value);
ForwIter
remove_if(ForwIter s, ForwIter e, UnaryPred func);
```

remove()는 구간 [s, e)에서 value와 일치하는 요소를 찾아서 삭제한다. remove_if()는 구간 [s, e)의 각 요소 elem에 func()을 적용하여서 true가 반환되면 해당 요소를 삭제한다. 하지만 주의할 점은 remove()는 해당 요소를 삭제한 후에 뒤의 요소들을 앞으로 복사할 뿐이다. 실제 삭제는 각 컨테이너의 erase() 멤버 함수를 호출하여야 한다.

remove.cpp

```cpp
#include <iostream>
#include <algorithm>
#include <string>
#include <vector>
#include "myheader.h"
using namespace std;

int main()
{
   string names[5] = {"사과", "배", "키위", "레몬", "포도"};
   vector<string> fruits(5);
   copy(&names[0], &names[5], fruits.begin());
   print(fruits, "삭제전\n");
   vector<string>::iterator it;
   it = remove(fruits.begin(), fruits.end(), "레몬");
   print(fruits, "remove() 후\n");
   fruits.erase(it, fruits.end());
   print(fruits, "erase() 후\n");
   return 0;
}
```

요소 삭제

크기를 하나 줄인다

실행결과

```
삭제전
( 사과 배 키위 레몬 포도 )
remove() 후
```

```
( 사과 배 키위 포도 포도 )
erase() 후
( 사과 배 키위 포도 )
계속하려면 아무 키나 누르십시오 . . .
```

sort( ) 함수

정렬은 가장 중요한 컴퓨터 알고리즘이라고 하여도 과언이 아니다. 정렬은 데이터를 어떤 기준에 의하여 순서대로 나열하는 것이다. 정렬 알고리즘에는 퀵 정렬, 합병 정렬, 히프 정렬 등의 다양한 방법이 존재한다. STL에서는 정렬은 속도가 비교적 빠르고 안정성이 보장되는 합병 정렬을 이용한다. 합병 정렬은 시간 복잡도가 O(nlog(n))이며 특히 거의 정렬된 리스트에 대해서는 상당히 빠르다.

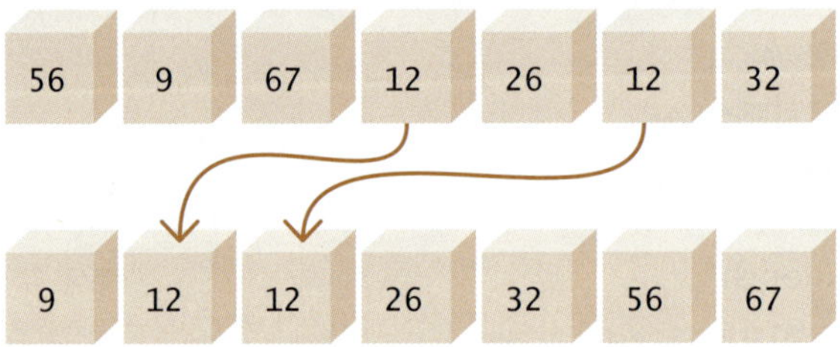

그림 19-4 • 안정된 정렬

안정성이란 동일한 값을 가지는 원소를 다시 정렬하지 않는 것을 의미한다. **그림 19-4**에서 12의 값을 가지는 두 개의 원소의 순서가 정렬 후에도 변경되지 않았다. 안정성은 같은 리스트를 반복하여 다른 기준에 따라 정렬할 때 중요하다. 만약 상품 주문 리스트를 날짜를 기준으로 먼저 정렬하고 이후에 주문처를 기준으로 정렬한다면 사용자는 같은 주문처가 보낸 주문은 날짜별로 정렬될 것이라고 가정한다. 하지만 이것은 정렬이 안정성있는 정렬인 경우에만 가능하다.

STL은 구간의 요소들을 정렬하기 위한 많은 알고리즘을 제공한다. 또 전체를 정렬하는 알고리즘뿐만 아니라 부분적인 정렬을 실행하는 알고리즘도 제공한다. 사실 정렬을 하는 대신에 자동적으로 정렬이 되는 연관 컨테이너를 사용할 수도 있다. 하지만 모든 요소들을 한 번 정렬하는 것이 매번 정렬 상태를 유지하려고 하는 것보다 빠르다. 모든 요소를 정렬하는 함수들은 다음과 같다.

```
void
sort (RandomAccessIter s, RandomAccessIter e, [BinaryPred func])
```

위의 함수는 [s, e) 구간의 모든 요소들을 < 연산자를 사용하여서 정렬한다. 정렬 알고리즘을 리스트에 대해서는 적용할 수 없다. 리스트는 무작위 접근 반복자를 제공하지 않기 때문이다. 하지만 대신에 리스트는 sort()라는 멤버 함수를 가지고 있다.

partial_sort()는 부분적으로 정렬하는 함수이다. 여기서 주의할 점은 [s, e1) 안의 요소만 정렬되는 것이 아니라 전체 요소 중에서 순서로 e1까지만 정렬되고 나머지는 정렬되지 않는다는 의미이다. 예를 들어서 e1이 v.begin()+3이면 정렬된 리스트에서 처음 3개만 나타나고 나머지를 정렬되지 않는다. nth_element()는 n 위치에 정렬된 n번째 값을 놓고 그 왼쪽에는 n보다 작은 값을, 그 오른쪽에 n보다 큰 값을 배치한다.

```
void
partial_sort (RandomAccessIter s, RandomAccessIter e1, RandomAccessIter e2);
void
nth_element (RandomAccessIter s, RandomAccessIter n, RandomAccessIter e1);
```

sort1.cpp

```
#include <iostream>
#include <algorithm>
#include <vector>
#include "myheader.h"
using namespace std;

int main()
{
   int value[10]={ 82, 25, 26, 7, 67, 55, 31, 19, 99 };

   vector<int> v1(&value[0],&value[10]);
   print(v1, "초기 리스트\n");
   sort (v1.begin(), v1.end());
   print(v1, "sort() 적용후 리스트\n");

   vector<int> v3(&value[0],&value[10]);
   partial_sort (v3.begin(), v3.begin()+3, v3.end());
   print(v3, "partial_sort() 적용후 리스트\n");

   vector<int> v4(&value[0],&value[10]);
   nth_element(v4.begin(), v4.begin()+5, v4.end());
   print(v4, "nth_element() 적용후 리스트\n");

   return 0;
}
```

컨테이너의 모든 요소를 정렬

실행결과

```
초기 리스트
( 82 25 26 7 67 55 31 19 99 0 )
sort() 적용후 리스트
( 0 7 19 25 26 31 55 67 82 99 )
partial_sort() 적용후 리스트
( 0 7 19 82 67 55 31 26 99 25 )
nth_element() 적용후 리스트
( 0 7 19 25 26 31 55 67 82 99 )
계속하려면 아무 키나 누르십시오 . . .
```

만약 나름대로의 조건자 함수를 정의하여 정렬하려면 다음과 같이 한다.

sort2.cpp

```cpp
#include <iostream>
#include <vector>
#include <string>
#include <algorithm>
#include "myheader.h"
using namespace std;

// 문자열의 길이를 가지고 정렬한다
bool is_less (const string& s1, const string& s2)
{
   return s1.length() < s2.length();
}

int main()
{
   vector<string> vec1;
   vector<string> vec2;

   vec1.push_back ("AAAA");
   vec1.push_back ("AAAAAA");
   vec1.push_back ("BBBB");
   vec1.push_back ("AAA");
   vec1.push_back ("AA");
   vec1.push_back ("A");
   vec2 = vec1;

```

```
    print (vec1, "처음 문자열\n");

    sort (vec1.begin(), vec1.end(), is_less);

    print(vec1, "sort()이후 문자열\n");
    return 0;
}
```

조건자 함수를 사용하여 정렬

실행결과

```
처음 문자열
( AAAA AAAAAA BBBB AAA AA A )
sort()이후 문자열
( A AA AAA AAAA BBBB AAAAAA )
```

중간점검

1. remove()와 erase()가 하는 작업을 설명하라.
2. 컨테이너의 각각의 요소를 제곱하고 싶으면 어떤 알고리즘 함수를 사용하여야 하는가?

6. 수치 알고리즘

accumulator( ) 함수

C++는 STL 형식으로 수치 해석 관련 알고리즘들을 일부 제공한다. 수치 알고리즘 관련 함수들은 numeric 헤더 파일에 정의되어 있으므로 이 헤더 파일을 꼭 포함하여야 한다. 대표적인 수치 알고리즘으로 누적합과 내적을 구하는 함수를 들 수 있다. 누적합이란 특정 구간에 속하는 값들의 합을 구하는 것이다. 다음과 같은 힘수 원형을 시용한다.

```
T
accumulate(InputIter s, InputIter e, T value);

OutputIter
partial_sum(InputIter s, InputIter e, OutputIter result);
```

accumulate()은 [s, e) 구간에 속한 값들의 누적합을 구한다. 세 번째 매개 변수 value는 누적합의 초기값으로 0으로 지정하는 것이 일반적이다. partial_sum()은 [s, e) 구간의 부분합들을 구해 result 반복자 위치에 순차적으로 저장한다.

accumulate.cpp

```
#include <iostream>
#include <vector>
#include <algorithm>
#include <numeric>
#include "myheader.h"
using namespace std;

int main()
{
   double v1[5] = {1.0, 2.0, 3.0, 4.0, 5.0};
   double sum;

   sum = accumulate(&v1[0], &v1[5], 0.0);
   cout << "누적합= " << sum << endl;

   vector<double> v2;
   partial_sum(&v1[0],&v1[5], back_inserter(v2));
   print(v2, "부분합= ");
}
```

back_inserter(v2): 컨테이너의 끝에 추가하는데 사용되는 출력 반복자

실행결과

```
누적합= 15
부분합= ( 1 3 6 10 15  )
계속하려면 아무 키나 누르십시오 . . .
```

inner_product( ) 함수

inner_product()는 벡터의 내적을 구한다.

inner_product.cpp

```
#include <iostream>
#include <vector>
#include <algorithm>
#include <numeric>
```

```
using namespace std;

int main()
{
    double v1[5] = {1.0, 2.0, 3.0, 4.0, 5.0};
    double v2[5] = {1.0, 2.0, 3.0, 4.0, 5.0};
    double sum;

    sum = inner_product(&v1[0], &v1[5], &v2[0], 0.0);
    cout << "내적= " << sum << endl;
}
```

실행결과

```
내적= 55
계속하려면 아무 키나 누르십시오 . . .
```

중간점검

1. 컨테이너의 모든 요소의 합을 구하려면 어떤 알고리즘 함수를 사용하여야 하는가?

7. 함수 객체

STL 라이브러리에서 제공하는 알고리즘 관련 함수들의 형식을 보면 마지막 매개 변수로 함수를 추가할 수 있도록 되어 있다. 예를 들어서 sort() 함수의 경우, 다음과 같은 형식도 같이 제공된다.

```
void
sort (RandomAccessIter s, RandomAccessIter e, BinaryPred func)
```

여기서 func은 요소와 요소를 비교하는데 func(e1, e2)와 같은 형식으로 사용된다. 즉, 정렬을 할 때 우리가 결정한 기준을 사용하여서 정렬을 할 수 있는 것이다. 이 함수 매개 변수를 사용하면 동작이 어느 정도 미리 결정되어 있는 알고리즘을 보다 효과적으로 사용할 수 있다.

우리가 함수를 정의할 수도 있지만 미리 정의된 함수 객체를 사용하여도 된다. 여기서는 미리 정의된 함수 객체를 사용하는 방법을 살펴보자. 미리 정의된 함수 객체는 functional 헤더 파일에서 찾아볼 수 있다. 따라서 functional 헤더 파일을 포함시켜야 한다.

```
#include <functional>
```

functional에 정의된 함수들은 인라인 함수들로서 컴파일 시에 코드에 포함되어 효율적인 실행을 가능하게 한다. 하나의 예로 sort() 알고리즘에서 함수 객체를 사용하여 보자. greater(e1, e2)는 만약 e1이 e2보다 크면 true를 반환하고 그렇지 않으면 false를 반환한다. 이 greater() 함수 객체를 sort()의 마지막 매개 변수로 전달하면 정수들이 역순으로 정렬된다.

func.cpp

```
#include <iostream>
#include <algorithm>
#include <vector>
#include <functional>
#include "myheader.h"
using namespace std;

int main()
{
   vector<int> vec;
   for(int i=0;i<10; i++)
      vec.push_back(rand()%100);

   sort (vec.begin(), vec.end(), greater<int>());
   print(vec);
   return 0;
}
```

함수 객체

실행결과

```
( 78 69 67 64 62 58 41 34 24 0 )
계속하려면 아무 키나 누르십시오 . . .
```

내장된 함수 객체의 종류

내장된 함수 객체를 다음 표에 정의하였다. 함수 객체의 이름만 보면 어떤 동작을 하는지 알 수 있다. 주의할 점은 모든 함수 객체를 템플릿을 사용한다는 점이다. 따라서 함수 객체를 사용할 때는 템플릿의 타입 매개 변수를 주어야 한다.

내장 함수 객체	설명
plus<type>()	e1 + e2
minus<type>()	e1 - e2
multiplies<type>()	e1 * e2
divides<type>()	e1 / e2 (몫)
modulus <type>()	e1 % e2 (나머지)
negate<type>()	- e
equal_to<type>()	e1 == e2
not_equal_to<type>()	e1 ! = e2
less<type>()	e1 < e2
less_equal<type>()	e1 <= e2
greater<type>()	e1 > e2
greater_equal<type>()	e1 >= e2
logical_not<type>()	! e
logical_and<type>()	e1 && e2
logical_or<type> ()	e1 || e2

함수 어댑터

함수 어댑터는 함수 객체와 다른 것(어떤 값이나 함수)을 묶는 함수 객체이다. 함수 어댑터도 역시 헤더 파일 <functional>에 정의되어 있다. 예를 들어서 다음과 같은 문장을 살펴보자.

```
find_if (vec.begin(), vec.end(), bind2nd (greater<int>(), 50)) ;
```

위의 문장에서 bind2nd(greater<int>(), 50)은 정수값이 50보다 큰지를 검사하는 함수 객체를 생성한다. bind2nd()는 이항 연산자를 단항 연산자로 변형하는 함수 객체이다. <functional>에 정의된 함수 어댑터는 다음과 같다.

함수 어댑터	설명
bind1st (func, value)	func(value, e)
bind2nd (func, value)	func(e, value)
not1(func)	!func(e)
not2(func)	!func(e1 , e2)

예제

find_if() 함수와 함수 어댑터를 이용하여서 100보다 큰 정수만을 검색하여서 출력해보자.

func_adapt.cpp

```
#include <iostream>
#include <vector>
#include <algorithm>
#include <functional>
using namespace std;

int main()
{
   vector<int> vec;
   for(int i=0;i<10; i++)
      vec.push_back(rand()%100);
   vector<int>::iterator it;

   for (it=vec.begin();;it++) {
      it=find_if(it, vec.end(), bind2nd (greater<int>(), 50)) ;
      if (it==vec.end()) break;
      cout << *it << " 발견" << endl;
   }
   return 0;
}
```

함수 어댑터

실행결과

```
67 발견
69 발견
78 발견
58 발견
62 발견
64 발견
계속하려면 아무 키나 누르십시오 . . .
```

여기서 함수 객체는 앞에 등장하였던 조건자 함수와는 약간 다르다는 것을 명심하여야 한다. 만약 위의 프로그램을 조건자 함수를 사용하여 다시 작성해보면 다음과 같다.

find_if2.cpp3

```
#include <iostream>
#include <vector>
#include <algorithm>
#include <functional>
using namespace std;

bool isGreaterThan50(int e)
{
   return (e > 50);
}

int main()
{
   vector<int> vec;
   for(int i=0;i<10; i++)
      vec.push_back(rand()%100);
   vector<int>::iterator it;

   for (it=vec.begin();;it++) {
      it=find_if(it, vec.end(), isGreaterThan50) ;   <------- 조건자 함수
      if (it==vec.end()) break;
      cout << *it << " 발견" << endl;
   }
   return 0;
}
```

실행결과

```
67 발견
69 발견
78 발견
58 발견
62 발견
64 발견
계속하려면 아무 키나 누르십시오 . . .
```

중간점검

1. 함수 객체를 사용하여서 0이 아닌 요소만을 검색하는 문장을 작성해보아라.
2. 함수 객체를 사용하여서 50보다 작은 요소들의 합을 구하는 문장을 작성해보아라.

EXERCISE
INTRODUCTION TO C++ PROGRAMMING

1. 다음 문장이 참인지 거짓인지를 말하시오.

❶ STL 컨테이너의 두 가지의 타입은 순차 컨테이너와 연관 컨테이너이다.
❷ 반복자는 컨테이너의 요소에 대한 포인터와 같이 동작한다.
❸ STL 알고리즘은 C-스타일의 배열에도 적용이 가능하다.
❹ remove() 함수는 요소를 삭제하기는 하지만 벡터의 크기를 줄이지는 않는다.
❺ 3가지의 STL 컨테이너 어댑터는 스택, 큐, 리스트이다.
❻ 정렬 알고리즘은 양방향 반복자를 필요로 한다.

2. 다음 프로그램에 오류가 있다면 지적하시오.

```
vector<int> vec;
list<int> li;
li.push_back(1);
li.push_back(2);
li.push_back(3);
copy(li.begin(), li.end(), vec.begin());
```

3. 크기가 10인 char형의 벡터 v를 'A'로 채우려고 한다. 빈칸을 채우시오.

```
vector<char> v( 10 );
fill( ______________, ______________, 'A' );
```

4. generate()를 이용하여서 난수로 벡터를 채우고 sort()로 정렬하는 문장을 완성하여 보시오.

```
vector<int> v(10);
generate(v.begin(), _________, rand);
sort(______, ___________);
```

5. partition()은 조건을 만족하는 요소들은 한쪽끝으로 모으고 그렇지 않은 요소들은 다른 쪽 끝으로 모은다. partition()을 이용하여서 짝수와 홀수를 분리하여 보자.

```
vector<int> v(10);
generate(v.begin(), _________, SequenceGenerator(1));
partition(______, ___________, is_even);
```

6. transform()을 이용하여서 벡터 a에 들어 있는 정수를 제곱하여서 벡터 b에 저장하여 보자.

```
int square(int n)
{
   return n*n;
}
vector<int> v1(10), v2(10);
generate(v1.begin(), _________, SequenceGenerator(1));
transform(______, ___________, _______, __________);
```

7. binary_search()를 이용하여서 정렬된 컨테이너에서 특정한 요소를 탐색하여 보자.

```
vector<int> v(10);
generate(___________, _________, RandomInt(1, 10));
sort(______, ___________);
if(binary_search(_______,_______, 6))
{
   vector<int>::iterator it1 = lower_bound( ____, ____, 6 );
   vector<int>::iterator it2 = ______bound(v.begin(),v.end(), 6);
   while(it1 != i2){
      cout << "탐색 성공:" << *it1;
      it1++;
   }
}
```

PROGRAMMING
INTRODUCTION TO C++ PROGRAMMING

1. 함수 객체를 사용하여서 연도들이 들어 있는 리스트에서 첫 번째 윤년을 find_if()를 이용하여서 검색하여 보자.

2. STL 알고리즘을 이용하여서 크기가 100인 벡터를 난수로 채우고 짝수의 개수를 구하는 프로그램을 작성하시오.

3. STL 알고리즘을 이용하여서 크기가 100인 벡터를 난수로 채우고 최소값과 최대값을 구하는 프로그램을 작성하시오.

4. STL 알고리즘 transform()을 이용하여서 벡터 a의 요소과 벡터 b의 요소들을 각각 더하여 벡터 c에 저장하는 프로그램을 작성하시오. transform()과 함께 함수 객체를 사용하시오.

5. 책안에 들어 있는 단어들을 분석하는 프로그램을 작성하여 보자. 예를 들어서 6개 이상의 문자로 되어 있는 단어들의 개수를 구해보자. 선택된 단어들을 크기 순으로 출력해보자. 만약 크기가 같으면 알파벳 순으로 출력한다. 일단 책 안의 모든 단어들은 string 타입의 벡터인 inputs에 들어 있다고 가정하고 시작하라. 먼저 각 단어들이 중복되어 있으면 중복을 제거하여야 한다. 다음 단계는 단어의 크기 순으로 정렬한다. 크기가 6이상인 단어들의 개수를 센다. 마지막으로 단어들을 출력한다.

6. 은행에서 고객이 들어와서 서비스를 받고 나가는 과정을 시뮬레이션해보자. 우리에게 필요한 것은 고객들이 기다리는 평균시간이 얼마나 되느냐이다. 만약 기다리는 시간이 너무 길다면 행원을 더 투입하여 대기시간을 줄여야 할 것이다. 먼저 서비스하는 행원은 한사람이라고 가정하자. 고객의 대기행렬은 큐로 시뮬레이션 된다. 주어진 시간동안 고객은 랜덤한 간격으로 큐에 들어온다. 고객들의 서비스 시간도 한계값 안에서 랜덤하게 결정된다. 큐에 들어있는 고객들은 순서대로 서비스를 받는다. 한 고객의 서비스가 끝나면 큐의 맨 앞에 있는 다른 고객이 서비

스를 받기 시작한다. 정해진 시간동안의 시뮬레이션이 끝나면 고객들의 평균대기 시간을 계산하여 출력한다. STL의 컨테이너와 알고리즘을 사용하여서 프로그램을 작성하라.

7. 철수와 영희가 자신들의 친구들을 결혼식에 초대하고자 한다. 철수의 친구와 영희의 친구들은 중복될 수 있다. 따라서 다음과 같은 방법으로 중복을 제거하고자 한다. 먼저 컨테이너 A에 철수의 친구들을 추가한다. 다음으로 컨테이너 B에 영희의 친구들을 추가한다. 컨테이너 A와 B를 알파벳 순서로 정렬한다. 컨테이너 A와 B를 합한 후에 중복을 제거한다. 여러 가지의 STL 알고리즘을 사용하여서 프로그램하라.

LAB
INTRODUCTION TO C++ PROGRAMMING

1. 카드 게임 프로그램을 STL 컨테이너와 알고리즘을 이용하여서 작성하여 보자.

❶ 카드를 나타내는 Card 클래스를 작성한다. 하나의 카드는 무늬와 숫자를 가지고 있어야 한다.

```
class Card {
      string suit;  // 무늬
      string number;   // 숫자
  public:
      public Card(string suit, string number);
};
```

❷ 카드 데크를 나타내는 CardDeck 클래스를 작성한다. CardDeck은 총 52개의 Card 객체를 저장하고 있어야 한다. 벡터를 사용하여서 카드들을 저장하도록 하자. 생성자에서 모든 카드를 생성한다.

```
class CardDeck {
      vector<Card> deck;
  public:
      CardDeck() {
            deck.push_back(Card("Clober", "1"));
      ...
  }
};
```

❸ CardDeck 클래스에 카드를 섞는 함수인 shuffle()을 추가한다.

❹ 데크의 처음에서 카드를 제거하여서 반환하는 메소드인 deal()을 작성한다.

❺ 카드 경기자를 나타내는 Player 클래스를 구현한다. Player도 카드의 리스트를 가지고 있어야 한다.

```
class Player {
      ________________________________________; // Card의 리스트 선언
};
```

❻ Player는 카드를 얻어서 자신의 리스트에 추가하는 메소드인 getCard()를 가지고 있다.

```
void getCard(Card card){
  list.__________(card);        // 자신의 리스트에 추가
}
```

❼ 드디어 main()을 작성하여 보자. 먼저 CardDeck 객체를 생성하고 데크의 카드를 섞은 후에 경기자를 두 명 생성한다. 카드를 한장씩만 분배하고 각자가 가진 카드를 화면에 표시한다.

❽ 실제 포커 게임이 될 수 있도록 여러 가지 경기 규칙을 추가하여 보라. 즉 원페어, 투페어, 스트레이트나 플러쉬를 판별하여서 어떤 경기자가 승리하였는지를 화면에 표시하라.

찾아보기

[S]

[T]

[U]

[W]

천인국

- 1983년 서울대학교 전자공학과 공학사
- 1985년 한국과학기술원 전기및전자공학과 공학석사
- 1993년 한국과학기술원 전기및전자공학과 공학박사
- 1985년-1988년 삼성전자 종합연구소 주임 연구원
- 1993년-현재 순천향대학교 컴퓨터 학부 교수
- 2005년 캐나다 UBC 방문 교수

Power C++

인 쇄	2020년 1월 15일
발 행	2020년 1월 22일
저 자	천인국
발 행 인	채희만
출판기획	안성일
마 케 팅	한석범
관 리	이승희
편 집	최은지, 한혜인
발 행 처	**INFINITYBOOKS**
주 소	경기도 고양시 일산동구 하늘마을로 158 대방트리플라온 C동 209호
전 화	02)302-8441
팩 스	02)6085-0777

도서문의 및 A/S지원

Homepage	www.infinitybooks.co.kr
E-mail	helloworld@infinitybooks.co.kr

I S B N	978-89-92649-36-0
등록번호	제25100-2013-152호
판매정가	**27,000원**